KB160649

물품이 잇는 세계사

〈일러두기〉

1. 원저에는 본래 번역서보다 많은 도판이 수록되어 있습니다. 하지만 저작권 문제로 전부 게재하지 못한 점에 대해서는 독자 여러분들의 양해를 구합니다.

2. 원저를 번역하는 과정에서 특정 부분의 전문 용어는 사전류와 인터넷 정보들을 참조하여 '역자주'를 작성하였습니다. 주석이 번잡스러워지는 것을 피하고자 하나하나 출전을 명기하지 못한 점에 대해서는 독자 여러분들의 양해를 구합니다.

3. 이 책에 이미지를 게재하도록 허락해주신 모든 분들께 감사드리며, 게재 허락을 받지 못한 이미지에 대해서는 저작권자가 확인되는 대로 게재 허락을 받고 통상적인 기준의 사용료를 지불하도록 하겠습니다.

이 저서는 2020년 대한민국 교육부와 한국연구재단의 지원을 받아 수행된 연구임
(NRF-2020S1A6A3A01054082).
This work was supported by the Ministry of Education of the Republic of Korea and the National Research Foundation of Korea (NRF-2020S1A6A3A01054082).

물품이 있는 세계사

모모키 시로 엮음
서인범 옮김

경인문화사

발간사

한국의 동유라시아 물품학(物品學) 정립을 목표로

동국대학교 문화학술원은 "동유라시아 세계 물품의 문명·문화사"라는 연구 아젠다로 한국연구재단의 인문한국플러스(HK+)사업에 선정되어 2020년부터 연구 프로젝트를 수행하고 있다. 기존의 인간 중심의 연구에서 벗어나 물품이 중심이 되는 연구를 통해 물품이 인간 사회를 둘러싸고 생산, 유통, 소비되는 과정을 총체적으로 분석함으로써 한반도를 넘어 동유라시아 지역세계의 물품학을 학술적으로 정립하는 것이 목표이다.

본 사업단은 동유라시아의 지역 범위를 한국을 중심으로 놓고 동위도 선상에 있는 중국, 일본, 그리고 북으로는 몽골, 러시아의 우랄산맥 이동지역과 몽골을, 서로는 중앙아시아 및 우즈베키스탄, 카자흐스탄, 키르기스스탄 지역, 남으로는 인도 이동지역인 태국, 캄보디아, 베트남, 인도네시아, 필리핀 등지를 설정하였다.

『총·균·쇠』(원제: *GUNS, GERMS, and STEEL-The Fates of Human Societies*)의 저자로 퓰리처상을 수상한 세계적 석학 제레드 다이아몬드(Jared Mason Diamond)는 동유라시아를 포함한 유라시아 대륙은 기후·식생(植生, 식물의 생육상태) 등의 유사한 생태환경을 가진 위도가 같은 지대가 동서로 길게 펴져 있어, 이 지대(地帶)에 속한 각 지역은 생태환경이 유사하고, 식물·기술·지식·문화의 이전 및 적용이 용이하여, 그 결과 동서교통 · 교류가 촉진되었다고 분석하였다. 나아가 세계사에 관심을 가진 사람들은 동아시아 및 태평양 일대의 인류 사회를 통해 배울 점이 많은데 그것은 환경이 역사를 형성했던 수많은 사례들을 발견할 수 있기 때문이라고 명언하였다.

이러한 특별한 특성을 지닌 공간에 살았던 사람들의 물품 생산과 유통, 소비 과정을 통해 이 지역만의 Locality는 무엇이며, 그것이 글로벌 세계와 어떠한 연관성을 가지고 있는지를 밝혀내려는 시도에서 물품에 착안하였다. 인간이 살아가는데 있어 필수불가결한 물품은 한 민족이나 국가에서 생산되어 소비되기도 하지만, 주변 지역으로 전파되어 새로운 문화를 창출하기도 한다. 이런 점에서 인류의 역사를 추동해 온 원동력이 바로 물품에 대한 욕구였다고 해도 과언이 아니다.

본 사업단은 오랜 세월에 걸쳐 인류가 발명하고 생산한 다양한 수 많은 물품을 지역별, 용도별로 구분하여 연구를 진행한다. 지역별 분류는 네 범위로 설정하였다. 첫째, 동유라시아 전 지역에 걸쳐 소비된 물품이다. 동유라시아 지역을 넘어 다른 문명세계에 전파된 물품의 대표적인 것이 초피, 견직물, 담배, 조총 그리고 16세기 이후 바다의 시대가 펼쳐지면서 사람들의 욕구를 배가시킨 후추, 육두구, 정향 등의 향신료이다. 한국의 인삼, 중국의 견직물, 일본의 은, 동남아시아의 향신료는 유럽이나 아메리카를 이어주는 물품이었던 것이다. 동유라시아 지역에서 생산된 물품의 교역은 최종적으로 유럽 등을 포함한 이른바 '세계경제' 형성에 연결되었다. 둘째, 첫 번째 지역보다는 범위가 제한된 동아시아 지역에서 사용된 물품이다. 소목, 청심환, 수우각, 화문석 등을 들 수 있다. 한국(당시는 조선)에서 생산된 호피, 표피는 중국에 진상된 것을 시작으로 일본 막부와 류큐 왕조에 증여, 나아가 일본을 통해 캄보디아까지 전파되었다. 셋째, 양국 간에 조공이나 증여 목적으로 사용된 물품이다. 저포 등이다. 넷째, 한 국가에서 생산되었지만 그 사회에 국한되어 커다란 영향을 끼친 물품이다. 이처럼 동유라시아 각 지역의 역사는 서로 영향을 끼치면서 전개되었다.

다음으로 생각해야 될 점은 물품 그 자체가 지닌 속성이다. 물품 자체가 지닌 고유한 특질을 넘어 물품이 지닌 다양한 속성이다. 다시 말하자면 상품으로서의 경제적 가치를 지닌 것에 그치는 것이 아니라 정치적, 군사적, 의학적, 문화적 측면에서 다양한 용도로도 쓰였다는 것이다. 그것은 정치적으로는 조공품일 수도, 증여품일 수도, 사여품일 수도 있다. 해산물인 해삼·전복은 기본적으로는 음식재료이지만 동아시아에서는 화폐기능과 광택제로서, 후추·육두구 등 향신료는 16세기 이후 유럽 세계에 의약품으로서의 효능은 물론 음식을 상하지 않게 하는 성질을 가진 용도로 소비되었다.

이처럼 지리적·기후적 환경 차이가 불러일으킨 동유라시아 세계 사람들이 만들어낸 물품은 다른 지역, 더 나아가 다른 문명 세계에 속한 사람들에게 크든 작든 영향을 끼쳐 그 사회의 문화를 변용시키기도 하였다. 다시 말하자면 기후, 생산 자원, 기술, 정치체제 등의 여러 환경 차이에 의해 생산되는 물품의 경우 그 자체로도 차이가 나타났고, 인간 삶의 차이도 유발시켰다.

인류의 문화적 특징들은 세계의 각 지역에 따라 크고 다르게 나타난다. 문화적 차이의 일부는 분명히 환경적 차이의 산물이기도 하다. 그러나 각 지역에서 환경과 무관하게 작용한 문화적 요인들의 의의를 확인해 보는 것도 중요한 일이다. 이러한 관점 하에서 본 총서가 기획, 간행되었다.

동유라시아의 대륙과 해역에서 생산된 물품이 지닌 다양한 속성을 면밀하게 들여다보는 것은 한국을 넘어선 동유라시아 지역의 문명·문화사의 특질을 밝혀내는 중요한 작업이다. 서로 다른 지역과 국가에서 지속적이고 직접적인 접촉을 통해 서로가 갖고 있는 문화에 다양한 변화를 일으켰을 것이다.

본 총서의 간행은 사업단의 아젠다 "동유라시아 세계 물품의 문명·문화사"를 다각적인 측면에서 접근, 분석하여 '한국의 동유라시아 물품학'을 정립하는 작업의 첫걸음이기도 하다. 달리 표현하자면 새로운 인문학의 모색과 창출, 나아가 미래 통일 한국이 동유라시아의 각 지역과 국가 간 상호교류, 경쟁, 공생하는 역동적인 모습을 새로이 정립하고 창조하기 위한 첫 작업이라 할 수 있다. 다만 동유라시아의 물품이라는 주제는 공간적으로는 규모가 넓고 크며 시간적으로는 장시간을 요하는 소재들이라는 점에 유의할 필요가 있다. 본 사업의 궁극적인 목표는 중국의 돈황학(敦煌學), 휘주학(徽州學), 일본의 영파학(寧波學)에 뒤지지 않는 세계에 자랑할 수 있는 학문적 성과를 거두는 것이자, 한국이 미래 북방과 남방으로 뻗어나갈 때 인문학적 지침서 역할을 하는 것이다.

2022년 12월

동국대학교 문화학술원장

인문한국플러스(HK+)사업단장

서인범

차례

발간사 4
서장 11
옮긴이의 글 548

1부 공업화 이전에 세계를 연결한 물품

1장 말 | 사육 기술의 시작과 그 다양화 027
가쿠하리 다카시(覺張隆史)

2장 범선 | 전근대 인도양을 왕래한 배를 중심으로 071
구리야마 야스유키(栗山保之)

3장 도자기 | 도자 무역으로 본 해상교류사 099
사카이 다카시(坂井隆)

4장 화폐 | 동아시아 화폐사를 중심으로 129
오타 유키오(大田由紀夫)

5장 생약 | 생약을 둘러싼 문화와 현대의 약제 발견의 길 163
우치노 하나(內野花)

6장 화약 원료 | 유황 유통으로 본 11~16세기의 유라시아 195
야마우치 신지(山內晉次)

7장 주석 | 콘월반도에서 본 기술·문화의 역사 지평 227
미즈이 마리코(水井萬里子)

8장 감자 | 안데스에서 세계로 259
야마모토 노리오(山本紀夫)

9장 모피 | 북미교역권을 둘러싼 역사의 두 층위 285
시모야마 아키라(下山晃)

2부 근대 세계를 움직인 물품

1장 석탄과 철 | 공업화 사회의 기초를 닦다 321
고바야시 마나부(小林學)

2장 경질섬유 | 세계사·지역사·국사·지방사 속의 마닐라 삼(麻) 359
하야세 신조(早瀨晋三)

3장 대두 | 성장하고 변모하는 세계 시장 389
데이비드 울프(David Wolff), 사콘 유키무라(左近幸村) 일역

4장 석유 | 근대 기술 문명을 키운 역사 417
니시야마 다카시(西山孝)

5장 천연고무 | 동남아시아의 플랜테이션 근대사 449
다카다 요코(高田洋子)

6장 반도체 | 현대 생활에 불가결한 존재 483
니시무라 요시오(西村吉雄)

7장 우라늄 | 현대사 속의 '원자력성(原子力性)' 515
이노우에 마사토시(井上雅俊)·쓰카하라 도고(塚原東吾)

서장

물품이 잇는 세계사

· 모모키 시로(桃木至朗) ·

1. 사람·물품·돈·정보·기술의 세계사

본 총서만이 아니라 현대 역사학 안에서 사람·물품·돈·정보·기술 등의 동향·흐름이나 교류에 초점을 맞춘 연구 출판이 성행하는 것은 독자도 인지하고 있을 것이다. 고등학교 세계사 교과(과목)에도 지금은 커피·홍차·면직물 등을 주제로 한 교과서 내의 칼럼과 이를 이용한 수업이 드물지 않다. 본래 문화사·미술사나 가정학 등 '취미를 즐기는 사람들의 세계', '아녀자들의 연구'로 규정되어온 이들 테마가 역사학의 주류로 부상하였다고 해도 과언은 아니다. 그 배경으로, 단순히 대중이 좋아한다는 이유만을 들 수 없다. 그것만으로는 천하를 쟁취한 인물 드라마나 세계의 패권 쟁탈 등 종래의 '남성적 관심'에 기초하는 정치사와 경제사를 혁신했다고 생각할 수는 없다.

본 총서의 총론(「총론. 우리가 목표로 하는 세계사」)에서도 다룬 바와 같이 국민국가의 역사를 모아 놓은 세계사로부터의 탈피(주로 글로벌 히스토리가 주장한다), 천하와 국가를 추상적으로 논한 성인 남성의 인텔리한 학문에서 '아녀자와 노인'도 포함한 모든 사람의 구체적인 삶에 다가가는 학문으로의 전환(사회사가 추구하였다) 등 1970년대 내지 1980년대 이후에 나타난 새로운 역사학의 여러 조류 중 대부분이 사람·물건·돈·정보·기술 등의 단면을 통해 기존 통념의 쇄신을 완수한 것이다. 전후 일본에서 추상도(抽象度)가 높은 '생산(력)과 생산 관계'에 무게를 두는 사회경제사가 지배하면서 전에 없이 관념적으로 구축된 일국사 비교로 인해 '오쓰카 사학(大塚史學)'이 일세를 풍미하였다. 이에 대해 세계의 연결과 일상성을 중시하는 시각에서 이를 넘어서려 했던 간사이(關西)[01]의 서양사학계가 『차의 세계사』(角山, 1980), 『설탕의 세계사』(川北, 1996) 등 '물품'을 다룬 명저를 만들어낸 것도 그러한 흐름에 편승한 것이었다. 일견 그러한 방향과는 관계가 없는 것처럼 보이는 포스트모던의 연구 조류조차도, 사회사가 먼저 선수를 친 '언어론적 전환'에서 전면적으로 확대된 표상 이미지나 이야기(내러티브)의 연구는 물품과 정보, 그것들의 소비 등과 연관이 없을 리가 없다.

사람·물품·돈·정보·기술 등의 연구는 종래의 사회경제사(생산·유통·소비나 금융, 노동 등의 역사)만이 아니라, '문리융합형(文理融合型)'을 포함한 신구의 다양한 영역의 연구로 이어져 있다. 새삼스럽게 말할 것도 없지만, 근대 카리브해 지역과 인도네시아제도, 인도아대륙 등지에서의 커피나 차, 설탕의 생산을 이해하려면 품종이나 재배 기술 등의 기술사, 개발 환경의 역사, 국제 노동력 이동의 역사 등을 더불어 이해할 필요가 있다. 또한 유대인이나 화교(華僑)·화인(華人)[02]의 확산(디아스포라)부터 20세기 후반의 베트남 난민, 현재의 시리아 난민 등 난민 유출을 포함한 사람의 이동은 종교·민족성[ethnicity]과 젠더, 정보통신 등의 문제를 좋든 싫든

---

01 (역자주) 교토(京都)·오사카(大阪)를 중심으로 한 지방.

02 (역자주) 이주처의 국적을 취득한 중국계 주민이다. 국적을 취득하지 않은 화교와 다르다.

떠맡는다. 예를 들면 근대(식민지 시대) 동남아시아에서의 급속한 개발을 배경으로 화교·화인이나 인도인·일본인의 청년 남성 노동력(이라고 하는 상품)이 대량 유입될 때, '현지처(現地妻)'뿐만 아니라 '가라유키상(唐行きさん)[03] 등 해외의 매춘부(라고 하는 상품)도 대량으로 필요하게 되었다.

물품의 생산과 유통도 마찬가지로, 종교·민족성[ethnicity]이나 젠더와 밀접한 관계가 있다. 영국령 말라야(말레이시아 연방)에서는 중국계는 주석 광산, 인도계는 고무 농원에서의 노동이라는 구분하에 공존하였다. 네덜란드령 동인도에서는 담배 산업이나 바틱(batik) 생산 등 이슬람교도인 '원주민'에 의한 경제 활동도 어느 정도 발전하였지만, 화인의 증가에 따라 수요가 증가한 양돈(養豚)은 손댈 수 없는 분야였다. 자바와 필리핀에서도 그러했지만, 면방적(綿紡績)[04]이나 직포(織布, 베를 짜다)의 역사는 여성 노동과 떼려야 뗄 수 없다. 일본사에서도 여자 배구의 '동양의 마녀'들이 어째서 '니치보 가이즈카(ニチボウ貝塚)[05]'와 같은 방적 회사의 팀에 속해 있었는지는 야하타 제철(八幡製鐵) 등의 제철소가 같은 시기 남자 올림픽 선수를 배출한 이유와 함께 젠더와 공업생산의 결부 문제로서 파악할 수 있다. 물론 그것은 기업 이미지 문제와도 관련되지만, 물품과 기술의 이미지와 인식의 문제는 단순히 경제 활동이나 소비와 관계되는 것

03 (역자주) 19세기 후반 규슈(九州)의 아마쿠사(天草) 군도 부근에서 동아시아·동남아시아 등지로 돈을 벌러 나갔던 일본 여성. 대개는 매춘부로 일함.

04 (역자주) 목화를 원료로 해서 무명실을 제조하는 작업.

05 (역자주) 가이즈카시에 기반을 둔 니치보 방적공장 소속 여자 배구 실업팀. 258연승에 빛나는 일본의 전설적인 배구팀.

만은 아니다. 아오자이(Áo Dài)[06]와 포(Pho)[07]·생춘권(生春卷)[08]이 베트남의 상징(그것도 전쟁의 베트남, 게릴라의 베트남이 아닌 '멋스러운 베트남'의 상징)이 된 것처럼 물품이나 기술은 종족적(ethnic)인 혹은 민족적(national)인 -즉 정치·문화적인- 상징이 될 수 있다. '한류', '쿨 재팬(Cool Japan)[09]' 등 요즘의 '내셔널 브랜딩(national branding)'의 유행도 그 연장선상에 있을 것이다. 역으로 말하면 물품이나 기술의 연구는 '상상의 공동체론' 등 '국민국가 비판'의 중핵을 담당할 수도 있다.

현대의 글로벌 히스토리는 흔히 오해받는 것처럼 '근현대의 세계 경제와 패권 다툼만을 연구하는 학문'이 아니라, 고대는 물론 선사시대 인류의 확산과 기술 전파와 같은 화제도 자주 다룬다. 사람·물품·돈·정보·기술 등의 연구는 결코 근세 이후에 한정된 주제는 아니다. 무릇 근대 이전(공업화 이전, 자본주의 이전)에는 농민 등 서민은 대부분 자신의 마을에서 나가는 일도 좀처럼 없이 '자급자족'의 생활을 하였으며, 상업이나 무역은 활발해 보여도 사치품이 대상이어서 사회경제 구조를 규정하는 것은 아니었다는 사실 등 '전후 역사학'의 전제가 되었던 역사상이 현재로서는 유지될 수 없는 것을 가장 먼저 이해할 필요가 있다.

예를 들면 근대 자본주의 이전의 해상무역은 어떠한 경우에 구조적인 의미를 지녔던 것일까. 지구상에는 지중해·중동이나 동남아시아 등에 산지나 사막, 밀림으로 둘러싸인 항구도시가 곳곳에 있고, 농업보다 무역, 육상교통보다 해상교통에 적합한 지리적 특성을 지닌 지역이 있다. 그곳

---

06 (역자주) 베트남 여성 전통의상.

07 (역자주) 베트남 쌀국수.

08 (역자주) 월남쌈.

09 (역자주) 일본의 독자적인 문화·상품·서비스 등이 해외에서 큰 인기를 얻는 현상.

이 최근에 생긴 대제국과 다른 지역을 연결하는 역할을 하는 경우도 많다. 일본열도 내에서도 똑같은 특징을 지닌 지역이 다수 있다는 사실은 말할 필요도 없다. 그것들을 무시할 수 있는 것은 일국 단위로, 게다가 특정 타입의 국가만을 연구 대상으로 삼는 경우에 한정된다. 둘째로 중화제국 등 대제국의 사례를 보자. 경제학적인 '상품화율(商品化率)' 등을 문제로 삼으면 '압도적인 자급경제'로 보여도, 제국으로서의 중국은 여러 외국의 '조공'이나 '조공 무역'을 통한 위신재(威信材)의 입수·교환 등이 없으면 유지할 수 없는 정치·의례 시스템을 지닌다. 이러한 제국의 주변 지역에는 대응하여 조공 무역을 수행하는 나라·세력의 존재가 요구된다. 이때 동남아시아의 작은 항구도시[港市] 국가 같은 경우에는 '거국적으로' 조공품의 집하에 임하는 등 국가의 형성·존립 그 자체가 중국과의 조공 관계에 좌우되는 사태도 생겼을 것이다. 이러한 교역의 의의·역할은 중앙유라시아 등의 초원·사막지대에서도 기본적으로 똑같다. 항구도시 국가와 오아시스 국가의 비교도, 오래전부터 제기된 주제이다.

사회과학 이론에 관심이 적었던 고대사학계 등에서는 이러한 교역이나 원격지 교류의 중요성을 20세기 전반까지의 '동서 교섭사'와 같은 레벨로 소박하게 주장하는 경향도 보이지만, 그 이론은 전후 마르크스주의에 의해 논파된 것이다. 현대 역사학은 동서 교섭사로의 퇴행이 아니라, 관계성을 중시하는 국가·사회 이해에 기초하여 새로운 레벨로 교역이나 사람·물건·돈 그 밖의 여러 흐름을 강조하고 있다는 것을 확인해 두고 싶다. 국가라는 것이 서로 고립한 각각의 지역 내부에서 일어나는 생산력 증대나 계급 분화로 인해 발생한다고 하는 추상화된 고전적 모델은 이미 일반성을 상실하고 있다. 부의 축적이나 계급 분화는 확실히 필요조건이지만, 구체적인 '국가'의 성립은 다른 국가, 주위에 국가가 없는 사회, 광역 동향 등의 외부 요소와의 연관성 없이는 일어날 수 없다. 근세 중국에서의 해삼 수요가 증가해 일본열도 북방의 공급만으로 따라잡을 수 없을 때 필리핀 군도 남부에서 해민(海民)을 노예로 삼아 채집한 해삼을 수출하는 기능으로 특화한 술루 왕국[10]의 형성을 촉발한 18세기의 사례처럼 특정 상품이 국가 형성에 직결하는 사태마저 일어날 수 있는 것이다.

2. 물품이 잇는 세계사의 범위

이상의 배경을 의식하면서, 본서는 '물품'에 초점을 맞춘다. 제7책 '기술'(미네르바 출판사(ミネルヴァ書房) 근간 예정)과 상호 보완 관계 혹은 중복되는 부분이 있다. 여기서 세계사의 대상으로서 다룰 수 있는 주요한 '물품'의 열거와 분류를 시도하고 싶다. 예를 들어 2017년에 고대 연휴 역사교육연구회(高大連携歴史教育研究会)가 세계사 B·일본사 B의 입시나 교과서 기술에서 '지식'으로서 물어보고 기억하도록 해야 할 용어를 대폭 선정해야 함을 제안했을 때(高大連携歴史教育研究会, 2017), 그것은 인명·사건 등의 용어를 주요 교과서와 비교해 반으로 줄이는 한편, 새로운 학습 지도요령 등에서 개념을 살린 학습이 강하게 요구되는 것에 맞춰 필요한 개념을 새롭게 목록화(List up)하고, 아울러 역사를 움직인 '물품' 중에 필수 사항이라 생각되는 것을 목록에 포함하였다. 이하는 그 일람이다.

---

10 (역자주) Sultanate of Sulu(1405~1915). 필리핀과 보르네오 사이에 위치하는 술루 제도에 존재했던 나라.

벼(쌀), 밀, 감자, 옥수수, 소금, 설탕, 향약(향료, 향신료), 술, 차, 담배, 커피, 아편, 고무, 말, 양, 소, 낙타, 모피, 동, 은, 금, 철, 주석, 석탄, 석유, 비단[絹], 면화, 면포(면직물), 모직물, 종이, 도자기, 배[船], 수레(차량), 화포

각 지역의 사회·국가 형성의 기반이 되었던 곡물 생산이나 목축 등도 역사에서는 종종 이야기되었지만, 상술한 『차의 세계사』, 『설탕의 세계사』에서 본 것 처럼 '물품'의 연구라고 하면 먼저 떠오르는 것은 국제상품 등 넓은 지역에 퍼진 자원·작물이나 수공업·공업 제품의 연구이리라 생각된다. 좁은 의미의 상행위에 국한되지 않는 넓은 지역에서의 교환은 석기시대 일본열도의 흑요석(黑曜石)이나 금속기 시대 동남아시아의 동고(銅鼓) 등 선사시대로부터 세계 각지에서 보인다. 고대·중세에도 견(絹)·면(綿)·모(毛) 등의 포(布, 직물), 말·소나 양·낙타·코끼리 등의 동물과 그 모피나 뿔, 귀금속·진주·보석 등 각종 장식품이나 종교용품, 도자기, 화폐[錢貨], 목재, 노예, 인간의 생존에 필요한 소금, 곡물이나 건조 혹은 소금 절인 식품, 게다가 향약(香藥, 향목·향신료·약재 등. 식물성과 동물성이 있다), 기호품(술, 차 외), 무기 등 다양한 '물품'이 공동체 간의 교환이나 공납 등의 형식을 포함하여 넓은 지역을 이동하였다. 자원의 편중은 무역 성립의 유력한 조건이 되므로, 합금 재료가 되는 주석의 수출(그레이트 브리튼 섬, Great Britain Island), 화폐 생산의 원료가 되는 은·동(중국)이나 개오지[紫貝](인도양 연안 지역)의 수입, 화약 원료인 유황의 수입(중국) 등 수공업 원료가 국제 상품이 되는 것도 드물지 않았다. 포의 생산이 염료(쪽[藍]나 소목[蘇木]·홍화[紅花])의 무역·유통을 촉진하고, 청화(青花, 남빛 무늬를 넣어 구운)자기의 성립이 유약용(釉藥用)인 코발트 무역에 힘입은 것처럼, 국제 상품에 부수하는 별도의 '물품' 무역이 성립한 경우도 있었

다. 중세까지의 이러한 무역을 단순히 사치품 무역으로 결론 지으면 안 되는 것은 앞에서 이야기한 이유에서 명백하다.

세계사 상에서 '근세'의 개시를 언제로 보아야 할지는 여기서 접어두기로 하고, 유럽인이 세계로 퍼졌던 16~17세기(이른바 대항해시대)에 물품이 움직이는 범위나 양이 폭발적으로 확대된 데에는 이론이 없을 것이다. 특히 현재 페루의 포토시(Potosi)[11] 은(銀) 광산과 멕시코의 사카테카스(Zacatecas) 은 광산, 일본의 이와미(石見) 은 광산과 이쿠노(生野) 은 광산 등에서 산출된 은이 유럽이나 중국 등 세계의 경제를 일변시킨 것은 고등학교 세계사 과목에서도 대중적인 주제가 되어가고 있다. '군사 혁명' 내지 '화약 혁명'으로 불리는 총포와 군대 편성·전술의 혁신도 무기나 화약·탄환 재료(유황·초석과 납)의 대규모 무역으로 이어졌다. 한편 생활면에서 거대한 변화를 초래한 것은 '콜럼버스의 교환'으로 불리는 '신대륙' 아메리카와 유럽 등 '구대륙'의 물자와 가축, 질병의 '교환'이었다. 동물을 포함해 '물품'을 말하자면, 유럽에서 아메리카로 소와 말 등의 대형 가축이나 밀을 가져오는 한편, 아메리카에서 유럽이나 아시아로는 감자, 고구마, 카사바(casaba), 옥수수, 호박, 고추, 담배 등의 농작물이 퍼져나가 각지의 농업 경관을 일변시켰다. '아르헨티나의 소고기', '영국의 피시앤칩스(fish and chips)[12]', '고추를 사용한 김치' 등 민족적인 이미지를 보여주는 음식물 대부분이 '호박 마차를 탄 신데렐라' 이야기와 마찬가지로 '콜럼버스의 교환' 없이는 성립할 수 없었던 사실에서 대항해시대가 초래한 생활 변화의 중대성을 잘 보여준다. 18세기 이후 중국 인구 급증의 커다란 부분이

---

11 (역자주) 이전에는 페루에, 현재는 볼리비아에 속함.

12 (역자주) 생선 살에 튀김옷을 입혀 튀긴 것과 감자튀김을 함께 먹는 음식.

산간으로의 이주와 그곳에서의 옥수수 재배에 의지했다는 것도 최근에는 고등학교 교과서에 게재되어 있다. 반면 교과서에 기술이 충분하지 않은 거대 무역품으로는 북미·시베리아 등지의 모피가 있다. 모피의 채집·거래의 확대는 선주민 사회에 심각한 상처를 남겼다.

18세기 이후 대항해시대의 원동력이었던 향신료가 상품으로서의 위상이 떨어진 반면 인도 면직물(calico, 옥양목)의 유럽 소비가 급증하면서, 이에 대한 영국의 수입 대체 공업화의 노력이 세계 최초의 공업화(산업혁명)로 이어진 사실도 지금은 잘 알려진 이야기이다. 또한 같은 시기의 유럽에서는 기호품(담배, 커피, 차나 코코아·초콜릿 음료 등)의 수요도 현저하게 증가하였다. 우유·설탕이 들어간 홍차를 마시는 것이 영국 상류 계급의 상징이 된 한편, 공장 노동자의 장시간 노동에서 빠질 수 없는 음료가 되기도 했다. 프랑스에서는 커피하우스가 신흥 중산 계급(부르주아지)의 담론의 장소가 되어 혁명을 준비하는 등, 사회의 위로부터 아래까지 다양한 영향을 가져다주었다. 그리고 그 커피(본래는 서아시아의 음료)의 묘목, 또 커피와 홍차에 빠질 수 없는 설탕의 재료가 되는 사탕수수(원산지는 뉴기니아 혹은 인도)는 모두 카리브해의 섬들이나 아메리카대륙으로 반입되어 대량 생산이 행해졌다. 그곳에 아프리카대륙에서 노예가 운반되었다. 영국·프랑스 중심 사관의 영향으로 그다지 알려지지 않았지만, 18세기에 자바섬을 중심으로 하는 네덜란드령 동인도에서는 커피와 사탕수수, 스페인령의 필리핀에서는 담배의 생산·수출이 영국령 인도의 아편 생산과 마찬가지로 주민에 대한 생산 강제와 정청(政廳)[13]의 독점 집하·수출 체제하에서 급증하였다(전자가 나폴레옹전쟁 후에 재편·강화되었던

---

13 (역자주) 정무를 취급하는 관청.

것이 유명한 '강제 재배 제도'이다). 류큐·아마미(奄美)에서 사쓰마번(薩摩藩)[및 류큐 왕부]의 설탕 생산 강제, 시베리아나 북미·에조치(蝦夷地)에서 선주민에 대한 모피나 해산물 따위의 채집 강제 등, 대항해시대에 이은 '근세 후기'는 상품의 생산과 채집을 공전의 규모로 강제하는 시대였다. 아메리카대륙의 흑인 노예나 선주민 이외에도 각지의 사람들이 이것에 휩쓸려, 단기간에 파괴되는 자연이나 멸종·해체되는 생물종과 민족사회가 속출했다.

근현대에는 과학기술의 발달과 공업화 및 대중소비사회의 성립, 때로는 전쟁과 그것을 위한 병기 개발로 인해 '물품'의 움직임은 가속해서 확대되었다. 19세기 런던을 중심으로 성립한 '국제 금본위제'는 아메리카대륙 등의 '골드러시'에 의해 가능해졌다. 에너지원인 석탄·석유나 천연가스, 공업원료가 되는 철광이나 주석, 현재의 희귀 광물 등 각종 금속, 고무나 유지식물(油脂植物)·석유 그 밖의 화학공업이나 의약품 원료, 종이의 원료인 펄프나 의식주의 원재료(곡물이나 사(糸)·포 이외에 식육이나 목재·석재 등도 중요해진다), 제2차 세계대전 후에는 규소나 우라늄, 품종 개량된 작물 등의 '물품'과 그것들로부터 만들어진 제품(무기도 포함)이나 반제품·부품 등의 움직임이 자주 세계를 뒤흔들었다. 정글로 뒤덮여 인구가 희박한 말레이반도와 보르네오섬·수마트라섬에서 19세기 이후에 인도인·화인 노동력을 도입하여 주석·금의 채굴이나 담배·고무·기름야자 생산 등을 위한 대개발이 행해지자, 그 사람들의 식량미(食料米) 생산을 위해 베트남의 메콩강 델타나 태국의 짜오프라야강(Chao Phraya River) 델타의 개발이 진행되었다. 인도나 중국, 일본에서는 그 사람들이 입을 면포나 재료인 면사, 성냥이나 석유램프 등 잡화 생산도 증가했듯이 개발과 경제구조 변화의 연쇄가 확대되었다.

세계를 잇는 '물품'에는 그대로 쓸 수 있는 물품(정련[精鍊] 등을 거친 물품도 포함)과 그것들을 원재료로 하는 가공품, 소비재(바로 사용하여 없어지는 물품과 내구소비재를 포함)와 생산재의 구분 등 통상의 구분 이외에도 다양한 구분과 분석 시각이 있다. 예를 들면 이동이나 교환의 결과로서 그 자체가 가공되거나 소비되는 물품과, 그러한 이동이나 교류·무역을 돕는 수단·매체의 구별을 생각할 수 있다. 후자로는 고대 이래의 말(철 기술이 불가결)이나 마차, 낙타, 배(각종 목재 내지 철, 돛이나 로프를 위한 섬유도 필수) 등의 이동·운반수단에 더해, 근현대 사회에서는 철도, 자동차, 비행기나 그들의 동력원과 바퀴(고무 타이어) 등의 '물품'도 사회·경제나 문화교류를 매개하는 기술과 관련하여 거대한 역할을 하였다. 제6책(南塚信吾 編, 『情報がつなぐ世界史』, ミネルヴァ書房, 2018)에서 다룬 정보통신기술에 대해 전신·전화나 신문·잡지, 라디오·텔레비전, 컴퓨터나 휴대전화 등의 '물품'이 그것들의 원료와 함께 수행한 역할도 마찬가지이다. 이처럼 넓게 생각하면, 화폐(금속·종이나 전자화폐 이외에도 화폐 기능을 행한 물질은 역사상 여러 가지가 있다)·증권이나 여권 등 교환·교류의 매체를 '물품'으로서 고찰하는 것도 가능할 것이다.

마지막으로, 역사학이 다루어야 할 '물품'은 이러한 상품이나 도구뿐만이 아니다. 세균·바이러스나 운석·용암·화산재 등도 인간의 생활이나 사회에서 큰 영향을 끼칠 수 있는 '물품'으로서 파악할 수 있는 면이 있다. '콜럼버스의 교환'에는 유럽인이 아메리카대륙에 가지고 들어간 천연두와 그 반대의 루트로 구세계에 퍼진 매독 등 병원균의 교환도 있었다. 1783년의 일본 아사마산(淺間山) 대분화, 1815년 인도네시아 탐보라(Tambora) 화산의 분화 등 대규모 화산 분화로 대기권을 떠도는 화산재는 지구의 자전에 따라 같은 위도의 세계로 퍼졌다. 전자는 프랑스혁명의 원인이 되는 기후변동을 초래하였다고 여겨지는 등 세계사를 움직인 유형이 있었다. 또한 질병과 건강, 환경오염 등 의학사나 환경사에도 '물품'의 역사는 결부되어 있다. '영원한 환경 문제'를 일으키는 사용이 끝난 핵연료는 예외로 해도, 산업활동이나 일상생활에서 발생하는 다양한 유해 물질이나 폐기물, 식품첨가물부터 화학병기까지 널리 사용되는 화학물질 등에 대해 완전히 무관심해서는 시민 생활은 성립하기 어렵다. 일본에서 '공해'가 커다란 사회문제가 된 후로 거의 반세기가 경과하고 있다. 이것들은 이미 단순한 '현재의' 사회·경제·정책 등의 과제가 아니라 역사를 바탕으로 고민해야 할 주제가 되었다. 신형 코로나바이러스에 의한 팬데믹이 역사 교과서에 기재되는 것이 확실해진 2020년이다. 독자는 바이러스와 사람의 이동 혹은 접촉과의 관련, 거기에 개재하는 마스크 등 이러한 종류의 '물품'에 관한 세계사의 여러 문제에 직면하였다.

이러한 '물품'의 모든 것을 한 권의 책으로 다루는 것은 도저히 불가능하다. 본 책에서는 근세까지(공업화 이전)의 세계에서 중요한 역할을 한 '물품'(제1부)과, 근현대에 들어서 처음으로 출현하거나 세계를 움직인 '물품'(제2부)으로 나누었다. 이미 세계사의 정석이 된 느낌이 강한 커피·차나 설탕, 은 등[14] 이외에 세계사를 각각의 의미에서 움직인 몇 개의 '물품'을 선정하여 각 분야의 대표 연구자에게 원고를 의뢰하였다. 말(제1장)이나 유황(제6장), 주석(제7장), 감자(제8장), 모피(제9장), 경질섬유(제11장), 대두(제12장), 석유(제13장), 고무(제14장), 우라늄(제16장) 등 어떤 채집·생산이나 이용·소비의 방법과 함께 거대한 역사적 역할을 하게

14 차에 관한 角山(1980), 설탕을 다룬 川北(1996) 이외에도 커피에 대해서는 旦部(2017), 은에 대해서는 竹田 編(2013) 등 간결하게 쓰인 책들이 적지 않다.

된 '물품' -근대의 '석탄과 철의 조합'(제10장)도 그러한 새로운 이용 방법의 전형이었다- 혹은 목조 범선(제2장)이나 도자기(제3장), 반도체(제15장)처럼 그 자체가 복수의 원료나 기술의 집적인 '물품', 그리고 화폐(제4장), 생약(제5장) 등 다양한 종류를 지니며 그 재료·형태나 사용법의 변화(variation)가 흥미를 돋우는 '물품'과 같은 여러 타입의 '물품'이 각각의 시대나 세계의 모습, 때로는 그 극단적인 명암을 보여줄 것이다. 인문계 계통의 독자는 많은 장에서 볼 수 있는 문리 융합형 연구 방법이나, 제Ⅱ부의 과학기술과 공업의 역사 기술 -거기에도 이과 계통의 화제로 일관하는 글쓰기와 사회나 정치·경제에 깊이 파고드는 글쓰기의 두 가지가 있다- 에서 배우는 부분이 많을 터이다. 그것은 경제나 일상생활에 영향을 줄 뿐만 아니라, 때로는 국제정치를 크게 움직인다. 게다가 거기에는 근세 이전의 세계를 이었던 '물품'이 소실되거나 과거의 것이 되어버렸다고만은 한정할 수 없으며, 근현대에 새로운 역할을 한 유형도 있다. 그 밖에 제1부의 화폐나 유황 등 특별히 핫(Hot)한 테마, 아시아사와 일본사의 의외의 재미를 보여주는 말이나 목조 범선, 도자기나 생약, 경질섬유의 세계 등등 본책의 도처에 오래된 타입의 정치사·경제사나 문화사, 유럽이나 서양 세계에 치우친 '사회사' '세계사'에 익숙한 독자에게는 신선한 기술을 찾아낼 수 있을 터이다. 면이나 견 등 직물 관계 서술이 부족한 것은 조금 유감이지만, '수업 재료'를 찾고 있는 역사 교원을 포함해 많은 독자에게 본서가 읽히기를 바란다.[15]

15 본서에는 당연히 외국어에서 유래한 많은 가타카나(カタカナ) 표기가 등장한다. 다만 가타카나라고 하는 음절 문자는 일본어의 단순한 발음·음절구조로부터 자유롭지 않고, 세계 여러 언어의 복잡한 발음을 표기하는 능력은 부족하다. 한편, 역사학자는 그러한 가타카나의 특성과 통상의 외래어 표기, 다른 언어에서 동종 발음의 가타카나로 표기법 따위보다도, 자신이 취급하는 외국어의 '원어에 가까운/그대로 읽으면 통하는' 표기의 추구를

참고문헌

川北稔,『砂糖の世界史』, 岩波ジュニア新書, 1996.

高大連携歷史教育硏究會運營委員會(同第一部會用語精選ワ・キンググル・プ編),『高等學校教科書および大學入試における歷史系用語精選の提案(第一次)』, 高大連携歷史教育硏究會, 2017.

竹田和夫 編,『歷史のなかの金・銀・銅』, 勉誠出版, 2017.

旦部幸博,『珈琲の世界史』, 講談社現代新書, 2017.

角山榮,『茶の世界史-綠茶の文化と紅茶の社會』, 中公新書, 1980.

우선하는 일이 있다. 그것은 때로는 연구자 간에 통일되지 않음을 초래하기도 하고, '그 언어를 알지 못하는(다른 언어를 전문으로 하는) 일본인 독자는 읽을 수 없는' 가타카나 표기를 만들어내는 것으로 이어져, 그것이 교육계에 혼란을 불러일으키는 유형도 보인다(학교 교육이나 입시의 측면에서는 가타카나 표기의 한계를 생각하지 않고 조금도 다르지 않은 암기를 요구하는 듯한 무익한 발상을 버렸으면 좋겠지만). 본서에서는 이 점을 배려하여, 책임편집자의 판단으로 일부 언어의 가타카나 표기를 비교적 모순이 적다고 여겨지는 방향으로 고쳤다. 관련 각 저자가 양해해 주시면 다행이겠다.

1부

공업화 이전에 세계를 연결한 물품

1장

말
사육 기술의 시작과 그 다양화

· 가쿠하리 다카시(覺張隆史) ·

1. 세계사 속의 말

가축 중에서도 말은 다른 가축보다 뛰어난 기동력을 갖추고 있다. 말이 지닌 이 기동력은 말이 가축화된 직후 세계 각지로 급속히 확산한 요인이라 할 수 있다. 말을 소유한 자들은 '장거리 수송'이나 '장거리 이동'이라는 새로운 힘을 얻음으로써 세계와의 원대한 교류가 가능해졌다. 만약 세계에 가축화된 말이 없었더라면, 우리는 '장거리 수송'이나 '장거리 이동'을 가능케 한 '탈것'이라는 개념을 가지지 못한 채 오늘날을 맞았을지도 모른다. 우리가 가진 '편안하게 멀리 가고 싶다'는 희망을 충족하는 오늘날의 과학기술은 말의 존재가 없었다면 가능하지 않았을 것이다.

말에 대한 이러한 요구는 말이 가축화된 약 5,500년 전부터 20세기의 자동차화(motorization)가 발생하기까지 계속된다. 말을 다루어온 세계 속의 민족·집합체·지역이 지닌 가축 말의 역사와 문화에 관한 궁금증을 푸는 것으로, 그 사람들이 세계사에서 어떠한 구성요소로서 위치를 자리매김할 수 있는지를 조감해볼 수 있을 것이다. 저 헤로도토스도 『역사(Historie)』에서 초원지대의 말을 능숙하게 다루는 민족의 존재를 보여줌으로써 아득히 먼 지역으로부터의 위협을 후세에 전한다. 마찬가지로 사마천의 『사기』는 북방 흉노로 인하여 여러 차례 거듭된 전쟁의 역사를 기록하였다. 이처럼 세계사상에 등장하는 말의 존재는 역사적 배경을 아는 데 중요한 지표가 되는 동시에 인류의 역사에 한층 더 약동감을 준다.

(1) 세계사에서 말은 어떻게 취급되었는가

종래의 세계사에서 다룬 말에 관한 논의는 인간의 군사적·정치적인 배경과 함께 이야기되는 경우가 많았다. 예를 들면, 프랑스혁명 당시에 나폴레옹과 함께 싸웠다고 하는 아랍종의 마렝고(Marengo)나 한(漢) 무제(武帝, 기원전 147~87)가 서역에서 획득한 대완(大宛, 현재의 페르가나)의 한혈마(汗血馬) 등이 가장 대표적인 사례이다. 이것은 당시 위정자가 어느 지역을 지배 영역으로 인식하였는가 하는 국가의 세력권·교역권을 평가하는 가운데에도 중요한 정보가 되었다. 한편 저명한 인물이 손에 넣은 이름난 말만을 의논하는 외에도 이름 없던 말들을 대상으로 한 세계사의 말 연구도 적잖이 존재한다. 예를 들면 각 지역에서 배양된 사육 문화나 말 교역 등의 정보를 기본단위로 삼아 지역 간의 말 문화가 비교되어왔다. 이 지역 간의 비교는 연구 대상이 되는 도시 및 지역이 지닌 사육 문화의 흐름을 논의할 때 중요한 정보였으며, 과거 문화권의 틀(범주)을 규정하는 가운데 커다란 의의를 이루었다.

예를 들면 청일·러일전쟁 시기에 국책으로서 말의 체격 향상을 꾀한 마필 개량 계획이 행해졌는데, 이 시기의 문헌 사료에는 당시 우호 관계에 있던 나라에서 적극적으로 말을 수입한 일이 상세하게 기록되어 있다(帝國競馬協會, 1928). 말이 어느 지역에서 수송되었는지를 해명함으로써, 당시 세계에서 일본의 입장이나 다른 사실(史實)을 보강하는 것으로 이어진다. 이렇게 세계 각 지역에 존재한 수많은 이름 없던 말에 관한 문화의 비교는 세계사에서 대단히 유효한 연구 방법이 될 수 있다.

한편으로 종래의 말 문화의 해석은 가정을 동반하는 논의가 많다. 지금까지 말 문화는 인간을 기준으로 한 세계사가 이미 선행하여 존재하기에 순수하게 평가할 수 없었던 점이 있다. 바꿔 말하면 말 자체가 살았던 모습을 직접 복원하는 것이 아닌, 이미 존재하는 '인간의 세계사'라는 바깥면을 이용하여 복원하는 방법을 취한 것이다. 그 결과로서 종래의 말의 문화적 해석은 그 지역을 (전체적으로) 조망해 보는 경우나, 문헌 사료에서 얻을 수 있는 정보에서 추측과 의논을 거듭하여 모호한 가설을 제시할 뿐이었다. 이들 역사 복원의 수법은 많은 역사학적인 가설을 제시하는 이점이나 그 지역 전체의 경향을 파악하는 편리함은 있지만, 포화상태가 된 이들 가설을 실상으로서 어떻게 실증해갈 것인가 하는, 말하자면 제시된 질문의 해결책이나 검증 가설의 해답을 주는 활동은 부족하였다.

(2) 말을 통해 본 새로운 세계사

말의 역사학 속에서 지금까지 얻은 많은 역사적 가설을 적극적으로 검증하려면 어떠한 연구 자세와 수법이 요구되는가? 먼저 무한한 가능성 중에서 간단한 작업 가설을 세우고 연구상의 작업 가설에 대해서만 성패 여부를 답한다는 자세를 취하는 것이 중요하다고 생각한다. 이 연구 자세는 '역사과학'이라는 학문 영역에서 시작되고, 검증할 수 없는 사안에 대해서는 관여하지 않는 자세를 관철하고 있다. 일본의 가마쿠라(鎌倉)시대의 이야기를 예로 들자면, 사사키 다카쓰나(佐々木高綱)가 미나모토노 요리토모(源頼朝)로부터 받은 애마인 이케즈키(生唼)는 검은색을 띤 밤색 털이었다고 하는데, 정말로 그것이 밤색 털이었는지를 검증하려고 하지 않는다. 왜냐하면 이케즈키가 매장된 묘지는 없고, 문헌이나 그림에 기재되어 표현된 내용도 일정하지 않기 때문이다. 물론 유명한 말의 묘지가 발견된 경우, 뼈에서 DNA 분석으로 털 색깔을 복원할 수 있어 역사학상의 작업 가설이 검증 가능한 예도 있다(Rieder, 2009). 어쨌든 검증 불가능한 경우 역사과학에서는 그 내용은 검증 불가라고 표현하니, 요컨대 '모른다'고 하는 결론밖에 낼 수 없다. 이 연구 방법은 기족의 역사 연구에서 얻은 방대한 작업 가설의 검증 작업을 할 때 보다 난해한 가설이 새롭게 생기기 어렵다는 이점이 있다.

종래의 세계사 연구 방법에서 역사학이나 고고학은 어느 사상(事象)에 대해 답을 낼 때 최소 단위로 이용하는 기초 정보의 틀이나 계층의 관계가 일정하지 않은 경우가 많다. 예를 들면, 종종 더 큰 역사학적 주장을 유지하려고 최소 단위와는 다른 계층의 정보를 받아들여 의논해버리는 버릇이 있다. 그 결과 최소 단위로서 가설 검증한 답은 서로 다른 계층의 의논에서 거의 의미를 지니지 못한다는 인상을 보이는 경우가 있다. 요컨대 최소 단위는 '예외'로서 원래 필요 없었다고 하는 상황에 빠진다. 이 수법을 사용하면 실상이 대단히 희미해지고, 실상으로서의 말 문화의 복원을 시도할 때 그 지역의 말 문화에 대한 고정 관념에서 빠져나올 수 없게 된다. 따라서 종래의 역사 연구가 지닌 문제점을 극복할 수 없다는 학술의 구조적인 결점이 존재한다. 이처럼 말의 역사학적 가설에 대한 검증에서 최소 단위가 되는 정보를 명확하게 하는 것이 새로운 역사학적 평가를 시도할 때 가장 중요한 시작 지점이 된다. '숲을 보고 나무를 본다'에서 '나무를 보고 숲을 본다'로 되돌아가는 것이다.

그럼 역사과학에서 다루는 말 연구에서 기본단위는 어떠한 것인가? 근년의 역사과학 연구 경향에서 제안된 최소 단위는 말의 생존 연대, 말이 살았던 모습, 말의 용모와 자태, 인간이 본 말의 용모와 자태, 말의 관리 등 생물학적 내용에서 인지과학(認知科學)의 영역에 이르기까지 다양한 갈래에 걸쳐 있다. 이들 최소 단위의 정보는 말의 문화나 역사에 관련된 다양한 과제를 실증할 때 강력한 수단이 될 수 있다. 또한 근년에는 말을 관리한 인류 집단의 기원이나 그 배경에 관해서 많은 식견이 축적되었다. 이에 본 장에서는 이들의 새로운 연구 방법이나 식견을 소개하면서 인간과 말의 첫 만남으로부터 오늘날에 이르기까지의 역사적 변천을 개설한다.

2. 말과 인간의 만남
- 고고 생물학에 의한 사람과 말의 관계 복원

우리가 보는 경마장에서 달리는 말이나 목장 등에서 관리하는 말은 거의가 가축 말(집 말)이다. 생물학에서 '말(ウマ)'이라고 가타카나로 표기된 경우의 대부분은 말과(科) 혹은 말속(屬)을 암암리에 나타내며, 가축 말 이외의 말을 포함하고 있다. 가타카나 표기의 '말'에는 집 말 이외에도 가축이 된 당나귀도 있고, 야생 당나귀도 포함한다. 한편 한자로 표기한 '말'은 가축인 집 말만을 의미한다. 본 장에서는 집 말을 중심으로 소개하지만, '말'의 성립도 '말의 세계사'에 없어서는 안 되는 이야기의 시작이다.

(1) 말의 기원

말과 동물(Equidae)의 가장 오랜 조상은 지금으로부터 약 6,500만 년 전의 히라코테리움(Hyracoterium sp.)이라고 여겨진다. 히라코테리움은 유라시아에 널리 분포하였고, 특히 독일의 이탄층(泥炭層)[01]에서 자주 화석이 발견되는 것으로 유명하다. 이 무렵의 말은 발가락 다섯 개로 각기 사지를 지탱하고 삼림이나 습지 가까이에 생식하였으며, 현재의 집 말처럼 하나의 발가락으로 초원을 달리지 않았다. 히라코테리움이 절멸한 이후 전 지구적인 기온 저하에 의해 삼림이 축소하여 삼림 이외의 지역에도 말이 진출하였다. 삼림이 아닌 탁 트인 지역에서 초식 동물인 말은 육식동물에 쫓기는 처지였으므로 육식동물로부터 도망가는 능력이 높은 세 발가락의 말이 출현하는 시대가 대단히 오래 지속되었다. 그들은 세 발가락 말이라고 총칭되는 많은 종이나 속으로 구성되었고, 삼림에서 초원, 고지대에서 저지대라는 대단히 폭넓은 지역으로 확산하였다. 그 후 약 400만 년 전의 동아시아에서는 삼림형과 초원형의 히파리온(Hipparion)속이 생식하였고, 한편으로는 북아메리카에 생식하며 초원 환경에 완전히 적응한 디노히푸스(Dinohippus)가 북동아시아 및 북아메리카 대륙에 확산한다. 디노히푸스에서 분화한 한 개의 발가락 형태의 말속인 에쿠우스(Equus) 집단이 아프리카·유라시아·북아메리카 대륙의 초원 지역에 널리 분포하게 되었다(Macfadden, 1992). 그 후 말은 현존하는 말, 얼룩말, 당나귀로 진화해온 것이다.

발가락이 하나인 말 중에서도 오늘날 세계에서 사육되고 있는 주 가

---

01 완전히 탄화할 정도로 오래되지 않은 석탄의 일종이다.

축은 생물학적 종으로 표현하면 집 말(Equus caballus)과 집 당나귀(Equus asinus)의 두 종류이다. 집 말과 집 당나귀는 외견이 많이 다른데, 종을 나누는 가장 큰 차이는 생물의 종과 종 사이의 관계를 논의하는데 중요한 염색체 수에 차이가 있는 것이다. 이 때문에 말은 당나귀와 일대(一代)의 교잡은 가능하지만 2대 이후는 새끼를 낳는 것이 불가능하다. 계속된 교잡이 불가능하다는 사실은 두 종이 아주 오랜 과거에 진화과정에서 별종으로 독립하여 가축화된 것을 나타낸다. 유감스럽게도 집 말과 같은 염색체 수를 가진 야생마는 현존하지 않고, 진정한 야생마로서의 야생마(Equus caballus ferus 혹은 Equus ferus)는 절멸하였으며, 집 말이 되기 직전의 야생마가 당나귀와 계속 번식할 수 있었는지는 알 수 없는 실정이다.

야생의 집 말은 사라져버렸지만, 그 자취를 엿볼 수 있는 말이 있다. 염색체 수는 두 개 많지만, 외견상은 집 말과 대단히 비슷하다. 일본의 동물원에서도 볼 수가 있는 몽골 야생마(蒙古野馬, Equus caballus prezewalskii)가 그것에 해당한다. 이 몽골 야생마는 19세기 러시아 군인이자 탐험가이기도 했던 프르제발스키(Przewalskii)가 유라시아의 초원지대에서 발견한 야생마의 자손이다. 몽골 야생마는 20세기 전반 초원지대에서는 생식이 확인되지 않아, 완전한 야생 상태의 집 말은 세계에서 사라졌다.

한편 유사(有史) 이전의 유적에서 집 말이나 몽골 야생마 이외의 형태학적인 특징을 지닌 화석이 세계 각지에서 대량으로 발견되었다. 이들은 가축이 아님은 당연하며, 유라시아 북동부의 초원지대에 있던 몽골 야생마와도 다른 절멸한 화석마(化石馬) 계통이다. 후기 갱신세(後期更新世, 2만 6,000~1만 2,000년 전)에 절멸한 야생마는 유라시아·아프리카·북아메리카 등 대부분의 대륙에서 생식하였다. 최근 화석 말의 뼈 자체에서 DNA를 추출하고, 유전자 배열을 비교함으로써 오늘날의 가축 말과 기타 야생마의 계통 관계를 복원하는 것이 가능해졌다. 말을 연구하는 유전학자인 코펜하겐대학 교수(현 툴루즈 제3대학 교수) 올랜드는 집 말·몽골 야생마·화석마(약 700만 년 전) 및 다른 말속의 DNA 배열을 비교하여, 몽골 야생마가 집 말과 가장 가까운 혈연인 것을 보여주었다(Ludwig, 2009). 이 증거들은 후기 갱신세의 유라시아 대륙에서 널리 분포하던 야생마 집단에서 몽골 야생마 집단이 갈라지고, 후에 집 말로 갈라진 것을 시사한다. 어떻든 간에 사람에 의해 가축화되기 이전부터 집 말과 몽골 야생마는 다른 생물 종으로서 벌판을 자유롭게 달리고 있었다. 그 후 집 말과 몽골 야생마는 서로 다른 역사를 걸었다.

(2) 수렵된 말

우리 인간(Homo Sapiens)은 약 20만 년 전에 아프리카대륙에서 탄생하였다고 한다. 그러나 앞에서 서술한 것처럼 아프리카대륙에서 생식하던 말은 가축으로 사육된 집 말과는 혈연이 먼 생물 종이어서 사람이 처음으로 본 말은 집 말의 모습과는 크게 달랐을 것이다. 아프리카에 생식하는 말로는 여러종류의 얼룩말, 야생 당나귀, 그리고 절멸한 콰가(Equss quagga) 등이 있다. 아프리카대륙의 유적에서 출토된 뼈에는 석기를 댄 해체 흔적(커트 마크)이 있기에 인간은 말을 식량 자원으로 이용했는지도 모른다(Sahnouni, 2009). 이 흔적은 시대가 지나면서 아프리카 남부에서 북부로 서서히 늘어갔다.

그 후 약 7만 년 전 무렵에 인간은 아프리카대륙에서 유라시아 대륙으로 진출한다. 인간이 유라시아 대륙으로 확산하고 나서야 비로소 집 말로 이어지는 야생마와의 만남을 이루게 되었다. 그러나 인간이 유라시아

대륙에 진출했을 때까지만 해도 말은 변함없이 인간에게 쫓기는 대상이었다. 아무래도 인간은 야생의 말을 보았을 뿐 가축으로 이용하지 않은 것 같다. 당시의 인간에게 말은 어디까지나 식량으로서의 야생동물이라는 인식이었다.

(3) 인간의 눈에 비친 말

인간이 유럽에 진출한 것은 약 4만 5000년 전까지 거슬러 올라갈 수 있으며, 인간이 진출하기 전부터 생식하고 있던 유럽의 말은 이때 처음으로 인간과 만난다. 지금까지와 마찬가지로 말을 포획한 흔적이 발견되는 가운데, 말만을 대량으로 계곡으로 몰아 떨어트려 잡는 수렵이 성행하였다. 이처럼 특정 생물 종이 대단히 많이 사냥당한 장소를 킬 사이트(kill site)라고 부르며, 이 시기부터 말을 목표로 삼는 명확한 의사가 보인다(Olsen, 1989).

〈그림 1〉 페쉬 메를르 동굴의 말 벽화

이 시기는 인간의 예술성에 관한 변화가 보이는 시기로, 동굴 내에는 다양한 동물 벽화가 그려졌다. 이 수많은 동물 벽화 중에서도 몇 개의 동굴에서 말의 묘사 방법은 조금 다르다. 말만이 몸에 검은 반점을 지니고 있다는 사실이다. 이 반점 무늬는 인간이 말에 대해 어떤 특별한 이미지를 지니고 있었기에 추상적인 가공의 표현을 한 것은 아닌가 하는 의논을 불러일으켰다. 이 시기의 유럽은 동굴 벽화 이외에도 비너스상이나 악기 등이 제작된 시기이기도 했기에 풍부한 추상적 표현이 말에 사용되었다고 판단해도 이상하지 않다. 이 가설을 실증적으로 검증한 연구가 화제를 불러일으켰다(Pruvost, 2011). 현재의 집 말의 하나인 애펄루사(Appaloosa) 등은 몸에 반점 무늬가 있는 유명한 품종으로, 애펄루사가 지닌 레오파드 관련 유전자(TRPMI)가 무늬를 결정하는 유전인자로 확인되었다(〈그림 1〉). 이를 지표로 동물 벽화가 있는 지역에서 산출된 거의 동시대 화석 말의 DNA를 분석한 결과, 레오파드 유전자가 많이 검출되었다. 요컨대 말의 예술적 표현에 대한 해석은 추상적 표현이라기보다도 오히려 반대로 사실성을 추구한 결과였다고 해석할 수 있다. 따라서 인간의 정신적인 면에서 말이 특별시 되었다고 하는 증거는 없다. 말은 아직 인간에게 자연 속 하나의 생물이고, 식량으로서 유익한 하나의 동물에 불과했다.

3. 말의 가축화
- 새로운 화학분석으로 얻은 식견

오랫동안 인간에게 수렵의 대상으로 인식되어온 말이지만, 기원전 4000년 무렵부터 인간이 말을 관리하는 조짐이 나타났다. 동물의 가축화는 반려동물이자 수렵을 도와주는 개가 3만~1만 5,000년 전으로 가장 오래되었다고 한다. 또 식자원으로 이용 가치가 높은 가축 종인 염소·양·돼지·소의 가축화는 약 1만~8,000년 전에 이뤄졌지만, 말은 그보다도 2,000년 이상 현재와 가깝다. 또 말과 아득히 먼 옛날에 관계가 끊어진 당나귀도 비슷한 시기에 관리되기 시작하였다. 당나귀를 포함한 말의 관리는 아프리카대륙 북부로부터 동쪽으로 현재 카자흐스탄의 초원지대까지 급속히 퍼졌다.

(1) 말의 가축화 연구사

말의 가축화를 이야기하기 전에 먼저 동물의 가축화는 어떻게 정의할 것인가를 명확히 해야만 한다. 축산화에서 가축화라는 단어의 정의는 '그 생식이 사람의 관리하에 있는 동물이다'라고 한다(野澤·西田, 1981). 최근에는 '세미 도메스티케이션(semi domestication, 반 가축화)'이라고 하여 가축화의 과정을 더욱 세분하려는 시도가 있지만, 본 장에서는 세세한 정의론에 초점을 맞추기보다는 가축화의 기원을 파악하려는 방법론을 소개하고 싶다.

동물의 가축화를 파악하려면 유적에서 출토되는 동물의 뼈나 이빨, 인간이 동물을 관리할 때 필요한 도구나 그 흔적이 중요한 정보이다. 예를 들면, 전자는 동물이 야생 상태에서 지닌 몸의 특징에서 일탈하였는가로 판단할 수 있고, 후자는 동물을 관리하기 위해 필요한 특정 도구의 검출 사례가 증가한다는 현상으로 판단할 수 있다.

생물고고학자인 오트람은 후기 구석기시대로부터 현대까지 말의 사지(四肢) 뼈의 비율을 비교하여, 적어도 기원전 2000년 무렵 청동기시대에는 이미 그 비율이 크게 변화하고 가축화의 조짐이 나타나는 것에 관한 기초 정보를 축적하였다(Outram, 2009). 그리고 최근 발굴로 청동기시대보다 오래된 동기(銅器)시대의 카자흐스탄에서도 뼈 비율이 청동기시대의 것과 유사한 말이 발견되었다. 카자흐스탄의 보타이 문화기로 비정되는 크라스니 야르(Krasnyi Yar) 유적 등에서 대량으로 출토된 비율이 변화한 말은 방사성 탄소연대 측정에 의하면 기원전 3600년경의 것으로 드러났다. 한편 뼈의 비율만으로 이 시기에 말이 가축화된 것을 확정해도 좋은가 하는 논의도 있었다. 이로 인해 뼈의 형태 이외에 말이 가축화된 증거를 탐색하는 연구 방법의 개발이 진전되었다. 그 하나가 유적 출토 말뼈의 DNA 분석이다. 말뼈의 DNA 분석에서 털 색깔의 유전자형(型)을 결정하는 방법이 개발되고, 그 방법을 전 세계의 1만 년 전부터 현대까지의 유적에서 출토된 말뼈에 응용하여 집 말이 가진 털 색깔이 보이는 다양성의 시대 변천을 나타냈다(Ludwig, 2009). 그 결과 적어도 기원전 3000년 무렵부터 말의 털 색깔이 급속히 다양화하는 현상이 보였다. 일반적으로 가축화가 완료된 동물의 털 색깔은 야생종보다 명확하게 다양성이 풍부한 점에서 적어도 기원전 3000년 무렵까지는 가축화가 이루어져 있었다고 추정된다. 이처럼 몸의 비율과 털 색깔의 복원과 같은 맞춤 기술로 집 말의 몸 변화가 생긴 시기가 기원전 3600~3000년이라는 것이 결정적 사실이 되었다. 다음으로 그 말이 사람에 의해 확실하게 관리되었다는 것을 실증하지 않으면 안 된다. 크라스니 야르 유적에는 말을 한데 모아 집중적으로 관리한 듯한 흔적이 보인다. 그 흔적은 둘레가 약 10m의 크기로 주위 토질과는 분명하게 다르고, 원의 주위에는 말뚝 같은 것이 박혀 있는 구조물이었다. 이 토양의 원소 농도를 조사한 결과, 질소와 인이 주위 토양보다 대단히 높은 농도를 보였다. 포유동물의 분뇨는 주로 질소와 인의 농도가 높고, 가축이 사육되는 작은 집이나 배설 장소에는 이 원소들의 농도가 높아진다. 당시 사람들이 가축을 특정 토지 안에서 집중적으로 관리하고 있었을 가능성을 지적할 수 있다(Olsen, 2009). 이러한 관리를 'Keeping(둘러싸 가두다)'이라고 부르며 초기의 가축화 단계에서 보이는 징후이다. 다만 이 원소 정보는 어떤 포유동물들을 이용하였는지를 식별할 수 있는 것은 아니고, 말을 관리하였다는 결정적인 근거는 되지 못하였다.

이용한 동물 종을 특정하고자 프린스턴대학의 고고 생화학자인 에버쉐드는 같은 유적에서 출토된 토기에 잔존한 지방산의 탄소·산소 동위체 분석을 실시하였다. 이 분석 기법은 단순히 지방산의 존재 여부가 아닌 지방산(팔미틴산, 스테아린산)을 구성하는 각 분자의 탄소 동위체비(同位體比)를 조사하는 것으로, 어느 동물에서 유래한 지방산인지를 식별하는 방법이다. 분석 결과 용기에 스며든 지방산 동위체비의 특징은 말젖의 그것과 유사한 패턴을 보였다(Outram, 2009).

그리고 가장 두드러진 사례로 오트람은 말의 이빨에 주목하여, 아래턱의 두 번째 어금니에 말을 제어하려고 사용하는 말 재갈의 사용 흔적을 검출하였다. 재갈은 말 입에 물리는 부위이기 때문에 재갈 사용 흔적은 말의 행동을 제어할 수 있게 하는 고삐의 존재를 강하게 시사한다. 이처럼 독립된 복수의 자연과학적 데이터에 기초하면, 보타이 문화기의 유적에서 발견된 말은 겉보기에도, 인간과의 문화적인 관계에서도 야생마와는 크게 달랐던 것이 객관적으로 드러난다. 따라서 완전한 가축인 '말'의 성립을 부정할 수 있는 요소는 없어졌다. 오히려 부정하는 편이 어려울 정도에 이르렀다. 이 결과들은 기원전 3600년 경의 말 집단이 가축화 도중이 아닌 이미 완전히 가축화되어 있던 것을 보여준다. 이에 마침내 집 말의 가축화의 기원지가 발견된 것으로 여겨졌다.

그러나 여기에는 놀랄만한 전말이 있는데, 이 말들이 오늘날의 선조 집단인가 하면 또 그 가능성은 부정되고 있다. 실은 보타이 문화의 표식(標識) 유적인 보타이 유적에서 출토된 말에 직접적으로 DNA 분석을 실시해서 9년에 거쳐 공표한 바 있다. 올랜드 등이 보타이 유적에서 출토한 말의 전체 게놈을 해석하여, 이 말들이 모두 현대에는 야생마로 인식되는 몽골 야생마의 선조 집단인 것이 증명되었다(Gaunitz et al., 2018). 즉 오늘날의 동물원에서 보호하는 몽골 야생마는 오래전에 한번 가축화된 말이 다시 야생화된 집단이었다. 또 이 선조 집단에서 현대 가축 말에 대한 유전적인 기여는 약 3% 정도로 극히 낮아서 현대 가축 말의 선조 집단이 보타이 문화에서 관리되어온 말을 기원으로 삼을 근거는 없어지고 말았다. 또 스텝 지대의 동기시대 유적에서 출토된 말의 데이터에 근거하여, 청동기시대에는 이미 현대 가축 말과 유전적으로 가까운 말이 널리 확산해 있던 것을 알게 되었다. 아마도 동기시대 말부터 청동기시대 초에 가축화된 말 집단이 세계로 급속히 확산한 것 같다.

이러한 결과는 자연과학적인 방법으로 과거를 평가한다고 해도 말 개체마다의 유전 정보를 먼저 정확히 보지 않으면 역사적인 해석을 오인할 수 있다는 점에서 좋은 교훈이라고 할 수 있다. 그리고 오늘날 세계에서 사육되고 있는 현대 말의 기원에 관해서는 당연히 지금도 전 세계에서 탐색이 진행되고 있다. 올랜드가 이끄는 국제팀은 엄청난 수의 유적에서 출토된 말의 게놈 데이터를 축적하여 기원 지역 문제를 결착 지을 정보를 얻고 있다.

(2) 가축 말을 이용하는 사람들

현재 이야기되고 있는 카자흐스탄의 동기시대에 존재한 사람들은 어째서 몽골 야생마를 사육 관리하였던 것일까. 전술한 연구 결과에 근거하면, 말 젖을 이용하고 말을 재갈로 제어하여 무엇인가를 운반했던 것일까. 그 당시의 이용 목적을 우리가 직접 알 수 있는 단서는 없지만, 지금까지도 말을 식자원으로 이용하기도 하고, 말에 재갈을 물려 관리하기도 하는 사람들은 전 세계에 있다. 재갈 흔적이 있다는 것은 말의 이동을 제어할 필요성이 있었다고 보이므로, 식량으로 관리하는 이외에 운반이나 이동에 말이 이용되었을 가능성이 크다.

재갈을 사용하여 구체적으로 어떻게 이용하였는지를 상상하면 먼저 말타기가 떠오르지만, 말을 타고 장거리를 이동하는 등의 이용 가능성은 낮은 것 같다. 왜냐하면 동기시대의 초원지대에서는 말을 탈 때 사용하는 안장이나 등자가 발견되지 않아서 말을 타고 장거리를 이동하기에는 기술적으로 매우 곤란했기 때문이다. 그러면 운반용으로만 이용했는가 하면, 유감이지만 마차나 화물을 짊어지게 하였다는 명확한 증거도 얻지 못하였다. 다만 주의하지 않으면 안 되는 것이, 마차나 등에 화물을 동여맬 때 사용하는 로프 등은 남아 있기 어려운 가죽제품, 나무껍질, 목제품, 짚 등을 사용하였을 가능성이 있기에 유적에 남지 않았을 뿐일지도 모르겠다. 일생 탈것으로 이용된 말은 사람이 말 등에 발을 걸친 것을 원인으로 등뼈 일부가 변형된 것이 보고되지만, 그 증거도 이 유적에서 출토된 말에서는 발견되지 않았다. 단기적인 말타기가 없었다고 할 수는 없지만, 적어도 적극적인 말타기는 하지 않았다고 생각된다. 운반 이용의 명확한 증거는 없고, 단순히 말을 효율적인 식량원으로 이용하려고 말의 이동 통제를 쉽게 하기 위한 관리(Taming, 순화[馴化])에 재갈이 이용되었을 가능성도 남는다. 기원전 3600년 경부터 '말의 가축화=장거리 운송'이라는 구도가 있었는지는 방법론적 한계도 있어서, 아직은 잘 모른다는 것이 현 상황이라 할 수 있다.

이 순화(馴化)의 흔적으로 볼 수 있는 유적은 보타이 문화기의 유적만이 아니라 카자흐스탄으로부터 서쪽의 카스피해 북안(현재의 우크라이나)에 분포하는 스레드니 스토그(Sredny Stog) 문화의 데레이프카(Deriivka) 유적(기원전 4500~3200년)에서 발견되었다(Levine, 1999). 여기에서는 사슴뿔이나 뼈 일부를 사용하여 재갈 같은 도구(재갈이라 단정할 수 없는 도구)를 만들었고, 그와 더불어 말뼈도 검출되었다. 방사성탄소연대측정 결과에 약간 의혹이 생겼지만, 데레이프카 유적 출토 말에서 직접적인 연대 측정과 DNA 분석이 가능하면 집 말 기원의 증거가 될지도 모르겠다.

〈그림 2〉 승마 모습이 새겨진 인장(스탬프)
상단 그림은 현 아프가니스칸의 BMAC 시기(기원전 2100~1800년), 하단 그림은 우르 제3왕조기 제4대 왕 시기(기원전 2050~2040년).

이 유적은 인도·유럽어족의 기원지일 가능성이 지적되어 온 폰토스(Pontos)·카스피해 스텝 지역의 한 모퉁이에 있다. 이 지역으로부터 서쪽의 유럽에서 동쪽의 초원지대까지 넓은 범위에 급속히 유사한 문화가 전파되었을 가능성이 지적되었다. 지금까지도 이 지역의 인류 집단이 유럽이나 아나톨리아(Anatolia) 등의 재지 집단과 어느 정도의 유전적인 이종교배를 일으켰던 것이 고인골(古人骨)의 게놈 해석으로 판명되고 있다(Allentoft et al., 2015; Haak et al., 2015).

근년 폰토스·카스피해 스텝 지역과 그 주변 지역(아나톨리아나 동방의 스텝지대, 남아시아 등)의 유적 출토 인골의 게놈 해석의 결과가 갱신되어, 특정 지역의 집단(가령 초기 얌나야 문화를 가진 집단[약 5000년 전])이 이동하여 민족이 대체하였기보다는 오히려 각 집단에 청동기시대 이전부터 거주하고 있던 재지 집단의 유전적인 영향이 짙게 남아 있던 것을 알게 되었다(Damgaard et al., 2018). 이것은 말을 가축화한 특정 인류 집단이 확산했다고 하는 것보다, 다양한 집단이 초원을 오가는 중에 말을 사육하는 문화가 전파했을 가능성을 시사한다. 단 이 지역의 DNA 분석은 당연히 지금도 실시간 처리로 진행 중이기에 새로운 데이터가 나오면 수정될 수 있다. 금후의 향후의 데이터 축적을 기대한다.

4. 말과 도구 - 말 이용의 다양화

가축 말 이용의 초기 단계에서는 말을 제어하는 기술이나 도구가 충실하지 못하였을 것이다. 가축화 초기에도 재갈이나 머리에 장착하는 도구 등으로 말을 제어하는 기술은 존재했다고 생각되지만, 이러한 도구들만으로는 장거리 이동이나 운반에 말을 이용하기에는 불충분했다. 이동이나 운반수단으로서 말의 이용이 본격화되는 것은 1000년 이상 지나서인 것 같다. 오늘날의 다양한 말 이용의 틀이 성립하려면 말을 제어하는 마구의 발명을 빼고 이야기할 수 없다. 마구는 말의 이용 방법에 따라 재갈, 안장, 등자, 마차 등이 있다. 제각각의 마구 발명과 보급은 사람의 생활을 극적으로 바뀌게 하였다.

(1) 마구의 출현

가축화 초기에 재갈이 이미 존재했던 것은 앞에서 서술한 대로이다. 재갈 다음으로 발명된 마구는 최근 고고학적인 연구 성과에 근거하면 마차였다고 생각한다. 마차의 발명에는 바퀴 발명이 선행하는데, 몇 개의 지역에서 오래된 바퀴의 증거가 발견되었다. 어떻게 사용했었는지는 분명하지 않지만 슬로베니아의 류블랴나(Ljubljana) 습지에서 출토된 기원전 3100년 경의 대형 바퀴(수레바퀴)나 메소포타미아문명보다 이전의 우바이드(Ubaid) 문화에서 토기 제작 때에 사용하는 녹로(轆轤)[02]가 만들어진 것을 계기로 생겨난 바퀴가 현재로서는 가장 오래된 것이다. 그 밖에도 헝가리에서 바퀴를 사용한 표현이 보이는 기원전 5500년의 토기 등도 발견되고 있는데, 녹로를 사용한 정교한 토기 제작을 하던 인류 집단이라면 많은 지역에서 독자적으로 바퀴로 사용되었어도 이상한 일은 아니다.

바퀴와 말의 이용을 결합하여 발명된 초기의 마차는 말이 아닌 당나귀가 끌도록 발명된 것이 시작이라고 한다. 실제 유물은 거의 없지만, 벽화

---

02 (역자주) 그릇 따위를 만들 때 모형과 균형 등을 잡는 데 쓰는 물레.

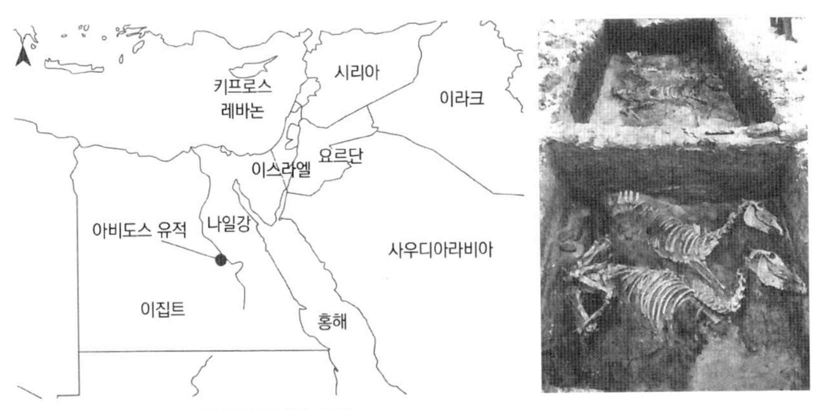

〈그림 3〉 아비도스 유적 위치와 당나귀 매장
출전: 우측 사진은 Rossel et al.(2008) 참조.

나 문자 자료에 의하면 대략 기원전 2500년부터 마차가 존재했다고 추측된다. 사실 마차가 개발된 메소포타미아에서는 당시 말이 아니라, 당나귀 혹은 말과 당나귀의 이종 교배종인 노새가 주된 가축이었다. 당나귀의 가축 이용은 문자 자료나 벽화만이 아니라 유적에서 출토된 당나귀 자체에서도 해독할 수 있다.

무거운 화물이나 사람을 태운 증거는 이집트의 선왕조 시대(先王朝時代)·초기 왕조 시대의 유적인 아비도스(Abydos)에서 발견되었다(〈그림 3〉). 아비도스 유적에서는 하나의 매장지에 두 마리의 당나귀가 같은 방향으로 나란히 놓여 있어, 당시 사람들이 정중하게 매장했음을 엿볼 수 있다. 또 이들 당나귀의 등뼈에는 무거운 화물을 짊어지거나 짐수레를 끌 때 생기는 특이한 뼈 증식이나 마모가 검출되었다(Rossel, 2008). 이로부터 당나귀는 사람을 태운 짐수레 등을 끄는 데 이용되었을 가능성이 대단히 크다고 여겨진다. 더 후대에 이르면 현재의 이라크 지역에 수메르인들이 일으킨 메소포타미아문명에서 비로소 명확한 묘사를 볼 수 있게 된다. 메소포타미아의 고대도시 우르(Ur)에서 출토된 유명한 공예물 '우르의 깃발'에는 원형의 외겹판으로 된 네 바퀴 달린 마차를 네 마리의 당나귀(혹은 노새)가 끄는 모습이 그려져 있다. 마차에는 당나귀를 고삐로 제어하는 이와 그 뒤에 창 같은 무기를 가진 이가 타고 있어서 전차(채리엇, chariot)로 이용되었다고 생각된다. 이처럼 말이 주요한 군사 자원으로 이용된 것은 당나귀의 이용보다도 시대가 조금 지나가면서부터였을 가능성이 지금으로서는 높다고 할 수 있다.

말이 짐수레나 전차를 끌게 되었던 것은 당나귀보다도 조금 시대가 내려간 전기 청동기시대(대략 기원전 2400~2300년)의 돈강과 볼가강 유역에서 아나톨리아지방까지가 중심지가 된다. 2000년대 이후의 형태학적인 연구에 의하면, 이 시기에 돈강 유역은 말의 출토가 많고, 수레와 사람을 합쳐 매장한 유적이 몇 개인가 검출되어 말이 짐수레를 끌었을 가능성이 크다고 여겨지고 있다(Cherlenok, 2006). 한편 좀 더 서쪽 지역인 발칸반도, 이베리아반도 등에서도 같은 시기에 이미 말이 유적에서 출토되어 생식 및 사육 마릿수는 적지만 널리 유럽이나 아프리카 북부까지 분포하고 있었다고 생각된다(Benecke, 2006; Greenfield, 2006). 그러나 앞에서 이야기한 당나귀에 보였던 뼈 병변(病變)은 검출되지 않았고, 마차 이용 용도의 명확한 증거는 얻지 못하였다. 마차의 출현 시기가 동쪽보다 빠르다는 명확한 증거는 아직 발견되고 있지 않다. 그 후 중앙 유라시아에서 파급된 말의 순화를 주체로 한 사육 문화와 메소포타미아에서 확산된 바퀴 이용은 말뼈의 병변에도 나타나 아나톨리아지방에서 문화적으로 확립하기 시작했다. 이 시기 아나톨리아의 유적 출토 말의 DNA 분석은 아직 행해지고 있지 않지만, 이 집단이 집 말의 기원 중 하나일 가능성은 꽤 크다.

이 징후가 보이기 시작하는 것에서 마차 문화가 이집트에 급속히 확

〈그림 4〉 투석기(당나귀)에 의한 전차 이용
메소포타미아의 공예품 '우르의 깃발'

산하였다고 생각할 수 있지만, 그러한 증거는 현재까지 얻지 못했다. 예를 들면 이집트의 유적에서 명확히 말과 동일하다고 확인된 유적 출토 뼈는 기원전 15세기 무렵으로(Hecker, 1984), 분명하게 아나톨리아지방보다도 많이 뒤진다. 이 시기에는 마차 위에서 무기를 이용한 징후가 보여 군사적인 목적으로 말이 이용되기 시작한 시대이기도 하다. 그러나 수많은 고대 국가가 성립한 아프리카 북부나 서아시아에서는 종래의 당나귀 혹은 노새 이용이 우세한 상태였다. 말을 우선 이용하는 경향은 급속히 전파되지 않고, 수 세기에 걸쳐 비교적 조용히 퍼졌다고 생각된다. 이것은 아나톨리아 지방보다도 건조화가 더 진행됐던 이집트에서는 건조지대에 내성이 있는 당나귀나 노새를 소중하게 여겼다고 하는 생물학적인 장점에 기인한 것으로 추측된다. 혹은 말은 노새를 생산하려고 주로 사육되어 군사 목적으로서의 도상에는 표현되지 않았던 것으로도 생각할 수 있다. 이 경우라면 말의 군사적 목적 이용의 가능성도 적잖이 존재하였다고 생각된다.

한편 동쪽을 보면, 스폭스(spokes, 바큇살) 형태의 대형 바퀴가 기원전 2000년에 카자흐스탄 등의 초원지대에 널리 분포한 안드로노보(Andronovo) 문화에서 볼 수 있고, 인더스문명의 고대도시 하라파(Harappa)에서도 기원전 2000년 무렵부터 스폭스 형태의 마차(소달구지로 이용되었다고 짐작된다)를 표현한 인장이 발견되었으며, 바퀴의 대형화도 볼 수 있다(〈그림 5〉). 그러나 유럽에서 이미 발견된 대형 바퀴와의 관계는 분명하지 않다. 이 시기는 인도·유럽어족의 조어(祖語)를 가진 집단이 초원지대에서 저지(低地)나 습지 등에 진출하던 때여서 아나톨리아에서의 초기 마차 이용과는 유래가 다르다고 생각된다.

바퀴의 대형화가 진전된 이후는 많은 화물을 한 번에 운반할 수 있는 능력을 얻기 위해서였는지, 유라시아 각지에서 떨어진 다른 지역에서

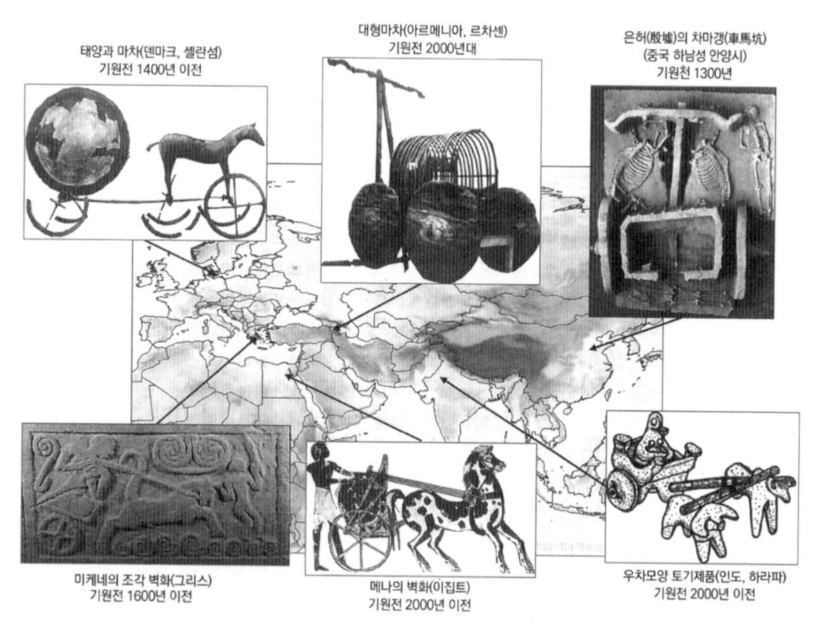

〈그림 5〉 대형 마차와 관련된 고고 유물의 출현

도 말과 바퀴가 검출되기 시작하였다. 예를 들면 현재의 중국 하남성 안양시에 있는 은 왕조 후기(기원전 14세기~기원전 11세기)의 유적인 은허(殷墟)에서는 갑자기 말의 치골(齒骨)과 함께 마차가 검출되었다(謝, 1977). 은허처럼 다수의 말과 전차가 세트로 출토된 유적을 총칭하여 '차마갱(車馬坑)'이라고 부른다. 이 규모가 되면 이집트 아비도스 유적 등의 당나귀 매장과는 규모가 비교가 되지 않을 정도이다. 차마갱의 대부분은 제사나 장송(葬送) 의례로서 말이 이용된 것으로 보인다. 이 시기를 경계로 귀중한 생물 자원인 말은 단순한 식자원이나 군사 자원이 아닌 인간에게 사회적인 지위나 위신재가 되어, 대규모 문명사회를 성립시킬 새로운 수단으로 이용되기 시작하였다. 또 은허에서 주목되는 점은 하나의 유적에서 서역 말의 매장보다도 분명하게 마릿수가 많고, 그 매장 형태도 극히 균일하다는 것이다. 이 매장의 균일성은 몽골 등의 초원지대에서도 보이는 점에서 향후 두 지역의 사람과 말의 관계를 DNA 분석으로 검증할 필요가 있다. 이처럼 말과 대형 바퀴의 일원적인 대응 관계가 지역문화의 주류가 된 가장 명확하고 현저한 사례는 중앙아시아 동부 및 동아시아를 중심으로 갑자기 보이기 시작하였다.

마차 이용의 확산 후에 새로이 출현한 마구는 아마도 안장일 것이다. 앞에서 이야기한 '우르의 깃발'을 보면 재갈, 두락(頭絡)[03], 마차는 보이지만, 안장은 보이지 않는다. 애초에 안장은 말등에 사람이 걸터앉을 때 쾌적성을 추구한 도구로, 마차를 끄는 행위가 주류였던 말 문화에서는 쓸모없는 도구였다고 생각된다. 또한 가장 오래된 마술서(馬術書)를 기록한 고대 그리스 역사가로 소크라테스의 제자인 크세노폰(Xenophon)은 당시의 마

03 (역자주) 말머리에 장착하는 도구.

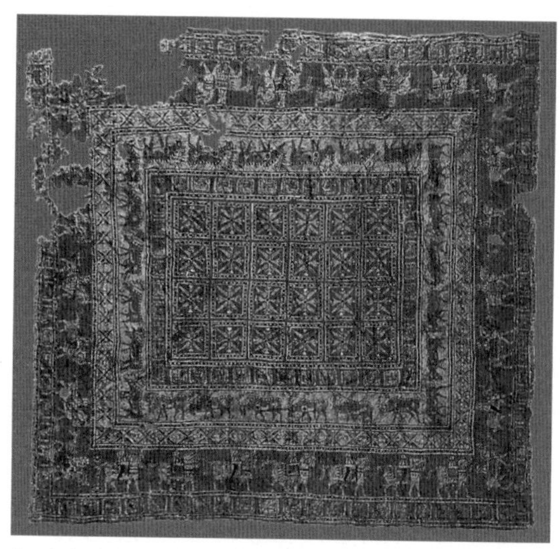

〈그림 6〉 파지리크 유적에서 출토된 융단 무늬
영구동토 때문에 양호한 보존 상태를 유지하고 있고, 말 등에는 초기의 안장 같은 표현이 보인다.

술에 안장이 없었던 모습을 기록하고 있다(松本, 2000).

말안장 이용이 주류가 된 것은 중앙유라시아의 초원지대였던 것 같다. 명확하게 안장을 이용하고 있던 증거는 러시아연방 알타이공화국의 산악지대에 있는 파지리크강 부근의 분묘군(파지리크 유적군)에서 확인할 수 있다. 이 지역은 대단히 한랭한 기후인 탓에 이 지역의 분묘에 매장된 동물이나 식물의 유물이 잘 남아 있다. 특히 유명한 것이 파지리크 유적군이라고 하는 분묘군으로, 크세노폰이 살았던 시대와 거의 동시대인 기원전 4~3세기인 것이 판명되었다(林, 2009). 따라서 마차 이용의 보급으로부터 1,000년 이상 지난 시대가 된다. 파지리크 유적 출토 말이나 말타기를 그린 융단 등에서 안장의 존재가 확인되었고, 게다가 안장 자체도 출토되었다. 말안장은 식물이나 동물의 껍질을 사용하여 만드는 경우가 많아 유적에는 남기 어려운 물건이었던 것도 명확해졌다. 파지리크 유적군을 형성한 말 문화보다도 오랜 스키타이(Scythian)와 관련된 유적에서는 파지리크 유적만큼 유물 보존 상태가 양호하지 않아 안장 이용의 명확한 증거는 얻지 못하였다. 그러나 이후의 발굴로 안장 이용의 흔적은 더욱 소급될 가능성이 충분히 있다고 생각된다.

마지막으로 등장하는 마구로 등자를 거론할 수 있다. 등자는 말에 탈 때의 보조나 말 위에서 안정된 자세를 유지하려고 이용하는 마구이다. 기본적인 구조로는 말 타는 사람의 좌우 발을 얹도록 한 쌍의 막대나 받침을 말의 등부터 드리우고 있다. 등자의 첫 출현은 중앙유라시아나 인도 등에서 보이고, 가장 초기의 형상은 좌우 한 쌍이 아닌 것이 많다. 이것들은 아무래도 말에 타기 위한 보조로 특화하여 이용되었다고 생각되고 있다. 그 후 기원전 4세기 초가 되면 중국 북방의 초원지대에 거주하던 선비나 동진(東晉), 북연(北燕)의 고고 유물에서 좌우 한 쌍의 등자가 출현한다. 등자는 주로 동아시아에서 급속히 전파하였고, 일본에도 4~5세기에 전래하였다(諫早, 2012). 한편 유럽에서는 등자가 즉시 보급되지 않았다. 제정 로마 시대까지 등자 이용은 전파되지 않았고, 확인된 것은 1세기 이상 지난 6세기 말 무렵이었다. 다른 나라를 보면, 비잔틴(동로마)에는 6세기 후반에 출현하고, 프랑크왕국에는 8세기에 나타나기 시작한다. 아마도 유럽에서 새로운 도구를 이용하여 말타기 기술을 향상시키지 않고도 안장 없는 말을 타는 말타기 기술이 발달하고 또한 마차와 같은 다른 이용 가치가 충분히 있기에 등자의 보급이 늦었다고 생각된다.

(2) 말과 농기구

현대 일본의 말 이용을 생각하면, 일반적으로 말은 인간을 태우는 것으로 특화한 가축이라고 생각하는 경향이 있다. 이것은 말의 이동성이나 기동력에 초점을 맞춘 이용 방법이지만, 또 한편으로 말의 힘(마력)을 사용한 방법도 전 세계에 존재한다. 예를 들면, 말은 다른 가축 종과 똑같이 전답 경작과 같은 식물의 재배를 촉진하려는 기술로도 이용되었다. 또 가공식품을 제조하는 과정에서 말의 힘 없이는 성립하지 않는 것도 다수 존재해왔다.

식량 생산에서 마력(馬力)의 이용법은 아마도 가축으로 취급하기 위해 제조된 농기구와 함께 발전해왔다고 생각된다. 식물 재배의 과정에서 가축이 이용된 가장 오래된 증거는 기원전 1600년 무렵에 그려진 쟁기

〈그림 7〉 쟁기를 끄는 가축
고대 이집트의 벽화

(plow)를 끄는 소의 그림이다(〈그림 7〉). 쟁기는 전답에 씨를 뿌리기 전에 토양을 뒤집어 섞고 공기를 품게 하는 농기구로, 근대 농업의 성립까지 세계 각지에서 사용되었다. 쟁기를 끌었다는 증거 대부분은 그림에 그려진 동물화나 문자 자료인데 주로 소를 이용하였다. 말을 이용했다는 기재(記載)는 소를 이용한 빈도보다도 분명하게 적다. 예를 들면 중세 이후에 말의 마릿수가 많아진 유럽에서야 소보다도 말에 쟁기를 끌게 하는 문화가 점차 퍼져나갔다.

쟁기를 끌도록 말을 적극적으로 이용하려면 소보다도 체격이 크고 힘이 강하고, 게다가 쟁기를 끌기 위해 조작성이 높아야 하는 등 복수의 능력이 요구된다. 이러한 특징을 가진 말은 유럽을 중심으로 많이 존재한다. 체격이 큰 말을 일반적으로 중종마(重種馬)라고 하며 영어의 Heavy horse를 일본어로 번역한 단어가 기원이 되었다. 또한 중종마의 육종 선발의 중심지였던 현재의 독일이나 주변 지역에서는 움직임이 태평스러운 대형의 말 품종을 Kaltbluter Pferd(냉혈종)라고 한다. 기민하고 정력적으로 움직일 수 있는 아랍종이나 서러브레드(Thoroughbred)라는 경종마(輕種馬)를 Warmbutiges Pferd(온혈종)라고 하여 쌍을 이뤄 표현하고 있다.

옛날부터 서유럽을 중심으로 냉혈종이 사육되었던 것으로 생각되지만, 본래 체격이 큰 원종(原種)이 존재한 것은 아닌 것 같다. 최근의 유전학적 연구에 의하면 대표적인 냉혈종의 대부분은 아랍종 등의 경종마나 체격이 크지 않은 말의 피가 혼재하고 있고, 적어도 모계 계통에서는 많은 육종 선발을 거쳤음을 알 수 있다(Aberle, 2007). 말의 체격을 향상시키려고 육종 선발을 시작한 것은 농업 이용을 목적으로 한 것이 아니라, 아마도 군사적인 수요가 우선되었기 때문으로 생각하고 있다. 대표적인 냉혈종인 프랑스 원산의 페르슈롱(Percheron)은 약 8세기 무렵에 성립한 품종이라고 한다. 이 시기에는 이미 유럽에서 등자가 존재하고, 말 이용으로 기병이라는 양식이 취해지기 시작한다.

유럽의 특징적인 기병 양식으로서 중기병을 거론할 수 있다. 중기병은 전신에 무거운 갑옷을 몸에 둘러 거의 완전한 방어 상태로 적의 위협에 대항하는 양식이다. 이 시대는 북방의 초원지대를 기원으로 하는 기사(騎射)의 양식을 가진 훈족이나 그 후예가 유럽으로 침입해왔고, 그 대항책으로서 체격이 좋은 말을 구했을 것이다. 아쉽게도 냉혈종의 체격이 어떻게 향상되었는지는 아직 연구 단계라 명확하지는 않지만, 아마도 체격의 크기는 서서히 커지면서 품종으로 인식되는 근세에 이르러 현재의 형태로 안정되었다고 생각된다. 그 후 증기기관 엔진이 개발되는 18세기까지는 큰 것으로 키(지면에서 머리의 根本까지의 높이, 크기)가 170cm 이상 되는 말이 나타나며, 그 무렵에 유럽 전역에서 소를 대신해 말이 쟁기를 끌게 되었다.

일본의 근세 이전에 말에 쟁기를 끌게 하는 문화는 각 시대에서 고대 도시의 조영이나 말 산지로 유명한 동북 지방, 중세의 류큐 열도 등에 있었지만, 유럽처럼 체격에 대한 육종 개량의 흔적이 명확히는 나타나지 않으며, 체격이 좋은 말을 사용한 것은 아니다. 또 소에 이용한 쟁기를 말로 대용하는 등 꽤 무리한 사례도 있다. 이처럼 유럽에서 이루어진 쟁기 이용의 전개와 다른 지역에서 이루어진 말의 쟁기 이용은 크게 다르며, 농기구에 대응한 육종 선발이라고 하는 개념은 유럽을 중심으로 발전하였다.

5. 말에 남은 전쟁의 흔적 - 군사력으로서의 말

마구의 성립 과정과 병행하여 말 이용의 체계화가 진행됨과 동시에, 말의 군사적인 이용이 세계 각지에서 행해져 사회에서 군마(軍馬)라고 하는 틀이 확립한다. 군마의 이용 형태가 안정화되자, 다음으로 인간은 군마 자체를 개량하는 육종을 행하기 시작했다. 대표적인 마구인 재갈·안장·등자·마차가 성립한 이후, 육종 개량의 속도는 가속화하여 오늘날 볼 수 있는 품종이라는 개념이 지역마다 성립하였다. 가축화 이후 말은 마구의 발명과 개량을 통해 그 이용 가능성을 넓혀 왔지만, 말의 생물학적인 변화는 완만하였다. 본 절에서는 이어서 도래한 말 자체가 인간에 의해 의식적으로 개량된 시대에 관해 언급하고자 한다.

(1) 군사적 이용과 말 생산 시스템의 출현

말의 육종 개량이라는 것은 도대체 어떠한 기술인가. 육종 개량에는 몇 가지 인간의 동기가 있다. 예를 들면 전술한 것처럼 "쟁기를 오래 끌게 하고 싶기에 지구력을 높이고 싶다"라든가 "타인의 말보다 빠르고 싶다" 등 다양하다. 인간을 예로 들면 육상경기의 단거리 경주에는 선천적인 능력이 중요한 것은 명백하다. 물론 이들 능력은 훈련 등으로 후천적으로 높이는 것도 낮추는 것도 가능하다. 즉 군마의 육종 개량은 생물학적으로 말의 능력을 향상시키는 교배 기술과 그 말의 능력을 안정적으로 끌어내는 관리기술이 어우러져 비로소 성립한다고 할 수 있다. 말의 육종 개량에서 후천적인 능력을 유지 관리하는 구조가 현저히 보이기 시작하는 것은 기원 전후의 동아시아와 중세 유럽이다.

동아시아에서 군마의 육종 개량이 시작된 시기는 아마도 중국 서주(西周, 기원전 1046~기원전 771) 시대 이후일 것이다. 고대의 말 사육 형태의 일부분이 기록되어 있는 『주례(周禮)』에 말의 엄격한 관리 체제를 상세히 기록했다(謝, 1977). 예를 들면 말을 자연의 목장에서 사육한 후, 3세 이후에 마구간에서 사육하여 조교(助教)를 시작하고 군마로서 이용할 수 있도록 일정의 공정을 거치는 구조가 만들어져 있었다. 이렇게 말이 마치 공업적인 공정을 거쳐 생산되는 양상을 필자는 말의 생산 시스템화(기계화)라고 부른다.

시스템이라는 단어의 의미는 일반적으로 용어 이용이 통일되어 있지 않지만, 세 개의 커다란 의미를 지닌다. ①시스템은 복수의 요소로 구성되어 있다. ②시스템에 포함된 모든 요소는 반드시 각각의 요소에 대해 얼마간의 영향을 미친다. ③시스템은 시간 또는 순서에 따라 동작한다. 종래 말 생산에서 이들 요소나 순서는 개인이나 지역마다의 결정에 따라 유연한 대응을 보여왔다. 그러나 대규모 국가 경영을 형성하기에 이르러 각 사람의 사육 양식의 균질하지 못함이 원인이 되어 육종 개량의 질 저하를 초래하였다. 그 대항 조치로써 생산체제의 커다란 틀이 성립하기 시작하였다고 추측한다.

서주 이후의 동아시아에서는 이 생산 시스템이 약간의 변화를 보이면서도 일정한 공정이 변하지 않고 구석구석까지 전파되었다. 물론 일본도 예외가 아니다. 율령에 기록된 내용에는 이 생산 시스템이 수천 킬로미터를 지나도 큰 틀은 변하지 않았을 가능성을 시사하고 있다. 그러나 이들 생산 시스템의 실재를 증명하는 것은 상당히 어렵다.

최근 유적에서 출토된 가축 이빨의 화학분석으로 이 생산 시스템의 실태를 검증하는 시도가 시작되었다(覺張, 2015). 머잖아 이 생산 시스템이 어떠한 변화를 거쳐 일본이나 많은 지역에서 이용되었는가 하는 실상이 복원될 날도 머지 않았다.

(2) 전쟁과 육종

군마의 생산 시스템이 성립하면 다음으로 중요한 점은 선천적으로 특정 능력이 탁월한 말을 도입하여 유지하는 것이다. 육종 개량에서 가장 효율적인 수법으로서 다른 지역에서 도입한 말 품종과의 이종교배(交雜)를 들 수 있다. 완전히 다른 말 품종을 도입하려면 자국 이외에서 우량한 말을 획득하는 것이 일반적이었던 것 같다. 그러나 말은 군사상 중요한 가치를 지녀서 적대국 등에 우량한 말을 간단히 인도할 리가 없다. 최종적으로는 말의 육종 개량을 위해 타국과의 전쟁까지 발전한 사례도 적지 않다.

우량한 말을 획득하려고 타국을 공격해 들어간 유명한 사례로 한 무제의 대완 원정을 들 수 있다. 무제는 북방의 흉노에게 대항하고자 서역의 월지(月氏)에 협력을 타진하는 과정에서 인접국인 대완에 한혈마(汗血馬)라는 장거리 이동 능력을 지닌 뛰어나고 아름다운 말이 있다는 정보를 얻었다. 그 후 2회의 대완 원정을 거쳐 한혈마를 손에 넣어 자국의 말과 교배했다고 생각한다. 한혈마는 글자 그대로 피 같은 땀을 흘리는 말로 페르가나 주변 지역에 있던 아리아계 민족이 사육하던 말 품종인 아할 테케(Akhal-Teke)였다고 하는 설이 있다. 아할 테케는 건조 지역에서 사육하는 품종으로, 그 당시 한대의 말과 비교하면 등부터 지면까지의 크기[體高]가 높고 얼굴이 작으며 다리가 가는, 뛰어나고 아름다운 특징을 가졌다.

전한 이후의 말에 관한 고고 유물에서 말의 형태나 형상은 상당한 변화를 보였다. 그것은 자국(전한)에서 지금까지 사육되어 온 말과는 체형이

다르고, 어딘지 모르게 아할 테케의 형질과 비슷한 것처럼 보여 한대의 사람들이 말을 이용해 육종 개량한 흔적이 보인다. 아쉽게도 이 가설들의 검증은 아직 행해지지 않았으며 금후의 DNA 분석에 의한 유전적인 분석 결과를 기다리고 싶다.

한대와 똑같이 중세 유럽에서도 말의 육종 개량이 본격화하여 각지에서 품종이 성립하기 시작하였다. 그 계기가 된 말 품종은 오늘날의 말 품종 중에서 가장 먼저 성립된 것으로 알려진 아랍종이다. 아랍종은 경주말로 유명한 혈통집단인 서러브레드의 바탕이 된 품종으로, 7세기 무렵에 아랍 사막지대의 유목민인 베두인에 의해 관리되기 시작하여 이슬람교와 함께 유럽까지 전파된 품종이기도 하다. 이 아랍종은 앞에서 이야기한 아할 테케와 마찬가지로 뛰어나고 아름다운 체형과 강한 지구력을 지녀, 한 무제를 비롯해 중세 유럽에서 각국의 지도자는 아랍종을 빠짐없이 획득하고 각국에서 오래전부터 사육하고 있던 말과 교배하였다. 나폴레옹의 애마인 마렝고도 아랍종 계통으로, 군마로서 이집트에서 가져왔다. 일본도 예외가 아니어서, 도요토미 히데요시(豐臣秀吉)는 덴쇼 견구 사절단(天正遣歐使節團)[04]의 귀국과 함께 일본에 들어온 포르투갈인이 타던 아랍종을 손에 넣어 일본에서 그때까지 사육한 말과는 완전히 다른 품종을 들여왔다. 또 구전이라서 향후 검증해야 하지만, 에도시대가 되면 다테 마사무네(伊達政宗)가 페르시아에서 말을 들여온 적이 있다고 하는 등 이 무렵에는 훨씬 많은 말 품종이 해역을 건너 들어왔다. 이처럼 국경을 넘는 말의 육종

04 (역자주) 덴쇼 소년사절(天正少年使節) 혹은 덴쇼 견구 소년 사절단(天正遣歐少年使節團)이라고도 불린다. 덴쇼(天正) 연간(1573~1592)에 규슈 기독교도 다이묘(大名)의 대리인으로서 예수회의 기획에 따라 교황청에 파견된 이토 만쇼(伊東マンショ) 등 4명의 소년 사절.

이나 선발은 중세 후반에서 근세를 중심으로 활발해지기 시작했다고 생각된다.

6. 근대의 품종 교배 - 재래마와 서러브레드

대항해시대에 걸쳐 세계 각지에서 말의 장거리 이동이 여기저기 보이기 시작하며, 서로 다른 품종 간의 교배가 행해졌다. 자국의 말과 타국 말의 교배로 각 집단에 필요한 이상적인 말을 만들어냈다. 또 그것을 반영하여 당시의 말을 모티브로 한 회화에는 제목을 품종명으로 한 것이 숱하게 존재한다. 한편 유명한 품종처럼 회화 등의 화려한 기록은 없지만 이들 품종의 대극에서 '재래마'라 불리는 각지의 재래 말 품종이 중요한 역할을 한 것이 주목받았다. 본 절에서는 품종 성립 이후에 명확해진 두 개의 말 품종에 관해 소개하고자 한다.

(1) 재래마의 성립

오늘날의 일본에는 '일본 재래마'라는 고유의 말 품종이 있다고 한다. '일본 재래마'는 공익사단법인 일본 마사협회가 인정하는 재래마 규정의 틀로 인정된 말을 의미한다. 구체적으로는 메이지(明治)시대 이전부터 사육되어 해외 품종과의 교배에 의한 영향이 적고, 각 재래마의 소유자 커뮤니티가 규정한 형태적 특징을 지닌 말 집단인 것이 대략적인 기준이다. 또 품종과 같은 의미로 취급하는 경우도 있는가 하면, 품종과는 다른 용어로 구별하여 사용되는 경우도 많다. 예를 들면 품종처럼 명확한 육종 목표가 아니라 그 토지에서 단순히 생존 가능한(혹은 생존에 유리한) 생리적 특징을 지니는 것을 충족시키면 재래종으로 취급하는 입장의 연구자도 많다.

제5절에서 다루었던 것처럼 일본은 고훈(古墳)시대부터 근대까지 계속해서 말을 해외에서 들여왔고, 크든 작든 말의 육종 개량에 힘써왔다. 그러나 어째서 해외의 생물 자원이었던 것을 자국의 생물 자원으로 인식하고 '재래'라는 말을 적용한 것일까. 필자는 재래마로 인정한 당시의 농학계 연구자가 사육하고 있던 말에 대하여 어떠한 역사 인식을 지니고 있었는가 하는 점에 이유가 있다고 생각한다.

애초에 재래마라는 용어가 일반화한 것은 근대 이후의 농학계 연구자 커뮤니티가 내세운 캐치프레이즈로 사용하기 시작하였기 때문이다. 전시(戰時) 일본에서는 거국적으로 군마의 육종 개량과 관리가 행해졌다. 종마 통제법이나 마필 개량 계획 등에 기초하여 해외에서 수입한 품종과 자국에서 사육하던 말을 교배하여 거의 모든 말을 교배한 말로 바꿔놓았다. 전후 일본에서는 경제 부흥을 위해 지금까지 군마로 이용되어온 교잡한 말 이외에 일본의 경제 활동을 지탱하는 새로운 말의 개량 계획이 대두되었다. 그 개량 계획 때문에 교배가 없었던 자국의 말을 평가하는 기운이 강해졌다. 그 일환으로 먼저 북해도의 홋카이도 와슈 말(北海道和種馬), 나가노현(長野縣)의 기소 말(木曾馬), 미야자키현(宮崎縣)의 미사키 말(御崎馬)이 연구 대상이 되었다(岡部, 1953). 이 세 말 품종의 연구가 발단이 되어 당시 사육자의 청취 조사를 바탕으로 교잡종이 아닌 자국의 순수한 말로서의 인지가 넓어진 것이다.

당시 이 말 품종의 기원이 일본이었다는 점에 많은 연구자는 의심을 품지 않았다. 왜냐하면 당시의 저명한 고생물학자인 나오라 노부오(直良信夫)가 일본 각지에서 화석 말이 출토되고, 조몬(繩文)시대에도 말이 출토되고 있다고 제시하여 조몬시대의 말이 가축화되었다고 주장하였기 때문이다(林田, 1978). 더욱이 세 말 품종을 연구한 농학자인 오카베 도시오(岡部利雄)는 과거에는 대륙에서 말을 가져왔다고 하는 학설을 파악은 하고 있었지만, 중세부터 근세에 해외에서 말이 도입되어 교배하였을 가능성을 세계사의 틀에서 평가하지 못하고 있었다. 이 두 요인에 의해 전시에 교배를 피한 말은 조몬시대부터 자국에서 순수하게 사육된 말로 인식되었다. 명확한 육종 개량의 목표가 없었던 집단임에도 불구하고 그 순수성을 기치로 하여 품종으로 필요하게 된 기준 만들기가 시작된 것이다. 그러나 2000년대 이후에 유적에서 출토한 말의 방사성 탄소연대측정에 근거하면 조몬시대만이 아니라 야요이(彌生)시대에도 말이 존재하지 않았을 가능성이 크다는 주장이 제시되었다. 말은 대륙에서 여러 차례 들여왔을 가능성을 지닌 생물이었다는 것을 알게 되었다(松浦, 1994). 즉 일본에서 예로부터 순수하게 계통 유지되어온 말 품종이라는 근거는 전혀 없는 것이다.

그러나 그 후 이러한 각 말 품종의 특징과 차이를 찾아내면서, 원래 명확한 육종 개량의 목적이 없었던 말이 다른 말의 영향이 없는 순수한 말 품종인 '재래마'로서의 지위를 확립하였다. 게다가 농학계 연구자의 대부분은 재래마의 생리적인 특성을 발견하여 각 재래마의 존재 가치를 높여가는 데 공헌하고, 결과적으로 좋은 영향을 남기는 것으로도 이어졌다. 만약 당시 말의 기원 연구나 세계사적 시점이 충실한 상황이었다면 애초 재래마로 품종 등록된 오늘날의 일본 재래마는 다른 품종과 독립된 지위를 이루지 못했을 것이며, 보존 활동도 활발하지 못했을지도 모르겠다. 연구자의 역사 인식으로 인해 후세의 말 역사도 크게 변한 하나의 사례라고 할 수 있다.

(2) 서러브레드의 순혈

재래마처럼 명확히 육종 개량의 목표가 없는 품종도 존재하기는 하지만, 일반적으로 품종이라는 것은 특정한 형태적 특징을 지니는 것이 가장 중요한 조건이다. 한편 형태적 특징 이상으로 계통을 중시하는 서러브레드라는 말 종자도 존재한다. 서러브레드는 'Thorough(완전히)','Bred(육성되다)'를 의미하고, 말 육종에 있어 가장 성공하였다고 하는 의미가 붙었다.

1791년 이래 서러브레드에는 엄격한 혈통 등록이 행해져 반드시 혈통서를 작성하는 등 경주 능력의 향상을 꾀하는 방책이 취해져왔다. 또 원칙적으로 양친이 서러브레드가 아니면 서러브레드로 인정하지 않는다. 그러나 최근까지 서러브레드는 실제로 어느 지역의 말에서 만들어졌는가 하는 것이 불명이었다.

종래의 설에는 서러브레드라고 불린 말 품종은 부친의 선조를 더듬어 찾으면 고돌핀 아라비안(Godolphin Arabian), 바이얼리 터크(Byerley Turk), 달리 아라비안(Darley Arabian)이라는 세 개체의 아랍종 및 아랍계의 개체로 귀착한다. 본래는 서러브레드가 아니라 아랍종과의 교배로 초기 집단이 형성된 말 품종이다. 이들 세 개체를 기반으로 서러브레드가 교배를 거듭하여 성립한 것은 18세기 초였다고 생각된다.

최근 DNA 분석의 결과에 근거하면 유럽으로부터 아라비아반도에 걸친 재래마의 부계 유전자를 조사한 결과 6개의 타입으로 나뉘며, 서러브레드에 기여한 타입은 그중에서도 HT2와 HT3의 두 타입이었을 가능성이 제시되었다(Wallner, 2013). 그중에서도 HT3는 아랍종 등의 계통에 속하여 선조인 세 개체의 아랍계통 핏줄을 이어받고 있는 것이 명확해졌다. 또 아랍

계통 이외에 영국이나 스코틀랜드에 있던 재래마의 계통과 교배된 흔적도 검출되었다. 그 재래마의 타입인 HT2는 19세기 이후에 선조 계통이었던 아랍종보다도 우세한 상태였던 것이 판명되었다. 이처럼 서러브레드는 속도를 추구하려고 먼 지역의 아랍종을 먼저 도입하기는 했지만, 영국이나 스코틀랜드에 있던 재래마도 개량에 도입되었던 것이 명확해졌다. 게다가 모계의 유전자를 조사한 결과 냉혈종인 영국 원산 대형마인 샤이어(Shire)라는 품종이나 널리 브리튼 제도(諸島, British Isles)의 재래마와 계통이 가깝다는 것도 제시하였다(Bower, 2010). 따라서 서러브레드는 아랍종과 같은 해외의 말 품종을 선조 집단으로 삼고 있지만, 실제는 다양한 재래마와 교잡되어 성립한 말 품종인 것이 판명되었다. 이것은 육종 개량에서 특정의 생리적 및 형태적인 능력을 높이는데 재래마의 역할이 중요했다는 사실을 암암리에 보인 좋은 사례라고 할 수 있다. 한편에서 지금까지 일반적으로 순수한 아랍계 말 품종이라 생각한 서러브레드는 특정의 말 집단에 의해 품종화되지 않았다고 할 수 있다. 일본 재래마와 마찬가지로 말 품종에 관한 사람들의 생각이 '순수품종'이라는 인식을 확산시켰다고 생각한다.

7. 앞으로의 말 - 현대의 새로운 말 이용

(1) 말과 함께 산다

근세부터 근대까지 말은 세계 각지에서 군사와 경제의 양면에서 나라를 지탱하는 생물이었다. 그러나 20세기 후반의 급속한 자동차화(motorization)의 영향을 받아 육종 개량으로 성립한 말 품종의 존재 가치는 크게 약해져갔다.

일찍이 각 세대당 한 마리를 사육할 정도로 친숙했던 말이 자동차 등으로 대체되어 말과 접하는 기회가 없어졌다.

그 결과 대형 마차를 끄는 능력이 뛰어난 냉혈종의 대형마 등은 관광 자원으로서 거리나 목장의 마차를 끌게 되었다. 원래 품종처럼 명확한 육종 개량이 이루어지지 않았던 재래마는 단순히 생물의 유전자원 혹은 문화유산이라는 보호동물로 자리매김하게 된 경우가 많다. 물론 개발도상국에서는 아직 말의 이용 가치가 높지만, 이른바 선진국이라 불리는 국가에서는 경주마 등을 제외하고는 사육 마릿수가 감소하는 경향이 있다. 지금까지 인간의 일과 관련하여 말은 커다란 영향을 끼쳐왔지만, 앞으로 말 문화는 이대로 정체와 쇠퇴의 외길을 걷는 것일까. 그러나 최근 쇠퇴하는 한편으로 선진국에서는 장래의 말 이용에 관한 논의가 깊어져 새롭게 대대적인 말 문화가 성립할 수 있는 징조가 보이기 시작하였다.

최근 유럽을 중심으로 '호스 테라피(Equine-assisted therapy, 말 보조 치료법)'라는 단어 이용이 활발해졌다(Masini, 2010). 호스 테라피라는 것은 정신과 신체적인 면에서 장애가 있는 사람들의 증상 완화나 치료를 목적으로 말을 이용하는 새로운 말 이용의 패러다임이다. 애초에 말은 무리로 생활하는 사회성을 지니고 있어서 체격은 커도 순종적이고 대단히 마음이 따뜻하다. 이처럼 너그러운 말을 접하는 것으로 치료를 받는 환자는 정신적 및 신체적인 상태를 개선하는 것이 가능하다. 실제로 호스 테라피는 의학적인 견지에서도 유용한 것이 증명되어 일본에도 그 문화는 널리 퍼지고 있다(渕上, 2012).

호스 테라피의 발단을 역사적으로 파악한다면, 실은 인간이 말을 이용해온 약 6,000년 중에서 대단히 획기적인 것으로 위치 지을 수 있다. 근대까지의 사회에서 말의 위치로서는 말이 어느 정도 인간의 경제나 정치에 도움이 되었는가 하는 '사회의 재산'으로서의 요소가 컸다. 그러나 호스 테라피에서 말 문화는 인간이 말과 함께 살아갈 '기회'를 제공하는 요소가 커서 지금까지의 말 이용과는 성질이 많이 다르다. 애초에 말을 이용하여 치료하지 않아도 다른 좋은 치료 방법은 무수히 존재한다. 그럼에도 일부러 말을 이용하고 있는 이유는 역시 호스 테라피에 관계되는 사람들이 말과 함께 지내는 생활을 원하고 있기 때문이다. 오늘날 선진국의 말 이용에서 말을 유지하고 활약의 장을 제공하는 것은 종래의 테두리에서는 대단히 곤란할 것이다. 또 일반 가정에서 사육되지 않는 말은 현재의 젊은이에게는 먼 존재이기도 하다. 이처럼 말 문화에는 불리하다고 생각할 수 있는 오늘날조차도 말은 매력적인 동물로, 경마회나 승마회에 국한되지 않고 말과 관련되는 일에 뜻을 둔 사람은 끊이지 않는다. 호스 테라피는 말 문화와 완전히 관계 없던 사람들이 새로운 말 문화를 형성하여 말 문화의 모체를 넓힐 기회를 준다. 인간은 지금까지 무수히 말에 접근해왔다. 수렵, 가축화, 전쟁, 오락과 무수히 많은 접근법이 존재한다. 이번의 접근법도 훌륭하게 말 문화로 뿌리내리기를 기대한다.

(2) 말의 역사학적 연구의 전망

본 장에서는 말의 역사학적인 변천을 개관하고자 새로운 고고학적인 정보나 생물학적인 수법을 다루면서 말의 성립으로부터 오늘날의 말 문화까지 소개했다. 본 장의 내용을 읽고 지금까지 대략적으로밖에 파악할 수 없었던 말 사육의 획기를 이전보다도 정확히 파악할 수 있게 되었다고 독자가 느꼈다면 다행이다.

그러나 한편으로 제6절에서 제시한 것처럼, 각 시대 사람들이 지닌 말의 역사학적인 지식은 후세의 말의 존재 가치나 사육 문화도 바꿀 수 있는 커다란 힘을 지닌다. 그 때문에 말의 역사학적인 연구 방법은 매일 연마하지 않으면 안 된다. 말의 역사 연구성과는 현대 사회에 속한 사람들이 말에 대해 품은 감정에도 적지 않게 영향을 끼친다. 그 때문에 현재 연구 방법의 취약성이나 현재 연구 방법으로는 검증할 수 없는 과제에 관한 새로운 역사 복원 수법을 개발하지 않으면 안 된다. 본 장에서 다룬 역사는 향후 크게 개정될 수도 있어, 항상 논의의 취약성을 의식해야만 한다.

참고문헌

諫早直人,『東北アジアにおける騎馬文化の考古学的研究』, 雄山閣, 2012.

岡部利雄,『日本在来馬に関する研究-特に北海道和種, 木曾馬及び御崎馬について』, 丸善, 1953.

覚張隆史,「歯エナメル質の炭素安定同位体比に基づく三ツ寺Ⅰ・Ⅱ遺跡出土馬の食性復元」,『動物考古学』第32号, 2015, 25~38쪽.

謝成侠著, 千田英二訳,『中国養馬史』, 日本中央競馬会弘済会, 1977.

帝国競馬協会,『日本馬政史』, 帝国競馬協会, 1928.

野澤謙・西田隆雄,『家畜と人間』, 出光書店, 1981.

林田重幸,『日本在来の馬系統に関する研究』, 日本中央競馬会, 1978.

林俊雄,『遊牧国家の誕生』, 山川出版社, 2009.

渕上真帆,「初心者の乗馬における精神的-生理的変化に関する研究」,『東京農業大学農学集報』第57巻3号, 2012, 160~166쪽.

松浦秀治,「"縄文馬"はいたか」,『名古屋大学加速器質量分析計業績報告書』, 1994, 49~53쪽.

松本仁助,『西洋古典叢書小品集-馬術について』, 京都大学学術出版会, 2000.

Aberle, Derstin S., "Phylogenetic Relationships of German Heavy Draught Horse Breeds Inferred From Mitochondrial DNA D-loop Bariation", *Journal of Animal Breeding and Genetics*, Vol. 124, No.2, 2007, pp. 94~100.

Allentoft, Morten E., Martin Sikora, Karl-Göran Sjögren, Simon Rasmussen, Morten Rasmussen, Jesper Stenderup, Peter B. Damgaard, et al., "Population Genomics of Bronze Age Eurasia," *Nature*, Vol. 522, No. 7555, 2015, pp. 167~172.

Benecke, Norbert, "Late Pregistoric Exploitation of Horses in Central Germany and Neighboring Arreas: The Archaeozoological Record", S. L. Olsen, S. Grant, A. M. Choyke and L. Bartosiewicz (eds.), *Horse and Humans: The Evolution of Human-Equine Relationships, Archaeopress*, 2006, pp. 195~208.

Bower, Min A., "The Cosmopolitan Maternal Heritage of the Thoroughbred Racehorse Breed Shows a Significant Contribution from British and Irish Native Mares", *Biology letters*, 2010, doi: 10.1098/rsbl.2010.0800 (online published).

Cherlenok, Evgeny A., "The Chariot in Bronze Age Funerary Rites of the Eurasian Steppes", S. L. Olsen, S. Grant, A. M. Choyke and L. artosiewicz (eds.), *Horse and Humans: The Evolution of Human-Equine Relationships*, Archaeopress, 2006, pp. 173~179.

Damgaard, Peter de Barros, Nina Marchi, Simon Rasmussen, Michaël Peyrot, Gabriel Renaud, Thorfinn Korneliussen, J. Victor Moreno-Mayar, et al., "137 Ancient Human Genomes from across the Eurasian Steppes", *Nature*, Vol. 557, No. 7705, 2018, pp. 369~374.

Gaunitz, Charleen, Antoine Fages, Lristian Hanghø j, Anders Albrechtsen Naveed Khan, Mikkel Schubert, Andlaine Seguin-Orlando, et al., "Ancient Genomes Revisit the Ancestry of Domestic and Przewalski's Horses", Science, Vol. 360, No. 6384, 2018, pp. 111~114.

Greenfield, Gaskel J., "The Social and Economic Context for Domestic Horse Origins in Southeastern Europe: A View from Ljuljaci in the Central Balkans", S. L. Olsen, S. Grant, A. M. Choyke and L. Bartosiewicz (eds.),

Horse and Humans: The Evolution of Human-Equine Relationships, Archaeopress, 2006, pp. 221~244.

Haak, Wolfgang, Iosif Lazarídis, Nick Patterson, Nadin Rohland, Swapan Mallick, Bastien Llamas, Guido Brandt, et al. "Massive Migration from the Steppe Was a Source for Indo-European Languages in Europe", *Nature*, Vol. 522, No. 7555, 2015, pp. 207~211.

Hecker, Howard M., "Preliminary Report on the Faunal Remains from the Workmen's Village", B. J. Kemp (ed.), *Amarna Reports Ⅰ. Occasional Papers 1*, Egypt Exploration Society, 1984, pp. 154~164.

Levine, Marsha A., "Botai and the Origins of Horse Domestication," *Journal of Anthropological Archaeology*, Vol. 18, No. 1, 1999, pp. 29~78.

Ludwig, Arne, "Coat Color Variation at the Beginning of Horse Domestication", *Science*, Vol. 324, No. 5926, 2009, p. 485.

Macfadden, Bruce. J., *Fossil Horses - Systematics, Paleobiologyand Evolution of the Family Equidae*, Cambridge: Cambridge University Press, 1992.

Masini, Angela, "Equine-assisted Psychotherapy in Clinical Practice", *Journal of Psychosocial Nursing and Mental Health Services*, Vol. 48, No. 10, 2010, pp. 30~34.

Olsen, Sandra L., "Solutré: A Theoretical Approach to the Reconstruction of Upper Palaeolithic Hunting Strategies", *Journal of Human Evolution*, Vol. 18, No. 4, 1989, pp. 295~327.

Olsen, Sandra L., "Early Horse Domestication: Weighing the Evidence", S. L. Olsen, S. Grant, A. M. Choyke and L. Bartosiewicz (eds.), *Horse and Humans: The Evolution of Human-Equine Relationships*,

Archaeopress, 2006, pp. 81~113.

Orlando, Ludovic, “Recalibration Equus Evolution Using the Genome Sequence of an Early Middle Pleistocene Horse”, *Nature*, Vol. 499, 2013, pp. 74~78.

Outram, Alan., K. “The Earliest Horse Harnessing and Milking”, *Science*, Vol. 323, 2009, pp. 1332~1335.

Pruvost, Melanie, “Genotypes of Predomestic Horses Match Phenotypes Painted in Paleolithic Works of Cave Art”, *Proceedings of the National Academy of Sciences*, Vol. 108, No. 46, 2011, pp. 18626~18630.

Rieder, Stefan, “Molecular Tests for Coat Colours in Horses”, *Journal of Animal Breeding and Genetics*, Vol. 126, No. 6, 2009, pp. 415~424.

Rossel, Stine, “Domestication of the Donkey: Timing, Processes, and Indicatiors”, *Proceedings of the National Academy of Sciences*, Vol. 105, No. 10, 2008, pp. 3715~3720.

Sahnouni, Mohamed, “The First Evidence of Cut Marks and Usewear Traces from the Plio-Pleistocene Locality of El-Kherba (Ain Hanech), Algeria: Implications for Early Hominin Subsistence Activities Circa 1.8 Ma”, *Journal of Human Evolution*, Vol. 64, No. 2, 2013, pp. 137~150.

Wallner, Barbara, “Identification of Genetic Variation on the Horse Y Chromosome and the Tracing of Male Founder Lineages in Modern Breeds”, *PLoS ONE*, Vol. 8, No. 4, 2013, e60015 (online published).

2장

범선
전근대 인도양을 왕래한 배를 중심으로

• 구리야마 야스유키(栗山保之) •

1. 배의 역할

예로부터 동중국해나 지중해, 혹은 인도양 등의 여러 해역에서는 바다가 여러 지역을 연결하는 장대한 교통·운수로로서 기능해왔다. 그리고 이 바닷길을 통해서 상인이나 순례자, 학문 연구자와 같은 다양한 사람들의 광범위한 이동과 이주를 뒷받침하며, 생활필수품에서 사치품에 이르는 다종다양한 상품이나 물산의 광역적인 유통을 촉진해온 것은 다름 아닌 배였다.

본 장에서는 전근대에 바다를 활발하게 왕래하던 배에 관해 고찰한다. 먼저 전근대 동중국해나 지중해, 대서양 각 해역을 왕래한 중국, 일본 그리고 유럽의 몇 개의 배를 개관한다. 그 후 필자가 특히 관심 있는 전근대의 홍해, 페르시아만, 아라비아해로 이루어진 인도양 서해 지역을 항행하던 목조 범선에 대해 구체적으로 검토해 보겠다.

2. 여러 해역을 오가는 다양한 배

전근대의 동중국 및 남중국해에 나타난 중국 배 중 하나는 정크(Junk)였다. 대양 항해에 사용되던 정크는 다종다양하다. 예를 들면 18세기의 『당선도권(唐船圖卷)』에는 남경선(南京船), 영파선(寧波船), 복주선(福州船) 등 11종을 열거하였다. 정크의 기본적인 선체 구조는 다른 지역에서 제조 사용되던 여느 종류의 배와 달리 다른 배에서는 필수적이라고 여겨졌던 용골(龍骨), 선수재(船首材), 선미재(船尾材)가 결여되어 있다. 또 늑재(肋材)[01] 대신에 횡격벽(橫隔壁)[02]이 마치 대나무를 세로로 쪼갰을 때 줄기 안에 보이는 여러 칸처럼 선체 내부를 몇 개의 구획으로 나누는 견고한 구조이다. 이러한 격벽 구조는 누수나 흘수선(배와 수면이 접하는, 경계가 되는 선) 아래에 손상이 생겨도 쉽사리 배의 부력을 잃지 않는 수밀(水密)[03] 구획을 보유한 선체를 만들어냈다. 정크의 또 다른 하나의 특징은 돛으로, 대나무 창살 붙임 평형 러그 돛(lug sail, 귀 모양의 돛)을 사용하였다. 이 돛이 서로 방해하지 않도록 삼나무 재료로 만든 복수의 돛대(마스트)[04]가 조금씩 옆으로 비켜 세워져 있다. 원대에 중국을 방문한 마르코 폴로가 그 여행기에 상세히 기술을 남긴 배나 명대 정화(鄭和)의 대원정에서 사용한 보선(寶船) 등은 모두 이러한 바다를 항해하는 정크였다.

같은 동중국해를 오간 일본의 배로서 곧바로 떠오르는 것은 견당사

---

01 (역자주) 선박의 늑골을 이루는 재료.

02 (역자주) 가로 칸막이벽.

03 (역자주) 물을 흘리지 않고 물의 압력에 견디어내는 것.

04 (역자주) 돛을 달려고 배 바닥에 세운 기둥.

(遣唐使)의 배일 것이다. 견당사의 배 이전의 배는 복재고선(複材刳船)[05]의 배 양측 측면에 엮널(현측판, 舷側板)을 달아 깊이를 늘리고 적재량과 내항성(耐航性)을 키운 준구조선(準構造船)[06]이었다고 여겨진다. 8세기 이후 견당사 배에 관해서는 대륙계의 기술이 도입되어 바다를 항해하는 정크의 영향을 엿볼 수 있다는 의견도 있지만, 그 선체 구조는 잘 모른다. 가마쿠라(鎌倉) 시대 말기부터 무로마치(室町) 시대 초에 걸쳐서는 건장사 조영료 당선(建長寺造營料唐船)이나 조 천룡사 송선(造天龍寺宋船) 등 막부 공인의 무역선이 파견되기는 하였지만, 이들 도항선의 실태에 관해서도 불명이다. 일본에서 도항선 구조가 분명해지는 것은 16세기 중기 무렵이다. 이 무렵에는 구조선인 선반 널[棚板] 구조의 배가 이용되었다. 선반 널 구조란 준구조선(準構造船) 배 밑바닥의 통나무배[刳船] 부재(部材)[07]를 항판재(航板材, 기와 판재)라 부르는 선저재(船底材)로 대체하고, 이 선저재(船底材)에 수 매의 선반 널을 겹쳐 이어붙여, 다수의 선량(船梁)[08]으로 보강한 선체 구조이다. 에도(江戶)시대가 되면 동남아시아에 도항한 무역선 중 주인선(朱印船)[09]이 출현한다. 주인선에 이용된 배는 중국이나 섬라(暹羅)[10]에서 구입 혹은 중국 내에서 건조된 정크로, 특히 간에이기(寬永期,

---

05 복재고선이란 견당사의 용어로, 복수의 고선 부재(部材)를 앞뒤로 연결한 배를 말한다(安達, 1998, 11쪽).

06 (역자주) 통목선의 배 측면에 판재를 더하여 용량을 크게 만든 배. 그에 반해 판재만을 연결한 배를 구조선이라고 부른다.

07 (역자주) 구조물의 뼈대를 이루는 데 중요한 요소가 되는 여러 가지 재료.

08 (역자주) 양쪽 외판을 잡아주는 부재, 배 양측의 외판(外板) 간에 건너지른 수많은 굵은 들보. 물이 들어오는 것을 막아준다.

09 (역자주) 도쿠가와 막부가 발행한 주인장(朱印狀, 해외 도항 허가증)을 휴대하고 무역에 종사한 상선.

10 (역자주) 현 태국.

1624~1644)의 주인선에 관해서는 에마(繪馬)[11] 등에 그려진 스에쓰구선(末次船)이나 아라키선(荒木船)[12] 등의 모양에서 범장(帆裝)[13]이나 키[舵], 선미 회전[船尾廻]에 유럽 갤리온선의 기술을 채택한 원양 항해용 정크였던 것이 밝혀져 있다. 그 후 도쿠가와 막부(德川幕府)의 쇄국 정책으로 극히 일부를 제외하면 일본선의 해외 도항은 끊어졌다. 하지만 그 한편에서 해운은 비약적인 발전을 이루어 선반 널 구조로 키를 매단 벤자이선(弁才船)[14]이 출현하여 발달하였다.

유럽에서는 15세기에 이른바 북방선과 남방선의 기술적인 결합이 나타났다. 지중해에서 발달한 남방선에 북유럽에서 사용된 북방선의 뛰어난 부분이 채용되었다. 포르투갈을 기원으로 하는 캐러벨선(caravel, 카라벨라)이 탄생하였다. 이것은 선체의 바깥 판[外板]을 평평하게 편 것으로, 두 개 혹은 세 개의 돛대에 라틴 돛(lateen sail. 큰 삼각돛)을 지닌 외항선이었다. 1492년에 신대륙을 발견한 콜럼버스 함대 중 하나인 '니나'는 세 개의 돛대에 세 장의 라틴 돛을 갖춘 전형적인 캐러벨이었다. 또 15

---

11 (역자주) 본래 신사(神社)나 사원에 발원할 때 소원이 이루어진 사례로 말 대신에 봉납하는 말 그림 액자. 이후에는 말 이외에 다양한 소재가 그려졌다.

12 스에쓰구·아라키 두 배의 선체는 기본적으로 정크 구조이면서 선미 회전에는 갤리온 계통의 기술, 선수 회전에는 일본 배의 기술을 도입한 중국·서양·일본의 절충 형식이다(石井, 1983, 71쪽). 또한 스에쓰구·아라키 두 배의 모습을 그린 에마의 사본이 현존한다(安達, 1998, 39~40쪽).
(역자주) 스에쓰구선: 17세기 초 나가사키(長崎)의 호상(豪商) 스에쓰구 헤이조(末次平藏)와 아라키 소타로(荒木宗太郎)가 주인장을 받아 출항하여 동남아시아 무역에서 활약한 배를 일컫는다.

13 (역자주) 범선의 돛의 형상. 의장(艤裝).

14 근세 초기의 해선(海船)의 일종으로 관동 이서의 태평양과 세토내해(瀨戶內海)에서 사용된 대표적인 상선이며, 그 선수 형상은 水押造(파도를 가르는 구조)로 안정성이 좋은 棚板造(선반 구조)의 배였다(安達, 1998, 82~83쪽).

세기에 개발된 가로돛[横帆, square sail, 또는 사각 돛]을 장치한 배인 카락(carrack)선은 캐러벨과 같이 평평하게 편 구조로, 선미 현측(舷側) 키가 폐지되고 선미 중앙 키가 채택되었다. 그 돛대는 3~4개로, 콜럼버스 함대의 기함 '산타마리아'는 100톤 정도의 카락이었다. 이들 캐러벨선이나 카락선이 1498년 바스코 다 가마의 인도 도달이나 1515년 포르투갈 함대의 동남아시아 도달 등을 추진하여, 유럽 국가에 의한 대항해시대를 출현하게 하였다. 그리고 15세기 말에는 캐러벨이나 카락의 건조 기술을 복합한 세 개 이상의 모든 돛대에 가로돛을 장착한 장비를 지닌 전범주선(全帆走船, full-rigged ship)이 출현하고, 그 후는 순조롭게 개량이 진전되어 18세기에는 완성 단계에 도달하였다. 이 시기 유럽 항해선의 전형은 네덜란드나 영국, 프랑스 등의 동인도회사 소속 배로, 견고한 세 개의 돛대를 갖추고 그 전장은 40~50m 정도, 적재적량은 1,500톤에 달하였다. 이제 유럽 배는 세계의 배를 주도하기에 이르렀다[15].

이상이 동중국해, 지중해, 그리고 대서양이라는 여러 해양을 항해하고 있던 중국, 일본, 유럽 배의 개관이다. 이 해역들을 왕래하던 배에 관해서는 이미 많은 연구가 행해져 그 실태도 점차 밝혀지고 있는 것처럼 보인다. 그러나 이에 비해 전근대의 유럽과 아시아를 잇는 중요한 역할을 하며 인도양을 주된 활동 해역으로 삼은 배에 관해서는 아직 충분히 연구되고 있다고 말하기 어렵다. 이에 여기서는 인도양, 특히 아라비아해를 중심으로 한 서쪽 해역의 배에 초점을 맞춰 고찰하고자 한다.

---

15 본 절에서 제 해역을 왕래한 다양한 배의 개관에 관하여, 중국선에 대해서는 니덤(1981), 일본선은 安達(1998), 그리고 유럽선에 관해서는 杉浦(1985) 및 野本(1984)의 연구를 참조, 인용하였다.

3. 배의 호칭 - 다우에 관한 여러 문제

인도양 서쪽 해역에서 이루어진 해상 교류의 여러 양상을 연구하는 쉐리프(Sheriff)는 그의 저서 속에서 다우(Dhow)란 서인도양에서 많이 사용되는 목조범주선(木造帆走船)이라고 이야기하였다(Sheriff, 2010, 1쪽). 또 오늘날의 인도양에서 볼 수 있는 목조 범선을 조사하는 프라도스는 다우를 아라비아해에서 사용되는 모든 목조선을 포함하는 일반적인 용어라고 서술하고 있다(Parados, 1997, 197쪽). 그렇지만 다우라는 말은 오늘날 인도양을 생업의 장소로 삼는 아랍이나 페르시아계의 뱃사람들 사이에서 쉐리프나 프라도스가 서술하는 의미로 사용되는 것은 아니다.

20세기 초의 지중해, 홍해, 인도양 등에서 각종 범선을 관찰한 영국의 항해기술사가 무어(Moore, 1970, 132~133쪽)는 다우라는 단어가 유럽인 외에 홍해에서는 사용되지 않는다고 서술하였다. 또 아라비아해나 페르시아만의 목조선을 조사한 보웬(Bowen)은 다우는 페르시아만, 홍해, 아라비아해에서 아랍이 이용하는 한 개 혹은 두 개의 돛대에 삼각돛을 장비한 다양한 종류의 배라는 집합명사라고 한다. 반면 아랍에서는 그 누구도 그들의 배를 다우라고 칭하지 않는다고 지적한다(Bowen, 1949, 96쪽).

그러면 유럽인들이 다우라 칭하는 목조선을 인도양의 뱃사람들은 어떻게 부르고 있었을까. 보웬은 아랍인은 아라비아어로 배를 나타내는 일반적인 용어로서의 마르카브(markab, pl.marākib)를 사용한다고 서술하였다(Bowen, 1949, 96쪽). 또 문헌 사학 분야에서 인도양에서 이루어진 아랍인의 항해를 연구한 역사가 올래니(Hourani)도 현대의 뱃사람들은 다우라는 용어를 사용하지 않고, 마르카브나 마르카브와 마찬가지로 일반적으로 배를 의미하는 아라비아어인 사피나(safina, pl.sufun) 혹은 『코란』에서 배의 의미를 나타내는 풀크(fulk)라는 단어들을 사용하고 있다고 이야기한다(Hourani, 1995, 89쪽). 이와 같은 사실은 현대의 인도양을 왕래하는 아랍 뱃사람이나 아랍 연구자들의 저작에서도 확인할 수 있다. 예를 들면 20세기 중기 무렵 쿠웨이트의 저명한 뱃사람 쿠타미는 그 저서에서 사피나 및 마르카브를 사용하였고, 다우라는 용어를 일체 사용하고 있지 않다(al-Qūṭāmī, 1964). 더욱이 현대 쿠웨이트의 해사사가(海事史家) 힛지는 19세기 말부터 20세기에 걸쳐 인도양 서쪽 해역을 누빈 쿠웨이트의 유명한 뱃사람들에게 청취한 조사 결과를 정리하였는데, 역시 뱃사람들 사이에서 다우라는 용어는 쓰이지 않았다(al-Ḥijji, 1993). 이처럼 다우라는 것은 유럽인들이 사용한 인도양 해역에서 찾아낸 전통적인 목조선, 혹은 목조기범선(木造機帆船)을 지칭하는 막연한 호칭으로, 오늘날의 아랍·이란계의 뱃사람들 사이에서는 사용되지 않는 말이라고 할 수 있다.

그러면 유럽인들이 인도양의 전통적인 목조선을 가리키는 말로 사용하는 다우의 어원은 어디에 있는 것일까. 보웬은 동아프리카의 잔지바르에서 이용되어온 가로돛을 장비한 뾰족한 선미의 소형선의 일종이 스와힐리어로 다우(dau, pl.madau)불리던 것을 들어 이 말이 어원일 가능성을 소개하고 있다(Bowen, 1949, 96쪽). 그렇지만 스와힐리어를 어원으로 하는 이 설에 관련하여 이미 영국의 해사사가 호넬이 다우(dow)라는 단어의 사용을 피하고 있다. 그 이유로는 이 말이 영어로 아랍의 범선을 가리키는 일반적인 용어로 사용되며, 순수한 아라비아어가 아닌 홍해나 페르시아만의 아랍 뱃사람들 사이에서는 그 누구도 이 말을 사용하지 않기 때문이라 한다(Hornell, 1942, 35쪽). 호넬은 또 dau 및 dhow에 대해 언급하였다. dau란 길게 돌출한 뱃머리의 소형선 모두에 적용되는 라무(Lamu) 해안의 일반적인 용어이며, dhow란 삼부크(sambuk)에서 바그라(baghla)에 이르는 모든 중형 및 대형의 아랍선이 영어로 옮겨지며 잘못 적용된 것이라고 지적하고 있다(Hornell, 1942, 54쪽). 이 호넬의 견해에 올래니도 동의하고 있다. 다우는 스와힐리어의 명칭으로 아랍은 사용하지 않고, 영어권의 저술가들에 의해 잘못된 형태인 dhow라는 말로 알려지게 되었다고 서술하였다(Hornell, 1942, 89쪽).

한편 인도양 해역을 널리 현지 조사하여 각종 목조선을 관찰한 야지마 히코이치(家島彦一)는 유럽인들과는 다른 시점으로 다우에 관한 견해를 제시한다. 야지마에 의하면 압바스조 시대의 티그리스강에서 이용되던 거룻배는 자우(zaw), 자우우(zaww)라고 불렸는데, 13세기가 되면 본래의 이 작은 배의 의미에 더해 대형선이라고 하는 새로운 의미로도 지칭하게 된다. 그리고 14세기에 인도양 서쪽 해역에서 중국선의 활동이 활발해지자 한어로 배(船)를 가리키는 주(舟), 선(船), 소(艘), 동(艟), 종(艅) 등의 음이 아랍이나 이란계의 뱃사람들에게 전해져 그것이 예로부터 존재하던 아라비아어의 자우, 자우우 음의 유사성에 의해 대형과 소형 두 쪽 모두를 가리키는 배의 총칭으로서 널리 이용되었다고 지적하였다. 더욱이 15세기 중반 이후 인도양 서쪽 해역에서 중국선의 후퇴로 인해 자우나 자우우의 음은 아랍이나 이란계의 목조 범선을 가리키는 용어로 국한되고, 그 후 포르투갈을 비롯한 서유럽인들이 아랍이나 이란계의 목조선의 호칭을 유럽 여러 언어에 전하였다고 고찰하고 있다(이븐 바투타, 2000, Ⅵ : 464~465쪽; Yajima, 1976, 20쪽). 또 야지마는 근대 이후의 다우의 정의에 관해 ① 목조형 구조이고 ②인도양의 서쪽 해역, 아라비아해, 홍해와 페르시아만을 주된 활동권으로 하고, 그 연안·도서부를 커버하는 지역사회·생활·문화·

경제 등과 밀접한 관계를 지니고 있을 것 ③몬순과 취송류(吹送流)[16]를 최대한 이용한 계절적인 항해 활동을 하는 것이라는 세 개의 조건에 적합한 배를 다우라고 하였다(家島, 2006, 51쪽).

이상 야지마의 다우에 관한 견해는 다우의 어원을 유럽인들이 간과해온 중국과의 관계에 주목하여 한어에서 유래한 것이었다는 바를 지적한 점, 다우라는 용어의 발생과 근대에 이르기까지의 전래 과정을 명시한 점, 그리고 근대 이후에는 선체 구조만이 아닌 배와 배를 둘러싼 자연지리·환경 및 사회 등과의 밀접한 관계에 주목한 점에서 일부 유럽인들이 제창한 스와힐리어 어원설보다 훨씬 설득력 있는 견해라고 생각된다.

4. 포르투갈 내항 이전 인도양 서쪽 해역의 목조 범선

전근대의 인도양 서쪽 해역에는 다양한 종류의 배가 존재하였다고 짐작된다. 그렇지만 포르투갈 내항 이전의 인도양 서쪽 해역의 모습을 가장 잘 전하는 아라비아어 여러 사료에서 배를 묘사할 때 아라비아어로 배를 의미하는 용어로는 앞에서 서술한 마르카브가 많이 사용되며, 배 종류의 명칭으로 기록한 것은 그다지 많지 않다. 그 때문에 배의 종류나 형상, 혹은 용도 등에 관해서 구체적인 정보를 얻는 것은 곤란하다. 다만 여행기나 경이담(驚異譚)[17] 등 일부 사료에서 배 그 자체에 관련된 기사를 약간 찾아낼 수 있다. 이에 여기서는 그러한 사료를 이용하여 10세기부터 포르

16 (역자주) 수면 위를 부는 바람에 의해 생기는 물의 흐름.

17 (역자주) 변경·이세계·태고의 괴이한 사물이나 생물에 대한 언설.

투갈이 내항하는 15세기 말까지 홍해, 페르시아만, 아라비아해와 같은 대양을 왕래하던 목조 범선에 대해 검토하고자 한다[18].

아이칼('aykār): 항해선. 포르투갈 내항 전후 인도양에서 저명한 항해 기술자(mu'allim) 이븐 마지드(Ibn Mājid)에 의해 언급된 배 종류이다(Tibbetts, 1981, 226~227쪽). 아덴(Aden)이나 시어(al-Shiḥr)라는 예멘의 아라비아해 연안의 항구에서 페르시아만의 출입구에 해당하는 호르무즈(Hurmūz)에, 혹은 아라비아반도 동남의 오만에서 서안의 구자라트로 향하는 대양 항해에 이용된 배이다(Tibbetts, 1981, 48쪽).

카캄(Kakam): 14세기의 대여행가 이븐 바투타(Ibn Baṭṭuṭa)가 인도 서안의 캘리컷(Qāliqūṭ)에서 본 13척의 중국 배 중에서 소형선으로 분류한 배(이븐 바투타, 2001, Ⅵ: 129쪽). 야지마에 의하면 카캄은 중국어의 가선(舸船)을 음사(音寫)한 용어로, 중국 정크의 일종인 소형 정크의 뜻이라고 한다(이븐 바투타, 2001, Ⅵ: 183쪽).

키토아(qiṭ'a, pl.aqṭā', qiṭa', qaṭā'i'): 항해선. 이븐 마지드는 이 키토아와 후술하는 미스 마리야 모두 포르투갈과 지중해에서 인도양에 내항한 배라고 한다(Tibbetts, 1981, 138쪽). 카타이는 인도의 코티아(cotia) 혹은 아랍의 쿠티야(kūtīya)와 같은 유형이라고 여겨진다(Serjeant, 1974, 135쪽).

---

18 9·10세기의 인도양 서쪽 해역을 항행하던 배에 관해서는 이미 야지마가 논하였기에 참조하기 바란다(부즈루크(buzurg), 2011, 430~431쪽). 또 하천이나 연안부, 항만 내 등을 항행 수역으로 삼고 있었다고 생각되는 배는 본론에서는 다루지 않았는데, 우카이리('ukayrī), 우샤리('ushārī, pl.'ushāriyāt, 'ushāriyūn), 카리브(qārib, pl.qawārib), 자우라크(zawarak, pl.zawārīk), 산부크(sanbūq, ṣunbūq, pl.sanābīq, ṣanābīq), 탓리다(ṭarrīda, ṭarrāda, ṭaṭrīda, pl.ṭarā'id, ṭarārīd), 두니쥬(dūnij, dūnīj, pl.dawānīj), 핫샤바(khashabiq, pl,khashab) 따위의 배가 보인다. 또 근대 이후 오늘에 이르기까지 인도양에서 관찰할 수 있는 배의 종류나 형상 혹은 용도 등에 관해서는 (Moore, 1920; Hornell, 1946; Yajima, 1976; Agius, 2002) 등의 연구를 참조하기 바란다.

코티아는 오늘날 인도 남서안의 말라바르해안에서 사용되는 두 개의 돛대와 삼각돛을 장비한 배이다(Yule and Burnell, 1985, 265쪽). 또 쿠티야는 현재 카라치(Karachi)나 뭄바이(Mumbai)를 거점으로 하는 중형의 각형 선미(角形船尾) 배이다. 바스라(al-Baṣra)나 쿠웨이트, 두바이(Dubai), 아부다비(Abu Dhabi), 마트라(Matrah)에서도 볼 수 있으며, 장비를 간단히 하였지만 많은 화물을 적재할 수 있는 배이다(Yajima, 1976, 24쪽).

구라브(ghurāb, pl.ghirbān, aghriba): 주로 지중해에서 사용된 전투선, 감시선(이븐 바투타, 2001, Ⅵ: 153쪽). 아기우스에 의하면 구라브라는 노(櫂)나 돛을 장비한 전형적인 전투선이라고 한다(Agius, 2008, 348쪽). 이븐 바투타는 캠베이만을 항행하는 소형의 길쭉한 쾌속선인 우카이리에 관해 언급했을 때 그 배가 구라브와 비슷하다고 지적하였다(이븐 바투타, 2001, Ⅵ: 102쪽).

자우(zaw): 이븐 바투타는 캘리컷 항에서 실제로 본 중국 배 중에서 중형 선박 종류를 자우라고 기록하였다(이븐 바투타, 2001, Ⅵ: 128쪽). 야지마에 의하면 자우는 중국음의 배(舟, zhou) 혹은 동(艟, 艨艟, 고대의 전함)을 음사한 것이라 한다(이븐 바투타, 2001, Ⅵ: 183쪽). 13세기의 지리학자 야쿠트(Yāqūt)가 기록한 자우우(zaww)도 필시 이 자우를 의미하며, 선박의 일종으로 크다고 기록하고 있어(Yāqūt, 1876, Ⅱ: 960쪽) 분명히 항해선의 일종이었다고 생각된다.

자키르(jākir): 페르시아어의 차카르(chākar, 종자[從者])에서 유래하는 이름으로, 대형 수송선(이븐 바투타, 2001, Ⅵ: 152쪽). 이븐 바투타가 캠베이만에서 인도 남서안을 남하할 때 승선한 자키르는 말 70두를 선적하였고, 게다가 50명의 궁사(弓師)와 50명의 에티오피아인 전사가 동승하고 있었다고 한다(이븐 바투타, 2001, Ⅵ: 101~102쪽). 말과 승선 인원수를 고려하면 높은 적재 능력을 보유한 대형선이었다고 추측할 수 있다.

자슈지야(jāshūjīya, pl.jāshujiyāt): 런치(launch), 수송선. 프리드만은 자슈지야의 어원은 페르시아어(jāshū: 뱃사람)로, 그 용도를 상륙용 런치라고 해석하고 있다(Goitein and Friedman, 2008, 342쪽). 한편 아기우스는 프리드만과 같은 전거에 의하여 그 어원은 마찬가지로 페르시아어라고 하면서도 수송선의 일종이라고 추측하고 있다(Agius, 2008, 343쪽).

샤파라(shaffāra, pl.shaffārāt): 군선, 상선. 게니자(geniza) 문서에 기록된 배(선박)종류 중 하나이다. 페르시아만의 이란 연안에 떠 있는 키시섬(Jazīrat Qīsh)의 지배자가 남아라비아의 아덴을 공격하려고 함대를 파견하였는데, 이 함대에는 세 척의 샤파라가 후술하는 부르마와 함께 포함되어 있어 군용선인 것을 알 수 있다(Goitein and Friedman, 2008, 341~342쪽). 한편 후추나 생강 등의 무역 물산을 적재했던 것을 보여주는 사료도 있어(Goitein and Friedman, 2008, 615·620·656쪽), 대양 항행이 가능한 상선으로서 이용되었음을 엿볼 수 있다.

자푼(jjafn, pl.ajfān, jifān, jufūn): 상선이나 운반선을 포함한 둥근 형태의 배를 뜻하는데 군선이나 보급선을 포함하는 전함, 함대의 뜻으로도 사용되고 있다(이븐 바투타, 1998, Ⅲ: 248쪽). 자푼의 말뜻 중에 크고 깊은 사발[深鉢]이 있어서, 그로부터 둥근 형태의 배를 의미하는 말로 사용되었다고 한다(Agius, 2008, 330쪽). 이븐 바투타는 호르무즈에서 해변에 있는 왕궁 곁에 계류된 수 척의 자푼을 실제로 보았다(이븐 바투타, 1998, Ⅲ: 180쪽). 또 캘리컷에서 남서쪽에 있는 항구 히나우르(Hinawr)로 항해 중에 4척의 전투용 자푼도 조우하였다(이븐 바투타, 1998, Ⅵ: 139쪽).

샤와니(shānī, shīnī, shānīya, shānīya pl.shawānī): 군선. 12세기 말에 예멘을 정복한 아이유브 왕조는 아라비아해를 항행하는 상선을 보호하고 해적선을 감시하는 목적으로 샤와니를 도입하였다. 아이유브 왕조 후에 흥성한 라술 왕조도 샤와니를 계승하고, 그 유지·운영비용으로 샤와니 세(稅)라는 세금 항목을 만들어 아덴항 세관 등에서 상인들이 가지고 온 무역 물산에 부과·징수하였다. 또한 아이유브 왕조나 라술 왕조 관련 여러 사료에서 샤니의 복수형 샤와니로 항상 표기되어 있다. 그 의미에서 샤와니라는 것은 군선단(軍船團)으로 해석하는 것이 적당할 것이다.

자르바(jalba, pl.jilāb, jalbāt): 아덴만이나 홍해에서 사용된 평평한 밑바닥의 봉합형(縫合型) 목조 범선(이븐 바투타, 1998, Ⅲ: 195~196쪽). 인도양의 뱃사람이나 상인 등의 경이담을 정리한 부즈루크는 오만에서 제다로 향한 자르바의 선단이 홍해에서 침몰한 것을 전하고 있다(부즈루크, 2011, Ⅰ: 286~287쪽). 게니자 문서에는 홍해와 아라비아를 잇는 밥 알만다브 해역에서 자르바가 홍해의 달락섬(Jazīrat Dahlak)의 지배자가 달락섬에서 파견한 자르바의 선단에게 습격을 당해 그 적하물을 강탈당했다고 한다(Margariti, 2007, 166쪽). 또 이븐 바투타는 예멘인 한 무리를 태웠고, 게다가 몇 마리의 낙타를 적재한 자르바 한 척을 제다항에서 목격하였다. 그 배에 승선을 권유받았지만 공포를 느끼고 거절하였다고 기록하였다(이븐 바투타, 1998, Ⅲ: 116쪽). 이븐 마지드는 지라브를 아라비아반도 중서부의 헤자즈(Hejaz) 지방 연안의 암초 지역에 들어갈 수 있는 배로 기록하였다(Tibbetts, 1981, 264쪽). 이상과 같이 자르바는 아라비아반도와 아프리카 대륙에 끼여 암초가 많아 항해가 쉽지 않은 홍해나 아덴만의 항행에 특화된 배였다고 할 수 있다.

정크(junk, pl.junūk): 중국어로 융극(戎克) 혹은 대양 항해용의 큰 배를 가리키는 배(䑸)(이븐 바투타, 2001, Ⅵ: 461쪽). 이븐 바투타는 캘리컷에서 중국선을 실제로 보고, 대형의 정크, 중형의 자우, 소형의 카캄의 세

종류로 분류하였다(이븐 바투타, 2001, Ⅵ: 129~131쪽). 아라비아해나 홍해에 진출한 정화 원정대의 배를 정크, 준크(zunk, pl.zunūk) 등으로 기록하고 있다(이븐 바투타, 2001, Ⅵ: 462쪽). 예를 들면 예멘·라술 왕조 후기의 작자 불명 연대기에 의하면 히즈라력(曆) 821년(1418)에 막대한 선물을 휴대한 중국 지배자의 사절이 승선하는 수 척의 '장크(marākib al-zank)'가 아덴항에 내항하였다(A Chronicle, 1976, 105쪽). 정크의 규모에 관해서 이븐 바투타는 대선은 12매에서 적은 것도 3매의 돛을 장비하고, 그 돛은 돗자리처럼 짠 장대로 만들어져 접는 일은 없다고 전하고 있다(이븐 바투타, 2001, Ⅵ: 128쪽).

누바(nūba, pl.nūbīya): 13세기의 이븐 알 무자위르(Ibn al-Mujāwir)는 아라비아반도 동안의 바레인(al-Baḥrayn)에서 누바가 세 척 건조되어 바레인의 토지 소유자들은 건조 비용으로 1년에 2만(사료에 단위의 기재가 없음)을 지불했다고 전하고 있다(Ibn al-Mujāwir, 1954, 288쪽). 스미스는 누바가 아니라 두바라고 읽고, 그것은 오늘날에도 페르시아 만안(灣岸)에서 사용하는 대형의 더블 엔더 형(double-ender型)[19] 운수선이라 해석하였다(Smith, 2008, 283쪽).

부르마(burma, pl.burmāt): 대형의 둥근 형태의 배(Agius, 2008, 342쪽). 10세기의 지리학자 무카다시(al-Muqaddasī)가 거론한 배 종류의 하나로 기록된 부르마는 아덴 공략을 위해 키시섬에서 파견된 함대 중에 보이는 배이다. 그 선체가 오렌지 형태와 비슷하다(Ibn al-Mujāwir, 1951, 124쪽). 또 부르마가 사발을 의미하는 아라비아어라는 점에서 그 형상이 둥근 모양이었음을 상기시킨다(Agius, 2008, 343~344쪽).

19 (역자주) 선수와 선미가 똑같이 뾰족한 형태.

미스마리야(mismārīya, pl.miamārīyāt): 이븐 마지드는 카타이와 마찬가지로 미스마리야가 포르투갈이나 지중해에서 온 배라고 기록하고 있다(Tibbetts, 1981, 138쪽). 인도양 목조선의 측판(側板)이 가는 끈으로 봉합되어 있던 반면에 미스마리야의 측판은 못으로 고정한 배였다고 여겨진다(Serjeant, 1974, 135쪽; Tibbetts, 1981, 47~48쪽).

5. 선박용 자재·조선 방법·선체

본 절에서는 전근대 인도양 서쪽 해역을 항행하던 배의 선박용 자재, 조선 방법 및 선체에 관해 고찰해 보고자 한다.

(1) 선박용 자재

10세기 인도양 서쪽 해역을 왕래한 역사가 마스우디(al-Mas'ūdī)는 선박용 자재로 티크가 오래전부터 사용되었다고 기록하고 있다(al-Mas'ūdī, 1965, Ⅰ: 193~194쪽). 아라비아어나 페르시아어로 사지(sāj)로 표기되는 티크는 인도, 태국 북부, 미얀마 등에서 생장하며, 크기는 30m에서 45m에 달하는 마편초과(馬鞭草科)의 큰 나무이다. 내구성이 뛰어나 균류, 곤충, 해산 갯강구(海産船虫) 등에 침해를 입기 어렵고, 또 건조 후의 팽창과 수축이 적어서 가공성이 좋고, 게다가 강도가 있어서 선박용 자재로 잘 알려져 있다(方坊, 1984, Ⅸ: 605쪽). 12세기의 게니자 문서에는 설탕이나 건포도 등과 함께 티크가 적화물로 기록되었고(Goitein and Friedman, 2007, 347쪽), 13세기의 아덴항 세관에서는 무역품으로서의 절단 가공을 끝낸 티크에 관세 등이 부과되었다(栗山, 2012, 86쪽). 오늘날에는 미얀마산 티크가 용골재나 선미재, 선수재에 사용되고, 측판에는 말라바르산 티크가 이용되고 있다고 한다(Hornell, 1942, 13쪽). 또 티크 외에 야자나무도 사용된다. 10세기 전반에 저술된 경이담에 의하면, 오만에는 목공 도구 등을 준비하여 야자나무가 생육하는 섬으로 건너가 야자나무를 베어 가지고 오는 사람이 있었다고 한다(家島, 2007, Ⅱ: 79쪽). 오늘날에는 티크나 야자나무 이외에 인도 월계수, 인도산 잭 프루트(jackfruit, jack tree, jakfruit, 波羅蜜, 菠蘿蜜), 조엽목(照葉木), 망고 등이 선박용 자재로 이용되고 있다(al-Hijii, 2001, 38~41쪽; Agius, 2008, 147~148쪽).

(2) 조선(造船) 방법

인도양의 전통적인 목조선은 셸 퍼스트(shell-first) 공법으로 만들어져 왔다. 현대 쿠웨이트에서 찾을 수 있는 조선법도 또한 같은 공법이 시행되고 있다. 두 갈래의 홈이 선수·선미의 세로 방향으로 깊게 파인 용골을 수평으로 지면 위에 놓고, 마찬가지로 두 갈래 홈이 파진 선수재와 선미재를 각기 용골의 양 끝에 부착한다. 용골과 선수재 및 선미재에 부착된 두 갈래 홈에 각각의 용골 익판(翼板)을 끼워 넣고, 그 위에 그 용골 익판을 좌우 대칭으로 바깥쪽으로 구부려 펼쳐 선저부를 형성한다. 용골 익판과 용골 사이에 안쪽 용골을 고정하고 나서 바깥쪽으로 구부려 펼친 용골 익판에 각각 여러 개의 외판을 평평하게 펴서 선저부에서 배의 측현저부(側舷底部)를 형성한 후에, 선체 전체의 형상을 결정하는 복수의 늑골재 및 V자형의 늑근재(肋根材)를 고정하고, 거기에 선체의 흘수선까지 외판을 부착하는 동시에 중간 늑골에 V자형 늑근재를 결합한다. 이렇게 현(舷)의 가장자리까지 외판이 부착되어 선체가 형성되는데, 선체 내부에서는 선체 강도를 늘리도록 여러 개의 세로로 통하는 자재[縱通材]와 늑재를 교차하여 고정해 놓으면, 이 단계에서 선체의 외관은 완성된 모습과 거의 같아진다. 그 후 돛대 받침(檣座)이나 돛, 키 등의 부착 작업이 행해진다(al-Hijji, 2001, 44~74쪽).

(3) 측판의 봉합

오늘날 선박용 자재를 결합할 때는 철제 볼트를 이용한다. 그러나 전근대 인도양의 조선에서 쇠못은 일반적으로 사용하지 않고, 대부분은 측판을 가는 끈으로 봉합하여 건조하였다, 킨바르(qinbār) 혹은 쿤바르(qunbār)라고 불리는 가는 끈은 야자나무의 과실을 덮은 딱딱한 외피의 안쪽에 붙어 있던 갈색 섬유(인피섬유. 靭皮纖維)를 담수에 담가 외피질에서 떼어내어 건조 시킨 후에 비비 꼬아 끈 모양으로 만든 것이다(이븐 바투타, 2001, Ⅵ: 206쪽). 쇠못을 사용하지 않고, 가는 끈을 사용한 것은 ① 쇠못이 해수에 의해 용해하기 때문, ②해저에 자기를 띤 산이 있어 그 위를 통항하는 배의 못이 모두 산의 자력에 의해 뽑혀 배가 해체되기 때문, ③고가인 못이 많이 사용됨에 따른 건조비의 급등 등 몇 개의 이유가 있다(Hourani, 1995, 95~97쪽). 13세기의 아덴에 거주하는 남자들의 생업의 하나는 이 가는 끈의 제조, 판매였다(Ibn al-Mujāwir, 1951, Ⅰ: 137쪽). 더욱이 오늘날의 뱃사람들이 항해 중에 행하는 중요한 수작업의 하나가 가는 끈의 제작이라는 점 등(Villiers, 1969, 39쪽)으로 이 가는 끈이 주로 배의 도구로 인도양 서쪽 해역에서 널리 이용되고 있었다는 사실을 확인할 수 있다. 또한 조선에 쇠못이 도입된 것은 포르투갈의 인도양 내항 이후라는 설이 있는 한편, 포르투갈 내항 이전에 이미 말라바르해안에 왔던 중국이나 자바의 정크에서 쇠못을 이용한 측판 붙이기의 방법이 도입되었다고 하는 견해도 있다(Johnstone and Muir, 1962, 59쪽; Agius, 2008, 165~167쪽).

(4) 틈 메우기(塡隙)

측판과 측판을 가는 끈으로 단단히 조여 봉합하는 경우 그 접합면에 생기는 아주 작은 틈에서 침수가 일어나는데, 이 침수를 방지하려면 틈을 메울 필요가 생긴다. 오늘날에는 야자나무 기름에 적신 목면섬유가 틈 메우기에 사용되지만, 전근대에는 앞에서 서술한 킨바르가 사용되었다. 10세기 전반의 경이담이나 12세기의 이드리시가 남긴 기술에 의하면, 이 틈을 메울 때는 해수에 의한 부식이나 바다에서 나는 갯강구에 의한 충해 등을 방지하려고 고래기름과 석회의 혼합제를 선체에 발랐다(家島, 2007, Ⅱ: 87쪽; al-Idrīsī, 1982, 94쪽). 현대 쿠웨이트에서는 강렬한 태양광으로부터 선체를 보호하려고 실(sill)이라 불리는 정어리 기름이나 상어 기름을 선체 내외에 도포한다고 한다(al-Hijji, 2001, 73쪽).

(5) 돛대(檣, diql, daql, daqal)

아라비아어의 원뜻으로 야자나무의 줄기를 의미하는 돛대(마스트)에는 야자나무나 티크가 사용되었다(家島, 2007, Ⅱ: 79쪽; Hourani, 1995, 100쪽). 대형선은 주 돛대와 부 돛대를, 그리고 소형선은 커다란 돛대만을 갖추고 있었다고 생각되며, 이븐 마지드는 한 척의 배가 두 개의 돛에 의해 항행한다고 자신의 항해 시에서 읊어 복수의 돛대가 장비되었던 것을 엿볼 수 있다(Tibbetts, 1981, 52쪽).

(6) 돛(shirā, pl.ashri'a)

돛에는 야자나무나 대추야자 잎을 엮은 것(Hourani, 1995, 100쪽), 혹은 목면포나 갈대를 엮은 돗자리가 사용되었다(부즈루크, 2011, Ⅰ: 432쪽). 대추야자 잎으로 엮은 돛은 20세기 초에도 발견되었다(Villiers, 1969, 9쪽). 돛에는 오늘날의 항해 용어로 라틴(lateen)이라 불리는 커다란 삼각돛이 장비되어 있었다. 라틴의 기원은 아랍이라는 의견도 있지만(Moore, 1970, 87쪽) 아직 분명하지 않다. 아기우스는 라틴에 관해 무카다시가 기록한 배 종류의 이름 중 하나에 삼각형을 의미하는 아라비아어의 무샷라사(muthallatha)를 찾아내 이것이 라틴을 나타낸다고 추측하고 있다(Agius, 2008, 212쪽). 단 이 무샷라사가 가령 삼각돛을 장비한 배를 가리킨다고 해도, 그것이 인도양을 항행하던 배라는 확증은 없다. 한편 야지마는 고래의 꼬리지느러미를 배의 범포(帆布)라고 착각하여 그 방향으로 배를 돌려버린 10세기 인도양의 뱃사람 이야기에 근거하여 당시의 범포가 역삼각형이었다고 추측한다(부즈루크, 2011, Ⅰ: 432쪽). 현대 쿠웨이트 뱃사람은 라틴이 사용된 이유는 돛의 면적을 손상하지 않고 수평 대들보(橫桁)의 길이를 짧게 하기 위해서며, 그것은 수평 대들보의 조작이 조금이나마 쉬워지기 때문이라고 설명하고 있다(al-Hijii, 2001, 86쪽). 또 동서 해양 교류사 연구자인 시토미 유조(蔀勇造)는 근년 돛의 형상에 관해, 16세기 초에 이르기까지 인도양에서는 삼각돛이 아닌 사각돛이 사용되었다고 하는 견해를 제시하고 있다(蔀, 2016, 248쪽).

(7) 키(舵, sukkān)

야지마에 의하면, 9~10세기의 아랍·이란계 다우에 대해 그 키는 선미 부분에 직접 부착된 직사각형 판 위에 달린 주 키(主舵) 외에 선수 부근과 선미 부근 좌우에 막대기 모양의 부 키(副舵)가 각각 두 개 장착되어 도합 대여섯 개를 장비하고 있었다고 한다(부즈루크, 2011, Ⅰ: 433쪽). 보웬은 13세기의 아랍 설화집의 삽화에 그려진 배에서 13세기 인도양의 아랍 배에는 선미타가 장비되어 있었다고 서술하였다(Bowen, 1963, 303쪽).

(8) 닻(錨, anjar)

올래니는 아랍 설화집 삽화에 묘사된 아랍 배의 선수 부근에 보이는 네발 닻의 그림에서 금속제의 닻이 이미 일반적으로 쓰였다고 한다(Hourani, 1995, 99쪽). 오늘날 대형선은 통상 두 발 닻을 장비하고, 소형선은 철제의 네 발 닻을 장비하고 있다(Hornell, 1942, 13~14쪽). 현대 쿠웨이트에서 건조된 대형 활대에 장치된 닻도 금속제 두 발 닻인 것이 확인된다(al-Hijii, 2001, 81쪽). 20세기 전반에 아라비아해를 항행하던 대형 활대에는 다섯 발의 닻이 장비되어 있었다(Villiers, 1969, 126쪽).

(9) 갑판

올래니는 갑판의 존재에 대해서는 불명확하다고 하였다(Hourani, 1995, 98쪽). 아기우스는 인도양 배의 대부분은 일부 전갑판(全甲板)의 배도 존재하였지만, 전부(前部) 갑판이나 후부(後部) 갑판은 별개로 치고 일반적으로 갑판은 없었다고 한다(Agius, 2008, 160쪽).

6. 아랍의 인도양 항해기술 연구의 필요성

전근대 인도양 서쪽 해역의 목조 범선에 관해서 마지막으로 항해기술에 대해 언급해 두고자 한다. 항해는 배만 준비하면 누구라도 할 수 있는 것이 아니라, 배 위치를 정확하게 파악하여 목적지까지 안전하고 확실하게 항해할 수 있는 기술, 즉 항해기술(milaha)이 없어서는 안 되기 때문이다.

아랍이나 페르시아계 뱃사람들이 부지런히 연마해 온 인도양의 항해기술은 이른바 인도양 항해 기술서로 정리되어 오늘날까지 전해진다. 현존하는 가장 오래된 인도양 항해 기술서인 이븐 마지드(16세기 초 사망)의 『해양의 학문과 기초에 관한 유익한 책(*kitāb al-Fawā'id fī Uṣul 'Ilm al-Baḥr wa al-Qawā'id*)』(이하 『유익한 책』)을 비롯하여 술레이만 알 마후리(Sulaymān al-Mahrī: 16세기 중기 사망)의 『여러 원리의 간이화(簡易化)에 관하여 정력적인 사람들의 선물(*Tuḥfat al-Fuḥūl fī Tamhīd al-Uṣūl*)』(이하 『선물』), 『항해 과학의 정밀한 지식에서 마후라의 버팀목('*Umdat al-Mhrīya fī Ḍabṭ al-'Ilm al-Baḥrīya*)』(이하 『항해 과학』), 『해양의 지식에 관한 우량한 지침(*Minhāj al-Fākhir fī 'Ilm al-Baḥr al-Zākhir*)』(이하 『해양의 지식』), 『여러 원리의 간이화에 관하여 정력적인 사람들의 선물의 주석(*Sharḥ Tuḥfat al-Fuḥūl fī Tamhīd al-Uṣūl*)』(이하 『주석』)이나, 하두리(AL-Khaḍūrī: 20세기 초 사망)의 『해양의 지식에 관한 여러 가지 비밀의 광산(*Ma'din al-Asrār fī 'Ilm al-Biḥār*』, 그리고 쿠타미(20세기 초 사망)의 『해양의 지식에 관한 안내

(*Dalīl al-Muḥtār fī 'Ilm al-Biḥār*)』라는 몇 개의 인도양 기술서가 전근대에서 오늘날에 이르기까지 저술되었다[20].

인도양 항해기술에 관한 연구는 현재 주로 티베츠에 의한 『유익한 책』 역주에 바탕을 두고있다. 그 이유 중 하나는 인도양 항해 기술서를 해독하기 위해서는 번잡한 전문 용어나 지식에 더하여 천문학이나 역학(曆學) 등 자연과학적 지식과 견해도 필요로 하기 때문이다. 이러한 면에서 티베츠의 영역(英譯) 『유익한 책』은 처음으로 접하기 쉽다. 그러나 앞에서 이야기한 것처럼 항해 기술서는 『유익한 책』 이외에도 다수 존재하며, 게다가 그것들에는 『유익한 책』에 없는 귀중한 기사가 다수 산견한다. 예를 들어 술레이만 알 마후리에 국한해서 보면, 그는 『선물』에서 ①천구(天球)·천체 ②나침 방위 ③항해 거리 ④항로 ⑤천체 고도 계측에 근거한 위도 계측 ⑥동서 거리 ⑦바람의 7개 항목을 들어, 인도양을 항해할 때 필요한 기술과 지식을 간결히 정리하고 있다. 게다가 이 『선물』의 상세한 해석서인 『주석』에서는 『항해 과학』이나 『해양의 지식』에서 서술한 구체적인 사례를 다수 인용하면서 앞에서 말한 7개 항목의 기술이나 지식을 상세히 설명하고 있다. 또 『항해 과학』에서 홍해나 아라비아해, 나아가 벵갈만 등의 대양을 종횡으로 거쳐 여러 지역을 연결한 다수의 항로를 상세하게 기록하였고, 게다가 그들의 항로를 통항하기 위한 적절한 시기를 설정한 히즈라력(曆) 917년(1511)의 50여 항해 시기를 명료하게 기록하고 있어서 『유익한 책』에서는 확인할 수 없는 항로의 존재나 복잡한 항해 시기의 존재 양상을 찾아낼 수 있다. 이처럼 항해기술 연구에는 『유익한 책』 이외에

20 술레이만 알 마후리의 항해 기술서는 모두 페란이 간행하였다. 프랑스 국립도서관 소장 사본의 사진판에 수록되어 있다(Gabriel. Ferrand, Instructions nautiques, 1925, Ⅱ). 그의 항해 기술서의 개요는 栗山(2012, 308~313쪽)을 참조하기 바란다.

도 유용한 사료가 확인된다는 점에서 금후는 『유익한 책』만이 아닌 다른 항해 기술서를 사용하여 아랍의 인도양 항해기술 연구를 더욱더 구체적으로 수행해 갈 수 있으리라고 생각한다.

동서 여러 지역을 연결하고 세계사 전개에 지대한 영향을 끼친 인도양의 해상교통·운수(運輸)를 향후 좀 더 상세히 규명해가려면 지금까지 서술해온 전근대 인도양 서쪽 해역의 목조 범선 연구와 함께 아랍의 인도양 항해기술에 관한 연구 또한 추진할 필요가 있다.

참고문헌

安達裕之,『日本の船 和船編』, 船の科学館, 1998.

石井謙治,『図説 和船史話』, 至誠堂, 1983.

イブン·バットゥータ, (イブン·ジュザイイ 編),『大旅行記』, (家島彦一 訳注), 東洋文庫, 全8巻, 平凡社, 1996~2002.

緒方健,「チーク」,『平凡社大百科事典』(全16巻), 平凡社, 1984, 第9巻, 605쪽.

栗山保之,『海と共にある歴史-イエメン海上交流史の研究』, 中央大学出版部, 2012.

蔀勇造 訳注,『エリュトラー海案内記』2巻, 平凡社, 2016.

杉浦昭典,『帆船-艤装と歴史編』, 舵社, 1985.

ジョセフ·ニーダム著, (坂本賢三·橋本敬造·安達裕之·松本哲 訳),『中国の科学と文明 第11巻 航海技術』, 思索社, 1981.

野本謙作,「ふね」,『平凡社大百科事典』(全一六巻), 平凡社, 1984, 第12巻, 1303~1308쪽.

ブズルク·ブン·シャフリヤール著, (家島彦一 訳註),『インドの驚異譚』, 東洋文庫, 全2巻, 平凡社, 2011.

家島彦一,『海域から見た歴史-インド洋と地中海を結ぶ交流史』, 名古屋大学出版会, 2007.

家島彦一 訳註,『中国とインドの諸情報』, 東洋文庫, 全2巻, 平凡社, 2007.

Agius, Dionisius A., *In the Wake of Dhow: The Arabian Gulf and Oman*, Reading, UK: Ithaca Press, 2001.

Agius, Dionisius A., *Classic Ships of Islam*, Leiden/Boston: Brill, 2008.

al-Hijjī, Ya'qūb Yūsuf, *Nawākhdha al-Safar al-Shirā'ī fī al-Kuwait*, Kuwait: Sharika al-Rabī'ān, 1993.

al-Hijjī, Ya'qūb Yūsuf, *The Art of Dhow-building in Kuwait*, London: the London Centre of Arab Studies Ltd, 2001.

al-Idrīsī, *Kitāb Nuzhat al-Mushtāq fī al-Ikhtirāq al-Afāq (Opus Geographicum)*, ed. Instituto Universitario di Napoli, 9vols., Leiden: E. J. Brill, 1970~1984.

al-Istakhrī, *Masālik al-Mamālik*, ed. M. J. de Goeje, BGA, Leiden: E.J.Brill, 1967.

al-Khaḍūrī, *Ma'din al-Asrār fī 'Ilm al-Biḥār*, ed. Ḥ.Ṣ.Shihāb, Muscat: Wizārat al-Turāth al-Qawmī wa al-Thaqāfa, 1994.

al-Mas'ūdī, *Murūj al-Dhahab wa Ma'ādin al-Jawhar*, 7vols., Bairut: Publications de l'université libanaise, 1965~1979.

al-Muqaddasī, *Kitāb Aḥsan al-Taqāsīm fī Ma'rifat al-Aqālīm*, ed. M.J.de Goeje, BGA, III, Leiden: E.J.Brill, 1967.

al-Qūṭāmī, *Dalīl al-Muḥtār fī 'Ilm al-Biḥār*, Kuwait: Maktaba al-Ḥukūma, 1964.

Anonymous, *A Chronicle of the Rasūlid Dynasty of Yemen*, ed. Hikoichi Yajima, Tokyo, 1974.

Anonymous, *A Chronicle of the Rasūlid Dynasty of Yemen*, ed. Hikoichi Yajima, Tokyo: Institute for the Study of Languages and Cultures of Asia and Africa, 1976.

Anonymous, *Nūr al-Ma'ārif fī Nuẓum wa Qawānīn wa A'rāf al-Yaman fī al-'Ahd al-Muẓaffarī al-Wārif (Lumière de la Connaissance Règles, lois et coutumes du Yémen sous le règne du sultan rasoulide al-Muẓaffar)*, ed. Muḥammad 'Abd al-Raḥīm Jāzim, Centre Français Archéologie et de Sciences Sociales de Sanaa, 2vols., Ṣan'ā', 2003~2005.

Bowen, Richard LeBaron, "Arab Dhows of Eastern Arabia", *The American Neptune*, vol. 9, no. 1, 1949, pp. 87~132.

Bowen, Richard LeBaron, "Arab Anchors", *The Mariner's Mirror*, vol. 43, 1957, pp. 288~293.

Bowen, Richard LeBaron, "Early Arab Ships and Rudders", *The Mariner's Mirror*, vol. 49, no. 4, 1963, pp. 302~304.

Bowen, Richard LeBaron, "Early Arab Rudders", *The Mariner's Mirror*, vol. 52, 1966, p. 172.

Ferrand, Gabriel, *Instructions nautiques et routers arabes et portugais des XVe et XVIe siècles*, 3vols., Paris, 1921~1928.

Goitein S. D. and Mordechai A. Friedman, *India Traders of the Middle Ages: documents from the Cairo Geniza: India book*, Leiden/Boston, Brill, 2008.

Hornell, James, "The Sea-going *MTEPE* and *DÁU* of the Lamu Archipelago", *The Mariner's Mirror*, vol. 27, no. 1, 1941, pp. 54~68.

Hornell, James, "A Tentative Classification of Arab Sea-Craft", *The Mariner's Mirror*, vol. 28, no. 1, 1942, pp. 11~40.

Hornell, James, "The Sailing Craft of Weatern India", *The Mariner's Mirror*, vol. 32, no. 4, 1946, pp. 195~217.

Hourani, George Fadlo, *Arab Seafaring in the Indian Ocean in Ancient and Early Medieval Times*, West Sussex: Princeton Univ. Press, 1995 (first published 1951).

Ibn al-Mujāwir, *Ṣifat bilād al-Yaman wa Makka wa baʻd al-Ḥijāz al-musammā tārīkh al-mustabṣir (Descriptio Arabiae Meridionalis)*, ed. O. Löfgren, 2vols, Leiden: Brill, 1951~1954.

Ibn Ḥawkal, *Kitāb Ṣūrat al-Arḍ, ed. M. J. de Goeje, BGA*, II, Leiden: E.J.Brill,

1967.

Johnstone T.M. and J. Muir, "Portuguese influences on Shipbuilding in the Persian Gulf', *The Mariner's Mirror*, vol. 48, 1962. pp. 58~63.

Margariti, Roxani Eleni, *Aden & the Indian Ocean Trade*, Chapel Hill; The University of North Carolina Press, 2007.

Moore, Alan, "The Craft of the Red Sea and the Gulf of Aden", *The Mariner's Mirror*, vol. 6, 1920, pp. 73~76, 98~105, 136~142.

Moore, Alan, *Last Days of Mast & Sail*, Oxford: David & Charles, 1970 (first published 1925).

Muir, John, "Early Arab Seafaring and Rudders", *The Mariner's Mirror*, vol. 51, 1965, pp. 357~359.

Prados, Edward, "Indian Ocean Littoral Maritime Evolution: the case of the Yemeni *huri* and *sambuq*", *The Mariner's Mirror*, vol. 83, no. 2, 1997, pp. 185~198.

Serjeant, Robert Bertram, *The Portuguese off the South Arabian Coast: Hadrami Chronicles*, Beirut: Librairie du Liban, 1974 (first published 1963).

Sheriff, Abdul, *Dhow Cultures of the Indian Ocean: Cosmopolitanism, Commerce and Islam,* New York, Columbia Univ. Press, 2010.

Smith, Rex, *A Traveller in Thirteenth-Century Arabia: Ibn al-Mujāwir's Tārīkh al-Mustabṣir*, London: The Hakluyt Society, 2008.

Tibbetts, Gerald R., *Arab Navigation in the Indian Ocean Before the Coming of the Portuguese*, London: Royal Asiatic Society, 1981 (first published, 1971).

Ya'qūbī, *Kitāb al-Buldān*, ed. M.J.de Goeje, BGA, VII, Leiden: E.J.Brill, 1967.

Yāqūt, *Kitāb Mu'jam al-Buldān (Jacut's geographisches wörterbuch)*, ed. F.Wüstenfeld, 6vols., Leipzig: F.A.Brockhaus, 1866~1873.

Yajima, Hikoichi, *The Arab Dhow Trade in the Indian Ocean*, Tokyo: Institute for the Study of Languages and Cultures of Asia and Africa, 1976.

Yule, Henry and Arthur C. *Burnell, Hobson-Jobson: Glossary of Colloquial Anglo-Indian Words and Phrases*, ed. William Crooke, Great Britain: Curzon Press, 1985 (first published 1886).

Villiers, Alan, *Sons of Sinbad*, New York: Charles Scribner's Sons, 1969.

3장

도자기
도자 무역으로 본 해상교류사

• 사카이 다카시(坂井 隆) •

1. 도자기에서 무엇을 알 수 있을까

(1) 유용한 도자기

물품으로 역사를 생각한다면 중요한 역할은 본래 고고학이 떠맡아야 할 터이다. 일본에서 고고학의 영역은 선사시대라는 이미지가 강하지만, 세계사적으로는 오히려 역사시대 쪽이 영향력이 크다. 문헌으로 기록된 물품은 실상 그것이 무엇인지를 특정하기 어렵다. 또 박물관 등의 전시품은 실상 어디서 발견되었는가 하는 중요한 정보를 지니고 있지 않은 경우가 많으나, 유적에서 나온 물품은 거의 자동으로 위치 정보를 전하는 역사의 증거이다.

그러나 본권 제1부에서 다루는 9종류의 물품 중에 확실히 유적에서 발견할 수 있는 종류는 한정되어 있다. 식물은 농업의 흔적을 포함해 생육 상태라면 비교적 쉽게 확인할 수 있지만, 감자 등 인간의 식량이나 향약

(香藥)은 간단하지 않다. 말을 포함한 동물은 매장된 경우나 뼈 등 식용으로 한 나머지는 확인하기 쉽지만, 자연사하여 방치된 경우의 판별은 어렵다. 또 모피와 같은 그 일부의 이용 상태도 알기 어렵다. 이에 비해 사람이 제작한 것은 잔존할 확률이 현격히 높다. 하지만 그것도 전부는 아니라, 보편적으로 많은 유적에서 발견되는 것은 토기·도자기와 화폐를 포함한 금속이나 유리 제품뿐이다. 또 배가 해저에서 발견되기도 하지만, 후술하는 것처럼 문제점이 생기는 일도 적지 않다.

도자기는 원거리 무역의 증거로서 세계 역사시대의 흔적에서 빈번하게 발견된다. 그러나 본래 원거리 무역상품에서 도자기가 차지하는 비율은 절대 높지 않다. 도자기는 그 자체의 미적인 가치와는 별개로 파손되기 쉽지만, 파편은 1,000년 이상의 시간이 지나도 변화하지 않는다는 특성을 지니고 있다. 즉 어느 유적에서든 발견된 파편은 생산된 때부터 오랜 시간이 지나지 않아 부서져 그때의 정보를 오래 간직하게 된다. 더욱이 장거리 무역에 편입된 도자기 산지는 중국을 중심으로 한 아시아 동반부에 거의 한정되며, 또 생산 시대를 상당히 특정할 수 있다. 그 때문에 도자기 파편은 세계 대부분의 역사시대 흔적에 있어 그 존속기간 혹은 무역 기간을 보여주는 극히 중요한 시간의 척도로서 역할을 하는 것이다.

(2) 이야기하는 것

이러한 도자기 파편 자료는 세계사적으로는 의외성과 공간적 보편성을 쉽게 보여주는 물품이다.

예를 들면 현재의 도쿄대학 혼고(本鄕) 캠퍼스 자리에 있었던 가가번(加賀藩) 에도 가미야시키 유적(江戶上屋敷跡)에서 발견된 대량의 도자기 파편 중에 이색적인 채색 도기(色繪陶器)[01]가 있었다. 이것은 튀르키예의 이즈니크 요(窯)의 그릇인 것이 얼마 뒤 판명되었다. 17세기 전반에 제작된 것이라고 보이는 물품이지만, 발견된 것은 17세기 중엽의 층에서였다. 즉 시간적으로는 정합성이 있다. 그러나 오스만제국과 에도 막부(江戶幕府) 사이에서 어떠한 관계가 있었는지를 보여주는 문헌 연구는 전혀 없다.

〈그림 1〉 데마크 대모스크에 끼워진 북부 베트남산 청화 타일의 일례
베트남이나 중국의 전통과는 거리가 먼 신기한 무늬와 형태

다른 예를 보자. 현존하는 동남아시아 최고(最古)의 모스크는 인도네시아 중부 자바의 데마크 대모스크이다. 15세기 중반부터 후반에 창건된 이 모스크의 외벽에는 60매 이상의 청화(青花)[02] 타일이 있다. 그 대부분은 단십자(段十字) 형태 등의 기하학 형태로 각각 조합됨이 없이 조각조각 끼워져 있다(〈그림 1〉). 모란 문양 등을 보면 북부 베트남에서 만들어진 것은 틀림없다. 그러나 이러한 타일은 베트남 자체에서는 거의 발견되지 않고, 이슬람적인 수요에 의해 특별 주문된 것이라고 할 수 있다. 하지만 당시의 북부 베트남의 후려조(後黎朝, 1428~1527, 1532~1789)가 이슬람 세계와 어떠한 관계를 맺었는지 문헌으로는 알 수 없다.

게다가 또 하나의 사례로 훌레구 울루스(일 칸조)의 여름 궁전인 이란의 타흐테 술레이만(Takht-e Soleymān) 유적에서 발견된 타일도 흥미를

---

01 (역자주) 표면에 그림을 그린 도기. 색채가 다른 여러 종류의 금속을 조합하여 상감 문양을 한 도기.

02 (역자주) 쪽빛 무늬를 넣어 구운 자기.

끈다. 여기에서 발견된 다채로운 타일은 러스터 채색(Lusterware)[03] 등 페르시아 도기의 기법으로 제작되었다. 주민의 대다수가 무슬림이므로 이상한 일이 아니다. 그러나 몇 종류의 타일 무늬는 분명히 용과 봉황을 묘사하고 있었다. 그것은 틀림없이 중국 양식의 특징을 보이는 것이다. 중국 양식의 어떤 견본이 동쪽의 대원 울루스에서 서쪽의 훌레구 울루스에 보내졌고, 그것을 기초로 이란의 도공이 만든 것이다. 이는 기록이 없어도 당시의 정황을 통해 상정이 가능하다.

이러한 공간을 넘은 의외성을 보이는 발견은 도자 무역사 속에서 희귀한 것은 아니지만, 역사 인식의 중층감(重層感)을 안겨주는 것이라 할 수 있다. 세계사의 중요한 요소인 동시대성을 거기에서 쉽게 볼 수 있다. 해석할 수 있는 발견도 있는가 하면, 완전히 배경의 상정이 어려운 발견도 고고도자사(考古陶磁史)에는 많다. 그러나 거기에는 늘 신선한 놀라움이 있다. 모든 것이 사실이고, 그 배경에는 아직 알려지지 않은 원거리의 연결이 있었다. 문헌사 연구와는 다른 사고방식에서의 세계사 인식의 문이라 할 수 있다.

2. 의외의 많은 발견과 기록되지 않은 역사

(1) 고고학 자료의 취급 방법 – 유구(遺構)와 유물(遺物)

고고 자료는 건물 유적 등과 같이 발견 장소에서 움직일 수 없는 유구(遺構)와 도자 파편 등과 같은 움직일 수 있는 유물로 크게 나뉜다. 양자

---

03 (역자주) 금속광택을 본떠내는 채색 기법의 일종.

가 발견된 장소를 유적이라 부른다.

어떠한 형태로든 조사가 행해지면 그들의 관계는 명료해지기 마련이다. 유적의 소재지는 현재의 도시에 있는 경우는 물론 시골인 지역에 있거나 지형이 변동한 경우에도 쉽게 알 수 있다. 아직 조사하지 않은 유구는 그 성격을 아는 것이 어려운 경우가 많고, 또 조사한 유구도 충분히 보존 정비되지 않으면 재차 붕괴해버린다. 그러나 유적을 방문한 사람은 누구라도 과거에 거기에서 인간이 어떠한 활동을 하고 있었음을 그것들로부터 간단히 알 수 있다. 즉 역사 사실의 중요한 자료라고 할 수 있다.

그러나 유물 대부분은 쉽게 움직여질 수 있기에 일반적으로 박물관 등의 전시 시설 등에서 보게 된다. 여기에서 주의해야만 할 것은 그러한 시설에서 전시되고 있는 물품 중에는 어디에서 발견되었는지를 모르는 물품도 포함되어 있다는 사실이다. 특히 손상되지 않은 상태의 물품 중 대부분은 골동품으로 취급받아서, 대부분 정확한 발견지의 정보를 지니고 있지 않다. 그러한 물품은 아무리 아름답다거나 보는 사람의 심금을 울리는 물품이라도 역사 자료가 되지 않는다.

도자기의 경우 최근 침몰선에서 대량으로 인양되는 일이 비교적 많다. 적어도 수천 개, 때로는 수만에서 수십만 개의 단위로 옛 도자기의 발견이 보도되는 일도 드물지 않다. 문제는 어떠한 이유로 인양되었는가 하는 것이다. 크게 둘로 나누면, 수중고고학의 조사에 의한 경우와 상업 침몰선의 해양 인양(salvage)의 결과이다. 전자의 목적은 역사의 해명이지만, 후자는 인양품을 팔아 이익을 추구한다. 상업 인양은 고액으로 팔리는 것밖에 인양하지 않으므로 어떠한 배인지를 알 수 있는 선체의 단서는 거의 발표되지 않는다. 오히려 소유권을 둘러싼 연안국과의 문제에 관계되어 발견 장소조차 공표하지 않는 일도 있다.

유명한 옥션 회사가 발행하는 카탈로그에서 도자기를 이야기하는 연구자도 없는 것은 아니지만, 그것으로는 역사의 해명에 어떠한 공헌도 하지 못한다는 것을 잊어서는 안 된다.

(2) 도자기 파편의 유효성

침몰선 인양으로 나온 도자기는 붙어 있는 조개 등을 제거하면 거의 침몰할 때의 상태, 즉 배가 운반하던 완전한 상태를 간직하고 있다. 그 때문에 고액으로 거래 대상이 되기도 하는데, 안타깝게도 지상의 유적에 남겨진 물품은 대부분 그렇지 않다. 가마터 등의 생산지, 항구 유적 등의 유통지, 그리고 궁전 유적 등의 소비지 같은 유적의 성격과 관계없이 발견되는 것들은 대부분 깨져서 버려진 것이다. 또 홍수나 화산 분화 등의 천재(天災)에 의해 일거에 인간 생활과 분리되어 버린 유적에서 발견된 경우는 침몰선과 비슷한 상태를 보이기도 하지만, 그래도 손상된 것이 적지 않다.

이렇듯 지상의 유적에서 발견된 것의 대부분은 잘게 깨어진 파편이다. 그러나 고온에서 구워 제조되었기 때문에 작은 파편이라도 본래의 색이나 특징을 잘 남기고 있다. 유약(釉, 上藥)이나 태토(胎土, 素地)[04], 그리고 무늬에서 대부분 형태의 복원은 물론 생산지나 세기 단위의 생산 시기 특정이 가능하다. 그리고 더욱 중요한 것은 파편에는 골동 가치가 거의 없어 유적에서 이차적으로 인간이 운반하는 경우가 드물다. 여기에 도자 파편이 역사 자료로서 지닌 커다란 유효성이 있다.

그에 비하여 손상되지 않은 도자기는 비록 처음으로 유적에서 발견

---

04 (역자주) 질그릇이나 도자기의 밑감이 되는 흙.

된 것이라 해도, 아름다운 것은 거기에 골동 가치가 부여되기 때문에 장기적으로는 출토지 정보가 분리될 가능성이 있다. 소유 자체에 역사적 의미를 가진 이스탄불의 톱카프 궁전 컬렉션, 혹은 이란 아부다비의 사피묘(廟) 컬렉션 등 소수의 예외를 제외하면 각 미술관의 소장품에서 역사를 살피는 일은 쉽지 않다. 하물며 골동품상 중에는 도굴품을 취급하는 경우도 있어 실제의 출토지 정보를 지워버린다는 점을 잊어서는 안 된다.

3. 도자 무역과 네트워크 시스템

도자기가 어떻게 원거리 무역의 상품이 되어 운반되는지, 유적의 성격별로 살펴보기로 하자.

(1) 가마터(窯跡)

먼저 생산된 장소이다. 유약을 바른 도자기를 만들려면 고온으로 구울 가마가 필요하다. 온도는 적어도 800도에서 1,000도가 되기 때문에 점토나 벽돌 등으로 쌓은 구조가 된다. 어떤 가마에서든 구워 뒤틀리거나 유약이 달라붙은 실패품이 많이 나와, 그것들은 근처에 버려진다. 또 제품끼리 겹치기 위한 받침대와 같은 도구도 많이 사용된다.

이러한 가마터 흔적을 보면 실제로 만들던 물품을 알 수가 있다. 같은 가마에서 완전히 다른 유약 제품을 구운 것도 드물지 않다. 그 때문에 도자기의 진짜 산지를 알려면 가마터의 정보가 무엇보다도 중요하다. 단 1,000도 이상의 고온에서 굽는 동아시아·동남아시아의 도자기에 반해

800도 정도의 저온 페르시아 도기 가마는 거의 발견되지 않고 있다.

(2) 항구 유적

손상되기 쉽고 무거워 원거리 무역에서의 도자기 취급은 내륙에서 생산되는 것이라도 해상수송이 주체가 되었다. 그 때문에 유통지인 수출입 양쪽의 항구 터에서 도자 파편이 발견될 확률은 꽤 높다. 그러한 국제무역항과 생산지나 소비지를 잇는 하천 항구 유적도 마찬가지이다. 배와 배, 혹은 배와 창고를 환적할 때 일정 부분은 반드시 부서지기 때문에 파편이 버려지는 것이다.

대부분의 동아시아나 동남아시아의 도자기 산지는 해안 혹은 수송 가능한 하천 가까이에 입지하여 그곳에서부터 국제무역항으로 운반되었다. 도자 파편이 지상에서 흩어져 퍼져서 기록에 없던 국제무역 항적을 알 수 있는 것도 적지 않다. 이 경우 수입항은 물론 수출항도 다른 산지의 물품을 다룬 경우가 많아 이로부터 유통 경로를 복원할 수가 있다.

(3) 궁전 유적 등

다른 유적 상품과 마찬가지로 최종 소비지에 가져온 도자기는 손상되어도 보수하여 계속 사용하기도 하지만, 반영구적이라고 말할 수는 없다. 또 파편을 사용하여 모자이크 장식의 부품으로 재이용하는 것도 일부에 국한된다. 손상된 도자기는 대부분 다른 쓰레기와 똑같이 폐기된다.

이 버려진 도자기, 즉 도자 파편에서 유적이 사용된 시기를 고찰하는 것이 가장 일반적인 역사 자료로서의 이용 방법이라 할 수 있다. 그것뿐만 아니라 식기·일용품·저장 용기 같은 종류의 구분도 중요하다. 식기는 당연히 식생활의 방법과 깊은 관계가 있다. 또 동아시아나 동남아시아의 식기가 다른 지역에서는 일용품 도구의 역할을 했던 것도 적지 않다. 저장 용기는 무역품인 내용물이 없어진 후 재이용되는 경우가 대부분이다.

더욱이 중요한 것은 시대가 흐르면서 소비자의 계층이 넓어진다는 점이다. 지배자의 궁전이나 묘 등에서 출토되다가 부유층의 저택 터에서도 발견되는 등으로의 확대가 많은 지역에서 보인다. 또 유적의 위치도 도시 유적에 국한되지 않게 되었다. 이러한 출토 상태로부터 유통 소비경제의 세계화를 고찰할 수 있다.

4. 각 시대의 도자 무역

여기에서는 도자 무역사를 크게 네 시기로 나누어 전체를 간단히 살펴보자.

(1) 초기(9~10세기)

원거리 도자 무역은 9세기에 느닷없이 시작되었다. 유약을 바른 도자기 생산 그 자체는 중국에서는 주대(周代)까지 거슬러 올라가고, 서아시아에서도 고대 오리엔트 시대부터 유약을 바른 벽돌이 만들어지고 있었다. 그리고 후한(後漢)의 회유도기(灰釉陶器)[05]가 북부 베트남에 운반되거

05 (역자주) 식물의 재를 용매(溶媒)로 만든 유약을 바른 도자기.

나, 남조의 청자가 백제의 무령왕릉에서 발견되는 등의 움직임은 있었다. 전자는 한 제국의 북부 베트남 지배가 이유이고, 후자는 외교관계에 의한 증답품이라고 생각된다. 또 처음에는 7세기 후반에 당의 황족묘 부장품으로 만들어진 당삼채(唐三彩)가 8세기 전반에는 고급 일용품으로서 수출되어 나라(奈良) 대안사(大安寺) 등에서 발견된 적도 있다. 그러나 그것들은 극히 제한된 양이고, 실제로 경제적인 거래를 동반하여 이루어진 것인지는 의문이다.

그러나 9세기가 되면 중국의 장사(長沙) 요유하채(窯釉下彩)·월요(越窯)의 청자 물 주전자(水注)나 접시, 형요(邢窯) 백자 접시, 공현요(鞏縣窯) 녹유 백채 그릇(綠釉白彩皿), 그리고 광동 여러 요의 청유호(青釉壺) 등이 대량으로 수출되었다. 그 대부분은 압바스조의 당시 수도였던 이라크의 사마라에서 발견되고 있다(三上, 2000, 129~135쪽). 사마라가 수도였던 것은 836년부터 892년까지이지만, 당의 힘이 쇠퇴하던 이 시대에야말로 이후에 계속되는 도자기를 포함한 장거리 무역이 확립된 것임에는 틀림이 없다. 특히 장사요 도자·월요 청자·형요 백자의 수출량은 각각 1회에 수천 개를 넘는 양이 운반되었다. 그리고 이러한 중국 도자의 수출에 대응하여 압바스조 청록유호(青綠釉壺) 등이 소수지만 동아시아까지 운반되었다. 국제무역항은 중국에서는 장강 하류이자 대운하와의 연결점인 양주(揚州)이고, 또한 광동도 중요하였다. 또 압바스조에서는 합류하는 티그리스·유프라테스 두 강의 하구에 가까운 바스라가 사마라에 연결되고, 그리고 페르시아만 연안의 시라프(Sīraf)는 이란 북동부 내륙 교통의 거점 니샤푸르(Nishapur)로의 유통에 커다란 역할을 맡았다(三上, 1988b, 53쪽; 三上, 2000, 157~165쪽).

이들 도자기는 공통적으로 중국과 서아시아를 연결하는 다음과 같은

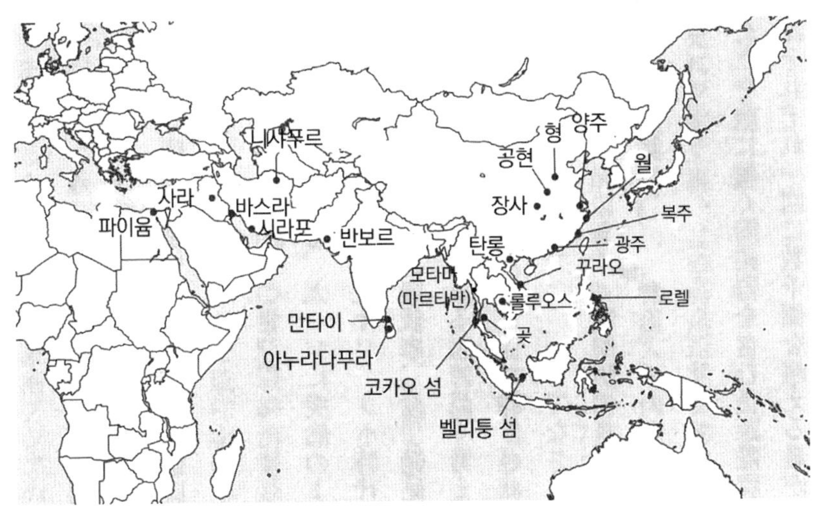

〈그림 2〉 초기 도자 무역의 중요지

유적에서 발견되었다.

베트남에서는 북부의 탄롱과 중부의 짜키우나 꾸라오참 유적이 있다. 전자는 당(唐)의 지배 거점에서 10세기에 독립한 대월국(大越國)의 수도가 된 곳이고, 후자는 참파 왕국의 초기 왕도와 항구이다. 캄보디아 앙코르 제국의 초기 왕도인 롤루오스(Roluos)에서도 비슷한 발견이 있다. 또 필리핀 루손섬의 로렐 유적에서는 이집트의 파이윰(Faiyum) 삼채(三彩)도 발견되었다(三上, 1987, 344~348쪽).

동남아시아와 인도양을 연결하는 중요한 연결점으로는 태국 남부 쿨라(Kula) 지협(地峽)[06]의 시암만 쪽 차이야(Chaiya)에 가까운 퍼곶[phở 岬]과 벵갈만 쪽 코카오섬에서 비슷한 도자 파편이 발견되었다(三上, 1987,

06 (역자주) 두 개의 육지를 연결하는 좁고 잘록한 땅.

338~340쪽). 그러나 광동 청자호는 코카오섬에는 적고 압바스 청록유호는 퍼곶에서는 적어, 각각은 양자를 연결하는 육로에서 환적하여 운반하기 어려웠을 가능성이 있다(何, 1994). 차이야는 믈라카해협 지역과 함께 해양 왕국인 스리위자야(Srivijaya) 거점의 하나였다.

그러나 희소한 공현(鞏縣) 녹유백채(綠釉白彩)까지 포함한 모든 장거리 무역 도자를 적재한 배가 인도네시아 자바해의 벨리퉁(Belitung)섬 앞바다에서 발견되었다. 이 배는 사일렌드라(Sailendras) 왕조의 자바섬을 목적지로 삼았을 가능성이 크다. 널빤지로 된 재목을 봉합한 선체의 특징에서 아라비아해에서 현재도 사용되고 있는 다우선으로 추측되고 있다(Krahl, 2010).

공현요 도자는 스리랑카 북부의 항구 유적인 만타이나, 싱할라 왕조 도시 유적인 아누라다푸라(Anuradhapura)에서도 장사요 등과 함께 발견되고 있다(三上, 1988a, 161~171쪽). 그리고 남아시아에서 최초로 이슬람 제국의 거점이 구축되었던 파키스탄의 인더스강 하류 반보르 유적에서는 복수의 압바스조 청록유호와 함께 월요·장사요 도자가 확인되었다(三上, 2000, 189~195쪽). 이러한 상황으로부터 당과 압바스조라는 2대 세력이 원거리 도자 무역의 중심지였던 것은 쉽게 생각할 수 있고, 그 주된 유통은 압바스조 측의 배와 상인에 의해 행해졌을 가능성이 높다. 특히 중국의 수출 도자에서 하나의 기둥이 된 장사요 도자는 흰 바탕에 갈색 유약이나 녹색 유약으로 꽃 문양 등을 자유롭게 그린 것이 많아, 다른 중국 도자보다도 같은 시기의 페르시아 도기와 비슷한 느낌이 강하다.

이 시기에 후기 당삼채도 운반되었을 가능성이 크며[07], 그것을 모방

---

07 미카미 쓰구오(三上次男)는 8세기 전반의 전성기 당삼채도 운반되었다고 하여, 이집트 푸스타트에서 출토된 것이라고 여겨지는 접시(이탈리아의 파엔자 국제도자박물관 소장의 구 마르틴[Martín] 컬렉션)을 소개하고 있다(三上, 1988b, 31~32쪽). 이것은 사마라

〈그림 3〉 시라프의 대모스크 유적
페르시아만의 초기 무역항으로 이름 높은데, 하층에서는 방향이 다른 사산조의 건물 유적이 보이고 페르시아 청유 도자기 파편이 나왔다.

하여 페르시아 삼채(三彩)가 탄생하였다(三上, 1988a, 90~106쪽). 필리핀의 로렐 유적에서 발견된 파이윰 도기는 그러한 페르시아 삼채의 일종이다. 한편 3개의 완전한 압바스조 청록유호가 중국 복주(福州)의 유화묘(劉華墓)에서 발견되었다(바다의 실크로드 출발점, 2008, 28~29쪽). 이것들은 930년에 사망한 피장자의 출신지인 광주(廣州)에서 운반되었을 가능성이 높다.

재차 이 시기 동서 2개 중심지의 정황을 생각하면, 9세기에 당은 쇠퇴기로 접어들었고 10세기에 멸망하여 5대 10국의 분열 상태가 되었다. 한편 압바스조도 사마라로의 천도는 투르크계 노예 군인이 커다란 힘을 가졌던 시기에 이루어져, 바그다드로의 천도 후도 칼리프 권력의 복권은 실현되지 않고 있었다. 즉 두 지역의 정치적인 안정과는 관계없이 대규모

(Sāmarrā)나 푸스타트(Fustaat)에서 출토된 9세기의 후기 당삼채와는 다른 것이다.

의 장거리 무역의 활황으로 그 속에서 도자기 무역이 개시되었던 셈이다. 다만 그 전제가 된 동서 교류가 7세기 이전에 확립되어 있었다는 사실은 전성기 당삼채의 연유(鉛釉) 기법이나 원료의 하나인 코발트가 서아시아에서 유래한 것에서 보더라도 분명하다(三上, 1988a, 90~106쪽). 실제 이란의 시라프에서는 대모스크 유적의 하층에서 사산 왕조의 건물 유적이 청유(靑釉) 도기 파편과 함께 발견되어 무역항으로서의 출발이 그 시대였던 것이 확실하다(〈그림 3〉).

(2) 중기(10~14세기 전반)

이 시기를 대표하는 무역 도자기는 중국의 용천요(龍泉窯) 도자이다. 같은 절강성에서는 북부의 월요 청자가 11세기까지 큰 역할을 하였지만, 12세기 이후 그 쇠퇴를 대체하듯이 남부에서 용천요 청자가 급격히 발전하여 수출되었다. 월요 청자가 갈색 색조였던 데 반해, 엷은 남빛 혹은 옅은 청록색의 용천요 청자는 훨씬 화려한 인상을 보여준다. 수출항으로는 영파(명주[明州]·경원[慶元])와 남쪽의 복건성 천주(泉州)를 고려할 수 있다.

대량의 용천요 청자가 발견된 곳이 이집트 카이로의 구시가지 푸스타트였다. 푸스타트는 7세기 중엽에 아랍인이 건설하여 전기의 무역 도자도 발견되고는 있지만, 막대한 수량을 보이는 것은 969년 파티마 왕조의 수도가 된 후이다. 12세기 중엽에 이 왕조의 멸망과 함께 이집트의 중심은 북측의 카이로로 옮겨 가지만, 계속해서 카이로의 쓰레기장으로 사용되었기에 그 후의 도자 파편도 여기에서 대량으로 발견되고 있다.

같은 아프리카대륙에서는 동아프리카 탄자니아의 킬와(Kilwa)섬이나 케냐의 게디(Gedi) 유적에서도 같은 종류의 용천요 청자가 많이 보인다(三上, 2000, 45~75쪽). 이것들은 이슬람화한 스와힐리 문화의 항구도시 국가 유적으로, 궁전·모스크·묘지 등에서 청자 접시가 벽에 끼워져 장식품으로 사용되었다. 스와힐리 항구도시 국가는 왕가의 출자(出自)를 이란의 시라즈로 삼는 전승(傳乘)이 많다.

이것이 말해주듯이 이 시기에는 이란 본토에서 조금 떨어진 키시섬이 페르시아만의 무역 거점이 되었다. 이 섬의 하리레(Harireh) 유적에서 용천요 청자 파편의 분포가 해당 지역의 이슬람 도기 파편보다도 많다고까지 이야기되는데(岡野, 2008), 필자도 밟지 않고는 못 배길 정도로 지표에 많이 흩어져 있는 용천요 청자 파편을 2018년에 이 유적에서 목격하였다.

최근 용천요 청자의 사발·접시 파편이 남아시아에서도 많이 발견되었다. 항구도시 유적으로는 남인도 동해안의 코타파트남과 파라이야 카얄이 있고, 또 스리랑카의 도성 유적인 야파후와나 폴론나루와(Polonnaruwa)에서도 확인된다(三上, 1988a, 166~171쪽; Karashima, 2004, 56~63쪽).

동남아시아에서 용천요 청자는 대부분의 주요 항구도시 유적에서 반

〈그림 4〉 모타마(마르타반)
땅륀강 오른쪽 앞이 항구 유적. 13~16세기 무렵의 도자 파편이 대량 채집되었다. 이곳을 중계점으로 도자 무역로는 이스탄불이나 일본까지 이어져 있었다.

드시 발견되고 있다고 할 수 있다. 먼저 중요한 항구도시로 미얀마 동남부의 땅륀(Thanlwin)강 하구의 모타마(Mottama)가 있다(〈그림 4〉). 마르타반(Martaban)이라는 이름으로 알려진 이 항구도시 유적에서 필자는 2013년 답사 때 용천요 청자 파편을 확인하였다. 이 항구는 청자 수출의 거점이었다고 하는데, 서아시아에서 청자를 메르타바니(마르타반의 물품)라고 부르는 경우가 있는 점이 흥미롭다.

믈라카해협 주변에서는 스마트라 북부의 사무데라 파사이(Samudera-Pasai)와 코타키나 유적, 말레이반도 서해안 북부의 부잔계곡, 그리고 남부 동해 연안 앞바다의 티오만섬이 도서부의 항구도시 유적이다(三本, 1991). 그리고 배후에 있는 자바섬의 트로울란(Trowulan) 유적에서 출토된 도자 파편에서 이 시대 것의 반이 용천요 청자인 것이 판명되었다.

중국에서 동쪽으로도 용천요 청자는 대량으로 수출되었다. 대표적인 발견 사례가 한국 서남부 신안 앞바다에서 발견된 침몰선이다. 1323년에 영파를 출범하여 일본의 하카타(博多)로 향하던 이 배에서 2만 점의 도자기가 인양되었다. 그중의 6할이 용천요 청자였다. 같은 종류의 용천요 청자는 하카타나 가마쿠라(鎌倉)의 유적에서 빈번히 발견되고 있다(小野·村木, 2005, 24~35쪽).

용천요 청자는 페르시아 도기에도 커다란 영향을 끼쳤다. 12세기에 이란 주변에서 터쿼이즈 블루(turquoise blue, 청록색) 혹은 페르시안 블루색을 띄는 청유도기가 대량으로 만들어졌다. 셀주크 청유도기라고도 불리는 이 도자기들에는 용천요 청자를 모방한 모양의 사발이나 접시 모양이 포함되어 있다. 그리고 13세기에 몽골제국이 유라시아에 커다란 세력을 형성하자 한층 더 도자 기술의 동서 교류가 진행되었다. 서두에서 언급하였듯이 이란 북서부에 1275년 건설된 훌레구 울루스의 여름 궁전 타흐테 술레이만 유적에서는 페르시아 도기 전통 기술로 만들면서 분명하게 중국의 용과 봉황을 그린 타일이 발견되었다. 그것은 몽골제국의 성립으로 탄생한 새로운 도자기의 최초 시도였다고 할 수 있다.

(3) 후기(14세기 후반~18세기)

이 시기에 최근까지 계속된 도자기 문화가 각지에서 형성되어 생산지와 소비지를 연결하는 도자 무역은 더욱 활발해졌다. 그 대표가 중국 경덕진요(景德鎭窯)에서 생산된 청화(쪽빛 무늬를 넣어 구운)자기이다. 강서성(江西省) 경덕진은 11세기에 조업을 개시하여 백자나 청백자가 14세기 초까지의 주된 제품이었다. 그러나 14세기 전반에 백자의 위를 코발트의 선명한 청색 무늬로 가득 채워 투명한 유약을 입힌 청화가 탄생하였다. 이것은 단색유(單色釉)가 기조로 무늬를 거의 강조하지 않는 것이 특징이던 중국 도자의 전통과는 완전히 다른 도자기이다.

이 청화자기의 무늬에는 기하학 문양(幾何學文)이나 식물 문양(植物文)이 특징인 페르시아 도자의 문양 요소가 도입된 것도 있다. 원료인 코발트 산지가 이란 주변이라고 추정되는 점에서도 몽골제국 제2의 동서 도자의 융합 성과라고 생각된다. 그리고 이후 19세기 초까지 이 청화가 세계 도자기 표준이 되었다. 어느 소비지에서나 청화에 대한 높은 수요가 있고, 정치적 이유로 중국에서 수출이 끊어지면 다른 도자기 산지는 즉시 청화 모방을 목표로 하게 되었다. 그것이 500년에 가까운 시기의 도자 무역사를 움직인 기본적인 요인이라 할 수 있다.

원청화(元靑花)라 불리는 14세기 중엽의 최초의 청화는 선명한 코발트 문양으로 가득 채워졌고, 큰 접시나 항아리 등의 대형품이 많다. 용천요

〈그림 5〉 델리의 페로즈 샤 궁전 유적
멀리 보이는 중앙이 피라미드 형상의 3층 건물 유적이며, 오른쪽은 금요(金曜) 모스크 유적이다. 이 궁전 유적에서 대량의 원청화가 발견되었다.

도 그러한 청화와 유사한 대형 청자를 생산하였다. 대형품인 원청화는 매우 특이한 움직임을 보인다. 그것은 산지인 중국에 거의 남아 있지 않고, 대부분이 다른 지역에서 발견된다는 점이다. 구체적으로 오스만제국의 궁전이었던 이스탄불의 톱카프 궁전, 사파비 왕조의 샤 선조가 잠든 이란 아르다빌의 사피 묘(廟), 그리고 델리의 투글루크(Tughluq) 왕조의 페로즈 샤 궁전 유적이 대표적인 대형 원청화 발견지이다. 그중에서도 페로즈 샤 궁전 유적은 1354년에 건설되었고, 1398년에 티무르의 점령으로 파괴되어 연대가 한정되어 있어서 중요하다. 그것은 원청화의 생산 시기와 거의 겹쳐, 이곳이 최초부터 원청화의 운반처였음을 가리키고 있다.

그리고 그들 이슬람 왕조 중심부 이외에 인도네시아 자바섬의 트로울란 유적이나 오키나와(沖繩) 슈리성(首里城) 유적 등에서도 상당한 양의 파편이 출토되었다. 트로울란은 힌두교 마자파힛 왕국의 수도 유적이지만 이슬람교도와도 관계가 깊었다. 탄생한 지 얼마 안 된 류큐(琉球) 왕국은 트로울란을 포함한 동남아시아 각지로 활발하게 교역선을 보내고 있었다.

중국 도자 문화의 영향을 강하게 받은 북부 베트남의 대월(大越) 왕국은 14세기 중에는 원청화를 모방한 청화를 부드러운 도기로 만들어냈다. 그러나 원(元)을 대체한 명(明)은 15세기 초 무슬림 정화(鄭和)에 의한 인도양 세계로의 대항해 후 돌연 자발적인 해외무역을 중지해버렸다. 이후 100년 이상 중국에 외교사절을 보내지 않으면 중국 도자는 손에 넣을 수 없게 되었다.

이 최초의 중국 도자 결핍 시대에 북부 베트남을 비롯한 동남아시아 도자 생산지가 단번에 비슷한 것을 만들어 수출을 시작하였다. 북부 베트남 이외에는 중부 베트남 참파 왕국의 빈딘(Binh Đinh)요, 태국 북부의 시 싸차날라이(Si Satchanalai)요, 그리고 미얀마 남부 몬(mon)[08]인의 여러 요가 대규모 수출을 일거에 개시하였다. 이 도자들 중에서 중국 청화와 매우 비슷했던 것은 북부 베트남의 청화뿐으로, 중국의 영향을 받은 문양을 코발트의 파란색(青)이 아닌 철의 감은색(黑)으로 그린 철회도기(鐵繪陶器)는 시 싸차날라이요에서도 만들어졌다. 또 용천요 청자의 영향을 받은 청자가 빈딘요나 몬인 여러 요에서 생산되었다. 게다가 페르시아 도기의 산지 중에서도 경덕진 청화 무늬 모방에 노력한 백지 남채 도기(白地藍彩陶器)가 중앙아시아나 이란에서 만들어졌다.

경덕진 청화와 차이가 컸음에도 불구하고 기본적으로 경덕진 청화가 수출되지 않자 모방품은 도자 시장에서 적지 않은 지위를 점하게 되었다. 예를 들면 앞에 서술한 인도네시아의 트로울란 유적에서 14세기 후반에 중국 도자는 북부 베트남을 중심으로 한 동남아시아 도자의 3배였지만, 15세기에는 역으로 동남아시아 도자가 중국 도자의 2배 이상을 점하였다

---

08 (역자주) 미얀마와 태국에 거주하는 소수민족.

(坂井·大橋, 2018). 실제로 15세기 후반의 침몰선 자료를 보면 필리핀의 판다낭섬 앞바다에서 침몰한 배의 적화물은 빈딘 청화가 중심이 되었고 북부 베트남 청화가 대부분이었던 중부 베트남 호이안 앞바다의 침몰선 등이 발견되었다(후자는 상업 샐비지에 의거하기 때문에 주의를 요함).

그리고 이들 동남아시아 도자기는 인도양을 넘어 운반되었다. 앞에 서술한 남인도 동해안의 코타파트남(Karashima, 2004, 16~20쪽), 호르무즈 등의 페르시아만 유적, 게다가 푸스타트나 시나이반도의 항구 유적인 투르 유적에서는 실로 많은 동남아시아 도자가 발견되었다(三上, 1998a, 241~244쪽). 또 아르다빌의 사피묘나 이스탄불 톱카프 궁전의 중국 도자 컬렉션 중에도 각각 1점의 베트남 청화가 포함된 것을 잊어서는 안 된다.

이러한 중국 도자 모방 이외에 중요한 것은 무역품 등을 담는 용기로 동남아시아 도자기가 특별한 의미를 지닌 점이다. 그 첫번째는 몬인 여러 요에서 생산된 흑유(黑釉) 위에 백채(白彩)의 선(線) 장식을 붙인 큰 항아리로, 마르타반 항아리라고 불린 것이다. 이것은 높이 1m 가까이나 되는 크기로, 처음에는 항해용 음료수 저장에 사용되었다고 보이는데, 커서 몇 번이나 전용되었다. 서쪽으로는 이스탄불의 톱카프 궁전이나 동아프리카, 남쪽으로는 인도네시아, 그리고 동쪽으로는 일본의 하카타나 오이타(大分)에서 발견되고 있다(坂井, 2005). 다음으로 중요한 것은 동남아시아 일대에서 서쪽으로는 투르, 동남쪽으로는 대만이나 일본에서도 출토가 보고되는 중부 태국 싱부리요(窯)의 중형 항아리이다. 그러한 용기 자체에는 기본적으로 미적 가치는 없지만 무역용품으로서의 역할은 크다. 확실히 무역망의 실제 범위를 잘 보여주고 있다고 할 수 있다.

16세기 중엽에 명이 민간 무역 제한을 완화하자 재차 중국 도자 수출의 물결이 세계의 도자기 시장을 뒤덮었다. 경덕진은 수출용 청화자기의 생산을 각지의 수요에 응해 대대적으로 행하였다. 그리고 국제무역항인 복건의 장주(漳州) 월항(月港) 주변에서 특히 동남아시아 시장을 대상으로 조제(粗製)[09] 청화의 생산이 개시되었다(漳州窯). 경덕진 청화는 아시아 무역에 참가한 유럽인도 매료시켜 필리핀의 마닐라만에서 1600년에 침몰한 스페인 배 산티아고호(號)에는 많은 경덕진 청화가 적재되어 있었다. 거기에도 보이는 꽃무늬 구획으로 전체를 덮은 연꽃[芙蓉手] 문양은 유럽에서는 카락 자기라 불린 특별 주문품으로, 본래는 페르시아 도기의 무늬였다.

1644년 명이 멸망하고 만주족인 청이 중국 지배를 시작하였다. 그러나 대만의 해상 세력 정씨가 완강하게 저항했기 때문에, 청은 1684년까지 해상무역을 금지한다. 여기에 재차 세계 도자 무역 시장에서 중국 자기 결핍 상태가 생겼다. 이때 중국 도자를 대체한 것이 대만 정씨와 네덜란드 동인도회사에 의해 운반된 일본의 히젠(肥前)[10] 자기이다. 대만의 타이난(台南), 베트남의 호이안(Hoi An), 인도네시아 자바의 반텐(Banten), 그리고 네덜란드 암스테르담 등 각지에서 경덕진 자기와 상당히 비슷한 히젠 자기를 대량으로 출토하고 있다(坂井, 1998). 또 복건성 생산의 조제 백자 항아리인 안평호(安平壺)가 무역품 용기로 히젠과 함께 운반되어 스리랑카의 갈(Galle)에서도 발견되었다. 이 당시 네덜란드는 이란에서도 중국 청화 대체품 생산을 의뢰하였고, 그 결과 사파비 백지 남채 도기(白地藍彩陶器)가 동아시아까지 수출된 것이다.

대만 정씨의 항복 후 청은 1684년에 민간 무역 재개를 인정하였다. 이에 대량의 경덕진 자기가 재차 세계의 도자 시장을 점하게 되었다. 이

09 (역자주) 대량 생산을 위해 정성을 들이지 않고 조잡하게 제조한 것.

10 (역자주) 현재의 사가현(佐賀縣)과 나가사키현(長崎縣), 이키(壹岐)·쓰시마(對馬)는 제외.

후 18세기 중엽까지 일본의 히젠 자기(가키에몬[柿右衛門] 양식이나 금란수[金襴手][11])는 기본적으로 유럽 시장에만 운반되었다. 18세기의 도자 무역에서 흥미로운 것은 복건산 조제 청화조차도 인도양 지역에 운반된 일이다. 복건의 샤먼(廈門)에서 수출한 대량 생산된 조제 청화는 동남아시아 전체를 넘어 남인도 내륙의 비자푸르나 톱카프 궁전을 포함한 서아시아, 그리고 동아프리카에서도 출토가 확인되었다. 인도양 세계에서 그것들을 운반한 사람들에 대해서는 다음 시대의 양상에서 예멘 출신의 아랍인인 하드라미였을 가능성이 고려된다. 또 적은 사례이지만 경덕진 생산 타일이 인도네시아의 자바섬이나 마두라섬, 인도의 코친과 우다이푸르, 그리고 톱카프 궁전에도 운반되고 있는 점도 흥미롭다.

(4) 말기(19~20세기)

이 시대에도 도자 무역은 계속되었다. 그러나 동(東)에서 서(西)라는 지금까지의 움직임과는 달리 서에서 동 방향이 주류가 되었다. 산업혁명으로 태어난 유럽 도자기가 도자기 무역의 주류를 이룬 것이다.

유럽에서 유약을 바른 도자기는 주로 이슬람 왕조 지배하의 스페인에서 생산된 페르시아 도기에 기원한다. 15세기 이후 그곳에서 탄생한 색채 풍부한 석유(錫釉)[12] 도기가 이탈리아 북부로 전해졌다. 수출항인 마요르카섬의 이름에서 마욜리카 도기라 불렸다. 이 기술은 더욱이 16세기에 프랑스에서 네덜란드로 전해져 영어로는 마졸리카라는 이름으로 알려지

11 (역자주) 색칠을 한 백자를 바탕으로 금채로 무늬를 나타내는 기법.

12 (역자주) 불투명성을 주기 위해 사용되는 유약의 일종.

게 된다. 이것들이 유럽 이외로 수출된 경우는 드물었지만, 17세기 후반 이후 네덜란드의 델프트에서 발달한 백지남채(白地藍彩) 타일은 각지의 네덜란드 동인도회사의 거점으로 운반되었다. 또 독일의 라인 지방에서 생산된 염유(鹽釉)[13] 병(瓶)은 수염 남성의 부조가 특징으로, 알코올 음료의 용기로 사용되었다. 이것도 네덜란드인이 자기 소비용으로 각지로 가져갔다.

그러나 유럽의 왕과 귀족들이 찾은 것은 경덕진이나 히젠(肥前) 자기였다. 그것들은 식기로 이용되어 테이블 매너를 발전시킨 것 외에도 궁전이나 저택을 장식하는 호화로운 일상용품으로서의 역할도 컸다. 17~18세기의 각 궁전에는 자기의 방이 설치되어 그곳에는 빼곡히 덮개가 달린 대형 항아리 등이 나열되었다. 대부분은 네덜란드 동인도회사가 수입하였기 때문에 중요한 중계 거점인 암스테르담에서는 경덕진이나 히젠 자기의 파편이 숱하게 발견되고 있다.

유럽에서 마침내 자기가 탄생한 것은 1709년 독일 작센의 마이센에서였다. 단순한 백자의 생산에서, 곧 경덕진 청화나 히젠의 가키에몬(柿右衛門) 양식의 채색 기법을 모방하게 되었다. 이윽고 자기 생산 기술은 유럽의 많은 궁정에 퍼졌지만, 18세기 중엽까지는 수입된 경덕진이나 히젠 자기에 대한 관심이 압도적으로 강하였다.

그러나 산업혁명이 진전된 영국에서는 18세기 후반에 완전히 새로운 식기가 만들어졌다. 영국 중부 스탠포드셔의 스톡 온 트렌트(stoke on trent)로 동판화의 기법을 사용하여 그림을 그려 굽는 동판전사(銅版傳寫) 기법이 발명되었다. 이로 인해 치밀한 무늬라도 쉽게 완전히 같은 제품의 생산이 가능해지면서 가격이 많이 떨어졌던 것이다. 또 화학공업의 발

13 (역자주) 식염유(食鹽釉)라고도 하며, 주로 석기(stoneware)를 구울 때 사용하는 유약이다.

〈그림 6〉 인도네시아 자바섬 쿠두스의 미나레트(Minaret) 모스크에 끼워진 마스트리흐트 요(窯) '오리엔트' 접시
본래 이곳에는 15세기의 베트남 타일이 있었을 가능성이 크다.

달에 따른 유약이나 유약 바르기 전의 도자기도 공업 생산이 이루어졌다. 최초로 생산된 것은 역시 경덕진 자기를 모방한 것으로, 윌로 패턴(Willow pattern)이라는 이름으로 인기가 있던 누각산수(樓閣山水) 문양의 접시 등이 대표적이다.

19세기가 되면 이러한 산업혁명 도자는 일거에 아시아로 수출되었다. 게다가 무늬는 이미 독자적인 것이 많아져 야자나무에 낙타를 그려 공상적인 아시아의 경치를 그린 '오리엔트' 등으로 양식화한 무늬 접시가 아시아로 수출되었다. 합성 유약도 코발트색에 구애받지 않고 붉은 장미나 연녹색 등 다양해졌다. 산업혁명의 확대로 산지도 늘어갔다. 특히 네덜란드의 마스트리흐트에서 만들어진 것은 동남아시아로도 많이 운반되었다. 예를 들면 영국이 19세기 초에 건설한 식민지인 싱가포르의 푸로우 사이공 유적에서는 스톡 온 트렌트산의 윌로 패턴 청화와 영국 각지나 마스트리흐트에서 생산된 손으로 그린 꽃무늬 접시가 출토되고 있다. 이러한 것은 아시아 전역에서 보이게 되고, 전통적으로 도자기 문화가 있던 태국에서도 방콕의 왓 아룬(Wat Arun)의 장식에 유럽산 동판전사 접시가 사용되었다.

다만 흥미로운 것은 19세기 중엽 무렵에 복건산 조제 청화 사발에서 쌍희문(雙喜文)을 그린 것이 동남아시아를 중심으로 광범위하게 운반된 사실이다. 그 대부분은 청조 쇠퇴와 함께 일어난 화인(華人)의 이주에 따른 자가용 식기였는데, 페르시아만이나 동아프리카에서도 발견되고 있다.

이 사발[碗]이 대량으로 발견된 푸로우 사이공 주변에는 하드라미 부두가 있는데 페르시아만 연안에서의 출토 도자기의 조합은 동 유적과 거의 같다. 그 때문에 인도양 연안으로의 반입은 하드라미들의 무역에 의한 것이었을 가능성이 높다(坂井, 2019).

19세기 중엽 이후가 되면 한층 더 기술 혁신이 진전되어 특히 유럽식 건물은 산업혁명 타일로 장식되었다. 마루 등을 장식하는 유약을 입힌 타일은 하나의 건물만으로도 대량의 수량이 필요하고, 거기에 상응하는 대량 생산이 아직 굽지 않은 도자기(素地)의 분말을 압축하는 것으로 가능해졌다. 이 건식 타일에 예전의 마욜리카 도기를 연상시키는 것 같은 무늬를 채색한 타일이 스톡 온 트렌트사에서 '마졸리카'라는 상품명으로 팔렸다. 이 산업혁명 타일은 영국제국의 패권 확대에 따라 순식간에 전 세계로 보급된다.

산업혁명 도자기는 원료도 양식도 특정 산지에서만 독점하는 것은 불가능하였다. 기술 전파는 극히 빠르고, 생산도 근대적인 회사 조직에 의해 행해졌다. 교통 발달로 인해 한 산지에서 탄생한 도자기 제조회사가 오랫동안 같은 장소에서만 생산하는 것은 오히려 드물어졌다. 영국 요업의 상징이라 할 수 있는 건식 마졸리카 타일은 20세기 초에는 일본에서도 만들어져서, 제1차 세계대전 후의 동남아시아에서는 일본의 도자기 제조회사가 생산한 마졸리카 타일로 장식된 건물이 각지에서 확인된다. 요업 기술의 확산과 생산조직의 세계화는 제2차 세계대전 후 더욱 광범위하게 진행되어 무역은 점점 복잡화하였다. 경덕진 풍의 자기를 일본 도자기 제조회사가 스리랑카에서 생산하여 수출하는 것과 같은 구조가 오늘날 진전하고 있다.

5. 이후의 과제

서두에서 서술한 것처럼, 도자 파편은 고고 자료로서 연대 결정과 무역구조 해명에 큰 역할을 하고 있다. 적어도 9세기부터 19세기까지의 유적에서는 결정적인 의미를 지닌 유물이었던 것은 틀림없다. 그리고 그것이 망라하는 지역도 예상을 훨씬 초월하여 넓다. 그 때문에 의외의 발견으로 전혀 상상하지 못했던 교류사의 일단이 알려지게 되는 것이다.

예를 들면 중국 다음으로 자기 생산에 성공한 것은 한국이지만, 한국 도자기는 16세기 말까지는 거의 일본에만 수출되었다. 정확히는 그 무렵까지 일본의 도자사가 한국 도자사의 일부였다고 보는 편이 낫다. 그 때문에 유명한 고려청자도 한국 국내를 제외하면 일본에서 발견되는 것이 대부분이다. 그러나 최근 대만의 외딴 섬인 난서(蘭嶼)에서 고려청자가 발견되었다. 이 섬은 루손섬과의 사이인 바시해협(Bashi Channel)에 위치한다. 어째서 그곳에서 13세기 무렵의 고려청자가 나온 것인지는 도무지 설명할 수가 없다. 게다가 하노이의 역대 왕도 유적인 탄롱 유적에서도 상감된 고려청자가 출토되어 이것도 단순하게 이해하기 어렵다.

그것과는 별도로 침몰선에서 인양된 대량의 도자기도 화제가 되는 것이 많다. 초기 무역 도자기를 적재한 인도네시아 벨리퉁섬 앞바다의 침몰선도 그 하나이다. 그러나 이러한 자료에는 주의가 필요하다. 이미 기술한 것처럼 인양 대부분이 이윤 추구를 목적으로 한 상업 샐비지 업자에 의해 행해지고 있기 때문이다. 옥션 회사의 카탈로그에서만 내용을 알 수 있고, 게다가 거기에는 중요한 정보인 선체에 관한 기록이 실리는 경우는 드물다. 판매 가치가 없는 선체는 처음부터 어떠한 대상으로도 삼고 있지 않기 때문에 무역로 해명과 깊은 관련이 있는 배의 특징의 정보를 얻을 수 없는 것이다. 또 카탈로그에 실려 있는 것이 정말로 한 척의 배에서 인양되었는지 아닌지도 일단 밝혀지지 않는다.

그뿐 아니라 동남아시아에서 가장 잘 알려진 샐비지 업자인 마이클 해처(Michael Hatcher)가 처음 대규모 옥션에 낸 '해처 화물(Hatcher Cargo)'이라 불리는 도자기 군(群)은 지금까지도 발견 장소가 공표되어 있지 않다. 실제로 카탈로그 사진이 있기에 미술사적으로는 의미가 있을지 모르겠다. 그러나 역사 해명에는 아무런 도움이 되지 않는다.

또 땅 위의 유적에 분포하는 도자 파편이 기본적으로는 움직이지 않는다는 점은 이미 서술하였다. 그러나 그것은 절대적인 것은 아니다. 중요한 종류의 도자기 파편이 많은 유적에는 그것을 모으는 골동품 업자도 존재한다. 이것들을 모은 컬렉션이 완전히 별도의 장소에서 공개된 경우는 모든 것이 본래의 유적에 있었는지 어떤지를 완전히 믿는 것은 불가능하다.

이처럼 작지 않은 문제점은 여전히 남아 있지만, 도자기 파편에서 얻어지는 정보는 극히 많다. 그것은 인간과 인간의 공간을 넘은 교류의 결과를 전해준다. 세계사가 각국사를 모은 것이 아님은 말할 필요도 없다. 하지만 실제로는 남겨진 문자 자료의 제약도 있어 특정 언어에 의거할 수밖에 없는 바가 적지 않다. 그 점에서 도자기 파편은 인류사 전체를 커버할 수는 없지만, 기록되기 어려운 넓고 깊은 교류 상황을 전해준다. 중국 도자기 이외의 연구가 더욱 진전되면 그로부터 이해되는 세계사의 두터움도 더욱 넓어질 것이다.

참고문헌

海のシルクロードの出発点“福建”展開催実行委員会編,『東アジアの海とシンルク ロードの拠点福建-沈没船, 貿易都市, 陶磁器, 茶文化』, 愛知県陶磁資料館, 2008.

岡野智彦,「貿易陶磁器と輸入港-キーシュとホルムズ」,『煌めきのペルシャ陶器-十一~十四世紀の技術革新と復興』, 中近東文化センター部属博物館, 2008.

小野正敏·村木二郎編,『東アジア中世海道 海商·港·沈没船』, 国立歴史民俗博物館, 2005.

何翠媚,「九·十世紀の東·東南アジアにおける西アジアの陶器の意義」,『貿易陶磁研究』14号, 1994.

坂井隆,『「伊万里」からアジアが見える-海の陶磁路と日本』, 講談社選書メチエ, 1998.

坂井隆,「インド洋の陶磁貿易-トルコと東アジアの交流をめぐって」,『上智アジア学』23号, 上智大学アジア文化研究所, 2005, 261~309쪽.

坂井隆,「福建産粗製陶磁器の貿易-喜文碗を中心に」, (佐々木達夫 編),『中近世陶磁器の考古学10』, 雄山閣, 2019, 281~304쪽.

坂井隆,「安平壺をめぐる謎」, (佐々木達夫 編),『中近世陶磁器の考古学12』, 雄山閣, 2020, 171~174쪽.

坂井隆 · 大橋康二,『インドネシアの王都出土の肥前陶磁-トロウラン遺跡ほか』, 雄山閣, 2018.

三上次男,『陶磁の道-東西文明の接点をたずねて』, 岩波新書, 1969 (中央公論美術 出版, 2000).

三上次男,『陶磁貿易史研究 上 東アジア·東南アジア編』, 中央公論美術出版, 1987.

三上次男,『陶磁貿易史研究 中 南アジア·西アジア編』, 中央公論美術出版, 1988a.

三上次男,『陶磁貿易史研究 下 中近東編』, 中央公論美術出版, 1988b.

森本朝子,「マレーシア·ブルネイ·タイ出土の貿易陶磁十一世紀末~十四世紀初-日本出土の貿易陶磁との差異」,『貿易陶磁研究』11号, 1991.

Karashima Noboru, ed., *In Search of Chinese Ceramic-sherds In South India and Sri Lanka*, Tokyo: Taisho University Press, 2004.

Krahl, Regina, John Guy, J. Keith Wilson & Julian Raby ed., *Shipwrecked Tang Treasures and Monsoon Winds*, Washington D.C: Smithsonian Institution, 2010.

4장

화폐
동아시아 화폐사를 중심으로

• 오타 유키오(大田由紀夫) •

1. 전(錢)

(1) 동(東)과 서(西)

유라시아 대륙 역사상 다양한 화폐가 출현하였는데, 대략적으로 보면 금속 경화(金屬硬貨, 코인)는 중앙아시아를 대략의 경계로 하여 동과 서 두 개의 계통으로 크게 구별되며, 양자는 대조적인 성격을 지니고 있었다고 한다(이하 黑田, 2014 등에 의함). '동=중국'을 중심으로 하는 동아시아의 전화(錢貨, 둥근 형태로 중심에 사각 구멍이 난 전화)로 상징되는 비금속화(卑金屬貨)[01] 중심의 세계와 중동·지중해 지역을 비롯한 서의 금·은화로 대표되는 귀금속 중심의 세계이다. 서방의 코인은 금화·은화 등의 고액 통화가 중심으로, 귀금속화의 통용 가치는 소재(素材) 금속의 중량·순

01 (역자주) 가열하면 쉽게 산화되고 이온화경향도 비교적 큰 금속 화폐.

도에 의해 결정된다. 이것과는 달리 중국에서 기원한 동(東)의 전화는 동·철 등의 비(卑)금속을 소재로 하고(동·철전), 일문전(一文錢, 전 1개)으로 대표되는 소액 통화가 주류였다. 중국에서 경화(硬貨)라고 하면 오랫동안 50·100엔 동전만 존재했던 셈이다. 이러한 존재 형태의 차이가 암시하듯이 각각의 화폐가 지닌 성격도 서방은 상인에 의한 원격지 교역 등의 거액 거래를 매개하는 '상인의 화폐'인데 반해, 동방은 농민에 의한 일용품 등의 영세 거래를 매개하는 '농민의 화폐'로 이해할 수 있다.

그러면 양자의 차이는 어디서 유래하고 있는 것인가. 판이한 문명 간의 교류가 활발했던 서방에서는 민족·국경을 뛰어넘은 교역이 활발하게 진행되고 있었다. 그러한 환경에서는 운반 및 보존에 편리하고, 게다가 서로 다른 민족·문화권을 통해 보편적 가치를 지니고 분할·합성도 쉬운 재화가 거래 수단으로서 강하게 요구되어 금은을 소재로 하는 귀금속화(貴金屬貨)가 탄생하였다. 서방의 화폐는 국경·민족을 넘어 전개하는 상인들의 교역 활동을 매개하는 화폐라는 성격을 농후하게 지녔다. 그에 비하여 동방 화폐의 대표인 중국의 전화(이하 '중국전[中國錢]'이라 적는다)는 해외로 유출하여 현지의 통화가 되는 경우도 있었지만, 국제 교역의 결제에 사용되는 일은 기본적으로 없었다. 소액 통화인 중국전은 고액 거래가 중심이 되는 대외 결제에는 적합하지 않고, 국제 교역은 금은인 지금(地金)[02]이나 견제품(絹製品) 등의 높은 가치를 지닌 재화가 결제 수단으로 사용되었기 때문이다.

통화가치가 낮은 소액 통화인 전화는 농민이 일상적으로 사용하기에 적합한 화폐이다. 액면이 큰 금화·은화는 일상의 영세 거래를 매개하는

---

02 (역자주) 화폐 재료로서의 금속 덩어리.

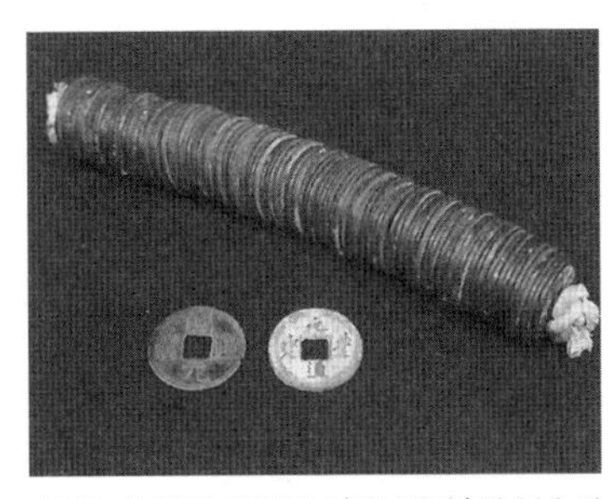

〈그림 1〉 당의 개원통보(開元通寶)와 북송의 원풍통보(元豐通寶), 동전 100문의 돈꿰미
출전: 원저자 촬영.

수단으로는 적합하지 않아 일반 농민 사이에 유포되기 어렵다. 전근대 중국의 특징 중 하나는 황제를 정점으로 떠받드는 전제 국가가 무수한 소농민을 지배하는 체제가 2,000년 이상에 걸쳐 존속한 것이다. 그러한 까닭으로 유통되는 통화는 농민 사이에서 쉽게 보급될 수 있는 화폐(소액 통화)인 것이 요구되었다. 중국에서 화폐의 주요한 역할은 농민(서민)에 의한 교환·지불을 꾀하는 점에 있었다. 사실 전(錢) 사용이 중국에서 정착하는 전한기(前漢期, 기원전 202~서기 8)는 농민으로부터 화폐로 조세(인두세 등)를 징수하려고 오수전(五銖錢)을 대량으로 주조하였다(佐原, 2001). 이 소액 화폐만이 통화로서 공급되는 체제를 전제로 하여 전화(錢貨)에는 끈을 통해 묶기 위한 구멍도 뚫려 있었다(〈그림 1〉). 동서 코인의 소재·형상의 차이는 각각 사회가 지닌 성격의 차이를 반영하고 있었다.

다만 위에서 기술한 것 같은 차이가 확인되더라도, 동방과 서방의 화폐사가 서로 교섭하지 않고 독자적인 진화를 이루어 근대를 맞이했다고 하는 단순한 구도를 취한 것은 아니다. 그 독자성을 지켜가면서 동서의 화폐사는 얕지 않은 교류를 나누었으며, 그러한 양자의 얽힘 속에서 '근대'도 준비되고 있던 점을 최근 주목하고 있다(프랭크, 2000; Kuroda, 2009; 프린, 2010 등). 본 장에서는 선행연구의 여러 성과에서 배우면서 시기적 한도를 10~18세기로 잡고, 주 대상을 유라시아 대륙(이하 '유라시아'로 적는다)에 둔다. 필자의 연구 분야(동아시아 화폐사)에 끌어들이는 형태이기는 하지만, 그 화폐사의 개관을 시도한다. 본 장이 다루는 대상 시기의 중국을 중심으로 한 동아시아에서는 곡물·포백(布帛) 등의 상품 화폐를 제외하면 전(錢, 특히 동전)·초(鈔, 지폐)·은이 주요한 유통 화폐였다. 이들 화폐가 자아내는 10세기 이후 동아시아의 화폐사가 더 광역 레벨의 화폐·경제 동향과 어떤 관계를 맺으면서 전개되었는가 하는 관점에서 소묘(素描)해나가고자 한다.

(2) 동전과 당송(唐宋) 변혁

개원통보(開元通寶)의 등장은 중국 화폐사에서 획기적인 사건이었다. 3세기 전반 후한 왕조의 붕괴 이후 오랫동안 분열 상태에 놓여 있던 중국은 수·당 왕조에 의해 재통일되었다. 당은 한대 이래 700년에 걸쳐 주조·유통하고 있던 오수전을 대신하여 621년에 개원통보를 새로이 주조하였다. 그때 개원통보 1매(=1文)의 무게를 1전(錢, 약 3.7g)으로 정하고, 전(錢)-량(兩, 10전)-근(斤, 16량)이라는 중량 체계도 동시에 정립하였다. '전'이라는 중량 단위의 제정과 함께 '수(銖, 약 0.67g)'가 폐지되고 개원통보가 중량 체계의 기준이 되었다. 중량이 그 명칭이 된 점에서도 알 수 있듯이 진한(秦漢)의 반량전(半兩錢)·오수전은 매수(枚數)에 기반하여 통용되는 계수화폐(計數貨幣)였지만, 또한 칭량(稱量) 화폐적인 흔적을 남기고 있다. 그 자신이 중량의 기준이 되는 개원통보의 등장은 동전이 계수 기능에 풍부한 '1문(一文)'이라는 추상적 기호의 정위화폐(定位貨幣)[03]로 순화

03 칭량화폐란 금속의 중량·순도에서 가치가 결정되어 수수(授受)하는 화폐이고, 정위화폐(定位貨幣)는 통화에 적힌 액면 내지 그 매수에 의해 수수되는 화폐를 말한다. 또 화폐에는 지불 수단·가치 척도·부의 저장 수단·교환 수단이라는 네 개의 주요 기능이 있다고 일반적으로 인식되고 있는데, 폴라니는 이들 네 개 중에서 몇 가지의 기능으로 사용되는 '양화 가능물(量化可能物)'로서 화폐를 정의하였다(폴라니, 1980). 이 이해에 따르면 다양

되었음을 나타낸다(宮澤, 2008). 전화의 새로운 기준으로서 개원통보는 후세에 영향을 주었다(고대 일본의 전화 주조의 개시나 후속 중국 왕조의 전화 주조 등).

또 당은 한대 이래의 대규모 동전 주조를 시행했다(당대의 연간 주조 최고액은 천보년간[天寶年間, 742~756]의 32만 관[貫]. 1관=전 1,000문). 당의 적극적인 주전책은 더욱 대규모 형태로 북송에 이어졌다. 북송은 중국 사상 최대 규모의 주전을 행하였으며, 최전성기인 11세기 후반에는 연간 주조액이 500만 관을 초과하여 은 경제가 미증유의 규모로 확대하였다(日野, 1983). 당대 후반 일반 인민에게서 병사를 조달한 부병제(府兵制)의 붕괴 이후 용병(傭兵) 중심 군제로의 전환이 진전된 결과, 동전은 용병에 대한 급료나 군량 조달을 위한 지불수단으로서 불가결한 것이 되었다. 북부 변경(북변)에서 강대한 유목민족 정권인 요(遼)와 대치하면서 중국 통합을 달성한 북송은 경제적 우위를 확립하고 있던 강남 지방과 대규모 군대를 배치한 관계로 거대한 물자 소비지가 되었던 북변과의 원활한 물자 유통을 조직화하는 과제를 안고 있었다. 재정 유도로 상인들을 움직여 전국적 물류를 조직하려고 북송 정부는 소금이나 차를 전매품으로 지정하고, 상인이 북변 군대에 운반하여 식량·동전을 납입하는 대가로서 수도인 개봉(開封) 내지 생산지에서 전(錢)·전매품과의 교환을 약속한 각종 지불 어음(염초[鹽鈔]·차인[茶引]·현전교인[見錢交引])을 주어 남북 간의 물류를 촉진하는 체제를 구축하였다. 정부 독점의 전매품을 획득하려는 상인들은 대량의 동전·식량을 북변에 운반하는 동시에 그들의 대규모

한 물품을 '화폐'로 간주할 수 있다. 전이나 은은 물론이고, 교환·지불에 사용되는 곡물이나 포백 등의 물품도 화폐 범주에 포함된다.

남북 이동에 부수하여 한층 더 교역이 유발되었는데, 이것이 당시 상업 융성의 한 요인이 되었다(宮澤, 1998).

대체로 북송기에 대량 주조된 동전은 시장경제의 자생적인 산물은 아니며 병사에 대한 급료나 군량 조달을 위한 지불수단으로, 정부 재정 운영의 필요에서 창출된 화폐였다고 할 수 있다. 그 대량 주조에 대하여 상거래를 매개하는 교환수단의 공급을 목적으로 하였다고 단순하게 평가하는 것은 어렵다. 그렇지만 동전이 지닌 화폐로서의 수령성(受領性)이 왕조 국가의 공적 신임이나 납세 시의 국고 통용성에 힘입은 바 있다(足立, 2012)고 파악하는 것도 타당하지 않다. 국가적 신임이 미치지 않는 해외에서의 중국전 유통이나 양질의 동전 훼손 등의 사실을 감안하면 그 수령성을 뒷받침한 것은 동재(銅材)로서의 상품 가치에 의거한 수용성(受容性)(飯沼, 2008), 계수성이 풍부한 소액 통화로서의 편리성, 양질 동전을 대량·계속적으로 공급하는 것의 곤란함에서 생기는 희소성·'중립성'(黑田, 2014) 등의 요소였다고 생각된다. 동전은 특별한 권위 부여가 없어도 광범한 수령성을 획득할 수 있었다. 전(錢) 같은 소액 통화가 공적 뒷받침의 유무에 관계없이 광범위하게 유통 가능했던 것은 인도양 연안 지역에서 몰디브산 조개(紫貝, 貝貨)의 화폐적 유통에서도 시사되는 바가 있다(Hogendon and Johnson, 1986).

그런데 당송기(그중에서도 북송)가 되자 재정 운영상의 요청으로 인해 동전이 주조·공급되었다고 인식하더라도, 왜 휴대성이 낮고 수송비도 늘어나는 동전에 의거한 재정 운영을 북송은 지향하고 있었던 것일까. 그 이유는 첫째, 한대 이래 동전 사용 전통이 당송 두 왕조를 강하게 규정하고 있었던 점을 지적할 수 있다('전통'을 지탱하는 물질적 기초는 전대 이래의 방대한 동전의 비축이었다). 북송은 화폐를 매개로 한 물류 시스템

조직화를 지향하였지만, 전(錢) 사용이 침투해 있던 당시 사회에서 사람들에게 저항 없이 수용되는 재정적 화폐를 대량으로 창출하는 방법으로서 동전 주조 이외에 선택지는 없었다. 둘째, 당시의 국제 환경도 고려해야 할 것이다. 북송이 존재한 10~12세기 전반은 유라시아 각지가 심각한 은 부족(필시 금도)이었던 시기와 정확히 겹친다(Blake, 1937; Watson, 1967). 확실히 당에서 북송에 걸쳐 그 생산이나 유통, 재정적 활용, 대외 교역 결제라는 각각의 국면에서 은의 존재감이 증가하고 있던 것은 사실이다(王, 2001). 그렇지만 북송 정부가 은을 기축으로 한 재정 운영 체제를 구축할 수 있을 정도의 대량 귀금속 조달을 가능케 하는 조건은 내외에 존재하지 않았다. 이러한 사정 때문에 당송 중국에서는 재정 운영의 기축통화로서 동전이 선택·주조되었다고 생각된다.

2. 초(鈔)

(1) 전(錢)에서 초(鈔)로

12세기 전반에 여진족의 금(金)에 의해 북쪽 땅으로부터 쫓겨나 송의 제실(帝室)이 재흥한 남송기에 들어서면 동전의 주조도 활발하지 않게 되었다(연간 주조액은 10만~12만 관 정도로 감소). 이 시기에 대량 주조가 행해지지 않게 된 것은 송의 지배 영역이 회하(淮河) 이남의 남중국으로 축소되어 전국 규모의 물류를 조직할 필요가 없어져서 그 물류를 매개하는 동전의 수요도 저하하였기 때문이다(宮澤, 1999). 원래 동전은 주조비가 드는 경화였다. '양모일자(兩母一子, 전 2문의 비용으로 전 1문을 주조한다)'(王令, 『廣陵先生文集』권20)라는 말처럼, 동전의 주조는 국가 재정에 상당한 부담을 강요하였다. 따라서 중국 역사상에서도 전한이나 북송·청 등의 왕조만이 그 대량 주조를 실현하였을 뿐이다.[04] 이 동전을 대신하여 유통수단으로서 비중을 점차 높인 것이 정부 발행 지폐[鈔]이다. 남송에서는 12세기 후반부터 전(錢)에서 초(鈔)로의 전환이 시작되었다. 이 전환은 북중국을 지배한 금에서도 마찬가지로 진행되었다. 최종적으로 13세기 후반의 몽골 원조(元朝)에 의한 초 단화제(單貨制)[05] 확립으로 초는 완전히 전을 대신하게 되었다.

전에서 초로의 전환 경위는 다음과 같이 요약할 수 있다(이하 주로 黑田, 2014; 大田, 2009에 의함). 북송기의 대량 주조에 의한 공적·사적인 전 사용이 비약적으로 확대되는 동시에 각지의 관청은 팽대한 동전의 재고를 축적하였다. 대량의 경화(硬貨) 이송에는 막대한 비용이 들기 때문에 조세 송금 등의 지불은 전 재고를 떠맡고 있는 관청끼리의 대체 결제를 필연화시켰다. 그 결제 시에 사용한 '지불 지도서(支拂指圖書)'가 초의 원류이다. 초가 일단 통화로서 유통하면 제조비가 저렴하고 경제적 실리도 크므로 전의 역할을 서서히 대체해간다. 초의 등장은 북송 이래의 막대한 전 재고를 전제로 하였던 것이다.

덧붙여 동전은 액면이 비교적 적은 반면 중량은 커서, 한번 분산하면 회수에 막대한 비용이 든다. 그 유통을 유지하려면 시장 거래 규모에 걸맞는 양의 동전을 끊이지 않고 추가 공급해야만 하는 '비환류성(非還流性)'을

---

04 전한 때 오수전의 대량 주조는 춘추·전국 이래 도시(읍)의 번영을 전제로 도시민(=농민)들에 지불·교환의 편의(편리)를 제공하고자 행해진 것이고(西嶋, 1981), 후에 읍제도시가 쇠퇴하자 수그러들고 있었다.

05 (역자주) 단본위제(單本位制)로, 하나의 금속을 본위화폐로 하는 화폐제도.

지니고 있다(黑田, 1994). 이러한 제약도 있어 풍부한 동전 주조를 자랑하던 북송기조차 사람들은 종종 그 부족(전황[錢荒])에 시달렸다. 이 때문에 특정 지역이나 업종에서 동전을 사용할 때 1문전 100매 이하의 꾸러미(예를 들면 77매나 90매 등)를 100문(=陌)으로 간주하여 거래하는 '단백(短陌)'이라는 관행이 널리 행해져, 근대 초까지 계속 존재하였다. 또 이 관행은 현전(現錢. 즉 경화) 사용 절약이라는 측면에 그치지 않고, 제한된 범위 내에서 통용하는 독자적인 '화폐'를 창출하는 수단으로서의 의미도 지니고 있었다고 한다(宮澤, 1988).

이렇게 금·남송 이후 주전량이 극단적으로 감소하자 현금 사용이 침투하고 있던 시장은 즉시 유동성 부족에 휩쓸렸다. 이때 태환 보증이나 국고 통용성을 부여받아 수요에 맞는 발행액 관리가 행해진다면 소재(素材) 가치가 거의 없는 초 같은 지폐라도 유동성 확보에 애먹은 시장에서는 수용되고 있었다. 게다가 가볍고 편리성이 풍부한 초는 중량이 있는 은·전보다도 유통 매체에 적합하였다. 단, 발행된 초의 대부분은 고액면이어서(1관 전후), 왕조는 품·경비가 드는 영세 액면의 발행에 소극적이었기 때문에 민간에서는 일상적 거래를 매개하는 통화의 부족에 시달려 상품 화폐나 목편(木片) 등의 대용 화폐를 자주 이용하였다. 동전과 달리 초는 일상적 유통과는 관계 없는 국면에서 주로 기능한 통화인 것이다.

100년에 이르는 계속성, 또 통일적인 초 전용체제(專用體制)가 시행된 점에서 몽골 원조 시대는 초 유통의 최전성기라 할 수 있다(〈그림 2〉). 원대의 초법(지폐 제도)은 얼마 안 되는 시기를 제외하고 은 등에 의한 태환 보증을 결여한 사실상의 불환지폐였다. 그렇지만 원조의 초(鈔)는 그 말기에 이르기까지 안정적인 유통을 유지하는 데에 성공한다. 불환지폐의 유통을 가능하게 한 것은 염과(鹽課)로 대표되는 막대한 과리(課利, 전매·

〈그림 2〉 원대 교초의 모습
출전: Wikipedia Commons (https://commons.wikimedia.org/wiki/File:Yuan_dynasty_banknote_with_its_printing_plate_1287.jpg?uselang=ko) 게재 사진을 편집

상세 등의 수입)를 활용한 초 회수 조치였다. 과리 징수를 통해 민간 유통 총액의 거의 절반이 매년 국고로 회수되어 초의 통용 가치가 유지되었던 것이다(愛宕, 1988). 거래를 매개하기에 적합한 적당한 수량을 유지하지 않는 한 초는 시장에서 신임받지 못한다. 국고 통용성이라는 보증은 물론이거니와 초가 시장에서의 수령성을 획득 가능했던 것은 그 지출과 회수를 엄격히 관리하고 있었기 때문이다.

(2) 초의 영향 - 13~14세기 여러 화폐의 대유동(大流動)

몽골제국 형성과 전후하여, 유라시아에서는 활발한 화폐 유통이 전개되었다. 오랫동안 은(銀) 부족 상태에 있던 서아시아에서는 12세기 말 무렵에 아이유브 왕조가 다마스쿠스에서 은화의 발행을 시작하자 1240년대까지는 시리아 방면에서 은화가 금화를 대신하여 유통되었다. 은화 발행의 여파는 셀주크 투르크나 비잔틴제국으로 퍼져 13세기 후반에는 소아시아·페르시아·투르키스탄의 각 도시도 은화를 발행하였다. 지방마다 다양하고 순도가 낮은 은화를 조폐할 뿐이었던 서구에서도 13세기 초 무렵부터 북이탈리아의 상업 도시군이 양질의 대형 은화를 발행하였다. 13세기 후반이 되면 제노바·피렌체가 9세기 이래 서구에서 중단되어 있던 금화 발행을 재개한다(Watson, 1967). 영국이나 프랑스는 13세기 후반 이후 은화의 발행액이 정점을 기록하였다(Kuroda, 2009). 6세기 굽타 왕조 붕괴 이후 북인도에서도 저조했던 금·은화의 발행이 델리 술탄 왕조(1206~1526) 하에서 활발해져, 이윽고 금화·은화·빌런(billon)화(貨, 은과 동의 합금) 내지 동화(銅貨)의 3화제(三貨制)가 확립되었다(Haider, 2007). 인도 동부의 벵갈도 종래 패화(貝貨)만 유통되었지만, 벵갈 술탄 왕조(1205~1576)에 의한 탕카 은화가 도입되어 은패(銀貝, 은과 조개) 이화제(二貨制, 두 개의 화폐제도)가 정착해 갔다(Deyell, 2012). 13세기 전후 유라시아에서는 은의 급속한 유통 확대가 보였다. 은 유통의 확대를 가능케 한 것은 '팍스 몽골리카' 하에서 정치적 장벽이 제거되고, 게다가 은에 의존하지 않고 운영되는 초 단화제(단일 화폐제)를 원조가 시작한 결과 당송기부터 축적된 팽대한 은 재고나 새롭게 산출된 운남은(雲南銀) 등 중국권에서 나온 은이 유라시아 각지에 대량으로 나돌았기 때문이다(Blake, 1937; Kuroda, 2009).

은 같은 귀금속 이외에도 동아시아나 동남아시아 일부 지역에서는 중국 은의 유통이 급속히 확대하였다. 여기서는 중세 일본을 통해, 수입 중국전(中國錢, 이른바 도래전[渡來錢])의 유통 확대 양상을 간단히 다루어 보자(大田, 2010). 이전부터 중국전은 동(銅) 재료로서의 수요로 일본으로 도래하였는데(飯沼, 2008), 그 유입이 현저해진 것은 12세기 후반(1170년대 전후) 이후였다. 이것은 일본에서의 잠재적인 전 수요의 고조에 더하여 남송에서 초법(鈔法)이 도입되어 은 수요가 상대적으로 축소된 결과, 동전의 해외 유출이 쉬워진 환경이 형성되었기 때문이다. 일본의 도래전 유통에는 1210년대와 1270년대라는 두 획기적 시기가 존재한다. 1210년대에는 경(京, 교토)을 중심으로 하는 기나이(畿內)에서 중국전 유통이 보급되었다. 곧이어 1270년대까지는 각지에서 '비축전(備蓄錢, 일괄토전[一括土

錢][06])'의 매납(埋納, 매장) 풍습이 시작되고(鈴木, 1999), 토지 매매에서의 전 사용이 기나이 이외에서도 일반적으로 되어 중국전 유통은 열도 전토로 보급되었다.

13세기에 중국전 유통이 일본에서 침투한 직접 계기는 중국 대륙의 화폐 동향에 있었다. 전자로는 금조 지배하의 북중국에서, 후자로는 원조 지배하의 강남에서 각각 동전 사용이 금지되었다(이들 금령은 동전을 대신하여 초의 유통을 촉진시키는 조치). 그 결과 중국 내에서 전 사용(=전 수요)이 대폭 축소되어 남아도는 동전이 해외로 대량 유출하는 사태가 발생한 것이다. 전 사용의 확대는 일본만이 아니라 동시기의 인도네시아 자바에서도 금은화에서 중국전으로의 주요 통화 전환이 보인다(Wicks, 1992). 중국전의 유포는 동아시아나 동남아시아 일부를 끌어넣은 넓은 범위에서 발생한 공시적(共時的) 현상으로, 이 이후 중국전이 미증유의 규모로 해외로 유출된다. 또 명료한 동향은 불명이지만, 몽골제국 아래 국제교역의 융성을 배경으로 몰디브산 패화(貝貨)가 무슬림 상인에 의해 아프리카대륙으로 운반되어 현지에서 유통되었다고 한다(黑田, 2014).

13세기 전후는 은이 전 유라시아 규모로 유동하는 동시에 전이나 패화 등의 소액 통화도 유라시아의 동서에서 대량으로 수용되어 광범위하게 사람들의 '현금' 사용이 진전되는 하나의 획기였다. 이러한 역사 동향 속에서 주목되는 것이 해당 시기에 광범위하게 유동하게 된 화폐 중에서 은과 전에 대해서는 동일 요인으로 그 유통 확대를 설명할 수 있다는 점이다.

원조의 초(鈔) 단화제(單貨制)가 은의 서류(西流)를 촉진한 하나의 요인이었던 것은 이미 다루었다. 이 사실을 더욱 부연한다면 한층 더 장기

---

06 (역자주) 땅에 묻혀 있던 전화로, 1,000매 이상 일괄 출토된 사례를 일컬음.

적인 시점에서 유라시아 은 유통의 전개를 개관할 수 있을 것이다. 북송의 대량 주전 결과 전 사용의 국면이 비약적으로 확대하였지만, 동(銅) 사용의 확대는 현전(現錢) 이송의 곤란 등을 해소하는 대체물의 수요도 높인다. 그러한 대체물로 이용된 것이 초나 송전(送錢, 송금) 어음이며, 이 밖에 은도 서서히 활용되기 시작하였다. 이후 생산·유통, 재정 운영, 대외 결제로 은 이용이 확대되었다. 금·남송 영역에서 초가 광범위하게 유통되기 시작하자 은의 화폐적 수요가 축소되고 유휴은(遊休銀)이 증가하였다. 이것이 중국 은의 역외(域外) 유출에 유리한 환경을 마련하여 원대의 은 서류(西流)에 선구하는 현상을 일으킨 것처럼 보인다. 남송 무렵부터 은의 영외 반출에 관한 금령이 활발하게 공표된 사실에서(王, 2001, 334~335쪽), 중국에서의 은 유출 증가 경향을 간파할 수 있다. 또 시리아에서 은화 발행의 개시, 북이탈리아 여러 도시에서의 대형 은화 발행이라는 서방 유라시아의 은 기아 수습을 보여주는 징후는 몽골제국 형성에 앞선 12세기 말~13세기 초의 단계에서 알아차릴 수 있다. 지금까지 12세기 말 이후의 회복은 유럽 은의 생산 증가로 설명되어왔는데(Watson, 1967), 금·남송에서의 초 유통의 전개에 따른 은 유출의 확대 경향도 그 해소에 한 역할을 맡았을 가능성이 있다. 그리고 이러한 동향이 몽골 원조 하에서 극적으로 가속·확대된 것은 아닐까. 초 유통의 전개와 은 서류(西流) 확대와의 관계성을 앞에서 서술한 바와 같이 파악 가능하다면 이 구도는 초와 전의 관계와 유사하다. 남송에서의 초법(鈔法) 도입에 따른 전 수요의 축소가 중국전의 해외 유출을 촉진하여, 일본에서는 중국전의 유입이 눈에 띄게 된다. 더욱이 원조의 초 단화제가 확립되자 넘쳐난 동전이 동아시아 각지에 미증유의 규모로 유출되었다. 소액과 고액의 차는 있지만, 13세기 후반~14세기 전반 전·은의 광역 유통은 동시에 초 유통 확대의 파급 현상으로 간주하였다.

이러한 화폐 유통의 구조는 원조의 중국 지배 종언으로 붕괴한다. 원말의 동란에 따른 초법의 붕괴(1350~1360년대)는 중국 내에서 은 사용을 촉진하고, 은 서류(西流)의 조건을 소실시켰다(Kuroda, 2009). 다른 한편 전화(錢貨) 유통도 유사한 변천을 겪었다. 새롭게 탄생한 명조는 해외와의 통교를 국가 간으로 한정하고 민간인의 자유로운 왕래를 억지하는 해금을 시행하였다. 또 전초(錢鈔) 이화제(二貨制)를 채용했기 때문에 동전의 해외 반출을 금지하였다. 그 결과 중국전의 해외 유출은 격감하고, 중세 일본의 전 사용도 축소되었다(大田, 2010). 중국전 유포의 수축은 원조 지배나 붕괴에 그 연원을 찾을 수 있다. 초 유통은 중국 내부의 지역적인 현상에 지나지 않지만, 유라시아의 화폐 동향에 끼친 영향은 대단히 컸다고 할 수 있다.

(3) 초에서 은으로

포스트 몽골기의 유라시아는 원조 붕괴에 기인하는 은의 서류(西流) 정지로 인해 완전히 변모하여 '금은 대기아(金銀大飢餓, Great Bullion Famine)' (Day, 1987) 상황이 된다. 중동이나 인도에서도 양질 은화의 활발한 발행은 자취를 감추고, 동화(銅貨)나 질 낮은(貶質) 은화가 범람하였다. 가령 맘루크 왕조 치하의 이집트에서는 디르함(dirham) 은화가 조폐되지 않게 되고 14세기 말 이후 동제(銅製) 디르함만을 발행하는 '동화(銅貨)의 시대(age of copper)'가 시작된다(Bacharach, 1976). 또 1350년대 전후부터 서구에서도 은화의 발행액이 급격히 떨어지고 현금 거래도 감소해갔다. 귀금속화의 부족에 고생하는 영국의 도시·농촌은 지역적 신용에 기초한 신용거래에 의한 일상적 거래를 결제하는 방향으로 기울어져, 마침내 단일 계산단위 하에서 태환 보장된 통일 통화의 형성으로 나아갔다(Kuroda, 2009).

15세기 유라시아 서방에서는 귀금속(특히 은) 부족에 허덕이는 한편 13세기 전후의 몽골 제국기에 확산된 현금 거래 때문에 은의 대체물(신용 거래나 질 낮은 화폐)에 대한 강한 수요가 생겼다. 동시에 아시아 물산을 입수하기 위한 대외 거래 결제 수단이 되는 귀금속에 대한 갈망을 한층 강화시켜 금·은에 대한 탐구 활동이 적극적으로 전개되어갔다. 이 상황이 서구에서 새로운 광산의 개발이나 해외 진출 사업의 착수를 촉진하였을 뿐만 아니라, 중동·인도에서는 동화·빌런(billon)화의 범람을 초래하는 동시에 대외적인 은 흡인력을 높였다. 유라시아 서방의 여러 동향은 이윽고 16세기 이후의 '은의 세기' 출현으로 귀결된다. 그렇다면 유라시아 동방(특히 중국)은 이 사이 어떻게 변해갔을까.

포스트 몽골기의 명조 중국에서는 초법이 재건되기는 했지만, 반세기가 채 되지 않아 벽에 부딪혔다. 대신 15세기 중반 이후 은이 공적·사적으로 본격적으로 이용되어갔다. 초의 쇠락과 은의 보급은 대략 이하와 같이 전개되었다(大田, 2009). 초법의 종언은 15세기 전반 남경에서 북경으로의 천도(이하 천도라고 쓴다)와 함께 찾아온다. 강남에서 멀리 떨어진 북경의 중앙정부를 재정적으로 지탱할 목적으로 초가 남발되었기 때문이다. 영락기(1403~1424) 이후의 명조는 유목 세력에 대비하여 막대한 북변 방위비의 염출에 쫓겼다. 또한 광범위한 재물 이동의 조직화도 필요하게 되어 초법의 유지가 불가능하게 되었다. 더욱이 초에서 은으로의 이행기는 명조 행정 재정 시스템의 전환기이기도 했다. 천도 이후 명조는 대운하를 통해 남방의 물자를 북경에 운반하는 물류 체제 정비에 힘을 쏟았다. 그때 효율적인 재물의 중앙 이전을 실현하기 위해 미곡 등의 현물이 아니라 수송비도 낮고 아울러 높은 가치를 가진 은의 활용을 지향해갔다. 이러한 지향성의 고조는 현물 납입이 원칙이었던 세량을 은으로 대납시키는 조세 은납화를 촉진하였다. 15세기 중엽 이후 명조의 국가 재정은 점차로 은을 매개로 운영되고(은 재정화), 민간에서도 은의 화폐 사용이 확대된다(은 경제화).

이 시기에 은이 중국 사회에 보급된 역사적 배경으로서는 다음과 같은 사항도 고려해야 한다. 명조 성립 이전에 민간에서 은 사용이 어느 정도 침투하고 있던 점이다. 중국에서 은의 유포는 당송 이래의 장기적 동향이고, 당~원의 시기는 육지와 바다 두 길을 통한 국제 교역이 활발해지고, 대외 거래에서 은 사용이 왕성해져 중국 내부에서의 은 활용도 서서히 보급되었다. 이러한 국제적 계기 외에 은은 현전(現錢) 이송 등의 곤란을 해소하는 대체물로서 그 사용 국면을 확대시키기도 했다. 게다가 12세기 후반 이후 초법이 본격적으로 도입되자 초 회수·조세 송금 등의 수단으로 은이 활용되었다(加藤, 1952). 초법 전성기인 원대에는 유라시아 규모의 대대적인 은 유통을 배경으로 은이 중국 사회에 더욱더 침투해갔다.

일반적으로 외부 세계와의 경제 교류 심화나 전 사용·초 사용의 확대 등이 송~명 초의 중국에 은 사용이 침투하는 요인이라고 할 수 있다. 하지만 반대로 은의 사용을 한정된 규모로 제지하고, 15세기에 이르기까지 그 전면 전개를 방해한 것도 초의 존재였다. 초가 안정적으로 유통하는 상황에서 은 사용이 일반화할 가능성은 적다. 그런데 초법의 종언은 은 사용 보급의 장해를 제거하여 은은 초가 담당하던 화폐 기능을 차례차례 대체해갔다[07]. 초가 자취를 감추자 그 대체물로 부상하는 것은 은 이외에는

07 단 명 초의 초법은 현물주의적 재정과 링크되어 비로소 운영이 가능해졌다(大田, 2001). 보다 정확을 기한다면 은을 극력 배제한 초법·현물주의를 기조로 하는 명 초 재정 시스템의 해체가 은 재정·은 경제화를 시동시켰다고 표현해야 할 것이다. 은 사용의 보급 요인으로서 초법의 종언만을 극도로 강조하지 않는 것이 좋다.

없다는 환경에 당시의 중국이 처해 있었다. 이렇게 15세기에 들어서자 유라시아 동서에서 모두 은의 대규모 수요가 생기는 사태가 사상 처음으로 출현하였다. 은 부족의 극한 상황을 타개하려고 유라시아 각지에서 다양한 시도가 모색되었다. 16~17세기 '은의 시대'의 직접적인 기점은 여기에서 찾을 수 있다.

3. 은(銀)

(1) 은과 전화(錢貨) 유통의 동요

15세기 중반에 명조가 은 재정화로의 길을 걷기 시작하자 재경(在京) 문무관·병사에 대한 봉급 등의 형태로 대량의 은이 북경 시중에 투하되기 시작하였다. 구매력 증대를 의미하는 은의 대량 투하는 북경 시장의 확대를 촉진하였다. 동시에 병사들에게 급부한 은은 일상 거래의 매개 수단인 동전으로 교환되는 관계로 전 수요도 동시에 늘어났다(足立, 2012). 동전의 공식 주조가 거의 행해지지 않았던 당시에 확대되는 전 수요에 대한 유통 전이 부족해지자 유동성 확보를 위해 조악한 사주전(私鑄錢)이 시중에 수용되어갔다. 정밀 혹은 조잡한 다양한 전이 시중에 넘쳐나자 잡다한 유통 전을 선별하는 찬전(撰錢. 간전(揀錢))이 성행하여 기존의 전화(錢貨) 유통 질서는 크게 동요하였다. 그리고 15세기 후반 이후 대운하 연안 지역에서도 도시경제의 급속한 성장이 시작되어, 중국은 경제 성장의 시대를 맞이한다. 면·견 제품 등의 상품 생산·유통·소비가 활발해지자 해외 물산에 대한 수요도 증대되고 강남이나 복건·광동에서 공사의 무역 활동이 성하게 되었다. 이때 융성한 대외 무역은 후추 등의 동남아시아산 향신료와 중국 물산(견제품·도자기 등)을 거래하는 남해 무역이었다. 이러한 무역의 융성은 또 역으로 중국의 여러 산업·상거래를 자극하여 연해부 경제 성장에 한층 박차를 가하였다. 연해 여러 지역에서 경제활동을 매개하는 유동성으로의 수요가 높아지고 광역 거래를 떠맡은 은의 유통이 확대되는 한편, 국지적인 거래를 매개하는 동전에 대한 수요도 확대되었다. 그 때문에 중국에서는 찬전(撰錢)이나 조악한 사주전의 유통이 활발해진다. 게다가 국제 교역을 통해 중국의 각종 사주전이 동아시아·동남아시아에 유포되어 찬전 현상은 해외로도 전파되었다.

중국의 화폐·경제 동향과 거의 보조를 맞춰 중세 일본에서도 15세기 후반(오닌[應仁]·분메이[文明]의 난 전후) 이후 조카마치(城下町)[08]·지나이마치(寺內町)[09] 등의 성장에 따른 '폭발적인 소비량 확대'가 나타났다(小野, 1997). 또 값싼 당사(唐糸, 중국제 생사)·청화(염색, 쪽빛 무늬를 넣어 구운 자기)가 중국에서 대량으로 유입되고[10], 히젠야키(肥前燒)·에치젠야키(越前燒)·세토미노야키(瀨戶美濃燒) 등 일본 국내의 주요 요업지에서도 양산화 시대에 돌입한다. 열도에서 생산·유통·소비의 극적 확대는 교토(京都)를 중심으로 한 구심적 유통 구조에 변용을 초래하여 '영국경제권(領國經濟圈)' 형성으로 이끌었다(大田, 2011). 또 포(布, 면포)를 주요 통화로 한 같은 시대의 한반도에서는 장시(場市, 지방 정기시)가 무더기로 생겨나거나 악포(惡布) 유통 등의 현상을 확인할 수 있다(須川, 1999). 15세

08 (역자주) 영주가 거처하는 성을 중심으로 전개된 도시.

09 (역자주) 정토진종(淨土眞宗)에 의해 건설된 사원·도량을 중심으로 한 자치 집락.

10 이때 중일 간에 직접적으로 밀무역이 활발해진 흔적은 확인되지 않기 때문에, 당물의 유입은 주로 류큐 경유였다고 추측할 수 있다.

기 후반이 되면 중국이나 일본과 마찬가지로 조선도 상품 유통 확대에 기인하는 유동성 수요의 고조를 경험하였다. 악포가 쏟아져 나온 조선의 상황은 중국전 유통권에서 보이는 조악전(粗惡錢)의 범람과 유사한 구도를 지녔다. 당시 조-일 간의 통교는 미증유의 활황이었고, 조-명 간에도 조선 사절에 의한 당물(唐物)[11] 거래가 활발하였다(이태진, 1984).

15세기 후반의 동아시아에서 전개된 공시적(共時的) 현상의 근저에는 남해(南海)·조명(朝明)·조일(朝日)·명일(明日) 등 국제교역의 융성이 있었다. 그들 경제 성장의 시동은 농업 생산이나 시장경제 발전 등의 내적 요인만이 아니라 동아시아 근린 여러 지역과의 교역 확대도 중요한 공헌을 하였으며, 여러 지역의 상호작용으로 발생한 연쇄 현상으로 파악할 수 있다. 그리고 중국·일본의 찬전이나 조선의 악포 유통도 대국적으로는 각지의 연쇄적인 경제 성장에 기인하는 유동성 수요의 확대로 인해 야기되었다. 각지의 경제 성장에는 도시경제의 급속한 발전이나 그것과 관련한 면포·도자기 등의 대중 소비재 시장의 확대라고 하는 공통성을 파악할 수 있다. 이들은 과거에 없던 새로운 경제활동으로, 일상적 거래를 매개하는 조악전이나 악포 등에 대한 수요의 고조도 이 때문에 야기되었다고 생각된다.

또 15세기 후반~16세기 전반 동남아시아에서도 조악전의 유통 확대나 소액 통화의 활발한 주조를 확인할 수 있다(Aelst, 1995; Miksic, 2010). 이 배경에는 향료 등의 상품 작물 수출에 의하여 다수의 항시(港市)가 번영한 동남아시아의 '교역의 시대'가 존재한다. 그 시동은 남해산 향료의 최대 수요자였던 중국 경제와 밀접한 관련성을 가진 현상이었다(Anthony Reid, 2002).

---

11 (역자주) 중국 제품.

(2) 동아시아에서의 은 유동(流動) - 일본 은 등장의 배경

15세기 후반부터 시동하는 동아시아의 상호의존적인 경제 성장은 더 큰 변동을 야기하였다. 16세기 초부터 중국으로의 조선 은 유입이 먼저 눈에 띄기 시작한다. 조선 측은 본래 대명 교역에서 포(布) 등을 대가로 하고 있었지만, 이 무렵부터 은으로의 지불이 증가한다. 이것은 '회취법(灰吹法)'이라는 은 정제 기술이 도입되어 단천(端川)에서의 은 산출이 급증하였기 때문이다. 조선 은은 중국의 은 수요 고조에 자극받아 등장한 것으로, 이로 인해 대명 교역이 확대하였다. 같은 시기 한반도 남부에서 확대된 것이 조선-일본 간의 교역이다. 그렇지만 조일 교역의 팽창이라는 사태에 대해 조선왕조는 교역품 매입이나 왜인에 대한 사여·향응 등의 재정 부담 증대를 견딜 수 없게 되자 그 제한에 나섰다. 이 움직임에 저항하여 폭발한 것이 1510년의 삼포의 난(조선 남부에 있는 세 개의 항 '삼포[三浦]'에서 발생한 왜인 거류민의 폭동)이다. 난이 수습된 후 왜인 측은 조선 교역에 대한 권익 대부분을 상실하고, 조일 교역은 일시적으로 침체한다. 게다가 일본 유일의 항상적인 당물 입수처였던 류큐에서도 이 시기에 중요한 변화가 보인다. 15세기 이래 류큐는 활발한 국제무역을 전개하였지만, 1522년에 조공을 2년 1공으로 제한당하자 대명 진공(進貢) 교역은 침체해 갔다. 여기에 영파의 난(호소카와씨[細川氏]와 오우치씨[大內氏]의 견명 사절이 대명 통교권을 둘러싸고 다툰 중국의 영파에서 발생한 무력 충돌)의 발발(1523)도 겹쳐, 일본의 동아시아교역 환경은 악화의 길을 걸었다. 여기서 일본에게 새로운 당물 입수처로 부상한 것이 대명 교역이 활황을 보이고 있던 한반도였다. 조선 측 사료에는 영파의 난 직후부터 당물을 여기저기서 사 모으는 왜인의 모습이 기록되었다(『조선왕조실록』, 중종 20년

(1525) 11월 정묘조 등). 그러나 조선 정부가 왜인에 대한 경계심을 강하게 갖고 일본 측 수출품의 중핵인 동(銅) 구입에 소극적이었던 것도 있어, 조일 교역은 순조롭게 확대되지 않았다.

이상과 같이 일본의 동아시아 교역은 1520년대에 들어서면 완전히 변모하여 악화되고, 당물 유입도 격감한다. 그렇지만 일본의 당물 수요는 여전히 높고 대외 교역(특히 당물 거래)에 대한 욕구는 강해져만 갔다. 이러한 상황에 일본의 열세를 일거에 만회하는 '최종 병기'가 나타났다. 그것이 일본 은이다. 일본 은의 등장은 이와미(石見) 은산(銀山) 발견에서 발단하였으며(1527), 조선으로부터의 회취법 도입으로 인해 증산을 본다(本多, 2015). 조일 교역의 융성이나 조선 은에 의한 대명 교역의 확대를 전제로 하고, 더욱이 1520년대부터 현재화하는 조일 간의 당물 거래가 마중물이 되어 일본 은은 출현하였다. 대조선 교역을 유리하게 전개하는 비장의 카드로써 발견되었으므로, 우선 은은 한반도로 밀려들었다. 그 후 은의 흐름이 중국으로 전환하는 것은 시장 규모가 한정된 조선과의 교역이 대량 유입에 의한 은 가격의 급락으로 이윤을 만들어내지 못하였기 때문이다(申, 1938). 때마침 1520년대 후반 이후 밀무역의 거점이 영파 근해의 쌍서(雙嶼)에 형성되어(李仁川, 1987) 절강·복건의 화상(華商) 세력이 급성장함으로써 일본 은의 직접적인 중국 유입을 가능케 하는 조건이 갖추어졌다. 1540년대가 되면 일본 은은 그 수출의 방향을 중국 대륙으로 옮겨갔다.

일본 은의 등장은 중국의 '은 부족=은 수요의 고조'라는 단일 요인만으로는 설명할 수 없는 복잡한 상황의 산물이었다. 일본이 중국과의 사이에 두터운 관계를 지니고 있었기 때문이 아니라, 오히려 관계가 끊겨가고 있었기에 일본 은이 출현한 것이다. 물론 동아시아의 은 유동이 중국의 수요를 주요한 유발 원인으로 삼았던 점은 틀림없다. 하지만 다른 한편에서 그 등장은 동아시아 각지의 여러 동향이 상호 작용한 결과라고도 볼 수 있다. 직접적으로는 당시의 일본이 안고 있던 고유의 사정(당물 교역의 침체)에서 유래하였다. 일본 은의 출현 과정이 단적으로 보여주는 대로, 중국의 주변 지역은 조공·약탈·밀무역이라는 행동이나 다양한 교역품의 활용 등을 통해 해금·변금(邊禁)으로 좁혀진 중국의 문호를 억지로 열고자 노력했다. 이 주변 지역의 압력이 남해 무역의 융성을 가져오고, 중국 변경에서의 교역 붐이나 군사적 분쟁의 격화를 낳고, 마침내는 후기 왜구의 발흥을 초래한 것이다. 역외(域外)에서 인간·물품·금의 활발한 유입으로 인해 명조 중국의 경제 성장도 가속화하고, 그에 따라 공적·사적인 은 수요가 증대한다. 중국이 해외 물산(이화[夷貨])을 간절히 바랐던 면도 중요하지만, 주변 지역이 갖가지 물산을 공급하고 그것들에 대한 수요를 중국 측에 환기해갔던 측면도 경시할 수 없다. 중국의 경제 성장으로 새로이 용솟음친 해외 통상을 원하는 내부로부터의 요구도 더해져 최종적으로 굳게 닫힌 중국의 문이 열린 것이다(1567년 무렵의 해금 완화).

(3) 동아시아 근세 화폐제도의 형성

중국의 거대한 은 수요가 일본 은만으로 채워지는 일은 끝내 없었다. 1570년대 이후 신대륙 은이 중국에 유입된다. 아메리카대륙을 지배한 스페인인들이 은과의 교환으로 얻은 것도 중국 물산(특히 견제품)이었다. 페루나 멕시코 은산(銀山)이 1540년대에 잇따라 발견되었고, 1570년대 무렵부터 그 생산을 급속히 확대해갔다. 신대륙 은의 중국 유입 경로는 태평양을 횡단하여 필리핀 마닐라 경유로 유입하는 서쪽 루트와 유럽에 흘러든 은이 아시아 경유로 유입하는 동쪽 루트의 두 가지가 있다. 중국은 동서에

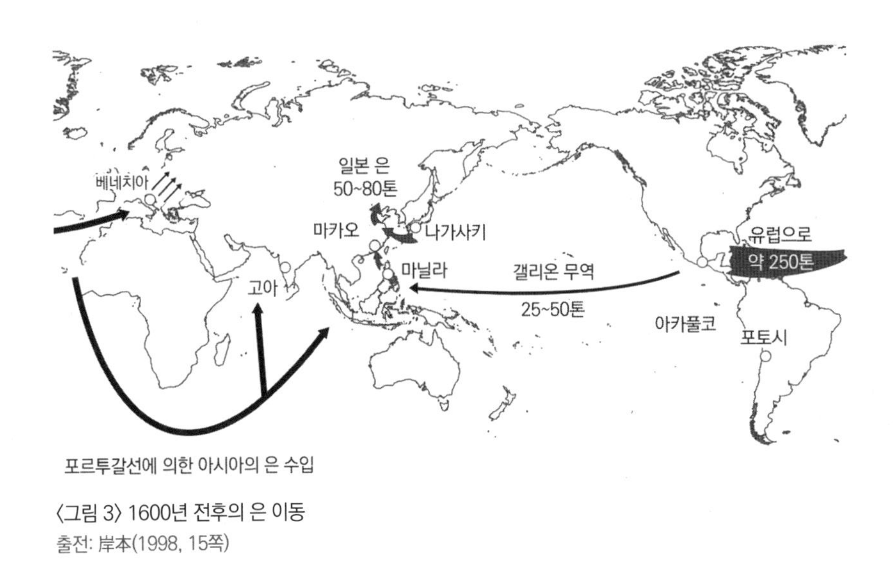

〈그림 3〉 1600년 전후의 은 이동
출전: 岸本(1998, 15쪽)

서 탐욕적으로 이 은을 흡수하였다(〈그림 3〉). 17세기 초 일본 은·서쪽 루트·동쪽 루트를 합계한 연간 유입액이 100톤 전후에 달했고, 그 양은 신대륙과 일본을 합한 총수출액의 1/5~1/3에 상당하는 액수였다고 추정하고 있다(岸本, 1998). 그 깊이를 알 수 없는 늪 같은 은 흡수에는 중국이 서구와 같은 현금 사용의 절약을 가능케 하는 신용화폐·거래를 발달시키지 못하고 은·전 등의 금속 화폐 사용에 깊이 의존하는 화폐경제를 발달시킨 것이 크게 공헌했다(Kuroda, 2009). 중국은 그 경제 팽창이 계속되는 한 어지간해서는 치유될 수 없는 거대한 은 수요를 끊임없이 만들어내고 있던 것이다.

그러던 중에 1560년대 후반~1570년대의 서일본 일대에서 단기간에 전(錢) 사용에서 쌀(米) 사용으로의 전환이 발생하였다. 쌀은 고액 거래에, 전은 영세 거래나 지역 간 결제 등에 사용되어 전 사용 국면이 대폭으로 축소하였다. 1580~1610년대에는 은 사용이 일본열도 각지로 널리 퍼지는 동시에, 쌀 사용의 보급을 전제로 한 1580년대부터의 태합검지(太閤検地)[12]에 의한 고쿠다카제(石高制)[13]가 실시되어 에도시대(江戶時代)로 계승되었다(浦長瀨, 2001). 이 유통 수단의 전환에는 '일국사'를 초월한 배경 사정이 존재한다. 1560, 1570년대에 왜구 진압의 결과로 중일 간의 직접 밀무역이 축소되고, 이어서 마닐라를 경유하여 복건 장주(漳州)로 신대륙 은이 대량으로 유입되자 해당 지역의 유통 화폐는 전에서 은으로 바뀐다. 장주는 일본에 중국전을 공급한 일대 거점으로, 이전의 일련의 사건은 일본의 전화 유통을 지탱한 도래전(渡來錢)의 공급 정지로 귀결되었다. 유입이 끊어진 중국전을 대신하여 일본의 주요한 통화가 된 것이 가장 안정적인 가치를 가진 쌀이었다(黑田, 2014). 일본의 고쿠다카제(石高制) 성립은 동아시아적 문맥에서 해석하지 않으면 안 된다.

신대륙 은의 유입을 계기로, 중국에서는 은 사용이 비약적으로 확대되어 전 사용을 압도한다. 예를 들면 강남 지방에서는 곡물 등의 일상 거래에서도 은이 활발하게 사용되었다(은의 현지 통화화). 또 대외 무역, 원격지 교역, 지역 내 거래로 칭량은(稱量銀, 순도와 중량으로 그 가치가 결정되어 통화로 사용된 은지금[銀地金, 은괴])이 광범위하게 사용되는 사태도 출현하였다(〈그림 4〉). 중국보다 약간 늦었지만 일본이나 조선에서도 칭량은의 화폐적 유통이 널리 퍼지고, 17세기 전반까지 세 지역에서 은 사용이 진전하였다. 동아시아는 은으로 연결되어 이것이 한층 더 동란의 불씨를 퍼뜨렸다.

---

12 (역자주) 도요토미 히데요시(豊臣秀吉)가 행한 전국적인 토지조사.

13 (역자주) 토지의 표준 수확량인 고쿠다카(石高)를 기준으로 조립된 근세 봉건사회의 체제 원리.

〈그림 4〉 청 말의 마제은(馬蹄銀)(칭량은의 일종)

1610·1620년대부터 중국에서 물가가 상승하기 시작하는데(岸本, 1977), 17세기 전반은 일본이나 신대륙의 은 산출이 하나의 정점을 맞아 중국으로의 유입이 증대한 시기이기도 했다. 이에 따라 동아시아에서는 급속한 은 약세가 진행되어 은 가격이 세계적으로 평준화한다. 1620년대에 일본의 금은 비교 가격은 1:13으로 유럽과 같은 수준이 되고, 20년 정도 뒤에는 중국도 같은 수준의 비교 가격에 달한다(小葉田, 1976). 은의 세계적 유통은 각지에서 장기에 걸친 물가 상승='가격 혁명'을 야기하였다고 한다(木村, 1989 등). 중국의 경우 서구만큼 현저한 등귀를 경험하지 않았지만(Glahn, 2003), 물가 상승이 시작되는 17세기 초 이후 곡물 부족이나 식량 폭동을 자주 발생시켰다. 이것은 지역 내의 수급과 무관하게 은과의 교환성을 증가시킨 곡물이 높은 가격에 영향을 받아 지역 바깥으로 반출되었기 때문에 발생한 것이다(黑田, 1994). 은이 대량 유동하여 풍부해지고, 각종 재화의 은 교환 비율이 상승하자 본래 높은 수요를 지닌 주곡류의 가격이 특히 앙등하였다. 곡물은 소비재로서보다도 투기 대상물로 인기를 끌어 활발하게 거래되고, 이것이 식량 위기 등의 사회 불안을 증폭시켰다.

이러한 사회 불안은 1640년대에 정점을 맞는다. 지역 내의 수급과 분리된 곡물의 유출입이 빈발하는 상황에 일기 불순에 의한 극도의 흉작이 거듭되어 기아 상황을 더욱 악화시켰기 때문이다. 특히 척박한 토지가 많은 북중국(화북)에서는 기근이 심각해졌다. 대흉작을 계기로 이 상황이 한층 악화하자 화북에서는 농민반란이 격화하여 1644년에 이자성이 이끄는 반란군이 북경성을 함락시켜 명조는 어이없이 멸망하였다. 그 후 만주(중국 동부 지방)에서 남하해 온 만주족의 청조가 새로운 지배자로서 중국에 군림하였다. 흥미롭게도 당시의 청조도 극도의 기아에 고통받고, 그 힘든 입장에서 탈피려하고 부(富)·식량 획득을 노리고 남하를 기도하였다고 한다(谷井, 2015). 그렇다고 한다면 청조군과 화북의 농민 반란군은 똑같이 기아 상황에 자극받아 명조와의 전투를 격화시켰다고 파악할 수 있다. 내외의 반명 세력의 의도치 못한 연계 플레이가 명청 교체를 실현한 것이다. 이것이 중국판 '17세기의 위기'의 내용이다. 실버 러시(silver rush)는 경제 발전만이 아니라 또한 부정적인 영향을 중국에 초래하였다고 할 수 있다.

같은 시기 일본에서도 곡물이나 생사의 은 본위 가격의 등귀가 사회문제화한다. 이 사태에 대하여 에도 막부(江戶幕府)는 쇄국 정책을 실행하여 수입 생사의 거래 가격을 통제하고 외국 무역선의 단속을 강화하는 등 가격 등귀를 유발하는 국제시장으로부터 일본 시장을 격리하여 사회질서의 안정을 꾀하였다(木村, 1989). 대대적인 유통에 따른 은 가격의 하락 현상은 명청 교체나 쇄국 일본 성립의 원인(遠因)이 되는 동시에 17세기 중반까지 동아시아를 포함한 세계 각지의 은 가격을 균일화하였다. 이 평준화가 지역 간 가격 차에 기초한 거래 이윤을 급속히 축소시켜 세계적인 교역 활동은 침체로 향한다. 이것과 보조를 맞춰 일본이나 아메리카대륙의 은 생산도 감소하여 16세기 이래의 실버 러시 시대는 일단 종언을 고했다.

이 사이 일본에서는 계수 화폐인 금화, 기존의 유통 은보다도 순도가 낮은 칭량 화폐인 정은(丁銀, 순도 80%), 양자보다 뒤늦게 대량 주조된 관영통보(寬永通寶)라는 세 개의 다른 종류의 통화를 도입한다. 변동이 심한 국제 가격 체계에 대한 완충물을 겹겹으로 설치하여 통화 면에서 '쇄국'을 강행하고, 국내 물가의 관리를 가능케 하는 금·은·전의 삼화제(三貨制)를 확립하여 자급성이 높은 경제 블록 형성의 길로 나아갔다. 이에 대해 청조는 대외 유동성(은) 때문에 동요하기 쉬운 각 지역 경제의 지역 내 유동성을 안정적으로 유지하려고 18세기 중반 건륭통보(乾隆通寶)의 대량 주조를 통해 통화를 지역 간 결제통화(은)와 현지 통화(동전)로 분리하는 은전(銀錢) 이화제(二貨制)의 형성의 길로 나아간다. 이로써 실버 러시의 부정적 영향을 통화체계 정립으로 회피하는 동시에 재차 증가한 해외로부터 유입한 은을 중국 경제의 확대에 활용하였다(黑田, 1994). 또 조선왕조도 17세기 말에 상평통보의 대량 주조를 시행하여 전(錢) 단화제(單貨制)를 실현하여(須川, 1999), 공급원이 결핍된 은은 유통계에서 퇴장해갔다. 은을 통해 한번 연결되었던 동아시아의 화폐 유통은 각지가 은의 충격을 받아들여 독자의 통화적 대응을 해나간 결과 다시 갈라진 것이다.

(4) 동아시아 화폐사의 세계사적 의의

최근 1,000년의 동아시아 화폐사의 기점은 일단 북송에 의한 동전의 대량 주조에 둘 수가 있다. 이후 송전(宋錢)(과 그 모조전[模造錢])이 명대에 이르기까지 동아시아의 주요한 유통 전으로 계속 남아 있었다. 이 송전의 대량 주조는 하나의 파생 현상을 만들어냈다. 팽대한 전(錢) 재고 형성이 초(鈔)라는 지제(紙製) 통화를 창출하는 토대가 되고(금·남송), 이것이 전을 대신하여 유통 화폐의 주류가 되었다(원~명 초). 조숙하게 출현한 초법은 13세기 전후의 유라시아에 두 개의 충격을 주었다. 하나는 은에 의존하지 않는 초 유통의 정착이 중국이나 운남의 은의 서류(西流)를 촉진하고, 은의 대유통을 지탱하는 결정적인 조건을 만들어 낸 일이다. 또 하나는 전(錢)에서 초(鈔)로의 전환이 중국전을 해외로 유출시키는 적합한 환경을 마련하여 동아시아·동남아시아 각지의 전(錢) 경제화를 촉진한 것이다.

13~14세기 유라시아에서는 광역 상업 네트워크의 융성·붕괴가 나타나는데, 은·전의 유포와 두절도 그러한 동향과 깊게 관련되어 있다.

이어지는 원명 교체에 따른 동란은 초 유통을 붕괴시켜 중국에서의 은·전에 대한 수요를 환기하고(또 명조의 폐쇄적인 대외정책도 있고), 다른 지역으로의 공급은 격감한다. 은의 대유통과 전의 광역 유포 등을 통해 현금 사용이 확대된 유라시아 각지는 금속 화폐(특히 은)에 대한 갈망을 한층 절박하게 만들어갔다. 15세기 이후 중국의 은 경제화가 시동하자 유라시아 전역의 은 부족도 극한에 달하였다. 각 지역은 광산 개발이나 각종 대체물의 모색, 또 지역 외 물산 획득을 위한 국제교역망의 재편 등에 착수하였다. 이러한 동향 속에 서구에서는 '근대세계 시스템'이 그 모습을 드러냈다. 유라시아 중앙부에서는 오스만제국이나 무굴제국이 우뚝 서서 경제적 번영을 누렸다. 더욱이 세계 상품인 각종 향료의 원산지 동남아시아는 일대 교역 붐을 맞이하여 동아시아에서도 연쇄적인 경제 성장이 시동하였으며, 그 경제적 활황에 의해 조공으로 대표되는 기존의 관리 교역 체제가 해체로 향한다. 유라시아 각지의 다채로운 경제활동의 누적과 그 상호작용으로 인해 구·신대륙을 끌어넣은 세계적 은 유동이 16~17세기에 발흥하고, 각지가 은으로 연결되어 '지구의 일체화'도 급속히 진전한다. 이 일련의 과정에서 동서에서 은을 흡인한 중국의 거대한 수요나 이것을 촉진한 주변 지역의 움직임, 게다가 조선·동남아시아도 휩쓴 일본 은의 유동이라는 동아시아의 화폐 동향은 세계적인 은 유동의 생성·전개에 결정적인 역할을 하였다(프랭크, 2000).

1,000년 이래의 유라시아 경제사를 개관하면 거기에 동아시아 화폐사가 음으로 양으로 영향을 끼쳤던 것을 알 수 있다. 이것을 가능케 한 요인으로는 그 경제적 풍요는 말할 나위 없거니와, 서와는 다른 동의 화폐사

의 독자성을 들 수 있다. 즉 귀금속화(貴金屬貨)에 의지하지 않는 동의 세계가 전(錢) 경제를 융성시켰다. 그 연장선상에 초 유통을 가동하고 있었기 때문에 몽골 제국기에 귀금속화를 중심으로 서방으로의 대량 유입이 야기되어, 서의 화폐사에 커다란 영향을 주게 되었다. 다른 한편 이 동서 교류를 통해 중국에서 은의 이용이 촉진되어 동의 화폐사에도 중대한 전기가 찾아온다. 또 동서에서 동일의 통화(은)가 널리 함께 쓰이는 15세기 이후, 신용 화폐에 의지하는 서구와 현금(금속 화폐)에 의존한 동의 여러 지역(중국이나 인도)과의 차이(Kuroda, 2009)가 세계 각지의 은을 아시아로 끌어들여 세계적인 은 유동을 출현시키는 한 요인이 되었다.

유라시아의 동서가 유지한 독자성은 각각의 지역을 고립화·몰교섭화로 향하게 하는 것이 아닌, 그 차이의 존재가 동서 상호의 교류·교환을 촉진하여 활발한 재물·화폐 이동을 일으켜나갔다. 동아시아 화폐사의 세계사적 의의는 오랫동안 비(卑)금속화 중심의 독자적인 진화를 이루어가던 개성적인 행보에 있다. 그 독자성이 유라시아의 화폐·경제사를 움직이는 하나의 기동력이 되고 있었다고 할 수 있다. '근대'라는 시대는 동서의 차이를 해소해버린 듯이 보이지만, 여전히 현재에도 전근대 동아시아의 역사적 유산이 유형 무형의 영향을 끼쳐 현재의 세계 경제 정세를 만들어내고 있는 것처럼도 생각된다. 그 차이·독자성의 이해는 동아시아 화폐사의 세계사적 의의를 완전히 인식하기 위한 열쇠이다.

참고문헌

足立啓二,『明清中国の経済構造』, 汲古書院, 2012.

飯沼賢司,「銭は銅材と料なるのか」, (小田富士雄·平尾良光·飯沼賢司 編),『経筒が語る中世の日本』, 思文閣出版, 2008, 3~19쪽.

浦長瀬隆,『中近世日本貨幣流通史』, 勁草書房, 2001.

王文成,『宋代白銀貨幣化研究』, 雲南大学出版社, 2001.

大田由紀夫,「中国王朝による貨幣発行と流通」, (池享 編),『銭貨』, 青木書店, 2001, 163~185쪽.

大田由紀夫,「鈔から銀へ」, (伊原弘 編),『宋銭の世界』, 勉誠出版, 2009, 259~313쪽.

大田由紀夫,「渡来銭と中世の経済」, (荒野泰典·石井正敏·村井章介 編),『日本の対外関係 四』, 吉川弘文館, 2010, 161~186쪽.

大田由紀夫,「一五~一六世紀の東アジア経済と貨幣流通」,『新しい歴史学のために』第279号, 2011, 19~35쪽.

愛宕松男,「元の中国支配と漢民族社會」,『愛宕松男東洋史学論集』第4巻, 1988, 133~173쪽.

小野正敏,『戦国城下町の考古学』, 講談社, 1997.

加藤繁,「南宋時代に於ける銀の流通並に銀と会子との関係について」,『支那経済史考証』下巻, 東洋文庫, 1952, 106~164쪽.

加藤繁,『唐宋時代に於ける金銀の研究』, 東洋文庫, 1965.

岸本美緒,『清代中国の物価と経済変動』, 研文出版, 1997.

岸本美緒,『東アジアの「近世」』, 山川出版社, 1998.

木村正弘,『鎖国とシルバーロード』, サイマル出版会, 1989.

黒田明伸,『中華帝国の構造と世界経済』, 名古屋大学出版会, 1994.

黒田明伸,『貨幣システムの世界史 増補新版』, 岩波書店, 2014.

小葉田淳,『日本貨幣流通史』, 刀江書院, 1969.

小葉田淳,『金銀貿易史の研究』, 法政大学出版局, 1976.

佐原康夫,「漢代貨幣史再考」,『漢代都市機構の研究』, 汲古書院, 2001, 493~557쪽.

申奭鎬,「朝鮮中宗時代の禁銀問題」,『稲葉博士還暦記念満鮮史論叢』, 稲葉博士生
　　暦記念会, 1938, 401~452쪽.

須川英徳,「朝鮮時代の貨幣」,『越境する貨幣』, 青木書店, 1999, 75~108쪽.

鈴木公雄,『出土銭貨の研究』, 東京大学出版会, 1999.

谷井陽子,『八旗制度の研究』, 京都大学学術出版会, 2015.

西嶋定生,『中国古代の社会と経済』, 東京大学出版会, 1981.

日野開三郎,「北宋時代における銅鉄銭の鋳造額について」,『日野開三郎東洋史
　　学論集』第6巻, 1983, 239~280쪽.

A·フランク, (山下範久 訳),『リオリエント』, 藤原書店, 2000.

D·フリン, (秋田茂·西村雄志 訳),『グローバル化と銀』, 山川出版社, 2010.

彭信威,『中国貨幣史 第三版』, 上海人民出版社, 1965.

K·ポランニー, (玉野井芳郎·栗本慎一郎訳),『人間の経済 I』, 岩波書店, 1980.

本多博之,『天下統一とシルバーラッシュ』, 吉川弘文館, 2015.

三客俊彦,『中国の埋められた銭貨』, 同成社, 2005.

宮沢知之,『宋代中国の国家と経済』, 創文社, 1998.

宮沢知之,『中国銅銭の世界』, 思文閣出版, 2008.

李仁川,『明末清初私人海上貿易』, 華東師範大学出版社, 1987.

李泰鎮,「一六世紀の韓国史にたいする理解の方向」,『朝鮮学報』第110輯-韓,
　　1984, 21~36쪽.

A·リード, (平野秀秋·田中優子 訳),『大航海時代の東南アジア II』, 法政大学出

版局, 2002.

Aelst, Arjan van, "Majapahit Picis: The Currency of a 'Moneyless' Society 1300~1700", *Bijdragen tot de Taal-, Land-en Volkenkunde*, Vol. 151, No. 3, 1995, pp. 357~393.

Bacharach, Jere L., "Circassian Monetary Policy: Copper", *Journal of the Economic and Social History of the Orient*, Vol. 19, No. 1, 1976, pp. 32~47.

Blake, Robert P., "The Circulation of Silver in the Moslem East down to the Mongol epoch," *Harvard Journal of Asiatic Studies*, Vol. 2, No. 3/4, 1937, pp. 291~328.

Day, John, "The Great Bullion Famine of the Fifteenth Century", John Day (ed.), *Medieval Market Economy*, Oxford: Blackwell, 1987, pp. 1~54.

Deyell, John S., "Precious Metals, Debasements and Cowrie Shells in the Medieval Indian Monetary Systems, c.1200~1575", John H.Munro (ed.), *Money in the Pre-Industrial World: Bullion, Debasements and Coin Substitutes*, London: Pickering & Chatto, 2012, pp. 163~182.

Glahn, Richard von, *Fountain of Fortune*, Berkeley: University of California Press, 1996.

Glahn, Richard von, "Money Use in China and Changing Patterns of Global Trade in Monetary Metals, 1500~1800," in Dennis O.Flynn, Arturo Giraldez and Richard von Glahn (eds.), *Global Connections and Monetary History*, 1470~1800, Aldershot: Variorum, 2003, pp. 187~201.

Haider, Najaf, "The Network of Monetary Exchange in the Indian Ocean Trade, 1200~1700", Himanshu Prabha Ray and Edward A.Alpers (eds.),

Cross Currents and Community Networks: The History of the Indian Ocean World, Oxford: Oxford University Press, 2007, pp. 181~205.

Hogendorn, Jan and Marion Johnson, *The Shell Money of the Slave Trade*, Cambridge: Cambridge University Press, 1986.

Kuroda, Akinobu, "The Eurasian Silver Century, 1276~1359: Commensurability and Multiplicity", *Journal of Global History*, Vol. 4, No. 2, 2009, pp. 245~269.

Lopez, Robert, Harry Miskimin, and Abraham Udovitch, "England to Egypt, 1350~1500: Long-Term Trends and Long-Distance Trade", Michael Cook (ed.), *Studies in the Economic History of the Middle East*, London: Oxford University Press, 1970, pp. 93~128.

Miksic, John N., "Before and After Zheng He: Comparing Some Southeast Asian Archaeological Sites of the 14th and 15th Centuries", Geoff Wade and Laichen Sun (eds.), *Southeast Asia in the Fifteenth Century: The China Factor*, Singapore/Hong Kong:NUS press/Hong Kong University Press, 2010, pp. 384~408.

Vilar, Pierre, *A History of Gold and Money, 1450~1920*, London/New York: Verso, 1991.

Watson, Andrew M., "Back to Gold - and Silver", *The Economic History Review, Second Series*, Vol. 20, No. 1, 1967, pp. 1~34.

Wicks, Robert S., *Money, Markets, and Trade in Early Southeast Asia: The Development of Indigenous Monetary Systems to Ad 1400*, Ithaca: Southeast Asia Program, Cornell University, 1992.

5장

생약
생약을 둘러싼 문화와 현대의 약제 발견의 길

• 우치노 하나(内野花) •

1. 생약에서 현대 약으로

2019년 4월의 화재로 첨탑이 무너져 내린 프랑스 파리의 노트르담 대성당이지만, 그 서측 정면에 위치하는 세 개의 문 중앙에 최후의 심판의 문이 있다. 1220년대부터 1230년대에 걸쳐 제작된 처음의 문은 1771년의 개수 및 1792년의 혁명으로 파괴되었으나, 19세기 중반에 대규모 수복 작업으로 화재 전 모습이 되었다. 천사가 부는 나팔의 음색으로 소생하는 죽은 자의 제1층, 죽은 자의 혼을 선별하는 대천사 미카엘의 제2층, 그리고 성 요한과 성모 마리아, 천사들에 둘러싸인 그리스도를 그린 제3층으로 된 멋진 3층 구조의 탕팡(tympan, 반원형의 장식부) 아래에는 그리스도상의 훌륭한 중앙 기둥(中柱)이 뻗어 있다. 그 그리스도상의 발밑 대좌(台座)에는 다양한 사람들의 모습을 본뜬 부조(relief)가 있고, 그중에 아래 그림(〈그림 1〉)이 있다. 정면에서 왼쪽에 디기탈리스

〈그림 1〉 약제사 부조(파리 노트르담 대성당)
출전: 원저자 촬영

(digitalis)[01], 오른쪽에 양귀비[02]가 피어 있고 그 사이에 걸터앉아 플라스크[03] 형상의 물품을 손에 들고 있는 여성이 그려져 있다. 디기탈리스와 양귀비에서 연상할 수 있듯이 이 여성은 약제사로 알려져 있다.

예로부터 18세기 말까지 세계의 어느 지역에서도 약이라고 하면 '생약(生藥)', 즉 식물·동물·광물이라는 자연계에 존재하는 '천연의(crude) 약'뿐이었다. 그것이 19세기가 되어 과학기술의 진보를 배경으로 약의 세계가 극적으로 변화한 것이다. 노트르담 대성당의 부조에 보이는 것처럼 1803년부터 1804년에 걸쳐 프로이센 파더보른의 약제사 프리드리히 제르튀르너(Friedrich Sertürner)가 아편[04]에서 진통·진해 등의 작용이 있는 모르핀을, 1817년에는 나르코틴의 분리를 성공시킨 것은 잘 알려져 있다. 식물의 유효성분 분리 사례는 이외에도 있는데, 1818년에는 프랑스의 약학자인 조셉 비얀네메 카방투(Joshep Bienaime Caventou)와 과학자 피에르 조셉 펠레

---

01 현삼(crophularia buergeriana)科 디기탈리스屬의 디기탈리스(Digitalis purpurea L.). 슈미데베르크가 사용한 디기탈리스는 털디기탈리스(Digitalis lanata Ehrh). 본 장에 기재하는 생약의 基原이나 약 효능, 문화 등에 관해서는 『제17개정 일본약국방』(이하 『일국(日局)』이라 한다), 『신농본초경(新農本草經』, 『화제국방(和劑局方)』, 『본초강목(本草綱目)』, 『대화본초(大和本草)』 등을 참조하였다.

02 양귀비科 양귀비屬 양귀비(Papver somniferum L.).

03 (역자주) 유리로 만든 목이 긴 유리병.

04 아편이란 꽃잎이 떨어진 후에 양귀비의 덜 익은 과실에 상처를 내어, 거기에서 흘러나온 유액을 건조한 것을 가리킨다.

티에(Pierre Joseph Pelletier)가 마전자(馬錢子, 番木鼈, 학명: Strychnos nux-vomica)[05]에서 중추신경 흥분 작용이 있는 스트리키니네(strychnine)를, 1820년에는 붉은 키나 나무(Cinchona pubescens)의 나무껍데기[06]에서 항말라리아 작용이 강한 키니네를, 1828년에는 하이델베르크대학의 학생이었던 루트비히 라이만과 빌헬름 포셀트가 담배[07]에서 신경전달 차단이나 근 이완 등의 효과를 가진 니코틴을, 1831년에는 하이델베르크의 과학자 필립 로렌츠 가이겔과 러시아의 화학자 게르마인 헨리 헤스(Germain Henri Hess)가 벨라돈나(belladonna)[08]에서 항콜린 작용·동공 확대 작용이 있는 순수한 아트로핀을, 1841년에는 러시아의 알렉산드르 보스크레센스키(Woskresensky)가 카카오[09]에서 알칼로이드인 테오브로민을 분리하였다. 또 1869년에는 '근대 약리학의 아버지'라 칭해지는 약리학자 오스발트 슈미데베르크(Oswald Schmiedeberg)와 리하르트 코페가 광대버섯[10]에서 알칼로이드의 일종인 무스카린[11]을, 1875년에는 슈미데베르크가 디기탈리스 잎에서 강심·항부정맥약으로 사용되는 디기톡신(Digitoxin)을 각기 분리해냈다. 1885년에는 '일본 근대 약학의 시조'인 나가이 나가요시(長井長

---

05 마전자나무科 마전자나무屬 마전자나무(Strychnos nux-vomica L.).

06 꼭두서니科 키나나무屬 붉은 키나나무(Cinchona succirubra Pav. et Klotzsch).

07 가지科 담배屬 담배(Nicotiana tabacum L.).

08 가지科 아트로파屬 벨라돈나(Atropa belladonna L.)로, 진통, 진경작용이 있는 알칼로이드를 여러 종류 포함하고, 대단히 독성이 강하다. 한방에서는 뿌리를 사용한다.

09 아욱科 카카오屬 카카오(Theobroma cacao L.)의 종자.

10 마귀 광대버섯科 마귀 광대버섯屬 붉은 광대버섯(Amanita Muscaria L.).

11 슈미데베르크와 코페는 『무스카린』이라는 서명의 책을 같은 해에 발표하였다(Schmiedeberg, O., Koppe, R., Das Muscarin., Vogel, Leipzig, 1869). 또 오랫동안 무스카린이 활성 성분으로 생각되고 있었는데, 이보텐酸(ibotenic acid)과 무시몰(muscimol)이라고 20세기 중반에 스위스나 일본 등에서 거의 동시기에 판명하였다.

義)가 마황(麻黃)[12]에서 천식 치료약으로 사용되고 있는 에페드린을 발견, 그 후 단리(單離)[13]하고, 1893년에는 에페드린으로부터 메탐페타민의 합성에 성공하였다. 1888년에는 독일의 생물학자 알브레히트 코셀(Ludwig Karl Martin Leonhard Albrecht Kossel)이 찻잎에서 이뇨약 혹은 호흡기계 질환 치료약으로 사용되는 테오필린(theophylline)을 분리해냈다. 1910년에는 스즈키 우메타로(鈴木梅太郎)가 각기(병) 연구 중에 쌀겨에서 티아민(비타민 B를 가리킴. 후에 오리자닌이라고 명명. 순수 단리 성공은 1931년)을 발견한 것 등은 잘 알려져 있다. 또 식물 유래의 것은 물론, 동물 유래의 유효성분 분리도 행해졌다. 1862년에 독일 화학자 아돌프·스트레커가 돼지의 담즙에서 비타민 B군에 속하는 콜린을, 또 1909년에는 다하라 요시즈미(田原良純)가 복어의 난소(卵巣)에서 복어 독의 주성분인 테트로도톡신의 단리 추출을 해냈다. 또 이 시기는 파스퇴르나 코흐, 기타자토 시바사부로(北里柴三郎) 등에 의한 세균학이나 피르호(Rudolf Ludwig Carl Virchow)의 세포 병리학 연구가 진행되던 무렵이기도 했다. 이러한 연구 발전의 흐름을 이어받아 생약 유래 유효성분의 분리 추출이나 관련 연구는 현재도 끊임없이 계속되어 새로운 약이나 치료법이 잇따라 세상에 나오고 있다.

현재 진료소나 병원, 조산원, 약국은 물론이고, WHO(세계보건기구)나 UNICEF(국제연합아동기금), 각종 NPO 법인 등이 활동하는 의료현장에서 '인간의 질환 예방·진단·증상 완화·치료상 유용한 것[14]'으로서 다양

---

12 마황科 마황屬 초마황(草麻黄, Ephedra sinica Stapf) 또는 중마황(中麻黄, Ephedra intermedia Schrenk et C.A. Meyer)나 목적마황(木賊麻黄, Ephedra equisetina Bunge)으로, 한방에서는 지상의 줄기를 사용한다.

13 (역자주) 혼합물에서 하나의 원소나 물질을 순수한 형태로 분리하는 일.

14 「약[drug]【약물】」(伊藤·井村·高久, 2003, 630쪽). 또 일본에서는 『약사법(薬事法)』 제2조 제1항에 '『일본약국방』에 수록된 것' '사람 또는 동물의 질병의 진단, 치료 또는 예방에

한 약이 사용되고 있다. 이들 약은 ①화학합성으로 만들어진 합성 약 ②항생물질 ③사람 및 동물 단백질로 만들어진 생물약제(백신이나 인슐린 등) ④생약 ⑤생약의 유효성분의 다섯 가지로 크게 구별할 수 있다. 이 중에서 19세기 중반 무렵부터 만들어진 합성 약이나 1928년에 영국의 세균학자 알렉산더 플레밍이 우연히 발견한 페니실린 등의 항생물질, '근대 면역학의 아버지'라 불리는 에드워드 제너가 1796년에 행한 종두 백신과 같은 생물약제, 생약의 유효성분인 에페드린이나 아트로핀 등은 현대 사회에 있어서 친숙한 약재료일 것이다.

한편 약 중에서 제일 오랜 역사를 가진 생약은 현대에는 세계적으로 봐도(일부 지역을 제하고) 다른 4종에 비하면 처방되는 비율이 적고, 처방된 경험이 전혀 없다고 하는 사람도 있을 것이다. 이 배경에는 남획에 의한 생약 기원종(基原種)[15]의 감소나 온난화, 수질 오염 등에 의한 생육 환경의 악화, 천연물이기 때문에 수확량의 불안정성 등을 지적할 수 있다. 특히 유효성분이 개체나 산지에 따라 서로 달라[16], 현대과학에서는 아직 수치화할 수 없는 약효(이뇨작용이나 건위작용 등)가 있다고 하는 생약의 특성이자 최대의 난점도 강하게 영향을 끼치고 있을 것이다. 그 때문에 생약이나 생약을 사용하는 전통 의학 이론이 의문시되기도 하고 부정되기도 한다. 현재는 생약을 달인 침출액에서 유효성분을 추출하여 약제로 한 엑기스제

사용되는 것이 목적으로 여겨지는 물품으로, 기계 기구, 치과 재료, 의료용품 및 위생용품(이하 '기계 기구 등'이라고 한다)이 아닌 것(의약부외품을 제외)' '사람 또는 동물의 신체 구조 또는 기능에 영향을 끼치는 것을 목적으로 하는 물품으로, 기계 기구 등이 아닌 것(의약부외품 및 화장품을 제외)'이 의약품으로서 정의되고 있다.

15 (역자주) 『日局』 중에서 생약의 근원이 되는 식물, 동물, 광물 등 그 약용 부위를 나타내는 용어로, 의약품인 생약의 직접적인 원료를 나타낸다.

16 일본에서 유통하고 있는 의료용 생약으로, 『日局』의 기준(안전성이나 상분 등)에 조합하여 합격한 것에는 '일본약국방'(혹은 '일국')이라고 기록하고 있다.

가 있기에 일정한 유효성분과 안정된 품질이 전 세계로 제공되고 있다. 그러나 나라에 따라 의약품에 관한 법 규칙의 사정은 다르고[17], 같은 생약명이라도 나라에 따라 기원(基原) 식물이 다른 것도 있으며[18], 생약을 의약품으로 취급하지 않는 나라도 있다. 또 현대 서양의학 진단에서 서로 다른 병명의 환자라도 증상이 같으면 한방에서는 같은 한방약(복수의 생약을 조합한 약)을 처방한다(한방에서는 '이병동치(異病同治)'라고 한다). 마찬가지로 같은 병명이라도 증상이 다르면 한방에서는 처방이 다르다('동병이치(同病異治)'). 더욱이 같은 이름의 한방약이 나라나 처방자(메이커), 환자의 증상, 계절 등에 의해 배합 생약의 비율이나 수량이 다를 수 있다는 점 등에서, 환자 한 사람 한 사람에 대한 '주문 제작 의료'라 불려 한편에서는 엉터리라는 오해를 받기 쉽다는 특징도 있다. 현대 서양의학 이론으로는 설명할 수 없는 이론을 가진 전통 의학 및 생약에 대한 불신감이나 편견, 또 생약의 작용을 악용·남용한 사건[19] 발생 등으로 인해 현대 서양의

17 일본에서는 『日局』에 수용(수록)되어 있는 '의약품'인 생약도 있는가 하면, '식품' 취급하는 것도 있다. 『제17개정 일본약국방』 생약 총칙 제1조에는 '의약품 각 조의 생약은 동식물의 약용으로 삼는 부분, 세포 내용물, 분비물, 추출품 또는 광물 등'이라 규정되어, 324종의 생약(엑기스제나 팅크제를 포함)이 수록되어 있고 보험 적용이 가능하다.

18 예를 들면 진정이나 진통, 강장, 보혈 작용 등으로 알려진 당귀는 일본에서 미나리科 당귀屬 왜당귀(Angelica acutiloba [Siebold et Zucc.] Kitag) 또는 홋카이도 당귀(Angelica acutiloba [Siebold et Zucc.] Kitag. var. sugiyamae Hikino)의 뿌리를 바탕으로 하는데, 중국에서는 중국 당귀(Angelica sinensis [Oliv.] Diels)의 뿌리를 사용한다. 당연하지만 기원이 다르기에 성분도 다소 다르다. 또 생약은 자연물이기에 재배·채취 상황이나 국제법 규칙에 비추어, 『日局』이 수록하여 기재의 기원이 변경되는 일도 있다. 사실 당귀에 관해서 처음에는 왜당귀만을 기원으로서 수록하여 기재하였는데, 홋카이도 당귀는 제9개정부터 '그 외 근연식물(近緣植物)[역자주-생물'의 분류에서 가까운 인연 관계에 있는 종류]로서, 제13개정 이후는 현재대로 양자가 기원으로서 수록 기재되었다.

19 1980년대에 바꽃(투구꽃, aconitum)과 복어를 사용한 보험금 살인사건이 발생하여 세상을 소란스럽게 하였다.

학으로의 편중이 있는 것은 부정할 수 없다. 현대서양 의학에는 합성 약이나 항생물질, 분자표적약(分子標的藥)[20] 등의 의약품을 비롯한 혈액검사나 유전자 해석, 뢴트겐, CT[21], PET, MRI 등의 검사 또는 기계로써 종래는 발견할 수 없던 질병을 발견·예방·치료하거나 적절한 약과 치료법을 제공하는 것도 가능해졌다. 그러나 그 한편으로 현대 서양의학만으로는 해명할 수 없는, 또는 치료할 수 없는 질병이 숱하게 존재하는 점과 생약이 지닌 미지의 유효성분의 존재가 지적되는 점, 생약의 유효성분으로 만드는 신약 시장의 이익 크기 등의 점에서 생약만이 아닌 한방, 이슬람의 유나니 의학, 인도의 아유르베다 등으로 대표되는 전통 의학 이론의 재검토나 연구도 진행되고 있다.

현재와 같은 서양의학으로의 편중은 근대 이후의 현상이다. 근대 과학기술의 발전을 토대로 발전한 현대 서양의학이 세계를 석권하기까지는 각지에 독자적인 전통 의학이 존재하여 생약을 사용한 치료가 행해지고 있었다. 의약 담당자에 관한 사회적 배경[22]을 불문하고 각각의 전통 의학이나 생약이 일정 정도의 결과를 항상 내고 있었기에 계속 사용된 것이다. 그럼 왜 전통 의학이나 생약에 대한 불신, 몰이해라는 현상이 생긴 것일까. 어째서 생약에 관한 지식이 민간에서도 경시되기에 이른 것일까. 일본을 예로 보자.

---

20 (역자주) 암세포 등의 특정 세포만을 공격하는 치료 약.

21 현재 MRI 이상으로 선명한 연부조직 화상 촬영을 가능케 하는 X선 위상 이미징(imaging)을 사용한 뢴트겐이나 CT 개발도 행해지고 있다(Momose, 1996; 百生, 2016).

22 중세 유럽에서는 의료에 관한 그리스도의 기적이라는 점에서 수도원에는 약초원이 병설되었고, 거기서 채집할 수 있는 생약을 기반으로 연구가 진행되어 질병이나 상해의 치료, 예방 등 의료 행위가 행해지고 있었다. 그중에서도 12세기에 활약하여 '독일 약초학의 시조'라 불리고 있는 빙겐(Bingen)의 수녀 힐데가르트(Hildegard)는 유명하다.

2. 일본의 전통 의학 '한방(漢方)'

오락으로 사람들에게 친숙한 가미가타 라쿠고(上方落語)[23]에는 그 작품 성립 당시의 일상생활에 의약, 이른바 일본의 전통 의학인 한방이 깊게 녹아 있던 것을 이야기하는 것이 숱하게 있다. 그중에서도 덴포(天保) 연간(1830~1844) 무렵에 성립하였다는 고전 라쿠고 중에서도 장편물로 알려진 『지옥팔경 망자희(地獄八景亡者戲)』에는 현대에는 거의 듣지 못하게 된 '산기(疝氣)[24]'나 '적(癪)[25]' 등 현대 서양의학 용어로는 존재하지 않는 병명을 비롯해 생약명도 등장한다. 또 '염마대왕'과 생약의 '대황(大黃)'을 중첩시키는 것[26]이 작품의 결말이지만, 대황의 약효[27]를 알지 못하면 재미도 반감해버릴 것이다.

이러한 라쿠고가 허다하게 만들어진 메이지(明治) 이전 일본 의학의 이미지를 묻는다면 스기타 겐파쿠(杉田玄白)나 오가타 코안(緒方洪庵), 한방, 생약, 침구, 안마, 약사여래[28]라는 답이 돌아오는 것이 많다. 최근 몇 년

---

23 (역자주) 교토·오사카에서 공연된 라쿠고. 에도시대 일본에서 성립되어 현재까지 전승되고 있는 전통 이야기 예술의 일종.

24 (역자주) 하복부나 고환이 부어 아픈 병.

25 (역자주) 가슴앓이.

26 (역자주) '대왕'과 '대황' 모두 일본어 독음이 '다이오(だいおう)'인 데서 오는 언어유희.

27 대황이란 마디풀科 대황屬 장엽대황(홍엽대황, Rheum palmatum L.), 탕구트 대황(Rheum palmatum L. var tanguticum Maxin. ex Regel), 조선 대황(장군풀, Rheum coreanum Nakai), 약용 대황(Rheum officinale Baillon), 또는 그 종들의 잡종 등의 뿌리줄기(根莖)이고, 그 이름대로 육질의 생약 단면은 노랗다. 주요 약효는 완하, 소염, 어혈 제거 작용이고, 천연의 함수유산나트륨(생약명은 망초[芒硝])과 필적하는 대표적인 완하약이다. 예로부터 완화약으로 없어서는 안 될 생약으로서 '장군(將軍)'이라는 이명을 지녔다.

28 질병의 치유나 연명·장수 등, 중생의 일상생활의 괴로움을 돕는 것에서 신앙을 모으는 약사여래인데, 약병을 가진 모습으로 그려지는 것이 많다. 그중에서도 스오(周防, 역자주-현재 야마구치현[山口縣] 동남부) 국분사(國分寺) 약사여래상의 약병은 그 가운데에 대두나 쌀

에도시대 후반기의 일본 의학을 주제로 한 소설이나 텔레비전 드라마, 만화가 각광을 받고 있으며, 의학사에 대한 흥미·관심은 이전보다 더욱 고조되고 있다. 그러나 현재도 제약회사가 모인 도쇼마치(道修町, 오사카시 주오구[中央區])가 '약의 거리'로 불리는 점이나, 에도시대 중기 무렵인 18세기로부터 약 150년간 이 도쇼마치에서 생약의 진위 판정이나 품질 사정을 행하고 있는 것을 모르는 세대가 오사카에도 많다. '도메노 마쓰리(止めの祭, 마무리 축제)'라고 불리는 신농제(神農祭)[29]는 말할 것도 없고, 도쇼마치나 스쿠나히코나 신사(少彦名神社)의 장소도 개중에는 그 존재조차 보고 들은 적도 없는 사람도 있다. 또 비합법적인 미심쩍은 마약류가 허브나 생약, 향(香)의 이름으로 위법으로 매매·사용되어 과거에는 약효를 악용한 처참한 살상사건도 일어났다. 몹시 취한 상태의 운전기사에 의한 교통사

등 곡류를 비롯해 석창포의 뿌리줄기(石菖根, 사탕수수科 창포屬 석창[Acorus gramineus Sol. et Aiton]의 뿌리줄기), 인삼(오가피科 인삼屬 인삼[Panax Ginseng C.A.Meyer]의 뿌리), 丁字(도금양[蒲桃]科 도금양屬 정향나무[Syzygium aromaticum Merr. et. Perry]의 꽃봉오리, 백단(백단科 백단屬 백단 [Santalum album L.]의 속 재료), 그 외 광물류도 납부되어 있던 것을 조사로 파악하였다. 이들로부터 봉납되었을 당시(덮개 뒷면에 '元祿十二己卯戴十月十二日'[1699]라 기재)에 납부된 생약류가 실제로 치료에 사용되었던 것, 약사여래에의 신앙이 컸던 것 등을 읽어낼 수가 있다(娛田, 1997; 娛田·久田 외, 1998; 佐藤·椿坂 외, 2000).

29 매년 11월 22·23일에 스쿠나히코나 신사(少彦名神社)에서 일본의 약조신(藥祖神)인 스쿠나히코나노미코토(少彦名命)와 중국 의약의 신인 신농씨를 모시는 축제. 2007년에 오사카시(大阪市) 무형민속문화재(민속행사)로 지정되었다. 오사카(나니와)에서는 한 해의 축제가 1월의 도카에비스(十日戎)로 시작해 신농제로 끝나기에 '마무리 축제'라고 부르고 있다. 1822년(安政 5)에 오사카에서 콜레라가 대유행했을 때, 역병을 구제하는 약으로서 호랑이의 두개골이나 웅황(雄黃, 유화 비소광) 등을 배합한 '호골살귀웅황원(虎頭殺鬼雄黃圓)'이라는 이름의 환약과 함께 종이호랑이를 기도한 뒤 병든 사람들에게 배포한 것에서 유래하여, 현재 다섯 개 잎의 가는 대나무에 붙인 종이호랑이가 신농제의 상징으로 친숙해져 있다. 또 같은 해 오가타 고안이 최신의 콜레라 치료법을 기재한 『虎狼痢治準』을 출판하였다.

고는 끊이지 않는다. 편의점 등에서 일부 시판 의약품이라면 의사의 처방전 없이도 구입할 수 있어서 세계에서도 드물 정도로 의약품에 대한 접근이 쉬운 일본 사회. 당연한 일이지만 접근이 그다지 쉽지 않은 생약 및 한방약(엑기스제를 제외한)은 경원시되고, 또 오늘날의 지극히 악질적인 사건이 보도되고 있는 탓인지 생약의 효능이나 품질, 또는 한방 그 자체가 의문시되기도 하고 경계 받는 것도 있다. 확실히 한방약을 처방하는 의사나 병원이 증가하였다고는 하지만 아직은 적다. 며칠이고 보존할 수 있다는 좋은 점이나 마시기 쉬운, 보존이나 휴대 편리성 등이라는 관점에서 판단해 생약 그 자체가 아닌 엑기스제(추출물)를 처방받는 경우가 많은 현재의 상태에서는 생약에 접할 기회도 없다. 물론 생약의 기원이 되는 동식물 및 광물 중에는 멸종 위기종으로 지정된 것이나 국제법으로 거래가 규제된 것, 일본에서는 재배 불가능한 것 또는 생식하지 않는 것, 비용 대비 충분한 수확이 예상되지 않는 것, 대단히 고액인 것도 많으므로 현대 일본 사회에서 먼 존재가 되어버린 것도 이상한 일은 아니다.

일본의 일상생활에서 생약을 비롯해 한방 그 자체가 희미해지고 있던 것은 메이지 초의 법제도 개혁에서 기인한다. 먼저 1868년(明治 元)에 "서양 의술은 지금까지 제한하였지만, 지금부터 그 뛰어난 부분은 채용할 수 있도록 지시하신 일"이라는 태정관(太政官) 고시를 내려 서양 의술 채용 방침을 선포하였다. 이에 근거하여 1874년 의제(醫制)[30]가 제정되어 의약분업[31], 의학 교육, 병원 건설 등이 제도화되었다. 의사 개업 시험에 대

30 (역자주) 의사법과 의료 제도의 근원을 이루는 것.

31 의제(醫制) 제41조에는 '의사 된 자는 스스로 약을 파는 것을 금한다. 의사는 처방서를 병가(病家)에 부여하고, 이에 상응하는 수진료를 받아야 한다'라고 적고 있고, 또 동 55조에는 '조약(調藥)은 약방 주인·약방 종업원 및 약방 견습생이 아니라면 허가하지 않는다'라

해서는 의제 제37조에 근거하여 생리학이나 병리학 등의 서양의학에 관한 6과목·양방 6과목 합격을 의사 면허 수여에 필수로 삼는 문부성 고시(1875) 및 내무성 고시(1876)가 있었다. 1879년부터 전국 통일 시험을 실시하고, 1883년에는 의술 개업 시험 규칙 및 의사 면허 규칙을 포고하였으며, 다음 해 1884년부터 시험이 실시되었다. 그 당시 의사로 이미 활동하고 있던 한방의는 기득권으로서 그 1대(代)에 한해 의사를 칭하는 것을 허용하였다. 즉 그때까지 사람들을 진료해온 한방의를 새롭게 양성하는 것이 불가능해졌을 뿐만 아니라, 한방을 어느 정도 익혔어도 서양의학 지식이 없으면 시험에는 합격할 수 없게 된 것이다.

이러한 서양의학 일원화라는 급속한 대변혁에 대해 1879년 아사다 소하쿠(淺田宗伯)·야마다 교코(山田業廣)·아자이 곳칸(淺井國幹) 등 일본 의학계의 중진이던 한방의가 온지회(溫知會)를 결성하여 메이지 정부에 서양의와 한방의의 2의(醫) 제도를 제창한 의사 면허 규칙 개정안을 1891년에 제출하였다. 그러나 1895년에 온지회가 제출한 의사 면허 규칙 개정안은 제5회 제국의회 제8의회에서 근소한 차로 부결되어 일본에서 의사가 되려면 서양의학을 배워야만 하는 법 제도가 확립된 것이다. 그 후 와다 게이주로(和田啓十郎), 유모토 규신(湯本求眞), 오쓰카 게이세쓰(大塚敬節) 등의 한방 부흥 운동 등을 거쳐 시대에 좌우되면서도 한방은 현재까지 계승되고 있다.

확실히 현대 사회의 라이프스타일이나 비용 대비 효과 등을 고려하면 서양의학이 제일 접근하기 쉬운 의학인 것은 부정할 수 없다. 그러

고 적고 있다. 이로써 의약분업이 정식으로 성립하였으며, 약제사라고 하는 직종이 일본에 탄생하였다.

나 중국 전통 의학의 흐름을 이어받아 일본에서 독자적으로 발달한 한방이 일본 의학의 공식 무대에서 내쫓긴 것은 결코 한방이 서양의학에 뒤떨어졌기 때문은 아니다. 사실 서양의학에서 치료할 수 없는 질병이라도 한방에서는 치료 대상이 되는 것도 있고, 치유할 수 있는 것도 있다. 예를 들면 막말(幕末)의 제2대 주일 프랑스 공사 레온 로슈(Léon Roche)는 젊었을 때 낙마한 것이 원인이 되어 요통에 오랫동안 시달려서 일본에 온 다음해인 1865년에 막부에 의사 파견을 의뢰하였다. 한방의로서 당대 제일이라고 평해지던 아사다 소하쿠(淺田宗伯)와 침구의 와다 슌테쓰 마사나가(和田春徹正長)가 치료를 맡은 결과, 증상은 극적으로 개선되어 프랑스 왕 나폴레옹 3세로부터 사례가 도착하였다는 이야기는 유명하다. 그 경위는 소하쿠의 저서 『귤창서영(橘窓書影)』권3에 기록되어 있다[32]. 이것은 서양의학이 각각의 증상을 질병명으로 진단하여 병의 근본적 치료를 목표로 건강의 기준치를 획일화한 것인데 반해, 한방 의학은 각각의 증상을 그 상태

---

32 이때 소하쿠가 처방한 한방약, 즉 생약 브랜드는 에도시대 중기를 대표하는 일본의 의사 요시마스 도도(吉益東銅)의 『方機』에 기록된 계지가령출부탕(桂枝加苓朮附湯)이었다. 관절통이나 신경통에 처방되는 한방약으로, 계지(녹나무科 녹나무屬 계수나무[Cinnamomum cassia Blume]의 껍데기 또는 주피[周皮, 식물 겉 부분의 코르크로 이루어진 껍질층]를 제거한 것)·작약(모란科 모란屬 작약[Paeonia lactiflora Pall. var. trichocarpa (Bunge) Stern]의 뿌리)·생강(생강科 생강屬 생강[Zingiber officinale (Willd.) Roscoe]의 뿌리줄기)·대추(갈매나무科 대추屬 대추[Zizyphus jujube Mill. var. inermis Rehder]의 과실)·감초(콩科 감초屬 감초[Glycyrrhiza uralensis Fischer] 또는 스페인 감초[Glycyrrhiza glabra L.]의 뿌리 및 가는 가지)·蒼朮(국화科 삽주屬 호소바 삽주[Atractylodes lancea (Thunb) DC.] 또는 북창출(北蒼朮, 만주삽주[Atractylodeschinensis Koidzumi] 또는 그들 잡종의 뿌리줄기)·복령(茯苓, 구멍장이버섯科 능이버섯屬 송괴[松塊, Wolfiporia cocos Ryvarden et Gilbertson]의 균핵)·附子(미나리아재비科 바꽃屬 천오[川烏, Aconitum carmichaeli Debx.] 또는 한라돌쩌귀[Aconitum japonicum Thunb. subsp. ibukiense (Nakai) Kadota]의 가공 조제한 뿌리 덩이)의 8개 생약이 배합되고 있다. 모든 생약이 많이 사용하던 것이고, 창출과 복령 이외는 서양에서도 전통 의학 중에서 생약으로 사용하던 것이다.

및 정도에 따른 대증 치료법을 목표로 개개인에게 최적의 수치를 건강으로 간주한다는 차이에 의한다. 이 외에도 1804년에 하나오카 세이슈(華岡青洲)가 전신마취로 유방암 환자의 유방 적출 수술을 성공한[33] 것은 잘 알려져 있다. 이때 그가 환자에게 투여한 마취 탕약(달인 약) '통선산(通仙散, 마비산[麻沸散])'이 만다라화(曼陀羅花)[34]를 주된 약으로 초오두(草烏頭)[35]·백지(白芷)[36]·당귀·천궁(川芎)[37]·천남성(天南星)[38]이라는 생약을 배합한 것이었음은 알지 못했을 것이다. 만다라화(조선 나팔꽃)는 에도시대 초기에 일본에 들어왔다고 생각된다. 에도시대의 각종 본초서(本草書, 약학 관

---

33 서양 사회에서 전신마취의 성공은, 세이슈의 수술 성공으로부터 40년 후의 미국이었다. 1842년 조지아주 의사 크로포드 롱(Crawford Williamson Long)이나, 1846년 치과의로 '에테르 마취(ether anesthesia)의 발명자'라 불리는 윌리엄 모턴 등이 에테르를 사용한 것으로 알려져 있다.

34 가지科 조선 나팔꽃屬 조선 나팔꽃(Datura metel L.). 세이슈가 어느 부위를 사용하였는지는 알 수 없다. 현재 유럽에서 일반적인 조선 나팔꽃은 Dantura stramonium L. f. stramonium으로, 천식 치료나 경련 억제 등의 목적으로 사용되고 있다. 또 플리니우스의 『박물지』(눈약(4) 曼陀羅花)에는 눈약의 배합 약으로 사용되었다고 하는 기술도 있다. 그러나 '종자가 하얀' 조선 나팔꽃도 있다는 記載(기록)도 있는 것에서, D.stramonium(종자가 검다) 이외의 종류(D.metal 등)도 널리 알려져 있던 것을 알 수 있다.

35 미나리아재비科 초오두屬 바꽃(Aconitum Carmichaeli Debx). 또는 한라돌쩌귀(Aconitum japonicum Thunb. subsp. ibukiense [Nakai] Kadota)의 미가공 뿌리.

36 미나리科 당귀屬 鐙草(구릿대, Angelica dahurica [Hoffm.] Benth. et Hook.f. ex Franch et Sav)의 뿌리.

37 미나리科 빈근屬 천궁(Cnidium officinale Makino)의 뿌리줄기

38 토란科 천남성屬 마이즈루 천남성(Arisaema heterophyllum Blume) 등의 코르크층을 제외한 덩이줄기(塊莖).

련서)나 원예서[39]에 묘사되어 있는 것, 또 '기치가이구사(氣違い草)[40]'나 '흰 독말풀', '천식 담배' 등의 민간명[41]이 일본 각지에 남아 있다는 점에서 독성 및 약효[42]가 인지되고 있었음과 동시에 그 야릇하기까지 한 아름다움으로 관상용 화훼[43]로서도 일반인에게 알려졌을 것으로 쉽게 짐작할 수 있다.

그러면 전 세계에서 생약으로 사용되는 것에는 어느 것이 있을까. 우리 일상생활과도 매우 친숙하며 다양한 역할을 맡아 온 생약은 사람들 생활 속에 어떠한 형태로 인지되고 있었을까.

3. 세계에서 사용되고 있는 생약

생약(crude drug)이라는 것은 『제17개정 일본약국방』에 "동식물의

---

39 기요하라 시게타카(淸原重巨)의 『有毒草木圖說』 전편(1872년 초간)에는, 개화 시기나 꽃 형상을 간결히 기록하는 동시에, '잘못하여 이것을 먹으면 삼시간에 발광할 우려가 있고 그렇지만 毒解(독을 제거)하면 해는 없다'라고 설명하고, 모리 바이엔(毛利梅園)의 『草木花譜』 秋編 권2(간행연도 불명)에는 색·형상과 함께 정취한 그림(1824년 寫生)이 수록되어 있다. 이 두 책은 물론이고, 다른 서적에 게재된 挿繪도 꽃의 형상은 크게 나팔 형상으로, 완전히 꽃잎이 외측으로 열려 있다. D.stramonium(꽃잎이 완전히 열린 것은 드물다. 막부 말(1862년에 도래)을 시작으로, 여러 겹꽃잎의 D.fastuosa 등 다양한 종이 있는데, 꽃의 형상에서 이들 서적의 간행 당시의 일본에서 유통하고 있던 조선 나팔꽃은 D.metal였다고 판단할 수 있다.

40 (역자주) 백부(百部)科의 다년초.

41 「조선 나팔꽃(만다라화)」(八坂書房, 2001, 334~335쪽).

42 조선 나팔꽃은 종에 관계없이 대단히 독성이 강하기 때문에 현재의 일본에서는 생약으로서 사용하지 않고, 오로지 관상용 화훼로 알려져 있다.

43 에도시대는 수많은 식물 화보가 간행되어, 浮世繪 중에도 식물이 다수 등장하는 것에서도 알 수 있듯이 화분의 보급과 함께 서민계급에서도 원예가 성행하였다. 그중에서도 동백, 나팔꽃, 국화, 작약, 꽃창포, 벚꽃 등에 이르러서는 품종개량도 경쟁적으로 행해졌다.

약용으로 삼는 부분, 세포 내용물, 분비물, 추출물 또는 광물 등"으로 정의하는 것처럼 식물·동물·광물 등 자연계에 존재하는 약이고, 전승 의약품(traditional medicines)이나 천연의약품(natural medicines) 등으로도 불리고 있다. 또 나라에 따라 생약의 법 규정도 보험제도도 다르고[44], 일부 지역이나 나라에서만 사용되는 생약도 있다. 일본의 당약(唐藥, 용담과의 월년초(越年草))[45]처럼 민간약으로 사용되던 생약이 한방에 들어간 것도 있다. 심지어는 약용으로서만이 아니라 식용이나 미용, 향료, 나아가서는 수렵이나 어로를 위한 수단·목적, 관상용의 화훼 등으로서도 생약은 계속 사용되고 있다.

예를 들어 '생약'이 아닌 '허브'로 '민트'를 소개하면 과자나 술을 상상하는 쪽이 많을 것이다. 그러나 영어가 아니라 '박하'[46]라는 생약명(식물명도 같다)을 들으면 해열이나 건위작용이 있는 생약이라는 이미지가 떠

---

44 현재 워싱턴 조약에 의해 거래규제의 대상이 된 생약도 많아 『日局』에 기재되어 있는 동물성 생약은 적다.

45 용담(龍胆)科 당약(쓴풀)屬(Swertia japonica Makino). 생약명은 '唐藥', 개화기의 全草(잎, 줄기, 꽃, 뿌리 따위를 가진 온 풀포기)를 사용한다. 쓴맛 건위약으로서 사용되는데, '당약[千振]'은 그 이름대로, '천 번을 달여 우려내도(몇 번이고 성분 추출을 해도) 쓴 맛이 남아 있다' 는 것에 유래한다. 쥐손이풀(風露草)科 풍로초屬 쥐손이풀(Geranium thunbergii SIEB et Zucc). 생약명은 '現證據'로 지상부를 사용한다. 정장 지사라고 하는 약 효능이 있어서, 설사 멈춤에 사용되어 왔다. 그 이름대로, 곧바로 효과가 나오는 것으로도 알려져 있다) 및 독타민(삼백초. 독타민科 독타민屬 독타민[Houttuynia cordata Thunb]. 생약명은 '十藥', 全草를 사용한다. 하얀 꽃잎이 십자(十字)로 보이는 것이나, 많은 약 효능이 있는 것 등에서, 십약이라고 명명된 것이라고 말해지고 있다. 해독이나 이뇨, 항균 작용이 있는 생약으로서 친숙해져 있다)과 함께, 3대 민간약(일국에는 '당약' '쥐손이풀' '십약'으로 기재되어 있다.

46 꿀풀科 박하屬 박하(Mentha canadensis L.var. piperascens Malinvaud)로, 멘톨(menthol)을 주성분으로 하고, 생약에서는 전초를 사용한다. 한편 서양 박하(이른바 페퍼민트)는 Mentha piperita L.이고, 녹색 박하(스피어민트)는 Mentha spicata L.이다.

오르지 않을까. 똑같이 '시나몬'[47]이라고 하면 케이크나 스파이스(향신료) 등 가타카나 표기의 과자나 고기 요리를, '계피'나 '계피유(桂皮油)'로는 감기약이나 진통약, 혹은 야쓰하시(八ツ橋)[48]나 계피사탕(ニッキ飴) 등 일본풍의 과자류를 떠올릴 것이다. 초콜릿(원재료는 카카오)은 각성 작용이 있는 카페인이나 쓴맛 성분의 테오브로민을 포함하고 있는 것에서도 알 수 있듯이, 본래는 불로장수나 피로 해소를 목적으로 한 뛰어난 약으로 오랫동안 의약품으로서 취급되어온 것은 유명하다. 더욱이 아트로핀의 존재 등이 아직 알려지지 않았던 중세의 유럽에서는 벨라돈나(가지과에 속하는 다년초)의 과즙이나 갈아서 으깬 잎의 즙을 여성들이 점안하여 눈동자를 크게 보였다고 한다. 이것은 벨라돈나에 포함된 알칼로이드의 하나인 아트로핀의 동공 확대 작용에 따른 사용례이다. 또 도라지[49]라고 하면 야마노우에노 오쿠라(山上憶良)가 읊은 '싸리꽃, 억새, 칡꽃, 패랭이꽃, 여랑화(女郎花. 마타리科에 딸린 여러해살이풀), 또 등골나무(藤袴), 나팔꽃(朝貌の花)'[50](『만엽집』권8, 1538)처럼 가을의 7개 풀로서 잘 알려졌지만, 뿌리가 진해나 거담작용을 가진 생약으로 사용되고 있는 것은 그다지 알려지지 않았다. 접이부채나 향, 불구(佛具)[51]의 이미지가 강한 백단[52]도, 향으

---

47 과자나 차에 사용하는 식품 계피 대부분은 실론 계수나무(녹나무科 계피屬 실론계피[Cinnamomum zeylanicum Blume])로, 한방에서 사용하는 '계피(녹나무科 계피屬 중국 계피[Cinnamomum cassia Blume])'에 비하면 달고, 매운맛이 적다.

48 (역자주) 쌀가루, 설탕, 계피를 섞어 찐 반죽을 얇게 펴서 구운 단단한 전병의 일종.

49 도라지科 도라지屬 도라지(Platycodon grandiflorum [Jacq.] A. DC.)로, 뿌리를 사용한다(생약명은 '길경[桔梗]').

50 『萬葉集』에 등장하는 '나팔꽃'은 도라지 이외에 무궁화로 보는 설 등이 있다.

51 (역자주) 불교 의식이 거행되거나 법당의 장엄을 위한 도구.

52 생약명은 '백단'. 정유(精油, 물에서 채취하여 정제한 방향유)의 주성분 산타롤(santalol)에는 理氣나 찬 기운을 몰아내고 진통·건위작용이 있고, 흉부나 복부의 통증 치료에 사용된

로 많이 사용되는 몰약(沒藥)[53]이나 유향(乳香)[54]도, 황색 염료나 쪽매붙임으로 알려진 황벽나무[55]도 생약으로의 역할도 하고 있다. 한편 남미의 열대 저지를 중심으로 행해지고 있는 독을 푸는 고기잡이(魚毒漁, 바르바스코(varbasco) 고기잡이)에는 콩과 테프로시아(tephrosia)속이나 같은 과 론코카푸스(Lonchocarpus, 발치나무)속, 무환자나무(無患子·木槵子)과 세르자니아(Serjania)속 등 바르바스코로 일반적으로 불리는 식물의 잎이나 줄기, 덩굴 등을 으깨 함유하고 있는 사포닌 등의 알칼로이드를 물에 풀어 물고기를 마비시켜 잡는 것은 잘 알려져 있다. 장소나 시대에 따라 생약의 사용 방법도 목적도 다양하고, 독도 약도 될 수 있는 것을 보여준다. 사실 본장에서 서술한 생약 유래의 유독 성분 등이 등장하는 추리소설 및 사건이 19·20세기에 허다하게 간행되고 발생도 하고 있다. 추리소설로 유명한 애거사 크리스티, 긴다이치 고스케(金田一耕助) 시리즈로 알려진 요코미조 세이시(橫溝正史)처럼 조제사(調劑師) 및 약제사였던 소설가도 있는데, 새로운 의학 지식이 즉시 사회에 전달되고 또 그것이 사건에 악용된 결과일 것이다.

또 향은 물론 색채의 세계에도 생약이 관련되어 있다. 염료는 예로부터 자생 혹은 수입 생약으로 만든 것이었기 때문에 에도시대에 염료는 천

다. 현재『日局』에는 기재되어 있지 않다.

53 감람(나무)科 몰약나무(Myrrh)屬의 수목에서 분비되는 고무성 수지(Commiphora myrrha, Commiphora molmol), 생약명은 '몰약'. 현재『日局』에는 기재되어 있지 않다.

54 감람科 유향나무屬의 수목에서 분비되는 乳白色의 점성수지(Boswellia carterii, 생약명은 '乳香'. 현재 일국에는 기재되어 있지 않다.

55 귤나무科(운향科) 황벽나무屬 Phellodendron amurense Rupr. 또는 Phellodendron chinensis Schneider, 생약명은 '황백(黃柏)', 주피(周皮, 줄기나 뿌리의 표피 밑에 형성되는 조직)를 제거한 나무껍데기를 사용한다. 건위 정장약으로서 陀羅尼助 등에 배합되어 있는 것으로 알려져 있다.

연·인공을 따지지 않고 '약종(藥種, 약재료)'으로 수입되고 있었다. 염료로서도 사용되던 대표적인 생약 중에는 잇꽃(紅花)[56]이나 소목(다목나무·소방[蘇芳])[57]·면연지(綿臙脂)[58] 등의 붉은 계열, 황벽나무나 치자나무[59]·심황[60] 등의 황색 계열, 쑥[61]의 녹색 계열, 쪽(藍)[62]의 청색 계열, 지치[63]의 보라색 계열, 날감[64]이나 정향나무·석류나무[65]의 갈색 계열, 오배자(五倍子)[66]의 흑색 계열이 있다. 이들 이외에 주(朱)[67] 등의 분말 그림물감도 사용되었다. 그중에서도 일본에 수입되어 우키요에(浮世繪)[68]에 많이 사용된 것으로 알려진 인공 쪽(藍)인 프러시안 블루(Prussian blue)만큼 세계 중의 '푸

---

56 국화科 홍화屬 홍화(Carthamus tinctorius L.). 관상꽃의 황색 色素를 제거하고 압착하여, 편편한 모양으로 한 것을 생약으로서 사용한다. 생약명 '홍화'.

57 콩科 사결자(蛇結茨)屬 소목(Caesalpinia sappan L.) 心材(나무 중심부)를 생약으로서 사용한다. 생약명은 '소목'.

58 건조시킨 곤충 연지벌레 패각충(Dactylopius coccus Costa)으로부터 추출한 색소를 면포에 적신 것.

59 꼭두서니科 치자나무屬 Gardenia jasminoides Ellis. 과실을 생약으로서 사용한다. 생약명 '山梔子'.

60 심황(강황. Curcuma longa L.). 생약으로는 뿌리줄기를 사용한다. 생약명 '울금(鬱金)'.

61 국화科 쑥屬 쑥(Artemisia princeps Pampanini, 또는 Artemisia Montana Pampanini). 잎 및 가지 끝(어린줄기)을 생약으로 사용한다. 생약명 '애엽(艾葉)'.

62 마디풀科 개여뀌屬 쪽(Persicaria tinctoria Spach)이나 콩科 낭아초屬 남만 낭아초(Indigofera suffrticosa), 쥐꼬리망초科 伊勢花火屬 류큐 쪽(Strobilanthes cusia) 등.

63 지치科 지치屬 지치(Lithospermum erythrorhizon Siebold et Zuccarini). 뿌리를 생약으로 사용한다. 생약명 '자근(紫根)'.

64 감나무科 감나무屬 감나무(Diospyros kaki Thunb) 과실의 떫은맛. 내수성과 염색성이 있다.

65 부처꽃科 석류屬 석류(Punica granatum L.). 과실 껍질, 나무껍데기, 뿌리껍질 등을 생약으로 사용한다(『日局』에는 기재되어 있지 않다). 생약명 '석류 껍질'

66 옻나무科 붉나무屬 붉나무(Rhus javanica L.). 잎에 기생한 진딧물이 만드는 혹 모양의 돌기·벌레집(蟲癭). 생약명 '오배자'.

67 유화수은Ⅱ(HgS)으로 이루어진 광물. '진사(辰砂)', '단(丹)'으로도 불린다.

68 (역자주) 에도시대에 성행한 풍속화.

른색(靑)'의 개념을 바꾼 것은 없을 것이다.

프러시안 블루·베를린 블루, 베렌스[69], 감청(紺靑), 베로 람(藍)[70] 등 다양한 명칭으로 불린 페로시안화철(鐵)Ⅲ을 주성분으로 하는 청색 인공 안료는 1704년(1705년 등의 여러 설이 있다)에 베를린의 도료 직인 요한 디스바하와 연금술사 요한 딧페르에 의해 우연히 발견되어, 1750년대에 유럽 전역에 퍼졌다고 한다. 1900년대에 활약한 화가 파블로 피카소의 '청색 시대' 작품도 이 프러시안 블루로 그린 것이다. 발견된 당시까지는 청색 안료라고 하면 페르메이르(Johannes Vermeer)가 많이 사용한 것으로 알려진 울트라마린. 즉 보석 청금석으로 만든 분말 그림물감인 군청(群靑)으로 대단히 고가인 물품이었다. 이 밖에 남동석(藍銅石, azurite, 보석 블루마라카이트)으로 만든 분말 그림물감인 암군청(岩群靑)[71] 등이 있었으나, 이것도 고액이어서 예로부터 파란색은 보라색, 붉은색과 필적하는 고귀한 색이었다. 싼 가격에 대량으로 생산할 수 있는 프러시안 블루는 다른 안료와 똑같이 약재료로 일본에 수입되었다. 1820년 무렵부터 수입량이 확대되고, 그와 동시에 가격도 안정되어 우키요에를 그리는 화공(浮世繪師) 등이 사용한 것이다. 가쓰시카 호쿠사이(葛飾北齋)의 『부옥삼십육경(富嶽三十六景)』을 비롯해 우타가와 히로시게(歌川廣重)의 『동해도오십삼차(東海道五十三次)』 중에서 파도나 하늘, 바다, 후지산, 나무들, 사람들의 옷, 그리고 지붕을 표현한 그 다채로운 파란색이다. 19세기 중반 이후 만국박람회에 미술 공예품이 출품되어 수출품 포장지로 우키요에가 사용되었다. 또 거기에 그려진 청색이 전 세계에 '히로시게(廣重) 블루', '재팬 블루'라

---

69 (역자주) 베를린을 나타내는 네덜란드어 Berlijns이 변형된 것.

70 (역자주) 우키요에 등의 출판 관계자가 사용.

71 (역자주) 청색의 돌가루 그림물감.

고 불린 것에서 유럽 미술계에 재패니즘이 태동하였다. 더욱이 19세기 후반에 고용된 외국인 교사로 교편을 잡은 화학자 로버트 앳킨슨이 사람들이 남색으로 물들인 옷을 보고 재팬 블루라고 평한 일도 있다. 유럽산 푸른 염료가 일본산의 새로운 '푸른' 색채로서, '물품'의 유입이 '개념'의 변화라는 형태로 모습을 바꾸어 일본에서 유럽으로 역수입된 것이다.

다음으로 예로부터 의료 현장이나 민간에서 사용되어 온 생약 중에서 시대를 초월해 사람들에게 친숙해진 것에 얽힌 전승이나 일화를 들어 그 문화 배경을 돌이켜 보겠다.

(1) 리코리스(licorice)[72]

생약명인 '감초'는 학명대로[73] 뿌리에 독특한 단맛이 있는 것으로 알려져 있다. 거담·진해·진통·소화기성 궤양 치료 촉진 등의 약효가 있고, 『신농본초경(神農本草經)』에도 '상품'의 생약으로 수록되어 있다. 중요한 생약이라는 의미에서 '국로(國老)'라는 별명으로도 알려져 있으며, 아시아에서 가장 자주 사용되는 생약이다. 일본에는 나라(奈良) 시대에 들어와 나라의 정창원(正倉院)[74]에도 수장되어 있다. 현재는 감미료로 사용되는 외에 새카만 사탕(리코리스 캔디)으로도 친숙해져 있다.

---

72 (역자주) 장미目 콩科의 여러해살이풀.

73 감초屬 Glycyrrhiza라는 것은, '단(Glycos) + 뿌리(riza)'를 의미한다.

74 정창원 보물 중에는, 卷子狀(두루마리 문서)의 헌상 생약 목록 『種種藥狀』이 생약 60종(현존하는 것은 38종으로, 수량이 감소중인 것이 있다)과 함께 수납되어 있다. 이 『種種藥狀』에 의하면 감초 960근이 3개의 궤짝에 나누어 수납되어 있다고 한다. 또 헌상 생약(일반적으로 '정창원 약물'이라 불린다)에 관해서는 과학조사(1948~1951년에 정창원 약물 제1차 조사 및 2004~2005년의 제2차 조사)가 행해졌다.

이집트 투탕카멘 왕묘의 부장품 중에서도 발견된 리코리스이지만, 유럽에서는 스페인 감초(Glycyrrhiza glabra)를 주로 사용한다. 예로부터 리코리스는 '목소리를 좋게 한다', '소화를 돕는다'라고 알려졌으며, 1세기 프리니우스의 『박물지』나 12세기의 힐데가르트의 『피지카』에도 마찬가지로 기재되어 있다. 그중에서 후자에는

> 19. 리코리스[리코리치움]는 평온한 것이다. 먹을수록 목소리에 윤기를 준다. 기분을 온화하게 하고 눈동자는 깨끗이 맑아진다. 음식물의 소화를 수월하게 돕는다. 마음이 아픈 사람에게 놀랍도록 잘 듣는다. 자주 먹으면 머릿속이 명해진다.[75]

라고 쓰여 있다. 현재 리코리스의 주요 성분이 글리시리진으로, 장기간 혹은 대량 섭취로 저칼륨 혈증이나 부종 등 위성(僞性) 알도스테론증이 일어날 가능성이 있음이 알려졌는데, 힐데가르트(Hildegard von Bingen)도 경험 관측으로 알게 되었을 것이다.

(2) 작약

생약명은 '작약(芍藥)', 『신농본초경』「중품(中品)」에 수록되어 있다. 그 우아하고 아름다운 꽃의 자태와 향으로 동아시아에서는 모란의 '화왕(花王)'과 함께 꽃의 재상이라는 뜻으로 '화상(花相)'이라 불리고 있다. 또

---

75 원문은 다음과 같다. XIX. Licorice Licorice(Liquiricium) is of moderate heat. No matter how it is eaten, it gives a person a clear voice. It makes one's mind agreeable, and his eyes clear. It soothes his stomach for digestion. It is of great benefit to an insane person. If eaten frequently, it extinguishes the furore in his head. (Hindegard. & Throop., 1998., 31쪽)

모란이 수목인데 반해 작약은 풀이라는 점에서 모란을 '목작약(木芍藥)', 작약을 '초목단(草牡丹)'이라 부르는 지역도 있다. '서면 작약, 앉으면 모란, 걷는 모습은 백합꽃'이라는 에도시대의 여성미를 비유한 속담으로 알려진 작약이다. 동아시아에서는 부인과 계통 질환에 대한 한방약에 흔히 들어가 있는 것으로도 알려져 있다.

작약의 학명은 Paeonia lactoflora인데, Paeonia는 그리스신화에 등장하는 의사 파이온을, lactoflora는 그 문자 그대로 유백색(乳白色. lacti-)의 꽃(flora)을 의미한다. 파이온은 작약을 약으로 처음 사용한 신으로, 트로이(Troia) 전쟁에서 부상을 당한 신들의 치료에 사용했다고 한다. 그 때문에 유럽에서 작약은 대단히 많은 효능을 지닌 생약으로 친근하며, 전염병의 특효약으로 여겨졌다.

(3) 질경이

생약명은 전초(全草)[76]를 '차전초(車前草)', 종자를 '차전자(車前子)'라 하며, 『신농본초경』「상품」에 수록되어 있다. 예로부터 그 약효가 알려진 질경이[77]이지만, 초등학교 교정의 한쪽 구석이나 공원에 자생하는 '잡초'로서 기억하는 쪽이 많지 않을까. 생약명인 차전초도 차(마차나 우차)가 지나는 길에 많은 까닭에 이름 붙여졌다. 꽃도 작고 눈에 띄지 않는 외견에 반해, 지사·거담·소염·진통 작용에 뛰어나 전 세계에서 귀중하게 여겨

76 (역자주) 꽃·뿌리·잎·줄기 등의 풀 전체.
77 질경이科 질경이屬 질경이(Plantago asiatica L.)

왔다[78]. 유럽에서는 창질경이[79](일본에는 에도시대에 도래)가 사용되었지만, 동서양을 막론하고 민간에서는 호흡기질환이나 이뇨 촉진의 생약으로 알려져 있다. 또 창질경이의 학명 Plantago lanceolate L.의 lanceolate라는 것은 '창의 머릿부분(槍頭) 같은 형태를 한 잎사귀'로, 다른 질경이보다도 잎사귀가 가늘고 길며 이름 그대로 전투에서 다친 병사들의 치료에도 사용되었던[80] 것이다.

(4) 바질(바실리코)

현재는 이탈리아 요리로 친숙한 바질[81]은 열대 아시아 원산으로 생약명은 '나륵(羅勒)[82]', 동아시아에서의 최초 기재는 11세기의 『가우본초(嘉祐本初)』이다. 유럽에서는 뿌리를 두통 치료에 사용하였으며, 한편으로 동아시아에서는 종자를 눈병 치료, 지상부를 산후의 혈행 개선에 사용하였다. 일본에는 에도시대에 수입되어 역시 눈병 치료에 사용하였다. 바질의 종자는 수분을 머금으면 종자의 표면이 젤리 상태가 되는 성질이 있다. 그 성질을 이용하여 수분을 머금게 한 종자로 눈의 더러움을 제거하였다고 한다. 그 때문에 일본에서는 눈의 더러움을 제거하는 '목추(目箒)'라는 별명도 있다.

한편 유럽에서 바질은 오랫동안 죽은 자나 전갈과의 인과관계가 있

---

78 이븐 시나도 저작 『醫學典範』 '설사약의 상태에 대해서'에서 질경이의 점액을 "매끄럽게 하는 성격"이라고 적고 있다(이븐 시나, 2010, 492쪽).

79 질경이科 질경이屬 창질경이(Plantago lanceolata L.).

80 창질경이의 외상 치료에 대한 연구는 유럽에서 알려져 있다(Brondegaard, 1963).

81 꿀풀科 바질屬 바실리코(Ocimum basilicum L.).

82 (역자주) 학명은 Ocimum basilicum.

다고 믿어왔다. 보카치오의 『데카메론』에 등장하는 리자베타의 이미지를 받아 영국의 시인 존 키츠가 읊은, 바질을 심어 죽은 연인을 사모하는 시 『이사벨라(Isabella)』는 너무나도 유명할 것이다. 또 바질 향기를 맡으면 전갈이 머릿속에 떠오른다고도 한다. 학명 Ocymum basilicum L.은 왕이나 왕궁에 어울리는 뛰어난 향기가 난다는 데서 고대 그리스의 '왕(basilicos)'에서 유래하였다는 설이나, 사막에 살아 인간을 노려보고 살해한다는 뱀과 같은 전설상의 괴수 바실리스크에서 기인하였다고 하는 설도 있다. 모두 미신에 관계된 것 같다.

(5) 안젤리카(angelica)[83]

생약명은 '당귀(當歸)'[84], 『신농본초경』 「중품(中品)」에 수록되어 있다. 동아시아에서는 부인과 계통 질환에 처방하는 대표적인 생약으로, 여성을 위한 생약으로 알려져 있다.[85] 이 '당귀'라는 이름에는 부인과 계통 질환으로 고통을 받았던 여성들의 애달프기까지 한 드라마가 숨겨져 있었다. 이름의 유래는 지역에 따라 다소 다르나, 불임에 고생하던 여성이나 산후 회복이 나빴던 여성이 당귀를 복용하고 나서 건강해져 남편 곁으로(혹은 남편이 아내 곁으로) '당연히 돌아갔다'고 하는 설화에 근거하고 있다.

---

83 (역자주) 미나리科의 여러해살이풀.

84 주 18) 참조.

85 당귀 및 작약·모란·백합을 둘러싼 에도시대의 여성상과 산부인 과학의 융성, 생약의 개념에 대해서는 졸고에 기재하였다. Hanna Uchino., "The Japanese Concept of Angelica in the Yedo Era Seen from the Viewpoint of the Herbs and Womanliness : Compared with the Peony and Lily", 2011. HP for the 40th Congress of the International Society for the History of Pharmacy(https://sites.google.com/site/dggphomepage/Home/veranstaltungen/berlin-2011).

동아시아에서 보이는 안젤리카(일본 당귀, 북해[北海] 당귀, 중국 당귀)는 레이스처럼 작은 꽃이 많이 피어 가련한 꽃이다. 반면에 유럽에 자생하는 안젤리카[86]는 거대한 녹색의 당귀속[87]처럼 한번 보면 같은 안젤리카로는 생각하기 어렵고 가련함과는 걸맞지 않은 형상이다. 그렇기는 하지만 학명 Angelica archangelica. L.이 나타내는 것처럼 천사에 관련된 전설이 있다. 역병이 유행했을 때 한 수도승의 꿈에 성(聖) 미카엘이 나타나 안젤리카의 효능을 말하였다. 그래서 모두가 안젤리카를 먹고 역병을 막았다고 한다. 안젤리카는 뿌리를 포함한 전초(全草)를 모두 이용할 수 있는 점, 성 미카엘의 계시에 유래하는 점 등에서 중세에는 대단히 귀중하게 여겼다고 한다. 또 과자 빵이나 케이크, 쿠키 등의 장식에 사용되는 '안젤리카'는 안젤리카 줄기의 설탕 절임이다. 그러나 일본에서 자생하는 일본 당귀나 북해 당귀는 유럽 당귀에 비해 줄기가 단단하고 가늘어서 대개 머위[88]로 대용되고 있다.

(6) 벌꿀

'벌꿀의 역사는 인류의 역사(The history of honey is the history of mankind)'라는 영국 속담이나 세계 각지의 동굴벽화[89]에 벌꿀을 채집하고 있는 사람의 모습이 그려져 있는 것에서 알 수 있듯이 벌꿀은 예로부터 사

86 미나리科 당귀屬 원당귀(서양당귀. Angelica archangelica L.

87 미나리科 당귀屬 당귀(Angelica pubescens Maxim, 중치모당귀).

88 국화科 머위屬 머위(Petasites japonicus [Siebold et Zucc.] Maxim.).

89 약 7,000년 전에 그려졌다고 여기는 스페인 발렌시아지방 아라냐 동굴의 벽화(1991년에 발견)가 꿀을 채집하는 사람을 그린 최고의 것이라고 여겨지고 있다.

람들에게 사랑받았다. 생약명은 '봉밀(蜂蜜)'[90]로, 『신농본초경』「상품」에 수록되어 있다. 영양 만점의 벌꿀은 한방에서는 환제(丸劑)[91]를 만들 때의 결합제, 접착제의 역할이나 달고 마시기 쉽게 하는 양념으로 사용되는 일이 많다. 또 연향(練香, 둥글게 굳힌 향료)의 결합제로도 사용되었다. 더욱이 이집트나 중동에서는 잘 알려진 것처럼 외상이나 궤양 치료로도 벌꿀이 사용되었던 사실이 사료에 남아 있다.[92] 현재는 뉴질랜드를 중심으로 각국에서 외상이나 화상 치료에 벌꿀(Manuka honey)을 사용하는 연구도 행해지고 있다.

4. 현대 사회의 생약

메이지 이후 일본은 국가정책으로 현대 서양의학을 기본 의학으로 채택하고, 한방이나 생약을 '대체 의료'나 '보완 의료'의 위치로 몰아가고 있기 때문에 약용식물의 국내 재배도 적고, 식물 기원(基原)의 생약만이 아니라 생약 대부분을 해외에 의존하는[93] 상황이다. 그러던 중에 고령화나

---

90 꿀벌科 꿀벌屬 유럽 꿀벌(Apis mellifera L.) 또는 동양 꿀벌(Apis cerana Fabricius)이 벌집에 모은 단맛이 나는 것.

91 (역자주) 둥근 형태의 정제.

92 이븐 시나는 내적 염증 덩어리(내장의 종양)의 치료에 蜂蜜水나 설탕물로의 세정을 설명하고 있다(이븐 시나, 2010, 531쪽).

93 2008~2016년의 과거 9년간 일본 국내 유통 생약 중, 일본 국내산만으로 조달하였던 것은 일본 한방 생약제제협회의 보고(2011, 2013, 2015, 2016, 2019)에 의하면, 膠飴(옥수수[볏科 옥수수屬 옥수수(Zeamays L.), 카사바(cassaba, 등대풀科 카사바屬 카사바[Manihot esculenta Crantz]), 감자(가짓科 가지屬 감자[Solanum tuberosum L.]), 고구마(메꽃科 고구마屬 고구마[Ipomoea batatas Poiret], 혹은 볏科 볏屬 벼[Oryza sativa L.]의 전분, 또는 벼 종자의 씨(種皮)를 제거한 종자를 加水分解하여 糖化한 것. 생약명 '교이(膠飴)', 얼룩조

건강 지향의 고조, 국외산 생약의 가격 앙등이나 환경 변화 등에 따라 농림수산성은 약용식물의 국내 생산량을 2010년도부터 계속해서 배로 증가시킬 것을 계획하고 있다. 후생노동성 및 일본 한방 생약 제제 협회 등과 연휴하여 산지 지원체제 정비를 위해 생산 농가와 한방약 제조회사의 매칭(matching) 개시나 재배기술 지도의 지원, 새로운 산지 등 확립 지원을 위해 적합 품종의 선정이나 재배 매뉴얼 작성, 실증 농장(實證圃場)의 설치, 전용 농업기계나 설비의 개량·개발, 기능성 성분의 분석, 또 안정 생산을 가능케 하는 체제 정비나 수요의 창출·확대를 행하고 있다. 이러한 관 주도의 약용식물 재배 촉진만이 아니라 대학이나 기업, 자치체 등이 일체가 된 한방 관련 상품의 연구·개발, 수출 확대를 시야에 둔 산·관·학(產·官·學) 공동 사업이 활발해져 한방 치료를 행하는 의료기관이 매년 늘고 있다. 또 생약 및 한방에 관한 일반의 인지도가 올라간 점도 있어, 생약 성분 배합이라 강조한 서플리먼트(Supplement. 보충제)나 화장품도 판매되고 있다. 한편으로 생약이 의약품이라는 의식이 낮은 탓인지 부작용이나 알레르기는 일어나지 않는다고 오인하거나, 생약이나 생약 성분 배합의 서플리먼트와 현대 서양 약의 병용과 초보자 판단 사용에 따른 작용의 증강(增强)·감약(減弱)이 발생하기도 한다. 이와 관련해서는 병원이나 약국을 비롯해 보도 등에서도 주의를 환기시키고 있다. 또 독성이 강한 약용식물과 형상이 대단히 흡사한 식용 야채·화훼로 오인됨에 따른 식중독도 정기적으로 발생하고 있다.[94] 생약의 대부분을 차지하는 약용식물에 관한 지

릿대잎(볏科 조릿대屬 얼룩조릿대[Sasa veitchii var. veitchi]의 잎, 생약명 '熊笹葉, 淡竹葉', 녹나무(생강나무), 녹나무科 黑文字 조장나무屬 조장나무[Lindera umbellate Thunb.]의 뿌리껍질, 생약명 '烏樟''鈞樟') 등의 20~35품목이었다.

94 디기탈리스 잎과 컴프리(comfrey. 鰭玻璃草라고도 한다. 지치科 컴프리屬 컴프리

식이 민간에서 사라져가고 있음을 보여준다.

현대 서양의학이 우세인 지역이 많은 현대 사회에서 전근대 의학의 상징이었던 생약에 관한 지식이나 연구가 방계인 것은 어쩔 수가 없다. 그러나 세계화에 따른 사람·물품의 이동으로 인해 그때까지 존재하지 않았던 또는 한 지역의 풍토병에 불과했던 질병이 각지로 확대하고 변이하고 있음에도 불구하고, 약용식물 중에는 아직 일부의 민족·지역에서만 인지·사용되고 있는 것도 많다. 현재 약용으로 인지된 식물은 약 30만 종이 있다고 여겨지는 전체 식물 중 극히 일부밖에 없어, 미지의 유용성분이 전 세계에 존재할 가능성이 있다. 당연하지만 민족·지역에 의해 사용 목적이 다른 생약,[95] 시대와 함께 잊힌 생약도 다수 존재한다. 생약 대부분을 차지하는 약용식물이지만, 유전자 해석만이 아니라 라이프스타일이나 문화 등 다방면에서의 식물 연구가 발전하면 태평양 주목(Taxus brevifolia) 나무껍데기에서 발견·분리된 항암제 파크리탁셀(paclitaxel)[96]처럼 유용한 생약 및 약용성분, 또 이들을 기초로 한 신약의 연구·개발도 예상된다. 또 약제의 개발·제품화 분야에서 AI 기술 진전으로 생약 유래의 약만이 아니라 화

[Symphytum officinale L.])이나 조선 나팔꽃의 꽃봉오리와 오쿠라(아욱科 닥풀(黃蜀葵)屬 오쿠라[Abelmoschus escukentus L.]의 과실), 바꽃科 쌍둥이바람꽃(二輪草. 미나리아재비科 외대바람꽃屬 쌍둥이바람꽃[Anemone flacid F. Schmidt]) 등으로 매년 사고가 발생하고 있어서 후생노동성이나 각 지자체의 홈페이지 등에서 주의를 호소하고 있다.

95 이러한 생약으로서 에페드린을 들 수 있다. 동양에서는 『신농본초경』 등에도 기재가 있는 것처럼, 마황(주요 성분 에페드린)이 호흡기계 질환에 유용하다고 알려져 있다. 1885년에 나가이 나가요시가 마황에서 單離한 에페드린인데, 기관지 천식 발작의 약으로서 구미 사회에서 사용된 것은 단리로부터 약 40년 후인 1924년이다.

96 파클리탁셀(Paclitaxel, 탁솔[Taxol])은 주목科 주목屬 태평양 주목(Taxus brevifolia Nutt.)에서 채취되는데, 양이 대단히 적기에 현재는 태평양 주목이나 서양 주목(주목科 주목屬 써서 주목[Taxus baccata L.])의 잎, 혹은 배양세포로부터 추출한 바카틴(baccatin)Ⅲ를 기초로 반합성하고 있다. 유방암이나 위암 등의 치료약으로서 현재 주목받고 있다.

학 합성 약의 약 재정립(drug reposition)[97]도 진행되고 있다.

민간에서의 생약에 관한 지식 변천을 보아도 알 수 있듯이 물품은 일단 단절하면 재흥하기에는 그때까지 소요한 몇십 배, 몇백 배의 시간과 노력을 쏟지 않으면 안 된다. 모든 것에 속도나 숫자를 요구하는 것이 대전제가 되는 현대이지만, 한번 멈추어서 간과해온 것이나 경시되어온 것에 시선을 돌려 개개인의 바람이나 상황에 적합한 선택이 가능해질 수 있도록 준비해 나가자. 그러한 사회야말로 생약과 같이 차세대에 연결되는 물품이 공생할 수 있는 사회는 아닐까.

97 예를 들면 해열진통제로 알려진 아스피린이 항혈소판약(抗血小板藥)으로서, 심부전 치료약인 디곡신(digoxin)은 전립선암 치료약으로서, 유방암 치료약인 타목시펜(Tamoxifen)은 전신성 에리트마토서스(erythematosus. 낭창(狼瘡))에 유효성이 있고, 혈관 확장제로 사용되어온 미녹시딜(Minoxidil)이 발모제로서, 抗HIV藥인 리토나비르(Ritonavir)가 난소암 치료약으로서 각기 주목받고 있다.

참고문헌

アヴィセンナ著, (檜學·新家博·檜晶 訳), 『アヴィセンナー『医学典範』日本語訳』, 第三書館, 2010.

有岡利幸, 『資料 日本植物文化誌』, 八坂書房, 2005.

磯野直秀, 「明治前園芸植物渡来年表」, 『慶応義塾大学日吉紀要 自然科学』42, 慶応義塾大学, 2007, 27~58쪽.

伊藤正男·井村裕夫·高久史麿 総編集, 『医学大辞典』, 医学書院, 2003.

恵木弘·戴銘錫, 『地道薬材 漢方生薬の選品と正しい臨床応用』, 樹芸書房, 2007.

大槻真一郎 編, 『プリニウス博物誌 植物篇』, 八坂書房, 2009.

大槻真一郎 編, 『プリニウス博物誌 植物薬剤篇』, 八坂書房, 2009.

大場秀章, 『植物文化人物事典』, 日外アソシエーツ, 2007.

奥沢康正·久世幸吳·奥沢淳治, 『毒きのこ今昔』, 思文閣出版, 2004.

奥田潤, 「薬師如来像の薬器」, 『薬史学雑誌』32(2), 1997, 235~245쪽.

奥田潤, 「中·近世ヨーロッパにおける"薬剤師"としてのキリスト画」, 『薬学史雑誌』36(2), 2001, 175~179쪽.

奥田潤·久田陽一·奥田和代·川村智子·野呂征夫·宮田雄史, 「周防国分寺薬師如来像の薬壺の内蔵物調査」, 『薬史学雑誌』33(1), 1998, 49~62쪽.

木下武司, 『万葉植物文化誌』, 八坂書房, 2010.

吳秀三, 『華岡青洲先生及其外科』, 大空社, 1994.

佐々木静一, 「近世アジアにおけるプルシアン·ブルーの追跡」, 『多摩美術大学研究紀要』2, 1985, 13~26쪽.

佐藤洋一郎·椿坂恭代·吉崎昌一·奥田潤, 「甲府市周防国分寺の薬師如来像の薬壺に内蔵されていた穀類種子の分析」, 『薬史学雑誌』35(2), 2000,

128~134쪽.
R·E·シュルテス, A·ホフマン, C·レッチュ 著, (鈴木立子 訳),『図説 快楽植物大全』, 東洋書林, 2007.
宗田一,『日本の名薬-売薬の文化誌』, 八坂書房, 1981.
宗田一,『渡来薬の文化誌』, 八坂書房, 1993.
日本漢方生薬製剤協会生薬委員会,「原料生薬使用量等調査報告書-平成二十年度の使用量」, 2011, 1~26쪽.
(http://www.nikkankyo.org/aboutus/investigation/investigation03.html)
日本漢方生薬製剤協会生薬委員会,「原料生薬使用量等調査報告書(2)-平成二一年度および二二年度の使用量」, 2013, 1~24쪽.
日本漢方生薬製剤協会生薬委員会,「原料生薬使用量等調査報告書(3)-平成二三年度および二四年度の使用量」, 2015, 1~41쪽.
日本漢方生薬製剤協会生薬委員会,「原料生薬使用量等調査報告書(4)-平成二五年度および二六年度の使用量」, 2016, 1~40쪽.
日本漢方生薬製剤協会生薬委員会, (山本豊·黃秀文·佐々木博ほか),「日本における原料生薬の使用量に関する調査報告」『生薬学雑誌』73(1), 2019, 16~35쪽.
プリニウス, (中野定雄·中野里美·中野美代 訳),『プリニウスの博物誌 縮刷版』1~6巻, 雄山閣, 2012.
松本明知,『華岡青洲研究の新展開』, 真興交易株式会社医書出版部, 2013.
百生敦,「X線位相イメージングと線位相CT」,『精密工学会誌』82(6), 2016, 513~517쪽.
八坂書房 編,『日本植物方言集成』, 八坂書房, 2001.
山田慶児 編,『東アジアの本草と博物学の世界』上·下, 思文閣出版, 1995.

吉川雅之·松田秀秋,『大観 漢方生薬学』, 京都廣川書店, 2009.

山岡傳一·伊藤隆·浅間宏志ほか,「総説 生薬国内生産の現状と問題」,『日本東洋医学雜誌』68(3), 2017, 270~280쪽.

Brondegaard, V.J., "Plantain as a Wound-Healing Drug in Popular and Scientific Medicine", *Sudhoffs Archiv f 4r Geschichte der Medizin und der Naturwissenschaften*, Vol. 47, 1963, pp. 127~151.

Momose, Atsushi, Tohoru Takeda, Yuji Itai, and Keiichi Hirano, "Phase-contrast X-ray Computed Tomography for Observing Biological Soft Tissues", *Nature Medicine*, Vol. 2, No. 4, 1996, pp. 473~475.

Hindegard of Bingen (author), Priscilla Throop (translator), *Hindegard von Bingen's Physica: The Complete English Translation of Her Classic Work on Health and Healing*, Healing Arts Press, 1998.

6장

화약 원료
유황 유통으로 본 11~16세기의 유라시아

• 야마우치 신지(山內晋次) •

1. 화약 원료로서의 유황에 대한 주목

세계사를 크게 움직여온 인간의 발명품 사례로 화약 및 이를 이용한 철포·대포 등의 화기를 드는 것은 필시 대부분 수긍할 것이다. 이렇게 역사상 중요한 역할을 맡아 온 화약·화기에 대해서는 그 형태·성능 혹은 기술 이전의 역사 등을 둘러싸고 일본도 포함하여 세계적으로 방대한 연구가 축적되어 있다. 그리고 그 연구 중에는 14세기 말~18세기 무렵의 유라시아 동서 여러 제국에서 내부의 중앙집권화나 외부에 대한 영역·패권의 확장에 약·화기가 극히 중요한 역할을 맡은 점에 주목하여 '화약 제국', '화기 제국', '화기의 시대' 등의 개념으로 그들의 제국이나 시대의 역사적 특질을 파악하려는 참신한 연구도 나타나고 있다(sun, 2013; 齋藤. 2002). 또 일본의 화약·화기 기술의 역사도 지금까지 정설로서 1534년이라고 여겨진 일본으로의 철포 전래에 관해 일본·중국·포르투갈·스페인 등에 남은 여러 사료를 종합적으로 재검토하여 세계사적인 시야에서 새로이 1542

년 설과 1543년 설이 제의되기도 하였다(中島, 2013a, 192~194쪽). 게다가 16·17세기 일본 국내의 몇 군데 유적에서 출토된 탄환이 태국산 납을 원료로 한 것이 문헌 사학·고고학·자연과학의 공동연구에 의해 밝혀지는(平尾他編, 2014, 49~104쪽) 등 새로운 연구 전개가 보인다.

그러나 이러한 화기의 형태·성능·전파 등에 관한 연구의 두터운 퇴적 성과와 달리 화약의 불가결한 원료인 초석·유황 등의 세계적인 생산·유통 상황에 대해서는 연구 축적의 부족을 부정할 수 없다(有馬, 1962, 제1장 4·5절; sun, 2006, 2013; 太田, 2002; 山內, 2009, 2011, 2014; 中原, 2013; 加藤, 2013; 폰딩, 2013; 鹿毛, 2015, 51~122쪽). '흑색 화약'이라 불리는 가장 오랜 타입의 화약을 만들려면 초석·유황·목탄 가루의 세 개 원료가 불가결하다. 이 원료 중에서 목탄 가루에는 대부분 지역에서 비교적 쉽게 손에 넣을 수 있을 것이다. 그러나 초석과 유황은 초석이 풍부하게 산출되는 지역에서는 유황을 거의 채취할 수 없고, 역으로 유황이 풍부한 지역에서는 초석을 채굴할 수 없다고 하는 자원의 편재 상황이 세계적으로 현저하다. 그 때문에 화약·화기 기술의 세계사적인 전개 과정에 있어서 필연적으로 초석과 유황의 광역적인 교역·유통이 발생하는 것이다.

이러한 문제의식에 기초하여 본 장에서는 지금까지 등한시되었던 '화약 원료로서의 유황'의 유통사를 일본열도에 중점을 두고 11~16세기라는 장기적인 시간 폭과 유라시아라는 광대한 공간 규모 하에서 고찰해 보고자 한다.

2. 구제적인 유황 산지로서의 이오지마(硫黄島)

(1) 조선·중국 사료에 보이는 유황도(硫黄島)

15~16세기 몇 개의 조선·중국 사료 중에는 사쓰마노쿠니(薩摩國)[01]의 남방 해상에 떠 있는 '유황도(山)'라고 불리는 섬이 등장한다. 예를 들면 1471년에 조선의 관료 신숙주가 편찬한 『해동제국기』의 「일본국 서해도 구주지도(九州之圖)」에는 아래쪽에 '유황도'가 그려져 있다. 또 1563년 명의 학자 정약증(鄭若曾)이 편찬한 『주해도편(籌海圖編)』에도 규슈의 남방 해상에 '유황산'이라 불리는 섬이 보인다. 이 두 개의 외국 사료에 이 섬이 새삼스레 그려져 있는 이유에 관해 먼저 『해동제국기』 '유황도'의 할주(割註)를 보면, 이 섬에서 "유황을 산출하고 일본인이 이것을 채취하고 있다"라고 쓰여 있다. 다음으로 『주해도편』을 보면 그 본문 중에서도 이 섬에서는 "유황이 산출한다"라고 서술하고 있다.

이 사료들에 보이는 '유황도(산)'는 현재의 가고시마현(鹿兒島縣) 가고시마군(鹿兒島郡) 미시마촌(三島村)에 속하는 이오지마로 비정되고, 도쿄도(東京都)에 속하는 이오지마 등 몇 개의 동명의 섬과 구별하려고 '사쓰마이오지마(薩摩硫黄島)'라고 불리는 경우도 있다. 사쓰마반도의 남방 40km 정도 해상에 떠 있는 이오지마(〈그림 1〉)는 주위 약 15km, 인구 121명(2019년 현재)의 작은 외딴 섬으로, 활화산인 이오다케(硫黄岳)(704m)가 우뚝 솟아 있다. 그리고 이 이오다케 일대에서 현재에도 화산 활동으로 인해 매일 유황이 생성되고 있다.

---

01 (역자주) 현 가고시마현 서부.

〈그림 1〉 이오지마(硫黃島)·이오토리시마(硫黃鳥島)의 위치
출전: 원저자 작성.

이 조선·중국 사료의 기술에서 규슈의 남방 해상에 있는 화산섬인 이오지마는 15~16세기 무렵 동아시아 지역에서 유황 산지로서 국제적으로 이름이 알려졌음을 알 수 있다. 게다가 후세의 외국 사료를 보면 1852년에 런던의 어느 신문이 게재한 일본의 지리나 역사에 관한 보고서 속에 사쓰마에 인접한 어느 섬은 유황으로 덮여 있고, 그 유황이 사쓰마 번주(藩主)에게 대량의 은을 가져다주고 있다는 기사가 보인다(岩川, 2013, 52쪽). 여기에 보이는 대량의 유황을 산출하는 섬은 당연히 현재의 이오지마를 가리키는 것으로 생각된다. 그 섬이 근대 서유럽에서도 중요한 유황 산지로 알려졌던 것을 알 수 있다. 그렇다면 이상과 같이 국제적인 유황 산지로 이오지마의 지위가 형성되는 단서는 어디에 있는 것일까.

(2) 『헤이케모노가타리(平家物語)』와 이오지마

이 문제를 알아보려고 14세기 무렵 이전의 국내외 여러 사료까지 거슬러 올라가 유황 산지로서 이오지마의 모습을 찾으려는 순간 관련된 사료가 보이지 않게 되어버린다. 다만 그러한 엄격한 사료적 제약 속에서 중요한 단서를 제공해주는 것이 『헤이케모노가타리(平家物語)』이다. 주지하는 바와 같이 『헤이케모노가타리』는 다이라노 기요모리(平清盛)를 중심으로 한 헤이케(平家) 일문의 흥망을 이야기하는 문학작품이다. 작자는 알 수 없지만 13세기 중에는 성립하였다고 추정하고 있다. 이러한 중앙 권력자들의 이야기 속에 어째서 수도에서 아득히 떨어진 국가 영역의 바깥 언저리에 떠 있는 작은 섬이 등장하는 것일까. 그것은 다음과 같은 이유에 의한다.

『헤이케모노가타리』에 따르면, 1177년 교토 히가시야마(東山)의 시시가타니(鹿ケ谷)에 있는 산장에서 당시 정권을 좌지우지하던 다이라노 기요모리와 그 일문의 타도를 노리고 모의가 행해졌다. 그 모의 장소에 헤이시(平氏)와 대립하는 고시라카와인(後白河院)[02]의 근신들이 모여 있었다. 그런데 이 모의는 다이라노 기요모리에게 밀고되어 주모자들은 기요모리에 의해 엄히 처벌되었다고 한다. 이 일련의 사건은 '시시가타니 사건' 혹은 '시시가타니의 음모' 등으로 불려 일반에도 잘 알려져 있다. 단 최근의 연구에 의하면, 『헤이케모노가타리』가 말하는 그러한 사건상에는 이야기 전개를 뜨겁게 달구기 위한 몇 개의 꾸며낸 이야기가 포함된 것 같다(川合, 2012). 그렇다고는 해도 그 모임에 참가하고 있다는 고시라카와인의 근신들이 신속하게 붙잡혀 엄한 처벌을 받은 것은 그 밖의 사료에서도 확인이 된 사실이다. 게다가 『헤이케모노가타리』는 붙잡힌 사람 중에서 슌칸(俊寛)·다이라노 야스요리(平康頼)·후지와라노 나리쓰네(藤原成經) 3인이 사쓰마노쿠니 남방에 떠 있는 외딴섬에 유배되었다고 말하는데, 그 중 야스요리 본인이 만년에 저술한 『보물집(寶物集)』의 기술 등으로 보아 이 유배 또한 사실이라고 생각해도 무방하다.

그러면 『헤이케모노가타리』의 여러 사본 중에서 가장 옛 모습을 간

---

02 (역자주) 고시라카와 상황(上皇). 인(院)은 상황이 집정(執政)하는 정치 형태.

직하고 있다고 말해지는 엔쿄본(延慶本, 텍스트는 高山 편, 2001을 이용)을 통해 슌칸 등 3인의 유배 사건을 보자.

처음에 그들 3인은 별도의 섬에 유배되었는데, 얼마 지나지 않아 슌칸·다이라노 야스요리 2인이 후지와라노 나리쓰네가 있던 '유황(油黃(=유황[硫黃])도'에 합류하였다고 한다. 그리고 이 '유황도'는 '유황이 나는 섬'이라는 뜻이라 설명되며, 섬의 상황이 다음과 같이 이야기되고 있다.

> 섬 가운데 높은 산이 있다. 봉우리에는 불길이 솟아오르며, 산기슭에는 비가 내려 천둥이 그치지 않으니, 신을 없애는 것 말고는 방법이 없다. (중략) 사쓰마만에서 아득히 먼 바다를 건너가는 길이니, 어지간해서는 사람이 드나들 일도 없다.

여기서는 슌칸 등 3인이 유배된 '유황도(油黃島)'가 사쓰마 앞바다에 떠 있는 좀처럼 사람도 다니지 않는 외딴 섬으로 묘사된다. 주목되는 것은 활화산이 있는 화산섬으로서 이 섬을 묘사하는 전반 부분이다. 이러한 섬의 호칭이나 활화산이 있는 화산섬이라고 이야기하는 서술에서 보면, 그들 3인이 유배된 사쓰마노쿠니의 남방 해상에 떠 있는 섬이란 현재의 미시마촌의 이오지마라고 생각해도 거의 틀림이 없을 것이다(野中, 2012a·b).

더욱이 『헤이케모노가타리』의 후반 단락을 살펴보면, 유배 다음해 후지와라노 나리쓰네와 다이라노 야스요리에게 수도로부터 사면(赦免) 통지가 도착하여 둘은 수도로 소환되었다. 그러나 슌칸에게는 그러한 통지가 없어 홀로 섬에 남겨져버렸다. 그 사이 섬에 사는 슌칸에게 수도에서 하인으로 부리던 아리오마루(有王丸)라는 젊은이가 저 멀리서 방문해 왔다. 그 섬에서의 유황 산출 상황에 관한 특히 중요한 정보는 바로 그 아리오마루와 슌칸의 이야기 속에 보인다.

가까스로 슌칸을 찾아낸 아리오마루는 지금까지 이 섬에서 어떻게 생활해왔는지를 물었다. 이에 대하여 슌칸은 "몸에 힘이 있던 무렵에는 저 산의 봉우리에 올라 유황이라는 물품을 채취하여, 규슈 땅을 오가는 상인들의 배가 도착하면 팔면서 하루하루를 보내었다(「아리오마루가 유황도(油黃島)에 찾아간 일」)"라고 답하였다. 이후 아리오마루는 잠시 섬에 머무르며 쇠약해질 대로 쇠약해져 버린 슌칸을 대신하여 '산의 봉우리에 올라 유황을 주워 상인의 배가 가까이 오면 이를 장사(「아리오마루가 유황도에 찾아간 일」)'하면서 이듬해 가을 슌칸의 임종을 지켰다.

이러한 아리오마루와 슌칸의 이야기에서 보이는 것은 이야기 무대로 설정된 12세기 말, 혹은 적어도 이 이야기의 성립 시기로 추정되는 13세기의 이오지마에서 상품으로 유황이 채취되어 그 섬과 규슈를 왕래하는 상인에게 팔아넘기고 있었다는 유황 교역의 존재이다. 물론 앞에서 서술한 것처럼 『헤이케모노가타리』는 어디까지나 문학작품이고, 다른 사료에서 '아리오마루'의 실재를 실증할 수가 없다. 다만 이 유황도에서의 유황 교역에 관해서는 이야기를 한층 흥미롭게 하는 장치로서 극히 특수한 재료로 여겨지는 교역을 삽입해야만 하는 필연성이 있었다고는 생각하기 어렵다. 그렇다고 한다면 이 유황 교역 이야기는 12~13세기 무렵의 이오지마에서 이루어진 실제 유황 채취와 그 교역을 밑바탕으로 전개되었을 가능성이 극히 높다고 할 수 있지 않을까.

그렇다면 가고시마(鹿兒島)의 남방 해상에 떠 있는 이오지마는 앞에서 서술한 15~16세기 조선·중국 사료의 시대를 훨씬 거슬러 올라간 12~13세기 무렵에 이미 중요한 유황 산지로서 발흥하였다고 생각된다. 그러나 이 이전의 상황에 대해서는 명확하게 이오지마를 기록한 것으로 보이는 사료가 발견되지 않으므로 불명이라 할 수밖에 없다. 다만 11세기 중반에 후지와라노 아키히라(藤原明衡)가 저술한 『신원낙기(新猿樂記)』에 사쓰마노쿠니 남방의 '기카이가시마(貴賀之島)'까지 나아가 광범위하게 장사를 하는 가공의 대상인이 묘사되어 있다. 그 취급 상품 중에 '유황(油黃)'이 보이기에 유황 산지로 이오지마의 역사는 11세기 무렵까지 거슬러 올라갈 가능성이 크다.

그렇다면 12~13세기 무렵 이오지마에서 채취되어 상인들에게 팔린 유황은 상품으로 그 후 어떠한 유통 루트를 밟았던 것일까. 실은 이 문제에 관한 단서도 『헤이케모노가타리』 속에 서술되어 있다. 먼저 "쇼쇼(小將, 나리쓰네)의 장인인 다이라(平) 재상(다이라노 노리모리, 平教盛)의 영지에 히젠노쿠니(肥前國) 가세노쇼(加世庄)라는 곳이 있다. 거기에서 계절마다 규정대로 옷과 음식을 보내니, 야스요리도 슌칸도 이에 의존하여 나날을 보낸다"(「나리쓰네·야스요리·슌칸 등이 유황도(油黃島)에 유배된 일」)라고 한 것처럼 유황도에 유배된 후지와라노 나리쓰네의 거처에 그의 장인인 다이라노 노리모리의 장원(莊園)에서 때때로 의료나 음식이 보내지고 있었다. 여기에 보이는 '가세노쇼'는 현재의 사가현(佐賀縣) 사가시(佐賀市) 일각에 있던 다이라노 노리모리가 다스리는 실재하던 장원이다. 게다가 후반 단락의 서술에 의하면 사면 통지가 도착하여 귀경하게 된 후지와라노 나리쓰네와 다이라노 야스요리는 유황도를 나온 후 일단 그 장원에 체재하여 몸을 쉬고 있다. 이들 서술에서 현재의 이오지마와 사가시 주변을 잇는 규슈 서안의 항상적인 항로가 떠오른다(野口, 1995). 그리고 그 장원에서 일시 휴식하던 후지와라노 나리쓰네와 다이라노 야스요리는 "정월 20일 무렵에 가세노쇼를 떠나 교토로 올라왔다. (중략) 서둘렀지만 너무나도 추위가 극심하여 해상이 몹시 일렁이자 포구에서 포구로, 섬에서

섬으로 나아가 2월 10일 무렵에 비젠노쿠니(備前國) 고지마(兒島)에 배를 저어 대었다"(「단바 쇼쇼(丹波小將) 고(故) 다이나곤(大納言)의 무덤에 참배한 일」)라는 것처럼 여러 포구와 섬에 기항하면서 20일 정도 걸려 현재 오카야마현(岡山縣)의 고지마에 도착하였다. 이 루트는 사가시 지역을 출발한 후 아리아케해(有明海)를 나와 소노기반도(彼杵半島)·히라도섬(平戶島)을 돌아 규슈 북안에서 간몬해협(關門海峽)을 빠져나가 세토내해(瀨戶內海)로 들어가는 항로였다고 추측된다. 여기에서는 이오지마와 사가시 주변을 연결하는 규슈 서안 항로가, 더 나아가 규슈 북안 항로나 세토내해 항로가 연결되어 있던 상황이 보인다. 『헤이케모노가타리』의 서술에서 추정되는 이러한 이오지마에서 규슈 서·북안에 걸쳐 뻗어 있는 항로야말로 그 섬에서 상품으로 반출된 유황이 밟은 국내 유통 루트가 틀림없다.

이렇게 국내 루트로 운반된 이오지마산 유황이 국제적인 상품이 된다. 그 결과 이오지마가 그 산지로 국제적으로 널리 알려지는 배경을 해명하려면 더 나아가 국내 루트와 국제 루트를 잇는 결절점(結節点)의 문제나 일본의 유황이 수출되는 원래의 이유 등을 생각할 필요가 있을 것이다.

3. 송(宋)·일(日) 무역과 유황

본 절에서는 앞에서 이야기한 바와 같은 문제에 답을 내기 위해 9~13세기 후반 무렵 일본의 무역 상황이나 중국에서 일본 유황의 용도 등을 생각해 보고자 한다. 먼저 무역 상황 개관으로부터 시작하겠다.

(1) 무역 거점으로서의 하카타(博多)

9세기 이후 일본에는 주로 당을 거점으로 하는 신라 해상(海商)이나 당 해상들이 빈번히 내항하고, 그들과 일본 관민과의 사이에서 무역이 발전해가는 새로운 국제 상황이 생겨났다. 그리고 이 대륙에서 내항하는 해상들의 일본 측 체재·무역 거점이 된 곳이 규슈 북부의 하카타였다. 하카타에는 본래 내조(來朝)하는 외국 사절이나 일본의 해외 파견 사절의 체재·접대를 위해 설치된 '고로칸(鴻臚館)'이라 불리는 공관이 설치되어 있었다. 그러나 8세기 말 이후 외국 사절 및 일본에서의 해외 파견 사절의 왕래가 급속히 감속하였기 때문에 고로칸은 그들의 국가적 사절단을 체재시키는 대신에 새롭게 내항하기 시작한 신라·당 해상들을 그곳에 수용하여 그들의 무역을 관리하기 위한 시설로 전용되었다. 그리고 이 신라·당 해상들과의 무역을 기반으로 하면서 하카타는 일본의 거점 무역항으로 발전을 시작한다.

이후 10세기 초에 당 왕조의 멸망과 5대 10국의 분열을 거쳐 동 세기 후반에 송 왕조에 의해 중국의 주요부가 재통일된다. 송은 북방이나 서방에서 대치하던 요(거란)·금·서하 등의 나라들로부터 군사적·정치적으로 강한 외압을 계속 받았지만, 재차 통일과 평화가 초래된 중국 내부에서는 농업이나 수공업 등의 여러 산업이 활성화하였고, 그에 따라 상업 유통이 눈부시게 발전했다. 그리고 이러한 중국 내부의 경제발전은 외부로 향해서도 대외교역의 급속한 확대라는 형태로 연동하였다. 이 대외교역 부분 발전의 일부로 10세기 말~13세기 후반에 '송·일 무역'이 전개되어 간다.

이 송·일 무역에서도 일본 측의 거점이 된 곳은 역시 9세기 이래 무역항으로 발전을 계속한 하카타이다. 송·일 무역에서 하카타의 번영은 문헌 사료에서도 어느 정도 엿볼 수 있지만, 그 이상으로 생생하게 그 세부 상황을 이야기하는 것은 하카타의 지하에서 출토된 중국 도자기를 비롯한 막대한 양의 고고학 유물이다. 문헌 사료와 이들 고고 유물을 대조하는 것에 의해 11세기 후반~13세기 전반 무렵의 하카타에서는 무역 상인이나 뱃사람들을 중심으로 한 중국계 사람들의 집단거주지 구역인 '당방(唐房, 唐坊)'이 형성되고, 그곳이 중요한 무역 거점으로 기능하였다고 추정하고 있다(山內, 2003, 230~237쪽; 大庭他 編, 2008, 33~35쪽).

이처럼 송·일 무역의 거점 무역항으로 기능한 하카타에는 국내 각지에서 다양한 수출용 상품이 모이고, 그 상품들은 그곳에서 송의 해상무역선에 실려 중국으로 운반되었다. 그렇다고 한다면 이오지마에서 채집되어 규슈 서·북안의 항로로 운반된 유황 또한 이 거점 무역항인 하카타에서 대륙으로 수출되고 있었다고 생각된다. 그러나 애초에 왜 일본산 유황은 일부러 바다를 건너 중국에까지 수출된 것일까.

(2) 일본산 유황의 용도

이 문제를 생각하려면 먼저 오랜 중일 관계의 역사 속에서 일본산 유황이 중국에 수출되기 시작한 시기를 특정하는 것이 필요하다. 거기서 우선 일본이 견당사(遣唐使)를 파견하고 있던 8~9세기 무렵부터 송·일 무역이 전개되던 10~12세기 무렵에 걸쳐 일본·조선·중국 사료에 관해 가능한 한 폭넓게 일본산 유황의 수출 기록을 검토해보자. 견당사 시대인 8~9세기 무렵에는-물론 '현존'하는 사료라는 한계는 있지만-일본산 유황이 조공품·무역상품 등의 형태로 중국에 들어갔다고 하는 기록이 보이지 않음을 알아챌 수 있다. 그리고 필자가 본 바에 국한하면 중국에 들어온 일본산 유황의 가장 오래된 사례는 중국 역사서인 『송사』 권491, 「일본국전」에 기록되어 있다. 988년에 송에 들어간 승려인 초연(奝然)이 제자를 파견하여 북송 태종 황제에게 헌상한 약 420kg의 유황 기록이다. 이 기록 이후 한국·중국·일본의 여러 사료에 일본산 유황의 중국 수출 기사가 산발적으로 보이기 시작한다. 그러면 이러한 관련 기록의 잔존 상황으로 볼 때 일본산 유황이 중국에 수출되기 시작한 것은 10세기 말 무렵이었다고 추정할 수 있다. 그리고 흥미롭게도 이 시기는 바로 송·일 무역이 개시된 시기와 일치한다. 그러면 왜 송·일 무역 개시와 함께 일본산 유황의 수출이 시작된 것일까. 실은 이 의문이야말로 일본 유황이 중국에서 어떠한 용도로 이용되었던가 하는 문제를 생각할 때 중요한 단서가 된다.

이 문제를 푸는 열쇠는 중국이 세계에 선구적으로 화약을 발명하고 그것을 무기로 전용하였다고 하는 역사적인 사건에 있다. 화약은 당 왕조 말기인 9세기 무렵에 불로불사의 약을 추구한 연단술 속에서 생겨났다고 추정하고 있다. 이때 제작된 화약은 초석·유황·목탄 가루의 3개를 필수 원료로 하는 '흑색 화약'이라 불리는 화약이며, 이는 현재에도 불꽃놀이 등에 사용되고 있다. 그리고 10세기 이후 5대 10국의 분열로부터 송 왕조에 의한 재통일 과정에서 화약의 무기로의 전용이 진전되어 이른바 '화기'가 발달한다(有馬, 1962, 제2장; Needham, 1986, 1~18쪽; 劉旭, 2004, 1~45쪽). 이 화기의 발달에 따라 화약의 수요도 확대해가는데, 그것은 당연히 화약의 필수 원료인 유황의 수요 증대로 이어져 갔다. 그런데 여기에서 화기를 대량으로 필요로 하는 송 왕조는 중대한 문제에 부딪힌다. 왜냐하면 당시 화약 원료로 이용되고 있던 유황에는 크게 나누어 2종류의 형태가 있었는데, 그 하나는 화산에서 분출하는 가스에 포함된 유황 성분이 냉각되어 고체가 된 '자연 유황'이라는 산출 상태의 유황이다(또 하나의 형태

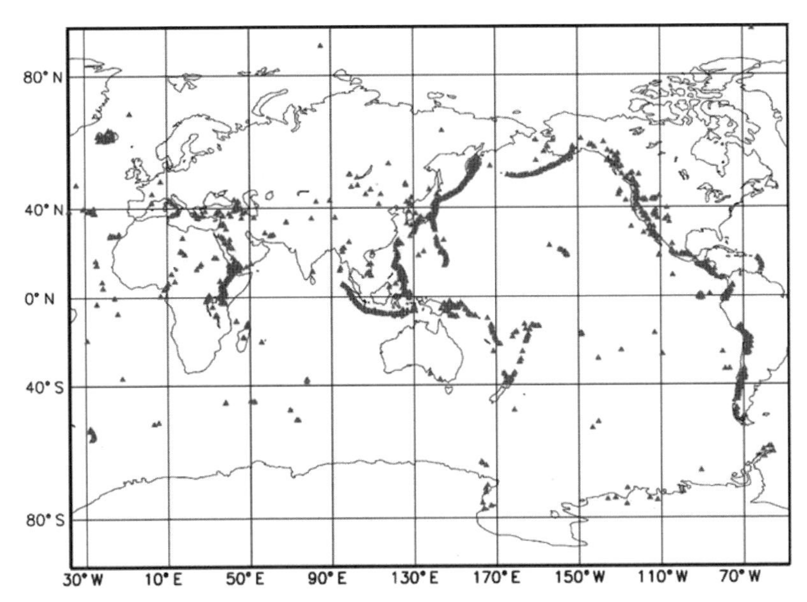

〈그림 2〉 세계의 화산 분포
출전: 일본 나이카쿠부(內閣府) 홈페이지, http://www.bousai.go.jp/kazan/taisaku/k101.htm

는 황철광으로부터 추출된 유황). 이 자연 유황을 계속해서 채광하려면 활화산의 존재가 불가결하다. 애초에 중국 역대 왕조의 영역 내에는 지질적으로 그다지 활화산이 분포하지 않았다. 게다가 군사적으로 강력한 주변의 여러 국가·민족에 압박을 받아 지배 영역이 좁았던 북송·남송 시대에는 특히 영역 대부분에 존재하지 않았다(〈그림 2〉). 이 때문에 화약 수요는 늘어만 가는데, 그 필수 원료의 하나인 자연 유황을 국내에서 자급할 수 없다는 모순된 상황이 나왔다. 그런 까닭으로 중국 사람들이 유망한 자연 유황의 조달처로 주목한 지역의 하나가 송대 이전부터 조공이나 무역 관계로 연결되어 있고, 게다가 다수의 활화산을 가진 일본이었다.

이렇게 송·일 무역을 통해 중국에 수출된 일본산 유황의 주요한 용도는 당시 최신예 군사물자였던 화약의 원료였다고 추정된다. 즉 가고시마(鹿兒島) 남방의 이오지마에서 채집된 유황은 송에 운반되어 화약으로 가공되었던 것이다. 그 유황이라는 중요한 군수물자 산출지로서의 이오지마는 역사 추이 속에서 앞에서 서술한 15~16세기의 한국·중국 사료에서 볼 수 있듯이 국제적으로 저명한 지위를 확립해간 것이다. 그러면 어째서 이오지마 같은 규슈의 작은 외딴 섬이 중요한 유황 산지로 선택되었는가 하는 점에 대해서는 그 이유를 명기한 사료도 없어서 분명한 것은 불명이라 할 수밖에 없다. 다만 하나의 가능성으로 무쓰노쿠니(陸奧國)[03]·사가미노쿠니(相模國)[04]·시나노노쿠니(信濃國)[05]·시모즈케노쿠니(下野國)[06] 등의 동일본 유황 산지에 비해 거점 무역항인 하카타에 가깝다. 운반비용 면에서도 더 우위였던 규슈 내부의 생산지가 우선적으로 조달처로 선택되었다는 가능성을 생각해도 좋지 않을까.

이처럼 가고시마 남쪽의 작은 화산섬인 이오지마의 역사는 송·일 무역 수출품의 하나인 유황이라는 물품을 매개로 가뿐히 '일본사'의 틀을 넘어 '아시아사', '세계사'와 연결되어 있었다. 또한 최근 이 이오지마에서 바로 송·일 무역 시대의 중국 도자기 파편이 여러 개 발견되어 그 섬과 중국을 포함한 외부 세계와의 교류 역사가 한층 주목받고 있다(市村, 2013; 橋口, 2013; 渡辺, 2014)

---

03 (역자주) 현재의 후쿠시마현(福島縣), 미야기현(宮城縣), 이와테현(岩手縣), 아오모리현(青森縣) 및 아키타현(秋田縣) 동북.

04 (역자주) 현재의 가나가와현(神奈川縣).

05 (역자주) 현재의 나가노현(長野縣).

06 (역자주) 현재의 도치기현(栃木縣).

4. 유라시아에서의 '유황의 길' 형성

본 절에서는 역사적인 시야를 북송·남송 왕조와 동시대의 10세기 후반~13세기 무렵의 유라시아까지 확대해 보겠다. 그렇다면 유황이라는 물품이 매개하는 더욱 커다란 역사의 관계가 보이기 시작한다(山內, 2009). 이 역사적인 연관의 키포인트는 2개이다. 그 하나는 먼저 앞에서 서술한 것처럼 중국의 화약 발명과 화기의 발달 및 그 기술들의 중국 왕조에 의한 독점이라고 하는 인문적 상황이다. 그리고 또 다른 하나가 유라시아 규모에서의 화산 분포라는 자연적인 조건이다.

(1) 한반도의 유황

먼저 근린의 한반도를 보면, 지질 조건이 일본열도와 크게 달라 화산이 거의 보이지 않는다(〈그림 2〉). 이 때문에 한반도의 유황 산출은 극히 제한되어 있다. 다만 송대 여러 제도의 연혁을 정리한 『송회요집고(宋會要輯稿)』에 11세기 중에 고려 국왕으로부터 송 황제에게 조공품의 하나로 유황이 헌상되었다는 기록이 두셋 보이는 것에서 아마도 양적으로는 미미하였겠지만 한반도에서 송대의 중국으로 유황이 흘러들어가고 있었던 것을 알 수 있다.

(2) 동남아시아의 유황

다음으로 동남아시아의 상황에 대해 보도록 하자. 이 지역에서는 인도네시아의 수마트라섬·자바섬 및 필리핀군도(群島) 등에 화산이 집중적

〈그림 3〉 동남아시아·서아시아의 관련 지명
출전: 원저자 작성.

으로 분포하고 있다(〈그림 2〉, 〈그림 3〉). 이 화산지대에서 현재에도 자바섬 동부의 이젠산(Mount Ijen)이나 웨리랑산(Welirang)에서 소규모이지만 인력에 의한 상업적인 유황 채굴이 행해지고 있다.

13세기 전반 중국에서 편찬한 『제번지(諸蕃志)』라는 동남아시아 가이드북 등에는 자바섬 동부에 있던 '사바국(闍婆國)'(쿠딜리왕조·싱가사리왕국)에서 중국에 무역품 중 하나로 유황이 반입되었던 사실이 기록되어 있다. 다만 그 구체적인 무역량에 대해서는 적어도 현존 사료에 따르는 한 불명이라고 할 수밖에 없다. 그러나 당시 중국이 실시한 대외교역의 간선(幹線)이 동남아시아 무역에 있던 점을 감안하면, 동남아시아에서 송으로의 유입량이 앞에서 설명한 한반도에서의 그것보다 훨씬 많았던 사실은 추정할 수 있다.

또 동남아시아에서 송으로의 유입량과 일본으로부터의 그것을 비교할 때 어느 쪽이 많았는가 하는 의문도 생기지만, 양자 모두 구체적인 무역량의 기록이 남아 있지 않은 사료 상황에서는 어떻게 할 도리가 없다. 다만 앞에서 설명한 바와 같이 송대 중국에서 대외교역의 간선이었던 동남아시아 무역은 지선에 지나지 않았던 송·일 무역에 비해 소량이라도 고가인 상품(송에서는 '세색(細色)'이라는 과세 구분)인 향약(香藥)을 비롯해 송에 수입되는 상품의 종류도 훨씬 풍부하였다. 그렇다면 동남아시아 무역의 경우, 그들의 다종다양한 수입품 중에서 본래 중량 당 단가가 그다지 높지 않은 상품('추색(麤色)'이라는 과세 구분)인 유황이 선창(船倉)을 크게 차지하는 주요한 무역상품의 지위에 있었다고는 생각하기 어렵다. 이에 비해 송으로의 수출품 종류가 훨씬 적은 송·일 무역에서는 수출품 전체 중에서 유황이 점하는 비중이 상대적으로 컸다고 추정된다. 이 밖에 동남아시아와 송 및 일본과 송 사이의 상품 운반 거리에 주목하면 후자의 거리 정도가 훨씬 짧다. 그만큼 특히 단가가 싼 중량물의 수송 비용 면에서 일본산 유황이 우위를 지니고 있었다고 생각된다. 이 조건들을 감안하여 적어도 유황이라는 상품에 한정하여 말하자면 송대의 중국에서 최대의 수입처가 일본이었을 가능성도 배제할 수는 없을 것이다.

(3) 서아시아의 유황

다음으로 동남아시아보다도 더욱 멀리 있는 서아시아 지역에 대해서 검토하고 싶다. 이 지역에서도 동아프리카·홍해 주변·페르시아만 북안 등에 화산이 여기저기 분포해 있다(〈그림 2〉). 그리고 가령 이 지역에서 생겨난 『구약성서』를 보면, 그 속에 유황에 관한 기록이 몇 가지 등장하는 점에서 서아시아 지역에서는 주변의 화산에서 채취되는 유황이 착화제(着火劑)나 약재로 예로부터 사람들에게 이용되었다고 생각된다.

그래서 송대 중국과 병행하는 시기의 서아시아 사료를 검토하면 13세기 페르시아의 시인·여행가로 유명한 사디(혹은 사아디 Sa'di)의 『장미원(薔薇園, 굴리스탄[Gulistān])』이라는 문학작품 속에서 이하와 같은 흥미로운 기술을 찾아낼 수 있다(사디, 1964, 201~202쪽).

> 나는 한 상인을 보았다. 이 상인은 150태(駄, 말 150마리에 실은)의 상품과 40인의 노예와 하인을 소유하고 있었다. 어느 밤 키시섬에서 이 상인이 나를 개인 방으로 불러들여 종잡을 수 없는 이야기로 하룻밤을 지새운 일이 있었다. (중략) (그 자리에서 상인은) "아니, 서방의 해로는 거칠어 불안이 많아. 사디여! 나는 또 한 번 여행을 떠나려고 생각하고 있소. 이 여행을 끝내면 은퇴하여 불만족을 말하지 않고 여생을 보내고 싶네"라고 말하였다. 그래서 나는 그 마지막이란 어떠한 여행인가라고 물었다. 그가 답변하여 말하기를 "페르시아산 유황을 중국에 가지고 가고 싶소. 지나에서는 값이 좋다는 것이오. 그리고 중국의 도기(陶器)를 룸국(Rūm, 룸 셀주크)에 가지고 가고 룸의 금란(錦襴, 비단의 한 가지)을 인도에, 인도의 강철(鋼)을 알레포에, 알레포제(製) 거울을 예멘에, 예멘산 명주(縞)를 페르시아에, 그 후는 일절 여행을 중단하고 점두(店頭)에 앉고 싶소!"라고. (제3장 「만족의 덕에 대해」, 이야기21)

여기에는 사디가 페르시아만에 떠 있는 무역 거점인 '키시섬(Kish Island)에서 만난 나이 든 무역 상인과의 대화가 기록되어 있다. 이 대화 속에서 나이 든 상인은 인생의 마지막 장사 여행의 출발점으로서 페르시아산 유황의 중국 수출을 들고 있다. 더욱이 '중국에서는 값이 좋다는 것이오'라고 중국의 유황 가격에 대해서도 적확한 정보를 파악하고 있다. 이와 같은 유황 거래 가격 정보가 돌아다닌 점에 주목하면 당시의 페르시아 지역에서 중국으로의 유황 수출은 결코 우발적인 특이 사례가 아니라 어느 정도 항시 행해지던 상거래였다고 생각해도 좋을 것이다.

또 마찬가지로 13세기 무렵의 서아시아 지역에서 중국으로의 유황 수출을 추정하게 하는 또 하나의 사료로 13세기 예멘의 라술(Rasūl) 왕조의 세무 행정 기록 『장려한 무자파르(Muẓaffar) 시대 예멘의 통치와 법률 그리고 여러 관습에 관한 지식의 빛』에 포함된 홍해 입구의 중요한 무역항 아덴의 세관 기록이 있다. 이 세관 기록에는 '이집트의 여러 지역에서 들어온 여러 상품'이라는 목록 중에 동 세관을 통해 인도 방면으로 실어 보낸 유황이 기록되어 있다. 이 유황을 포함한 무역 상품을 운반한 것은 '카리미(Kārimī) 상인'이라 불리는 무슬림 상인들이다. 그들은 13세기 중반~15세기 무렵의 홍해·아라비아해·인도양에서 해상무역으로 활약하고 있었다. 그리고 그들 중에는 중국까지 가서 무역을 행한 사람들이 있었던 것도 명확해졌다(家島, 2006, Ⅳ부 제2장; 栗山, 2012, 31쪽). 그렇다고 하면 이 13세기 세관 기록에 보이는 인도 방면 유황 중에서 인도를 중계점으로 더 멀리 중국으로 운반된 유황이 있었을 가능성도 크다. 이 세관 기록이 앞에서 서술한 사디의 기록과 거의 같은 시기의 것인 점을 고려해도 이 가능성은 극히 큰 것으로 생각된다. 겨우 2개의 사료이지만 이들 사료에서 적어도 13세기 무렵의 서아시아 지역에서도 저 멀리 바다를 건너 유황이 송대의 중국에 유입되었던 것이 확실하다.

(4) '유황의 길'의 형성

지금까지 본 것처럼 송대의 중국은 동쪽으로는 일본열도로부터, 서쪽으로는 페르시아만·홍해 지역에 걸치는 광대한 지역으로부터 해상무역을 통해 대량의 유황을 흡수하고 있었다. 여기서 특히 주의할 점은 이 유황의 흐름이 유라시아 각지에서 중국으로 '일극 집중(一極集中)'적으로 흘러들어가는 형태를 취하고 있는 점이다. 이와 같은 형태를 취하는 이유를 생각할 때 주목해야 할 것은 10세기 후반~13세기 무렵의 화약·화기 기술의 전파 범위일 것이다. 즉 이 시기에는 그 기술들이 중요한 군사기밀로서 아직 북송·남송-및 12세기 전반 이후는 그 북쪽 절반을 지배한 금도 포함하여-이라는 이른바 '중국 본토(china proper)'의 범위에서 거의 독점되고 있었다. 다만 13세기에는 급속히 세력을 확대한 북방의 몽골제국이 금이나 남송과의 교전 중에 그 기술을 획득하였다. 동 세기 말 일본원정에서 사용된 '철포'는 그 기술 전파의 예증이라 할 수 있다(有馬, 1962, 제2장 5~8절; 久芳, 2010, 4~5쪽; 中原, 2013, 191~192쪽). 이처럼 약간의 기술 누출이 있다고는 하지만 적어도 13세기 무렵까지의 시기에 화약·화기 기술은 거의 중국 본토 및 그 가까운 주변에서 독점하고 있었다고 해도 좋을 것이다. 그리고 이 기술의 독점 상황을 배경으로, 화약의 필수 원료인 유황이 중국을 향해 일극 집중적으로 흘러들어갔다고 생각된다. 나는 중국의 화약 발명과 그 후의 화기 발달 결과로 11세기 무렵에 형성되었다고 추정되는 이러한 유라시아 규모의 유황 유통 루트를 '유황의 길'이라고 부르고 싶다.

5. '유황의 길'의 변용

이상과 같은 11~13세기 무렵의 유라시아에 형성되었던 '유황의 길'은 그 후 어떠한 역사적 추이를 걸어갔을까. 현재 이 유라시아 규모의 유황 유통 루트는 14세기 무렵 획기적으로 크게 변화한 것은 아닌가라고 생각하고 있다. 다만 이 변화에 대해서 미시적 및 거시적인 상황 모두 아직 충분히 연구가 진행되고 있지 않다. 본 절에서는 비교적 사료나 사례의 수집이 진전된 14~16세기 무렵의 동아시아 지역(일본 열도·한반도·중국 대륙)의 변화 양상을 중심으로 현 단계에서의 가설적인 전망을 서술하고자 한다.

(1) 일본에서 중국으로 향하는 유황

먼저 일본(도카라 열도 이북[07])에서 중국으로의 유황 흐름을 보면 송·일 무역에 연이어 13세기 말~14세기 중반의 '원·일 무역(元日貿易)' 시기에도 일본으로부터의 유황 유입을 기록하는 중국 사료가 남아 있다. 그러므로 양적인 변화에 대해서는 불명이지만 '유황의 길'이 존속하였던 것을 알 수 있다. 연이어 14세기 후반 이후의 '명·일 무역(明日貿易)' 시기에도 초기의 가네요시 친왕(懷良親王)의 사신이나 일본 상인에 의한 헌납 및 그 후의 무로마치 쇼군(室町將軍)을 파견 주체로 하는 견명사(遣明使)로 인해 들여온 진공품·탑재(附搭) 화물 등의 형태로 일본산 유황이 중국에 흘러들어갔으며, 그 대부분이 화약 원료로 사용되고 있었다. 또한 문헌 사료에는 이 명·일 무역 시기에 송·일 무역 시대 이래의 주산지였던 사쓰마(薩摩)의 이오지마(당시는 시마즈씨(島津氏)가 지배) 이외에, 오토모씨(大友氏)가 지배하던 분고(豊後)[08]의 화산지대(가란다케[伽藍岳]·구주산[九重山] 등)가 중요한 산지로서 대두되었음이 추측된다. 이처럼 명대의 중국과 일본 사이에서도

---

07 (역자주) 가고시마현의 사쓰난 제도(薩南諸島)에 속하는 도서군.

08 (역자주) 현재 오이타현(大分縣)의 대부분.

여전히 '유황의 길'은 연결되어 있었다(小葉田, 1969, 229~243쪽; 小葉田, 1976, 184~193쪽; 鹿毛, 2006; 鹿毛, 2015, 51~122쪽; 伊藤, 2010). 그러나 명·일 무역에서 일본으로부터의 유황 수출은 15세기 중반 이후 16세기 중반 견명사의 중단으로, 뒤에 서술할 유구의 동향을 요인으로 하여 차츰 부진해지는 것 같다(小葉田, 1967, 188~190쪽).

(2) 일본에서 조선으로 향하는 유황

다음으로 한반도의 상황에 대해 살펴보자. 앞에서 서술한 것처럼 송대의 중국을 흡수 핵으로 하는 '유황의 길'에서 고려 국왕으로부터 송 황제에 대한 조공품의 형태로 아마도 소량의 유황이 중국에 운반되고 있었다. 여기서 주의해야 할 것은 이 시기의 일본과 한반도 사이에는 유황 유통의 기록이 보이지 않는 점이다. 그러나 14세기 말 고려에서 조선으로의 왕조 교체를 거쳐 적어도 1420년 전후 일본에서 한반도로 항시 대량의 유황이 흘러들어가는 새로운 상황이 생겨났다. 이 커다란 상황 전환을 불러온 요인은 14세기 후반에 중국에서 한반도로 화약·화기 기술이 전파되어 한반도에서도 자기 나름의 화약·화기 제조가 진전되어가는 상황에 있다(有馬, 1962, 225~232쪽). 다만 여기서 조선에서 중대한 문제가 된 것이, 앞에서 서술한 것처럼 거의 화산이 분포하지 않은 한반도에서는 화약 원료로 필수인 유황의 지역 내 자급이 불가능한 사정이었다. 그리고 이 문제의 해결책이 된 것이 무로마치 쇼군(室町將軍) 이하 민간 상인에 이르기까지 다양한 통로로 이루어지던 '조·일 무역(朝日貿易)'에 의한 화산국 일본에서의 유황 수입이다. 조선의 일본산 유황 수입은 1510년의 '삼포의 난' 이후도 여전히 계속되었다(小葉田, 1976, 178~183쪽). 이처럼 15세기 초 무렵의 '유황의 길'에는 한반도와 일본열도 사이에 새로운 유통 루트가 형성되는 커다란 변화가 보인다. 또한 14세기 이후의 시기에 한반도에서 중국으로 향하는 유황의 흐름이 존재하였는지 아닌지에 관해서는 현시점에서는 불명이다.

(3) 류큐에 의한 유황 수출

다음으로 앞에서도 다루었던 류큐(아마미 군도(奄美群島) 이남)의 동향에 대해서 보자. 14세기의 오키나와섬(沖縄島)에서는 '삼산(三山)'이라 불리는 세 개의 커다란 정치 세력(산북·중산·산남)이 정립하고 있었다. 그리고 14세기 후반 중국에서 명 왕조가 성립하자 삼산의 왕들은 각각 명 황제와 정치적인 관계를 맺고 조공을 행하였다. 이 조공 관계에서 명 황제에 대한 진공품으로 적어도 14세기 후반에는 류큐 열도에서 중국으로의 유황 수출이 개시된다. 그리고 15세기 전반에 중산 세력에 의해 삼산이 통일되어 류큐 왕국이 성립된 이후도, 류큐는 명 황제에 대해 주요한 진공품의 하나로 유황을 계속 바치고 있다. 또 더욱 흥미로운 것은 15·16세기 무렵의 류큐는 동남아시아 나라들에도 약간의 유황을 수출하였다는 점이다(岡本, 2010, 229쪽).

이 류큐에서 명으로의 유황 진공은 1440년 이후 연평균 2~4만 근 대로 수량적으로 안정되지만, 1520년대 이후는 조공선의 소형화도 있어 1만 근 이하로 감소한다(小葉田, 1969, 268~277쪽; 岡本, 2010, 2021, 75~76쪽). 그렇지만 대략 2년 혹은 1년에 1회라는 빈도로 명에 진공선을 파견하던 류큐의 사례를 대략 10년에 1회 정도 파견하였던 일본의 견명사 사례와 비교하면, 명 왕조에 한층 확실하고 게다가 안정적인 유황 공급처의 지위는 아마도 15세기를 거치면서 일본에서 류큐로 이동해갔다고 생각된다. 교토의 쇼코쿠지(相國寺) 로쿠온인(鹿苑院)의 공용 기록인 『음량헌일록(陰凉軒日錄)』의 분메이(文明) 19년(1487) 5월 19일 조에는 1451년에 파견된 일본의 견명사가 명의 내관에게 일본에서 진공된 유황이나 말이 명에게 중요한지 어떤지를 물은 기록이 있다. 내관이 "특히 유황은 류큐에서 진공해 오기 때문에, 일본이 진공하는 유황은 그다지 중요하지 않다. 향후 황금의 요자(銚子, 술병) 등으로 바꾸면 어떨까"라고 답한 사실이 기록되어 있다. 이러한 명 왕조 측의 인식 배경에는 앞에서 말한 것과 같은 유황 공급처의 이동이 있다고 생각해도 좋을 것이다. 또 실제로 15세기 중반이 되면 일본의 견명선이 가져온 유황의 가격이 폭락한다. 이 폭락의 요인도 또한 류큐국의 항시적 유황 수출에 있었다고 생각된다(小葉田, 1976, 189~190쪽).

그런데 이처럼 류큐에서 중국으로의 유황 수출이 크게 전개해가는 한편, 류큐에서 한반도로 유황 수출은 필자가 살펴본 한에는 『고려사』 권137, 「신창전(辛昌傳)」에 기록된 1389년의 중산왕 찰도(察度)에 의한 유황 300근의 진상이라는 사례 정도밖에 보이지 않는다. 이 일로 미루어보면, 류큐에서 한반도로 직접 향하는 '유황의 길'은 형성되어 있지 않았을 가능성이 크다. 그렇다면 류큐가 중국 왕조에 중요한 유황 공급처가 되는 한편으로, 일본은 조선왕조에 중요한 공급처로 살아남았다는 '공존'이 행해지고 있었다고 하는 가설도 향후 검증해 볼 가치가 있는 것은 아닐까(山內, 2019, 142~149쪽).

덧붙여 후세의 상황을 부언해두자. 1609년 사쓰마(薩摩)의 류큐 침공 및 1640년대 중국에서 이루어진 명에서 청으로의 왕조 교체 등을 거치면서도 류큐의 유황은 진공품으로 중국에 계속 수출되었다(宮田, 1996, 233~289쪽; 松浦, 2003, 71쪽). 1673년 청에서 유력 한인 무장 3인을 중심으로 하는 '삼번의 난'이 발발하였다. 그 3년 후에 반란 무장 세력의 1인인 복건 정남왕 경정충의 사자가 류큐에 내항하여 화약 원료인 유황 공여를 요청하였다. 류큐 왕부는 사쓰마번과 상담하였다. 사쓰마번이 다시 막부에 문의한 결과, 막부로부터 공여하라는 지시가 내려와 류큐 왕부는 그 사자에게 유황을 주었다(渡邊, 2012, 110쪽). 이 사건에서도 청대의 중국에도 역시 류큐가 중요한 유황의 공급처로 인식되었던 것을 알 수 있다.

류큐에서 중국 방면으로 수출된 유황의 산지는 도쿠노시마(德之島)[09]의 서쪽 65km 정도에 떠 있는 화산도인 이오토리시마(硫黃鳥島)이다(〈그림 1〉). 이 이오토리시마는 앞에서 서술한 15세기 조선의 『해동제국기』 및 16세기 중국의 『주해도편』에도 '조도(鳥島)', '유황산'으로 등장하고 있다. 특히 전자에 "이 섬의 유황은 류큐가 채취하는 곳으로, 류큐에 속해 있다"라는 주석이 달려 있다. 이 섬에서 채광된 유황은 오키나와섬으로 운반되어 나하(那覇) 항구 북안의 이오구스쿠(硫黃城)라 불린 전용 창고에 저장된 후 진공선에 실려 바다를 건넜다.

(4) 14세기 이후의 '유황의 길'

지금까지 살펴본 것처럼, 14세기 무렵 이후 동아시아지역의 '유황의 길'에서는 일본에서 조선으로 향하는 새로운 유통 루트가 형성되었다. 한편 이 무렵부터 '유황의 길'에 가담한 류큐가 중국에 대한 유황 공급처로서 급속히 대두하여 일본에서 중국으로의 유황 수출을 능가하는 새로운 유통 루트를 형성하는 등 커다란 변화가 생겼다. 13세기 무렵까지의 '유

---

09 (역자주) 가고시마현 아마미(奄美) 군도의 한 섬.

황의 길'은 유라시아 동서에서 중국을 향해 유황이 일극 집중적으로 흘러 들어가는 형태였다. 동아시아 지역에서도 일본·조선의 유황이 각각 중국을 향해 흘러간다고 하는 비교적 단순한 모델로 생각할 수 있었다. 그러나 14세기 이후 적어도 동아시아 지역에 관해서는 이러한 일극 집중적인 단순한 모델은 이미 '유황의 길'의 상황을 파악할 수 없게 되어버렸다. 그곳에서는 새로운 유황의 유입핵(流入核)이나 유력 산지의 출현으로 인해 '유황의 길'의 '복잡화', '다핵화'라고 하는 현상이 나타난 것이다. 이러한 '유황의 길'의 복잡화·다핵화라는 현상을 초래한 요인은 하나는 중국에서 주변 여러 지역으로의 화약·화기 기술의 전파·확산이다. 또 다른 하나의 요인은 여러 국가 간의 새로운 국제적 정치 관계의 성립이었다. 그리고 특히 16세기에는 앞에서 설명한 바와 같은 군주 간의 조공이나 국가 관리 하의 무역 이외에 왜구 등이 담당한 비합법적인 유황 유통 루트도 커다란 흐름으로 형성되어(太田, 2002), '유황의 길'은 더욱 복잡해졌다.

그러면 이 동아시아 지역에 보이는 '유황의 길'의 복잡화·다핵화라고 하는 현상은 서쪽의 동남아시아·서아시아 등의 지역에서도 일어나고 있었던 것일까. 그러나 이 문제에 대해서는 현시점에서 거의 연구가 이루어지지 못했다. 다만 14~15세기 무렵에 중국의 원·명조에서 유출된 화약·화기 기술이 서아시아 및 동남아시아, 더욱이 유럽 지역에까지 전해진 상황(有馬, 1962, 제2장 8절·제5장; Chase, 2003, 83~140쪽; sun, 2003; 中島, 2013a, 186~188쪽; 中島, 2013b, 101~102쪽; 中原, 2013, 191~193쪽)을 감안하면, 14세기 무렵 이후의 동남아시아·서아시아 등의 지역에서도 역시 그 지역 내에서 산출·거래된 유황이 중국 수출로 전환되고 있었던 13세기까지의 상황으로부터, 각각의 지역 내에서 화약·화기 제조 원료로 자가 소비로 전환해 가는 상황으로 변화한 가능성을 고려할 수 있다. 그렇다고 한다면 동아시아 지역 이외의 유라시아 각지에서도 마찬가지로 14세기 무렵을 획기로 '유황의 길'의 복잡화·다핵화라고 하는 현상이 나타났을 가능성이 극히 큰 것은 아닐까.

이상으로 본 장에서는 화약 원료로서의 유황에 주목하여 그 광역적인 유통을 장기적 역사 시간(span) 속에서 추적해왔다. 그리고 그 고찰을 통해 11세기 무렵 이후의 유라시아에 '유황의 길'이라 부를 만한 유황의 광역 유통망이 형성되어 있었다는 가설을 제시하였다. 이 유라시아를 넘나드는 '유황의 길'에서는 일본열도의 남쪽 기슭에 떠 있는 이오지마나 이오토리시마 등의 아주 작은 섬들이 그 군수물자의 산출지로서 국제적으로 중요한 역할을 맡고 있었다. 이러한 역사적인 연관은 종래 거의 의식된 일이 없었던 '일본사'와 '세계사'를 연결하는 회로의 하나였다고 말할 수 있을 것이다.

이 '유황의 길'은 16~17세기 무렵 이후의 근세, 나아가 근대에 어떻게 변용하고 어떠한 새로운 역사의 연결을 구성하였던 것일까. 향후 더욱 검토를 진행해가고 싶다.

참고문헌

有馬成甫,『火砲の起源とその伝流』, 吉川弘文館, 1962.

市村高男,「中世日本の西の境界領域と黒瀬トライアングル研究-鹿児島県三島村硫黄島の調査を踏まえて」,『黒潮圏科学』6-2, 2013, 174~187쪽.

伊藤幸司,「硫黄使節考-日明貿易と硫黄」, (西山美香 編),『アジア遊学一三二 東アジアを結ぶモノ·場』, 勉誠出版, 2010, 154~172쪽.

岩川拓夫,「記事の中の薩英戦争」, (尚古集成館 編),『薩英戦争百五十年-前の浜の戦』, 同館, 2013, 52~59쪽.

太田弘毅,「倭寇をめぐる焔硝と硫黄と火薬」,『倭寇-商業·軍事史的研究』, 春風社, 2002, 335~363쪽.

大庭康時 他 編,『中世都市·博多を掘る』, 海鳥社, 2008.

岡本弘道,『琉球王国海上交渉史研究』, 榕樹書林, 2010.

鹿毛敏夫,「一五·一六世紀大友氏の対外交渉」,『戦国大名の外交と都市·流通-豊後大友氏と東アジア世界』, 思文閣出版, 2006, 230~273쪽.

鹿毛敏夫,『アジアのなかの戦国大名-西国の群雄と経営戦略』, 吉川弘文館, 2015.

加藤朗,「肥料造りから硝石造りへ」, (宇田川武久 編),『日本銃砲の歴史と技術』, 雄山閣, 2013, 214~230쪽.

川合康,「「鹿ケ谷事件」考」,『立命館文学』624, 2012, 235~248쪽.

久芳崇,『東アジアの兵器革命 十六世紀中国に渡った日本の鉄砲』, 吉川弘文館, 2010.

栗山保之,『海と共にある歴史-イエメン海上交流史の研究』, 中央大学出版部, 2012.

小葉田淳,『中世日支通交貿易史の研究』, 刀江書院, 1969(再刊).

小葉田淳,「中世における硫黄の外国貿易と産出」,『金銀貿易史の研究』, 法政大学出版局, 1976, 178~195쪽.

小葉田淳, 『中世南島通交貿易史の研究』, 刀江書院, 1986(再刊).
サアディー, (蒲生礼一 訳), 『東洋文庫一二 薔薇園イラン中世の教養物語』, 平凡社, 1964.
齋藤俊輔, 「火器帝国試論-オスマン帝国の火器」, 『大東アジア学論集』2, 2002, 150~162쪽.
スン・ライチェン, (中島楽章 訳), 「東部アジアにおける火器の時代-一三九〇-一六八三」, 『九州大学東洋史論集』34, 2006, 1~10쪽.
高山利弘 編, 『校訂延慶本平家物語 (二)·(三)』, 汲古書院, 2001.
中島楽章, 「銃筒から仏郎機銃へ-十四~十六世紀の東アジア海域と火器」, 『史淵』184, 2011, 1~37쪽.
中島楽章, 「鉄砲伝来と倭寇」, (荒野泰典 他 編), 『日本の対外関係五 地球的世界の成立』, 吉川弘文館, 2013a, 186~199쪽.
中島楽章, 「一五四〇年代の東アジア海域と西欧式火器-朝鮮·双嶼·薩摩」, (同編), 『南蛮·紅毛·唐人-一六·一七世紀の東アジア海域』, 思文閣出版, 2013b, 99~176쪽.
中原正二, 「火薬発達の歴史-発射薬と炸薬を中心として」, (宇田川武久 編), 『日本銃砲の歴史と技術』, 雄山閣, 2013, 189~213쪽.
野口実, 「薩摩と肥前」, 『鹿児島中世史研究会報』50, 1995, 51~59쪽.
野中哲照, 「薩摩硫黄島の境界性と『平家物語』」, 『国際文化学部論集(鹿児島国際大学)』13-2, 2012a, 212~234쪽.
野中哲照, 「延慶本『平家物語』硫黄島の実体密着性-〈硫黄島熊野〉の発見」, 『国際文化学部論集(鹿児島国際大学)』13-3, 2012b, 299~320쪽.
橋口亘, 「中世前期の薩摩国南部の対外交流史をめぐる考古新資料-南さつま市芝原遺跡出土薩摩塔·同市加世田益山八幡神社現存の宋風獅子·三島村

硫黄島発見の中国陶磁器を中心に」,『鹿児島考古』43, 2013, 117~124쪽.
平尾由光 他 編,『大航海時代の日本と金属交易』, 思文閣出版, 2014.
クライヴ·ポンティング, (伊藤綺 訳),『世界を変えた火薬の歴史』, 原書房, 2013.
松浦章,『清代中国琉球貿易史の研究』, 榕樹書林, 2003.
宮田俊彦,『琉明·琉清交渉史の研究』, 文献出版, 1996.
家島彦一,『海域から見た歴史-インド洋と地中海を結ぶ交流史』, 名古屋大学出版会, 2006.
山内晋次,『奈良平安期の日本とアジア』, 吉川弘文館, 2003.
山内晋次,『日宋貿易と「硫黄の道」』, 山川出版社, 2009.
山内晋次,「硫黄流通からみた海域アジア史-日本史とアジア史をつなぐ」,『九州史学』160, 2011, 35~47쪽.
山内晋次,「東アジア海域論」, (大津透他 編),『岩波講座日本歴史二〇 地域論』, 岩波書店, 2014, 87~114쪽.
山内晋次,「海を渡る硫黄-一四~一六世紀前半の東アジア海域」, (鈴木英明 編),『中国社会研究叢書 二一世紀「大国」の実態と展望七 東アジア海域から眺望する世界史-ネットワークと海域』, 明石書店, 2019, 121~155쪽.
劉旭,『中国古代火薬火器史』, 大象出版社, 2004.
渡辺美季,『近世琉球と中日関係』, 吉川弘文館, 2012.
渡辺芳郎,「鹿児島県三島村踏査報告」,『鹿大史学』61, 2014, 15~40쪽.
Chase, Kenneth, *Firearms: A Global History to 1700*, Cambridge University Press, 2003.
Needham, Joseph, *Science and Civilization in China, vol. 5: Chemistry and Chemical Technology, part 7: Military Technology; the Gunpowder Epic*, Cambridge University Press, 1986.

Sun, Laichen, "Saltpetre trade and warfare in early modern Asia", Momoki Shiro, Fujita Kayoko, and Anthony Reid (eds.), *Offshore Asia: Maritime Interactions in Eastern Asia before Steamships*, Singapore: Institute of Southeast Asian Studies, 2013, pp. 130~184.

7장

주석
콘월반도에서 본 기술·문화의 역사 지평

• 미즈이 마리코(水井萬里子) •

1. 야금(冶金)과 주석

(1) 고대의 합금

주석은 합금의 원료로 고대부터 역사상에 등장하는 금속이다. 주석을 사용한 합금 중에서 가장 오래전부터 제조되어 잘 알려진 것이 청동이다. 청동이란 동을 바탕으로 하여 주석, 알루미늄 등 다양한 금속의 조합으로 이루어지는 합금이다. 이 중 10~20% 정도의 주석을 포함하고 있는 것을 주석 청동(tin-bronze)이라 부른다. 주석을 10~12%정도 포함한 청동은 동보다도 경도(硬度)가 높고, 이보다 더 주석의 비율을 늘리면 물러지지만, 연마하여 제조하는 거울 등의 장식품에 적합한 것이 된다(포브스, 2003, 355~356쪽).

청동의 원료인 주석은 시간이 걸려 지표에 유출된 사석(砂錫)을 포함하는 충적(沖積) 지대와 주석 광석의 광맥이 지하로 뻗는 지대에서 주로 채굴되었다. 역사상에 나타난 세계 각지의 주석 광산 중에는 자원 고갈로 인해 광산이나 탄광의 채굴을 중단하고 폐기한 것도 많아, 순도가 높은 주석을 장기간에 걸쳐 계속 생산한 광산의 수는 한정되어 있다. 그 사이 주석 합금 제조 기술 발달에 따라 원료로서 높은 순도의 주석 수요가 시대가 바뀌면서 높아져 갔다(싱어, 1978, 486쪽). 본 장에서는 이러한 고순도의 주석 생산, 합금 가공, 가공용 주석 수출에 관련된 사람들의 존재 양상에 관해 서양을 중심으로 한 기술이나 그 용도의 관점에서 세계사 속에 위치시켜보려고 한다.

오리엔트·지중해에서는 대략 기원전 3000년까지는 합금을 만들어내는 '야금' 기술이 생겨나 주석을 포함한 청동의 제조가 시작되었다고 한다. 초기의 청동은 동광석에 자연적으로 혼입되어 있던 주석을 포함한 몇 개의 광물이 동 제련 시에 자연적으로 반응하여 만들어진 합금으로, 주석 함유율은 10%에 미달하였다. 이윽고 수메르인 시대에 청동 제조 기법이 확립하였으며, 주석 함유율은 10%를 넘어 안정되었다. 더욱이 기원전 1800년부터 기원전 1500년까지는 주석 광석의 채굴·추출의 생산 기술이 발전하고, 청동 제조를 위해 의도적으로 순도가 높은 주석을 첨가하는 제법으로 변화하였다. 이렇게 성분이 안정된 주석 합금을 직인이 기술로 발전시키는 것이 가능한 시대가 되었다(포브스, 2003, 354쪽).

야금 기술이 더욱 진전된 고대 로마시대까지는 지중해 동부의 사석 생산이 감소하고, 이보다 서쪽에서 중심지 로마를 향해 주석이 반입되었다. 후기 청동기시대에는 채굴이 시작되어 있던 이베리아반도나 브르타뉴반도, 이어서 기원전 500년 무렵부터 콘월반도에서 주석이 채굴되어 지중해에 합금원료를 공급하였다(포브스, 2003, 342~343쪽). 아시아에서는 기원전 2000년 무렵에는 뛰어난 청동 제조 기술이 동남아시아의 태국을 중심으로 확립되었다고 하는데, 고순도 주석 공급원의 존재가 여기에서도 시사되고 있다(Pigott and Ciara, 2007, 76·79~80쪽).

본 장에서 주안을 둘 콘월반도는 그레이트브리튼섬(현대의 영국) 남서단에 위치한다. 19세기 말 이후 철도의 발달과 함께 켈트계의 문화를 남긴 풍광명미한 관광지로 지명도가 높았다. 순도 99%를 넘는 고품질의 주석이 고대 로마시대로부터 현대에 이르기까지 이 반도에서 채굴되었다. 중·근세부터 20세기 말까지의 광업 유적군이 산업 유적을 포함하는 특유한 경관으로 역사적 의의를 인정받아 2006년에 세계유산 리스트에 등록되었다(Hatchison, 2008). 콘월반도의 주석은 17세기 이후 그때까지 유통되던 지중해나 북서유럽 지역을 넘어 동남아시아산 주석의 전통적인 유통 지역까지 운반되기 시작한다. 두 산지의 주석 접촉에 관해서는 후반에 서술하겠다.

(2) 주석 합금

동은 고대 그리스시대부터 키프로스산이 중용되었지만, 고대 로마시대에는 그 밖에 토스카나나 북부 스페인의 동 광산에서도 공급되었다. 이 동을 청동으로 가공할 때 합금원료로 주석이 사용되었다. 로마시대의 청동은 화폐로 주조되어 실레시아나 동프러시아, 발트해 연안으로 건너가 레반트 지방을 경유하여 인도 서해안 항만까지 도달하였다. 고대 그리스에서 로마시대에 걸쳐 지중해 지역의 야금 기술 전개로 인해 청동에서 철·강(鋼)의 시대로 변해가지만, 잊지 말아야 할 것은 동·납(鉛)이나 주석 같은 비철금속의 야금 기술도 병행 발전을 계속하여 지중해에서 해역 밖의 세계로 기술이 확산된 것이다. 근동 지역에서 산출되는 주석이 로마시대에는 거의 고갈되고 합금용 주석의 주요 생산지는 지중해 서부로 이동하여, 이베리아반도에서 지중해 전역으로 주석이 공급되었다. 이베리아반도의 사석 선광(選鑛)[01]에 불가결한 용수를 확보할 목적으로 로마인이 그 지역에 수로를 건설한 것은 이 무렵이었다. 콘월에서도 3세기에 수직 방향으로 판 갱도의 광맥에서 주석 광석 채굴이 시작되어 로마제국의 수요에 응할 정도의 생산량을 산출하게 되었다(싱어, 1978, 43~44쪽).

연납[02]은 청동과 함께 범용성이 높은 주석 합금이다. 고대 로마인이 제조한 연납은 주석과 납의 비율이 7:3, 또는 5:5인 것이 있었으며, 가정용으로 널리 보급되어 있었다. 로마에서는 순수한 주석을 단체(單體)[03]로 이용하는 경우는 거의 없었지만, 연납을 금속 접합제로 건축이나 납으로 만든 관 접합에 사용하는 기술이 확립하였다. 더불어 주석으로 금속을 덮어씌우는 원시적인 도금 기술도 고대 로마시대의 갈리아에서 개발되었다고 하는 기록이 남아 있다(포브스, 2003, 372쪽).

백랍(白鑞)[04]도 주석 합금의 하나이다. 70~90% 전후 비율의 주석에 납이나 안티몬(Antimon)이 첨가된다. 현재 확인된 고대 백랍 도구의 대부분은 로마제국 변경에 있던 그레이트브리튼섬에서 제조되어 이 곳에서 후일 발굴된 것이다(Hatcher, 1973, 26쪽).

---

01 (역자주) 가치 없는 광석을 골라내는 일.

02 (역자주) 반전(半田)·반타(盤陀), solder.

03 (역자주) 한 가지 원소로만 되어 있는 물질.

04 (역자주) 땜납, pewter.

(3) '주석의 섬'

'주석의 섬(Cassiterides)'이란 그리스 역사가 디오도르스 등이 언급한 유럽 서쪽의 땅으로, 콘월반도 및 그 먼바다의 실리제도(諸島)를 가리킨 것이라 여겨진다(Hedges, 1964, 8~9쪽). 콘월반도산 주석은 기원전 500년 무렵부터 지중해로 운반된 것으로 알려져 있으며, 속주(屬州) 브리타니아로서 로마 지배하에 있던 3~4세기에 이 땅의 주석 생산이 최전성기를 맞이하였다고 생각된다. 이 지역에서는 로마로의 수송 등 원거리 운반용에 H형으로 제련된 주석이 주류였는데, 이것은 말이나 당나귀의 옆구리에 끈을 사용하여 매는 데에 적합한 형태였다(Hatcher, 1973, 12~13쪽).

로마의 변경 지배 세력은 5세기 이후 쇠퇴하고, 로마제국이 병사와 함께 그레이트브리튼섬에서 철수한 후 12세기 중반까지 콘월산 주석 유통에 관한 기록이 끊어져 그 실태를 알기 어렵다. 13세기 초가 되면 스타나리즈(Stannaries, 주석 광산, 주석 광업지)의 성립과 함께 콘월로부터의 주석 수출이 확인된다. 당시 프랑스는 가장 유력한 수출처로, 13세기에 들어서면 바욘 상인이 콘월에 주석을 구매하러 방문한다. 라 로셸(La Rochelle)은 푸아투(Poitou)나 앙주(Anjou)로 가는 콘월산 주석의 중계지였다. 또 14세기에 이탈리아 여러 도시 상인들이 플랑드르(Flandre) 방면이나 그레이트브리튼섬에 항로를 구축할 때까지 중세 지중해를 향한 주석 유통의 거점이 된 것은 마르세유였다. 제노바 상인, 피렌체 상인, 베네치아 상인의 선박이 상당량의 주석을 이 지역에서 지중해 동부 레반트 지역으로 운반하였다. 게다가 콘월산 주석 집적지의 한 곳인 플랑드르 지방의 브뤼주

(Bruges, 브뤼헤)에서는 한자동맹[05] 각 도시의 상인이 북부, 중부, 동부 유럽으로 이것을 운반하였다. 13세기 중반에 보헤미아의 주석 생산이 본격화하는 시기까지 중세 유럽과 지중해에 유통된 주석의 주류는 콘월산이었다(Hatcher, 1973, 12~25쪽).

2. 그레이트브리튼섬의 주석

(1) 콘월반도

'주석의 섬'에서의 생산 활동은 노르만 정복 후 재차 활기를 띠었다. 콘월반도의 주석 산업 관계자에게는 노르만 정복 후인 13세기 초에 잉글랜드 왕권으로부터 특허장이 주어져 '스타나리즈(Stannaries)'라는 동업자 집단을 형성하였다. 이윽고 주석 광산이 있는 데본, 콘월이라는 콘월반도의 두 개 주(州)에 설치된 각 스타나리즈는 콘월 공작이 통괄하였다. 콘월 공작위(公爵位)는 1337년에 창설되어 국왕의 맏아들이 일정 연령에 달하였을 때 취임한다. 14세기 이후의 콘월 공작은 영지 수입에 더해 스타나리즈와 주석 광업으로부터 19세기 중반까지 세입을 얻고 있었다.

콘월반도는 정치·경제·문화의 중심인 런던에서 육로로 1주일 이상이 걸렸으므로, 일찍부터 해로가 열려 광업 생산은 바다 루트와 강하게 연결되었다. 반도 내에서는 잉글랜드 왕권이 지정한 8개(17세기 후반에 콘월에서 2개 도시가 더 증가)의 주석 집산지 '스타나리 타운'에서

---

05 (역자주) 중세 독일 여러 도시가 상업상의 목적으로 결성한 동맹.

주석이 근린 항구도시로 운반되어 최종적으로는 런던이나 사우샘프턴(Southampton) 또는 직접 해외로 수출되었다(水井, 2001, 30~32쪽).

(2) 생산자 주석 광부(tinner)와 스타나리즈

주석 광부 티너(tinner)는 반농반광(半農半鑛)으로, 콘월반도 서부의 광업 중심지역에는 3세대가 동거하는 가족이 많이 보인다. 주석 광산에 들어가는 것은 거의 남성으로, 젊은이와 그 부친이 중심이다. 은퇴한 조부 세대와 여성·아이들은 광산 인근에서 보조적인 작업에 종사하거나 집에 남아 농사를 지었다. 티너는 앞에서 언급한 스타나리 타운에서 한여름, 가을, 겨울의 연 3회 순회 실시되는 계량·납세를 위한 '코이네지'에 채굴 후 제련한 블록형 주석을 가지고 와서 순도 검사를 받고, 가져온 중량에 따른 '코이네지 세금'을 납세하였다. 납세 후 왕권의 각인(刻印)을 받은 주석 블록은 중개인에게 매각되는데, 티너는 여기서 처음으로 현금을 수취한다. 단 현금 획득의 기회는 년 2~3회로 제한되어 있었으므로 생산 전에 중개인에게 주석을 매도하여 선금을 받는 경우도 있었다. 이때의 단가는 시가보다도 싸며, 위법인 '고리대'에 해당한다고 하여 16세기 말에 조사가 들어가는 등 정부의 감시 대상이 되었다(水井, 1995, 77~82쪽).

18세기도 중반을 지나자 증기기관에 의한 배수 등의 기술 발달로 인해 수직으로 판 갱도는 깊이 땅속으로 확대되어, 주석의 발굴도 연간 내내 행해지게 되었다. 코이네지도 19세기에 들어서면 6주마다 집적지에서 실시되고, 1838년에 의회 입법으로 간신히 코이네지와 콘월 공작의 세 징수가 폐지되기까지 동 제도는 계속되었다. 광산구(鑛山區)는 '광산법(Stannaries Law)'을 바탕으로 19세기까지는 콘월공작 하에서 독립의 법체계로서 존속하였으며, 그 후 일반 법체계에 편입되었다. 그 때문에 스타나리즈에서는 광물 채굴이 농업 등의 타 산업에 우선하는 룰이 오랫동안 유지되었다. 예를 들면 땅속 광물 소유권은 표층의 토지 소유자가 아니라 광물 채굴자 측에 있었다. 채굴권은 광부가 채굴 예정지의 네 귀퉁이에 흙을 쌓아 올리는 것만으로 발생하였다. 건물 파괴와 교회시설·영지에 대한 침입이야 금지되어 있었다고는 하지만, 일반 농민에게 채굴지화(採掘地化)를 피할 수단은 사실상 없었다. 이의를 신청해도 독자적인 광산법 하에서 보호받은 티너에 대해 승산이 없어 결국 토지 소유자가 주석의 몫(현물)을 수취하여 그 자신도 티너가 되는 제도가 갖춰졌다(Pennington, 1973, 29~32쪽)

(3) 주석 유통

스타나리즈 관계자는 앞에서 서술한 것처럼 주석의 선광, 제련에까지 종사하였다. 그들이 코이네지로 들여온 주석은 세금 납입 후 왕권의 각인을 받고 나서 중개인에게 매입되어 스타나리 타운에서 국내외 시장으로 운반되었다. 중개인은 콘월반도의 외부자가 대부분으로, 중세에는 앞 절에서 본 것처럼 베네치아, 피렌체 등 이탈리아 도시국가의 상인이 지중해 방면으로 주석을 운반하고 있었다. 14세기부터 15세기 말까지는 콘월, 사우샘프턴 상인이 중개인으로서 스타나리 타운에서 수출용 주석을 수매하게 된다. 한자 상인은 이 시대에는 보헤미아·색슨 지역에서 산출된 주석을 주로 취급하게 된다. 이 이후 16세기 중반까지 유럽대륙의 주석 시장은 저지 지방의 여러 도시와 프랑스의 루앙(Rouen), 리옹이었다. 콘월에도 오래전부터 이탈리아 여러 도시의 상인 외에, 15세기 말부터 이베리아반도 상인들도 주석 수매로 콘월반도를 방문하게 되었다(Hatcher, 1973, 102~103 ·129~135쪽).

그러나 16세기 말이 되자 잉글랜드 상인인 런던의 레반트회사 멤버가 지중해 방면 중개 및 주석 수출에 커다란 영향을 끼치게 되었으며, 영국 동인도회사도 대규모 수출업자로 역사상에 나타났다. 또 유력한 국내 주석 가공업자인 런던의 땜납(백랍) 업자도 주석 중개를 실시하였다(水井, 2001, 44~45쪽). 16세기 후반까지는 런던의 상인·중개인이 주석 유통에 큰 힘이 있었지만, 16세기 말까지 정부는 주석 산업의 실태를 거의 파악하고 있지 못했다. 그 때문에 생산·유통 상황이나 국내·해외 수출 비율 등 상세한 조사가 행해지기에 이르렀다. 하지만 이곳에서는 런던 상인과 후술할 런던의 동업 조합인 땜납 업자가 서로의 주석을 각기 매매하고 있었기 때문에 생산지의 티너와 코이네지 후의 주석의 유통 실태를 전혀 파악하지 못하였다. 그러나 수출 대상지에 대한 티너의 인식으로는 신흥 런던 상인에 의한 주석 수출처로서 주로 지중해 동부, 프랑스, 플랑드르 지방이 거론되고 있었다(水井, 2001, 31쪽).

지중해는 전통적으로 콘월 주석이 운반되던 지역이다. 16세기 말까지 런던에서는 중·장거리 무역에 관계하는 독점 무역회사가 잇따라 설립되었다. 그중 하나인 레반트회사의 초기 멤버는 특히 주석 수출에 적극적으로 관계하였다. 레반트회사는 1592년 런던에서 설립된 합자회사로, 오스만제국의 지배 영역과 잉글랜드와의 무역을 독점하는 특허장을 획득하였다. 그들은 유통단계에서 주석을 독점하려고 했다. 그 목적은 실크나 건포도, 향신료 같은 사치품을 레반트 지역에서 구입하기 위한 물물 거래용 상품을 확보하는 데에 있었다(水井, 2001, 44~45쪽). 당시 잉글랜드의 주요 수출 품목은 1568년의 네덜란드전쟁 개시 이후에 앤트워프 모직물 시장이 붕괴한 후에도 여전히 모직물이었다. 모직물은 중세 이후 총수출액의 9할 가까이를 계속 점하고 있었다. 이에 이어 주석과 납이 잉글랜드의 주요 무역품이었다(Clay, 1984, 108~121쪽).

그러나 레반트 무역에서 그 모직물 상품의 가치는 오르지 않아, 레반트회사의 상인들은 현지에서의 상품 매입 초기 단계부터 고생하고 있었다. 여기서 주목한 것이 현지에서 잉글랜드의 4배 이상의 시장 단가로 거래가 실현되는 주석 무역이었다. 생산지 콘월반도에서 '선매(先買)'라 불리며 생산된 모든 주석을 일괄 구입하는 제도가 1600년 무렵부터 40여 년에 걸쳐서 계속되었다. 이 시기에는 잉글랜드 왕권이 스스로 선매를 실시할 시기를 엿보고, 특허장을 얻은 런던의 주석 상인이 선매를 청부하고 있었다. 선매 청부인은 구입한 주석을 일정량은 국내 가공업자에 분배하기는 하였지만, 남은 주석은 청부인과 관계자의 수출사업에 충당하여 정부에 납부한 선납금을 상회하는 수입을 해외의 매매 이익에서 얻고 있었다.

1616년 이후 레반트회사는 연고나 혈연자 이외에는 극히 폐쇄성이 높던 회사의 멤버십을 주석 선매 청부권을 가진 상인들에게 특별히 개방하는 제도를 마련한 것으로 보아 당시 주석 교역을 회사가 중요시하고 있던 것을 알 수 있다(水井, 2013, 77쪽).

3. 북서 유럽의 주석 합금-중근세

(1) 백랍 도구

백랍은 앞에서 서술한 바와 같이 주석을 원료로 하고, 납, 동(銅), 안티몬(Antimon)[06], 비스무트(bismuth)[07] 등을 함유하는 합금이지만, 그 조성(組成)이 단일은 아니다. 고대 로마 지배기에는 이미 그레이트브리튼 섬에서 남서부 콘월반도에서 산출된 주석을 사용한 '로만 백랍(Roman pewter)'이 제조되고 있었다. 로만 백랍은 납이 50% 가까이 함유되어 가공하기 쉬운 것이 특징이었지만, 납의 유독성이 지적되자 점차로 납 함유율을 줄인 백랍이 제조되었다. 브리튼섬에서는 16세기부터 17세기에 걸친 시기에 식기류나 촛대 등에 최고급 품질의 백랍이 사용되었다. 이것은 90% 이상의 주석과 10% 미만의 납이라는 비율이었다. 다른 한편 스푼이나 계량기 등에는 납 함유량이 25% 정도의 백랍이 사용되었다. 17세기 후반까지는 주석에 동, 소량의 비스무트, 안티몬을 함유한 합금이 제조되어 백랍 도구의 종류에 따라 미세하게 합금의 조성이 구분되어 간다. 또 안티몬과 주석 합금으로 18세기에 주조법이 확립된 최고 품질의 것은 '하드 메탈'이라고 불렸다. 1770년에 판금으로 단조하는 기술이 개발된 '브리타니아 메탈'이라 불리는 백랍도 순 주석 9할에 안티몬을 가한 광택이 있는 제품이다(ahatcher and Barker, 1974, 1~2·227~228·287~288쪽).

근세 유럽의 백랍 제조법은 원료를 녹여 각각의 제품에 맞는 거푸집(鑄型)에 부어 넣어 제조하거나, 달궈진 금속판을 해머로 두드리는 단조의 두 가지 방법이었다. 전자의 제조법이 더 일반적으로, 철 냄비로 주석과 그 밖의 금속을 용해하고, 돌 또는 청동제 거푸집에 부어 넣어 제품을 주조한다. 냉각 후에 거푸집에서 백랍을 끄집어내어 녹로를 사용하여 절삭하고, 필요에 따라 닦고 문질러 윤을 내는 공정이었다. 완성된 복수의 부

---

06 (역자주) 안티모니(antimony).

07 (역자주) 창연(蒼鉛).

품(parts)을 최종적으로 용접하여 제품으로 만드는 경우도 있었다. 완성품인 그릇이나 물 주전자 등의 식기, 냄비 등의 조리기구는 행상인에 의해 팔리는 경우도 약간은 있었지만, 대부분은 큰 도시의 백랍 도구 소매점이나 연시(年市)와 주시(週市)를 통해 유통되었다. 18세기 후반부터 도기(陶器)의 일상 도구가 사회에 퍼지기까지 백랍 도구는 은제 도구의 대용품으로 사회 중간층을 중심으로 널리 이용되었다. 또 백랍으로 만든 저렴한 조리기구 등은 오래된 백랍 도구를 새로 주조하여 재생산할 수 있었기 때문에, 중고 백랍을 원료로 하는 상당량의 제품이 항상 시장에 유통되었다(Hatcher and Barker, 9174, 59~61·131~132쪽).

(2) 런던의 백랍 업자

콘월산 주석의 연간 생산량의 약 반은 국내 가공업에 활용되었으며, 주로 백랍 제조의 원료로 구입되었다. 중세 런던에 설립된 백랍 업자의 동업자 조합 '퓨터러즈 컴퍼니(Pewterers' Company)'는 중개인으로서 국내용 주석 대부분의 유통을 장악하였다. 런던의 퓨터러즈 컴퍼니는 콘월산 주석을 밀방망이 등으로 주조하고, 지방 백랍 업자 조합이나 접합제 원료 땜납 제조에 주석을 원료로 사용하는 배관공(鉛管工) 조합 등 주석 가공업자 조합이 이것을 구입하였다(Hatcher and Barker, 1974, 131·159~160·189쪽).

런던시 동업자 단체에는 국왕의 특허장을 획득하여 법인격(法人格)[08]을 가진 단체 '리버리 컴퍼니(livery company, 동업조합)', 그 아래의 리버리

08 (역자주) 법이 권리와 의무의 주체가 될 수 있음을 인정한 인격.

(마이너) 컴퍼니, 특허장을 가지지 못한 크래프트 길드(craft guild, 동직(同職)길드)[09]라는 서열이 있었다. 퓨터러즈 컴퍼니는 1473년에 국왕으로부터 최초의 특허장을 취득하였다. 16세기 초 런던의 컴퍼니 서열 중 위에서 2~3번째의 마이너 컴퍼니였다. 그러나 런던의 컴퍼니는 그레이트브리튼 섬 다른 도시의 백랍 업자 조합과 비교해 조합원 수가 많았으며, 근세에는 지방 백랍 업자나 배관공 컴퍼니에 대한 원료 주석 도매도 특허를 얻어 행하고 있었다(水井, 2005, 28~30쪽).

중근세에 콘월반도 주석 연간 생산량의 대략 반은 백랍 업자를 주체로 하는 영국의 가공업자용이었지만, 영국 정부와 결탁한 수출업자의 세력도 강하였다. 런던 퓨터러즈 컴퍼니의 원료 주석 확보를 위한 대정부 청원 활동, 의회에 대한 로비 활동이 상인의 주석 수출 규제를 요구하며 활발히 이루어졌다.(水井, 2001, 39~46쪽).

(3) 다양한 용도

유럽 지역 내에서 콘월산 주석의 활발한 거래를 떠받친 것은 교회였다. 교회는 중세 이후 주석을 대량으로 소비하였다. 은그릇의 대용품으로 백랍 제품 촛대, 램프 등이 소규모의 교회나 예배당에서 많이 사용되었다. 또 교회에 필수인 종과 오르간의 원료로도 주석이 합금의 원료로 필요하였다. 특히 무게가 수 톤이나 되는 청동제 종의 주조는 주석을 가장 많이 소비했다고 한다. 이 무렵에 주석 단체(單體)의 금속을 두드려도 좋은 울림은 얻을 수 없었지만, 주석이 합금에 섞이면 풍부한 울림을 새로 만들

---

09 (역자주) 중세 도시 내에서 같은 직업에 종사하는 수공업자들이 직업별로 조직한 조합.

어 낸다는 사실이 알려지기도 하여 16세기의 청동에는 다량의 동(8할 이상)에 주석, 놋쇠가 첨가되었다. 이것이 '벨 메탈(bell metal, 종 청동)'인데, 교회만이 아니라 성이나 저택 등에도 종이 설치되어 있었다. 유럽 지역 내에서는 솜씨 좋은 종 주조 직인의 공방에서 거대한 종이 먼 길을 운반되는 경우도 있었다. 또 초기의 대포 주조 기술은 종의 주조 기술을 응용한 것이기도 하다(Hatcher, 1973, 36~40쪽).

오르간은 고대 그리스·로마시대에 동이나 놋쇠가 사용되었지만, 중세 후기부터 르네상스시대에 걸쳐 주석제(주석·납 합금) 파이프가 주류가 되었다. 저음역(低音域)은 납 함유율이, 고음역은 주석 함유율이 높았다. 15세기 말에 소실된 대성당에 있던 오르간 재건에 7톤의 고순도 주석이 사용된 것에서 알 수 있듯이, 수백 자루나 되는 파이프를 지닌 교회의 오르간은 주석 소비의 큰 소비처였다.

중세 유럽 건축에는 땜납이 필수였다. 땜납에는 순도가 높은 주석이 즐겨 사용되어 배관 접합, 홈통(樋) 부설, 지붕 이음에 사용되었다. 또 창 설치에 주석이 사용되는 일이 많았다. 고가인 건축물에는 쇠못이나 물림쇠의 녹 방지로 주석 도금을 입혔다. 15세기에 주석 도금을 입힌 철 문짝이 인기를 얻었다. 또 석조의 건축 자재를 끌어올리기 위한 기계식 장치에는 거대한 청동 제품이 있어 중세 건설 현장에는 항상 건축자재로 주석이 있었음을 알 수 있다(Hatcher, 1973, 38~39쪽).

활판 인쇄용 활자에 17세기까지 주석이 자주 사용되었던 것도 특별히 기록할 만하다. 백랍 직인의 기술이 '활자 합금(type metal, 납과 주석 합금)' 주조에 활용된 것은 16세기 무렵부터이다. 주석 9할에 납과 안티몬이라는 당시 고급 백랍의 조성과 거의 같은 합금이 사용되었다. 활판 인쇄술의 시조 구텐베르크는 백랍 제조에서 기술적으로 큰 영향을 받았다고 한다. 18세기에 들어서자 활자는 주석 합금에서 납과 안티몬 합금으로 바뀌었다(Biringuccio, 1990, 376쪽).

종 주조 등 대량의 합금 수요에 따라 금속을 용해하는 용광로의 개량도 진전되었다. 용광로는 광석을 환원하기 위한 제1단계에서 사용되는 것과 금속을 용융(용해)하여 합금이나 주물을 만들기 위한 것의 2종이 있다. 특히 후자는 반사로(反射爐)[10] 기술이 발전하여 17세기 말부터 합금이나 선철 등의 제조에 없어서는 안 될 것이 되었다. 이 시기 주석 합금 이용으로 가장 눈에 띄는 것이 병기로의 이용으로, 특히 대포 등의 화기 원료가 되는 청동의 원료인 주석 수요가 커졌다. 서유럽이나 레반트 지역에서 주석 수요를 새로운 단계로 확대한 것은 청동 화기의 제조였다고 한다. 초기 청동제 화기의 주조는 유럽의 종 주조 직인의 손으로 기술의 기초가 만들어졌다(싱어, 1978, 32~35쪽).

철제 대포는 가장 제조 비용이 저렴하였지만, 금이 가는 빈도가 높았다. 이 제조에 마음이 쏠린 잉글랜드 등 일부 지역을 제외하고, 유럽 각지에서 청동제 대포가 근세 내내 제조되었다. 또 오스만제국의 청동제 대포는 유명하다. 1453년 콘스탄티노플 공격에 사용된 청동제 대포는 초기 대포 주조 기술의 훌륭함을 보여준다. 근대 이후 주류가 된 철강제 화기가 개발되는 19세기 초까지는 청동, 청동에 아연 등을 소량 첨가한 '건 메탈(포금[砲金])' 제품 소화기(小火器)가 서유럽에서 주류였다(Hatcher, 1973, 39쪽; 싱어, 1978, 292~295쪽).

마지막으로 주석을 포함한 유약을 사용하여 구운 백색 도기(陶器)에 채색하는 기술이 중근동 특히 페르시아(라스카 채색 도기)에서 중세 마즐

---

10 (역자주) 천장의 열 반사를 이용하여 가열하는 형식의 고로(高爐).

리카(Majolica, 마욜리카 도기), 이탈리아의 파엔차(faenza, 파이앙스[faence, fayence] 도기), 17세기 후반까지는 네덜란드의 델프트(delft, 델프토 도기)로 확산된 것을 언급해 두겠다. 이러한 주석 유약 도기 중에서도 델프트 블루로 알려진 흰색 바탕에 청색 채색이 아름다운 델프트 도기는 네덜란드 동인도회사가 들여온 중국, 일본 도자기에서 디자인의 영향을 받은 것으로 알려졌다(싱어, 1979, 264~269쪽).

4. 주석과 원거리 교역

(1) 지중해

제2절에서 서술한 것처럼 지중해는 콘월산 주석에게 고대 로마 지배기로부터 항상 큰 시장이었다. 중세에는 이탈리아 여러 도시의 상인, 근세로 들어가면 런던 상인이 유통의 주도권을 쥐게 된다. 주석은 특히 자유도시 리보르노(livorno)를 중계지로 하는 런던 레반트회사의 주요한 수출 상품이 되기에 이른다(Divitis, 1990, 153~157쪽). 16세기까지 지중해 서부, 유라시아 서쪽으로 오스만제국이 크게 세력을 넓혀왔는데, 그 군사력을 한 편에서 떠받친 것이 청동 화기였다. 이들 청동 화기 주조에 필수인 주석은 근세 내내 오스만제국에서 수요가 높았지만, 조달은 제국 밖에서 의존하고 있었다(Parker, 1998, 128쪽).

팽창하는 오스만제국에 대항하는 조치로 로마교황은 가톨릭 국가에 오스만제국에 대한 특정 품목 금수령을 발령하였다. 이로 인해 당시 크리스트교, 가톨릭교 세력만이 아니라, 인근 나라인 페르시아제국과도 싸우고 있던 오스만제국에 필요한 군수물자, 범선 건조용 범포(帆布)[11], 돛대(帆柱), 강철, 납 외에 화기 제조에 불가결하였던 주석도 금수 대상에 포함되었다. 그러나 16세기 후반에 프로테스탄트를 국교로 삼은 잉글랜드는 이에 따르지 않고, 런던에 창설된 지 얼마 안 된 레반트회사 소속 상인은 오스만 제국령 대상 금수품인 콘월산 주석 등의 무역을 실시하였다(Andrews, 1984, 90~91쪽).

앞에서 서술한 바와 같이 레반트의 오스만제국 지배구역 항구로의 주석 수출은 이 회사의 유력 멤버에게만 허락되어, 높은 이익이 약속된 교역사업이 되었다. 오스만제국에서는 콘월이나 런던에서의 단가에 비해 주석이 높은 가격으로 팔렸기 때문이다. 17세기 전반 이후 오스만제국의 이웃 나라 페르시아에도 영국 동인도회사가 콘월산 주석을 들여오고 있었다. 오스만제국과 페르시아 간의 전쟁은 인도양에서 페르시아 경유로 오스만 측으로 들어오는 동남아시아산 주석의 유통을 저해하여, 이것이 오스만 시장 주석 단가의 높은 가격을 초래하였다고 사료에 기록되어 있다(Calendar of State papers, Venetian, 1632~1636, 1921, 65쪽). 이처럼 근세 오스만제국 시장에서 콘월산과 동남아시아산 주석이 교차한 상황을 볼 수 있다.

(2) 인도양 이동(以東)의 주석 교역

레반트회사 설립으로부터 10년도 지나지 않은 1600년에 런던에 설립된 영국 동인도회사는 인도양 이동(以東)의 새로운 시장 개척에 즈음하

11 (역자주) 돛을 만드는 데에 쓰는 질긴 천.

여 모직물만이 아니라 주석의 수출 가능성도 모색하고 있었다. 페르시아의 반다르 압바스(Bandar ʻAbbās), 무굴제국의 항만도시 수라트(Surat)는 회사에 유력한 교역 거점으로 간주되고 있었다(羽田, 2007, 198~202쪽). 그러나 회사의 각지 상관원이 현지에서 구입하려는 향신료나 실크 등의 사치품과 교환할 상품은 영국산 모직물과 주석, 납 이외에는 그들의 수중에 거의 없었다. 1610년대 후반에 페르시아로 대규모 주석 수출을 기도했지만, 1620년대에는 본국으로부터 은 반출을 강요당하였다(Matthee, 1999, 115쪽).

17세기 초 영국 동인도회사가 취급하는 콘월산 주석은 인도아대륙(남아시아), 페르시아와 같은 주요 시장으로 반입되었고, 그곳에서 아시아지역 내 동남아시아산 주석이 발달한 교역 상황에 직면하였다. 이미 15세기부터 16세기 초의 말라카 왕국 시대에 구자라트(Gujrat), 말라바르(Malabar), 코로만델(Coromandel), 벵갈, 인도네시아 도서 지역, 통킹, 중국에서 상인들이 말레이반도의 항구도시(町) 말라카를 방문하여 향신료, 면직물, 주석 등의 물품을 교환하고 있었다. 당시 말라카에 모이는 주석은 말레이반도 북쪽의 하천 지역에서 해당 왕국이 수취한 공물(貢物)의 하나였다(Irwin, 1970, 268~269쪽). 또한 이 반도를 중심으로 한 지역에서 주석은 단체(單體)로 다양한 화폐로 주조되기도 하였고, 유통처인 중국에서도 청동화(靑銅貨)로 주조되어 아시아 지역 내에 널리 전파되어 있었다. 더불어 중국에서는 종교의식에 사용하는 모조 지폐로서의 주석박(朱錫箔)[12] 수요가 컸다. 한편 인도아대륙이나 페르시아 각 상관(商館)에 운반된 주석의

12 (역자주) 箔은 금속을 얇게 펴서 적당한 크기로 잘라 회화나 공예품의 장식으로 사용하는 것을 가리킨다.

용도는 일상 용기나 화기용 합금이나 도금 원료로 안정된 수요가 있었다(Hedgyes, 1964, 62~63·94~95쪽; 島田, 2010, 205·217·215쪽).

생산지가 있는 말레이반도의 고지에서 채굴된 광석은 블록형으로 제련되어 벵갈만의 출하 지점까지 하천을 따라가 운반되었다. 그 지역에서는 인도아대륙, 자바섬, 중국 방면에서 온 상인이 주석을 직접 사들여 각지로 가지고 돌아가는 경우도 있었다(Irwin, 1970, 267쪽). 16세기 전반 포르투갈인 도래 후에도 이 패턴에 기본적인 변경은 없고, 말레이 술탄의 후계자로 포르투갈 왕권이 페라(페락, Perak)산 모든 주석을 소유하는 형태를 취하였다. 말라카에서 주석 교역권은 포르투갈의 카피탄(capitão)에게 연 6개월간, 도시 말라카에 연 6개월간 주어졌다. 그러나 아체(Aceh)의 발흥과 네덜란드인의 말라카 도래로 인해 말레이반도에서 포르투갈의 교역 지배력은 축소되었다. 1620년 아체인이 페라를 정복한 후 주석 교역의 주체는 아체인과 페라나 아체 양쪽에서 거래하는 코로만델에 거점을 둔 인도 상인으로 옮겨갔다(Irwin, 1970, 237쪽).

이 시대에 인도 북서부에서 상품을 사들이려고 방문한 구자라트 상인은 말라카에 자신들의 대리인을 거주시켜, 구자라트산 면포와 주석을 그 지역에서 교환하였다. 더욱이 반다·몰루카산 향신료, 티모르산 백단, 보르네오산 장뇌, 수마트라의 후추와 금에 더해 말레이반도를 중심으로 생산된 주석 교역이 말라카에서 활발하게 행해졌다. 17세기 초부터 동남아시아의 주요 항구도시에 네덜란드 동인도회사가 참가를 개시하여 주석 유통도 영향을 받았다(Arasaratnum, 1969, 481~483쪽).

네덜란드 동인도회사는 하구 지역의 현지 지배자로부터 주석의 독점 공급을 얻으려고 계약을 맺어 나갔고, 이로써 17세기 후반에는 대표적인 주석 집산지인 말라카만이 아니라 생산지 주변 하구의 소규모 집적지에도 네덜란드의 영향이 제한적이긴 하지만 확대되었다(Lewis, 1969, 55~57쪽). 구자라트 상인 등의 기존 거래는 네덜란드 진출에 따라 축소하고, 또 대집적지인 말라카에 의존해온 말레이산 주석 유통도 17세기 중반 이후는 네덜란드의 영향이 옅은 수마트라섬의 항구도시 등으로 전개되었다(Arasaratnum, 1969, 487~489쪽).

네덜란드 동인도회사는 17세기부터 태국이나 말라카 상관, 18세기에 들어서 팔렘방 상관을 통해 바타비아에 주석을 모아 이것을 네덜란드 본국으로의 반출과 아시아 지역 내의 교역에 충당하고 있었다. 후자의 경우 처음에 인도아대륙이나 페르시아와 같은 시장, 18세기 후반부터는 중국이나 일본과 같은 시장에 동남아시아산 주석을 들여왔다. 네덜란드가 바타비아에 모은 주석은 18세기 전반에는 태국 경유의 주석이 중심이었으며, 18세기 후반까지 수마트라섬 팔렘방 경유의 '방카(Banka)' 주석에 비중을 옮겨갔다(島田, 2010, 205~207쪽).

(3) 주석과 아시아 지역 내 교역

영국 동인도회사는 1620년대 후반에 네덜란드 동인도회사와의 알력에 의해 동남아시아 이동(以東)의 동아시아를 포함한 지역에서 자바섬의 반텐(Banten) 상관만을 남기고 철수하여 인도아대륙을 중심으로 한 상관망 건설로 특화해갔다. 이후 영국 동인도회사는 아시아 지역 내 교역에 참가하지 않고, 오로지 본국과 각지 상관 사이의 직접 교역을 지향하였기 때문에 벵갈만 이동(以東)의 주석 교역에는 표면적으로 개입하지 않았다. 아시아 지역 내 교역에 종사하는 영국의 컨트리 트레이더(country trader, 사무역 상인)가 17세기 후반부터 이 해역에서 동남아시아산 주석을 취급하였다(Basset, 1989, 637~639쪽; 1990, 5~7쪽).

네덜란드 동인도회사는 중국 정크선의 도래를 바타비아(Batavia)[13]에 집약시키려고 시도하였기 때문에, 말라카에 중국 정크선 기항은 점차 감소하였다. 그러나 인도아대륙과 중국을 잇는 믈라카해협의 북부 아체, 남부의 말라카는 인도양의 주석 교역에 여전히 불가결한 항구도시였다. 마드라스에서 영국의 컨트리 트레이더, 인도 상인 그리고 아르메니아 상인의 선박 보유자·선장(船頭)이 가장 빈번히 방문한 항구는 1740년대까지 말레이반도의 쿠다(게다)와 수마트라섬의 아체였다. 아체의 중계항으로서의 중요성은 18세기 내내 유지되어 중국 정크선의 도래는 17세기 후반부터 1760~1770년대까지 확인할 수 있고, 17세기 말 아체에서는 중국인이 가장 활발한 상인이었다(Arasaratnum, 1969, 625~626쪽).

18세기 내내 위에서 기술한 항구를 포함한 해협 여러 항에서 아편, 주석, 사금, 과수(果樹), 인도제 면제품의 교역이 행해졌다. 이러한 아시아 지역 내 교역에서 주석 유통을 조정하려고 네덜란드 동인도회사는 주석 생산지·집적지를 지배하는 말레이제국과 조약을 맺고 있었지만, 이를 용케 피해 많은 주석이 현지의 부기스(Bugis) 상인이나 말레이 상인, 영국의 컨트리 트레이더 등의 손에 넘어갔다(Hussin, 2007, 45쪽). 1780년대가 되면 리아우(Riau)와 쿠알라 셀랑고르(Kuala Selangor)는 아편 등 벵갈 상품의 시장이 되었지만, 1784년 네덜란드가 두 지역을 침공함에 따라 영국의 상업 관계자는 대체지로서 페낭을 개항해야만 했다(Bassett, 1989, 643쪽).

18세기 전반부터 중국과의 차 무역 성장을 배경으로 중국에서 찻잎을 넣기 위한 주석제 용기, 또는 안쪽에 주석을 붙인 용기의 수요가 18세

13 (역자주) 현재의 자카르타.

기 후반에 확대된 것을 배경으로 차와 교환하는 주석 수요가 높아졌다(Van Dyke, 2005, 148~150쪽). 이에 호응하듯 18세기 말까지 페낭은 해협 북부의 무역항으로 발전하였다. 1770년 이후 주석 생산이 활발해진 푸켓섬(정실론)에서도 바타비아만이 아니라 페낭을 경유하여 주석이 중국으로 유통되었다(島田, 2010, 208쪽; Bassett, 1989, 637쪽).

18세기 말까지 영국 동인도회사가 운반한 콘월산 주석은 인도아대륙 상관으로의 수출이 주된 것이었다. 다른 한편 영국의 컨트리 트레이더에 의한 아시아 지역 내의 동남아시아산 주석 교역은 페낭 경유로 광동과의 차무역과 융합하면서 전개해갔다(Hussin, 2007, 55·59쪽). 그러나 1790년대 이후 나폴레옹전쟁과 그 후의 영국에 대한 유럽대륙 무역 봉쇄가 이 경향에 일시적인 변화를 야기하였다. 광동에 동남아시아산 주석을 반입한 네덜란드 동인도회사의 주석 교역은 1760년대 중반, 1780년대를 피크로 1790년대부터 무역량이 축소한다(島田, 2010, 216쪽). 이에 대신하는 형태로 영국 동인도회사가 콘월산 주석의 연간 수출량(연간 생산량의 약 반분)에 상당하는 대량의 주석을 1790년대 초부터 중국으로 수출하였다(Bowen, 2002, 472~475쪽; 水井, 2018, 190~201쪽).

대륙 봉쇄로 콘월산 주석의 주요 시장이던 러시아나 프랑스 등으로의 수출이 격감하자, 곤궁한 콘월의 생산자와 영국 정부 관계자로부터 요청 받아 런던의 동인도회사의 수뇌가 회사에 의한 중국 수출을 승낙한 형태였다. 또 이 당시 생산이 활발하던 콘월산 동(銅)의 아시아 수출도 동인도회사가 인수한 형태였다. 그러나 중국 시장에서 생각만큼 이익이 나지 않는 콘월산 주석의 수출은 이윽고 1812년까지 동인도회사에 부담이 되어 사업에 소극적인 모습이 되어갔던 것을 회사 의사록에서 알 수 있다(水井, 2018, 201쪽).

5. 주석 가공업의 확대

(1) 북미의 주석 가공업

영국의 연납 업자는 유럽 북서부나 북미 식민지로의 제품 수출로 큰 이익을 거두고 있었는데, 정부에 의한 영국의 주석 가공업 보호정책의 효과가 영향을 미쳤다. 북미 식민지에서 연납 용기의 수요는 높고 우수한 연납 직인도 있었지만, 본국 콘월산 새로운 주석은 영국으로부터 수출을 제한당하고 있었기 때문에 현지의 연납 직인은 중고 연납을 새로 주조하는 데에 주력해야만 했다. 17세기 이후 영국의 주석 산업에 관한 정책에서 콘월산 주석의 수출 관세 수입의 유지와 주석에 부가가치를 매기는 국내의 연납 제조업자 보호가 똑같이 중시되고 있었다(水井, 2005).

이 때문에 북미 식민지의 연납업은 런던의 퓨터러즈 컴퍼니의 강한 통제하에 전개되었다. 18세기 전반까지 식민지의 연납 직인은 기술을 높이려고 런던으로 건너가 퓨터러즈 컴퍼니 직인의 공방(工房)에서 수업하였다. 일정 기간의 수행을 마치면 고가인 거푸집을 런던에서 구입하여 미국으로 가지고 갔다. 또 런던에서 수행을 시작하고 북미로 돌아간 후에 연납 제조를 시작하는 일도 많았다. 북미의 연납 제조업은 새로운 주석이 아니라, 중고 주석 재주조와 영국 본국의 통제하에서 기술 전달로 인해 17~18세기에 발달한 특기할만한 사례일 것이다. 그러나 일관하여 영국 정부의 보호 대상이었던 국내의 연납 산업 자체가 도기 수요가 높아지면서 18세기 후반 이후 급속히 쇠퇴기로 향했다(Hatcher, 1974, 240~241쪽).

(2) 양철(blik)[14] 산업의 발달

연납 산업을 대신하여 양철 산업이 새로이 주석 가공업으로 대두하였다. 유럽에서 양철 제조 자체의 역사는 오래되었다. 그 기원은 11세기로 거슬러 올라가는데, 17세기의 경합을 거쳐 18세기에는 일용품으로서 양철 도구가 염가품으로서 저소득 가구에 펴져 나갔다(Hatcher, 1974, 135~138·288~289쪽). 양철 산업이 선행하여 발달한 보헤미아, 작센, 스웨덴, 프랑스 등을 뒤따라 영국에서는 17세기 후반 이후에 양철 동업 조합이 산업의 중심이 되어 18세기 후반부터 19세기 초에는 브리스틀, 웨일스 등에 설립된 공장에서 양철 생산을 실시하였다. 1760년부터 1830년까지 실시된 영국의 양철 산업은 브리스틀 등 복수의 도시를 중심으로 발달하였다. 19세기 중엽까지는 증기기관을 사용한 광업 기술, 기계식 도금 기술의 개발, 도금을 입힌 금속 철에서 강(鋼, 강철)으로의 전환 등의 변화가 한꺼번에 일어나 세기 후반부터 대규모 공장에서 대량생산으로의 길을 걸었다(Minchinton, 1957, 4~24쪽).

1860년까지 국내의 주석 합금 산업에서 사용된 원료는 콘월산이 과반이었지만, 앞 절에서 사례로 든 페낭·싱가포르 경유의 동남아시아산, 네덜란드에서 구입된 방카산, 게다가 1870년대 중반 이후 오스트레일리아 광산에서 공급된 주석이 더해져, 영국 등의 양철제조업에 사용되었다(Fower, 1880, 208쪽). 인간의 이동이 활발해지는 19세기부터 20세기에 걸쳐 화인(華人) 자본 하에 중국에서 대량의 쿨리(coolie)[15]를 노동력으로 이

---

14 (역자주) 주석을 입힌 얇은 철판.

15 (역자주) 중노동에 종사하는 중국이나 인도의 하층 노동자.

주시켜 조업하고 있던 해협 식민지의 주석 생산지 등에도 콘월의 광산학교 출신 기술자가 건너갔다. 이윽고 세계의 광산에서 이 학교 졸업생이 기술자로 종사하게 된 것이다(Wong Lin Ken, 1965; 東條, 2008; 工藤, 2008). 또 콘월의 주석 산업은 20세기 말까지 계속되었지만, 19세기 중반 이후 주석 시장가격의 수차례에 걸친 하락으로 산업이 쇠퇴하였다. 1870년대 이후는 가난한 콘월의 광산 노동자들이 오스트레일리아나 캐나다, 남아프리카, 남미 광산으로 대량 이주하였다. 친족 중 누군가는 반드시 해외의 광산에서 일하고 있다는 콘월의 사회 상황에서 그들은 '조카 잭(Cousin Jacks, 콘웰인)'이라 불렸다(Harper and Constantine, 2012, 139~140·311~312쪽).

(3) 양철 통조림의 제조

양철 산업의 발달에는 식량 저장으로의 양철 용도 확대가 영향을 끼쳤다. 양철 제품 통조림이 대량으로 생산된 기원은 나폴레옹전쟁 때 육군 진군의 휴대품이 된 18세기 말부터 19세기 초였다고 한다. 프랑스 정부가 당시 새로운 식량 보존 방법에 대해 현상금을 내걸어 강철에 주석 도금을 입힌 용기에 식량을 채워 저장하는 기술이 주목받게 되었다. 영국에서 통조림이 생산된 것은 조금 늦은 1812년으로, 처음부터 육군, 해군에 납입을 꾀하고 있었다. 이후 멸균 기술도 발전하여 통조림 제조는 영국이나 프랑스, 미국에서 번성하였다. 내용물은 채소, 과일, 유제품, 육류, 어류, 주스 등 다양하였다. 양철 통조림 제조기술은 세계로 퍼지고, 20세기 후반에는 전 세계 주석 연간 생산량의 1/3을 통조림 원료로 사용하게 되었다. 마찬가지로 20세기에 널리 이용된 유리병을 밀봉하는 뚜껑도 양철을 사용한 것이 19세기 말에 미국에서 처음으로 특허를 취득하는 등 공업제품 원료로서 주석 이용은 계속 확대되었다(Hedges, 1964, 150~166쪽).

그레이트브리튼섬 남서단의 콘월반도에 중점을 두고 주석의 역사를 살펴보니, 이 금속을 원료로 하는 다양한 합금의 용도와 기술 개발, 거기에 종사하는 사람들과 제품을 사용하는 지역의 주석과 관련된 여러 모습이 떠오른다. 본 장에서 다룬 주석에 관련된 사례는 유럽의 일상 생활사에 관계되는 것이 많지만, 아시아나 북미, 중남미, 오세아니아, 아프리카 각지의 주석 생산, 야금 기술, 합금 제조, 거기에 따르는 생활의 변화를 결부함으로써 인간의 생활과 밀착한 금속 '주석'의 세계사를 한층 정밀히 그릴 수 있다.

참고문헌

大田由紀夫,「一二-一五世紀初頭アジアにおける銅銭の流布-日本·中国を中心として」,『社会経済史学』第61巻2号, 1995, 156~184, 282쪽.

工藤教和,「一九世紀後半から二〇世紀初頭におけるイギリス鉱業技術教育と鉱山技術者(2) 人物史大量観察からみる鉱山学校出身技術者の軌跡」,『三田商学研究』第50巻第6号, 2008, 141~153쪽.

坂巻清,『イギリス·ギルド崩壊史の研究』, 有斐閣, 1987.

島田童登,「一八世紀におけるオランダ東インド会社の錫貿易に関する数量的考察」,『西南学院大学経済論集』第44巻2·3号, 2010, 199~223쪽.

白石隆,『海の帝国-アジアをどう考えるか』, 中公新書, 2000.

チャールズ·シンガー 他 編, (田中光 訳),『技術の歴史 二~六』, 筑摩書房, 1978.

チャールズ·シンガー 他 編, (田中光 訳),『技術の歴史 七~一〇』, 筑摩書房, 1979.

東條哲郎,「一九世紀後半マレー半島ペラにおける華人錫鉱業-労働者雇用方法の変化と失踪問題を中心に」,『史学雑誌』第117巻-5号, 2008, 1~34쪽.

長島弘,「インド洋とインド商人」,『岩波講座世界歴史一四 イスラーム·環インド洋世界』, 岩波書店, 2000, 141~165쪽.

羽田正,『東インド会社とアジアの海』, 講談社, 2007.

R·J·フォーブス, (平田寛 他 監訳),『古代の技術史 金属』(上), 朝倉書店, 2003.

水井万里子,「イングランド南西部地域のスタナリ-近世すず産業の利益集団」,『史苑』第55巻第2号, 1995, 74~87쪽.

水井万里子,「近世イギリスのすず産業-すず先買制導入期(一五九五-一六〇七年)を中心に」,『史苑』第61巻第2号, 2001, 29~50쪽.

水井万里子,「近世ロンドンのピュータラーズ·カンパニとすず産業-先買請

負制の影響を中心に」,『比較都市史研究』第24巻第2号, 2005, 27~42쪽.

水井万里子,「近世イギリスにおける鉱物資源と財政-コーンウォル産すずの先買一六〇七~一六四三をめぐって」,『九州工業大学研究報告』(人文·社会科学)第61号, 2013, 71~84쪽.

水井万里子,「イギリス東インド会社の地域産業救済-コーンウォル産鉱物資源の中国輸出(一八世紀後半~一九世紀初頭)をめぐって」,『史苑』第78巻第1号, 2018, 187~206쪽.

Calendar of State Papers, *Relating to English Affairs*, *Existing in the Archives and Collections of Venice, and in Other Libraries of Northern Italy*, 1632~1636, Volume 23, Allen B. Hinds (ed.), London: Public Record Office, 1921.

Acton, Bob and Acton Viv, *A History of Truro: From Coinage Town to Cathedral City*, vol. 1, Truro; Landfall Publications, 1997.

Andaya, B. W., *Perak, The Abode of Grace*, Kuala Lumpur; New York: Oxford University Press, 1979.

Andrews, Kenneth G., *Trade, Plunder and Settlement*, Cambridge: Cambridge University Press, 1984.

Arasaratnam, Sinnappah, "Some notes on the Dutch in Malacca and the Indo-Malayan trade 1641~1670", *Journal of Southeast Asian History*, 10 (3), 1969, pp. 480~490.

Bassett, D. K., "British 'Country' Trade and Local Trade Networks in the Thai and Malay States, c.1680~1770", *Modern Asian Studies*, 23, 4, 1989, pp. 625~643.

Bassett, D. K., *The British in South-East Asia during the Seventeenth and*

Eighteenth Centuries, Occasional Papers, No. 18, Centre for South-East Asian Studies, University of Hull, 1990.

Biringuccio, Vannoccio, *The Pirotechnia of Vannoccio Biringuccio: The Classic Sixteenth-Century Treatise on Metals and Metallurgy*, C. S. Smith and M. T. Gnudi (trans./eds.), New York: Dover Publications, 1990.

Bowen, Huw V., "Sinews of Trade and Empire: the Supply of Commodity Exports to the East India Company during the Late Eighteenth century", *Economic History Review*, 55 (3), 2002, pp. 466~486.

Brenner, Robert, *Merchants and Revolution*, Cambridge: Cambridge University Press, 1993.

Chaudhuri, K. N., *The Trading World of Asia and the English East India Company 1660~1760*, Cambridge: Cambridge University Press, 1978.

Clay, C. G. A., *Economic Expansion and Social Change: England 1500~1700*, vol. 2, Cambridge: Cambridge University Press, 1984.

Ffoulkes, Charles, *The Gun-Founders of England: With a List of England and Continental Gun-Founders from the XIV to the XIX Centuries*, Cambridge: Cambridge University Press, 1937.

Flower, P.W., *A History of the Trade in Tin*, London, 1880.

Gerrard, Sandy, *The Early British Tin Industry*, Stroud: Tempus Publishing, 2000.

Marjory Harper and Stephen Constantine (eds.), *Migration and Empire*, Oxford: Oxford University Press, 2012.

Harper, Marjory and Constantine, Stephen, *Migration and Empire*, Oxford: Oxford University Press, 2012.

Hatcher, John, *Rural Economy and Society in the Duchy of Cornwall*, 1300~1500, Cambridge: Cambridge University Press, 1970.

Hatcher, John, *English Tin Production and Trade before 1550*, Oxford: Clarendon Press, 1973.

Hatcher, John and T. C. Barker, *A History of British Pewter*, London: Longman, 1974.

Hatchison, Peter, *The Mining Heritage of Cornwall and West Devon*, Wellington: Helsgrove, 2008.

Hedges, Ernest S., *Tin in Social and Economic History*, London: Edward Arnold, 1964.

Hussin, Nordin, *Trade and Society in the Straits of Melaka: Dutch Melaka and English Penang*, 1780~1830, Copenhagen/Singapore: NIAS Press/NUS Press, 2007.

Irwin, G. W., "The Dutch and Tin Trade in Malaya in the Seventeenth Century", *Studies in the Social History of China and Southeast Asia*, Jerome Chen and Nicholas Tarling, Cambridge: Cambridge University Press, 1970, pp. 267~287.

Lewis, Dianne, "The Tin Trade in the Malay Peninsula in the Eighteenth Century", *New Zealand Journal of History*, 3 (1), 1969. pp. 52~69.

Lewis, George R., *The Stannaries: A Study of the English Tin Miner*, Cambridge, Mass.: Harvard University Press, 1907.

Matthee, Rudolph P., *The Politics of Trade in Safavid Iran: Silk for Silver 1600~1730*, Cambridge/New York: Cambridge University Press, 1999.

Minchinton, W. E., *The British Tinplate Industry: A History*, Oxford: Clarendon

Press, 1957.

Montgomery, Charles F., *A History of American Pewter*, New York: E. P. Dutton, 1978.

Parker, Geoffrey, *The Military Revolution*, Cambridge: Cambridge University Press, 1988.

Payton, Philip, *The Cornish Overseas*, Fowey: Alexander Associates, 1999.

Pennington, Robert R., *Stannary Law*, Newton Abott: David and Charles, 1973.

Pigott, Vincent C. and Robert Ciarla, "On the Origins of Metallurgy in Prehistoric Southeast Asia: the View from Thailand", in Susan La Niece, Duncan Hook and Paul Craddock (eds.), *Metals and Mines*, London: Archetype, 2007, pp. 76~88.

Ralph, Davis, *English Overseas Trade*, 1500~1700, London: Macmillan, 1973.

Shimada, Ryuto, *The Intra-Asian Trade in Japanese Copper by the Dutch East India Company during the Eighteenth Centurty*, Leiden/Boston: Brill, 2006.

Van Dyke, Paul A., *The Canton Trade*, Hong Kong: Hong Kong University Press, 2005.

Wong Lin Ken, *The Malayan Tin Industry to 1914*, Tucson: University of Arizona Press, 1965.

8장

감자
안데스에서 세계로

• 야마모토 노리오(山本紀夫) •

1. 감자의 전파와 역할

감자의 원산지는 남아메리카 페루에서 볼리비아에 걸친 중앙 안데스 고지이다. 그 증거로 중앙 안데스 고지에는 감자와 가까운 계통의 수많은 야생종이 자생하고 있으며, 수천 종류라고도 하는 재래품종도 재배되고 있다. 또 중앙 안데스 고지는 감자만이 아니라, 괭이밥과의 안데스괭이밥(Oca), 낙규(落葵, 바셀라, Basellaceae)과의 오유코(olluco, Ulluco, Ullucus), 한련과(旱蓮科, Tropaeolaceae)의 마슈아(Mashua) 등 다종다양한 덩이줄기(芋)[01] 류의 원산지이기도 하다. 이들 덩이줄기류 중 옛날부터 현재에 이르기까지 안데스 고지에서 중심적인 역할을 해온 작물이 바로 감자이다.

그러면 이 감자는 안데스에서 세계로 어떻게 퍼지고, 세계 각지에서

01 (역자주) 식물의 땅속줄기나 뿌리가 비대 성장한 것으로, 식용 가능한 것을 가리킨다. 감자·고구마·토란 등.

어떻게 이용되었을까. 본 장에서는 지면이 제한되어 유럽을 중심으로 감자의 전파와 그 역할에 관해 서술하기로 하겠다. 유럽에는 독일같이 감자가 국민식(國民食)[02]이라 불릴 정도로 중요한 식량이 된 나라가 있는 한편, 너무나 감자에 의존했던 탓에 '대기근'을 야기하여 비참한 역사를 경험한 아일랜드와 같은 나라도 있기 때문이다.

(1) 감자의 '발견'

감자는 16세기 초 무렵까지 안데스에서만 재배하던, 말하자면 국지성 작물이었다. 이 감자를 현지인 외에 처음으로 눈으로 본 이는 잉카제국을 침략하고 정복한 스페인인이었다. 어디까지나 문헌에 따르자면, 그 인물은 스페인군의 한 병사였던 시에자 데 레온(Pedro Cieza de León)이다. 후에 유명한 『잉카제국사』를 쓴 그 인물이다. 그는 1535년에 남아메리카로 건너가 처음에는 콜롬비아에 체재하고 있었지만, 후에 스페인군에 참여해 남하하여 페루에도 발길을 뻗쳤다. 당시 콜롬비아였던 현재 에콰도르의 수도 키토 부근에서 다음과 같은 기록을 남기고 있다.

> 옥수수 이외의 토지 식량으로 인디오 사이에서 주식이 된 것이 두 개 있다. 그 하나는 파파라는 것으로 송로(松露)와 비슷하다. 삶으면 과육이 아주 부드러워져 삶은 밤처럼 된다. 껍질이나 핵이 없는 것은 송로와 같은데, 이것은 송로처럼 땅속에서 자라기 때문이다.

---

02 (역자주) 그 나라에 특유의 널리 알려진 식재료와 요리.

여기서 서술하고 있는 파파가 바로 감자로, 현재도 파파는 안데스에서 감자를 가리키는 용어로 널리 사용되고 있다. 이 기록이 쓰인 것은 1553년의 일로, 이것이 유럽인이 쓴 감자에 관한 최초의 기술로 알려져 있다. 당시까지 감자는 안데스 이외에는 완전히 알려지지 않아 이것이 유럽인에 의한 감자의 '발견'이었다. 실제로 이 기록에서 시에자 데 레온은 감자를 버섯의 일종인 송로와 같은 것으로 기술하는데, 이 표현에도 처음으로 보는 작물에 대한 놀라움이 나타나 있다.

(2) 언제 유럽으로 건너갔는가?

그럼 감자는 언제쯤 안데스에서 유럽으로 반입된 것인가. 이것이 실로 어려운 문제이다. 아메리카대륙의 또 다른 주요 작물인 옥수수는 대서양을 처음으로 건너간 콜럼버스 자신이 실제로 눈으로 보고, 그 이듬해에 스페인으로 가지고 간 것이 기록에 남아 있지만, 감자는 좀처럼 기록에 모습을 보이지 않기 때문이다. 잉카제국이 스페인 사람들에 의해 정복된 것은 1532년의 일이나, 그 당시 기록에 감자는 모습을 보이지 않는다. 이것은 옥수수가 콜럼버스 일행에 의해 곧바로 옮겨져 간 것과는 대조적이다. 그 배경에는 스페인 사람들이 본래 맥류(麥類)[03]를 주요 작물로 하고 있어, 같은 곡류인 옥수수는 위화감을 지니지 않았던 탓일지도 모른다.

한편 감자 등의 덩이줄기류는 당시 유럽에는 전혀 없어서 이것을 처음으로 본 유럽인들은 먹을 것으로 생각하지 않았을 가능성이 있다. 그 때문에 감자에 관심을 두지 못한 것은 아닐까 하고 생각된다.

---

03 (역자주) 보리·쌀보리·밀·호밀·귀리·라이밀 등의 총칭.

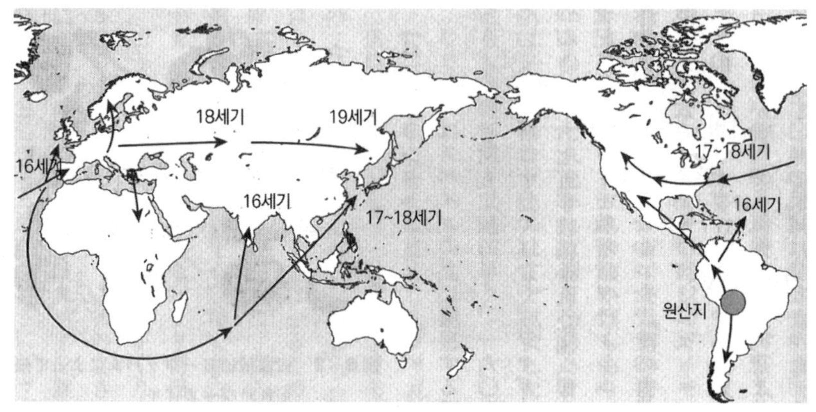

〈그림 1〉 감자의 전파 경로

유럽에서 감자에 관한 최초의 기록이 나타나는 것은 스페인이었다. 그 시기에 관해서는 여러 설이 있지만, 다양한 유럽인의 기록 등에서 1565년부터 1571년 사이라고 한다. 즉 1570년 전후에 감자는 스페인에 들여왔다고 생각된다. 그리고 스페인에서는 세비야의 병원에서 1573년에 감자가 음식으로 공급된 것으로부터 이 해부터 감자 재배가 시작된 것으로 알려졌다.

그러나 그 수확량은 극히 적었던 것 같다. 본래 감자는 위도가 낮은 단일(短日)[04] 조건 하에서 덩이줄기를 형성하지만, 스페인 같은 고위도 지방의 장일(長日) 조건 하에서는 덩이줄기 형성이 어렵다. 그 탓인지 스페인에서는 일부 지방에서 감자의 재배가 시작되기는 했지만, 그 보급은 지지부진하였다. 오히려 감자에 대한 스페인의 역할은 다른 나라로의 중개

04 (역자주) 1일 중에 낮의 길이가 밤의 길이보다 길 때를 장일(長日)이라 한다. 반대로 낮의 길이가 밤의 길이보다 짧을 때를 단일(短日)이라 한다. 장·단일의 경계는 낮의 길이가 12~14시간 이상인 것을 장일, 12~14시간보다 짧은 것을 단일이라고 한다.

역할을 하였다는 점에서 특필할 만하다. 실제로 감자는 스페인에서 프랑스나 영국, 그리고 독일 등의 유럽 북부에 퍼져가고 있었다(〈그림 1〉).

덧붙여 역시 아메리카대륙에서 도입된 옥수수는 감자와는 대조적으로 이탈리아나 그리스, 유고슬라비아 등의 유럽 남부로 퍼져갔다. 감자가 냉랭한 기후에 적합한 데 반해, 옥수수는 온난한 기후에 적합하였기 때문이다. 어쨌든 유럽은 감자와 옥수수라고 하는 새로운 식량원(食糧源)을 얻음으로써 대폭 인구 증가가 가능하게 되었고, 그것은 역사를 바꾸었다고 해도 과언은 아닐 정도였다. 단 거기에 이르는 길은 우여곡절이 있었으며, 특히 감자는 기구한 역사를 겪게 된다.

(3) 프랑스로

프랑스는 스페인 북쪽에 인접한 나라였기에, 감자는 아마도 스페인에서 프랑스로 직접 전해졌을 것이다. 그 시기도 비교적 빨라서 1600년에 감자에 관해 기술한 책도 있다. 다만 이 무렵은 아직 감자에 대한 이해는 충분하지 않아, 감자는 버섯의 일종인 트뤼프(truffe, 송로)라고 여기고 있었다. 이러한 사고방식은 그 후에도 오랫동안 계속되어 1675년에 묘사된 그림(〈그림 2〉)에서도 감자는 아직도 버섯의 일종으로 간주되고 있다. 이것이 그려진 17세기에 감자 재배는 프랑슈콩테, 로렌, 부르고뉴, 리옹 등에 퍼졌지만, 인기 있는 음식물이라고는 절대 말할 수 없었다. 그 배경에는 감자를 먹으면 '배에 가스가 찬다'든가 '나병(한센병)에 걸린다'는 등의 편견이 있었기 때문이다.

이러한 감자에 대한 편견도 세월이 흘러감에 따라 점차 사라져갔다. 그 전환점이 된 것이 기근이었다. 유럽 중에서도 비교적 혜택을 받은 기후

〈그림 2〉 17세기에 유럽인이 그린 감자
아직 버섯의 일종으로 그려져 있다.
출전: F. Vam Sterbeeck, Theatrum Fungorum, 1675.

였던 프랑스조차 18세기에 이르러 16회나 기근이 덮치고 있었다. 특히 1770년의 기근은 극심하였다. 그 기근 당시 커다란 역할을 한 것이 다름 아닌 감자였다. 감자로 인해 수많은 사람이 목숨을 구한 것이었다.

이 일이 계기가 되어 한 연구자가 감자 재배 확대를 위해 일어섰다. 저명한 농학자이자 화학자이기도 한 앙투안 오귀스틴 파르망티에(1737~1818, Augustin Parmentier)였다. 그는 7년 전쟁 때 독일의 포로가 되었다. 그 당시 감자를 식사로 지급하던 것에 힌트를 얻어 프랑스로 귀국한 후 루이 16세의 비호하에 감자 재배 보급을 꾀한 것이다.

이 파르망티에 덕분인지 19세기가 되면 프랑스의 감자 재배는 매년 확대되어 갔다. 작물 재배 면적으로 말하면 1789년에는 4,500헥타르였지만, 그 100년 후인 1892년에는 300배 이상인 151만 2,163헥타르까지 확대된 것이다. 이러한 상황은 유명한 밀레의 '만종' 그림에 감자가 그려져 있는 것에도 나타난다.

(4) 전쟁과 함께 확대한 감자 재배 – 독일

기근과 함께, 또 하나 감자가 유럽에 보급되게 한 사회적 상황이 있다. 당시 유럽 북부의 주요 작물은 밀이나 호밀이었지만, 이들 곡물 수량이 적은 탓에 기근이 빈발한 것이다. 그 때문에 유럽 각국은 영토 확대를 꾀하며 전쟁을 반복하고 있었다. 그 결과 병사가 보리밭을 마구 짓밟기도 하고, 수확한 저장고의 보리를 자주 약탈해갔다. 이러한 상황 속에서 감자는 전쟁 피해가 비교적 적었다. 감자는 밭이 조금 짓밟혀도 수확할 수 있었고, 또 밭을 저장고 대신으로 삼아 필요한 때 수확할 수 있었기 때문이다. 게다가 감자는 밀 등보다 몇 배나 더 큰 수확이 있었다.

이렇게 유럽에서는 전쟁이 반복될 때마다 감자가 보급되어 갔다. 그 발단이 된 것이 1680년대의 루이 14세에 의한 벨기에 점령이다. 그리고 그곳에서 감자는 독일이나 폴란드로 퍼져갔다. 특히 독일 남서부 지방에서는 스페인 계승 전쟁(1701~1714) 때 감자가 중요한 작물이 되었다. 더욱이 7년 전쟁(1756~1763) 때 감자는 동쪽으로도 퍼져, 프로이센이나 폴란드에서도 재배되었다. 나폴레옹전쟁(1795~1814) 때 감자 재배는 러시아까지 확대하고, 이윽고 유럽 북부에서의 재배도 활발해졌다.

그런데 독일에 감자는 16세기 말에 전해졌지만, 독일에서도 처음에는 음식물이 아니라 진귀한 식물로 약초원 등에서 재배되고 있었다. 그러한 상황을 결정적으로 바꾼 것이 앞에서 서술한 기아와 전쟁이다. 특히 비참한 30년 전쟁(1618~1648)이 독일에서 감자 재배 발전에 크게 공헌하였다. 그 후 감자 재배 보급에 공헌한 인물로 알려진 것이 프리드리히 대왕(재위 1740~1786)이다. 그는 편견으로 감자를 먹으려 하지 않던 농민에게 감자 재배를 강제하여 굶주림에서 국민을 구했다고 전해진다. 이른바 '프리드리히 대왕 전설'이다.

이 전설의 진위는 분명하지 않지만, 그 후의 7년 전쟁과 1770년에 발생한 기근 때에 감자 재배의 이점은 분명해졌다. 이때까지 감자는 독일에서 오로지 가축 사료로 사용되었지만, 인간의 식량으로 다시 평가받게 된 것이다.

이렇게 독일에서는 18세기 말부터 본격적으로 감자 재배가 시작되었다. 다만 그 침투 정도는 지역에 따라 큰 차이가 있었다. 산이 많고 토지가 척박한 지역에서는 감자 재배가 정착해가고 있었지만, 온난하여 곡물을 생산할 수 있는 지역에서 감자 재배는 침투하지 못했다. 본래 감자는 한랭한 안데스 산악 지역에서 태어난 작물로, 그 특성이 유럽에서도 유감없이 발휘된 것이다. 게다가 이러한 지역에서는 메밀이나 잡곡 등이 산간의 좁은 농지에서 재배되어 농민은 가난한 생활을 해야 했기 때문에 그들에게 감자는 안성맞춤의 작물이었다.

이렇게 독일에서의 감자 재배가 17세기 말부터 18세기에 걸쳐서는 일부 지역에 제한되어 있었다. 그 배경에는 감자에 대한 뿌리 깊은 편견이 있었다. 특히 감자에 독이 있다는 설이 널리 믿어졌다. 확실히 감자의 싹 부분에는 유독물질인 솔라닌(solanin)이 다량으로 포함되어 있어, 그것을 모르고 먹어 복통을 일으키거나 식중독에 걸린 사람들이 있었는지도 모르겠다. 게다가 감자에는 최음성, 즉 성욕을 항진(亢進)시키는 작용이 있다는 설도 있었다. 이렇게 감자는 편견에 휩싸여, 열등 식물이라는 이미지가 따라다녔다. 그 결과 대부분 지역에서 감자는 18세기 중기 무렵이 되어도 가축 사료, 기껏해야 빈민의 구황작물이라는 영역을 벗어나지 못한 것이다.

이러한 동향의 전환점이 된 것이, 프랑스 항목에서도 서술한 것처럼 1770년대 초반에 발생한 대기근이다. 이때의 기근은 혹심한 겨울이 오랫동안 지속하고 여름에 장마가 계속되면서 초래되었는데, 그것은 곡물 생산에 괴멸적인 피해를 끼쳤다. 한편 감자가 재배되던 지역에서는 이 기근의 영향을 거의 받지 않았다. 이렇게 감자의 유용성이 새롭게 인식되어 18세기 말 무렵부터 감자 재배가 독일 각지에서 급속히 확대된 것이다. 게다가 감자의 높은 생산성이나 내한성, 높은 영양가 등도 널리 알려지게 되어, 그 후 감자 재배는 순조롭게 확대해갔다. 그리고 단위 면적 당 인구 부양력이 큰 감자는 19세기 전반 독일의 인구 급증을 뒷받침하며, 일반 민중의 식생활에도 정착하였던 것이다.

실제로 1850년 무렵의 독일에서 연간 1인당 감자 생산량은 약 120kg이었지만, 그것이 1870년대 후반이 되면 200kg 가까이 증가하였다. 더욱이 1890년부터 1890년 전후에는 250kg에서 300kg까지 달하였다. 이렇게 감자는 20세기에 들어서면 독일인에게 '국민식'이라 할 정도로 중요한 역할을 하게 되었다.

2. 아일랜드의 감자

(1) '감자 애호' – 아일랜드

유럽 각국에서 감자가 아직 편견에 휩싸여 있던 가운데, 유일하게 '감자 애호'로 알려진 지방이 있었다. 영국과 바다를 끼고 서쪽에 위치한 아일랜드이다. 아일랜드는 일본의 홋카이도(北海道) 정도의 면적밖에 되지 않는 작은 나라이지만, 일찍이 '감자 애호'였기 때문에 국민의 대부분이 커다란 재난을 겪었던 역사가 있다. 감자에 의한 '대기근(The Great Hunger)'이 그것이다. 그리고 이 대기근은 아일랜드만이 아닌, 미국이나 영국, 오스트레일리아 등도 휩쓸린 지구 규모의 대참사가 되었다. 그래서 아일랜드에 대해서는 좀 더 자세하게 다루도록 한다.

감자가 아일랜드에 도입된 것은 16세기 말 무렵이라고 하는데, 다른 유럽 여러 나라와는 달리 17세기에는 밭작물로 받아들여졌고, 18세기에는 주식으로 이용하는 사람도 적지 않았다. 그 배경에는 아일랜드의 특이한 풍토가 있었다. 먼저 아일랜드는 북위 50도를 넘는 고위도 지방에 위치하고, 홍적세(洪積世)[05]까지 섬 전체가 빙하로 덮여 있었다. 그 때문에 토양은 얕고, 게다가 그 토양은 기온이 낮기 때문에 부식토가 부족하다. 이러한 토양이나 기후에도 감자는 잘 자란 것이다.

그렇다고는 하지만 감자가 즉시 주식(主食) 자리에 올라선 것은 아니다. 본래 아일랜드 사람 대부분이 주식으로 하던 것은 귀리로, 이것을 오트밀(oatmeal)[06]로 먹었다. 그리고 이것을 버터 등의 낙농 식품이 보완하고 있었다. 특히 가을에 귀리가 수확되기 전 여름 음식물의 중심은 낙농 식품이었다. 그러나 귀리와 낙농 식품만으로는 겨울에 음식물이 부족한 경향이 있었다. 특히 귀리가 흉작이면 즉각 식량 부족으로 이어졌다. 이러한 상황 속에서 주목받은 것이 감자로, 실제로 1660년부터 1670년대에 걸쳐 감자는 수차례에 걸쳐 귀리의 흉작을 구했다.

또 다른 하나, 아일랜드에는 감자를 수용하는 사회적 배경도 있었다. 먼저 당시 아일랜드는 영국의 식민지와도 같은 상태에 처해 있었다. 그리고 그 배경에는 가톨릭을 신봉하는 아일랜드와 프로테스탄트를 신봉하는 영국의 종교적 대립이 있었다. 아일랜드의 가톨릭 신자가 소유하고 있던 농지 대부분은 몰수되어 영국 측에 배분되었다. 이렇게 영국인에게 토지를 빼앗긴 아일랜드인은 소작농이 될 수밖에 없었다. 이러한 상황에서 주로 보리를 재배하던 소작 농가들은 지대(地代)[07]를 지불해야만 하였지만, 감자에 대해서는 지대를 지불하지 않아도 되었다.

---

05 (역자주) 지질시대의 하나로 신생대 제4기(紀) 전반에 속한다. 170만 년 전~1만 년 전.

06 (역자주) 귀리를 볶은 다음 거칠게 부수거나 납작하게 누른 식품, 또는 이것으로 죽처럼 조리한 음식.

07 (역자주) 토지 사용에 대해 지불한 임대료.

게다가 감자는 대규모 자본을 투입하지 않아도 쉽게 재배할 수 있는 이점이 있었다. 농기구는 오로지 간단한 디딤가래[踏鋤][08]가 사용되고, 이 디딤가래를 인력으로 끌어 밭을 갈았다. 간다고는 해도 경지 전체를 가는 것이 아니고, 감자를 심는 장소만 돋우고 그곳만을 디딤가래로 가는 것이다. 그 때문에 이 방법은 레이지 베드(Lazy Bed), 즉 '게으름뱅이 모종판'이라고 불렸다. 비료는 가축의 똥 외에 해안에 가까운 지방에서는 해초도 사용되었다.

'게으름뱅이 모종판'이라고 빈정거렸지만 이 방법으로도 감자는 잘 자랐다. 특히 돋운 모판에 의해 아일랜드에서는 종종 문제가 되는 배수를 쉽게 할 수 있었다.

이리하여 아일랜드에서는 감자 재배가 급격히 증가해갔다. 그 결과 감자가 아일랜드에 도입되고부터 100년 정도 사이에 아일랜드인이라면 '감자 애호'로 알려질 정도로 그들은 감자를 잘 먹게 되었다. 그리고 18세기 중반 무렵에는 감자가 거의 유일한 식량이라 해도 좋을 정도의 위치를 차지하였다. 당시 아일랜드를 여행한 어떤 사람은 "여기서는 1년 중 10개월은 감자와 우유만으로 지내고, 남은 2개월은 감자와 소금만을 먹고 있다"라고 기록했을 정도이다.

실제 당시 한 사람의 아일랜드인이 하루에 소비하는 감자 양은 10파운드(약 4.5kg)에 달하였다. 감자는 영양 균형이 뛰어난 작물이고, 비타민이나 미네랄류(類)도 풍부하다. 그 때문에 나중에 약간의 우유를 마시는 것만으로도 영양을 충분히 보충할 수 있었다. 이렇게 아일랜드에서는 감자 재배가 점점 확대되고, 그에 따라 인구도 급증하였다. 1754년에 320만

---

08 (역자주) 흙을 파헤치기 위한 칼끝을 자루와 같은 방향으로 설치한 농기구, 외날따비.

이었던 인구는 그때부터 100년이 채 되지 않은 1845년에 약 820만명까지 증가한 것이다.

(2) 감자 대기근

그러나 이 이후 아일랜드에서는 생각지도 못한 비극이 기다리고 있었다. 1845년 8월 16일에 잡지 『원예 연대기』는 영국 남부의 와이트(Wight)섬에서 새로이 역병이 발생하였다고 보도했다. 다음 주에는 이 잡지의 편찬자로 유명한 식물학자인 린들리(John Lindley)도 감자밭에 중대한 역병이 발생하였다고 보도했다. 그 역병은 먼저 잎에 반점이 퍼지고, 이윽고 흑색이 된다. 그 후 썩거나 떨어지는 증상이 줄기나 덩이줄기에도 퍼져 부패하여 악취를 내게 되게 된다는 것이었다.

다만 이 시점에 이 재해는 아일랜드인에게 강 건너 불 같은 것이었다. 아직 역병은 아일랜드까지 침입하지 않았기 때문이다. 그렇지만 그것도 순강의 일로, 역병은 영국 전역으로 확대되고 그 후 병원균은 아일랜드에도 침입해왔다. 이 해의 피해는 비교적 경미했지만, 그럼에도 아일랜드의 감자 생산은 반으로 줄었다고 추정된다. 이것을 당시의 금액으로 환산하면 아일랜드만으로도 350만 파운드, 영국은 500만 파운드의 손실이었다.

이 때문에 정부는 미국에서 10만 파운드의 옥수수를 매입하였지만, 옥수수는 아일랜드인에게는 맞지 않았다. 옥수수는 가루로 만들 필요가 있었는데, 아일랜드인 대부분은 가루 빻는 기계를 가지고 있지 않았기 때문이다.

역병은 이 해만으로 끝나지 않고 오히려 이듬해인 1846년이 더 피해가 컸다.

이번에는 감자의 9할이 역병에 걸렸고, 여기에 혹심한 겨울 추위가 재차 타격을 주었다. 11월에 대설이 덮쳐 사람들은 풀을 태워 어떻게든지 추위를 견뎠다. 1848년에는 재차 심각한 기근에 빠져 아사자가 속출하였다. '대기근'이라 불리는 연유이다.

그러나 실제로는 식량 부족으로 아사하는 사람보다 병으로 죽는 사람이 더 많았다. 영양 부족으로 체력이 약한 사람들을 다양한 병이 덮친 것이다. 유행성 열병도 들불이 번지듯 전역에 퍼졌다. 이것을 사람들은 '기아열'이라고 불렀지만, 실제로는 티푸스와 회귀열이었다.

이 외에 홍역이나 이질, 콜레라 등도 유행하고, 비타민C가 부족한 옥수숫가루를 먹던 사람들은 괴혈병에 걸렸다. 이 병에 의한 사망은 1851년이 되어 마침내 수그러졌지만, 그때까지 이 '대기근'에 의해 아일랜드에서 죽은 인구는 100만 명에 달한다는 데 역사가의 견해가 일치한다. 너무나도 사망자가 많았으므로 관도 묘지도 제때 마련하기 어려워 그대로의 상태로 짐수레에 실려 운반되어 시신은 한데 모아 매장되었다(〈그림 3〉).

〈그림 3〉 짐수레로 운반되는 시체
출전: Illustrated London News, 1847.

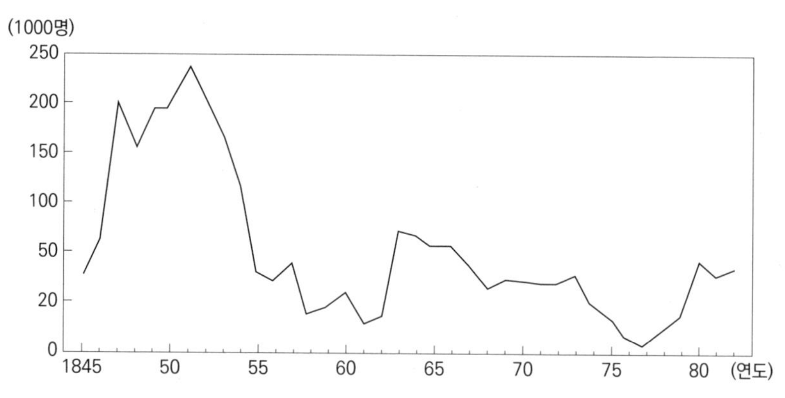

〈그림 4〉 아일랜드의 해외 이민 수
출전: 齋藤(1985).

물론 아일랜드인도 앉아서 이 상황을 견뎌냈던 것은 아니다. 피폐한 아일랜드를 포기하고 신천지를 찾아 떠나는 자가 이어졌다. 그것은 이민이라기보다 오늘날의 보트피플 같은 난민 그 자체였다. 악명 높은 변변치 못한 '관용선(棺桶船)'에 채워 넣어져 신천지를 지향한 것이다. 그리고 이 중 1/5은 목적지에 도달하기도 전에 사망한 것으로 알려져 있다.

그들에게 신천지란 영어가 통하는 영국, 미국, 캐나다, 오스트레일리아, 뉴질랜드 등이었다. 〈그림 4〉는 '대기근' 이후 아일랜드에서 미국과 영국 식민지로의 이민 숫자로, '대기근'의 시대로부터 1850년대 전반에 급증한 것을 알 수 있다. 다만 이 도표에는 아일랜드에서 영국 본국으로의 이민은 포함되어 있지 않다. 필시 아일랜드에서 거리로는 훨씬 가까운 영국 본국으로의 이민은 이 도표에 나타내고 있는 숫자보다도 훨씬 많았다고 추측된다.

이렇게 '대기근' 사이에 아일랜드에서 떠나간 사람들은 150만 명에 달한다고 알려져 있다. 그러나 가난하고 전문 기술도 없는 이민자들을 기다리고 있던 것은 고난의 길이었다. 특히 프로테스탄트가 대다수를 점하는 미국에서 가톨릭계 아일랜드인의 이민은 주눅이 드는 것이었다. 미국 사회에서 아일랜드인이며 가톨릭이기도 하다는 것은 오명이었기에, 직업을 얻으려고 하면 그들에 대한 편견이 가로막았다. 실제로 일부 고용자는 가톨릭계 아일랜드인을 고용하는 것을 거부하고, 사원 모집 광고에 일부러 '아일랜드인 응모는 사절'이라는 한 문장을 넣었다.

(3) '대기근'의 원인과 결과

그렇다 치더라도 무엇이 아일랜드에서 이러한 비참한 기근을 초래한 것일까? 먼저 뭐라 해도 감자 역병 발생에서 원인을 찾을 수 있다. 이 역병의 근원은 당시는 알려지지 않았지만 진균류인 피토프토라 인페스탄스(Phytophthora infestans)이고, 여기에 침범당한 감자는 입고병(立枯病)[09]에 걸린다는 것이 알려졌다. 이것은 필시 아메리카대륙에서 건너온 것으로 추측되고 있다. 그리고 이것이 앞에서 서술한 바와 같이 1864년 6월에 최초로 와이트섬에서 출현하고, 그곳에서 전 유럽으로 퍼져갔던 것이다.

그러면 어째서 아일랜드에서만 입고병이 대기근을 일으킨 것인가? 그것은 한 마디로 말하자면 아일랜드인이 '감자 애호'였기 때문이었을 것이다. 즉 너무나도 감자에 의존한 탓으로, 기근 같은 비상시에 대체 작물이 없었다. 게다가 이 상태에 박차를 가한 것은 단일 품종만을 재배한 상황이다. 감자는 수많은 품종이 있지만, 아일랜드에서는 19세기 초 무렵부터 오로지 '럼퍼(Lumper, Irish Lumper)'로 불리는 품종만을 재배하는 상황이었

---

09 (역자주) 감자의 줄기나 잎이 갑자기 시들어 말라 죽는 병.

다. 이 품종은 영양가 면에서는 다른 품종에 비해 떨어졌지만, 적은 비료와 빈약한 토양에서도 재배할 수 있었으므로 아일랜드 전역에 보급되어 있었다. 그러나 감자는 덩이줄기에 의해 늘어나는 이른바 클론(clone)[10]이어서 단일 품종의 재배는 유전적 다양성을 잃어버리게 된다. 따라서 어떤 병이 발생하면 거기에 저항성을 가지지 못한 품종은 모든 개체가 같은 피해를 당한다. 아일랜드의 대기근은 틀림없이 이렇게 생겨났던 것이었다.

다만 대기근의 모든 원인을 감자의 역병에서만 찾을 수는 없다. 당시 아일랜드가 처한 사회적 상황도 고려하지 않으면 안 된다. 앞에서 서술한 것과 같이 아일랜드는 영국의 식민지와 같은 상태에 있었으며, 농민은 빈곤에 허덕였다. 그러한 상황에서 기근이 발생했지만, 정부는 충분한 대응책을 취하려 하지 않은 것이다. 식량 부족을 해결하려면 해외에서 저렴한 곡물을 긴급히 수입할 필요가 있었지만, 이것은 곡물 가격 유지를 목적으로 한 법률, 이른바 곡물법 때문에 실행이 곤란하였다. 또 자유시장에서 방임주의, 이른바 '레세페르(laisser-faire)'도 대응의 서투름에 박차를 가했다. 그 결과 정부에 의한 곡물 수입은 거의 실시되지 않았다. 더욱이 국외로의 수출에 대한 규제도 행해지지 않았기에 수많은 아일랜드인이 심각한 기근 상태에 있음에도 불구하고 곡물은 아일랜드에서 사라져버리기만 하는 이상한 상태였다.

이렇게 기근과 병, 게다가 국외 탈출의 결과 아일랜드 인구는 급격히 감소하였다. 그 후에도 인구는 계속 감소하여, 아일랜드 인구는 1911년의 시점에 440만 명으로 격감하여 1845년의 반 정도로까지 떨어졌다. 사실

10 (역자주) 단일 세포 또는 개체에서 무성적(無性的)으로 만들어진 유전적으로 동일한 세포군(群) 또는 개체군.

이 후유증은 지금도 계속되고 있고, 1990년의 시점에도 아일랜드의 인구는 약 350만에 머물고 있다. 한편 아일랜드계 인구는 미국에서 4,300만 명, 전 세계에 7,000만 명에 달한다고 한다.

3. 아프리카·아시아·북미로의 도입

(1) 아프리카로 – 유럽의 입식자(入植者)[11]와 함께

아프리카는 유럽과 거리로는 가깝지만, 감자의 도입은 상당히 늦어서 19세기에 들어서부터인 것 같다. 또 유럽인 입식자에 의한 것 같다. 그것은 처음에 감자가 '백인의 참마(山芋)'라든가, '유럽의 덩이줄기'라 불렸던 것에서도 알 수 있다. 그 후 유럽인의 감자 재배를 보고 현지인들도 유럽인에게 팔기 위해 재배를 시작하였다. 다만 현지인들은 감자를 좀처럼 먹으려 하지 않았다. 현지인들이 감자를 먹게 된 계기는 주변의 입식자가 감자를 먹던 상황, 식량 부족, 그리고 정부의 명령이었다. 예를 들면 르완다에 감자가 도입된 것은 1800년대의 말 무렵 벨기에 입식자들에 의한 것이었지만, 이것을 현지인들은 '터부(taboo)'로 삼아 먹으려 하지 않았다고 한다.

그 르완다에서도 현재 감자는 바나나에 다음가는 중요한 작물이 되었다. 또 1961년 이래 감자 재배는 급증하여, 당시 10만 톤이 채 못 되던 생산량이 2005년에는 130만 톤이 되었다. 그리고 현재 르완다에서의 연간 1인당 감자 소비량은 독일 등을 훨씬 능가하는 124kg에 달하고 있다. 르완

11 (역자주) 개척 등을 위한 이주자.

다도 케냐와 마찬가지로 열대권에 위치하나 해발 1,800m 이상의 고지대는 냉랭한 기후여서 그곳에서 주로 감자가 재배되었다.

케냐에서도 감자는 19세기 말에 도입되었다. 최초에는 유럽인이 재배하여 오로지 유럽인이 소비하였지만, 이윽고 현지 사람들도 재배하게 되었다. 그리고 현재 감자는 옥수수 다음의 두 번째에 위치할 정도로 생산량이 늘어, 2006년에는 78만 톤에 달하고 있다. 케냐는 감자의 고향인 페루와 함께 저위도 지대이고, 게다가 그곳에는 해발 2,000m 전후의 고지대가 펼쳐져 있어 감자 재배의 중심이 되어 있다.

케냐에 인접한 에티오피아에서도 감자 재배가 급증하였다. 에티오피아의 감자 보급은 최근인 것 같고, 주로 도시부에서 소비되고 있다. 그 때문에 감자 재배가 집중적으로 보이는 것은 수도인 아디스아바바 주변에 제한되어 있지만, 에티오피아에는 안데스 고지와 비슷한 냉랭한 기후인 에티오피아고원이 펼쳐져 있기에 앞으로도 감자 재배는 확대되어 갈 가능성이 있다.

(2) 아시아 – 인도, 중국, 그리고 일본으로

아시아에서 맨 먼저 감자가 도입된 곳은 인도였던 것 같다. 1600년대 포르투갈의 항해자들이 봄베이(뭄바이)에 상륙할 때 감자도 인도 땅을 밟았다. 다만 1700년대 이전에 감자는 인도 서부의 정원에서 채소로 재배되는 정도였다. 감자가 인도 남부까지 퍼진 것은 겨우 1880년 무렵이었다. 그 후 영국인들이 인도 북부의 구릉지대에서 재배를 촉진하여 그곳에서는 감자가 주식이 되었다. 게다가 감자 재배는 구릉지대에서 평원지대로까지 확대되었다. 다만 저지대의 평원지대는 더워서 겨울 작물이어야 했다. 이

읍고 관개나 저장시스템 정비와 함께 감자 재배는 확대되어갔지만, 인도에서 대량으로 생산되기 시작한 것은 그다지 오래되지 않은 1960년 무렵부터였다. 앞서 1949년에 중앙감자연구소가 설립되어 여기서 인도의 환경조건에 적응한 품종 도입이나 육종이 진행되었으며, 육성된 품종에 의해 생산이 비약적으로 확대되었다. 특히 1960년부터 2000년까지 인도의 감자 생산량은 주로 도시부의 수요를 만족시키려고 8배 이상 증가하였다. 또한 인도에서도 감자 재배는 냉랭한 기후가 필요하여, 10월부터 3월까지의 겨울 동안 집중되었다. 현재 인도는 중국 다음인 세계 제2위의 감자 대량생산국으로, 2007년의 생산량은 2,400만 톤에 달한다.

중국에 감자가 도입된 것은 1650~1700년 무렵으로, 네덜란드령 동인도제도(諸島)로부터였다. 1603년에 네덜란드 이주자가 대만에서 감자를 재배한 초기 기록도 남아 있다. 네덜란드는 1624년부터 1662년까지 대만을 지배하였으므로, 이때 바다 건너 중국 본토에도 도입되었다고 생각된다. 또 북방의 러시아에서도 도입되었다. 러시아 선교사나 상인에 의해 시베리아에서 북동 하북성 및 남만주(현재의 요령, 길림 연안 지방)에 들어왔고, 나아가 황토 고원의 북서에 위치하는 산서성(山西省)과 섬서성(陝西省)까지 퍼졌다. 이렇게 감자는 중국 전토로 퍼졌고, 특히 중국의 북동부나 내몽골, 게다가 남부에서는 경사지가 많은 산악지대 등에서 중요한 식료(食料)가 되었다. 그리고 현재 중국은 감자 생산량에서 세계 1위의 위치를 자랑한다. 그 중국 및 인도로부터 감자는 티베트에도 도입되어, 부탄이나 네팔, 시킴 지방, 그리고 카슈미르 지방 등에도 보급되어 갔다.

여기서 일본에 대해서도 조금 언급해두겠다. 일본에서도 홋카이도나 동북 지방 등에서 감자의 도입이 사람들의 삶에 큰 공헌을 하였기 때문이다.

감자의 고향인 안데스에서 보면 일본은 지구 반대 측에 위치하지만,

일본에 감자는 꽤 이른 시기에 전해졌다고 한다. 통설에서는 "게이초(慶長) 3년(1598)에 네덜란드 선에 의해 자바섬에서 나가사키(長崎)에 전해졌다"라고 이야기되는 한편, 덴쇼(天正) 4년(1576)이라는 설도 있다. 이 진위는 분명하지 않지만, 에도시대 후기에는 감자에 관한 기술을 문헌에서 볼 수 있기에 에도시대에 감자가 전래해 있던 것은 틀림이 없다.

에도시대 일본에는 감자를 받아들일 원인도 있었다. 그것은 유럽과 마찬가지로 당시 일본에서도 기근이 연속되고 있었기 때문이다. 에도시대의 기근으로는 간에이(寬永) 기근(1640~1644), 교호(享保) 기근(1731), 덴메이(天明) 기근(1782~1787), 그리고 덴포(天保) 기근(1832~1836)이 4대 기근으로 알려졌지만, 이 외에도 있었다. 특히 동북 지방에서는 1755년 호레키(寶曆) 기근 외에 냉해에도 빈번히 고통을 겪고 있었다.

이러한 상황 속에서 난학자(蘭學者)[12]인 다카노 조에이(高野長英, 1804~1850)는 유명한 『구황이물고(救荒二物考)』를 저술하여 감자 재배 촉진을 꾀했다. 이물고(二物考)의 이물(二物)이란, 기후 불순에도 잘 자라는 메밀과 폭풍우에 강하고 재배도 쉬운 감자를 가리키는 것이다. 그 덕분인지 감자는 메이지(明治) 시대가 되면 급속히 재배 면적을 확대해갔다. 〈그림 5〉은 메이지 중기의 도도부현별(都道府縣別) 감자 재배 면적 중 상위 13개 현을 나타낸 것이다. 이 도표에 의하면, 홋카이도를 비롯해 동북이나 신슈(信州)[13]의 감자 재배 면적이 큰 것을 알 수 있다. 그중에서도 홋카이도는 다른 지역을 압도한다. 냉랭한 안데스 고지를 기원지로 하는 감자가 홋카이도의 냉랭한 환경에 잘 적응한 것이다.

12 (역자주) 일본에서 네덜란드어를 통해 수입된 서양 학문 문화를 익히고 연구한 사람.

13 (역자주) 현재의 나가노현(長野縣).

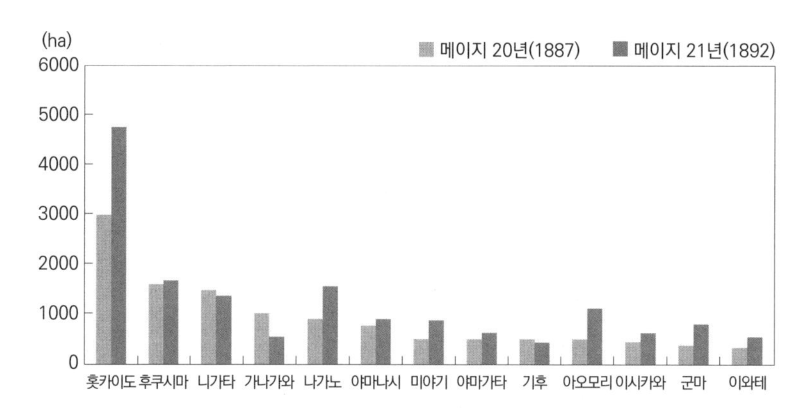

〈그림 5〉 도도부현(都道府縣)별 감자 재배 면적(상위 13개 도[道]와 현만을 나타냄)
출전: 원저자 작성.

홋카이도에서 감자는 주식만 된 것이 아니라 전분 재료로도 쓰여, 이윽고 전분 생산이 본격화하였다. 그 계기가 된 것이 청일전쟁을 거쳐 발전한 섬유산업이다. 방적용 풀로 전분 수요가 증가하였기 때문이다. 그 결과 메이지 30년(1897) 이후 홋카이도 각지에 많은 전분 공장이 설립되었다. 여기에 박차를 가한 것이 다이쇼(大正) 3년(1914)의 제1차 세계대전 발발이었다. 당시 네덜란드, 독일에서 감자 전분을 수입하던 영국과 프랑스가 수입이 막히자, 그 대신 홋카이도 전분을 수입한 것이다. 이렇게 감자는 홋카이도 개발을 견인하는 역할을 떠맡게 되었다.

(3) 북아메리카로 – '얼리 로즈(Early Rose)'와 '버뱅크(Burbank)' 종(種)

감자 원산지인 안데스와 마찬가지로 북아메리카는 아메리카대륙에 위치하지만, 신기하게도 감자가 북아메리카에 도입된 것은 상당히 늦다. 안데스에서 잉카제국이 번성했던 무렵 멕시코에서는 아스테카제국이 번성하였지만, 그곳에 감자는 알려지지 않았다. 멕시코만이 아니라, 감자는 중앙~북아메리카에서는 전혀 알려지지 않았다. 당시 감자는 안데스에서만 재배되던 대단히 국지적인 작물이었다.

감자가 북아메리카에 도입된 것은 1621년에 영국에서 버뮤다섬을 거쳐서였다고 한다. 당시 감자가 '아이리시 포테이토(irish potato)'로 불렸다는 사실에서, 영국에서가 아니라 아일랜드에서 감자가 도입되었을 가능성도 있다. 그 후 감자는 아메리카 북부 식민지에 급속히 보급되었다. 펜실베이니아 식민지의 체스터 타운십(Chester Township)에서는 늦어도 1725년에 감자를 재배하였고, 그때부터 10년도 지나지 않아 가운데 메인(Maine) 식민지의 연해부, 뉴욕 식민지의 파키부시, 매사추세츠 식민지의 세일럼(Salem) 등의 원격지에도 감자는 전파해갔다. 이렇게 북아메리카에 도입되고부터 100년이 채 안 되는 사이에 감자는 일상용 식품이라는 위치를 획득하게 되었다. 그 배경으로는 북아메리카에서는 감자에 대한 편견이 그다지 없었던 점을 들 수 있다. 또 감자는 비교적 쉽게 저장할 수 있었다. 지하실에 저장하기도 하고, 마루 밑이나 굴에 넣어 저장할 수 있었다. 그리고 조리에 대단한 용구가 필요하지 않는 것도 감자 보급에 유리하게 작용하였다.

그 후 북아메리카에서는 획기적인 품종이 개발되었다. 농학자인 루서 버뱅크(Luther Burbank)에 의한 '버뱅크' 종의 발견이다. 그 발단은 아일랜드의 감자 기근이었다. 이 기근의 영향은 북아메리카에도 미치고 있던 것이다. 그래서 뉴욕의 목사였던 C. 굿리치(Goodrich) 는 감자가 병에 약한 것은 여러 해 영양 번식에 의한 증식으로 활력이 떨어졌기 때문이라고 생각하였다. 이것을 회복하려면 덩이줄기가 아니라, 종자에서 얻을 수 있는 씨를 싹틔워 식물이 자라는 데 뛰어난 계통을 골라야 한다는 생각이 떠올랐다. 그래서 1851년에 칠레산 감자를 몇 알 손에 넣었다. 이 중에 껍질이 거칠고 표면이 보라색인 것이 있었다. 이것을 그는 '러프 퍼플 칠레(rough purple Chile)'라고 명명하였다. 이것은 많은 자가생식 종자를 맺었지만, 종자를 뿌려 얻은 싹에서 역병 저항성을 지닌 개체는 발견되지 않았다. 다만 부산물로 덩이줄기의 성장이 빠르고 많이 수확할 수 있는 '가넷 칠레(garnet Chile)'를 1853년에 얻을 수 있었다. 이것이 후에 버몬트주의 육종가 손으로 넘어가 새로운 품종이 육성되었다. 이것이 바로 조생으로 많은 수확을 할 수 있는 담적색 덩이줄기가 달린 '얼리 로즈(Early Rose)'였다. 그 때문에 이 품종은 북아메리카에서 장기간에 걸쳐 이용되었을 뿐만 아니라 유럽에도 도입되어, 유럽 품종과 교잡되어 조숙성(早熟性)[14]으로의 개량에 커다란 역할을 하였다.

이 '얼리 로즈'에 주목한 것이 루서 버뱅크이다. 1872년 그는 보통은 과실을 맺지 않는 얼리 로즈에서 하나의 과실을 발견하고, 그 과실에서 23개의 종자를 얻었다. 그 종자를 뿌리자 다양한 형질이 분리된 싹을 얻었으며, 거기에서 살이 하얗고 크고 긴 덩이줄기가 열린 개체를 골랐다. 다음해부터 덩이줄기를 증식하여, 수확이 많고 장일(長日)에 적응하고 있음을 확인하고 새로운 품종으로 삼았다. 이것은 육성자의 이름을 따서 후에 '버뱅크(Burbank)' 종이라 불렸다. 또한 '버뱅크'의 가지 변형(자연 돌연변이)에서, 껍질인 코르크층이 비대하고 두꺼워 그물코 형상(網目狀)이 되는 '러셋 버뱅크(Russet Burbank)'도 생겨났다. 이것이 현재 아이다호 포테이토(Idaho potato)로 알려진 것으로, 구운 감자나 튀김 감자로 패스트푸드점에서 제공되고 있다.

---

14 (역자주) 성장이 빠르고 성숙에 도달하는 기간이 짧은 것.

(4) 안데스에서 세계로

이렇게 16세기 중반까지 안데스 고지에서만 재배가 한정되어 있던 감자를 전 세계에서 재배·이용하게 되었다. 현재 감자를 재배하지 않는 나라는 없다고 할 정도로 중요한 작물이 되었다. 그 결과 감자는 밀, 옥수수, 쌀 다음으로 재배 면적이 세계 제4위를 점할 정도가 되었다.

그러나 감자는 이처럼 널리 이용될 때까지 긴 세월이 걸렸고, 여기서 서술한 것처럼 기구한 운명을 걸어온 것이다. 이것은 감자가 구대륙에는 콜럼버스 이후 처음으로 알려진 새내기 작물이어서 2류 작물이라고 여겨졌기 때문이었을 것이다. 그중에는 감자를 '악마의 식물', '성서에 실려 있지 않은 식물'로 몹시 꺼리고 싫어하는 나라조차 있었다.

이러한 편견은 유럽만이 아니라 일본에도 있었다. 또 이것은 과거의 이야기가 아니라 현재도 계속 살아있다. 예를 들면 감자 등의 덩이줄기류는 곡물과 함께 예로부터 인류의 생존을 지탱해왔지만, 인류사 속에서 덩이줄기류의 공헌에 주의를 기울이는 연구자는 적고 대부분이 곡류 중심의 사고방식을 취한다. 그 탓인지 고고학자도 역사학자도 농경 문명의 근원이 된 작물은 곡류라고 생각하여 "감자 따위로 문명이 탄생할 수 있을까"라고 말하는 고고학자조차 있다.

그러나 역사를 되돌아보아 감자 등의 덩이줄기류가 수행해온 커다란 공헌을 생각하면, 또 다른 시점을 얻을 수 있을 터이다. 이것은 만약 감자의 재배·이용이 없었더라면 오늘날의 유럽 발전도 없었다는 점을 고려한다면 이해되지 않을까.

참고문헌

齋藤英里,「十九世紀のアイルランドにおける貧困と移民」,『三田学会雑誌』78巻3号, 1985.

財団法人いも類振興会 編,『ジャガイモ事典』, 全国農村教育協会, 2012.

B·S·ドッジ, (白幡節子 訳),『世界を変えた植物』, 八坂書房, 1988.

山本紀夫,『ジャガイモのきた道』, 岩波書店, 2008.

Woodham-smith, C., *The Great Hunger: Ireland*, London: Penguin Books, 1962.

9장

모피
북미교역권을 둘러싼 역사의 두 층위

• 시모야마 아키라(下山晃) •

1. 두 개의 역사 층

오늘날 모피는 먼저 단순히 고급 패션 소재로만 의식되겠지만, 사실 그것은 시대나 국경 문화권을 넘은 '세계 프런티어(Frontier, 미개척지)' 속에서 세계 각지의 역사나 문화, 인종 간 관계나 지역의 변모, 생태계나 무역, 거래 제도, 동물관(觀)의 변천 등에 커다란 영향을 계속 준 가장 중요한 상품이었다. 특히 지배권의 확정·변모와 관련하여 모피는 매우 큰 역할을 하였다.

어느 문화권이든 축제나 제사 때 가면을 쓰기도 하고 모피를 장착하기도 하며 짐승의 뿔이나 새의 깃털을 몸에 붙이기도 하는 사례가 무수히 많다. 그것은 사실 어느 지역에서나 태초의 시대부터 공동체의 부활 번영에 대한 기원이나 성스러운 것, 권위 있는 것에 대한 관계가 살아있는 것과의 동화나 일체화를 공시함으로써 계속 공유되고 전승되어 온 것을 의미하고 있다.

'중원에서 사슴을 쫓다'라는 관용구가 상징적으로 드러내듯이 동·서양, 구·신시대를 불문하고 수렵을 행하여 모피를 획득하는 것, 몸에 걸치는 것은 왕이나 황제, 고위 신분자의 통치권이나 신성성과 결부되어왔다. 세력권으로서의 수렵지를 어떻게 관리할 것인가, 모피를 어떻게 배분할 것인가, 어떤 종류의 어떤 색채·양식의 모피를 걸칠 것인가는 어느 사회 어느 시대든 일정한 규칙이나 특별한 배려가 있었다. 모피는 지위의 상징이어서 신분 규정이나 신분의 확정과도 깊이 관계되었다. 요컨대 모피는 한 집단에서 권위나 신성성, 지배권을 떠맡은 자를 집단 속에서 획정하기 위한 무엇보다도 중요한 상징이었다.

그러한 모피의 태고부터 이어진 지배권과의 관련이나 다양한 사회적 의미 부여의 역사 전개에 관한 구체 사례에 대해서는 예전의 저서(下山, 2005)에서 상세하게 분석해 두었다. 여기서는 식민지 시기 아메리카의 사슴 사냥과 19세기까지 북태평양의 해달 수렵을 중심으로 한 해수(海獸) 모피 사냥의 전개를 다루어 구미를 중핵으로 한 지배권의 형성과 확립이 모피와 관련하여 어떠한 실상을 지니고 있었는지를 검토하고, 모피 프론티어의 역사적 전개가 근대 세계 나아가 현대 글로벌 사회의 기저를 만들어 내는 일종의 밑그림(原畫)이 되었음을 예증하겠다. 근대 북미 사회 형성의 시작인 식민지 시기 아메리카의 육수(陸獸) 모피 사냥이라는 역사 층과 유럽으로부터 동서 양방향을 향해 만족할 줄 모르는 프런티어 개척이 결절점을 지닌 북태평양의 해수 모피 사냥이라는 역사 층을 중첩시킴으로써 더욱 선명하고 상세한 밑그림을 얻을 수 있을 것이다. 역사의 두 층위에 공통적인 가장 큰 특징은 선조 신령의 화신(化身)이나 공동체의 수호신으로 태초 시대부터 숭배되어온 짐승이 죄다 상품화되어 생태계 파괴가 잇따라 확산된 것, 그리고 지배를 받는 쪽인 선주민의 대부분이 근대에 이르러서야 노예제와 문화의 근원적 붕괴에까지 노출되었다는 참으로 의외이면서도 기묘한 두 사실이다.

2. 북미 모피 프런티어의 역사 층위

(1) 최근의 연구사와 본 장의 과제

1970년은 모피 회사를 대표하는 허드슨만 회사의 설립 300주년이었다. 정확히 그 무렵부터 모피사의 본격적 연구나 관련 도서도 증가하기 시작하고, 이문화 간 교역(Cross-Cultural Trade)으로서의 모피 교역 연구(Wolf, 1982; 카틴, 2002 등)나 A. J. 레이(Ray, 1998) 같은 비교 경제 지리학적 분석도 널리 알려지게 되었다. 북미 모피사 관련 공동 연구는 레이가 주도한 것도 많다.[01]

1970~80년대 이후는 환경사나 생태학 문제가 부상한 시기이고, 모피 반대운동이 세계적 전개를 시작하게 된 전환기이다. 구미 학계에서 아날학파 등의 이론 축적과 관련된 한층 다양한 연구도 나오기 시작하고, 또 광범위한 지역 연구에도 관심을 가져 중세 이래의 러시아, 근동, 북구, 동

---

01 본 장과 마찬가지로, 울프(Wolf)도 카틴도 함께 모피 교역과 노예무역의 역할을 특별한 것으로 보고 있다. 경제학적 분석에 주축을 둔 레이의 연구(Ray, 1998)에 대해서는, 선주민의 문제나 혼혈 메티스(캐나다에 거주하는 크리족과 프랑스인의 혼혈)의 역사적인 실정을 간과하기 십상인 너무나도 담담한 불충분함이 있다고 하는 H. L. 카터에 의한 비평(*American Historical Review*, Vol. 81, No. 3, 1976)도 있다. 경제 분석에 치중한 담백함에서는 J. S. H. 브라운이나 J. L. 라이트 등이 지적한 바와 같은 인종차별주의(racism) 확산의 문제나, 북미 모피 프런티어 개척이 전 시대·전 지역에 끼친 선주민 배제(노예화까지 포함) 누적의 중요성이 부차적인 것으로밖에 인식되지 않는다(Brown, 1980; Wright, 1981).

구 등의 모피사에 대해서도 상세한 사정이 알려지게 되었다. 특히 소련 붕괴 이후에는 시베리아나 알래스카의 하층 민중과 모피사 전개의 관련 등도 분석의 대상이 되었다. 더욱이 최근에는 중국의 대두나 아시아 여러 나라의 발전에 따라, 또 인도양이나 태평양 여러 지역의 연구에 대한 편입을 전망한 인류학적 연구나 해사사(海事史) 연구의 축적 등 다양한 분야의 연구도 받아들여 모피사를 세계사 속에 자리매김하는 학제적인 대처도 볼 수 있게 되었다(Adam Matthew Digital, 2019).

이상과 같이 전망하는 가운데, 본 장에서는 적어도 다음의 두 요소가 중요한 검토 과제로 남겨져 있는 것을 지적해두고 싶다.

첫째는 모피 프런티어에서의 교역 진전 과정에서 선주민-백인 관계의 실정·실태가 다면적으로 연구되고, 또 생활사·가족사 연구의 진전이나 젠더 연구의 축적이 더해져, 모피 교역에서 여성이나 선주민, 혼혈아 등 하층민과 일반 주민이 사회 변모에 수행한 역할의 의미 부여가 문제시되는 점이다. 이 문제의 중요성은 M. 지로의 메티스 연구(Giraud, 1945) 등에서 일찍부터 의식은 되어왔었지만, 본격적인 전개는 극히 최근에 이르러서의 일이다[02].

---

02 이 주제에 관해서는 S. 반 커크의 '다수의 상냥한 굴레 설'이 정설처럼 되어 있는데(반 커크, 2014; 木村, 2001, 2004), 본 장은 이 커크설과는 대조적인 입장에서 분석을 진행한다. 모피 교역과 노예·봉공인(奉公人) 사역은 일체를 이루는 것이 많고, 또 모피 사냥꾼나 모피 회사의 사원 사이에서는 교역으로 이익이 올라가는 동안만 임시로 country wife로서 선주민이나 혼혈 여성을 아내로 맞아들이는 '일시 처'가 당연하였으며, 모피를 다 포획한 후에는 오랫동안 부부로 같이 살던 처나 아이들을 버리거나 팔기도 하여 동부의 마을이나 런던으로 은퇴하는 것이 통례였다. 수백 년 된 전통·문화를 부정당하고, 오래 세월에 걸쳐 광범한 지역에서 노예 사역의 사례까지 적지 않게 보였던 선주민(아직도 보류지에 억지로 수용되고, 뿌리 깊은 인종 차별 하에 미국·캐나다 양국에서는 UN의 '선주민의 인권조약'의 보호도 받고 있지 못하다)의 수난의 역사 전개를 '상냥한 굴레'의 강조로 마무리 짓는 역사 감각에는 참으로 커다란 위화감이 따른다. 下山(2020)을 참조하기 바란다.

둘째는 아시아·태평양, 특히 중국·일본 시장과 구미의 모피 교역의 연결이 다양한 산업 발전이나 지역의 변모, 패권의 동향 등에 관련하여 예상외의 커다란 파급적인 영향력를 지녔던 것이 서서히 판명되어 세계 상품으로서의 모피의 중요도가 다시금 인식되기 시작하였다. 모피사의 문제는 세계적인 제국 형성사의 틀이나 '주변'으로 치부된 지역 변모사와의 관련 속에서 비로소 분석될 수 있다고 하는 문제의식이 다시금 강해지고 있다고 생각된다는 점이다(Dunaway, 1994; McDougall, 2004; Farrow, Lang and Frank, 2006; Dolin, 2007, 2012). 그럼에도 불구하고 중국·일본의 모피 교역과의 관계나 역사적 의의는 역시 아직 충분한 분석의 대상이 되지 못했다. 아시아사 연구자가 좀 더 모피의 세계사적 중요성을 강하게 인식하고 모피 프런티어의 전개 실태를 세계사의 틀 속에서 해명해가야 할 과제가 남아 있다고 할 수 있다. 본 장은 그러한 시점에서 근대 모피사의 실상 해석과 의미 부여를 시도한 것이다. 첫 번째 요점은 지금까지 불충분했던 모피권(圈)의 여러 층위인 노동사나 민중사의 실상을 탐구하는 문제, 두 번째 요점은 개별적으로 진전되어온 시대나 지역마다의 모피사 연구를 상호 유기적으로 연결하여 근대 모피사의 총체적인 윤곽을 밝히는 문제이다.

(2) 야생의 상품화와 선주민의 노예화

16세기 이후 모피의 유행이 유럽에서 본격화하였다. 그 배경에는 다음과 같은 사정이 있다.

1570년까지는 유럽 여러 나라에서 온 많은 모피 사냥꾼과 탐험가가 북미에 진출하였다. R. 해클루트(Richard Hakluyt)가 "북미의 비버(beaver) 가치는 5,000개의 왕관에 필적한다"라고 써서, 그 후 모피 남획의 탐욕에

도화선을 당겼다. "1570년대 중에 뉴펀들랜드 앞바다에 스페인 배만으로 100척, 80년대에는 80톤급 모피선이 200척, 그후 반세기가 채 안 되어 네덜란드선만으로 4만 5,000척 이상" 등이라는 눈이 번쩍 뜨일 것 같은 수치도 알려진 것을 보면, 당시 시작된 모피 획득에 열광하는 모습을 충분히 짐작할 수 있다[03].

17세기 영국령 아메리카로 건너온 많은 이민자는 수렵이나 낚시에 대해서 누구든 마음 내키는 대로 할 수 있으리라는 막연한 기대를 품고 있었다. 그러나 영국 중상주의는 타국과의 대항도 있어서 식민지 경제 진흥을 위해 야생동물(wildlife)의 산업 이용에 대한 장려책과 규제책을 아울러 정비하여 식민지인에게 준수 의무를 엄격하게 요구하였다. 단 본국의 규제가 광대한 북미 프런티어에서 서서히 이완되어 사욕에 분주한 관리나 지방의 사냥꾼에 의한 '무허가' 거래, 사적인 모피업자, 모피 회사에 잠식당해가는 것이 그 후의 역사 흐름이 된다.

영국령 13개 주(邦)의 당시 사료에 의하면 1633년에는 입식자가 본국 정부에 수렵·어로·조수 사냥과 그 어획물의 행상 판매를 자유롭게 해달라고 탄원하였다. 1682년에는 윌리엄 펜(William Penn)의 입식 허가증에도 조수 사냥·수렵의 해금을 요구하는 청원이 있었던 것을 알 수 있다. 노스캐롤라이나에서도 특히 하천 유역 거주자에게 수렵·어로 활동은 어느 정도 주민의 자유에 맡기는 것이 적절하다는 것이 식민지 총독의 판단이었다. 로드아일랜드도 마찬가지이다(Records of the Colony of New Plymouth, 11: 14~16쪽, The States Record of North Carolina, 1: 50~51쪽,

---

03 *Calendar of State Papers, Colonial Series, America and West Indies, 1677~1680*, Kraus Reprint LTD., 1964, 643쪽; Gillespie(1974, 101~105쪽).

Records of the Colony of Rhode Island, 1: 99쪽 등. 이하 RCNP 등으로 간략히 기록). 그러나 한편으로는 영국 본국의 종래 수렵법·어로법의 선례에 맞추는 형태로 포획해도 좋은 짐승이나 물고기 종류를 세세하게 한정하기도 하고, 타운(town) 거주민에게만 수렵이나 청어류 고기잡이 권리를 제한하는 것과 같은 조례가 때때로 반포되었다.

당연한 일이지만 본국 당국의 정책 의도와 식민지의 현실 사이에는 많은 괴리가 있어 본국의 관례를 그대로 식민지에 적용하는 데에는 여러 가지 문제도 새로 생겨났다. 농지의 확대, 수렵이나 어로의 산업 진흥을 본국이 필요로 해도 현지에서는 들짐승 구제 대책 등만이 중요한 과제여서 본국의 대략적인 지시로는 힘을 보탤 수가 없는 경우도 많았다. 로드아일랜드나 매사추세츠의 식민지 당국이 늑대 쫓기를 주민 개개인에 대한 규제 문제가 아니라 타운 전체의 문제로 독자적으로 조례를 발하기도 한 것은 그 때문이었다.

이 시점부터 늑대 등을('야만인 이교도'와 함께) 내쫓는 것은 타운의 공적인 영예가 되고 비즈니스가 되었다. 그리고 타운을 현지에서 관할하는 식민지 당국의 대부분은 구제에 임하는 인민들에게 금전 보수도 주게 되었다. 그 한편으로 단순히 없애서는 안 될 사슴이나 비버 등의 모피 짐승이나 물고기, 조수의 포획 진전은 타운의 생활을 풍부하게 하고 무역을 진흥하는 데 무엇보다도 중요한 원천이라고 인식하기 시작하였다. 당시의 식민지 관련 사료를 보면, 특히 1630년대부터는 예를 들면 "상품화 가능 물품(merchantable commodities)" 등과 같은 표현이 자주 보이는데(Records of Massatusetts Bay, 1: 94, 104, 127~128, 236쪽), 즉 야생은 상품화했을 때 가장 중요한 의미를 갖게 되었다. 그 전환은 식민지 개발을 위한 즉각적인 경제 기반이 필요했던 영국 본국의 바람에도 대체로 따르는 것이어서, 본

국도 식민지 당국도 통괄이 성가신 포획 방법이나 개개인의 변경 수렵권 문제에 신경을 쓰는 편보다 포획한 어획물의 판매·유통에 과세하고 즉각적인 실리를 얻는 방책을 중요시하게 된다. 사실 모피 무역과 노예무역이 당시는 어느 주(州)에서나 그러한 즉효성·즉시성에 부응하는 대표적인 것이었다[04]. 1670년대 초에 모피 획득을 목적으로 하는 허드슨만 회사와 노예무역을 전업으로 하는 아프리카회사가 함께 칙허(勅許)·왕립의 '보증'으로 설립된 것은 결코 단순한 우연은 아니다.

3. 육수(陸獸) 모피 사냥의 역사 층 - 사슴 사냥과 엘리트 상인의 대두

(1) 사슴 가죽 무역의 고조

영국령 13개 주에서는 비버 가죽의 교역이나 각종 모피 거래를 주 경제 발전의 근간으로 간주하는 조례가 제정되어 사슴 생가죽의 무허가 거래는 금지되었다. 또 공적 이익에 기여하지 않는 모피 매매를 규제하여 모자·신발 등 모피·펠트(felt)[05] 제품의 제조는 통제 대상이 되었다(RCNP, 11: 119쪽; RMB, 1: 55쪽, 2: 117·168쪽; The Statutes at Large of Virginia, 1: 174·307쪽, 2: 185쪽 등). 영국 본국의 모자 제조업자와 밀리너즈(milliners,

---

04 Cronon(1983). 또 늑대 구제는 몇 가지 법안으로 선주민에게 보수를 지급하여 수행하는 것도 제안되었는데, 마구잡이 살상에 많은 선주민이 위화감을 느꼈기에 눈에 띄는 성과는 없다는 보고가 계속되었다.

05 (역자주) 양모나 인조 섬유에 습기와 열을 가해 압축시킨 천.

본래는 밀라노에서 일용품·화장품 등 잡화를 취급하던 상인으로, 특히 여성용 모자 거래로 큰 이익을 독점하고 있었다)의 압력에 따른 모자법의 제정(1732)은 이 시기 영국령에서의 급격한 모피 수렵 진전과 모자 산업의 융성을 상징한다.

1763년에 모자법이 재차 규제 강화를 내세우자 그것은 아메리카 독립혁명의 직접적 도화선의 하나가 되었다[06]. 덧붙여 뉴욕·펜실베이니아 2개 주의 선주민정책과 모피·피혁 수출 문제를 미국의 제국적 태동이라고 규정한 S. H. 카트클리프는 실제 사슴 가죽 수출의 막대한 수량을 많은 역사가가 간과하고 있는 점을 지적하였다. 또 미국 사업사의 대저서를 저술한 J. L. 비숍은 "식민지 시기의 아메리카에서 가장 주목할 사업으로 성장하고, 다른 주요 산업에서 이 모자 제조업만큼 급격한 혁명적 진보를 성취한 공업은 절대 존재하지 않는다"라고까지 전하고 있다. 너나 할 것 없이 모자에 사회적 지위나 정체성을 요구한 시대, 1700년대부터 70년의 기간에 13개 주에서 모피를 원료로 제조되어 런던에서 수출된 모자는 실제로 2,100만 개에 달하였다(당시 유럽 주요 국가의 총인구는 대략 1억~1억 3,500만 명). 펜실베이니아에서 4년에 1회는 수출품의 과반을 모피·피혁이 점하였으며, 1711년의 수출품은 적하물의 전부가 모피류였다[07].

모자용으로 가장 좋은 펠트 소재는 비버 펠트로, 꼬리 달린 비버 가죽 1매짜리가 표준이었으나, 새끼 양의 펠트나 장식용 섬유·금속류를 혼

---

06 모자법에 대해서는 淺羽(1984, 99~144쪽). 아사바(淺羽)는 하버드대학에서 수집한 사료·문헌을 다수 제공해주었다. 특별히 기록하여 감사드린다.

07 Cutcliffe(1976), Bishop(1966, 496~497쪽), 下山(2005, 163~269쪽) 및 History of British Acts & Taxation in the Colonies, Hat Act : https://www.landofthebrave.info/hat-act.htm. 또 Wien(1983)에 의하면 1700년에 4만 4,000파운드였던 영국에서 이베리아반도로의 비버 모자 수출은 1750년에는 26만 3,000파운드 이상으로 불어났다고 한다.

합한 다양한 디자인의 모자도 널리 확산하기 시작하였다. 고급 모자 제조에는 8마리분 정도의 가죽이 사용되었다. 특히 프랑스에서 1580년대까지 '비버 유지(油脂, Castor Gras)'라고 부르는 비버 펠트가 방한성이 풍부한 모자 소재로 모자 제조업자의 압도적 인기를 얻었다. 그러나 실은 30년 전쟁이나 윌리엄왕전쟁 후 남획으로 비버 무역은 일시에 극적으로 급속히 감퇴하고, 사슴 가죽 무역이 대신하여 붐을 일으켰다. 그것은 런던 등의 여러 도시에서 사슴 가죽을 소재로 한 모자나 장갑, 가죽 제본, 깔개, 복식 이용에 대한 수요가 높아졌기 때문이기도 했다. 페스트 유행으로 프랑스에서의 소가죽 수입이 끊어져 심각한 피혁 부족이라는 사태가 겹치기도 했다(Allaire, 1999).

이러한 배경에서 망명 위그노(Huguenot)[08]의 주요한 도피처였던 캐롤라이나나 조지아에서 사슴 사냥이 급속히 과열되었다. 후발 식민지의 신속한 개발 방도로 찰스타운(현 찰스톤)을 노예무역과 사슴 가죽 수출의 거점으로 규정한 것은 캐롤라이나 식민지 정부였다. 1700년 이후 찰스타운에서 수출된 모피·피혁류는 최전성기에는 125만 매 이상에 달했다. 북미 동남부에서 1760년까지 각종 모피 짐승이 절멸에 이르게 된 것은 당연한 일로, 급격한 생태계의 파괴를 동반한 개척은 연쇄적인 선주민과의 다툼을 낳았다. 영국령 식민지 정부는 여러 차례 불필요한 소란을 피하려는 노력도 하였지만, 결국 그 대책이 귀착된 것은 실질적으로 선주민 절멸책과 노예화 추진책이었다.

---

08 (역자주) 16~18세기 칼뱅파 신교도에 대한 호칭, 수공업자 및 자영농민, 소상인 같은 자유 업자가 많았다.

〈표 1〉 캐롤라이나의 사슴 가죽 수출 추이

연차	£	매수, 금액 등	연차	£	매수, 금액 등
1700	-	£ 20,000 (a)	1749	83,301	전체 수출의 18%
1722	-	약 60,000매 (d)	1750	37,117	100,000매 (a)
1725	17,514		1751	56,777	
1726	29,532		1753	78,460	
1728	22,313		1755	90,051	
1731		225,000매 (b)	1756	90,051	
1735	21,555		1759	68,076	200,000매 (d)
1737	25,134		1761	84,205	
1739	32,667		1764	84,643	
1740	39,076	40년대 후반=£35,000 (a)	1766	84,643	
1741	39,076		1769	41,897.5	
1744	39,698		1770	51,145.5	£55,000 (a)
1745	73,437.5	200,000매 (b) = £35,000 (a)	1771	74,852	799,807파운드 (c)
1746	51,727		1773	61,645.5	
1747	89,938	720통	1774	28,650	
1748	89,938		1776		전체 수출의 10%

* 1. 왼쪽 칸의 £(영국 화폐 파운드) 수치는 D. L. Coon, The Development of Market Agriculture in South Carolina, 1670~1785(Garland Publishing, Inc., 1989), 356~357쪽. 2. 오른쪽 칸의 (a)은 J. J. McCusker & R. R. Menard, The Economy of British America, 1607~1789(The University of North Carolina Press, 1985), 173쪽. (b)는 E. McCrady, The History of South Carolina under the Royal Government, 1719~1776(Paladin Press, 1969), 270~271쪽. (c)는 1770년의 수치로, U. S. Bureau of the Census, Historical Statistics of the United States, Colonial Times to 1970(Washington, D. C., 1975), 1184쪽에 따른 영국령 아메리카 식민지 전체로부터의 수치. (d)는 R. L. Meriwether, The Expansion of South Carolina; 1729~1765(Porcupine Press, 1974), 192쪽. 또 당시 영국 추밀원 사료 Acts of the Privvy Council of England, Colonial Series(Kraus Reprint LTD., 1966) Vol. Ⅳ, 651~652쪽에 따르면, 1736년과 1752년, 1762년 런던으로부터의 모피 제품 수출은 다음과 같다(단위=다스).비버 모자와 비버 향 caster: 1736년=30,917, 1752년=27,987, 1762년=8,708 펠트 모자: 1736년=2,408, 1752년=5,799, 1762년=4,571

(2) 사슴 가죽 거래와 노예매매

영국령에서 후발 노예제 식민지로서 개발이 시급했던 캐롤라이나의 밑바탕에는 영주 샤프츠베리(Earl of Shaftesbury) 백작을 후원자로 한 존 로

크가 창안한 '캐롤라이나 기본법'이 있었다. '기본법'은 '위대한 계몽사상가 존 로크'라는 후대의 이미지가 강해서 일견 신앙의 자유나 대의제 의회를 옹호하고 노예의 교도·개종을 권고하여 노예제를 비판한 혁명적인 근대적 사상에 기초한 문안이라고 오해되는 경우도 있다. 하지만 실제로는 캐롤라이나에서의 종교의 자유나 노예제 금지·노예 해방을 주장한 것은 아니다. 도리어 그 후의 강고한 영주·교회 지배와 벼농사(米作)·남작(藍作)[09]의 철저한 노예제 플랜테이션(농장, 식민지)의 토대를 준비하게 되는 '합리적인 차별'의 밑바탕이 된 문서로, 캐롤라이나는 노예 이입을 전제로 설립된 영국령 최초의 식민지였다.[10]

캐롤라이나나 조지아 등에서는 사슴 가죽 거래와 노예 매매, 그리고 그 이익이 가져온 거대한 자본에 의한 토지 집적이 삼위일체로 진전하였다. 선주민 노예화를 금지하는 시한부 입법은 1671년에 제정되어 있었지만, 이것은 사실 인도적 배려에 기초한 법령은 아니다. 사상인(私商人)에 의한 사슴 가죽·노예 매매 특권의 잠식을 우려하여 나온 것이며, 또 모피 거래나 지형 조사 등에 불필요한 문제가 늘어나는 것을 두려워한 것이었다(Lauber, 1933, 105~106쪽). 주변의 쿠소족(族)이나 웨스토족(Westo族)은 끊임없이 반란을 일으켰으나 패배하여, 선조 전래의 토지를 계속 빼앗기고 대다수가 서인도 제도에 노예로 팔렸다. '호전적인 웨스토족'과 교섭하여 사슴 가죽과 모피, 게다가 젊은 노예를 거래하는 것을 결정한 것은 영주 독점권 유지에 약삭빠르게 처신했던 헨리 우드워드(Henry Woodward)였다[11].

---

09 (역자주) 쪽빛 염료 생산 작업.

10 *South Carolina Historical Magagine*, vol. 71, 1970.에 '기본법' 관련 특집이 있다. 大谷(1960, 59~62쪽), 生越(1991, 제6장).

11 1973년 가을에는 쿠소족 토멸의 지시가 내려왔으며, 1680년이 되면 노예무역 규제는 대

캐롤라이나 당국은 위니아족과의 싸움에서 사반나(Savannah, Savanna)족과 동맹을 맺고 선주민끼리의 대립을 선동하였지만, 사반나가 근처의 많은 부족을 규합하는 기세를 보이자 위니아족 회유에 노력하였다. 그리고 "포로가 된 선주민들은 비참한 죽음의 공포에 계속 노출되어 있으므로 우리가 사들이는 것이 인도(人道)에 맞다"라고 강변하였다. 조셉 웨스트(Joseph West)나 제임스 무어(James Moore) 대령 등과 같은 최전선의 사정통은 사슴 가죽과 노예 매매의 독점이 막대한 이익을 가져오는 것을 숙지하고 있었고, 약삭빠르게 처신해야 사복을 채울 수 있다고 계산하였다. 그 때문에 축재를 위해 '무허가' 사슴 사냥과 '인디언 사냥' 전쟁을 반복하였다.

(3) 엘리트 상인의 대두

1682년 영주들은 불법 거래 금지령을 발령하고 징세 담당 관리 M. 매튜스(Matthews)를 밀무역 주모자로 파면하여 사슴 가죽 거래에서 배제하였다. 2년 후에는 웨스트가 총독으로 선임되어 몇 명의 관리와 밀무역 상인이 본보기로 체포·파면되었지만, 확대되기만 하는 밀무역에 눈에 띄는 효과는 없었다. 결국 선주민 노예 매매는 '정식 전쟁인 경우 이외에는 불가하다', 요컨대 '하원의 보증이 있다면 인디언은 매매해도 좋다'라는 결과가 되었다. 1690년대에는 영국령 식민지에서 최초의 항구적 율법이 되는

폭으로 완화되었다. 그것에 앞서 동년 5월에 대법원은 '크리스천과 인디언의 결정적인 차이'를 강조하고, '동맹 인디언들은 결코 노예화해서는 안 된다. 그러나 근린 200마일 이내에 사는 자는 노예화하여, 주 밖으로 팔아치워야 한다'라고 제언하고 있었다(*Records in the British Public Record Office Relating to South Carolina*, vol. 1, 99쪽). 이러한 내용의 제언은 이윽고 수많은 노예법이 되고, 1740년의 노예법으로 '모든 흑인과 선주민은 영구히 절대적으로 노예'로 규정되었다.

'인디언 거래규제법'이 제정되었지만, 사실 그것은 총독 소셀과 그 추종자들의 독점을 촉진하려는 것이었다. 특허장을 기반으로 수출하고, 부족명과 노예의 이름을 등록하기만 하면 절차에 착오가 없었고 얼마든지 사복을 채울 수 있던 것이다. 총독이나 많은 관리가 그러한 형태로 사욕에 분주하여, 선주민이 본래의 거주지로 돌려보내 것은 근엄하고 솔직하여 노예제 그 자체에 의문을 품었던 퀘이커파의 존 아크데일(John Archdale) 총독 치하뿐이었다.

18세기로 들어가면 무어 총독이 '자유롭게 약탈하여 모든 노예를 서로 나누는 것을 장려하기 위해' 하원에 적극적으로 공작하여, 스페인령에 원정대를 보낼 것을 결의하였다. 1702년 9월에는 '노예 매매를 정규로 허가하여 병사의 사기를 고양시키기 위한 법안'이 성립하였다. 야마시족(Yamasee族)이나 이전의 원정에서 동맹관계였던 선주민으로부터 모피나 노예를 독점적으로 사들일 수 있는 상인은 그 법안으로 인정된 4명뿐이었다. 극히 한정된 특권층이 모피-노예무역을 장악한 것이다.

단, 거래에 나선 대리인들은 대체로 세금 지불을 게을리하여 하원은 결국 이듬해 4월에 이르러 인디언 분배는 누가 어떻게 하건 관계하지 않는다는 방침을 취하게 되었다. 5월부터는 수출된 선주민 노예에 대해 항구에서 20실링을 과세하는 법안이 채택되었다. 모피 거래와 노예 매매의 이익 독점을 획책한 무어는 사비로 군대를 조직하고 자신의 세력 범위를 여기저기로 넓혀갔다. 캐롤라이나에 남은 공식문서나 많은 연구자들이 드는 수치에 '캐롤라이나의 선주민 노예 수는 가장 많았을 때 1,400명'이라고 말하고 있으나, 무어의 서한에서는 한 차례의 원정으로 '1,000명의 여자, 아이들을 데리고 갔다', '이번에 데리고 간 여자·아이들은 4,000명'이라는 기록이 남아 있다. 훨씬 더 많은 선주민이 노예화된 것은 의심할 수 없는 바이다[12].

당시 '쇠도끼(鐵斧) 수십 정(丁)과 사슴 가죽을 교환', '노예는 100파운드에 팔리고, 세금은 20실링'이라는 기록이 있어 모피와 노예 거래가 '사반나타운에서 제일 손쉬운 장사'였던 것은 명백하다. '술로 화를 부르는 거리' 찰스타운에는 해적이나 난폭자, 서인도제도와 버지니아로부터의 낙오자가 계속해서 모여, 누구라도 모피와 노예를 구하는 풍조가 있었다. 항구에서 가장 인기가 있었던 것은 권투와 매춘과 노예 경매였다. 1686년에는 사략선(私掠船)[13]이나 해적을 단속하여 모피·노예 밀무역을 억제하는 통지가 내려졌으나, 큰손 모피 상인은 그러한 규제로 처벌을 받는 일 없이 찰스타운의 시정에도 커다란 영향을 주는 부유한 엘리트층으로 부상하고 있었다.

사슴 가죽·노예무역은 18세기가 되자 더욱 성행하여, 그 이익은 대부분이 선주민에게서 빼앗은 토지 집적으로 향하였다(Wood, 1974, 37~42쪽; Grane, 2006, 69쪽). 그리고 일부 지배층에 집적된 그 광대한 토지가 쌀이나 남(藍), 담배 등의 대규모 노예제 플랜테이션을 더욱 확대하여 규슈(九州)와 동일한 규모의 토지가 겨우 30년 만에 노예제 농원이 되었다. 이윽고 사슴 가죽 무역을 독점한 유력 모피 상인(Elite, Baron이라 불렸다)이나 상·하위 관리, 군인 그리고 플랜터(planter, 농장주)가 기존의 지배 질서를 변질시켜, 북미 남동부 일원에서 엘리트 상인·큰손 농장주로서 그 후의

---

12 *Ibid.*, vol. XIX, 148쪽. Nash(1974, 130쪽)에서는 1708년까지 캐롤라이나에서 선주민 노예는 흑인 노예의 반수까지 달했다고 한다. 또 Perdue(1998, 68쪽)는 여자 노예가 남자 노예의 3~5배라고 추측하고 있다.

13 (역자주) 정규 함대에는 속하지 않지만, 국가의 인가·명령·감독하에 해군기를 달고 다른 나라 상선 포획이나 때로는 군함을 습격하는 무장 선박.

귀족 정치적, 동시에 전형적 노예제 사회로서의 지역 특성을 만들어냈다. 1730년대에 찰스타운에 거주하던 유력한 엘리트 상인은 대략 30명, 중심이 된 68명의 상인이 무역의 대부분을 좌지우지하였다. 그중 15명이 사슴가죽 무역을 지배하여 수출 관세의 79%를 수중에 거두어들이고 있었다. 부단한 경쟁·투쟁과 차별을 기층으로 한 격차 사회 아메리카 기원의 전형이 여기에 있다(Duncan, 1972, 7~19쪽; Fraser, Jr., 1989, 1~28·45~55쪽; 下山, 1990, 1991b, 1992, 2007).

이러한 남동부에서의 모피 프런티어를 넓히려는 탐욕적인 움직임은 17세기 후반부터 아카디아나 오하이오, 오대호 주변까지도 퍼졌고, 다른 사람보다 앞서간 모피 사냥꾼이나 근처에 거주한 선주민과의 사이에서 한층 더 복잡한 대립·쟁란을 계속 만들어냈다. 북미 전역에 미치게 되는 이러한 옛 남부의 특징이던 차별적 사회의 '다수의 상냥하지 않은 굴레'가 그 후의 역사적 전개의 밑그림으로서, 순차적으로 서부, 북서부에서 캐나다 방면으로도 확대되어 갔던 것이다.

4. 해수 모피 사냥의 역사 층 - 해달 가죽의 상품 연쇄

(1) 북태평양 모피 전쟁

이상 북미 개척의 '입구'인 식민지 시기 아메리카에서 전개된 육수 모피 사냥의 프런티어라는 역사 층에 이어, 그 '출구'가 되는 19세기 이후 북태평양에서의 해수 모피 사냥 진전의 층(layer)을 중첩시켜 보자. 그곳에서는 시베리아 일대의 선주민에게 가혹한 모피 공납(야사크, yasak)을 부과하면서 우랄 방면에서 동방으로의 진출을 목표로 한 러시아와 북태평양 일원에 진출하여 러시아와 경합하면서 해달이나 바다표범의 모피 남획을 전개한 각국의 모피 회사·모피 상인의 움직임이 '그림의 소재'가 된다. 북태평양에서 전개된 이 해수 모피 사냥의 패권 투쟁은, 실은 열강 각국의 국책과 결부되면서 하와이, 광동이나 마카오, 벵갈과 북미 북서부·동부를 일체적으로 연결하는 새로운 국제무역 네트워크의 형성·확립도 초래하였다. 또 이 네트워크의 이익으로부터의 투자는 북미 동부의 공업화나 남부의 노예제 플랜테이션의 한층 더 나아간 발전과 직접적으로 연결된 것으로서, 최근에 이르러 마침내 역사가의 문제의식 대상이 되기 시작한 중요 문제이다. 이 북태평양 모피 전쟁에서 생겨난 수많은 모피 상품 연쇄는 그 후 제국주의 열강 사이에서 전개되는 수많은 소란·전쟁의 하나의 밑그림이 되기도 하였다[14].

이 극북(極北)의 모피 프런티어에 최초로 쇄도한 것은 러시아인 모피 군단이다. 역대 러시아 황제의 왕관을 검은담비[黑貂]의 모피로 장식한 것이 상징하는 대로 러시아는 검은담비나 토끼, 다람쥐, 여우 등의 모피 교역으로 대두한 나라이다(森永. 2008). 러시아 카자크(Kazak)의 모피 군단은 예르마크(Yermak 혹은 Ermak)의 시베리아 원정(1581)에서 겨우 반세기 정도 안에 북태평양에 도달하고, 더욱이 알래스카까지 침공하였다. '침공'이라 쓴 것은 시베리아를 비롯해 캄차카, 알류샨, 그리고 알래스카 모두 선주민에 가혹한 공세(貢稅)를 부과했을 뿐만 아니라, 검은담비 사냥이나

14 Farrow, Lang and Frank(2006, 25~37쪽). 해수 모피 사냥 연구에 관하여 일본에는 와다 가즈오(和田一雄)의 선구적 논고가 있다. 또 아래에 적은 사이트에 2007~2009년도에 필자가 와다의 협력을 얻어 행한 과학연구비 조성사업 보고「幕末 개항기 구미 모피회사 자료의 조사-에코시스템과 해수 모피 사냥(과제번호:20520561)」을 게재하고 있으니 참조 바란다. http://simoyama.saibunsaya.com/kenkyu_2008.html.

해달 사냥은 '광분'이라고밖에 할 수 없는 탐욕으로 어떤 극한의 땅에서도 지극히 잔인한 방식으로 진행되었기 때문이다. 앞에서 본 사슴 사냥의 모피권(毛皮圈)과 마찬가지로 그리스도교로의 개종을 거부한 선주민은 노예로 삼는다는 것이 통례로, 싸움과 보드카 밀주에 도박, 매춘, 성병의 만연이 모피교역소의 일상 풍경이었다. '살인청부업자'라는 이명(異名)을 지닌 모피 상인이나 '선주민 학대죄'로 채찍 형벌에 처해진 사냥꾼도 있어, 2만 5,000명 이상으로 알려진 알류트(Aleut)인 등 선주민은 해달과 함께 차례로 괴멸되었다. 폭스 섬(fox, 여우섬) 등에서는 섬 전체의 주민이 노예화되었다. 야사크는 1788년에 일시 폐지되지만 선주민에 대한 강제 노동은 그 후도 오랫동안 계속되었으며, 정식 폐지는 러시아혁명 이후의 일이다.

그 러시아 카자크가 북미대륙 북서단에 이르러 최초로 해달 사냥 식민지의 거점으로 삼은 것이 슬라보러시아(1795)였고, 그다음이 노보 아르한겔스크(1779)였다. 이 교역 거점은 이윽고 싯카(Sitka, 후에 알래스카 준주[準州]의 수도)라고 불리며, 그곳은 러시아인들끼리 혹은 미국인, 스페인인 모피 사냥꾼과 허드슨만 회사가 격렬하게 쟁탈전을 주고받은 소란의 수렵 해역이었다. 틀링깃(Tlingit)이나 하이다(Haida), 알류, 치누크 등의 선주민 사회는 거듭되는 전쟁·전투와 학대, 역병의 만연 등으로 피폐·붕괴하였다. 미국 상인이 지배를 강화한 지역에서 선주민 노예화가 꽤나 대대적으로 급속히 확대되었던 것을 당시의 허드슨만 회사의 통신문이 놀라움 섞인 말로 전하고 있다.

식민지 시기의 캐롤라이나와 완전히 똑같이, 모피 거래는 노예 매매와 일체화되는 경우가 있었다. 콜롬비아 하구와 벤쿠버섬 주변에서 조달된 노예는 주로 극북 지방 방면으로 팔렸다. 마니토바(Manitoba)에 있는 허드슨만 회사의 문서관에서 필자는 몇 개의 업무보고('servant 문서'의 서류

철)나 중역의 서간을 훑어본 적이 있다. 대표 심슨이 1828년에 "연안에서 여기저기 함부로 날뛰는 미국인 상인들은 인신매매에 열을 올리고 있다", "한 부족에서 싸게 사람을 사들여 대단히 높은 가격으로 노예로 팔아버리는 것이다"라는 내용을 써서 남기고, 자기 자신도 선주민 노예를 구입하고 있다. "노예와 럼주(대개는 물로 희석한 싸구려 술)와 탄약은 모피보다도 많은 돈을 미국인에게 벌어들이게 하는 것 같다"라고 하는 것이 그의 관측이다. 이 지역 일대에서는 전쟁·역병·노예화의 압박 끝에, 민족의 정체성을 어떻게든 되찾으려는 문화 부흥의 움직임이 선주민 사이에서 높아졌지만, 대부분은 미국과 캐나다 양국에서 그 후 전개된 동화정책에 의해 무산되었다(Gibson, 1976, 13~14쪽; Gibson, 1992, 233~235쪽).

덴포(天保) 3년(1832) 난파 끝에 태평양을 표류해 북미 서쪽 해안의 케이프 플래터리(Cape Flattery)에 표착한 일본인 어부(회선[回船] 호준마루[寶順丸]의 생존자)들이 먼저 노예가 되었다고 하는 사실은 일본의 에도시대 중반 이후로, 태평양 바로 인근에서 이러한 기묘한 시스템이 널리 퍼진 모피 프런티어 전개와의 연결고리를 갖기 시작했음을 의미한다. 페리가 내항했을 때 미국은 아직 노예제가 합법적인 나라였으며, 게다가 유색인종 차별을 '국시'로 한 면화 왕국이 최전성기인 나라였다[15].

이 시기 싯카와 마찬가지로, 모피 회사나 모피 사냥꾼만이 아니라 구

15 또 북태평양에 북상한 스페인 사냥꾼이 원래 본거지로 하고 있던 북캘리포니아의 푸젯만(Puget Sound) 주변의 모피 프런티어에서도 주민의 1/7로부터 1/4이 노예가 되어 해달 가죽이나 카누와의 교환상품이 되어 있었다(Wolf, 1982, 188쪽). '100인의 인디오를 쇠사슬로 줄줄이 묶어서 혹사하였다'라고 하는 상황이었다. 허드슨만 회사 문서관의 관련 사료로 집계해 보면, 1850년 무렵부터 1870년에 걸쳐 同社 servant는 스코틀랜드나 하이랜드(산악지대) 출신자가 30~40%에 달하는 동시에, 선주민 servant의 비율은 '1830년대=25%, 1850년까지=40% 이상, 1860년부터 1880년까지=50% 이상'으로 일관적인 증가 경향이었다.

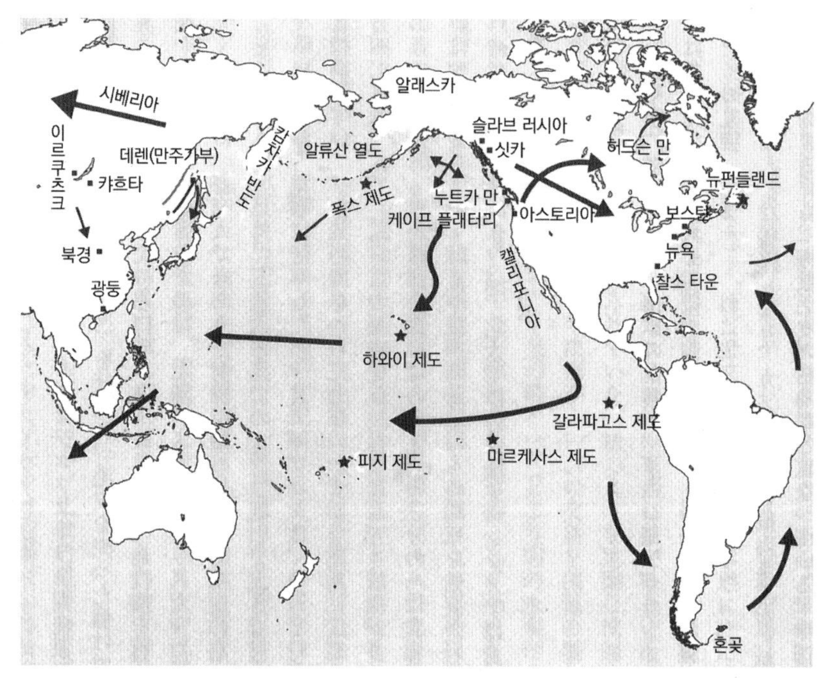

〈그림 1〉 모피에 의한 국제 무역로의 전개

미 열강이 경쟁하여 영유를 다툰 것이 대하(大河) 콜롬비아강의 하구와 현 벤쿠버섬의 누트카만(Nootka灣)이었다. 어느 나라의 모피선이든 타국이나 선주민과의 전쟁을 전제로 중무장한 전함으로, 승무원 모두 총기를 휴대한 헌터였다. 누트카만에는 제임스 쿡도 내항하였다. 그 항해에 동행한 선원들이 모은 해달을 광동에 팔아 180배(다른 설에서는 800배)라는 높은 가격에 팔렸다는 사실이 큰 평판을 얻어 보스턴 상인단이나 뉴욕 모피업자 사이에서 한껏 주목을 받았다. 독립혁명 후 탈불황책이 필요했던 보스턴에서는 순식간에 5만 달러나 출자가 모여 미국 최초의 세계 항해를 달성하는 200톤급 모피선이 1787년에 파견되었다. 그중 한 척인 레이디 워싱턴호가 일본에 최초로 내항(1791)한 미국 배이다(일본에서 보스턴으로 귀환에 즈음해서 의회가 현창). 포경선이 아니라 모피선이야말로 최초의 내항이었다. 이 시기부터 구미의 경제계 대상 신문 기사에는 중국과 일본에서의 모피 거래에 대한 기대를 대대적으로 선전하여 알린 것이 적지 않다[16].

1791년에는 스페인인이 남하하는 러시아에 대항하여 캘리포니아에서 선주민을 노예화하면서 벤쿠버에도 진출하고, 영국과 러시아, 미국 모피선이 해달이나 바다표범의 남획을 다투었다. 동인도회사의 허가증 문제로 이 지역에 영국선의 진출은 늦은 감이 있었지만, 빈틈없는 모피선은 포르투갈 국기를 걸거나 해서 위장하여 밀무역을 성대하게 행하였다. 1670년 이래 캐나다 전역의 모피 프런티어를 계속 개척하며, 로키산맥 일원의 비버 고갈에 고민하고 있던 허드슨만 회사의 교역 거점도 물론 설치 운영되었다. 콜롬비아 하구에는 아메리카의 괴물 모피상인 존 제이콥 애스터(John Jacob Astor)가 남미 혼곶(岬, Cape Horn) 주위에 모피선을 파견하여 자신의 이름을 딴 애스트리아(Astoria)를 건설(1810)하고, 그곳을 하와이 경유의 광동 무역 거점으로 삼았다.

애스터는 제퍼슨 대통령에게 아첨하여 광동 무역의 독점권을 수중에 넣고는 하와이에서 설탕이나 백단(1830년에는 남벌로 고갈)을 구입하고 모피를 팔아 돈을 벌고, 중국 제품을 대량으로 사들여서 미국에서 판매하여 전례가 없는 막대한 이익을 거두었으며, 이민 창구인 뉴욕에서 토지 투기를 행해 아메리카 최초의 트러스트(Trust, 기업합동)를 구축하였다. 일본

---

16 Bockstoce(2005). *The Daily Universal Register*(1788년 3월 이후 'The Times'로 개칭), 1785년 10월 5일부, 1787년 2월 7일부, 1790년 5월 8일부, 13일부 기사 등. 특상품인 해달 가죽이 중국에서는 1매에 80~100달러나 되는 높은 가격이 붙었고, 그것을 4,000~5,000매 운반하는 모피선이 터무니없는 이익을 만들어내던 사정을 이러한 기사로부터 알 수 있다.

최초의 유럽 파견 사절단이 해외에서 최초로 머문 곳은 상해 애스터하우스였다. 더구나 애스터가 눈에 띄게 이채를 발할 수 있었던 것은 원래 큰손 총기 상인이기도 하여 사정거리가 긴 명중 정확도가 높은 총을 갖추고 있었기 때문이기도 하다[17].

물론 애스터 이외에도 북태평양의 해달 거래로 큰 재산을 번 상인은 몇 명 더 있고, 해달 사냥 전개에 주목하여 미중 교역사의 기원을 훌륭히 생생하게 묘사한 J. R. 깁슨(Gibson)은 그러한 모피 벼락부자의 투자 수익률은 500%도 당연했다고 지적한다. 1804년부터 1837년의 얼마 안 되는 기간에 광동에 팔린 모피는 미국 배에 의한 것만으로 총계 321만 4,728매에 달했다. 이 지역의 선주민 사회에도 본래 노예가 많았는데, 허드슨만 회사의 대표 심슨의 자전적 여행기나 그 회사의 통신문에는 북미 서북부 연해 전역 선주민의 1/3은 식량 확보나 어로를 강요받은 노예로, 주인이나 주인의 친족 장례식 때 순사당하거나 재산이나 권위의 과시 때문에 순사를 강요받는 노예도 다수였다는 사례를 무수히 많이 기록하고 있다. 에도시대도 종말을 향해 갈 무렵, 북태평양의 모피 프런티어는 탐욕과 광기가 소용돌이친 전란의 땅이었다(Gibson, 1992, 39~57·233~239·315쪽).

(2) 모피의 상품 연쇄와 아시아

일확천금의 꿈을 가져오는 해수의 남획은 해달이나 바다표범의 절멸 상태와 상품으로서의 모피·피혁의 고갈을 1820년까지 초래하였는데, 그것을 직접적인 계기로 한층 더 육수의 남획과 캘리포니아나 오세아니아,

17 Russell(1980, 58~59·105~107쪽).

남태평양에서의 해달, 물개의 남획이 시작된다. 여기에 더해 하와이의 백단이나 피지와 마르케사스 제도(Marquesas Islands)의 해삼 채집, 태평양 일원에서의 광산 개발 등이 돌연 성행하고, 거북의 등딱지와 거북이 고기조차도 일거에 국제 상품으로 변모하였다(갈라파고스 제도 등). 포경의 열기가 태평양에서 고조된 것도 해수 모피 고갈기와 겹친다. 중국의 대량 상품과의 교역에 균형을 맞춰, 단가가 높은 해달 가죽 같은 신규 국제 상품이 강하게 요구되고 있었다. 단가나 판매 경로로 우위를 갖지 못한 미국제 면화는 본래 확대 경향을 지닌 광대한 노예제 플랜테이션의 물량으로 세계 시장을 향하고 있었다. 백단도 거북도 고래도 해달 남획 사냥과 같은 기세로 진전되고, 불과 10년 정도로 고갈·절멸을 수반하는 사태에 이르렀다. 모피 남획의 역사는 자연 파괴 연쇄의 역사이고, 그러한 이유로 선주민 압박의 역사이기도 했다(下山, 2009).

유럽을 중핵으로 모피 프런티어가 동서로 확대되면 그 귀착점은 아시아가 된다. 북태평양의 모피와 피혁은 아시아에서 일반적으로 그다지 알려지지 않은 다음과 같은 중요한 역할을 하고 있었다.

이미 17세기에는 러시아 모피 상인이 중국과의 교역을 국책의 가장 중요한 대목이라 인식하고 대규모 캐러밴(caravan, 대상)을 중러 간의 육로 교역로로 보내고 있었다. 중국은 본래 원(元) 시대는 물론 명의 영락제 시대부터 모피에 대한 수요가 컸다. 예를 들면 동북 지배의 중추 거점으로 누르칸도사(奴兒干都司)를 설치하여 지방 진무의 최고 관아로서 모피 등을 엄격하게 징수하고 있었다. 아무르 하류의 데렌은 '만주가부(滿洲假府)'라고 불려 거기에도 모피를 주변 주민으로부터 징수하는 납세국이 설치되어 있었다. 명을 이은 청은 태조 누르하치의 시대부터 모피의 '수공반상(收貢

頒賞)[18]' 제도를 명에서 본받아 정비하였다. 18세기 이후 이러한 지방의 모피와 비단[絹]을 거래의 근본으로 한 교역은 일본에도 사할린-홋카이도를 경유하는 '산단교역(山丹交易)'으로 알려져 있었다. 마미야 린조(間宮林藏)가 '만주가부(滿洲假府)'를 방문하여 그 극한의 땅이 지닌 의외의 활기찬 모습에 경탄한 것은 분카(文化) 5년(1809)의 일이었다. 『동달지방기행(東韃地方紀行)』 속에서 린조는 '그 떠들썩함이 비할 바가 없다'라고까지 쓰고 있다. 청의 지배는 캄차카 거주 아이누나 길랴크(Gilyak)에도 미쳤고, 아이누의 모피와 중국의 '에조니시키(蝦夷錦)[19]'를 매개로 한 '수공반상'은 결국은 막대한 빚으로 귀결되었다. 러시아에서 파견된 관영 캐러밴은 중국에서는 '오로스관(oros館)'에서 공사(貢使)[20] 취급을 받았지만, 러시아 상인에게는 3년 동안 출자액의 대략 2배의 이익을 가져다줄 수 있었다. 시베리아에서 모피는 국경선 상의 네르친스크에서는 가격이 4배나 되었고, 북경에서 여우 등은 또 그 3배가 되었다. 그리고 19세기에 해달은 그 이상의 이익을 가져왔다. 중러 국경에는 모피의 이익에 끌려 사상인(私商人)도 계속해서 몰려들었다.

게다가 다소 의외로 생각될지 모르겠지만, 비교적 온난한 광동의 해외무역 전개 속에서 교환 매체로서의 모피·피혁이 지니는 중요도가 커졌다. 본래 북미에서는 영국령 식민지 시대부터 식민지 상인이나 스코틀랜드 상인은 주로 식민지 상호 간의 거래에 관해서는 모피나 담배, 그 밖에 그 고장의 물산을 교환 매체로서 현물 거래를 실시하는 지방 거래 형식에

18 (역자주) 조세·물산을 납입하고 그 대가로 상을 하사받는 시스템.

19 (역자주) 에도시대에 마쓰마에번(松前藩)이 아이누족을 통한 교역에서 흑룡강 하류로 내항하는 민족으로부터 입수한 중국 본토산 비단과 청나라 관복이다.

20 (역자주) 공물을 가지고 온 사절.

익숙해져 있었다. 펠트 모자(felt hat, 중절모) 거래는 그 전형이었다. 이 구조가 18세기 말 이후에 아시아 식민지 사이에서도 채용되고, 스코틀랜드계 상인이나 미국 상인 외에 화교나 인도계 교민(印僑, 특히 파르시[Pārsī]교도) 사이에서 성행하였다.

광동에 출입한 각국의 외국 상인이 모피나 인삼 대신 아편을 대대적으로 도입한 것은 그 후에 결정적인 영향을 가져왔으나, 금은, 아편, 모피, 동물성 기름(獸脂), 해삼, 조가비, 고려인삼-그 밖에 이 시기에 광동이나 벵갈 지방에서 대용 화폐가 된 어느 상품이 부족하더라도 구미 열강의 아시아 상업활동은 성립하지 못했다. 북태평양에서 해달 획득, 남미나 아프리카 각지에서 1810년대부터 1850년대 무렵까지 계속된 기묘한 영국의 모피(피혁) 수입열도, 실은 광동·아시아 무역의 현물 거래 격증에 연동되고 있었다. 1814~1816년 영국 본국으로의 폭발적인 수입 증가는 면화와 피혁만으로 8할이었다. 그것이 19세기 중반까지 미국산 제품에 눌려 영국의 면화 거래가 반감하자, 피혁으로 크게 비중이 옮겨가 피혁 수입이 더욱 확대되는 사태도 생겨났다. 자딘 매서슨(Jardine Matheson) 상회의 전신인 콕스 앤드 리드(Cox and Read) 상회는 본디 인도산 면·무기·아편과 함께 북태평양에서 운반되는 모피 획득을 목적으로 창설된 회사였다. 콕스는 해수 사냥의 중심이었던 누트카나 벤쿠버섬, 그리고 남태평양에까지 진출하여 모피를 조달하고 있었다. 콕스 앤드 리드 상회는 다니엘 빌과 결탁하여 인도에 '벵갈 모피협회(The Bengal Fur Society)를 설립하고 활발히 모피의 거래에 관여한 일도 있었다. 모피·피혁은 당시 아시아권의 국제적 결제 네트워크 기층의 일단을 떠맡았다.

이상과 같은 역사의 추세는 모두 중국과 일본의 '문호 개방'을 무엇보다도 요망하는 것이었다. 일본의 개국은 포경업과의 관계에서만 논해진

적이 많았다. 태평양에서 포경업의 최전성기는 겨우 30년 남짓으로(1820년대부터 1850년대까지), 모피 프런티어의 전개 쪽이 훨씬 광범위하게 장기적으로 미치는 것이었다. 제퍼슨 시대부터 구미의 경제계가 특히 일본이나 중국과의 모피 거래를 얼마나 중시하였는지는 앞에 주석을 단 아시아 무역 관련 기사나 항해 기록을 분석하면 그 윤곽을 읽을 수 있다. 아시아의 근세·근대사 전개에 관해서도 모피나 피혁은 통상 알려진 이상으로 훨씬 큰 역할을 하고 있었다.

5. 기간(基幹) 상품이었던 모피

'컬트(cult)'라는 용어는 라틴어의 colere에서 유래한다. 본래는 '경작하다, 기르다'를 의미하며, 종교적으로는 단순히 '제사·의례'를 나타내는 일반적인 일상어였다. colony, culture라는 단어와 함께 이 라틴어에서 생겨났다. 15세기 말 이후 colony가 노예제 설탕 경제를 기축으로 자본주의 전개와 밀접한 관계를 맺은 것은 에릭 윌리엄스(Eric Williams, 1968)가 강조하였지만, 윌리엄스 이후 P. 커틴(P. D. Curtin)이나 E. 울프(E. R. Wolf) 등의 연구는 이문화 간 교역(cross-cultural trade)의 전개 과정으로서 자본주의를 해석하면서 설탕 이외에 더 다방면의 분야에 걸치는 상호 관련의 전개로서 한층 선명한 스케치를 그렸다. 커틴이나 울프는 모두 노예와 모피를 대표적인 접합 물산으로 꼽았고, 그 후 여러 문화의 상호 관계를 '플랜테이션 복합'이나 이문화 접촉 개념의 사정거리에 두었다. 그리고 노예무역이나 노예제도 전개의 문제는 근대사의 특수한 일부·일면이 아니라, 오히려 근대사의 기축 그 자체임을 명확히 하였다. 커틴이나 윌리엄스의 업적이 모두 대단히 강력한 반론도 만들어내 오랫동안 논쟁을 부르고 있는 것은 모피 교역·노예무역에 관한 정밀한 연구가 아직 부족한 데에 더해, '근대'를 전체로서 너무나도 부정적으로 파악하려는 것을 기피하고 싶은 심정이나 상식이 일반적이어서 미국이나 캐나다에서는 노예제 문제나 선주민 문제의 실상을 따지는 것을 일종의 금기시하는 면이 있기 때문이다[21].

그 때문에 식민지 시기 아메리카 무역사 연구도 대서양 노예무역의 비중을 낮게 평가하여 주(州) 사이 연안 교역의 역할을 강조하는 논조가 대단히 많다. 계량경제 사학처럼 "노예제가 없어도 미국 경제는 발전하였을 것"이라는 가정론조차 고평가를 얻고 있고, '삼각무역은 신화'라는 강변은 남북전쟁 시대부터 많았다(下山, 1991a). 그러나 가령 18세기 중엽의 펠트 모자 수출·재수출이 아프리카나 동인도 시장과 밀접한 관계를 지니고 있었다는 하나의 역사적 사실에 비추는 것만으로 연안 교역 중심론이나 삼각무역 신화론은 잘못이라는 것을 바로 알 수 있다. 계량 사학은 모피나 쌀의 노예제도도, 선주민 노예화의 역사적 사실도 전혀 다루고 있지 않다[22].

일신교의 열광적인, 어느 의미로는 '컬트(cult)'적인 포교 운동의 문

---

21 캐나다 노예사에 관한 M. 투르델의 본격적 연구(Trudel, 2004)가 화제가 된 것은 바로 최근의 일이고, '북부·동부 여러 주도 노예제와 밀접한 관계를 지니며, 노예제는 남부 여러 주라는 타인의 일이 아니다'라는 것을 분명히 한 A. 패로우의 논고(Farrow, Lang and Frank, 2006)도 '새삼스럽게'라는 형태로 많은 연구자에게 놀라움을 주고 있다.

22 M. G. 로손(Lawson, 1943, 108~109쪽) 등은 주 사이 연안 교역의 비중을 중시하여 13개 주 식민지의 자율적 발전을 강조하는데, 영국 추밀원 기록 *Arts of the Privy Council of England, Colonial Series, vol.IV, 1745~1766*, Kraus Reprint LTD., 1966, 651~652쪽에 의하면 1736년부터 1762년의 펠트 모자 수출은 동인도와 아프리카 방면이 중심이었던 것을 알 수 있다. 이것은 런던으로부터의 수출인데, 그 런던의 펠트 소재 구입처는 13개 주 식민지였다(Shimoyama, 1988).

화(culture)와 결부하면서 전 세계에 식민지(colony)를 확대한 서구적 식민지주의의 최대 특징 중 하나는 플랜테이션 복합의 네트워크를 경쟁적으로 확대하는 과정에서 천연자원이나 야생동물(wildlife), 세계상품의 생산 유통 거점을 순차적으로 지배하에 두면서 이문화와의 접촉에 즈음하여 오해와 편견을 품고, 정치적 지배를 확립·유지하는 것이었다. 그러한 특성은 격리(보류지)나 차별을 상식(common sense)으로 삼은 대중 의식과 함께 널리 침투하였다. 그러한 경향이 '세간'에서 당연했던 시대, 노예제에 근본부터 의문을 제기한 즉각적인 노예제 폐지론자는 '여우에 홀려 발생한 정신병'처럼 받아들여져 퀘이커 교도로 경멸을 당했다. 일부의 감리교파 등은 열심히 폐지 운동을 전개하였지만, 가톨릭이나 많은 프로테스탄트 종파는 노예제 폐지에 최후까지 반대를 외쳤다. 교회는 지역의 지배층과도 언제나 강하게 결탁하고 있었기 때문이다.

본 장에서 살펴본 두 개의 층위에서 떠오르는 대로, 선주민 사회를 강압적으로 끌어들이고 짐승을 상품화하여 남획을 다툰 모피의 만족할 줄 모르는 프런티어 개척은 많은 지역이나 산업을 연결하여 변질시키면서 어떤 극한(極寒)의 지역까지도 이르는 것이었다. 사실 이 확대는 다양하게 모습을 바꾸면서도 북미나 북태평양에서 모피 고갈이 진행된 19세기 말 이후도 계속된 것이었다. 수렵 민족의 실지 조사와 연구를 오랫동안 계속하여 모피의 세계사적인 문제에 주목한 이케야 가즈노부(池谷和信)는 모피 공세(貢稅)와의 관련도 분석 대상으로 삼으면서, 그 교역의 역사적인 시스템이 1930년대에는 아프리카의 오지까지 침투하여 사회 변용을 불러일으킨 경위를 훌륭하게 복원·해명하고 있다(池谷, 1999). '플랜테이션 복합'에 관계되는 문제의 고찰로 남겨져 있는 과제는 물론 다종다양하며 다방면에 걸쳐 있다. 제2절의 (1) '최근의 연구사와 본 장의 과제'에서 서술한 '세계

상품으로서 모피의 중요도가 세계적인 제국 형성사의 틀이나 '주변'으로 치부된 지역 변모사와의 관련 속에서야 비로소 분석될 수 있다'라는 문제의식은 서서히나마 공유되어, 모피를 둘러싼 역사 전개의 실상이 비로소 분명해지기 시작하였다고 보아도 좋을 것이다.

참고문헌

浅羽良昌,『アメリカ植民地工業史論』, 泉文堂, 1984.

池谷和信,「狩猟民と毛皮交易-世界システムの周辺からの視点」,『民族学研究』64巻2号, 1999, 199~222쪽.

エリック·ウィリアムズ, (中山毅 訳),『資本主義と奴隷制-ニグロ史とイギリス経済史』, 理論社, 1968.

大谷恵教,「ジョン·ロックと一六六九年の北米カロライナ州基本憲法」,『拓殖大学論集』第25号, 1960, 59~62쪽.

生越利昭,『ジョン·ロックの経済思想』, 晃洋書房, 1991.

シルヴィア·ヴァン·カーク, (木村和男·田中俊弘 訳),『優しい絆-北米毛皮交易社会の女性史 一六七〇~一八七〇年』, 麗澤大学出版会, 2014.

フィリップ·カーティン, (田村愛理·中堂幸政·山影進 訳),『異文化間交易の世界史』, NTT出版, 2002.

木村和男,『カヌーとビーヴァーの帝国-カナダの毛皮交易』, 山川出版社, 2002.

木村和男,『毛皮交易が創る世界-ハドソン湾からユーラシアへ』, 岩波書店, 2004.

下山晃,「英国商業革命期のアメリカ低南部米作プランテシーョン-砂糖·煙草·綿花との比較」,『社会経済史学』第55巻第6号, 1990, 85~112쪽.

下山晃,「大西洋奴隷貿易圏とイギリス東インド会社」, (浅羽昌良 編著),『経済史-西と東』, 泉文堂, 1991a, 27~58쪽.

下山晃,「悪魔の染料インディゴー"インド熱"と植民期アメリカの奴隷制藍作プランテーション」,『市場史研究』第9号, 1991b, 9~48쪽.

下山晃,「植民期アメリカ低南部におけるstaplesとマーチャント·プランターの抬頭-大西洋経済圏と人種奴隷制の展開にふれて」, (池本幸三 編),

『近代世界における労働と移住』, 阿吽社, 1992, 81~131쪽.

下山晃, 『毛皮と皮革の文明史-世界フロンティアと略奪のシステム』, ミネルヴァ書房, 2005.

下山晃, 「〈悪魔の染料〉 インディゴが変えた世界」, 『農業史研究』第41号, 2007, 24~41쪽.

下山晃, 「ゴートス·ネイチャー-北米における毛皮フロンティアの展開とエコクライシス」 (池谷和信 編), 『地球環境史からの問い』, 岩波書店, 2009, 232~253쪽.

下山晃, 『トンプソンの生き方-ロッキーに魂を刻んだ夢追い人の物語』, 大修館書店, 2020.

森永貴子, 『ロシアの拡大と毛皮交易-一六~一九世紀シベリア·北太平洋の商人世界』, 彩流社, 2008.

Adam Matthew Digital, *Global Commodities: Trade, Exploration and Cultural Exchange*, 2019.

Allaire, Bernard, *Pelleteries, Manchons et Chapeaux de Castor; Les fourrures nord-américaines a Paris, 1500~1632*, Québec: Septentrion, 1999.

Bishop, J.L., *A History of American Manufactures: from 1600 to 1860*, New York: Augustus M.Kelley Publishers, 1966.

Bockstoce, John R., *The Opening of the Maritime Fur Trade at Bering Strait: Americans and Russians meet the Kan-higmiut in Kotzebue Sound*. Transactions of the American Philosophical Society, 2005.

Brown, S.H., *Strangers in Blood: Fur Trade Company Families in Indian Country*, Vancouver: University of British Columbia Press, 1980.

Crane, D.L., *Colonial Identifications for Native Americans in the Carolinas,*

1540~1790, 2006, https://libres.uncg.edu/ir/uncw/f/craned2006-1.pdf

Cronon, William, *Changes in the Land: Indians, Colonists, and the Ecology of New England*, New York: Hill & Wang, 1983.

Cutcliffe, S.H., "Colonial Indian Policy as a Measure of Rising Imperialism: New York and Pennsylvania, 1700~1775", *The Western Pennsylvania Historical Magazine*, vol. 64, no. 3, 1976, pp. 237~268.

Dolin, Eric Jay, Fur, Fortune and Empire: *The Epic History of the Fur Trade in America*, New York: W.W. Norton & Company, 2007.

Dolin, Eric Jay, *When America First Met China: An Exotic History of Tea, Drugs, and Money in the Age of Sail*, New York: Liveright Pub Corp, 2012. (Kindle版)

Dunaway, Wilma A., "The Southern Fur Trade and the Incorporation of Southern Appalachia into the World Economy, 1690~1763", *Review of the Fernand Braudel Center 17*, 1994, pp. 215~242.

Duncan, J.D., *Servitude and Slavery in Colonial South Carolina; 1660~1776*, Ph.D. diss., Emory University, 1972.

Farrow, Anne, Joel Lang and Jennifer Frank, *Complicity: How the North Promoted, Prolonged, and Profited from Slavery*, New York, Random House, 2006.

Fraser, W.J. Jr., *Chralston! Chralston!: The History of a Southern City*, Columbia: University of South Carolina Press, 1989.

Gibson, J.R., *Imperial Russia in Frontier America: The Changing Geography of Supply of Russian America*, 1784~1867, Oxford: Oxford University Press, 1976.

Gibson, J.R., *Otter Skins, Boston Ships, and China Goods: The Maritime Fur Trade of the Northwest Coast, 1785~1841*, Montréal: McGill-Queen's University Press, 1992.

Giraud, Marcel, *Le Mêtis canadien: Son rôle dans l'histoire des provinces de l'Ouest*, Paris, Institut d'ethnologie, 1945.

Gillespie, J.E., *The Influence of Overseas Expansion on England to 1700*, London: Octagon Books, 1974.

Lauber, A.W., *Indian Slavery in Colonial Times within the Present Limits of the United States*, Ph.D. diss., Columbia University, 1933.

Lawson, M.G., Fur: *A Study in English Mercantilism, 1700~1775*, Toronto: University of Toronto Press, 1943.

McDougall, Walter A., *Let the Sea Make a Noise: A History of the North Pacific from Magellan to MacArthur*, New York: Harper Collins, 2004.

Nash, G.B., *Red, White and Black: The Peoples of Early America*, New Jersey: Prentice-Hall, Inc, 1974.

Perdue, Theda, *Cherokee Women: Gender and Culture Change, 1700~1835*, Lincoln: University of Nebraska Press, 1998.

Ray, Arther, *Indians in the Fur Trade: Their Roles as Trappers, Hunters, and Middlemen in the Lands Southwest of Hudson Bay*, 1660~1870, Toronto: University of Toronto Press, 1998.

Russell, C. P., *Guns on the Early Frontiers: A History of Firearms from Colonial Times through the Years of the Western Fur Trade*, Lincoln: University of Nebraska Press, 1980.

Shimoyama, Akira, *Fur and Hat Trade in Commercial Revolution: In Relation to Indian Slavery in the Rise and Expansion of the Modern World System*, University of Osaka Prefecture, Discussion Paper Series, no. 23, 1988.

Trudel, Marcel, *Deux Siècles d'Esclavage au Québec*, Montréal: Éditions Hurtubise, 2004.

Wien, Thomas, "Exchange patterns in the European Market for North America Furs and Skins, 1720~1760", *in Partners in Furs: A History of the Fur Trade in Eastern James Bay 1600~1870*, edited by Daniel Francis/ Toby Morantz, Montréal: McGill Queen's University Press, 1983.

Wolf, E.R., *Europe and the People without History*, Berkeley: University of California Press, 1982.

Wood, Peter H., *Black Majority: Negroes in Colonial South Carolina from 1670 through the Stono Rebellion*, New York: Alfred A. Knopf, 1974.

Wright, J. *Leitch, The Only Land They Knew: The Tragic Story of the American Indian in the Old South*, New York: Free Press, 1981.

2부

근대 세계를 움직인 물품

1장

석탄과 철
공업화 사회의 기초를 닦다

• 고바야시 마나부(小林學) •

1. 석탄·철의 물리적 특징 및 이용의 역사

(1) 석탄의 기원

석탄은 고대의 지상식물 특히 양치식물이나 겉씨식물 등이 토지에 묻혀 퇴적하여 수천만 년에서 수억 년에 걸쳐 탄화(炭化)한 물질이다. 고생대 석탄기(약 3억 5,000만 년 전~약 2억 9,500만 년 전)에서 신생대 제3기(약 6,500만 년 전~약 200만 년 전)에 식물은 매우 크게 성장을 한 것으로 추측된다. 오늘날에는 생육한 식물이 쓰러져 토사에 매몰되면, 그 대부분은 분해되고 만다. 식물이 나무가 된 당초 그것을 분해하는 균류는 그다지 존재하지 않았던 듯하다. 이는 기상학상의 연구에서 육상에서의 광합성이 활발하게 행해진 지역과 현재 토양 속의 탄소 농도가 높은 지역이 일치하는 점에서 확인되고 있다. 시뮬레이션 결과, 물의 증발량보다 강수량이 많은 지역이 석탄의 매장된 지역과 합치하는 사실도 확인되었다(일본

에너지학회 편, 2013, 32~40쪽; 『세계대백과사전 개정신판』15, 501쪽; 「신세대」, 『세계대백과사전』).

식물이 퇴적된 습원지대(濕原地帶)[01]에 물이끼가 생육한다. 이것이 발달하면 고위이탄지(高位泥炭地)[02] 혹은 고층습원이라 불리는 물이끼가 수위보다 위로 융기한 상태가 된다. 그 아래는 무기물이 적은 무산소 상태가 되고, 퇴적한 식물은 이탄(泥炭)이 된다. 그 위로 더 많은 토사 등이 퇴적하면 압력이나 지열에 의해 석탄이 되어간다(일본 에너지학회 편, 2013, 38쪽). 이 석탄화 과정에 따라 품질이 좋은 것부터 순서대로 무연탄, 역청탄(歷青炭), 아역청탄(亞歷青炭), 갈탄으로 분류된다(『세계대백과사전 개정신판』15, 502쪽).

석탄은 다른 화석연료에 비해 매장량이 많고, 또 세계 각지에 매장되어 있다(일본 에너지학회 편, 2013, 8쪽). 석탄을 열기관으로 사용하는 경우, 고체 연료이기 때문에 열효율이 좋은 가스터빈 연료로 직접 이용할 수는 없고 증기터빈 등으로 사용되고 있다. 이러한 이유로 현재는 천연가스가 가스터빈용으로 광범위하게 이용되고 있지만, 앞에서 서술한 바와 같은 석탄의 독자적인 장점 때문에 그 사용은 향후에도 계속될 것이다. 또 갈탄 및 그보다 저품위의 석탄이나 연소하기 어려운 미분탄(微粉炭)[03]을 연소시키는 기술도 발전하고 있다(田村 외, 2012, 30~36쪽). 석탄을 가스화하는 기술은 200년 이상의 역사가 있다(일본 에너지학회 편, 2013, 267

---

01 (역자주) 습지의 일종으로 담수에 의해 축축한 초원을 가리킨다.

02 (역자주) 중간 이탄의 집적이 진행되어 지하수의 영향이 전혀 없어져 양분 공급이 더욱 감소하면, 대부분 빗물만으로 번식할 수 있는 물이끼 등의 죽은 식물로 이루어진 이탄이 집적하게 되어 지표면이 주위보다 높고 울퉁불퉁 솟아오르는 지형.

03 (역자주) 입자가 0.5mm 이하인 석탄.

쪽). 2013년에는 석탄 가스화 복합 발전(IGCC: Integrated coal Gasification Combined Cycle)도 후쿠시마현(福島縣) 나코소(勿來) 발전소에서 상용 운전을 개시하였다(일본 에너지학회 편, 2013, 268쪽; 도키와[常磐] 공동화력 주식회사 홈페이지). 석탄은 에너지원 이외에도 제철이나 화학제품의 원료로 이용되어왔다. 석탄을 사용한 화학공업은 제2차 세계대전 후, 석유가 싼 가격에 유통된 일도 있어 쇠퇴하였다(『세계대백과사전 개정신판』 15, 506쪽).

인류는 먼저 표층에 노출된 석탄을 이용하였을 것이다. 석탄 이용의 역사는 기원전 3세기 고대 그리스의 테오프라스토스(Theophrastos)가 북이탈리아나 그리스의 엘리스(Elis) 지방에서 석탄이 산출되었다는 사실을 적어서 남겼다고 한다(『세계대백과사전 개정신판』15, 505쪽). 기록에 남아 있는 바에 한하면 이집트, 소아시아, 메소포타미아, 인도 등의 지역에는 지표로부터 얕은 곳에 충분히 채굴 가능한 탄층(炭層)은 존재하지 않았다. 반면 현재의 영국 및 벨기에, 네덜란드 등 지대가 낮은 나라에는 석탄이 노출된 장소가 다수 존재한다. 특히 영국에서는 로마시대에 표층 근처의 석탄 채굴이 확대되었다. 그러나 경제·기술의 전개에 미친 영향은 거의 없었다고 생각된다(네프, 1978, 60쪽).

아시아로 눈을 돌리면 일본에서는 『일본서기』에 668년(덴지천황[天智天皇] 7년)에 '타는 흙(燃土)'이 헌상되었다는 기재가 있지만, 이것은 석탄이 아닌 천연아스팔트라는 설이 있다. 중국에서는 기원전 1000년 무렵부터 석탄이 사용되었다고 추정된다. 중국의 문헌상 초출은 역도원(酈道元)의 『수경주(水經注)』이다. 송대에 중화요리의 연료로 석탄 이용이 보급되었다. 마르코폴로는 『동방견문록』에서 중국인이 불타는 돌을 연료로 사용하였던 사실을 서술하고 있다(『세계대백과사전 개정신판』15, 505쪽).

13세기까지 중국에서는 다른 지역보다 많은 석탄을 채굴하여 이용하였고, 아마도 16세기까지는 그러했을 것이다(네프, 1978, 60~61쪽).

(2) 철의 행성을 무대로 한 철의 역사

철은 지구에서 가장 다량으로 존재하는 원소로, 그 존재 비율은 질량비로 32%에 달한다. 지각에서도 산소, 규소, 알루미늄 다음으로 많다. 그 존재 비율은 5%이다. 이 정도로 많은 철을 지구상에 가지고 있으면서도 인류가 최초로 사용한 철은 지구의 것이 아니었다고 추측된다. 인류가 최초로 사용한 철은 우주에서 날라온 운철(隕鐵)[04]이라는 주장이 학계에서 일정의 지지를 얻고 있다. 운철은 환원 없이 사용할 수 있었다. 한편으로 지각에 존재하는 철은 대부분 산화되어 있어, 그대로는 사용할 수 없다. 유용한 철로 만들려면 산화철을 환원하는 등의 복잡한 화학반응과 공정을 거치지 않으면 안 된다. 일반적으로는 청동기시대 다음이 철기시대라고 인식하고 있는 것처럼, 철기가 보급되어 세계사에 영향을 미치는 것은 한참 후였으나, 그것이 반드시 철기 사용이 청동기 사용보다 뒤임을 가리키는 것은 아니다. 전술한 것처럼 인류는 운철을 사용하고 있었다. 인조 철의 기원에 대해서는 1884~1903년에 걸쳐 전 5권의 대저 『철의 역사』를 저술한 루트비히 베크(Ludwig Beck, 1841~1918)가 동(銅)의 용융점보다 훨씬 낮은 온도에서 철의 환원이 시작되는 것이나, 청동의 제조에는 동과 주석 각각의 단독 용융이 필요한 것 및 주석 산지는 지구상에서 극히 편재해 있어 청동기 제조에는 광범위한 주석 교역이 필요하다는 것 등을 이유로

---

04 (역자주) 운석 중에서도 철이나 니켈이 많은 것.

철의 제조는 청동보다도 훨씬 이른 시기에 행해졌다고 주장하였다. 확실히 철은 동의 녹는점(1,085°C)보다 훨씬 낮은 온도(400~800°C 정도)에서 환원이 시작된다. 청동기시대보다 이전에 철기가 사용되지 않았다고는 말할 수 없지만, 다만 실용적인 철기 제조에는 환원만이 아니라 단조(鍛造)[05], 침탄(浸炭)도 또한 필요하다. 그러한 일련의 복잡한 공정을 인류가 획득하는 데에 어느 정도 일정한 시간이 걸렸다고 생각하는 것이 타당할 것이다(베크, 1974, 17~44쪽; 中澤, 1964, 27쪽; 長野, 2004, 51쪽; 『세계대백과사전 개정신판』19, 137쪽); 「지구」, 『세계대백과사전』; 佐 木, 2008, 1~2쪽).

철이라고 해도 다양한 철이 존재한다. 그리고 역사적으로도 또한 현대에도 철 단체(單體)를 실용 목적으로 사용하는 것은 거의 없다. 우리가 보통 철이라고 부르는 것은 철과 탄소의 합금이다. 탄소 함유량에 따라 그 성질이 크게 다르고, 중량비로 탄소를 2.14%에서 6.7%의 범위로 포함한 것을 주철 혹은 선철이라 부른다. 2.14% 이하로 탄소가 특히 적은 것을 단철, 탄소가 비교적 많은 것을 강(鋼)으로 부르고 있다(中澤, 1975, 77쪽)(현재 강으로 구분되는 것은 탄소를 0.02~2.14%의 범위로 포함하고 있다). 주철은 고로에 의해 용융 상태로 제조되는 인장강도(引張强度)[06]가 떨어지는 무른 재료로, 구조용(構造用)으로는 부적합하다. 녹는점은 대략 1,200°C이다. 한편 강(鋼)은 단단하고 또한 강인한 가단철(可鍛鐵)[07]로, 녹는점은 대략 1,400°C 이상이다("cast iron", *Encyclopedia Britaniaca*, 2014; 田中, 1967, 1586~1604쪽; 打越, 2004, 71쪽; 中澤, 1967, 37·69쪽; 小林, 2013, 158쪽).

---

05 (역자주) 금속 재료를 일정한 온도로 가열한 다음 압력을 가하여 어떤 형체를 만드는 작업.

06 (역자주) 물체가 잡아당기는 힘에 견딜 수 있는 최대한의 응력.

07 (역자주) 선철이나 혹은 주철 중의 탄소 함유량을 감소시켜 단련(鍛鍊)할 수 있게 만든 쇠.

고대부터 전해지는 철의 기본적인 제조법은 원료인 철광석(산화철)과 목탄을 용광로(爐)[08]에 넣고 닫은 뒤 풀무를 사용해 송풍하여 일산화탄소를 발생시켜서 산화철을 환원하는 것이다. 이 반응 공정에서 제조된 철은 용융 상태는 아니다. 온도가 낮으면 해면철(海綿鐵)이라 불리는 구멍이 숭숭 난 검은 덩어리가 되고, 온도가 높으면 반 정도 녹은 것 같은 상태의 점성이 있는 덩어리가 된다. 이를 단조하여 필요한 형태로 가공하는 것이다. 그중에서도 특히 단단한 것은 강(鋼)이라 불러 귀중하게 여겼다. 다만 그 차이는 당시 거의 알지 못하였다(中澤, 1967, 22~24쪽). 이상과 같이 오랫동안 철은 단철·강·주철의 세 종류로 크게 구분하였지만, 이 차이가 탄소의 함유량에 기인한다는 것은 18세기 스웨덴의 베리만(Bergman)에 의해 발견될 때까지 거의 알지 못했었다(中澤, 1975, 84~85쪽).

고대 메소포타미아에서는 기원전 5000년 무렵에 인간이 제조한 철로 보이는 철기가 사마라(Sāmarrā)에서 출토되었다. 기원전 4600~기원전 4100년 무렵의 이란 및 기원전 3400~기원전 3100년 무렵 이집트의 철기도 출토되었지만, 이것들은 운철(隕鐵)이다. 철 생산은 기원전 2000년 이후 점차 확대되었다. 아나톨리아(Anatolia)[09] 동부 및 아르메니아는 철제 발생지였다고 추정되고 있다. 특히 아나톨리아에 들어간 히타이트(Hittite)[10]에 의해 제철 및 제강 기술이 크게 발전하였다고 일반적으로 생각되고 있다. 그리고 기원전 12세기에 히타이트가 멸망함으로써 제철 기술이 각지로 보급되어 철기시대가 도래했다는 설이 알려져 있다(『세계대백과사전

---

08 (역자주) 가공할 원료를 넣고 열을 가하여 녹이거나 굽거나 하는 시설.

09 (역자주) 현재 튀르키예 영토에 해당하는 반도.

10 (역자주) 소아시아 시리아 북부를 무대로 하여 기원전 2000년 무렵에 활약했던 인도 유럽계 민족.

개정신판』19, 137쪽). 1986년부터 아나톨리아의 카만 칼레호유크(Kaman-Kalehöyük) 유적을 일본의 중근동문화센터 아나톨리아 고고학연구소가 조사를 계속하면서 그 전모가 드러나고 있다(아나톨리아 고고학연구소 홈페이지). 그곳에서는 기원전 2100~기원전 1950년의 것으로 생각되는 제철의 흔적을 나타내는 철기·철재(鐵滓, 재[滓]는 슬래그[금속 찌꺼기]라고도 한다. 금속을 제조할 때 발생하는 불순물과 그것을 제거하는 액체로, 제철의 경우 산화칼슘과 이산화규소가 대부분을 점한다) 등이 발굴되고 있어, 히타이트보다도 오래전부터 인간이 만든 철기가 사용되었던 것이 분명해졌다(佐々木 편저, 2008, 20쪽). 2019년 3월에 동 연구소가 발표한 바에 의하면, 기원전 2250~기원전 2500년의 같은 지역 지층에서 산화철의 함유량이 많은 덩어리를 발견하였다. 게다가 철에 포함된 납의 동위체(同位體) 비율을 분석한 결과 이 덩어리에 포함된 철은 이 지역에서 산출된 것이 아니라 다른 지역에서 가지고 온 것이 분명해졌다(『朝日新聞』조간, 2019년 3월 25일). 이처럼 제철 기술의 히타이트 기원설은 고고학상의 발견으로 수정하지 않을 수 없게 되었다. 시대가 흘러 기원전 1200~기원전 1000년 무렵이 되면 제철 기술은 침탄법(浸炭法) 발명으로 인해 크게 발전하여, 철기가 민간에도 보급하였다(『세계대백과사전 개정신판』19, 137쪽).

인도의 제철 기술은 서아시아 기원설과 자생설 두 가지가 있어 아직 확정되지 않았다(佐々木 편저, 2008, 20쪽에 의하면, 인도 국내에서는 서아시아로부터의 제철 기술 전파설이 일반적이면서도 자생설 주장도 강하다고 한다. 佐々木 편저, 2009, 22쪽에서는 기원전 10세기 무렵 서아시아에서 인도로 전파되었다고 이야기하였다). 인도에서는 일찍부터 주강(鑄鋼), 즉

도가니(감과[坩堝])[11] 등의 용기를 사용하여 철광석을 제련, 용해하여 거푸집에 부어 강을 생산하였다고 한다. 이러한 인도의 강은 페르시아를 경유해 다마스쿠스(Damascus)[12]로 운반되어 '다마스쿠스 강(鋼)'으로 유명해졌다. 이것이 후술하는 도가니 주강법(鑄鋼法)의 선구이다(『세계대백과사전 개정신판』19, 138쪽).

중국에서는 은(殷) 시대(기원전 1300년 무렵) 유적에서 운철을 끼워 넣은 동월(銅鉞, 동 도끼)이 발견되었다(杜 외 편저, 상권, 1997, 86쪽). 탄소-14를 통한 연대 측정으로는 기원전 1290년의 것인 철기가 신강(新疆)에서 출토되었다. 중국 철제 기술의 기원에 대해서는 자생설이나 서아시아 유래설 등의 몇 가지 설이 있으며, 학술적으로 지지받고 있는 일정한 견해가 있는 것은 아니다. 인공철로서 가장 오래되었다는 하남성 삼문협시(三門峽市)에서 출토된 옥병철검(玉柄鐵劍)[13]은 서주 말에서 춘추 초(기원전 9~기원전 8세기)의 것으로 알려져 있는데, 이것은 인도보다도 더 새로운 것이다(佐 木 편저, 2008, 22~24쪽).

중국의 독자적인 철제 기술로 인정받는 것은 주철 제조이다. 중국의 과학 기술사 연구의 대가인 조셉 니덤(Joseph Needham)은 중국에서 옛날부터 주철을 다량으로 제조하였던 사실을 이야기하였다. 중국의 철광석은 다른 지역에서 생산된 것보다 저온에서 용융한다는 것이 그 이유 중 하나였다(니덤, 1974, 109쪽). 『춘추좌씨전』에 의하면 기원전 512년(소공[昭公] 29) 겨울에 진(晉)이 주철을 징발하고, 그것을 거푸집에 부어 형정(刑

11 (역자주) 고열을 이용하여 물질의 용융, 합성, 보온할 때 사용하는 내열 용기.

12 (역자주) 현재 시리아의 수도.

13 (역자주) 손잡이가 옥인 철검.

鼎)[14]을 제작한 기록이 있다. 이것이 주철 제조에 관한 가장 오래된 기록이다. 이 기록으로부터 춘추시대 말에는 이미 민간에도 주철 제조 기술이 보급되어 있었다고 생각할 수 있다(Wagner, 2008, 83~84쪽; 杜 외 편저, 상권, 1997, 86~87쪽). 중국의 철 사용은 아나톨리아와 비교하면 늦지만, 주철 제조와 사용이 세계의 다른 지역과 비교해 극히 일찍부터 행해지고 있던 것은 특기할만한 일이다.

전한 후기에는 선철에서 강을 제조하는 초강법(炒鋼法)[15]이 등장하는데, 서아시아에서 발견되는 강과 재료가 대단히 비슷하기 때문에 서아시아에서 제강 기술이 이전되었다고 보는 견해도 있다(佐々木 편저, 2008, 22~24쪽). 그러나 중국의 기술 전반에 관해 말할 때, 중국의 지리적인 폐쇄성 때문에 기술 이전 등의 동서 교류가 곤란했다는 사실(杜 외 편저, 하권, 1997, 637쪽)을 고려하면 제철 기술의 이전에 관해서도 단순히 재료가 비슷하다는 사실만으로는 증거로서 충분하지 않을지도 모르겠다.

이상을 정리하면 히타이트 시대보다 훨씬 오래된 튀르키예의 지층에서 철기나 슬래그가 발견되어, 히타이트가 제철의 기원이다는 설은 더는 고고학적인 근거가 없다. 서아시아가 철 제조 기술의 모든 기원이라는 생각은 오래전부터 지지받고 있지만, 요즈음 고고학상의 발견으로 인해 다른 지역에서도 독립적으로 발명되었다고 하는 설도 만만치 않다. 향후 계속 이어질 고고학상의 발견을 기대해보자. 중국에서는 주철제조 기술이 발전하고 인도에서는 뛰어난 강이 제조되었다.

고고학상의 발견이나 중국의 석탄 이용 역사와 제철 기술은 주목할

---

14 (역자주) 법률 조문을 써넣은 솥.

15 (역자주) 선철을 녹인 용선에 공기를 불어넣고 금속산화물 등 탈탄제를 넣어 탄소량을 줄이는 방식으로 강철을 생산하는 방법.

만한 점이 있지만, 한편으로 그것들은 오늘날 공업화사회의 기원 중 하나는 되지 못했다. "왜 근대과학, 즉 자연에 관한 가설을 수학화한다는 것은 앞선 기술을 서로 결부시키는 것이었음에도 갈릴레오의 시대에 서구에서만 유성처럼 출현한 것일까"(니덤, 1075, 5쪽)라는 이른바 '니덤 문제'와도 관련할 것이다. 석탄과 철의 이용은 영국에서 대규모로, 또한 극적으로 앞서나가 그 후의 자본주의적 생산양식을 뒷받침하게 된다.

2. 유럽의 고로법(高爐法) 발전

(1) 선철 제조 기술의 발달

중국과 인도를 제외하면 고대부터 오랫동안 제철 기술은 지지부진하였다. 직접제철법이라 불리는 철광석과 목탄을 밀봉하고 목탄을 연소시켜 단철을 만드는 방법이 계속되고 있었다. 철은 용해되지 않고 반용융 상태에서 단조나 침탄되어 제품으로 만들어졌다(中澤, 1967, 22~24쪽; 포브스, 2003, 410쪽).

유럽에서 용해된 상태로 철을 제조하는 방법은 14세기 무렵 현재의 독일 라인강 유역에서 탄생하였다. 이 방법이 결정적인 수단이 된 것은 용광로의 송풍에 인력을 대신하여 수력을 이용한 것이었다. 용광로의 하부에서 풀무를 사용하여 송풍하는 것인데, 풀무의 동력원으로 수차를 사용함에 따라 약 1,500°C나 되는 고온을 발생시키는 것이 가능해진 것이다. 용광로의 꼭대기 부분에서 철광석과 목탄을 층을 이룬 모양으로 삽입한다. 송풍된 공기는 아래에서 위로 빠져나가는데, 그때 목탄은 통풍을 원활

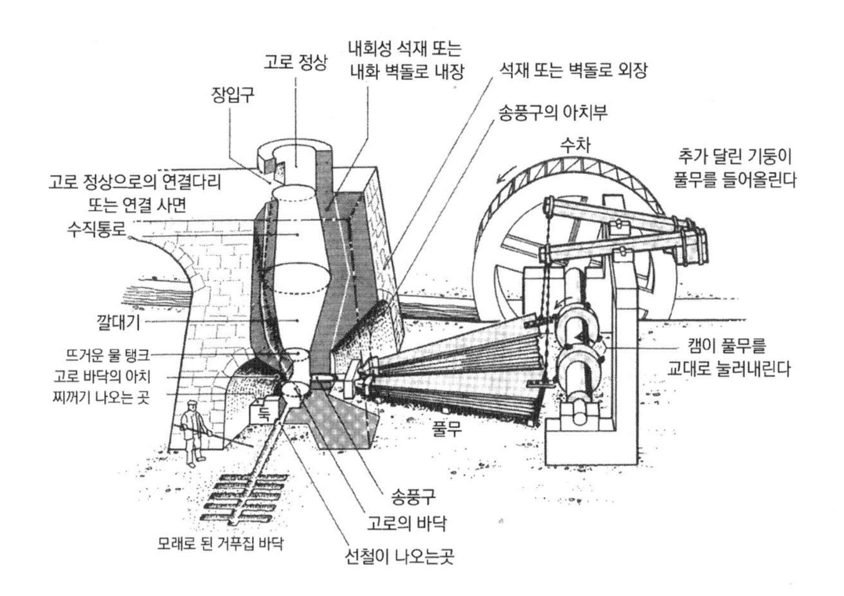

〈그림 1〉 목탄을 사용한 고로 작업 모습
목탄 고로의 내부를 보려고 고로를 절개한 그림.
출전: Neil Cossons, The BP Book of Industrial Archaeology(Newton Abbot: David & Charles, First published in 1975, Third edition paperback 1993), 111쪽을 원저자가 일역.

히 해주는 역할을 한다. 목탄이 용광로의 하부에 다다르면 연료가 되어 반응에 필요한 열을 발생시키며, 목탄과 공기 중의 산소에서 일산화탄소 가스를 발생시켜 철광석을 환원시킨다. 그 결과 철은 맹렬히 탄소를 흡수하고, 녹는점이 1,200°C 정도까지 내려간다. 이렇게 환원된 철을 선철이라 부르며, 용광로의 하부에서 액상이 되어 나온다. 이것을 출선(出銑)이라고 한다. 이 용광로에서 출선하는 선철은 통상 탄소를 약 4.5% 포함하고 있다. 독일어로 호호펜(Hochofen)이라 불리는 이 용광로는 일본어로는 그대로 고로(高爐)라고 번역하였다. 수차에 의한 강한 송풍이 필요하다는 점에서 영어로는 Blast Furnace, 즉 충풍로(衝風爐)라고 부른다(中澤, 1964,

34~38쪽; 「선철」, 『세계대백과사전』). 목탄을 사용한 고로 작업의 모습은 〈그림 1〉에 보이는 것과 같은 것이었다.

단철을 제조하는 경우는 다시금 정련로에서 선철을 목탄으로 가열하여, 선철 속의 탄소를 연소시켜 제거하는 방법이 채용되었다. 고로와 정련로를 사용한 2단계의 제조법을 지금까지의 직접제철법 대신 간접제철법이라고 부른다(中澤, 1964, 39~40쪽). 언뜻 보면 품이 늘어나는 것 같지만, 간접제철법은 직접제철법보다도 생산성이 높아 오늘날에 이르기까지 제철법의 주류가 되고 있다.

라인강 중류 유역에서 발명된 고로법은 라인강을 따라 차츰 서쪽으로 옮겨가 서유럽으로 확산하였다. 벨기에, 룩셈부르크, 프랑스로 전해지고, 바다를 건너 영국에도 전해졌다(中澤, 1964, 32~34쪽).

(2) 주철의 군사 이용

고로의 발명과 철의 주조품이 세계사에 커다란 영향을 끼친 것은 군사 분야였다. 영국은 주철제 대포를 유효하게 활용하였다. 1588년에 영국이 스페인의 '무적함대'를 격파하였는데, 그때 주철제 대포가 사용되었다(中澤, 1964, 41쪽).

1494년에 벨기에 계통의 왈론(Walloon)인이 런던의 동남 서식스(Sussex) 지방에서 영국 최초의 고로 작업을 행하였다. 16세기 특히 윌드(Weald)의 숲으로 불린 삼림에 고로가 계속 건설되었다. 그 후 영국에서 제철업이 발전한 지역은 브리스틀(Bristol) 인근의 세번강(River Severn) 하류 유역에 있는 딘(Dean)의 숲이었다. 게다가 상류의 미들랜드(midlands)에서 철 가공업이 발전하게 된다(中澤, 1964, 42·44~46쪽).

발전해가는 영국 제철업에 큰 족쇄가 된 것은 목탄의 부족과 가격 급등이었다. 철 제조용 목탄 때문에 영국에서는 삼림을 대량으로 벌채하였다. 일본과 같이 비가 많고 고온다습한 지역이라면 식물의 생장은 대단히 빨라, 어느 정도의 기간은 걸리더라도 삼림은 언젠가 회복된다. 그렇지만 영국과 같은 이른바 서안해양성기후에서는 일단 베어진 삼림의 재생은 쉽지 않았다. 삼림 벌채를 멈추기 위한 법률이 몇 번이나 반포되었다. 아일랜드의 삼림 자원을 사용하여 그 지역에서 제철이 행해졌지만, 아일랜드에서도 삼림 파괴가 일어났다. 이윽고 영국은 외국에서 수입된 철에 의존하게 되었다. 독일, 스페인, 그 후 스웨덴과 러시아에서 철을 수입하게 되었다(中澤, 1964, 46~48쪽). 17세기 영국 제철업의 쇠퇴는 자연환경에 크게 영향을 받은 기술의 전형적인 사례이다.

3. 영국 제철업의 목탄 부족과 석탄 사용

(1) 더비 1세에 의한 코크스를 사용한 고로 작업

목탄 대용품의 후보로 떠오른 것이 영국에서는 거의 무한대로 매장되어 있던 석탄이었다. 16세기 말 무렵부터 영국에서는 연료로 석탄을 태우는 일이 늘어나 런던은 심한 매연에 뒤덮이게 되었다. 이것을 제철 원료로 삼는 시도가 1589년의 토마스 프록터(Thomas Proctor)에 의해 행해졌다. 존 로빈슨(John Robinson), 사이먼 스터티번트(Simon Sturtevant)라는 사람들도 같은 시도를 하였지만, 성공하지 못했던 것 같다. 석탄에 의한 고로 작업 시도로 잘 알려진 이가 더드 더들리(Dud Dudley)였다. 그는 석탄을 사용한 고로 작업에 성공했다고도 알려져 있다. 그 상세한 내용은 1665년에 출판된 저서 『Metallum Martis』에 쓰여 있다. 더들리의 성패에 관해서는 저술가·연구자 사이에서도 의견이 분분하다. 석탄을 사용하였을 때 석탄 속의 유황이 선철 속에 혼입되어버려 그 경우 무른 철밖에 나오지 않는다. 그것을 제거하려면 석탄에 열을 가해 쪄서 유황 성분을 포함한 휘발 성분을 없애고 코크스로 사용하면 좋지만, 그 경우 고로 작업 조건도 변경해야만 한다. 그는 일찍부터 석탄을 코크스로 변환하여 고로 작업의 석탄 사용에 선구적 역할을 하였다고 여겨졌지만, 이처럼 수많은 해결해야 할 과제를 근거로 고려해보면, 더들리는 석탄을 사용한 고로 작업에 성공하지 못했다고 필자는 생각한다(中澤, 1964, 49~52쪽); Ashton, 1951, Ⅶ, 10~12쪽; Mott, 1934, 17~37쪽).

코크스에 의한 고로 작업이 언제 누구에 의해 최초로 성공하였는가에 관해서는 전술한 것처럼 몇 개의 견해가 있지만, 에이브러햄 더비(Arbraham Darby) 또는 그 일족이나 관계자가 콜브룩데일(Coalbrookdale)에서 성공

〈그림 2〉 더비 1세가 최초로 코크스에 의한 선철 제조에 성공한 고로
출전: 원저자 촬영.

하였다는 점에는 일치하고 있다(베크, 1968a. 267~270쪽). 더비 1세는 처음에 브리스틀에서 보리를 가는 기계 제조를 시작하였으며, 1702년에는 놋쇠 주조업을 시작하였다. 그 후 브리스틀을 떠나 세번강 상류 슈롭셔(Shropshire)의 콜브룩데일로 옮겼는데, 심지어 외딴 산중에서 거의 방치된 상태였던 중고 고로를 빌렸다. 몇 번이나 시행착오를 거친 끝에, 마침내 1709~1710년 코크스를 사용한 고로 작업에 성공하였다. 그 고로는 〈그림 2〉에 보이는 바와 같았다. 1715년에는 2기째의 고로를 건조하였다(Cox, 2004). 더비 1세는 냄비나 솥 등을 고로에서 출선(出銑)한 선철을 사용하여 직접 주조하였다(베크, 1968a. 268쪽).

더비 1세가 38세로 죽은 후, 어린 아들 더비 2세(1711~1763)가 성장할 때까지, 사업은 공동경영자 리처드 포드(Richard Ford)가 이어받았다(베크, 1968a. 268~269쪽; Cox, 2004; Grace Guide). 1738년에 더비 2세가 경영을 이어받자, 1742년에는 송풍용 수차를 구동하는 물을 퍼 올리기 위해 뉴커먼(Newcomen)[16] 기계를 도입하고 직경 24피트(대략 731cm)의 거대한 수차를 사용하여 당시로는 가장 강력한 풀무를 구동하였다(Trinde, 2004; Percy, 1864, 888쪽).

게다가 사업은 더비 1세의 손자 더비 3세에게 계승되어, 더비 가(家)는 대대로 기술을 발전시켰다. 18세기 동안 콜브룩데일 제철소는 세계 최대의 제철소로 대변모를 이룬 것으로 보인다(Liverpool Standard and General Commercial Advertiser, Friday 15 June 1838).

콜브룩데일의 세번강에 다리를 건설하는 계획이 제기되었을 때, 고가의 목재가 아니라 싼 가격에 입수도 쉽고 그 고장에서 나는 주철을 사

---

16 (역자주) 영국의 기술자, 증기기관의 발명자.

〈그림 3〉 주철제 다리인 아이언 브릿지
위로부터의 하중을 주로 지지하는 부재에 압축하중이 작용하도록 아치 구조를 채용하고 있는 것이 특징이다.
출전: Wikipedia Commons.

용하는 안이 제기된 것은 지당한 이야기였다(페트로스키, 2001, 121쪽). 이 구조의 설계에는 버밍엄의 저명한 제철업자 존 윌킨슨(John Wilkinson)(Harris, 2004) 및 슈루즈베리(Shrewsbury)의 설계사 토마스 프리차드(Thomas Pritchard)가 관여하였다고 한다(Leach, 2004). 그렇지만 교량과 같은 구조용 부재(部材)[17]로 주철을 사용하는 것은 전대미문의 시도로, 그 건설은 대대로 제철업을 경영하여 기술을 축적하고 있던 더비 3세가 중심이 되어 실행하였다. 이리하여 1779년에 일반적으로 최초의 주철제(鑄鐵製) 교량이라 여겨지는 아이언 브릿지(Ironbridge, 철교)가 완성되었다. 〈그림 3〉이 아이언 브릿지로, 현재에도 보행자용 다리로 이용되고 있다(페트로스키, 2001, 120~123쪽; "Ironbridge." Encyclopedia Britannica, 2014).

---

17 (역자주) 구조물의 뼈대를 이루는 데 중요한 요소가 되는 여러 가지 재료.

주철은 압축하중과 관련해서는 비교적 강하지만, 인장하중(引張荷重)에 약한 취성(脆性)[18] 재료이다. 그 역학적 성질은 돌이나 유리에 가깝고, 하중이나 구부림 등에 의해 둘로 떨어져 나갈 때 거의 소성변형(塑性變形, 힘을 가한 후에 힘을 0으로 해도 남는 변형을 가리킨다. 역으로 힘을 가한 후에 힘을 0으로 하면 변형이 남지 않는 성질을 탄성이라 한다)을 하지 않는다. 그러한 성질은 당시도 알려져 있었을 것인데, 그러한 취성 재료를 사용하여 다리를 만들 때 지침이 되는 것은 종래부터 사용된 돌이나 벽돌로 된 구조였다고 생각되며, 그것은 아치형 구조였다. 이러한 구조의 경우, 위로부터의 하중을 지지하는 주요 부재에는 압축력이 작용한다. 주철제 조립에는 목조건축의 기법이었던 장부맞춤(mortise and tenon, 한쪽의 부재에 만든 돌기를 다른 한쪽의 뚫린 구멍에 끼워 넣는 접합 방법) 등이 사용되었다.

콜브룩데일 제철소 이외의 영국 다른 지역에서 코크스 고로는 좀처럼 확산되지 않았다. 1750년대에 들어서 마침내 영국의 다른 지역인 컴벌랜드(Cumberland), 스코틀랜드 등에서도 코크스에 의한 고로 작업이 시작된다(中澤, 1964, 64쪽). 스코틀랜드의 고로는 1760년에 존 로벅(John Roebuck)에 의해 카론(Carron) 제철소에 건설된 것이었다(베크, 1968b, 97쪽). 당초 코크스 고로는 목탄 고로보다도 작았다. 코크스 고로에는 목탄 고로보다도 대형에 강력한 송풍기가 필요하였다. 1768년에 존 스미튼(John Smeaton)은 스코틀랜드에서 로벅의 카론 제철소의 고로를 위해 수차 구동의 실린더 송풍기를 만들었다(베크, 1968b, 484쪽).

그렇지만 그 전개는 지지부진하였다. 후술하지만 제임스 와트가 개

---

18 (역자주) 외부에서 힘을 받았을 때 물체가 소성변형을 보이지 않고 파괴되어 버리는 현상.

량한 증기기관이 송풍의 동력원으로 사용되어 충분한 송풍이 가능해진 뒤에야 비로소 코크스 고로는 보급되었다.

또한 코크스 고로에서 생산된 선철은 주물 제품에 한정되었고, 단조품은 목탄 고로에서 제조된 선철에 의존하였다. 코크스를 사용한 선철은 목탄으로 제조된 선철보다도 유황과 인이 많아진다. 거푸집에 불어넣어 주물로 만들면 문제가 없었지만, 단조하는 경우에 석탄은 철과 접촉하여 유황과 인이 철에 들어가 품질에 나쁜 영향을 주었다(中澤, 1963, 63쪽). 카론 제철소에서 정련에 사용된 선철에는 코크스 선철과 러시아와 미국에서 제조된 목탄 선철을 혼합하였다(베크, 1968b, 141쪽).

(2) 헌츠먼(Benjamin Huntsman)의 도가니 주강법(鑄鋼法)

벤저민 헌츠먼은 본래 제철업에 관여하던 이가 아니라 시계 제조 직인이었다. 시계용 태엽이나 진자(振子)를 만들기 위해 독일이나 사우스 요크셔(South Yorkshire)에서 제조된 침탄강(浸炭鋼)을 사용하고 있었다. 당시 침탄강은 독일강이라고도 불렸으며, 독일제 침탄강은 우수한 것으로 알려져 있었다. 그러나 최상급의 침탄강에서도 결함이나 불순물이 있어 쓰지 못하는 경험을 헌츠먼은 아주 많이 하였다. 왜냐하면 단철을 침탄할 때 내부에 존재한 슬래그 등의 불순물은 그대로 있는 것이 대부분이었기 때문이다.

헌츠먼은 강을 녹이면 내부에 있는 슬래그를 포함한 불순물이 떠올라 균일한 강을 얻을 수 있지 않을까 착상하였다. 그러나 강은 선철보다 고온이 아니면 녹지 않았으며, 그러한 고온을 발생시키는 것은 당시로는 지극히 어려운 기술이었다. 또 가열하려고 연료를 태울 때 그것이 강에 접촉하면 탄소를 흡수하여 선철이 되어버린다. 그래서 헌츠먼은 금속을 도가니에 넣어 그 주위에서 연료를 태워 금속을 녹이는 도가니법을 채용하였다. 도가니법은 놋쇠처럼 강보다 녹는점이 낮은 금속을 녹이는 방법으로 알려져 있지만, 열량이 큰 코크스를 사용하면 강을 녹일 수 있지 않을까 하고 헌츠먼은 생각했다. 헌츠먼이 언제부터 이 시도를 시작하였는지는 분명하지 않지만, 1742년에 동커스터(Doncaster)에서 셰필드 교외의 핸즈워스(Handsworth)로 옮겨 거주한 무렵에 그 발명을 완성할 계획이 있었을 것이다. 셰필드는 당시 영국에서 강의 제조와 가공이 활발한 지역으로, 석탄 및 침탄강과 같은 원재료의 입수와 제품 판매에 유리할 것이라고 헌츠먼은 기획한 것으로 보인다.

이 발명의 열쇠 중 하나는 강이 녹을 정도의 고온에 견딜 수 있는 도가니의 제조였는데, 그것은 동커스터의 유리 제조업자에 의해 이미 발명되어 있었다. 그러나 고온을 발생·유지하는 데 적합한 고로 등 다양한 연구를 해야만 하였기에, 핸즈워스에서도 많은 실험이 행해졌다. 도가니 안의 내화재(耐火材), 새로운 코크스 제조법, 굴뚝을 높게 한 고로 등 많은 궁리를 거듭하여 강을 녹이는 것에 성공하였다. 이것이 도가니 제강법이다.

도가니 제강법을 완성하였을 때 헌츠먼은 셰필드의 날붙이(刃物)[19] 제조 관련자들이 그가 만든 강을 빠짐없이 살 것이라고 예상하였지만, 스스로의 이익을 해친다고 믿은 셰필드의 침탄강 날붙이 제조 관련자들은 헌츠먼의 강을 사지 않았다. 헌츠먼의 강을 산 것은 프랑스였다. 프랑스에서 가공된 도가니 주강(鑄鋼) 제품인 날붙이 등이 역수입되어 영국제보다도 우수하다고 알려지게 되자, 셰필드는 헌츠먼의 강을 구입하지 않을 수

---

19 (역자주) 부엌칼·작은 칼·가위 등.

없었다. 그 후 독일 강 대신 스웨덴의 봉철(棒鐵, 단철)을 수입하여 영국 국내에서 침탄하여 이것을 도가니 제강법으로 용해하는 제강법이 확립된다.

헌츠먼은 도가니 제강법의 특허를 취득하지 않고, 기업 비밀로 계속 숨겼다. 그는 실험에서 실패한 강재조차 숨기려고 공장 가까이에 파묻었다. 특허로 지켜지지 않는 발명의 비밀을 훔치려는 사려분별이 없는 사람들이 헌츠먼의 공장 종업원에게 돈으로 비밀을 캐물어 알아내려 하기도 하고, 산업스파이를 보내는 일도 자주 일어났다. 비밀은 곧 다른 강 제조업자가 알게 되었지만, 헌츠먼의 공장은 그의 사후에도 계속하여 발전하였다. 그 후 100년 이상 동안 헌츠먼의 강이라면 최우수 강의 대명사였다(베크, 1968b, 3~12쪽; 中澤, 1964, 69~71쪽; Hey, 2004).

헌츠먼에 의해 강을 용해하는 것이 가능해졌지만, 도가니의 용량은 한정된 것이라 강이 귀중한 금속인 것에 변함은 없었다. 강의 용도는 식칼이나 면도기와 같은 날붙이나 태엽 등의 작은 제품이었다. 건물, 교량, 철도의 레일과 같은 구조용 용도로 철이 대량으로 사용되려면 헨리 코트(Henry Cort)의 퍼들법을 기다리지 않으면 안 되었다.

(3) 코트의 퍼들법에 의한 연철 생산

간접제철로 단철을 제조하려면 선철을 목탄으로 정련하는 방법이 사용되었고, 코크스를 사용하는 정련은 실용화되지 못하였다. 그것은 코크스에 포함된 유황이 원인이었다. 석탄에는 유황이 황철광(FeS_2)의 형태로 포함되어 있지만, 그것은 코크스를 제조하는 과정에서 제거된다. 그러나 모든 유황이 제거된다는 의미는 아니고, 남은 유황은 유화철(硫化鐵) FeS의 형태로 여전히 코크스에 남는다. 코크스 내의 유화철은 곧바로 철에 흡수되어 그 유황이 철을 무르게 한다. 이것이 제철업이 목탄의 존을 간단히 벗어날 수 없었던 이유이다(베크, 1968b, 434쪽). 단철 제조에 석탄을 사용하는 요구는 절실하여 몇 명의 제철가가 도전하였다. 스코틀랜드의 로벅, 콜브룩데일의 크라네지 형제 등과 같은 선구자 이후, 그것을 완성한 것은 헨리 코트였다(中澤, 1964, 65쪽).

코트는 영국 해군의 대리상으로 철을 수입하는 일을 하고 있었다. 당시의 영국제 단철은 품질이 나쁜 것으로 유명하여 영국 정부는 오로지 수입품에 의존하였다. 코트는 영국제 단철을 개량한다면 영국 해군이 영국제 단철을 구입할 수 있고, 그 결과 막대한 이익을 얻을 수 있을 것이라 확신하였다(베크, 1968b, 437쪽).

코트는 선철과 석탄을 접촉시키지 않는 방법으로 반사로(反射爐)를 사용하는 것에 착상하였다. 특허는 1783년과 1784년에 취득하였다. 코트의 발명 개요는 대략 다음과 같다. 즉 반사로의 내부 천장은 활모양으로 굽은 형상이고, 연소실에서 석탄을 태울 때 발생하는 열은 천장에서 반사하여 별실의 선철을 녹이는 동시에 산소와의 반응으로 인해 선철 속의 탄소는 산화하여 제거된다. 이때 석탄과 선철은 직접적으로는 전혀 접촉하지 않는다. 선철은 탄소가 없어져 순도가 더해지면 녹는점이 올라가 서서히 굳어간다. 이대로는 이 이상의 정련 프로세스의 진행이 불가능하게 되므로, 인간이 봉으로 뒤섞어 정련을 진행한다. 이 휘저어 섞는 것을 퍼들링(puddling)이라 부른다. 그것이 유래가 되어 이 방법은 퍼들법이라 불렀다. 또 이 용광로를 퍼들이라고 부른다. 퍼들 로(puddling furnace)는 〈그림 4〉와 같다. 게다가 코트는 증기기관에 의해 구동되는 압연기를 도입하여 철 속의 슬래그 제거를 간단히 할 수 있게 하였다. 이렇게 제조된 철은 연철(wroughtiron)이라 부른다(베크, 1968b, 437~449쪽; 中澤, 1964, 65~67쪽).

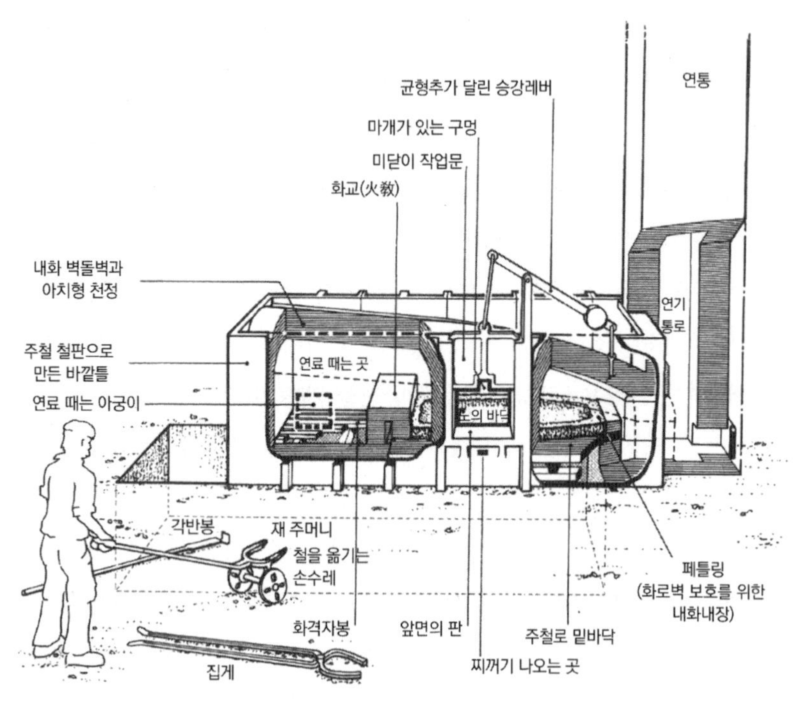

〈그림 4〉 퍼들 로
퍼들 로의 내부를 보기 위해 퍼들 로를 절개한 그림.
출전: Neil Cossons, The BP Book of Industrial Archaeology(Newton Abbot: David & Charles, First published in 1975, Third edition paperback 1993), 118쪽을 원저자가 일역.

평평한 롤이나 구멍 난 롤 등이 제품의 형상에 따라 구별되어 사용되었다. 특히 정련로에서 막 만들어진 철을 구멍 형태의 롤을 사용하여 압연한 것은 코트가 최초일 것이다(베크, 1968b, 340~342쪽).

코트의 퍼들법 발명으로 인해 영국의 제철업은 부족한 목탄 사용을 중지하고 석탄 제철로 완전히 이행할 수 있었다. 그 결과 영국 제철업은 타국과의 경쟁에 우위에 서게 되었다. 영국은 나라에 매장되어 있는 철과 석탄이라는 천연자원을 제철을 위해 자유롭게 사용하는 것이 가능해졌다.

게다가 증기기관을 제철의 동력원으로 사용함에 따라 석탄에 의한 제철은 더욱더 충실해졌다. 또 석탄에 의한 제철과 석탄을 연료로 하는 증기기관은 산업혁명을 강력히 추진할 수 있게 하였다(中澤, 1964, 55~56쪽).

4. 증기기관 연료로서의 석탄

13~16세기에 걸쳐 서유럽 여러 나라에서 벽돌 제조나 난방용 석탄 수요가 증가해갔다(『세계대백과사전 개정신판』15, 505쪽). 휑하니 뚫린 객실 중앙에 이로리(圍爐裏)[20]가 있고, 지붕에 설치된 구멍으로 연기를 배출하였다. 가정에서 난방·조리를 위해 목재를 대신하여 석탄을 사용하려면 이러한 가옥 구조는 적합하지 않았다. 지독한 냄새가 나는 연기를 배기하고, 목재보다 불이 꺼지기 쉬운 석탄을 태우기 위해 벽돌 벽에 난로와 높은 굴뚝이 만들어졌다(앨런, 2017, 103~104쪽). 또 영국에서는 목탄 부족과 그 가격 급등으로 제철을 위한 석탄 이용이 진행된 것은 앞에서 서술한 대로이다.

브리튼섬 남서에 있는 콘월 지방은 주석 등을 산출하는 금속 광산 지대로, 기원전 500년 무렵(일부는 더욱 일찍 생산이 개시되었다)부터 주석 생산이 시작되었다(포브스, 2003, 344쪽). 금속 광산·탄광의 개발과 함께 갱도는 한층 깊이 굴삭이 진행되었다. 그 결과 광산의 배수는 중요한 과제가 되었다. 방치하면 지하수에 의해 광산은 수몰해버린다. 당시 배수펌프를 구동하는 방법으로 수력이 자주 이용되었다. 그렇지만 그러한 자연의

20 (역자주) 가옥 내에 항구적으로 설치된 화로의 일종.

혜택이 광산 주위에 항상 있다고는 할 수 없다. 수력을 충분히 이용할 수 없는 곳에서는 말이 주로 이용되었다. 배수는 거의 쉼 없이 계속되지 않으면 안 되고, 말의 경우는 교대로 사용할 필요가 있었다.

1712년에 최초의 실용적인 증기기관이 다트머스의 철기상 토마스 뉴커먼(Thomas Newcomen)에 의해 제작되었다. 이것은 최초의 레시프로 엔진(recipro engine)이기도 했다. 연료는 석탄이었다. 이 엔진은 펌프를 구동하는 것밖에 할 수 없어, 오로지 광산의 배수용으로 사용되었다. 이 새로운 기관을 다트머스에서 그리 멀지 않은 콘월에서 필요로 한 것은 극히 자연스러운 일이었을 것이다. 단 뉴커먼의 양수용 증기기관은 열효율이 나빠, 연료를 많이 사용하였다. 부스러기 석탄이 많은 탄광에서는 이 낭비가 그다지 문제가 되지 않았지만, 금속 광산 지대인 콘월에서는 해로로 남웨일즈에서 석탄을 운반해와야만 했다. 뉴커먼 기관에 사용하는 석탄의 비용은 큰 부담이었다. 1741년 금속 광산에서 배수에 사용하는 석탄에 대한 과세가 폐지되기까지 콘월에서는 좀처럼 뉴커먼 기관이 보급되지 않았다. 그 때문에 뉴커먼 기관이 최초로 보급된 것은 더럼(Durham) 및 뉴캐슬(New Castle)의 탄광 지대였다고 한다(J. S. Allen, 2004; 디킨슨, 1994, 72~74쪽; 앨런, 2017, 199쪽).

뉴커먼 기관의 제조 비용 삭감에 큰 역할을 한 것은 제철업이었다. 당초 뉴커먼 기관의 실린더에는 고가인 놋쇠가 자주 사용되고 있었지만, 콜브룩데일 제철소에서 만들어진 실린더나 관(管) 등의 텅 빈 주철제 주조품을 놋쇠 제품보다 대략 1/10 가격으로 입수할 수 있게 되었다. 보일러의 재료로는 동(銅)에서 단조 철판이 사용되었다. 이러한 철 재료의 사용으로 증기기관의 건조 비용은 하락해갔다(디킨슨, 1994, 72~73쪽).

5. 산업혁명과 석탄·철

18세기 영국 산업혁명은 면(綿) 공업에서 시작되었다. 더비 등에 의한 제철업에서의 코크스 이용이나 뉴커먼에 의한 증기기관의 발명은 산업혁명 전부터 시작되었다. 그렇지만 산업혁명의 더욱 본격적인 전개는 석탄과 철의 사용 없이는 생각할 수 없다.

영국 산업혁명에 커다란 추진력을 준 것은 제임스 와트가 행한 증기기관의 개량이었다. 와트는 증기기관에 많은 개량을 제공하였는데, 크게 나누어 두 가지로 구분된다. 하나는 분리 응축기를 중심으로 하는 연료소비량 삭감을 위한 일련의 발명(그 요체는 1769년에 취득된 특허[특허번호 913] 속에 기록되어 있다)으로, 그것은 증기기관의 1마력 1시간당 석탄 소비량을 이전의 약 1/5~1/2 정도로 낮췄다고 추정하고 있다. 이러한 고성능 엔진 판로는 그 비용을 충분히 회수할 정도로 연료 가격이 높은 지역에 한정되었는데, 그것은 다름 아닌 콘월 지방이었다(British Patent A.D. 1769, 913쪽; 디킨슨, 1994, 93~94쪽; 앨런, 2017, 185~189쪽).

또 다른 하나는 공장용 회전기관의 발명이다. 영국 산업혁명의 진전에 따라 비유동적인 동력원에 대한 요구가 높아져갔다. 당시 면공업이나 제철업에서 일반적으로 사용된 것은 수차였다. 그 때문에 영국의 많은 공장은 경사가 급한 산간부에 위치하였다. 그렇지만 수력은 계절이나 기후의 영향을 받는다. 게다가 수력을 유효하게 이용할 수 있는 경사지는 영국에는 그다지 많지 않았으며, 그러한 장소는 원재료 및 제품 수송에 유리하다고는 말할 수 없다. 물의 흐름이 없는 평지에 공장을 위치시키려 한다면 말과 같은 가축의 힘에 의존할 수밖에 없었다. 그러나 말은 사람과 비교하면 커다란 출력을 가지고는 있지만, 피로하기에 교대로 사용하지 않으면 안 된다. 사료비도 무시할 수 없다. 수력이나 말 같은 불안정한 자연의 힘은 자본주의적 생산양식의 요구를 충족시키는 것은 아니었다. 언제 어디서든 사용할 수 있는 정상적인 동력원이 산업계에서 요구되자 와트는 그에 부응하게 된다(小林, 2013, 22~24쪽; 山崎·小林 편저, 2010, 171~172쪽).

많은 발명가가 실용화 과정에서 실패나 파탄의 쓰라린 체험을 맛보는 가운데(예를 들면 최초의 열기관 발명자 뉴커먼[디킨슨, 1994, 56~57·66~67쪽], 제니방적기의 발명자 하그리브스[Hargreaves][예를 들면 앨런, 2017, 217~218쪽], 패들법의 발명자 코트[베크, 1968b, 446~447쪽] 등), 와트는 정당한 보수를 얻은 몇 안 되는 발명가 중 한 사람이다. 와트의 사업을 떠받친 것이 매슈 볼턴(Matthew Boulton)이었다(디킨슨, 1994, 105~106쪽). 한편 증기기관의 제조에서 기술상의 결정적인 성공을 가져온 이가 존 윌킨슨이었다.

와트의 창의력 풍부한 여러 발명을 구체적으로 실행하는 데 최대의 문제는 실린더 제작이었다. 와트가 증기기관 제조에 착수하기 시작한 당시의 기계 가공 기술로는 실린더와 피스톤 사이의 간극을 증기가 빠져나가지 못할 정도로 작게 만드는 것은 불가능하였다. 뉴커먼 기관의 경우, 피스톤에 가죽 벨트를 감아 그 위에 열탕을 담아 증기 누출을 막고 있었다(디킨슨, 1994, 45~49쪽). 와트는 피스톤 위에서도 아래에서도 수증기를 작동시키기로 했기 때문에, 뉴커먼 기관같이 물로 실린더와 피스톤 사이를 패킹(packing)[21]할 수 없었다. 이러한 기계 공작의 문제들 때문에 와트는 증기기관 개량에 관한 특허를 취득한 1769년부터 약 5년 동안, 증기기관 개발을 중단해야만 했다(디킨슨, 1941, 73~109쪽).

윌킨슨은 커다란 실린더를 정확히 절삭할 중간 드릴링 머신을 발명

---

21 (역자주) 기밀성을 유지하기 위해 파이프의 이음새나 용기의 접합면 등에 끼우는 재료.

하였다. 그때까지 중간 드릴링머신은 실린더 내측을 기준으로 중심을 정하면서 절삭하고 있었다. 윌킨슨의 중간 드릴링머신은 실린더를 세로로 지나는 봉(棒)에 절삭 공구를 부착하고, 그 봉을 중심의 기준으로 삼아 실린더의 내측을 절삭하는 것으로, 완전한 원에 훨씬 가깝게 절삭할 수 있었다. 1775년 윌킨슨은 볼턴·와트 상회에 2개의 실린더를 공급하였다. 하나는 스태퍼드셔(Staffordshire)의 블룸필드(Bloomfield) 탄광의 것이고, 또 다른 하나는 슈롭셔, 브로슬리(Broseley) 부근의 뉴윌리(Newwilly)에 있던 윌킨슨 자신의 제철소 고로의 실린더 송풍기를 구동하기 위한 증기기관이었다. 윌킨슨의 송풍기는 와트 기관이 도입되기 전에는 뉴커먼 기관에 의해 구동되고 있었다. 윌킨슨의 중간 드릴링머신에 의해 와트의 증기기관은 실용화될 수 있었다. 동시에 윌킨슨은 와트의 증기기관을 제철업에 사용한 최초의 인물이 된 것이다(롤트, 1989, 53~62쪽; 디킨슨, 1941, 112·114·116쪽).

이 두 개의 증기기관은 1776년에 완성되어 잘 작동하였다. 그 평판은 각지로 퍼져 그해 말에는 콘월 지방에서 다수의 연락이 왔다. 이렇게 와트 기관의 최초 판로는 콘월 지방이었다(디킨슨, 1994, 91~93쪽).

영국 산업혁명은 면공업에서 시작된 것이며 철강업이나 증기기관 같은 중공업에서 시작된 것은 아니다. 그렇지만 다양한 증기기관을 포함한 기계에 제철 부품이 사용됨과 동시에, 사상 최초의 열기관인 증기기관은 제철소나 철공소의 원동기로 사용되어 상호 영향을 끼치고 진화하면서 전개된 것이다. 석탄은 제철의 원료로만이 아니라 증기기관의 연료로도 사용되었으며, 게다가 증기기관이 양수용만이 아닌 공장용 동력으로도 사용되었다. 석탄과 철은 산업혁명을 이야기하는 데 있어 없어서는 안 되는 것이 되었다.

기술의 역사에서 18세기의 석탄과 철의 관계는 대단히 특이하였다.

목탄 가격의 급등 때문에 위기에 처했던 영국의 제철업은 코크스에 의한 고로 작업, 도가니 주강법, 패들법이라는 일련의 발명으로 인해 제철의 거의 모든 장면에 석탄을 사용할 수 있게 되어 구조받은 것이다. 와트의 증기기관은 영국 제철업의 기초가 없었다면 성공할 수 없었다. 또 와트의 증기기관은 윌킨슨이 사용하였다. 석탄, 철, 증기기관은 영국 산업혁명의 방아쇠는 아니었지만, 상호 영향을 끼치면서 1790년 이후가 되면 증기기관이 자동 정방기(精紡機, mule)를 구동하는 것이 늘어 영국 산업혁명을 강력히 추진해갔다(堀江, 1967, 61~62쪽).

6. 석탄과 철의 현황과 과제

오늘날 석탄과 철은 화려한 이미지보다 과거에 번영한 기술의 대표처럼 생각될지도 모르겠지만, 그 시대가 끝났다는 의미는 아니다. 다만 석탄은 기로에 서 있다.

현재 철의 대부분은 강재(鋼材)[22]로 출하된다. 구조용 부재(部材)로 싼 가격으로 대량 생산될 뿐만 아니라 그 강도나 내구성 등의 공업 용도로 대단히 적합한 성질을 가지고 있어 향후에도 몰락하는 일은 있을 수 없다. 철을 채굴할 수 있는 연수는 2009년의 통계로 70년(환경성, 2011, 17쪽)으로, 순환형 사회 실현을 향해 부스러기 철의 재이용을 더욱 추진해 갈 필요가 있다(長野, 2004, 51~60쪽).

석탄은 대체로 현재 두 가지 용도가 있다. 하나는 제철의 원료 및 그

22 (역자주) 건설 공사 등의 재료로 쓰기 위해 가공한 강철.

연료로 코크스화해서 사용하는 것으로, 석탄 이외의 선택지는 거의 생각하기 어렵다. 또 다른 하나는 에너지원으로의 이용으로 특히 보일러 등에서 석탄을 사용하는 경우이며, 미분탄(微粉炭)으로의 연소가 주류이다. 석탄 자원의 유효 활용을 위해 미분탄을 덩어리화해서 코크스를 제조하는 기술도 있다(加藤 외, 2006, 38~42쪽). 2015년 1월 시점의 열량 당 가격 비교에서 석탄은 천연가스·석유의 절반 이하이기 때문에, 석탄에 의한 화력발전 수요는 뿌리 깊은 바가 있다고 생각된다(자원에너지청, 2015, 70쪽).

한편 석탄 연소에 따른 매연 등의 대기오염 및 탄산가스의 배출에서 기인하는 지구온난화는 심각함을 더하고 있다. 2013년의 신조어·유행어가 된 'PM2.5'의 발생원 중 일부가 석탄 연소인 것은 주지의 사실이다. 단위 발열량 당 이산화탄소 배출량을 보면 무연탄은 천연가스의 약 1.8배, 가솔린의 약 1.4배에 해당하여(환경성, 2020, Ⅱ-28~29쪽), 석탄은 온실효과 가스 배출원으로 공격의 대상이 되었다. 그러나 2011년의 후쿠시마(福島) 제1 원자력발전소 사고와 그 후 일본 국내 각 원자력발전소의 가동률 저하와 운전 정지로 인하여 에너지 확보는 한층 절박한 과제로 부상하였다. 석탄 화력발전이 일본 총발전량에서 점하는 비율은 2009년도에 24.7%였지만, 2017년도에는 32.3%가 되었다(자원에너지廳, 2010, 190쪽; 자원에너지廳, 2019, 155쪽). 2019년 12월 20일에 출력 100만 kw의 일본 최대급 석탄화력발전소, 규슈 전력(九州電力) 마쓰우라(松浦) 화력발전소의 운전이 개시되었다. 한편으로 환경평가 예측을 통과하려고 바이오매스(biomass)[23] 연료를 혼합하여 연소시키는 등의 대책을 세우자 채산성이 떨어져 계획이 재검토된 석탄발전소가 지바(千葉)·야마구치(山口) 등

23 (역자주) 에너지원으로 사용되는 식물이나 동물 같은 생물체.

에 존재한다(『朝日新聞』조간, 2020년 2월 11·12일). 신설 석탄화력발전소에 대한 융자를 원칙적으로 중지하는 은행도 잇따르고 있다(『朝日新聞』조간, 2020년 2월 16일, 4월 16·17일). 2020년 7월에 경제산업성은 2030년도까지 구식 석탄화력발전소 발전량의 약 9할 삭감을 결정하였다. 일본 국내에 약 140기 있는 석탄발전소 중 약 110기는 아임계(亞臨界)[24]나 초임계(超臨界)[25]라는 구식 발전소이다. 이 중 9할에 해당하는 약 100기는 휴지·폐지를 추진하는 한편, 초초임계(超超臨界)[26] 등의 높은 열효율을 가진 발전소의 사용이나 새로운 건조를 촉진할 것이다(『朝日新聞』조간, 2020년 7월 3·4일).

석탄 채굴 가능 연수는 전에는 200년 이상이었지만, 2018년에는 132년으로 줄었다. 석유의 채굴 가능 연수는 1980년에는 30년 정도였지만, 그 후 증가로 돌아서 대개 40~50년 정도로 변화하여 2018년에는 50.0년이 되었다. 천연가스의 2018년 채굴 가능 연수는 50.9년(BP 통계)이므로, 석탄 채굴 가능 연수는 다른 화석연료의 그것과 비교하면 배 이상 길다. 다만 어느 쪽이든 화석연료는 태고의 옛날 지구 표면에 내리쬔 태양에너지가 탄소의 형태로 보존된 것으로, 유한 자원인 것을 잊어서는 안 된다.

석탄은 영국 산업혁명기에 제철 기술의 발전과 증기기관의 이용을 실질적으로 가능케 하여 자본주의적 생산 양식의 토대 일부가 되었다. 화석연료 이외의 에너지나 원재료를 다른 수단으로 얻기에는 한계가 있다.

---

24 (역자주) 증기를 유체로 하는 증기터빈 발전기에서 압력이 임계압 이하인 증기를 이용하여 발전하는 화력발전소.

25 (역자주) 원자로 안의 핵분열로 발생하는 중성자의 수가 흡수되어 핵분열을 하는 중성자의 임계 수를 넘는 상태.

26 (역자주) 초임계압보다 더욱 높은 증기 압력.

철은 지상에서 없어지지 않지만, 인류는 채굴 가능한 화석연료의 최후의 한 방울, 한 조각까지 전부 태울 것이다. 화석연료가 고갈될 때 오늘날의 공업화 사회·자본주의적 생산 양식을 유지할 수 있을지 어떨지는 알 수 없지만 그래도 인류는 멸망하지 않는다. 공업화 이전의 사회로 돌아갈지도 모르며, 그것은 우리가 견디기 어려운 빈곤을 가져올 것이다(공업화 이전 각국 주요 도시의 생활 수준에 대해서는 앨런, 2017을 참조). 자원의 문제는 기술의 문제만이 아니라 경제활동과 사람들의 생활 양식의 변용과도 밀접하게 관련되어 있다. 그 해결을 위해서는 기업 활동을 포함한 사회상·사람들의 가치관과 생활 방식을 근본부터 바꿀 필요가 있다고 생각한다.

참고문헌

R·C·アレン, (眞嶋史叙·中野忠·安本稔·湯沢威 訳), 『世界史のなかの産業革命-資源·人的資源·グローバル経済』, 名古屋大学出版会, 2017.

打越二彌, 『図解 機械材料 第三版』, 東京電機大学出版会, 2001.

加藤健次·中嶋義明·山村雄一, 「微粉炭塊成化(DAPS)によるコークス製造技術」, 『新日鉄技報』第384号, 2000, 38~42쪽.

「旧式石炭火力「九割減」 一〇〇基休廃止に相当 経産省方針」, 『朝日新聞』 朝刊 1면, 2020년 7월 3일.

「(けいざい+) 石炭火力は続くのか:上 なお新設「再エネの調整機能」, 『朝日新聞』 朝刊 7면, 2020년 2월 11일.

「(けいざい+) 石炭火力は続くのか:下 規制や投融資, 狭まる包囲網」, 『朝日新聞』 朝刊 4면, 2020년 2월 12일.

小林学, 「馬力-馬と比較した仕事率」, (山崎正勝·小林学 編著), 『学校で習った理科をおもしろく読む本-最新のテクノロジーもシンプルな原理から』, JIPMソリューション, 2010, 168~174쪽.

小林学, 『一九世紀における高圧蒸気原動機に関する研究-水蒸気と鋼の時代』, 北海道大学出版会, 2013.

佐々木稔, 『鉄の時代史』, 雄山閣, 2008.

佐々木稔 編著, 『鉄と銅の生産の歴史 増補改訂版-金·銀·鉛を含めて』, 雄山閣, 2009.

「CO2減らせ, 石炭火力政策転換 経産相「旧式, 三〇年に向けて減」」, 『朝日新聞』 朝刊 3면, 2020년 7월 4일.

「新生代」, 『世界大百科事典』, JapanKnowledge, https://japanknowledge.com(参

照2020.11.02)
「新設石炭火力, 原則支援せず 三井住友FG」, 『朝日新聞』 朝刊 6면, 2020년 4월 17일.
「製鉄の人類史に一石 日本の調査団, 遺物を発見·分析 起源に新説「ヒッタイトの 地と別」」, 『朝日新聞』 朝刊 1면, 2019년 3월 25일.
「石炭」, 『世界大百科事典 改訂新版』, 平凡社, 15, 2007, 500~508쪽.
「石炭化学」『世界大百科事典 改訂新版』, 平凡社, 15, 2007, 505~506쪽.
「石炭火力の新設融資, 停止 五〇年度までに残高ゼロ みずほFG」, 『朝日新聞』 朝刊 7면, 2020년 4월 16일.
「石炭火力輸出, 厳格化 環境省, 支援要件見直しへ」, 『朝日新聞』 朝刊 4면, 2020년 2월 26일.
「銑鉄」, 『世界大百科事典』, JapanKnowledge, https://japanknowledge.com(参照2020.10.28)
田中裕子, 「中央ユーラシア東部における初期鉄器文化の交流」, 早稲田大学博士論文(文学), 2013. https://waseda.repo.nii.ac.jp/?action=pages_view_main&active_action=repository_view_main_item_detail&item_id=3321&item_no=1&page_id=13&block_id=21 (2019년 6월 6일 閲覧)
田中良平, 「最近の鉄-炭素系平衡状態図について」, 『鉄と鋼』第53巻第14号, 1962, 1586~1604쪽.
田村雅人·渡辺真次·大野恵美·糸数龍之介·小崎貴弘, 「微粉炭燃焼技術の開発」, 『IHI 技報』第51巻第1号, 2011, 30~36쪽.
「地球」, 『世界大百科事典』, JapanKnowledge, https://japanknowledge.com(参照2020.04.30)
H·W·ディキンソン, (磯田浩 訳), 『蒸気動力の歴史』, 平凡社, 1994.
ディキンソン, (原光雄 訳), 『ジェームズ·ワット』, 創元社, 1941.

「鉄」, 『世界大百科事典 改訂新版』, 平凡社, 19, 2007, 136~141쪽.

杜石然·苑楚玉·陳美東·金秋鵬·周世德·草婉如 編著, (川原秀城·日原伝·長谷部英一·藤井隆·近藤浩之 訳), 『中国科学技術史』上·下, 東京大学出版会, 1997.

中沢護人, 『鋼の時代』, 岩波新書, 1964.

中澤護人, 『鉄のメルヘン-金属学をきずいた人々』, アグネ, 1975.

長野研一, 「日本鉄鋼業の鉄鉱石·石炭資源の現状と将来」, 『鉄と鋼』第90巻第2号, 2004, 51~60쪽.

ジョセフ·ニ__ダム, (橋本敬造 訳), 『文明の滴定-科学技術と中国の社会』, 法政大学出版局, 1974.

ジョセフ·ニーダム, (牛山輝代 編訳), (山田慶兒·竹内廸也·内藤陽哉 訳), 『ニーダム·コレクション』, 筑摩書房, 2009.

日本エネルギー学会 編, 『石炭の科学と技術-未来につなぐエネルギー』, コロナ社, 2013.

J·U·ネフ, (原光雄 訳), 「石炭の採掘と利用」, (チャ__ルズ·シンガ__ほか編), 『増補 技術の歴史』第5巻, 1978, 60~71쪽.

フォーブス, (平田寛·道家達將·大沼正則·栗原一郎·矢島文夫 監訳), 『フォーブス 古代の技術史 〈上〉-金属』, 朝倉書店, 2003.

ルードウィヒ·ベック, (中沢護人 訳), 『鉄の歴史』, たたら書房, 第1巻第1分冊 1968a, 第3巻第1分冊 1968b.

ヘンリー·ペトロスキー, (中島秀人·綾野博之 訳), 『橋はなぜ落ちたのか-設計の失敗学』, 朝日新聞社, 2001.

堀江英一, 「イギリス紡績業における機械体系の確立過程」, 『經濟論叢』第99巻第1号, 1967, 42~65쪽.

L·T·C·ロルト, (磯田浩 訳), 『工作機械の歴史-職人の技からオートメーショ

ン へ』, 平凡社, 1989.

Ashton, Thomas Southcliffe, *Iron and Steel in the Industrial Revolution*, Manchester: Manchester University Press, Second Edition 1951.

British Patent A.D. 1769, No. 913. James Watt, "Steam Engine, &c. Watt's Specification".

"cast iron." *Encyclopædia Britannica*. Encyclopædia Britannica Ultimate Reference Suite. Chicago: Encyclopædia Britannica, 2014.

Cossons, Neil, *The BP Book of Industrial Archaeology*, Newton Abbot: David & Charles, First published in 1975, Third edition paperback 1993.

"Ironbridge." *Encyclopædia Britannica*. Encyclopædia Britannica Ultimate Reference Suite. Chicago: Encyclopædia Britannica, 2014.

Liverpool Standard and General Commercial Advertiser, Friday 15 June 1838.

Mott, R.A., "Dud Dudley and the Early Coal-Iron Industry", *Transactions of the Newcomen Society*, Vol. 15, No. 1, 1934, pp. 17~37.

Percy, John, Metallurgy: *The art of extracting metals from their ores, and adapting them to various purposes of manufacture, Volume 2 Iron and Steel*, London: John Murray, 1864.

Wagner, Donald B., *Joseph Needham, Science and Civilisation in China Volume 5. Chemistry and Chemical Technology Part 11. Ferrous Metallurgy*, Cambridge: Cambridge University Press, 2008.

〈참고URL〉

アナトリア考古学研究所 홈페이지

http://www.jiaa-kaman.org/jp/intro.html (2019년 11월 13일 閱覽)

環境省, 『平成二三年版環境·循環型社会·生物多様性白書』, 2011.

https://www.env.go.jp/policy/hakusyo/h23/pdf.html (2020년 8월 28일 閱覽)

環境省, 『温室効果ガス排出量算定·報告マニュアル (Ver4.6) (令和二年六月)』, 2020.

https://ghg-santeikohyo.env.go.jp/manual (2020년 8월 28일 閱覽)

グローバルエネルギー統計イヤーブック2018

https://yearbook.enerdata.jp/caol-lignite/coal-world-consumption-data.html (2019년 5월 30일 閱覽)

資源エネルギー庁, 『平成二一年度エネルギーに関する年次報告』(エネルギー白書2010), 2010.

https://www.enecho.meti.go.jp/about/whitepaper/2010/(2020년 10월 25일 閱覽)

資源エネルギー庁, 『平成二六年度エネルギーに関する年次報告』(エネルギー白書2015), 2015.

https://www.enecho.meti.go.jp/about/whitepaper/2015/(2020년 8월 28일 閱覽)

資源エネルギー庁, 『平成三〇年度エネルギーに関する年次報告』(エネルギー白書2019), 2019.

https://www.enecho.meti.go.jp/about/whitepaper/2019/(2020년 8월 28일 閱覽)

常磐共同火力株式会社ホ__ムペ__ジ

http://www. joban-power.co.jp/nakoso_power_plant/igcc/ (2016년 1월 5일 閱覽)

Allen, John S. "Newcomen, Thomas (bap. 1664, d. 1729), ironmonger and inventor of the atmospheric steam engine." *Oxford Dictionary of National Biography*. 23 Sep. 2004; Accessed 25 Dec. 2013.

BP 統計

http://www.bp.com/en/global/corporate/energy-economics/statistical-review-of-world-energy.html (2020년 4월 17일 閱覽)

Cox, Nancy., "Darby, Abraham (1678~1717), iron founder, copper smelter, and brass manufacturer", *Oxford Dictionary of National Biography*. 23 Sep. 2004; Accessed 10 Jul. 2012.

Grace's Guide to British Industrial History

https://www.gracesguide.co.uk/Richard_Ford (2019년 5월 30일 閱覽)

Harris, J. R., "Wilkinson, John (1728~1808), ironmaster and industrialist." *Oxford Dictionary of National Biography*. 23 Sep. 2004; Accessed 8 Apr. 2014.

Hey, David. "Huntsman, Benjamin (1704~1776), steel manufacturer." *Oxford Dictionary of National Biography*. 23 Sep. 2004; Accessed 22 Sep. 2012.

Leach, Peter, "Pritchard, Thomas Farnolls (bap. 1723, d. 1777), architect." *Oxford Dictionary of National Biography*. 23 Sep. 2004; Accessed 28 Mar. 2014.

Trinder, Barrie. "Darby, Abraham (1711~1763), ironmaster." *Oxford Dictionary of National Biography*. 23 Sep. 2004; Accessed 12 Jul. 2012.

World Energy Resources : 2013 Survey

https://www.worldenergy.org/publications/2013/world-energy-resources-2013-survey/ (2015년 1월 6일 閱覽)

2장

경질섬유(硬質纖維)

세계사·지역사·국사·지방사 속의 마닐라 삼(麻)

· 하야세 신조(早瀨晉三) ·

1. 글로컬(glocal)[01] 산업으로서의 경질섬유

본 장의 목적은 선박용 밧줄 등 전략물자, 화물 끈, 종이 등 생활 물자, 모자, 의복 등 의복과 양식 물자의 원료로 근대에 중요한 상품이 된 마닐라삼(식물명 아바카, abaca) 등의 경질섬유를 세계사, 지역사(동남아시아사), 국사(필리핀사 및 일본사), 지방사의 네 개의 면에서 고찰함으로써 상호 연관에 따른 글로컬한 근현대 사회의 성립을 고찰하는 것이다.

1950년대 말에 화학섬유가 본격적으로 공업 생산되어 보급될 때까지, 외관이 거칠고 경직되어 경질섬유라 불린 마닐라삼, 사이잘(sisal)[02], 마게이(maguey)[03] 등은 산업, 생활에 중요한 역할을 하였다. 1922년에 채택된 워싱턴 해군 군축조약에서 전함, 항공모함 등의 보유가 제한된 것처럼,

01 (역자주) 국제(global)와 현지(local)의 합성어로, 지역 특성을 살린 세계화를 말한다.

02 (역자주) 외떡잎식물 백합目 용설란科의 여러해살이풀.

03 (역자주) 멕시코 원산인 용설란科의 여러해살이풀로서 용설란屬에 속하는 식물의 총칭.

국력이 군함의 보유 상황으로 나타나 공업화가 진전된 20세기 전반에 선박용 밧줄이나 기계용 로프의 원료로 마닐라삼은 중요한 전략물자가 되었다. 또 화물 끈이나 종이, 가방, 신발 등의 원료로 일상생활에 없어서는 안 되는 것이 되었다. 모자 원료로서 아사사나다(麻眞田)[04]로 가공되었으며, 의료용 섬유로도 사용되었다. 삼 노끈[麻紐], 삼 밧줄[麻繩], 마대(麻袋, 삼자루) 등이라고 불린 것처럼, 경질섬유는 도처에서 일상적으로 사용되어 사람들에게 친숙해졌다. 전후(戰後)에도 티백(tea bag), 필리핀이나 일본의 지폐, 그리고 최근에는 자동차산업에서 충전재나 내장에 사용되고 있고, 향후 유리섬유(glass fiber)의 복합소재로서 수요가 예상된다. 현재 마닐라삼은 세계의 약 85%가 필리핀에서 생산되며, 필리핀 국내에서는 약 80%가 종이, 약 15%는 로프의 원료가 되고 있다.

본 장에서는 먼저 세계사에서 본 경질섬유를 개관한다. 다음으로 상품 작물로서의 사탕수수, 고무, 담배, 코코넛 등이 플랜테이션으로 재배된 근대 동남아시아에서도 거의 필리핀에서만 재배된 경질섬유 작물을 대표하는 아바카(상품명 마닐라삼)는 동남아시아사 혹은 필리핀 역사 속에서 어떠한 의미를 지니고 있었는가를 고찰한다. 나아가 제강업이나 제지업, 모자용 아사사나다 등의 원료로 일본에 수입된 경질섬유와 관련된 산업에 관해 개관하고, 마지막으로 사나다 산업이 일본 농촌사회에 준 영향에 관해서 고찰한다.

---

04 (역자주) 사나다(眞田)는 세로실과 가로실을 기계로 짠 납작하고 폭이 좁은 끈이며(명칭의 유래에 관해서는 이어지는 본문의 내용 참조), 아사사나다는 마닐라삼 섬유를 가공해 실로 사용한 것이다.

2. 세계사에서 본 경질섬유

(1) 전략물자

필리핀제도(諸島)에서만 생육하고던 파초과 식물 아바카는 옛날부터 필리핀 각지에서 옷감, 로프의 원료로 사용되었다. 16세기 후반에 필리핀제도를 식민지화한 스페인도 일찍부터 마닐라와 멕시코의 아카풀코(Acapulco)를 왕복한 갤리온(Galeón)[05] 선용 밧줄의 원료로 사용하였다. 그러나 수출 무역품이 된 것은 1812년부터로, 그 후 선박용 밧줄로 주로 사용되던 러시아삼이 크림전쟁(1853~1856)으로 품귀현상에 이른 것을 계기로 세계시장에 진출하였다. 수피(樹皮)[06] 섬유인 러시아삼은 바닷물에 약해 타르를 발라서 유연성이 부족하고, 무겁고 가격도 비싸 마닐라삼의 우수함이 널리 알려지게 되자 선박용 끈 시장을 독점하게 되었다.

1809년에 훌턴(Robert Hulton, 1765~1815)이 증기선의 상업화에 성공하고, 그 후의 개량으로 보급되었다. 1869년에 수에즈운하가 개통하자, 유럽과 아시아 간의 거리·시간은 단숨에 줄어들었다. 또한 러일전쟁(1904~1905)의 동해 해전처럼 전함끼리의 대규모 전투가 승패를 크게 좌우하게 되자 해군력 확장 경쟁이 시작되었다. 그 때문에 마닐라삼을 원료로 한 로프 제조업이 중요한 군수산업으로 발전하였다. 선박용 끈 외에 공업화의 진전으로 기계용 로프 수요도 높아졌고, 어망용 가는 끈이나 어의(漁衣) 등 어업 관계로도 사용되었다.

---

05 (역자주) 1565년부터 1815년까지 필리핀과 아카풀코 사이의 무역을 담당했던 무역선.

06 (역자주) 나무줄기의 코르크 형성층보다 바깥 조직.

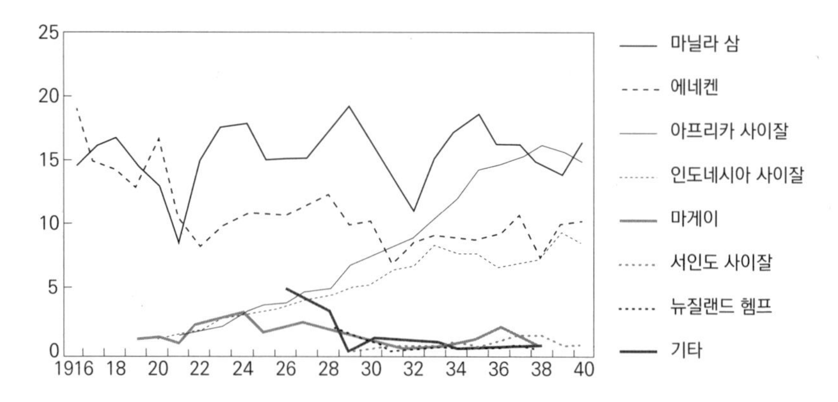

〈그림 1〉 세계의 경질섬유 산출량
출전: 후루카와 기조(古川義三), 『다바오 개척기』, 1956, 505쪽.

〈그림 1〉과 같이 세계의 경질섬유 산출량은 마닐라삼과 멕시코산 사이잘(에네켄, 용설란)이 팽팽히 맞서고 있었으나, 아프리카나 인도네시아 등에서 사이잘이 재배되면서 마닐라삼을 능가하여 1930년대에는 사이잘이 마닐라삼의 배 이상이 되었다. 사이잘은 섬유가 물을 흡수하고, 부패하기 쉽고 내구력이 없어서 선박용, 유정용(油井用), 농업용 로프로 적합하지 않았지만, 기계용 로프로는 아무런 불편도 없고 흰색이어서 백화점 등에서 사용되는 짐 싸는 끈으로 오히려 환영받았다. 또 열대의 황무지에서 생육하여 품이 그다지 들지 않아 대규모 경지에서 재배할 수 있다. 1헥타르당 생산량은 마닐라삼의 2배로, 기계를 사용하여 능률적으로 섬유를 켜내는 작업도 쉬웠기 때문에 비용도 들지 않았다. 더욱이 품종이나 재배 기술의 향상, 방부제를 도포함으로써 내구성이 증가하는 등 개량을 더한 결과 사용 범위가 확대되어 마닐라삼의 영역을 침식하였다. 따라서 선박용 등의 로프나, 최고급품이 필요한 사나다용 외에는 사이잘이 우위를 차지하였다.

(2) 생활 물자

로프 제조용이나 의류 재료로 고급 마닐라삼이 사용된 데 반해, 철끈[綴紐] 등과 같이 내구력이 필요하지 않은 것에는 저급한 것이 사용되어 가격이 싼 사이잘 등으로 대용되었다. 제지에는 로프 제조용, 사나다용 등에서 나오는 부스러기 삼(屑麻)도 이용되었다. 현재 필리핀이나 일본의 제지에도 사용되며, 일본에서는 특산인 삼지닥나무[三椏]의 나무껍데기에 있는 인피(靭皮)[07] 섬유를 주된 원료로, 아바카의 잎에서 채취하는 잎맥(葉脈) 섬유 등을 보조원료로 사용하고 있다. 또 가죽 가방이나 가죽신, 짚 제품보다 견고해서 짚신, 샌들이나 슬리퍼 등의 원료가 되었다.

(3) 의복과 식량 물자

필리핀 제도에서는 예로부터 의류 원료로 사용되어 시나마이라 불린다. 손으로 짠 세로실과 가로실을 조합하여 모양을 넣어 짜며, 견사(絹絲)나 면사(綿絲)를 섞는 것도 있다. 저지대에 사는 기독교도는 여성용 블라우스나 남성용 셔츠, 리본이나 넥타이에도 사용한다. 민다나오섬 동남부 다바오(Davao)지방의 바고보인(Bagobos人) 등은 정장용으로 사용하여 남성용은 상의와 바지, 여성용은 스커트로 만든다. 아주 섬세한 모양으로 형형색색의 작은 장식용 구슬을 꿰매 화려하다. 예전에는 코인을 꿰맨 것도 있었다.

마닐라삼의 최고급품은 사나다의 원료가 되었다. 아사사나다는 여성

---

07 (역자주) 식물의 줄기 형성층의 바깥쪽에 남아 있는 조직.

용 모자를 제조하려고 가공된 것으로, 일본에서 구미로 수출되었다. 원료인 마닐라삼을 완전히 수입에 의존하여, 일본 국내에서 수요가 없는 것으로 가공하여 수출한 아사사나다는 메이지(明治) 일본의 가공무역을 통한 국가번영을 상징하는 산업의 하나로 발전하였다. 일본 전국에 공장이 있었으며, 삼 잇기는 가정 부업으로 보급되었다.

삼은 방열성이 좋고 흡습성·방습성이 뛰어나 시원하지만, 단단하여 방직하기 어렵고 구겨지기 쉬워서 근대적 의류 재료로 대량 생산되는 일은 없었다. 그러나 현재 각종 합성섬유와 혼방(삼 혼합)함에 따라 여름용 의류만이 아니라 스웨터 등으로 널리 사용되고 있다.

3. 동남아시아사로부터 본 경질섬유

(1) 플랜테이션 농업

1869년에 수에즈운하가 개통되고 정기 증기선 항로나 해저 전신 케이블망이 발달하자 동남아시아와 유럽 사이에 통신·수송이 활발해져 특히 도서부에서 플랜테이션(plantation)[08]형 산업이 비약적으로 발전하였다. 먼저 네덜란드령 동인도의 자바섬을 중심으로 커피, 사탕수수, 차 등의 식품 원료 작물이 재배되었다. 스페인령 필리핀에서도 루손섬 중부나 네그로스(Negros)섬에서 사탕수수가 재배되었으며, 더욱이 1898년에 미국령

08 (역자주) 열대, 아열대 기후 지역에서 선진국이나 다국적기업의 자본 및 기술과 원주민의 값싼 노동력이 결합하여 상품 작물을 대규모로 단일 경작하는 농업 방식.

이 되자 루손섬 남부 비콜(Bicol) 지방이나 민다나오섬 다바오(Davao) 지방에서 아바카 재배가 발전하였다. 영국령 말라야(Malaya)[09]나 네덜란드령 수마트라섬에서는 담배, 야자나무, 고무 등의 플랜테이션이 개발되었으며, 말라야에서는 주석 광산도 발전하였다.

이들 개발이 행해진 지역 중에서 말라야나 수마트라섬같이 인구가 희박한 지역에서는 외래 노동자가 도입되어 식량 부족 상태에 빠졌다. 또 자바섬 같은 인구 조밀 지역에서는 벼를 대신하여 상품 작물을 재배하였으므로 주식인 쌀이 부족하였다. 이 부족한 쌀은 대륙부인 프랑스령 인도차이나의 메콩강, 짜오프라야강, 영국령 버마의 이라와디(Irrawaddy, 혹은 에야워디)강 각각의 하류 델타 지역에서 수출용으로 개발된 쌀 경작 지역으로부터 공급되었다.

외래 노동자는 말라야의 고무 농원에는 남인도에서, 주석 광산에는 중국 남부에서 유입하였으며, 수마트라섬에는 자바섬에서 이주하였다. 이들 노동자에게 필요한 식량, 생활용품은 인도인이나 중국인 상인이 운반하였다. 또 대륙부의 쌀 경작지대에는 델타 주변의 통킹, 안남(安南, An Nam), 상(上) 버마[10] 등 주변 지역에서 이주해 온 농민이 생산에 종사하였다. 쌀의 집하, 정미, 수출은 인도차이나나 태국에서는 중국인, 버마에서는 인도인이 담당하였다.

이러한 수출용 상품 작물 무역은 가장 먼저 공업화, 해운업, 금융 체제가 발달한 영국을 중심으로 행해졌으며, 중국이나 인도가 가세하여 동남아시아 지역 내의 무역이나 인구 이동이 활발해졌다. 그러나 제1차 세계

09 (역자주) 1963년 말레이시아로 개명.

10 (역자주) 현 미얀마.

대전을 계기로 수출처는 미국으로 바뀌어갔다. 필리핀은 1913년에 종주국 미국과의 호혜적 자유 무역체제가 확립되어 미국에 대한 무역이 수출에서 80%, 수입에서 60%를 점하게 되었으며, 세계 대공황 전인 1929년에는 사탕, 코코넛 기름, 마닐라삼의 주요 세 품목만으로 수출 총액의 2/3를 점하게 되었다. 사탕, 코코넛 기름은 100% 가까이가 미국에 수출되었다. 영국령 말라야에서는 같은 해 고무가 수출 총액의 47%, 주석이 20%를 점하고, 고무의 63%, 주석의 57%가 미국에 수출되었다. 네덜란드령 동인도에서는 필리핀이나 말라야만큼 특정 소수의 1차 생산품이 수출을 점하는 모노컬처(monoculture, 단일 재배) 경제는 아니었지만, 그럼에도 수출 총액의 21%가 자바산 설탕, 16%가 주로 수마트라 및 칼리만탄(Kalimantan)산 고무, 12%가 수마트라산 석유로, 세 품목만으로 5할을 점하였다. 고무의 수출처도 대부분이 미국이었다(加納, 1995).

이렇게 영국 동양함대의 근거지 싱가포르를 무역, 금융, 노동 이동의 주요 결절점(結節點)으로 하여, 미국의 경제 성장과 함께 동남아시아 도서에 플랜테이션 산업이 발전하였다. 그 도서부나 근린 국가·지역으로의 수출용 쌀 경작 농업은 대륙부에서 발전하였다. 또 노동력은 중국 남부, 인도 남부, 자바섬 등의 인구 과잉 지역에서 보충하였다. 그러나 이 구미, 근린 국가·지역과의 관계로 성립되어 있던 동남아시아 식민지 경제에 필리핀은 다른 동남아시아 각국·지역만큼 연루되어 있지 않았다. 특히 아바카 재배·마닐라삼 산업은 이 시스템적 연관과는 관계없이 발전하였다. 따라서 영국 주도의 '아시아 간 무역'이나 중국인(화교·화인) 주도의 '조공무역 시스템'과는 직접적인 관계없이 변화해갔다.

(2) 아바카(마닐라삼)·사이잘·마게이

아바카는 1930년대가 되면 네덜란드령 동인도 등에서도 재배되었지만, 그 대부분이 필리핀에서 재배되던 것은 변함이 없고, 생산량도 안정되어 있었다. 한편 사이잘은 멕시코산(에네켄)이 감소한 후 1920년대 이후 안정되었고, 아프리카산과 네덜란드령 인도산이 증가하여 총생산량도 증가하였다. 필리핀산 마게이는 생산량이 늘지 않고, 또한 안정되지 않았다.

4. 필리핀사에서 본 경질섬유

(1) 플랜테이션 농업

마닐라삼은 미국이 필리핀을 영유한 이래 가장 중요한 수출품으로, 1904년에는 전 수출액의 72%를 점하였으며, 제1차 세계대전이 종료하는 1918년까지 40% 전후를 유지하고 있었다. 그러나 1920년 이후 설탕이 수출품 중 제1위가 되어 30% 전후를 점하였으며, 일시적으로는 60%를 넘는 일도 있었다. 또 코코넛 기름, 코프라(copra)[11]도 증가하여, 양쪽을 합하면 30%를 넘어 설탕, 마닐라삼을 상회하는 일도 있었다. 마닐라삼은 1930년대가 되면 10%를 밑도는 일도 종종 있어 그 중요성은 떨어졌다.

또 설탕, 코코넛 기름의 수출처가 100% 가까이 미국이었던 반면 〈그림 2〉처럼 아바카는 1920년대에 50%를 넘는 경우가 있었으나, 1930년대

11 (역자주) 야자 열매의 핵을 천일 건조하거나 가열 건조하여 얻어지는 야자유의 원료.

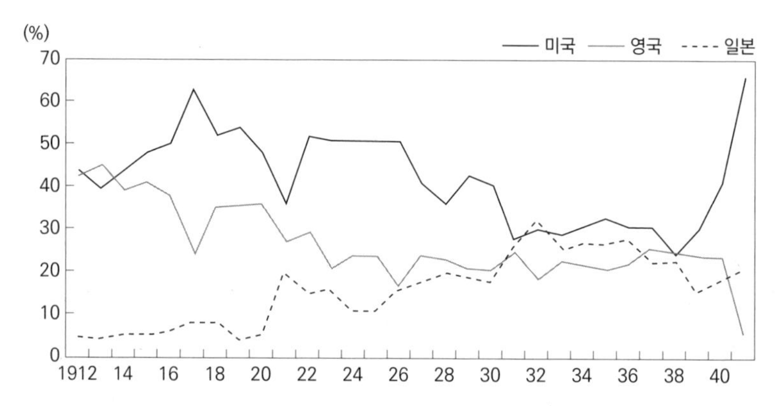

〈그림 2〉 마닐라삼: 수출국별 비율(액, %)

주: 1922년의 영국은 다른 유럽을 포함한다. 1939년은 1~6월, 1940년은 1939년 7월~1940년 6월, 그 외는 1~12월.

출전: 1912~1922년 및 1941년은 古川義三, 『다바오 개척기』, 1956, 512쪽. 1923~1940년은 Commonwealth of the Philippines, Department of Finance, Bureau of Customs, Manila, Annual Report of the Insular Collector of Customs, Manila: Bureau of Printing, 1925-41.

(오른쪽 칸 선별 설명은 위에서부터 순서대로 '미국', '영국', '일본')

가 되면 30%를 밑도는 일도 있었다. 영국은 20%대로 안정되었으며 미국의 감소분을 보충한 것은 일본으로, 삼극화(三極化)하였다.

(2) 아바카 생산지와 생산자

아바카의 주요 생산지는 초기는 루손섬 남부 비콜 지방이었지만, 제1차 세계대전을 경계로 민다나오섬 다바오 지방으로 옮겨갔다. 비콜 지방은 아바카 재배에 적합한 연중 습윤하고 비가 많은 기후로, 마욘 활화산(Mayon Volcano) 기슭의 배수가 좋은 토지와 자연환경의 혜택을 받고 있었다. 게다가 19세기가 되어 그때까지 시달림을 받던 남쪽 이슬람교도의 습격이 현저하게 감소함에 따라 아바카 재배를 뒷받침하는 인구 증가가 있었다. 19세기 후반의 반세기 사이에 아바카 재배 면적은 10배로 증가하였으며, 생산고는 1920년대까지 전 필리핀의 50% 전후 혹은 그 이상을 늘 기록하였다(Owen, 1984, 1999). 그러나 그 이후는 일본인에 의해 근대적인 아바카 플랜테이션 경영이 행해진 다바오 지방에 그 지위를 빼앗겼다. 비콜 지방의 아바카 재배에는 네그로스섬의 사탕수수 재배 같은 대지주는 나타나지 않고, '설탕 귀족'처럼 국정에 영향을 끼치는 일도 없었다. 또 필리핀의 수출 경제에서 아바카가 지닌 중요성의 저하가 외국인인 일본인의 진출을 쉽게 한 점도 생각할 수 있다.

다바오지방에서는 아포(Apo) 활화산 기슭의 비옥한 토지와 아바카의 큰 적인 태풍이 내습하지 않는 자연환경의 혜택을 받아 처음에는 미국인 퇴역 군인이, 후에는 일본인 이민자가 아바카를 재배하였다. 초기 삼 켜기 노동자로 다바오로 건너갔던 일본인은 제1차 세계대전 특수, 전후 공황 등의 호황과 불황을 거쳐, 1930년에는 현재의 도쿄 23구(區, 6만 2,198헥타르)보다 넓은 7만 5,070헥타르의 토지를 사실상 소유하기에 이르렀다. 1938년 이후 다바오의 아바카 생산량은 필리핀 전역의 반 이상을 점하였으며, 그 대부분은 일본인의 손으로 생산되었다. 일본인이 효율적인 방법으로 재배한 아바카는 싸지만 품질이 좋아서 안정된 마닐라삼 공급을 바라는 미국 로프 제조업계의 수요와 만나 발전을 이루었다. 다바오의 일본인 인구는 전전(戰前) 2만 인이라고 이야기될 만큼 증가하였고, 노동자는 북부의 비사야 제도(諸島) 등에서 이주해 왔다. 자본과 경영자, 재배자는 일본에서, 노동자는 필리핀 국내로부터 공급되었으며, 그 밖의 동남아시아 각국 지역에 직접 영향을 주는 일은 없었다(Hayase, 1984).

5. 일본사에서 본 경질섬유

필리핀에서 일본으로의 마닐라삼 수입은 1887년부터 일본의 통계자료[12]에 보이며, 주로 제강용이었다. 1936년도에 일본에 수입된 경질섬유는 마닐라삼 48만 표(俵)[13], 기타 11만 표로 합계 59만 표였다. 그 용도는 로프 제조용 36만 표(그중 어업용 28만 8,000표, 선박용 5만 4,000표, 배에 실려 있는 짐을 뭍에 올리는 용도 1만 8,000표), 제지용 21만 6,000표(그중 내수 8만 2,000표, 수출용 3만 4,000표), 사나다용(수출용) 1만 4,000표였다(동양척식주식회사 해남(海南)산업주식회사, 1942, 4쪽). 사나다는 세로실과 가로실을 사용하여 기계로 짠 평평하고 폭이 좁은 끈이다. 세키가하라 전투(1600) 후 사나다씨(眞田氏)가 제작하여 '사나다가 만든 강한 끈'이라 선전하며 팔고 다녔다고 한다. 사나다무시(眞田蟲)[14]는 그 형상에서 이름이 붙여졌다.

마닐라삼은 원료의 품질이 꽤 다르기 때문에 엄격히 등급을 매겼다. 또 품종이나 산지에 따라 달라서 등급에 품종이나 산지명을 쓰게 되었다. 크게 나누면 앞에 서술한 것처럼 제강용, 제지용, 사나다용으로 분류되었다. 이 중 사나다용이 최상급으로, 가볍고 길고 내구력이 풍부하며 하얀 비단 광택을 지니고 있어 모자용 사나다의 원료가 되거나 직물용으로도 사

---

12 본 장에서 말하는 '현재'는 탈고 때인 2013년을 가리킨다. 본 장의 영역은 다음의 제목으로 출판되었다. Shinzo Hayase, "Manila Hemp in World, Regional, and Local History" 『아시아태평양 討究』제31호(2018년 3월), 171~188쪽.) 통계자료에 대해서는 특별히 명기하지 않는 한 내각통계국(內閣統計局, 1887~1939) 및 상공대신관방통계과(商工大臣官房統計課, 1926~1939)에 근거했다. 신문 자료에 대해서는 고베대학(神戶大學) 부속도서관 디지털아카이브 '新聞記事文庫 折拔帳一覽 眞田製造業(공업 및 광업)'에 근거했다.

13 (역자주) 미곡 등의 생산품 거래나 유통에 사용되는 단위.

14 (역자주) 조충(條蟲).

용되었다. 그 다음가는 것은 강인하고 탄력성이 있고, 습기를 머금어도 쉽게 부식하지 않으며 물속에서도 신축됨이 없고 마모에도 강하기 때문에 선박용 밧줄이나 기계용 로프, 어망에도 사용되었다. 최하급품이나 부스러기 삼은 제지용 원료가 되었다.

앞에서 서술한 것처럼 마닐라삼의 대부분은 미국이나 영국 등과 마찬가지로 로프 제조용, 제지용으로 사용되었으나, 일본의 근대 산업 및 지역사회에 준 영향을 생각하면 사나다용 수입이 가장 중요하였을지도 모르겠다. 우선은 용도별로 일본에서의 마닐라삼 가공업을 보자.

(1) 밧줄 제조업(製綱業)

1922년도 일본에는 152개의 제강 공장이 있었다. 그 내역은 마닐라 밧줄(綱) 50공장(생산고 780만 엔), 삼 밧줄 47공장(생산고 160만 엔), 면 밧줄 20공장(생산고 150만 엔), 기타 35공장(생산고 150만 엔)이었다. 공장은 도쿄, 가나가와(神奈川), 오사카, 효고(兵庫), 아이치(愛知) 각 부현의 대도시에 집중해 있었다. 이들 공장에서 생산된 밧줄[綱繩]·꼰 실류[撚糸類]의 주요 물품은 "선박용 로프, 어망용 가는 끈[細紐], 어의(漁衣), 어업용 잡품 이음 실, 석유 우물을 길어 올리는 줄, 기계공장 등의 도르래 줄, 기계 화물 등을 끄는 줄[曳綱], 기타 가는 끈 등"이었다(남만주철도, 1924, 37~40쪽).

(2) 제지업

1923년에 마닐라삼 부스러기를 원료로 하는 제지 공장은 16개로, 목

면 누더기나 삼지닥나무의 대용품이나 혼용물로 사용되었다. 가격이 싸고 제조는 쉬웠다. 당시의 제품은 "담배 용지, 냅킨 종이, 휴지, 기레지(キレー紙)[15], 휴지(塵紙), 반지(半紙)[16], 복사지, 화장지 등"이었다. 마찬가지로 마닐라삼 부스러기를 사용한 것으로 일본에는 다다미의 테두리나 장지(맹장지, 襖), 모기장, 게다가 수세미의 대용품으로 때밀이 도구도 있었다(남만주철도, 1924, 40~42쪽).

(3) 아사사나다 산업

아사사나다의 원료로 쓸 수 있는 마닐라삼은 광택이 있고 길이 182cm 이상인 것으로, 마닐라삼 총생산액의 4~5%에 지나지 않았다. 일본에서 모자 제조용 사나다업은 외국인이 밀짚모자를 쓰고 있던 것에 착안하여 1871년(메이지 4)에 끈을 만드는 데에 착수하고, 1874년에 수출을 시작하였다. 그 후 밀짚 산지였던 오카야마현(岡山縣)과 가가와현(香川縣)이 2대 산지가 되고, 간사이(關西) 일대 농가의 중요한 부업이 되었으며, 1876년에는 요코하마항(橫濱港)만이 아니라 고베항(神戶港)에서도 수출되었다(石井, 1916, 242~245쪽).

사나다는 패션성이 강하여 항상 유행을 찾아 신제품을 개발할 필요가 있었다. 그 새로운 원료로 주목 받은 것이 목재를 종이처럼 얇게 깎은 무늬목(經木)이다. 1893년부터 생산하여, 처음에는 포플러(白楊樹)만이었던 것이 소나무나 노송나무 등으로부터 생산할 수 있게 되어 1900년 무렵

15 (역자주) 화장지의 일종.
16 (역자주) 붓글씨에 사용하는 종이.

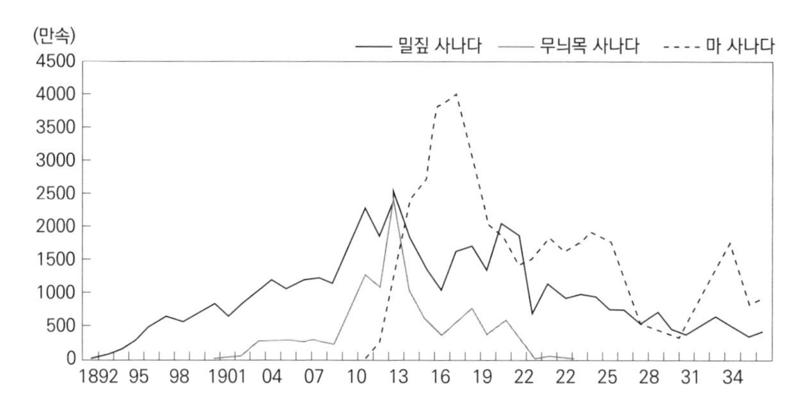

〈그림 3〉 사나다 수출량

출전: 내각통계국 편찬, 『일본제국 통계연감』제1~50회(메이지 19년[1886]~쇼와 13년[1938]); 농상무성 상무국, 『마닐라삼 사나다에 관한 조사』, 1913; 오카야마현 사나다 동업 조합, 『오카야마현의 사나다』, 1917.

부터 수출이 급증하였다. 〈그림 3〉과 같이 1912년에는 무늬목이 밀짚을 능가하였지만, 그다음 해부터 아사사나다가 밀짚, 무늬목을 능가하였다. 이탈리아나 스위스에서 마닐라삼을 원료로 한 모자 제조용 사나다가 유행한 것을 기반으로, 일본에서도 생산을 시작하여 제1차 세계대전 전후에 활황을 띠었다. 일련의 공정은 다음과 같이 간단하게 정리할 수 있을 것이다. "삼을 수입하여 직공의 가냘픈 손으로 이어 매고 감아내어 삼 실타래를 만들고, 다음으로 이를 대롱에 매어 사나다로 짜서 한 단[反][17]씩 두루마리로 만든 뒤, 이어서 25단을 1속(束)으로 포장하여 수출하곤 한다. 해외시장에서는 이것을 가지고 장식 모자를 제작하는데, 아름답게 염색·장식하여 여름철 여성용으로 사용하곤 한다"(石井, 1916, 12·147~148·245~247쪽).

아사사나다는 1906년 10월 무렵 영국의 취급 상인으로부터 이탈리

17 (역자주) 포[布]의 크기를 나타내는 단위로, 대체로 한 벌분의 너비·기장의 크기(=段).

아산 13본타(本打. 삼실 3가닥을 한 가닥으로 합쳐서 하나로 꼬아 13개의 대롱에 둘러감아 짠 것)[18]의 상품 견본이 도착하여, 제조에 성공하였다. 1908년에 처음으로 구미에 수출하였고, 1910년대 전반에 급속히 늘었다. 1910년에 수출 수량 47만 속(束), 수출액 34만 엔이었던 것이, 1911년에는 315만 속 164만 엔, 1912년에 1,440만 속 726만 엔, 1913년에 2,361만 속, 1,006만 엔이 되었고, 1916년에는 3,978만 속 1,260만 엔으로 최고조를 맞이하였다. 원료가 된 마닐라삼 수입도 1912년 이후 급증하였다. 1912~1918년에 일본이 수입한 '대마(大麻), 황마(黄麻) 및 마닐라삼(麻, 헴프)'의 금액 중 필리핀이 58~73%를 차지했다. '대마, 황마(모시풀[苧麻])'는 주로 중국에서 수입되었지만, 필리핀에서는 대부분이 마닐라삼이라고 봐도 무방하다. 수입액에 대조해 보았을 때 필리핀에서의 수입량은 32~48%를 차지하는 데 지나지 않았으므로 마닐라삼에서도 최고급품의 사나다용이 증가하였다고 생각된다(農山務省, 1913, 1쪽).

아사사나다는 세계에서 여성용 모자 제작용으로 가장 많이 사용되었다. 1920년에는 일본 전국에서 공장 수 276, 직공 수 남자 399명, 여자 6,172명, 원동력 311대, 원동력 587마력을 헤아렸다(남만주철도, 1924, 33~37쪽). 남자 직공은 마무리 공정의 일부에 종사하였고, 준비 공정에 종사하는 여자 직공은 12~15세나 30세 이상이었으며, 사나다 편제는 14~30세로 20세 전후가 많았다. 1인 5~6대, 많은 자는 20대의 기계를 조작하였다. 통근자가 많았고, 오전 6시~오후 6시까지(점심 휴식 1시간) 일하였으며, 능률급 지급이 많았다(임시산업조사국, 1919, 174~178쪽).

---

18 사나다 기계(眞田機)에 대해서는 이시카와(石川) 섬유자료관(아이치현[愛知縣] 도요하시시[豊橋市])의 홈페이지에 있는 '아사사나다(麻眞田, 서양풍 모자의 재료)'의 사진을 참조. http://www.tees.ne.jp/~silk/kannaisyoukai/013.html(2013년 9월 6일 열람).

6. 글로컬(glocal)한 사나다 산업

제1차 세계대전 전후에 급속히 발전한 아사사나다 산업이지만, 그 후 밀짚 사나다가 회복된 사실도 있어 무늬목 사나다나 밀짚과 무늬목을 섞은 사나다를 아울러 사나다 산업을 전체로서 살펴볼 필요가 있다. 그리고 수출처인 구미에서는 재차 가공하여 제품으로 만들어 재수출하는 일도 있었다. 한편 일본에서는 그 수출처의 유행을 선점하는 형태로 신제품 개발에 노력하였다. 산업의 말단은 밀짚 사나다의 경우 지방 농가의 부녀자나 아이들이었다. 아사사나다는 삼 잇기를 하는 농민이나 어민, 빈곤자였다. 근대 사나다 산업은 실로 글로벌한 상품을 로컬의 노동이 밑바닥에서 지탱하는 글로컬 산업이었다.

(1) 밀짚 사나다·무늬목 사나다

밀짚 사나다는 1893년 무렵부터 본격적으로 수출하였다. 주요 수출처는 초기는 영국 중심이었지만, 1910년 무렵에는 미국·프랑스·독일이 더해졌고, 아사사나다로 대체되는 1913년까지 순조롭게 양도 액수도 늘어났다. 아사사나다의 대부분이 수출용이었던 비해, 밀짚 사나다는 일본 국내 소비가 많았고, 1928년도에는 수출이 차지하는 비율은 6할 정도였다.

오카야마현(岡山縣)은 대단히 큰 생산지로, 1898년부터 1901년에 전국 생산량의 6~7할을 점유하였다. 그러나 1908년 이후는 절반을 차지하지 못하였고, 1914년과 1915년 모두 32%를 차지하는 데 지나지 않았다. 또 오카야마현은 밀짚 사나다 주산지의 하나로, 1916년의 생산량은 102만 속으로 전 수출의 18%를 차지하였다(오카야마현, 1917, 11~12·37~41

쪽). 주산지에서는 "사나다를 짜지 않는 자는 인간이 아니다"라고까지 말할 정도로 남녀노소, 가난한 자 부유한 자 할 것 없이 사나다 짜기에 힘썼다.

밀짚 사나다는 농가의 밤일로 노인, 부녀자가 예전에 짚신을 짠 것처럼 사나다를 짰다. 아이들도 짰기에 여름 방학인 7~8월의 생산이 가장 많았다. 그러나 노임이 싼 탓에 농번기인 10월이나 철도 건설 등 별도의 임시적인 일이 있을 때는 생산이 줄었다(『神戶新聞』, 1926년 10월 29일). 그럼에도 제법 괜찮은 수입이 되었기에, 오카야마현의 주산지에서는 저축률이 높고 부녀자나 아이들까지 저금통장을 가지고 있었다. 또 소학교에서는 밀짚 사나다 경기대회가 개최되어, 초등 1~6학년생, 고등 1~2년생, 전수생(專修生) 등 전교생이 참가하였다. 초등학교 1년생도 8시간에 1/3단을 생산하여 자활할 수 있는 수완이 있는 것으로 평가되었다. 전교 평균으로는 그 배의 생산력이 있었다(오카야마현, 1917, 17~25쪽).

그러나 일본의 밀짚 사나다의 원료는 주로 밀·보리를 재배한 것의 부산물로, 이탈리아처럼 밀짚을 얻으려고 재배하는 것과 비교하면 품질이 떨어져 시중 가격은 1/3 이하였다. 이탈리아의 밀짚은 일본과 비교해 유연하고 탄력이 풍부하였으며, 광택이 있어 반투명한 아름다움이 있었다(『神戶新聞』, 1926년 10월 28일). 따라서 일본의 밀짚 사나다는 상류층용 모자의 재료로는 쓰이지 못하여, 품질이 좋은 아사사나다가 출현하자 수출이 한계에 다다랐다. 또 시간이 지남에 따라 변색하고 짠 모양이 흐트러져 품질이 저하하였기 때문에 장기보존 할 수 없었다. 일본의 밀짚 사나다와 경합한 것은 1870년 무렵부터 수출하고 있던 중국산이었다.

일본산, 중국산 밀짚 사나다를 원료로 이탈리아에서 미국 수출용으로 모자가 생산되고 있던 사실이 1925년 6월 16일의 『고베우신일보(神戶又新日報)』에 소개되었다. 미국에서는 한여름 동안에 1,000만 개의 수요가 있었지만, 국내 생산으로는 조달할 수 없어 250만 개를 수입하였다. 그중 150만 개가 이탈리아에서의 수입이었다. 이탈리아는 유럽 열강 중 임금이 가장 저렴해 미국의 1/4 이하였기 때문에, 시즌 초 1개 4달러 정도에 팔리는 것을 1개 50센트에 뉴욕에 도매하였다.

아사사나다가 본격적으로 시장에 나오기 전인 1912년에 모자 제조용 사나다의 수출액은 910만 엔이었다. 그중 279만 엔(31%)은 미국으로 수출되고, 242만 엔(27%)은 영국, 169만 엔(19%)은 프랑스, 164만 엔(18%)은 독일이었다. 제1차 세계대전 중에는 아사사나다의 수출이 밀짚 사나다를 상회하였지만, 전후인 1919~1920년은 밀짚 사나다가 아사사나다를 상회하였다. 밀짚 사나다는 주로 남성용 모자에 사용되었고, 전후는 실용적인 남성용 수요가 높아져 패션성이 있는 여성용에 사용된 아사사나다 수요가 감소하였다.

무늬목 사나다는 짜는 방식 등이 밀짚 사나다와 완전히 같았지만, 그 소재에서 '기발한 디자인이 보이는 바가 있고', 또 밀짚과 섞어 짜는 것에서 '진기한 신제품을 보는 일도 드물지 않아' 일정한 수요가 있었다(石井, 1916, 251~253쪽).

(2) 아사사나다

밀짚 사나다가 가내수공업으로 생산된 것에 반해, 아사사나다는 그 대부분이 부부의 일을 딸이 돕는다는 정도의 가내공업이었지만, 기계공업으로 생산되었으므로 대량 생산이 가능하였다. 또 아사사나다는 변색이나 건조에 대한 내구력이 비교적 강하고, 보존이 효과가 있어 장래 수요의 유무를 예측하고 투기로 매매하는 일도 있었다. 남성용 모자의 원료 수출은 유행에 그다지 영향을 받지 않지만, 여성용은 크게 좌우되어 유행하면 품귀가 되었고, 유행이 쇠퇴하면 대량의 재고를 떠안게 되었다. 유행 시에는 조악품이 돌아 신용을 잃는 일도 있었다(『고베신문(神戶新聞)』, 1926년 10월 22일~11월 10일).

이러한 시장에 멋대로 맡기면 산업으로 발전할 수 없기 때문에 농상무성(農商務省)에서는 수출이 급증한 지 얼마 안 되는 1913년 1월에 조사 결과를 정리하였다. 그 조사 보고에 의하면 1908년에 구미에 처음으로 수출하였을 때 이탈리아나 스위스산에 비해 품질이 상당히 떨어졌지만, 급속히 개량하여 1912년에는 조금 떨어지는 정도가 되었다. 시카고 시장에서는 가격이 스위스, 이탈리아산이 80야드[19]에 65~75센트였던 것에 비해 30~40센트로 거의 반액이어서 일본산이 독점하는 것처럼 보였지만, 조악품이 나돌면서 수입 정지를 당했다. 런던 시장에서는 일본산 아사사나다가 독점하였지만, 여성용 모자는 사계절에 따라 사나다를 짜는 방식도 다르고 유행도 시시각각 변해서 밀짚이나 무늬목이 대신할 가능성이 충분히 있었으며, 짜는 방법이나 모양새에도 주의를 필요로 하였다. 또 대형 모자는 1단 반이 필요하였지만, 소형이 유행하자 당연히 수입량이 감소하였다. 독일에서도 프랑스에서도 가격 면에서 일본산이 유리하였다(농상무성, 1913, 14~30쪽).

이러한 정보는 구미에 주재하는 일본 영사로부터 전해진 것으로, 순차적으로 유행에 따른 수급 상황 등을 보고하였지만 "여자용 모자의 유행만큼 판단이 서지 않는 것도 없어서, 전문가라고 할지라도 그해 유행철의 2주간 전까지는 이것을 예견할 수 없다"라고 서술하여 그 어려움을 전했

---

19 (역자주) 1야드는 0.9144cm로, 80야드는 약 73cm.

다(남만주철도, 1924, 69~85쪽). 예를 들면 1924년에 아사사나다의 일종인 축면 사나다(縮緬眞田)[20]가 귀갑 사나다(龜甲眞田)[21]와 마찬가지로 파죽지세로 시장을 석권하였지만, 겨우 1년으로 자취를 감췄다(『고베신문(神戶新聞)』, 1926년 10월 22일~11월 10일). 제조업자는 마닐라삼, 밀짚, 무늬목, 견사, 면사 등을 혼합해 짜거나 금·은사를 엮은 몰(moor)사를 사용하는 등 여러 가지로 궁리에 몰두하였다.

아사사나다가 급증하고 나서도 주요한 수출처는 미국과 영국으로, 1923년의 관동대지진 재해 영향으로 주요 수출항이 요코하마(橫濱)에서 고베(神戶)로 바뀐 이듬해 모자 제조용 사나다의 수출액은 1910년과 거의 같은 917만 엔이었다. 그중 255만 엔(28%)이 미국, 221만 엔(24%)이 영국, 184만 엔(20%)이 프랑스, 96만 엔(10%)이 독일, 78만 엔(9%)이 이탈리아였다. 하지만 1925년에 독일이 돌연 250만 엔이나 수입하는 일도 있었다.

수출이 급증하자 밀짚 사나다 제조업자 중에 아사사나다업으로 전업하는 자가 나타났다. 특히 가나가와현(神奈川縣), 도쿄부(東京府)에서 연이어 증가하여 1912년 11월 말에는 가나가와현에서 172호, 기계 수 9,592대, 도쿄부에서 162호 6,953대 등 전국에서 547호 2만 7,345대가 되었고, 한 달 생산력은 246만 단(反)에 달했다. 여공은 1만 3,000명으로, 삼 잇기 종사자는 20만 명이었다. 농가의 부업으로 혹은 빈곤 가정의 부업으로 밀짚 사나다 직조를 하고 있던 자가 10몬메(刃)[22]당 6전(錢)의 품삯으로 삼 잇기로 전환했다. 기계도 개량되어 1대당 생산효율이 상승하였을 뿐만 아니라

20 (역자주) 세로실과 가로실을 하나씩 교차시켜 짜서 만든 비단 직물.

21 (역자주) 육각형이 상하좌우로 연속된 무늬로 짠 직물.

22 (역자주) 여기서는 무게를 헤아리는 단위로 쓰였으며, 1몬메는 약 37.5g.

여공 1인이 1대 조작하던 것을 4대, 5대까지 조작할 수 있게 되었다. 그러나 급속한 생산 능력의 향상으로 너무 빨리 생산 과잉이 되었다(농상무성, 1913, 37~56쪽). 삼을 이어 실을 만드는 기구·기계의 종류는 대단히 많아, 1916년에는 실용 삼 매는 기계 등 전매특허 27건, 마닐라삼 당겨 감기 기계 등 실용 신안등록 66건이 등록되었다(石井, 1916, 133~138쪽).

1913년 1월의 조사 보고에서 문제가 된 것은 그 후 한층 심각한 문제가 되었다. 1916년 10월에 이시이 하쿠요(石井白羊, 본명은 분사쿠(文作), 『만조보(萬朝報)』의 간부)가 아사사나다 홍보사에서 출판한 『마닐라삼과 아사사나다』의 「자서(自序)」에는 수출 무역품으로 중요해졌음에도 불구하고 "이 유망 유익한 국가적 산업이 지금은 오히려 투기사업 시 되어, 견실한 자본가 중에 투자에 관여하는 자가 적은 것은 나라를 위해 실로 개탄을 참을 수 없는 바이다", "업계의 기초도 아직 완전히 완성되지 못하였는데 벌써 조악한 제품을 남발 제조하는 등 그 밖의 폐해가 속출하니, 이 사업의 앞길이 몹시도 걱정스러워서 가만히 손을 떼고 좌시하는 것을 참을 수 없다"라는 입장에서 출판하였다고 토로하였다. '범례'에는 더욱 자세하게 두 번이나 출판의 기회를 놓친 사실을 다음과 같이 기록하였다. "처음 본서는 다이쇼(大正) 4년(1929) 3월 삼을 잇는 제사업 장려 및 그 부정 방지의 목적으로 기고한 까닭에 출판에 이르지 못하였으며, 다음으로 올해 가을에 이르러 아사사나다 생산 과잉 때문에 업계의 부진이 절정에 달했을 때 그 구제책으로 생산 조절의 지급함을 설파하고자 발간하려고 하였으나, 이 역시 어떠한 사정에 얽매어 이루지 못하고", 최초의 기고로부터 1년 반이 지난 결과 "이구동성으로 절규하였던 생산 과잉은 이제는 나도는 것이 부족하다는 소리로 변하여, 지난날 도저히 전망이 없다고 하며 식자(識者)들이 방치한 연속사(連續絲)가 지금 그 전성을 구가한다". 1916년 1월에는 공장 764곳, 기계 수 5만 9,345대로 증가하였고, 계공(繫工)은 10몬메(匁)당 5전(錢)을 얻고 있었다(石井, 1916, 14~15쪽).

최초의 공정인 마닐라삼을 이어서 공 모양으로 감아낸 것을 삼 실타래(麻玉)라 한다. 이 삼 실타래가 된 삼을 꼬아 만든 실의 좋고 나쁨이 수출품으로서의 평판을 좌우하였다. 요컨대 직공이 실 부스러기를 그대로 잇거나 두 올 세 올 이어진 채로 말아버리거나 한다면, 모자 제작 공정 중 염색할 때 얼룩이 생겨 악평을 듣게 된다. 이를 방지하기 위하여 다음과 같은 16개의 주의 사항이 열거되었다. '하나, 삼 실의 취급은 조심히 정성을 들여 더러워지지 않도록 주의할 것.' '하나, 잇기 전에 선별할 것.' '하나, 삼 실의 양 끝은 조금씩 잘라내어 가능한 한 머리와 머리, 꼬리와 꼬리를 이어붙이도록 신경 쓸 것.' '하나, 다갈색 부분 또는 염색한 실, 더러운 실은 잇지 말 것.' '하나, 너무 가늘어 터럭과 같은 실이나 삼 껍질이 붙은 실 등은 잇지 말 것.' '하나, 이어 매기는 반드시 한 올씩 실시하며, 두 올 세 올을 한꺼번에 잇지 말 것.' '하나, 갈라진 실은 잘라낼 것.' '하나, 하나하나 옭매듭(機結び)[23]으로 작업하며, 매듭은 가능한 한 짧게 잘라낼 것.' '하나, 우등한 삼과 열등한 삼을 함께 잇지 말 것.' '하나, 실에 숨을 불거나, 또는 물에 적시지 말 것.' '하나, 타래의 심에는 반드시 정해진 심지를 넣을 것.' '하나, 감아내는 방법은 정성을 들여 그물코 모양으로 매고, 한 곳으로만 감기 등은 하지 말 것.' '하나, 감아내는 방법을 고르게 하여 너무 헐겁거나 너무 조이거나 하지 않도록 할 것.' '하나, 크기는 등과(橙) 정도로 하고 평균 12~3몬메(匁) 정도를 적정선으로 삼을 것.' '하나, 가능한 한 부스러기가 생기지 않도록 정성을 들여 이을 것.' '하나, 감아올린 뒷마무리는 흰 면

23 (역자주) 스퀘어 매듭.

사를 십자 모양으로 휘감고, 직공 및 중개인의 이름을 붙일 것.' 그리고 이상의 주의 사항을 지켜 성실히 작업하는 것이 국익, 국위로 이어진다는 사실을 자각하도록 재촉하고 있다. '부국강병과 국민의 각오'가 삼 실 잇기에도 요구된 것이다.

농상무성은 1915년 1월에 전국 각 부현의 지사들에게 해외 공산품 수출 장려와 관련하여 장려품, 장려 방법, 단속 방법을 통첩하였다. 모자 제작용 사나다류도 장려품 40여 품목 중 하나로 추가되었다. 또 1916년 6월에 부업 장려를 각 부현에 지시하고 주의 사항을 통첩하였다. 아사사나다 사업은 최고의 장려 조건을 구비하고 있었다. 한편 부정품·불량품 단속을 위하여 농상무성은 1915년 8월 1일부터 '수출 사나다 단속 규칙'을 시행하였다. 실제로 해외에서 반품된 것은 '조악하게 만든 7올 짜기한 사나다', '매듭이 너무 많은 사나다', '길이 부족', '밀리미터 단위의 폭 부족', '반점이 있는 것', '조악하게 짠 연속사(連續絲) 사나다', '가스사(Gas絲)가 들어간 사나다' 등이었다. 정부는 '중요 수출 물산의 생산, 제조 또는 판매와 관련한 영업을 시행하는 자에 대하여 영업상의 폐해를 교정하고 이익을 증진할 목적'으로 동업 조합의 설치를 허가·장려하였다. 수출용 모자에 쓰는 사나다와 관련한 동업 조합도 현이나 시를 지구(地區) 단위로 삼아 14곳을 헤아려 전국 사나다 동업 조합 연합 협의회가 검사소를 설치하기도 하였다. 또한 요코하마(橫濱)의 동업자는 거래 개선 동맹회를 조직하였다. 이시이 하쿠요의 『마닐라삼과 아사사나다』 권말에는 33쪽에 걸쳐 '전국 아사사나다 제사업자 명부 색인'을 게재하였으며(1쪽당 최대 75개 업자), 더욱이 59쪽에 걸쳐 수입업자 등의 광고를 게재하였다(石井, 6~8·78~82·188~190·206~207·219~222쪽). 사나다 조합 연합회는 매년 정부로부터 1만 8,000엔의 보조를 받았다(『고베 신문(神戸新聞)』, 1924년 6월 22일).

아사사나다는 짜는 방법에 따라서도 차이가 있었으며, 우열뿐만 아니라 유행에 따라서도 수요가 변하였다. 보통 짜기와 변칙 짜기의 두 종류가 있었으며, 짜는 방법으로서 '7올 짜기, 9올 짜기, 11올 짜기, 13올 짜기, 17올 짜기, 5·1 짜기, 5·3 짜기, 물결 짜기, 벤텐(辨天) 짜기, 일출 짜기, 새떼 짜기' 등이 있었다. 대롱 수에 따라 7올 짜기, 9올 짜기……로 불리었다. 수요를 한층 빨리 알기 위하여 『아사사나다 광보(廣報)』 등의 기관신문 5편이 발간되었으며, 『간토(關東) 연합회 월보』 등 조합 월보 3편이 발간되었다(石井, 1916, 75·196~199쪽).

아사사나다의 활황과 함께 원료인 마닐라삼을 취급하는 상인이 급증하였다. 품귀 속에서 싼 가격으로 안정된 공급을 바라고, 직접 필리핀에서 매입하려는 상인도 나타났다. 그러던 중 제1차 세계대전이 발발하여 일본은 영일(英日)동맹을 이유로 1914년 8월 23일에 독일에 선전포고하고 10월 14일에는 해군이 적도 이북의 독일령 남양군도를 점령하였다. 이를 계기로 일본에서는 남양 개척열이 활발해졌다. 남양에 가기만 하면 일확천금의 좋은 사업이 널려 있다는 인상을 품은 자조차 나타났다. 아바카삼 재배 사업은 그중에서 가장 유리한 사업의 하나로 관심을 끌었다.

1918년 다바오에서 100헥타르 이상의 플랜테이션은 164개가 있었는데 그중 69개가 일본인 소유(미국인 37, 필리핀인 42, 기타 16)로, 토지면적은 전체의 57%인 5만 5,906헥타르를 점하였다. 그 대부분은 제1차 세계대전 중에 설립된 농업회사 소유였다(Hayase, 1984, 155~162쪽). 다바오의 일본인 인구는 영사관 조사로 1914년의 710명에서 4년 후인 1918년에 6,368명으로 증가하였으며, 한때 1만 명을 넘었다고도 한다. 그 95% 이상은 남성이었고, 그중에는 밀항해 오는 자도 있었다(早瀨, 2012, 33~37쪽).

아사사나다는 1916년의 3,978만 속(束)을 최고조로 수출이 감소하여, 1931년에는 1/10 이하인 334만 속까지 떨어졌다. 같은 해 모자 제조용 사나다의 수출액은 182만 엔으로, 그중 62만 엔(34%)이 미국, 27만 엔(15%)이 영국, 26만 엔(14%)이 프랑스, 25만 엔(14%)이 독일이었다. 1930년의 주요 생산지는 니가타현(新瀉縣)으로, 전국 생산액의 5할을 차지하였고, 다음으로 아이치현, 가나가와현, 오사카부 순이었다(『報知新聞』, 1930년 10월 10일). 니가타현에서는 적설기인 11월부터 이듬해 4월까지 삼 잇기가 부녀자의 좋은 부업이 되었다(『東京朝日新聞』, 1933년 2월 20일).

7. 글로컬 산업이 초래한 사회 변용

마닐라삼으로 대표되는 경질섬유는 전략물자, 생활 물자, 의복과 식량 물자의 원료로 사람들에게 다양한 형태로 영향을 주었다. 그중에서 아사사나다용은 취급량이 그다지 많지 않았음에도 불구하고 사람들에 대한 직접적인 영향이라는 측면에서 그 밖의 용도에 결코 뒤지지 않는 중요한 의미를 지녔다.

필리핀에서 수입된 원료인 마닐라삼은 일본의 농촌이나 어촌의 여성, 아이들, 노인이나 도시 빈곤층의 부업으로 이어져 삼 실타래가 되었다. 현금 수입이 적은 가정에서 성인 남성 이상으로 돈을 버는 자가 출현하였다. 가부장제가 강한 시대, 사회에 있어 새로운 시대의 사고방식, 가정의 존재 방식 등을 일본 가정에 가져다준 것은 아니었을까. 이 삼 실타래의 실을 몇 개인가 꼬아 합쳐 13개의 관 등에 칭칭 감아 둘러 기계로 짜고 있었다. 그 실의 소재나 형상, 관의 수, 짜는 방법을 바꿈으로써 다양한 사나다가 만들어졌으며, 20세 전후의 여공이 수 대씩 기계를 조작하였다. 일본이라는 근대 국가에는 원료를 모두 수입에 의존하고 오로지 수출용으로 가공하는 산업의 시작이었으며, 그 후 무역이라는 국가 방침 설정의 단서가 되었다.

본 장에서 다룬 조악한 제품의 남발 제조 문제는 사나다 산업만이 아니라 제1차 세계대전을 계기로 아시아 각국·지역에서 품귀 현상이 벌어진 유럽 제품을 대체한 일본 제품의 최대 과제 중 하나였다. 구미용 상품작물 재배에 특화한 단작(單作, monoculture) 경제 하의 식민지 아시아에서는 가내공업, 경공업이 미발달 상태여서, 조악해도 일본 제품을 받아들였다. 또 조악품이라도 현금 수입이 적은 서민이 싼 가격으로 상품을 구하기도 하고, 이익률이 높아서 취급하는 중국 상인 등이 있거나 한 경우 좀처럼 품질을 향상시킬 수 없었다. 그러나 수출처가 구미였던 사나다는 소비자가 상류계급에 속했던 점도 있어, 한번 신용을 잃어버리면 치명적이었다. 마찬가지로 조악한 제품의 남발 제조 문제를 안고 있으면서도 사나다 산업은 아시아의 잡화류 등과는 차원이 다른 엄격한 시장 환경에 놓여 있었다. 이것은 세계시장을 주시한 일본의 수출 산업에 있어 중요한 의미를 지녔기에 관민이 협력하여 대응하였다.

일본 사나다 산업의 영향은 국내에 머물지 않았다. 일본인이 싼 가격으로 세공이 복잡하여 품이 많이 드는 다양한 사나다를 구미에 공급한 것으로써, 여성용 모자는 서유럽 귀부인의 패션에서 부담 없이 즐길 수 있는 서민의 패션이 되었다. 그것은 제1차 세계대전을 경계로 일어났던 대중화와 시기를 같이 하여 새로운 시대의 문화에 다채로움을 더하였다.

참고문헌

石井白羊,『マニラ麻と麻真田』, 麻真田広報社, 1916.

『岩波講座 東南アジア史』, 岩波書店, 2001~2003, 全9巻·別巻1.

太田興業株式会社,『ダバオとマニラ麻』, 1932.

岡県山真田同業組合,『岡山県の真田』, 1917.

加納啓良,「国際貿易から見た二〇世紀の東南アジア植民地経済-アジア太平洋市場との包摂」,『歴史評論』539, 1995-03, 39~55쪽.

神村貫治,『マニラ麻』, 同文館, 1913.

神戸大学附属図書館デジタルアーカイブ,「新聞記事文庫 切抜帳一覧 真田製造業 (工業及鉱業)」.

商工大臣官房統計課,『商工省統計表 大正十三年~昭和十三年』, 東京統計協会, 1926~1939.

東洋拓殖株式会社·海南産業株式会社,『比島マニラ麻生産ト太田興業会社』, 1942.

内閣統計局編纂,『日本帝国統計年鑑』第1~50回 (明治一九年~昭和一三年).

農商務省商務局,『馬尼剌麻真田ニ関スル調査』, 1913.

早瀬晋三,「植民統治下のフィリピンにおけるマニラ麻産業」,『東南アジア-歴史と文化』15, 1986, 63~89쪽.

早瀬晋三,『マンダラ国家から国民国家へ-東南アジア史のなかの第一次世界大戦』, 人文書院, 2012a.

早瀬晋三,『フィリピン近現代史のなかの日本人-植民地社会の形成と移民·商品』, 東京大学出版会, 2012b.

古川義三,『ダバオ開拓記』, 古川拓殖株式会社, 1956.

南満洲鉄道株式会社東亜経済調査局,『日本に於けるマニラヘンプ加工業』, 1924.

臨時産業調査局第三部第三課調査,「麻真田製造業」, 臨時産業調査局,『調査資料』第34号, 1919, 131~201쪽.

Commonwealth of the Philippines, Department of Finance, Bureau of Customs, Manila, *Annual Report of the Insular Collector of Customs*, Manila: Bureau of Printing, 1908~1941.

Hayase, Shinzo, "Tribes, Settlers, and Administrators on a Frontier: Economic Development and Social Change in Davao, Southeastern Mindanao, the Philippines, 1899~1941", Ph. D. dissertation, Murdoch University, Western Australia, 1984.

Owen, Norman G., *Prosperity without Progress: Manila Hemp and Material Life in the Colonial Philippines*, Berkeley and Los Angeles: University of California Press, 1984.

Owen, Norman G., *The Bikol Blend: Bikolanos and Their History*, Quezon City: New Day Publishers, 1999.

Sievert, Elizabeth Potter, *The Story of Abaca: Manila Hemp's Transformation from Textile to Marine Cordage and Specialty Paper*, Quezon City: Ateneo de Manila University Press, 2009.

3장

대두(大豆, 콩) 성장하고 변모하는 세계 시장

• 데이비드 울프(David Wolff), 사콘 유키무라(左近幸村) 일역 •

1. 대두 시장의 세계적인 가치

(1) 대두를 둘러싼 현상

대두는 인류가 수천 년 먹어온 쌀, 밀, 옥수수 등의 주요 작물과 어깨를 나란히 하는 세계에서 가장 유용한 농산물의 하나이다. 오늘날 모든 인간이 섭취하는 단백질원의 80% 이상이 대두 혹은 대두로 사육된 것이다. 더욱이 본 장을 집필하고 있는 2013년 여름 시점에 대두의 선물가격은 2012년의 1톤당 600달러 이상이라는 최고치를 약간 밑돌았지만, 약 3억 톤이나 되는 기록적 수확이 예상된다. 그 결과 전 세계에서의 매상은 1,500달러 이상 달하게 되는 것은 아닐까 전망된다. 이것으로 대두 시장의 세계적인 가치는 밀에 버금가는 것이 될지도 모르겠다. 그렇다고는 하지만 앞서가고 있는 쌀이나 옥수수에는 아직 크게 뒤지고 있기는 하다.

추산한 바에 따르면, 2억 에이커(acre)[01] 이상의 지구상의 광활한 지역이 대두 밭으로 뒤덮여 있으며, 그 90% 이상이 아메리카 대륙에 존재한다. 몇 년 사이 남아메리카가 오랜 기간 최고의 위치를 점하고 있던 북아메리카를 추월하여 1위의 생산 지역이 되었다. 미국에는 더이상 농지를 확장할 여지가 거의 없는 한편, 브라질과 아르헨티나 두 나라는 농업 비즈니스의 번영을 누리고 있다. 다만 그 때문에 세계 최후의 거대 삼림 아마존의 원생림(原生林)은 위기에 처했고, 아르헨티나 팜파스(pampas) 평원에서 방목에 종사하는 가우초(gaucho)[02]의 문화는 이미 커다란 피해를 받고 있다. 그러나 대두 시장만 보았을 때 생산 이야기를 해도 절반밖에 이야기하지 못한 것이다. 수요는 거의 만족할 줄 몰라서 그 때문에 가격도 생산도 계속 오르고 있다. 이 점에서는 중국이 2002년에 EU를 추월하여 대두의 최대 수요자로 떠올랐다. 그 후 유럽 경제 위기와 동시에 더욱 지위가 상승하여 대두 생산의 결정적인 역할을 맡게 되었다. 2010년에는 미국산 대두의 56%, 브라질산 대두의 64%, 아르헨티나산 대두의 82%를 중국이 수입한 것이다(Christofoletti et al, 2012).

놀랄 일도 아니지만, 중국은 매년 7~8% 비율의 급격한 경제성장 때문에 빈민의 음식인 곡물 수요는 떨어지고 고기 소비가 급격히 상승하여 미국 총량의 대략 2배나 되는 세계 제1의 식육 생산국이 되었다. 돼지, 소, 닭을 사육하려면 대두 사료가 필요하다. 필요로 하는 수량은 1990년대 초에 100만 톤이었던 것이 지금은 약 2,000만 톤이 되었다. 먼저 중국의 대두 생산 자체가 수요 급증에 따라 최근 20년새 4배로 늘었다. 더불어 통합

01 (역자주) 1에이커=약 4,047m^2.

02 (역자주) 목동.

된 국내시장을 창출하려고 중국이 규제를 완화하고 관세 장벽을 점진적으로 제거하여 2001년에 WTO에 가맹한 것으로 거래가 크게 가속되었다. 대두 수입은 1997년부터 2001년에 걸쳐 배로 증가하였다. 그 후 2001년부터 2003년에 걸쳐 또다시 배로 증가하였다(Tunan et al, 2004). 가격은 국내 생산이 확대됨에 따라 상승을 계속하였다.

시장 통합 덕분에 대두와 대두 제품은 이제는 비슷한 가격으로 중국 어디에서도 폭넓게 손에 넣을 수 있게 되었지만, 대두가 가장 이익을 내는 가장 중요한 작물이 된 곳은 흑룡강성(黑龍江省) 정도이다. 생산 면에서 그 어느 곳도 흑룡강성을 대적할 수 없다(Huang and Rozelle, 2004). 그 대부분은 인근의 길림성(吉林省)과 내몽골에서 수확된 대량의 대두와 함께, 현재는 중국 국내에서 소비되고 있다. 그렇지만 거기에서 가장 가까운 교통의 중추인 대련(大連) 심수항(深水港) 덕분에 대련 증권거래소는 대두의 세계적인 선물거래의 중심지가 되었다. 여기에는 일본 식민지 시대의 역사가 현저하게 반영되었다. 당시 만주는 세계에서 거래되는 대두의 90%를 생산하였고, 대두나 대두 찌꺼기 자루가 대련 부두에 산더미처럼 쌓여 일본이나 유럽으로 운반되는 것을 기다리고 있었다. 중국은 과거 대두의 중요한 수출국에서 이제는 최대의 수입국이 된 것이다. 이러한 세계 대두 시장의 극적인 변화를 추적하고자 지금부터 20세기 초라는 시기를 고찰하고자 한다.

20세기의 시작과 함께 동북아시아는 세계사의 본류에 참가하였다. 그 결과 이 지역의 중심이던 만주 황야는 심한 변화를 경험하였다. 중국, 일본, 러시아가 그 국경 지역에서 영향력을 경쟁하는 한편, 미국은 기회를 엿보면서 옆에서 공작을 펼치고 있었다. 이들 4개국의 지정학적인 상호작용이 빈발한 군사 충돌을 설명한다고 하면, 국제 상품으로서 대두의 부상으로 뚜렷하게 드러나는 것은 중국에서 가장 미개발 상태였던 성(省)을 극심한 쟁탈전이 전개되는 산업 변혁의 급선봉으로 변모시킨 끊임 없는 자금의 흐름이다.

20세기 전반에 대두로 만들어지는 제품의 종류는 크게 확대하였다. 소비 면에서 가장 큰 영향을 받은 것은 아마도 일본일 것이다. 여러 나라가 새로운 자원을 극히 창조적으로 활용하였기 때문에, 언뜻 보면 무한의 수요가 새로 생겨났다. 가장 참신한 아이디어는 달러나 엔을 극복하고 세계를 더 좋게 만드는 대두의 잠재적 능력을 끄집어내는 것이었다. 세기 후반이 되어 비로소 미국이 세계의 대두 생산에서 1위를 점하게 되자, 경제 면뿐만 아니라 정치면에서도 지역적 고찰의 주요한 틀은 동북아시아에서 아시아 태평양 지역으로 변화해갔다[03].

(2) 대두가 세계시장에서 우뚝 서게 되기까지

본 절에서는 먼저 20세기 첫 10년간 대두 수출의 극적인 확대를 이끈 원동력을 분석한다. 만주의 국제 분업을 둘러싼 각국의 역할이 강조될 것이다. 이어지는 수십 년 동안 각국의 관여가 깊어지고 경쟁이 격화하여, 모든 면에서 거래량이 증대하였다. 최종적으로 미합중국이 초강대국 지위로 상승하는 것과 병행하여 대두 산업에서도 미국이 지배적인 세력으로 대두하는 것을 논할 생각이다. 동아시아의 안전 보장 체제에 미국이 정치력과 군사력으로 일본을 대신한 것과 마찬가지로 일본인의 일상 음식에서

---

03 지역 개념의 구축에 대해서는 Dirlik(1993)이 수록한 Bruce Cummings, Arif Dirlik, and Alexder Woodside의 각각의 논문과 Wolff(1995, 323~329쪽)를 참조.

는 미국의 대두가 만주산 대두를 대신하였다. 그것은 미국이 태평양에서 자기의 위치를 재확인하는 또 하나의 중요한 '틈새'였다.

더욱이 아직 대두 수출의 극적인 확대 현상은 단순히 지역적인 것이 아니라, 지구적 규모였다. 생산자로서의 남아메리카의 발흥과 소비자로서의 유럽의 우위가 그것을 명확히 보여준다. 대두의 세계시장 형성 자체는 중핵이 변경 지역에 대해 강대한 힘을 행사하는 세계시스템 관점과 거의 부합한다. 그러나 철도, 증기선, 전기선과 같은 과학기술이 실제로는 종종 실현 곤란한 지식의 취득이나 지배가 가능할 것 같은 환상을 낳은 사실은 명심해야 할 것이다. 게다가 우리가 여기에서 다루는 특정 지역은 '중핵'으로서의 지위가 항상 애매했던 러시아와 주변 지역 중에서 가장 강력했던 일본, 가장 인구가 조밀한 중국과의 분쟁의 무대가 되었다. 이것은 이 지역의 서열이 시간에 따른 변화에 영향을 받기 쉽고, 불안정하다는 사실을 시사하고 있다. 일본과 러시아는 식민지 건설자라고 부를 수 있지만, 대부분의 입식자는 중국인이었다. 사실 만주에서 일본, 러시아, 중국 세 제국의 신민(臣民)은 억압된 경험과 식민자(植民者)[04]로서의 여러 특권행사라는 두 가지 기회를 얻었을 것이다. 이 양면성을 고려하면 식민지화와 탈식민지화라는 일반적인 줄거리는 동북아시아를 분석할 때 전적으로 불충분한 것인지도 모른다.

주변 지역의 사태는 나라의 역사 전개를 바꾸는 것도 가능하다. 1904~1905년에 러시아가 만주에서 일본에 패배한 것이 차르의 권위 실추의 방아쇠를 당겨 혁명의 동란으로의 길을 열었다. 역으로 1931~1932년

---

04 (역자주) 어떤 나라의 국민 또는 단체가 본국에 종속된 관계에 놓인 지역에 이주·정주하여 경제활동이나 개척 활동 등을 하는 것. 또 그 이주민.

에 만주에서 있었던 일본의 승리는 1945년 도쿄의 무조건 항복으로 상쇄될 수밖에 없는 비극적인 팽창주의에 탄력을 주고 만 것이다. 1948~1949년에 만주에서 승리를 거둔 인민해방군은 북경에 공산주의를 초래하였다. 대두 시장으로 지탱된 부의 창출에는 많은 영역이 관련되었기에, 지구적 규모로서의 경제 통합은 새로운 의미를 창출하고 만들어냈다. 더불어 지방·국가·지역의 다양한 레벨에서, 사회에 차이를 낳는 수단을 만들어냈다[05]. 통합된 세계 상품시장은 반드시 획일적인 제품이나 문화의 수렴을 의미하는 것은 아니다. 다양한 문화의 간극으로 결정지어진 대두 제품의 다양성이 그 산업의 건전함을 보증하는 한편, 소비를 둘러싼 가치관의 차이가 긴장을 가져올 두려움도 있다. 식량으로서의 대두의 경우 사람들은 단순한 동물의 사료나 공업 원료의 경우보다도 강하게 반응한다.

2. 일본의 만주 진출

(1) 만주의 경제적 개발

1895년의 청일전쟁에서 중국이 일본에 충격적인 패배를 당한 것은 농업 분야에도 변화를 불러일으켰다. 일본이 배상액으로 만주의 영토를 빼앗는 것을 막으려고 프랑스와 독일의 지원을 받아 러시아가 행한 간섭은 1896년의 청·러 방위조약(청·러 밀약) 동맹 약속으로 이어졌다. 이 협

05 '지역 개념의 구축'을 위해 본 장에서 암묵적으로 사용하는 분석 단위의 방법론적인 분류에 관해서는 이하를 참조. Hopinks and Wallerstein(1967, 25~58쪽).

정의 가장 중요한 조항은 필요할 때 러시아군이 중국을 지원할 수 있도록 시베리아횡단철도의 마지막 부분이 만주를 통과하는 것을 명문화한 것이다. 조약은 이후 한 번도 거론된 적은 없었지만, 그럼에도 불구하고 러시아인은 새로운 철도가 숭가리강(송화강(松花江))을 가로지르는 지점에 군을 집중시켰다[06]. 이 지역을 중심으로 급히 만들어진 도시 하얼빈이 발흥하였는데, 그 후 50년간 만주에서 개발과 분쟁을 구조화하게 될 삼파전의 경쟁에서 중심적인 역할을 할 운명에 처했다.

러시아와 일본의 겨냥에서 만주를 구하려고 이용된 방책은 '이(夷)로 이(夷)를 제압한다'는 중국의 전통적인 외교 전략만이 아니었다. 한민족(漢民族)의 영토 개척과 식민(殖民)도 시작된 것이다. 17세기에 명 왕조를 정복한 군사 조직, 만주 팔기의 전통적인 전사 정신을 온존하는 특별 보류지로서 19세기 후반까지 만주는 대부분이 미개발인 채로 남아 있었다. 1895년 이후 더 이상 이러한 사치를 인정할 여유는 없어졌고 중국인 입식자에 대한 만주 팔기의 토지 매각이 공인되었다. 덧붙여 1902년과 1904년은 러시아의 존재감이 커졌을 무렵으로, 앞을 내다본 토지 개발의 첫걸음이 시작되었다(Lee, 1970, 103쪽). 러시아의 철도 건설을 통해 수십 만의 노동자가 만주의 프런티어에 끌려왔는데, 그 대부분은 산동성 출신이었다. 산동성에서는 빈곤 때문에 의화단 운동이 막 발생한 때였으며, 이제는 그 배출구를 이민 송출에서 찾고 있었다(Esherick, 1987). 토지와 노동력 양면으로 중국이 만주의 급속한 개발에 기여할 준비는 갖추어져 있었다. 1898년부터 1908년 사이에 만주 인구는 700만에서 1,700만으로 껑충 뛰어올랐다. 동시기의 경작지 면적 추계도 비슷한 증가를 보였다(Chao, 1982, 6~9

---

06 러시아 측의 외교·관료 면에서의 움직임에 대해서는 다음 문헌이 중요하다. Romanov(1928).

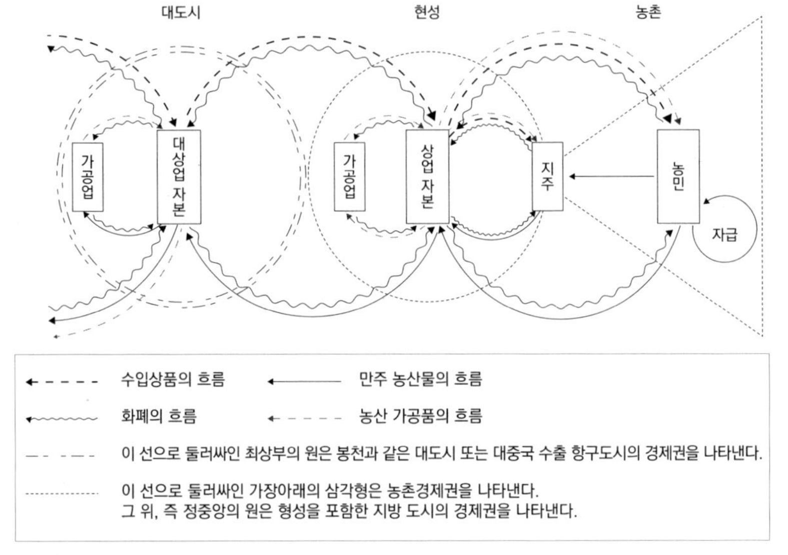

〈그림 1〉 만주의 재생산적 경제 순환
출전: 石田興平, 『만주 식민지 경제의 사적 전개』, ミネルヴァ書房, 1964, 247쪽.

쪽; Sun, 1969). 서리 · 한발 · 과잉의 습기를 견디고, 게다가 질소를 고정시켜 토양의 소모를 막는 특질 덕분에 대두는 만주 중앙 평원에서의 재배에 완전히 적합한 작물이었다[07].

인구와 농업 양면으로 많은 지구(地區)에서 대두 생산의 장래성이 확실하였지만, 시장의 생태계가 복잡하였으므로 대두 생산에는 산동성에서의 노동력 투입만이 아니라, 서방의 몽골에서 획득한 강력한 말과 한국 국경인 백두산(중국명: 장백산)의 낙엽수도 필요하였다. 대두 수확은 가을부터 초겨

07 대두 재배와 만주를 황야에서 곡창지대로 바꾼 농민들의 지역적인 변동 구조에 관해서는 다음 문헌이 잘 다루고 있다. 니시무라(西村. 1984, 76~88쪽).

울까지로 시기가 늦어 농지에서 철도 노선의 말단까지 마차로 운송하는 것이 가능하였다. 이러한 무거운 화물은 그에 맞는 단단한 재료로 만든 차축과 견인을 위한 가축이 필요하였다. 이들 생산 요소의 대부분이 철도 개통 전에 갖추어져 있었던 것 같지만, 증기기관 시대가 도래함에 따라 그 조합의 타당성이 확인되었다. 그리고 자본 투입을 통해 그것들은 한층 유익한 것이 되었으며, 규모 또한 커졌다(安富, 2002). 중국의 다른 지역과는 달리 점점 증가하는 대두의 출하와 철도 건설에 의존한 만주의 경제 개발은 정기시의 네트워크를 필요로 하지 않았다. 그 대신에 대두 거래는 수직적인 시장 관계 질서에 좌우되었다. 이 점은 이시다 고헤이(石田興平)가 중국 동북부의 식민지 경제에 관한 고전적인 연구에서 훌륭하게 지적하였다[08].

최근 우에다 다카코(上田貴子)에 의한 중요한 신연구가 만주에 있던 두 개의 커뮤니케이션 시스템의 존재를 입증하고 있다. 그곳에서는 본래 하북성에서 도입된 '수상조직(樹狀組織)[09]'이 산동성의 전형적인 '네트워크'보다 우수하였다. 야스토미 아유미(安富步)와 우에다가 설명하듯이, 결국 대두와 철도를 토대로 한 경제의 본질이 하북 상인과 그 '수상조직'에 유리하게 작용하여 지역 내에서의 집권화를 촉진하였다고 한다. 그것은 최종적으로 장작림(張作霖)과 장학량(張學良)에게 일본의 권익을 위협하는 데 충분한 재정 능력, 산업 기반, 군사력을 부여하게 된 것이다. 지역 기구를 완성시키는 개혁의 끝마무리는 통화의 통일이었는데, 이것은 관동군의 개입과 만주국 중앙은행의 설립으로 비로소 달성되었다. 통화의 중앙집권화는 '수상조직' 관계를 더욱 강화하고, 중국 동북부에서 중앙집권화의 담

08 이시다(石田, 1964). 1939년부터 1943년까지 이시다는 만주국립건국대학(滿洲國立建國大學)의 교수를 맡았기에, 이 문제에 관해 잘 알고 있다.

09 (역자주) 나무처럼 가지가 있는 형상의 조직.

당자가 된 만주국과 중국 공산당을 돕게 되었다. 정치 경제의 수준에서는 일본이 지배한 장춘(長春)의 정권은 봉천(奉天)의 장(張) '군벌' 정권의 후계자였다. 양자를 맺어준 주된 연결고리가 대두였다[10].

(2) 대두의 산='만주의 금'

T자형의 중동(中東, 혹은 동청[東淸]) 철도 노선은 만주 북부를 횡단하고, 하얼빈에서 남하하여 새로이 건설된 황해의 항만도시 포트 아서(Port Arthur, 여순)와 다르니(Dal'nii, 대련)로 연장되는 지선을 지니고 있었다. 이 중동 철도의 건설로 인해 러시아는 태평양국가로서의 충분한 자격을 갖추었을 뿐만 아니라, 철도는 그것을 지탱하는 기반으로 상정되었다. 중동 철도 건설의 제창자인 세르게이 비테(Sergei Yul'jevich Witte)는 1892년부터 1903년까지 재무부 장관을 지냈으며, 중동 철도에 의해 러시아는 아시아 무역에서 지배적인 지위를 얻을 것이라고 주장하였다. 이 때문에 그는 상인계급(주로 유대인)을 유치하려고 하얼빈에서 리버럴(liberal)한 정책과 종교적인 관용을 보증한 것이다[11]. 중국인과의 양호한 관계는 중국 사정

---

10 우에다(上田, 2018). 109쪽에 게재하고 있는 대단히 유익한 그림은 이시다에 의해 이미 제시된 틀에 다이내믹한 일면을 더하는 것이다.

11 러시아에서는 '리버럴(liberal)한' 식민지 이념은 종교적 관용과 밀접히 연결되어 있지만, 여기서는 이하와 같은 이중(二重)의 의미로 리버럴이었다. 정치적 용어로는 리버럴은 종교도 포함한 개인의 권리 증대를 의미하고 있다. 경제적 용어로서의 리버럴은 국가나 관료의 눈에 보이는 간섭 없이, 시장의 자유로운 움직임을 촉진하는 것이다. 하얼빈의 유대인은 양쪽 의미의 리버럴리즘을 향수하면서 그들의 교회에서 기도하고, 중동 철도에 이익을 가져다줄 곡물 시장을 발전시켰다. 비슷한 과정은 얼마 전의 중앙아시아에서도 보였다. 이 지역의 초대 총독 K. P. 카우프만(Kaufman)은 1879년에 페테르부르크의 상관에게 다음과 같이 상신하였다. "유대인이 이곳 중앙아시아에서는 기생자가 아니라는 사실을 이해해 둘 필요가 있습니다. 그들은 민중을 착취하고 있지 않습니다. 그들은 생산적

에 정통한 유능한 집단에 의해서도 촉진되었다. 그들에게 양날의 과제는 러시아인 입식자에게 자신들의 존재가 그 지역 주민에게 유익한 것이라는 점을 납득시키면서, 그 한편으로 중동 철도의 장래의 고객을 중국인 중에서 찾아내는 것이었다. 비테도 그가 철도 행정에 종사하던 무렵의 동료에게 하얼빈을 방문하여 상황을 직접 관찰하도록 비공식으로 요청하였다. 로만 모이세비치 카발킨은 곡물 수송 전문가이며, 신흥 하얼빈 유대인이나 커뮤니티(community, 공동체)로서 머지않아 가장 부유한 계층의 한 사람이 될 터였다. 그 지역의 전승에 의하면 그는 대두의 산을 '만주의 금'이라 부르면서 아들과 함께 중국 시장을 둘러보았다[12].

그렇지만 러시아가 그 막대한 투자의 원금을 취하기 전에 전쟁이 훼방을 놓았다. 일본은 시베리아횡단철도 건설로 러시아가 동북아시아에서 영향을 확대하는 것을 좋아하지 않았다. 철도 전체의 개통을 향한 건설 진척이 일본군 수뇌부 내에서는 전쟁으로 가는 카운트다운이었다. 곧 100만의 군대가 만주에서 전투태세에 들어갔다. 러일 양군의 주계총감참모(主計總監參謀)[13]에 부수한 여러 부문은 유럽·러시아와 일본에서의 군수물자 수입을 교묘히 회피하려고 그 지역 생산품을 조달·활용하였다. 보급로가 훨씬 길고 좁아 궁지에 처한 러시아군은 대담한 발명을 시도하였다. 대두는 즉시 비누, 차축이나 대포의 윤활유, 동물 사료의 주된 재료가 되었다. 러

인 계층이고, 부지런히 일하고 있습니다". 실제로 그들은 면업의 발전과 그 생산품(면화)의 모스크바로의 반출에 커다란 역할을 하였다. 이 점에 관해서는 이하의 문헌을 참조. Kaganovich(2003, 301~328쪽). The Central Historical of Uzbekistan(Tashkent), fl, op.16, d.1406, 1.8~9에서 인용.

12 Wolff(1999). 같은 책 제3장이 식민지화와 종교정책을 다루고 있다. 제5장과 보유(補遺)가 중국과의 관계에서 러시아의 중국학이 지닌 역할에 관한 것이다.

13 (역자주) 병참 참모.

시아군 기병대의 말 사료였던 것이 일본군 보병에게는 대두 제품에서 얻을 수 있는 단백질을 많이 함유한 식량이 되었다. 세계 각국의 군사 감시요원들은 러일 양군의 야영지에서 대두가 수행한 중요한 역할에 관해 보고하였다[14].

포츠머스 강화 조약은 중동 철도에 파산 위기를 초래하였다. 동쪽으로의 수십억 루블의 흐름이 멈췄다. 러시아에서 하얼빈이라는 이름은 패배와 불명예로 결부되어 추가 투자 대상으로 간주되지 않았다. 일본인이 러시아 팽창주의자의 욕망을 좌절시킨 것이다. 1906년과 1907년은 북만주에서 경기가 후퇴한 해였지만, 1908년에는 카발킨이 실시한 최초의 실험적 출하인 5,200톤의 대두가 블라디보스토크에서 유럽으로 수출되었다. 같은 시기 미쓰이 물산(三井物産)이 대련을 통해 유럽으로 시험적인 수출을 행하여 비슷한 성공을 거두었다. 이듬해에는 아르헨티나 아마씨(亞麻種)[15] 수확량도 낮고 미국의 면화씨 기름 수확도 신통치 않아 종유(種油)[16]의 대체 수요가 높았는데, 만주의 대두가 그 부족분을 보충하였다. 만주의 대두 수출은 1909년에 40만 톤으로 껑충 뛰어올라 중동 철도는 이익을 거둘 수 있다는 비테의 예언이 진실이 되었다. 비테의 후임인 재무장관 V. N. 코콥초프(Vladimir Nikolayevich Kokovtsov)는 1911년에 다음과 같이 쓰고 있다. "유대라고 하는 요소에 대해 그대가 어떠한 의견을 가지고 있든……다음은 모든 공평한 점에서 인식해둘 필요가 있다. 만주에 있어 유대인은 대단히 중요하고, 그

---

14 Wolff(1999). 제2장은 일본의 시베리아횡단철도에 관한 인식과 전쟁 발발과의 관련성에 관해서 논하였다. 제4장은 전시에 러시아의 주계총감(主計總監)이 설치된 하얼빈의 역할을 다루었다.

15 (역자주) 씨는 아마인이라 하며 기름을 짜거나 약재로 쓰고, 질긴 껍질은 피륙을 짠다.

16 (역자주) 특히 유채 씨앗에서 짜낸 기름.

곳에서 그들은 정력적인 상업 활동을 전개하는 것으로……견실하게 곡물 수출을 확립해 그들의 장래를 보증하고 있다는 것이다"(Vul'f, 2003, 266쪽). 일본인은 황해로 향하는 이전 중동 철도의 남부 지선이던 남만주철도를 경영하여, 이 무역과 수송량의 대폭 상승에서 마찬가지로 이익을 얻고 있었다.

이러한 사태가 세계의 시선을 끌지 않을 리가 없었다. 중국 해관(海關)은 1909년의 『연보(年報)』에서 중국의 외국 무역에 관해 다음과 같이 서술하였다. "대두 수출 무역의 대폭적인 증가는 가장 중요한 현상이다……대두는 수출품 목록 중에서 차와 거의 같은 위치로 뛰어오르고, 콩깻묵을 더하면 목록의 맨 위에 있는 비단의 지위를 위협하기까지 한다(Shaw, 1911, 1쪽)". 이 시점에서 대두 제품은 만주 전체 수출품의 약 80%를 점하였고, 북부 만주에 관해서는 더욱 그 비중이 높았다. 세계 대두 수출의 90%가 만주산이었던 것이다. 영국 영사부의 장로 알렉산더 호시(Alexander Hosie)경이 말한 것처럼 "한마디로 말하면 그것(대두)은 만주의 부(富)였다"(Hosie, 1904, 245쪽).

3. 대두가 움직이는 세계

(1) 대련(大連)의 번영

경쟁을 동반한 성장은 이제 순환적인 것이 되었다. 번영은 더욱 많은 중국인 개척자를 만주로 불러들였다. 처녀지 대부분이 북부와 서부에 위치하였으므로 수확물은 통상 모두 러시아의 영향 하에 있던 중동 철도의 서부지선, 하얼빈, 블라디보스토크에 모여들었다. 하얼빈은 가장 좋은 대

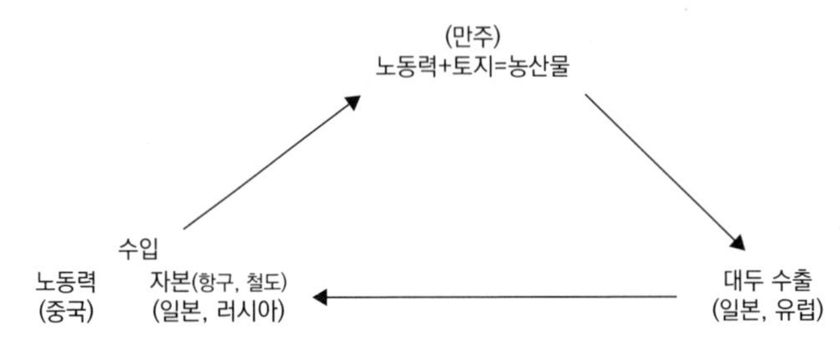

〈그림 2〉 만주의 경제 순환

출전: Wolff David, 『지역에서 지구적 규모로-상품으로서의 대두의 20세기사』, Global History and Maritime Asia Working and Discussion Paper Series, no. 6, 2007.

두 생산지구의 정중앙에 있는 유일한 대도시로서, 수송이나 상업의 중심지인 것과 마찬가지로 직접 소비지로서의 추가적인 매력도 있었다[17]. 러시아 측이 수송의 근접성이라는 지리적 이점을 살린 데 반해, 일본 측은 미쓰이물산(三井物産), 남만주철도, 그리고 그들에게 융자를 제공하고 있던 요코하마 정금은행(横浜正金銀行)의 상호 관계를 가능한 한 효율적으로 조정함으로써 러시아에 대항하였다. 일본은 만주 북서부로의 간선 철도 노선을 건설하는 것에 도전하여 결국 성공하였다. 그 신설 노선 건설로 하얼빈이나 블라디보스토크로 흘러가기 전에 화물을 남만주철도와 대련 쪽으로 향하게 할 수 있었다. 일본 대두 시장의 크기도 어느 정도 영향을 끼쳤다. 대련에서는 당나귀와 돌절구가 정식 무대에서 사라진 것과 동시에 증기 구동의 가공 처리 시설이 출현하였다. 선적 능력은 대련과 블라디보스토크 모두 신장되었고, 대련은 천진과 한구(漢口)를 추월하여 중국의 모든 항구 중에서 상해 다음가는 두 번째 지위로 각광을 받았다.

17 덧붙여 대두 재배의 가능성이 있던 식민지화가 완전히 뒤처진 지역은 만주의 극북(極北)에 위치하여 중동 철도에 지리적 우위를 더해 주었다. Ekonomicheskoe Biuro KVZhD(1922, 52쪽). 이 지역의 거대한 공한지를 나타내는 지도는 12쪽에 싣고 있다.

이렇게 대두 생산을 위한 입식(入植)과 수출 확대 인프라(infrastructure)로서 이윤이 재차 만주에 투자되었다. 어느 일본의 관찰자는 대두의 중요성을 다음과 같이 극구 찬양하였다. "그것(대두)이 없으면 시장은 한밤중의 로와 브로드웨이[18]만큼이나 쓸쓸했을 것이다"(Adachi, 1925, 271쪽).

러일 쌍방의 철도에 의한 화물 관세의 조작이나 투기적인 중국 당국에 의한 대두 시장의 매점 시도는 확실하게 행해졌다. 그러나 수출 무역이 압도적으로 중요하였으므로 만주에서의 러일협약이 협조적인 식민지 이권과 부의 분할에 반영되었다[19]. 따라서 대련의 수출액은 착실히 상승하였지만, 블라디보스토크는 같은 수준에 머물렀다. 역으로 말하면 정치적인 힘의 균형이 변화하면, 무역 패턴도 변화하였다. 제정(帝政)이 붕괴함에 따라 일본의 러시아에 대한 책무는 종말을 고했다. 대련에서의 수출은 블라디보스토크를 희생양으로 삼아 급등하였다. 시베리아 간섭군의 일부로서, 일본군이 러시아의 연해주나 중일 공동방적군사협정(中日共同防敵軍事協定) 하에서 중동 철도 인접 지역으로 전개함에 따라, 도쿄의 일본 정부와 현지 당국은 경제의 실태를 정치와 똑같이 바꾸는 데 필요한 모든 수단을 손에 넣었다. 1917년에 블라디보스토크도 대련도 모두 연간 32만 3,000톤의 대두를 수출하였다. 3년 후 전자는 3만 2,000톤으로 하락하고, 후자는 71만 톤으로 증가하였다[20]. 대두의 수출 무역은 동북아시아의 지역 형성을

18 뉴욕 브로드웨이 도로의 일부. 월가에 가까운 곳으로 낮에는 장이 서고 번화하지만, 밤에는 사람의 왕래가 없어진다.

19 남만주철도 주식회사 하얼빈(哈爾濱) 사무소 조사과의 마르 비밀보고서는 이 시기의 남만주철도와 중동 철도 사이에서 행해진 다수의 회의와 합의의 상세를 전하였다. 스즈키(鈴木, 1925).

20 Chinese Eastern Railway Economic Bureau(1924, 111쪽). 블라디보스토크 무역과 그것이 지닌 만주와의 관계에 대하여 일본인의 조사가 어느 정도 상세하였는지는 다음 문헌을 참조. 『숫자상으로 본 블라디보스토크 상항(浦鹽斯德商港)』(1925).

반영한 것만이 아니라, 식민지화를 둘러싼 경쟁 상태를 어떠한 시점에서든 평가할 수 있는 기준이기도 하였다.

(2) 일본과 만주 대두

세계 대두 시장이 급격히 확장된 충격이 러시아나 중국보다도 일본에 컸던 것은 틀림없다. 러일전쟁으로 와해된 후 북만주에서 러시아의 위상은 대두 덕분에 되살아났다. 중국은 만주 개발에 기여함으로써, 최종적으로는 삼파전에서 결정적인 요인이 되는 인구 상의 우위를 확보하였다. 그렇지만 대두가 일상생활의 깊은 부분까지 커다란 변화를 가져온 것은 일본뿐이었다. 일본의 독특한 맛이라는 것은 오늘날조차도 대두를 베이스로 하고 있다. 간장, 된장국, 두부 같은 필수 식료품은 본래 7~8세기에 중국에서 채식주의의 부수품으로 다른 불교 교리와 함께 들어왔다. 일찍 중국에서 가져온 다른 것들과 마찬가지로 불교와 채식주의는 세습 귀족 영역에 깊이 침투하였다. 대두 제품은 19세기 부르주아지의 발흥과 함께 더욱 폭넓은 세속의 고객을 획득하였다. 그러나 저렴한 대량의 만주 대두가 도래하면서 비로소 대두 제품은 모든 계층에 가장 가격이 싼 단백질원이 되고, 특상의 비료로서 생선 찌꺼기를 대신하였다.

1890년부터 1925년에 걸쳐 일본의 인구는 50% 증가하였지만, 동시기에 간장 생산량은 3배가 되었다.[21] 대두는 철, 석탄, 면화에 이어 4번째로

21 Fruin(1983, 40쪽); Ishige(2002, 115쪽). 이들 문헌에 의하면, 간장(醬油)은 '2세기 이상의 기간을 거쳐……지금은 지배적이고 보편적인 조미료'가 되었다. 그러나 깃코망(キッコーマン-역자주: 일본의 식품회사)의 데이터는 '지배적'에서 '보편적'으로의 이행은 한 세대가 걸렸다는 것을 보여준다.

많은 일본의 수입품이었다. 미각적인 점에서 일본과 일본인은 만주와 그 최대의 수출품인 대두에 빠져들어갔다. 시베리아 출병에 의해 도쿄는 만주로부터의 수출품 흐름을 내밀히 좌우할 영향력을 획득하였지만, 이어서 곧바로 만주국의 괴뢰정권 하에서 더욱 직접적인 간섭으로의 길이 열렸다. 1945년의 패전으로 만주 시장에서 강제적으로 이탈함으로써, 50년간에 이르는 일본과 만주 대두와의 밀월은 50년간에 걸친 동북아시아의 대륙정책에 대한 관여와 함께 종말을 고했다.

중국 공산당은 일본의 만주로의 확장이 대두로 야기되었다는 해석을 기억하고 있었으며, 잊을 수 없었다. 그러한 경제적 해석은 정통파 마르크스주의자가 받아들일 수 있는 유일한 설명이다. 1968년 11월 17일에 베트남 민주공화국(북베트남) 수상이 북경의 지도자 거주 지역인 중남해(中南海)의 저택으로 향하여 마오쩌둥(毛澤東)을 방문하였다. 팜반동(范文同, Pham Van Dong)은 그 자리에 동석한 저우언라이(周恩來)에게 미국과의 파리평화회담에 관해 보고하였다. 그 후 담화는 다른 길로 빠졌다(Cold War International History Project).

팜: 건강은 어떠신가요, 마오(毛) 주석.

마오: 그다지 좋지 않네. 나는 요 며칠 기침이 나. 천국에 갈 시간이 온 것 같소. 하늘의 부름을 받는 것 같아. 호찌민(胡志明) 주석은 어떠신가 …………

마오: 어째서, 미 제국주의자들이 동남아시아에 가며, 미국의 자본가들은 어떤 이익을 거기서 찾아내고 있는 것인지 나는 아직 이해되지 않소. 천연자원의 개발? 물론, 저 지역은 천연자원이 풍부하오. 인도네시아의 석유, 천연고무. 말레이시아의 천연고무. 당신 나라에 고무가 있소?

팜: 많이 있습니다.

마오: 고무와 차. 하지만 나는 미국이 식량 혹은 식물을 필요로 하고 있다고는 생각하지 않소.

팜: 미국은 베트남과 전쟁하면서 그 앞을 내다보고 있습니다.

마오: 그들은 남베트남에서 싸우고 있지만, 표적은 북베트남과 중국이오. 그들은 다른 지역을 표적으로 할 수 있을 정도로 강하지는 않소.

팜: 하지만 그들은 제국주의자입니다.

마오: 물론, 제국주의자는 식민지를 갖지 않으면 안 되지. 그들은 우리처럼 식민지로 만들 나라를 원하고 있소. 이전에 중국은 지난 100년 이상에 걸쳐 제국주의자의 반식민지였소. 그들은 우리에게서 무엇을 빼앗았소? ……

저우: 그들은 자원을 빼앗았습니다.

마오: 어떤 자원을?

저우: 대두입니다.

일본은 대두를 갑자기 단호하게 끊을 수 없었고, 그 식욕은 농업 대국 미국으로 향하였다. 미국 대두의 약진은 제2차 세계대전 중에 만주를 대신하여 세계 제1위의 생산국이 되기까지 거의 주목되고 있지 않았다. 미국이 중개한 러일전쟁 종결인 포츠머스조약 직후, 미국 농무성의 식물조사·수입부는 '농업조사관' 프랭크 메이어(Frank Nicholas Meyer)를 중국에 파견하였다. 결과로 수집한 2,000개 이상의 샘플 중에는 101개의 대두 제품 샘플이 포함되었다. "나는 이들 제품 대부분의 맛을 백인이 느끼기에는 잠시 시간이 걸릴 것을 인정하지 않을 수 없다[22]"라는 코멘트도 있었다. 그동안 미국의 정책에서는 동북아시아에서 대두를 둘러싼 러시아와 일

---

22 White(1950, 134쪽)로, 후버연구소의 스티븐슨의 논문이 인용되어 있다.

본의 균형을 유지하는 것이 중시되었다. 1918년부터 1922년까지 중동 철도 운영을 위해 조직된 협상국의 기술국 담당인 미국인 기술자 존 스티븐슨(John Stephenson)은 후에 자신의 임무에 대해 다음과 같이 서술하였다. "내가 무엇 때문에 그곳에 있었던 것인가를 전해도 좋을 것이다. 아무리 자기중심적으로 들리더라도 자유롭게 말하고자 한다. 나는 4년간 방심하지 않고 신경을 쓰면서-물론 비밀리에-일본이 중동 철도를 확보하는 것을 막은 것이다". 미국은 지역의 세력 균형에서 대두가 행한 역할을 충분히 인식하고 있었다.

(3) 미국의 대두 생산

미국은 제1차 세계대전 중에 유럽을 대신하여 만주산 대두를 수입하였는데, 이것은 미국이 대두 수입국이 된 유일한 경험이었다. 미국의 대두 생산은 1920년까지 3만 톤, 1930년까지는 30만 톤에 달했는데, 그 대두는 주로 일리노이, 아이오와, 인디애나, 미주리, 오하이오 여러 주의 콘벨트(Corn Belt)[23]에서 생산되었다. 1932~1933년에 헨리 포드(Henry Ford)의 디어본(Dearborn) 농산화학(農産化學) 농장은 자동차 금속부품을 대신하는 식물성 대체품을 찾으려고 200~300종류의 대두를 재배하였다. 그 부산물로 대두 품종의 지식이 증가하고 콘벨트 외측에 대두의 농업생산이 확대하였다. 1946년에 미국의 대두 생산고는 50만 톤을 돌파하였다. 1970년대 초까지 100만 톤을 초과하는 대두가 20개 주에서 재배되었으며, 그 생산고는 세계 대두 시장의 80%를 차지하였다(Markley, ed, 1950, 138~139쪽).

---

23 (역자주) 미국의 중·서부에 걸쳐 형성된 세계 제1의 옥수수 재배 지역.

일본이 1945년에 패전을 맞이할 때까지 미국의 대두 생산량은 이미 만주의 이전 생산량을 충분히 채우고도 남음이 있었다. 최근 기밀 취급이 해제된 외교 사료는 일본의 정치가가 전반적인 안전 보장 틀을 위해 확실한 식량 공급을 얼마나 중시하였는지를 명확히 밝히고 있다. 예를 들면 1973년 1월 31일에 마침 일본의 총리에서 퇴임한 사토 에이사쿠(佐藤榮作)는 대통령 리처드 닉슨의 집무실을 방문하였다. 대통령 취임 무도회에서 사토 부인과 춤을 춰준 데 대한 사례는 접어두고, 사토는 베트남의 평화 프로세스의 최종 단계에 관해 다음과 같은 의견을 표명하였다. "소련도 중국도 북폭(北爆)에는 반대할 수 없었습니다. 왜냐하면 두 나라 모두 식량 조달이라는 점에서 귀국 미국에 의존하고 있기 때문입니다". 수개월 후 석유 위기에 직면한 미국은 기름 성분이 들어있는 대두의 수출 제한을 일방적으로 발동하였다. 이 조치는 일본에서 대소동을 일으켜 '수출 제한' 대신에 '수출 금지'라는 말이 폭넓게 사용되었다. 일련의 사건이 새로운 수상 다나카 가쿠에이(田中角榮)의 '친미 노선'을 약화시킨 것으로 알려져 있다. 1974년 11월에 작성된 대통령에 관한 국무성의 어느 브리핑 페이퍼(briefing paper)는 대통령이 다가올 미일 회담에서 대두 수출 제한의 실제 영향을 너무 건드리지 않도록 하는 한편, "농산물 거래 분야에서 긴밀한 미일 협의와 협력은 계속해서 소홀히 해서는 안 된다……미국은 일본에 신뢰할 수 있는 농산품 공급국으로 계속 남아 있을 것이다"라고 보증하도록 요구하였다[24].

심지어 많은 사람이 이 에피소드를 닉슨이 조만간에 중국을 방문할

24 조지워싱턴대학 도서관 본관 7층, 국가안전보장 아카이브 일본 컬렉션 소장 기밀 해제 자료(Declassified materials held in the National Security Archive Japan collection at George Washington University, Main Library, 7th Floor).

것을 발표한 1971년 7월의 연설, 금본위제 정지의 8월 연설과 관련지어 '제3차 닉슨 쇼크'라고까지 불렸다. 이 세 개의 정책 결정은 모두 일본과의 사전 상담 혹은 사전 경고 없이 결정되어 한결 소원한 동맹으로의 전환을 예고하는 것이었다[25]. 이렇게 대두 공급은 미일 관계 조건의 하나이며, 심지어 미국이 영향력을 유지하여 극동의 안정에 전면적으로 관여하기 위한 하나의 합의 사항이었다고 논할 수조차 있다. 전후의 지역적인 대두 관련 시스템의 주도적인 참가자로서 미국은 태평양 운명공동체를 향해 더욱 걸음을 내디딘 것이다.

4. 변동하는 공급체제

(1) 브라질의 부상

그렇지만 수입 대두에 의존하는 일본이 예민하게 반응함으로써, 대두 세계시장의 다음과 같은 큰 확대가 야기되었다. 브라질은 오늘날 연간 6,600만 톤의 대두를 생산하고 있다. 브라질과 아르헨티나는 현재 주로 유럽을 대상으로 한 대두 수출국으로서 미국을 능가한다. 앞에서 서술한 대통령을 향한 국무성의 브리핑 페이퍼는 "일본은 식량 자급률을 더욱 높이고 해외의 공급원을 다양화하려는(대두는 브라질에서, 쌀은 중국에서, 밀은 캐나다에서 등) 노력에 이미 착수하고 있다"라고 서술하고 있

25 재무장관(후에 국무장관) 조지 슐츠(George P. Shultz)는, 1973년의 3개의 '쇼크' 중 2개를 결부시켜 농담인 척하며, 시카고의 한 실업가 그룹에 만약 대두 가격이 계속 올라가면 "우리는 대두 본위제를 채용하는 것이 가능할 것이다"라고 말하였다.

다(The National Security Archive Japan Collection). 브라질의 대두 생산량은 1968년의 68만 톤에서 1973년에는 이미 500만 톤으로 증가하고, 다음 2년간 또다시 2배로 증가하였다(中村, 1976, 52쪽). 이 무렵 일본국제협력기구(JICA)는 PROCEDER라는 약칭으로 브라질의 대두 생산을 발전시키는 계획의 예비적 연구를 시작하였다. 그것은 지금까지의 JICA에게 가장 장기적인 계획으로, 21년간에 걸쳐 실행되어 바로 최근의 2001년 3월에 종료하였다. JICA는 기계화된 대두 농원을 개척하려고 700억 엔의 저이자 융자에 더하여 35억 엔을 기술적인 노하우 개발을 위한 훈련과 설비 연구 자금으로 제공하였다.

가장 중요한 일은 일본과 브라질 합동 팀이 '아열대 지역이나 아마존강 주변 지역에서도' 번성하는 새로운 대두의 품종을 개발한 것이었다. 신품종으로 인하여 대두의 경작지는 북쪽의 적도와 아마존 유역을 향해 북상하였다. 일본의 개발 계획은 공식적으로는 이전에는 방목지로만 사용되던 사바나 같은 지역인 '세하두(Cerrado)'에 한정되어 있었지만, 실제로는 열대우림을 벌채할 때 남은 황무지가 '세하두'로 불려 대두 재배에 적합하다고 간주되었다. 이렇게 1994년부터 2003년까지의 10년간 1,900만 헥타르의 열대우림이 개척되었다. 같은 시기 대두 재배 면적은 1,170만 헥타르로 증대하였다. 자연보호 활동가들은 급격히 상승하는 대두 수요(1990년부터 2003년까지 80% 증가)가 아마존 지역을 파괴하고 있다고 한다. 한편으로 본래 농업 비즈니스의 최고 책임자인 아마존 지역 가장자리에 있는 브라질의 마투 그로수(Mato Grosso) 주(州)의 지사는 향후 3년간에 생산량을 5배로 늘릴 여지가 있지만, 그래도 여전히 넓고 큰 삼림이 남을 것이라 이야기하였다. 아마존의 열대우림이 하루아침에 사라지는 것은 아닐 것이다. 그러나 대두 제품의 증가하는 수요도 마찬가지이다. 특히 지금은 그것을 중국의 발흥이 떠받치고 있다.

(2) 중국의 경제 발전

중국의 경제 발전은 복잡함을 더해가는 한편, 중국 정부는 13억 명의 인민을 어떻게 먹일 것인가 하는 문제로 머리를 쥐어짜고 있다. 일찍이 식량을 자급하던 사람들 대부분이 농업 부분에서 철수하는 가운데, 식량 안전 보장 문제가 커다란 과제가 되어왔다. 중국 과학원 농업정책센터의 설립자이자 주임인 황지훈(黃季焜)이 서술한 '데이터를 보면, 1990년대부터 중국의 주요한 수입품은 대두가 되었다'(Tonnassi, 2012)라는 발언은 최근 잘 인용되고 있다. 그는 경작지의 확대로 필요한 수입량을 보충하는 것은 불가능하다는 점도 지적하였다.

그 결과 수확량의 대폭 증가를 예상하여 중국이 유전자 변형 곡물에 거액의 투자를 시작한 것은 조금도 놀랄 만한 일이 아니다. 그것으로 수입 의존에 대한 종지부를 찍으려고 하는 것이지만, 그것이야말로 바로 일본이 1970년대 초부터 빠져 있는 딜레마이다. 유전자 변형 곡물 종자의 저장은 이미 3대 수출국 모두에서 지배적인 현상이지만, 유전자 변형 곡물이 생식 능력과 생존력에 미치는 영향에 대한 우려는 거의 검증되지 않은 채 남아 있다. 한 인터넷 기사에 "유전자 변형 곡물의 가치는 인구 증가를 억제하는 것에 있다. 그렇기에 이것은 중국에는 좋은 영향을 미칠 것이지만, 비싼 대가를 치르는 건강상의 악영향도 함께할 것이다"라는 블랙 조크가 있다[26]. 정치적 영향력을 지닌 각국 녹색당의 압력 하에 EU는 오랫동안

26 http://www.responsibletechnology.org/article-gmo-soy-linked-to-sterility

유전자 변형 대두 수입을 거부해왔지만, 2008년에 경제계로부터의 교묘한 설득과 압력에 의해 향후 10년간 수입을 인정하였다. 중국도 독자의 논리에 의해 이 방향으로 나아가고 있다. 이미 유전자 변형 곡물의 수입을 받아들이고 있는 터라 그 논리를 발전시키지 않을 이유는 없다.

분명한 것은 만약 미중 간에 지정학적인 긴장이 고조되는 일이 일어나면 중국인이 두려워하는 것은 앞에서 이야기한 제3차 닉슨 쇼크와 비슷한 상황에 처할 가능성뿐이라는 것이다. 물론 시장 논리를 따르면, 미국의 농장주들에게 최고의 고객과 기대되는 수입을 잃는 것은 불행한 일이다. 그러나 경제적으로 활력 있는 대두의 별도 사용법으로 바이오디젤이 출현함으로써 현재 수출의 중요성은 낮아지고 있다. 자원 의존에 관한 어쩔 수 없는 공포가 일본을 희망이 없는 전쟁으로 몰아대는 것도 포함해, 미일 관계의 우여곡절은 20세기의 대두 세계시장에 반영되어왔다. 이러한 역사적 경위는 현대에 미중 간의 식량 안전 보장 문제를 평화적이고 동시에 호혜적인 방법으로 바람직하게 해결하는 길을 시사하고 있다. 21세기에도 마찬가지로 세계적인 무대, 그중에서도 아시아태평양 지역의 국제적인 협력과 경쟁의 극히 중요한 지표로서 대두는 기능하고 있다.

참고문헌

石田興平,『滿洲における植民地経済の史的展開』, ミネルヴァ書房, 1964.

上田貴子,『奉天の近代−移民社会における商会·企業·善堂』, 京都大学学術出版会, 2018.

鈴木三郎,『東支鉄道貨物運賃研究』, 南満洲小鉄道株式会社哈爾賓事務所調査課, 1925.

中村博,『大豆の経済』, 幸書房, 1976.

西村成雄,『中国近代東北地域史研究』, 法律文化社, 1984.

南満洲鉄道株式会社哈爾賓事務所調査課,『数字上より観たる浦塩期徳商港』, 1925.

安富步,「樹状組織と網状組織の運動特性の違いについて」,『環』第10号, 2002, 183~189쪽.

Adachi, Kinnosuke, *Manchuria: A Survey*, New York: Robert M. McBride, 1925.

Christofoletti, M. A., R. Silva, and F. Mattos, "The Increasing Participation of China in the World Soybean Market and Its Impact on Price Linkages in Futures Markets", 2012. (Consulted at http://www.farmdoc.illinois.edu/nccc134)

Chao, Kang, *The Economic Development of Manchuria: The Rise of a Frontier Economy*, Ann Arbor, MI: Center for Chinese Studies, University of Michigan, 1982.

Chinese Eastern Railway Economic Bureau, *North Manchuria and the Chinese Eastern Railroad*, Harbin: C.E.R. Printing Office, 1924.

Dirlik, Arif (ed.), *What is in a Rim?: Critical Perspectives on the Pacific*, Boulder:

CO, Westview, Press, 1993.

Ekonomicheskoe Biuro KVZhD, *Severnaia Manchzhurita i KVZhD*, Topografiia KVZhD, 1922.

Esherick, Joseph, *The Origins of the Boxer Uprising*, Berkeley: University of California Press, 1987.

Fruin, W. Mark, *Kikkoman*, Harvard: Harvard University Press, 1983.

Hopkins, Terence and Immanuel Wallerstein, "The Comparative Study of National Societies", *Social Science Information* 6 (5), 1967, pp. 25~58.

Hosie, Alexander, *Manchuria: Its People, Resources and Recent History*, London: Garland Pub., 1904.

Huang, Jikun and Steven Rozelle, "Trade Liberalization, Rising Imports and China's Food Economy: The Case of Soybeans" (Consulted at http://iis-db.stanford.edu/pubs/21697/soybeans_manuscript_2004.pdf)

Ishige, Naomichi, *The History and Culture of Japanese Food*, London: Routledge, 2001.

Kaganovich, A., "Rossiia 'absorbiruet' svoikh evreev", Ab Imperio 4, 2003.

Lee, Robert H. G., *The Manchurian Frontier in Ch'ing History*, Harvard: Harvard University Press, 1970.

Markley, Klare (ed.), *Soybeans and Soybean Products*, v.1, New York: Interscience Publishers, 1950.

Romanov, Boris, *Rossiia v Man'chzhurii*, Leningrad: Izd. Len. Vos. in-ta, 1928.

Shaw, Norman, *The Soya Bean*, Tianjin, 1911.

Sun, Kungtu (assisted by Ralph Huenemann), *The Economic Development of Manchuria in the First Half of the Twentieth Century*, Cambridge, MA:

Harvard University Press, 1969.

Tonnassi, Susan, "Talking with Huang Jikun", *Insights: Magazine of the International Food Policy Research Institute*, June 14, 2012.

Tuan, Francis et al., "China's Soybean Imports Expected to Grow", USDA *Electronic Outlook Report* (October 2004).

Vul'f, D., "Evrei Manchzhurii: Kharbin, 1903~14 gg.", *Ab Imperio* 4, 2003.

White, John, *The Siberian Intervention*, Princeton: Princeton University Press, 1950.

Wolff, David, "Russia, Regionalism and Northeast Asia", Stephen Kotkin and David Wolff (eds.), *Rediscovering Russia in Asia*, Armonk, NY: M. E. Sharpe, 1995, pp. 323~329.

Wolff, David, To the Harbin Station: *The Liberal Alternative in Russian Manchuria*, 1898~1914, Stanford, CA: Stanford University Press, 1999. (ディ ビッド・ウルフ著, 半谷史郎訳, 『ハルビン駅へ-日中露・交錯するロシア満洲の近代史』, 講談社, 2014)

4장

석유
근대 기술 문명을 키운 역사

· 니시야마 다카시(西山孝) ·

1. 20세기 초까지

(1) 조명용 램프의 보급

인류에 의한 석유 이용 역사는 오래되었다. 메소포타미아 시대에는 천연가스로 타오르는 영구의 불이 알려졌고, 이집트에서는 미라의 표면 보호를 위해 천연 아스팔트가 도포되었다고 한다. 고대로마 시대에는 전차의 베어링에 윤활유로 사용되었다. 중국에서는 기원전 2세기 무렵에 제염용, 등화용으로 천연가스를 태웠다는 기록이 있다. 일본에서도 덴지 천황(天智天皇) 무렵에 '불타는 물' '불타는 흙'이 헌상되었다. 이때 사용되었던 석유는 종종 지표에 스며들어 나온 극히 소량의 귀중한 석유였다.

그러나 오늘날 볼 수 있듯이 다량의 석유를 이용할 수 있게 된 것은 오늘날 1세기 반 여의 사건으로 최근의 일이다. 1859년에 미국 펜실베이니아주 드레이크(Drake) 유정에서 처음으로 석유를 지하에서 기계를 사용

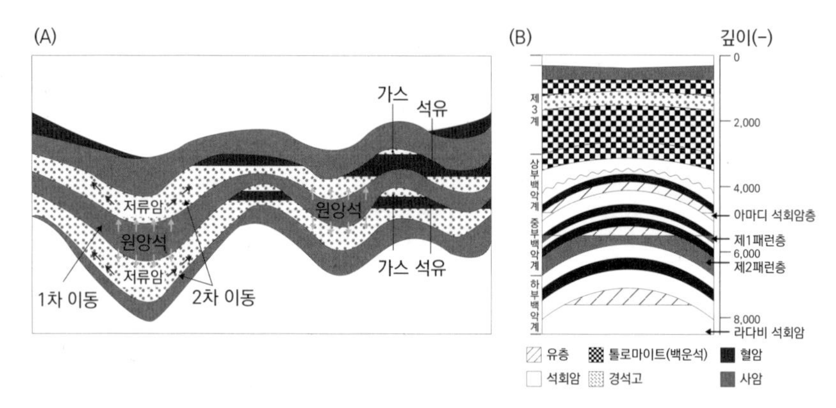

〈그림 1〉 (A) 석유의 1차 이동과 2차 이동 (B) 카프지 석유의 배사 구조
출전: 지구환경·자원에너지론(西山 別所, 2011, 75쪽).

하여 파내는 것에 성공하였다. 이어서 지하에서의 석유 부존(賦存) 상황이 점차 드러나면서, 1885년에 석유는 배사(背斜)[01]구조의 꼭대기 부분에 괴어 있는 것이 밝혀졌다(〈그림 1〉(B)). 이 발견은 탐사 방침을 일변시켜, 이때까지 석유는 와지(窪地), 즉 움푹 패어 웅덩이가 된 땅에 존재한다는 통설을 뒤엎는 것이었다. 그 후 미국을 중심으로 개발이 급속도로 진행되며 규모가 큰 다수의 유전이 발견되어 양산이 가능해졌다. 일본에서는 석탄을 동력으로 하는 흑선(黑船)[02]이 내항하여(1853) 큰 소동을 일으키던 무렵이다.

원유는 몇 가지 화학성분으로 구성되어 있다. 각기 성분에 따라 성질, 용도가 다르기 때문에 상압증류(常壓蒸溜)[03]에 따라 비등점이 다른 등

---

01 (역자주) 물결 모양으로 주름이 잡혀 구부러진 지층의 봉우리가 되는 부분.

02 (역자주) 미국 페리 제독이 이끄는 증기선 2척을 포함한 4척.

03 (역자주) 증류하고 싶은 액체에 열을 가해 그 증기를 모으고 식혀서 액화하는 간단한 증류 방식.

유나 가솔린 등 몇 개의 제품으로 구분된다. 당초 수요가 많았던 것은 조명용 등유로, 휘발성이 높은 가솔린은 성가신 위험물로 버려졌다.

이렇게 하여 저렴하고 양질의 등유를 다량으로 손에 넣을 수 있게 되자, 악취가 있고 빛의 밝기도 낮은 고래기름이나 고가인 석탄유를 대신해 등유를 사용한 조명용 램프가 선호되었다. 간편한 등유 램프는 전 세계로 파급되어갔다. 또 그 무렵 시가지의 조명은 석탄 가스에 의한 가스등이 주류였지만, 가스등도 점차 가격이 싼 등유 램프로 대체되었다. 그 결과 20세기 초 석유 수요는 오로지 등유였으며, 소비량은 크게 늘었다.

그렇다고 해도 그래도 미국에서 생산된 등유는 국내 수요만으로는 전부 소비하지 못해 공급 과잉이 되어 남은 등유는 나무통에 담아 유럽, 중동, 극동에 수출되었다. 이때 거래 단위로 사용된 것이 한 통분에 들어가는 유량, 즉 1배럴(약 159리터)로, 석유 매매의 실용 단위로 오늘날까지도 빈번하게 사용되고 있다.

(2) 석유 산업의 성장과 규제

당연한 일이지만, 이 석유 수요의 증대는 석유 산업의 성장, 확대를 촉진하였다. J. D. 록펠러는 1862년에 오하이오주에서 석유 정제 공장을 건설한 것을 시작으로 그 후 동업자를 통합하여 스탠더드오일사(Standard Oil Company)를 설립하여 규모를 확대하였다. 당초의 사업 내용은 정제, 운수, 판매 부문에 머물러 있었지만, 이윽고 리스크가 높은 채유(採油) 부문에도 손을 뻗어 석유 산업 전반에 걸치는 시장 독점을 꾀했다. 그 결과 1882년에 스탠더드오일은 미국의 정제 능력의 80%, 파이프라인 대부분을 지배하에 두고 거대 기업으로 성장하였다. 더욱이 1890년 무렵에는 유럽이나 남아메리카에도 진출하였다. 한편 스탠더드오일에 대항하여 네덜란드령 동인도(현 인도네시아)를 거점으로 활동하던 석유회사 로열 더치(Royal Dutch)와 유조선(tanker)에 의한 석유 수송에 성공한 셸(Shell)이 제휴해 1907년에 제휴하여 로열더치셸(Royal Dutch Shell) 그룹이 탄생하자, 2대 국제 석유 자본이 격심하게 경쟁하였다.

자본의 집중을 방치하면, 한편으로 자유로운 경쟁을 저해하게 될지도 모른다. 미국 연방의회는 1890년에 반트러스트법을 제정하고, 독점자본의 부당한 거래를 제한하였다. 본래 스탠더드오일은 자유경쟁에 의해 성장한 대기업이었지만, 이 반트러스트법으로 인해 3~4개의 기업으로 해체되었다. 분할된 기업 중에는 후에 메이저스로 불리는 국제 석유 자본, 스탠더드오일 뉴저지, 스탠더드오일 뉴욕, 스탠더드오일 캘리포니아 등이 포함되어 있다.

다음으로 지리적인 확대를 보면, 애팔래치아(Appalachia) 유전군에서 시작되어 커다란 성과를 거둔 석유 채굴 탐사 혹은 채유(採油) 기술은 시간이 지남에 따라 세계 각지로 파급되었다. 먼저 멕시코만 연안 유전이나 캘리포니아 유전에서 성공을 거두었다. 특히 캘리포니아주에는 잇따라 대유전이 발견되어 오일 러시가 일어났다. 그 후에도 루마니아, 캐나다, 러시아, 폴란드, 일본, 독일, 인도네시아 등의 나라에서 기계 굴착에 의한 채유가 행해지게 되었다. 일본에서는 1891년 니가타현(新瀉縣) 아마세(尼瀨) 해안에서 처음으로 근대적인 채유에 성공하였다.

더욱이 예로부터 산유지로 유명한 러시아 카스피해 연안의 바쿠(Baku) 유전에서는 1873년에 기계 굴착 생산이 시작되어 급속히 발전하고 제유소도 건설되었다. 저렴한 가격의 등유가 유럽 시장으로 철도로 수송되어 미국의 등유와 경합하게 되었다. 더욱이 1890년에는 셸 운수 상사 회

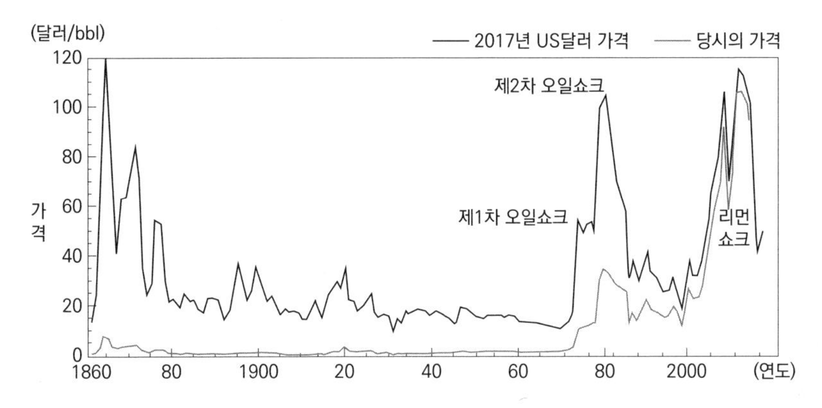

〈그림 2〉 원유 가격 추이
출전: BP, Statistical Review of World Energy, 2018.

사에 의해 바쿠에서 채유된 기름이 유조선으로 수에즈운하를 통해 운송되어 아시아 시장으로 판매를 확대하였다.

이러한 움직임을 반영하여 세계 석유 생산량은 1860년에는 50만 배럴에 지나지 않았지만, 1900년에는 6,360만 배럴, 1910년에는 2억 배럴로 증가하였다. 50년 사이에 400배의 증가이다.

(3) 옛 시대의 석유 가격

암중모색으로 석유 탐사가 이루어지던 시대의 석유 가격은 심하게 요동쳤다. 오일쇼크 등 근년의 물가 변동과 비교해도 손색이 없을 정도의 높은 시세도 기록되었다. 그러나 과학적으로 석유의 부존 상황이 분명해지고 생산량이 증가하자 가격은 안정되었다. 1880년 무렵부터 석유 가격은 현재의 달러로 환산하여 대략 배럴 당 20달러로 안정되었다(〈그림 2〉).

2. 20세기 초 ~ 제2차 세계대전 - 동력으로서의 석유

(1) 석유를 생활 필수품으로 만든 근대과학기술

19세기 후반부터 20세기 중반에 걸쳐 수많은 혁신적인 기술이 발명되었다. 이들 근대 과학기술은 석유가 없어서는 안 되는 것이었다. 먼저 엔진의 개발 및 그 응용을 들 수 있다. 엔진의 연구 개발은 유럽을 중심으로 행해져, 현재 볼 수 있는 피스톤식 엔진이 1876년에 독일의 오토(Otto)에 의해 탄생하였다. 이때의 연료는 가스로, 최초 실용화의 영역에 도달한 산업용 원동력이었다. 가솔린엔진은 가솔린을 간헐적으로 기화(氣化)시키는 기구의 개발에 손이 많이 갔기 때문에 가스엔진보다 조금 늦게 같은 독일의 다임러(Daimler)와 벤츠에 의해 각각 독자적으로 개발되었다. 그 뒤 디젤이 중유 내연기관(디젤엔진)을 완성시켰다. 이러한 개발에 따라 석유제품의 양상이 크게 바뀌었다. 즉 용도 없이 버려지던 가솔린이나 중유에 새로운 용도가 생겼다. 1908년이 되면 미국 포드사가 컨베이어시스템에 의한 승용차의 양산화와 저렴한 가격화에 성공하여, 자동차는 몇 년이 지나지 않아 보급되었다. 그보다 이전인 1903년에는 라이트형제가 첫 비행에 성공하였다. 또 자동차에 의한 가솔린 수요 증가에 호응하여 정유 공정에도 변화가 생겨 증류법에 더해 중질유를 열분해하는 분해증류법이 1913년에 개발되었다. 더욱이 1930년대 이후가 되면 촉매를 사용하는 접촉 분해법으로 대치되었다. 이리하여 석유는 자동차용 연료, 선박용 중유, 또 항공기용 연료로 교통기관의 주축이 되어 수요가 대폭으로 확대하였다. 한편 에디슨에 의한 백열등의 발명(1879)은 등유에서 전등으로의 조명 혁명이 일어났고 이를 계기로 등유의 수요는 점차 감소하였다.

(2) 제1차 세계대전 및 제2차 세계대전

1914년에 시작된 제1차 세계대전에는 비행기나 전차 등이 투입되어 석유가 동력원으로서 처음으로 병기에 사용되었다. 석유만을 연소시키는 함선 '퀸 엘리자베스'도 만들어졌다. 그러나 성능이나 수량이 아직 불충분하여, 전장에서 결정적인 역할을 하지는 못했다. 주역은 보병이었다.

그러나 제1차 세계대전 이후에는 육해공 교통망의 급속한 개발, 정비에 따라 전쟁은 전면적이고도 국가 총력을 기울이는 것으로 변하였다. 그중에서도 석유는 군용기, 참호전을 격파하는 전차, 중유를 사용하는 군함 등의 연료로서 전력 유지를 위해 사활이 걸린 전략물자가 되었다. 특히 장기 지구전에 견디려면 석유나 철광석 등의 공급지 확보가 중요 과제였다.

제2차 세계대전에서는 석유 자원이 부족한 일본과 독일이 보급 루트를 끊겨 치명적인 타격을 받았다. 미국은 제2차 세계대전을 대비하여 먼저 재미 일본 자산의 동결과 함께 대일 석유 수출 금지를 강행하였다. 정부는 영업용·자가용 승용차, 버스 등의 가솔린 사용을 금지하였으며, 일본군은 석유 자원의 확보를 노리고 1942년에 네덜란드령 동인도(인도네시아)에 침공하여 네덜란드 식민지 지배를 붕괴시키고 수마트라와 보르네오의 유전을 군이 보유하였다. 그러나 그 후 연합군에 의해 석유 수송 경로가 끊겨 전쟁을 지속하기 어려워졌다.

한편 해양 봉쇄로 석유가 부족해진 독일에서는 석탄에서 인조석유를 양산하여 군용 혹은 민간 연료로 사용하였다. 연간 생산량 500만 톤(연간 소비량의 30%)을 기록하였다. 그러나 세계대전 이후에는 천연 석유에 비하면 고가여서 생산이 중지되었다. 이 석탄 액화 기술은 1923년에 독일의 피셔(Franz Joseph Emil Fischer)와 트롭쉬(Hans Tropsch)가 발명하였다. 일본에서도 생산이 시도되었지만, 계획대로 되지 않고 실패로 끝났다.

(3) 석유 탐사·개발(거대 유전의 발견)

새롭게 대두된 석유 수요에 대응하여 석유의 탐사·개발도 앞다퉈 진행되었다. 그러나 석유의 매장 징후는 무수히 존재했더라도 상업적으로 양산할 수 있는 석유의 발견은 한정되었고 지리적으로 치우쳐 있었다. 그 무렵의 석유를 둘러싼 상황을 보면 다음과 같다.

원유 생산은 변함없이 미국이 주체로, 세계 석유 무역량의 반을 미국이 차지하였으며 그 대부분은 석유제품으로 수출되고 있었다. 그러나 미국 본토에서의 석유 발견은 1930년이 최고조로, 그 후는 점차 감소하고 마침내 거의 발견되지 않았다. 그럼에도 불구하고 생산량은 증가 일로를 걸었다. 그 결과 매장량 고갈이 우려되어 해외로 전개할 필요성이 닥쳐왔다(〈그림 3〉). 그러나 이미 석유의 중요성을 인식한 영국이나 프랑스가 페르시아(이란)나 메소포타미아(이라크) 등의 주요 석유 이권을 획득하고 있었다. 그래서 후발 참가자가 된 미국 석유 자본은 미국 정부를 움직여 중동의 석유 이권에 참가하여 풍부한 자금과 기술력으로 바레인, 사우디아라비아, 쿠웨이트 등에서 거대 유전의 발견·개발에 성공하였다.

20세기 전반에 새롭게 석유 수출지가 된 나라로는 베네수엘라, 인도네시아 등이 있다. 베네수엘라에서는 1914년에 마라카이보(Maracaibo)호수에서 대유전이 발견되자, 경제는 지금까지의 농업이 주체였던 것을 대신하여 석유로부터 나오는 수입에 의존하게 되었다. 인도네시아는 원래 석유의 역사가 오래되어 등불이나 방수제로 사용되어왔지만, 근대적인 산유는 1885년에 네덜란드인 제일커르(Aeilko Jans Zijlker)에 의한 북수마트

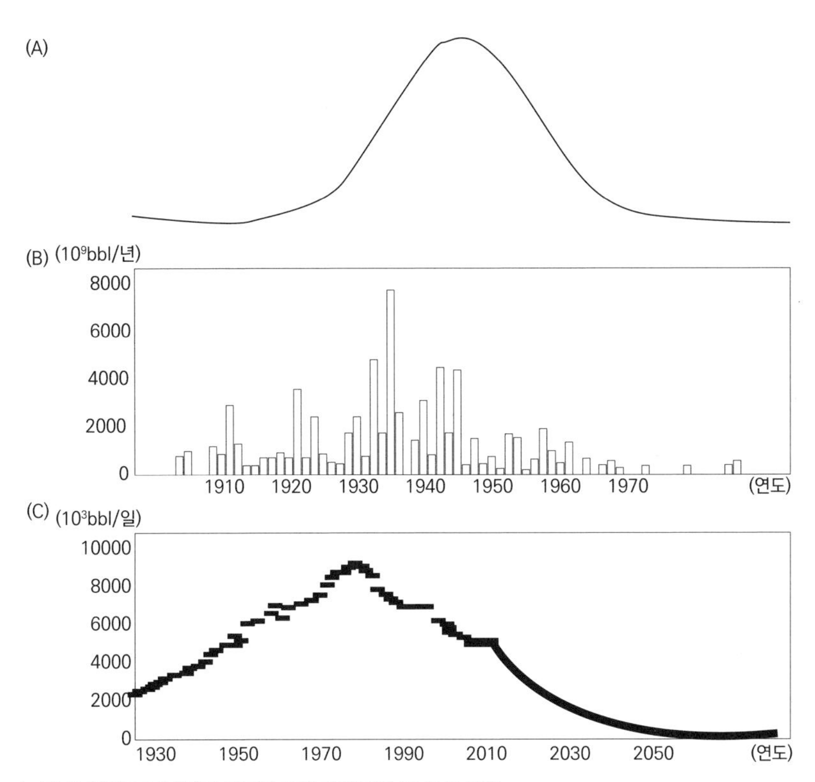

〈그림 3〉 허버트 곡선(A)과 미국의 유전 개발량(B) 및 생산량(C)
출전: 지구환경 자원에너지론(西山·別所, 2011).

라에서의 성공이 시작이었다. 20세기가 되면 인도네시아를 발상지로 하는 로열더치셸을 비롯한 구미 대석유회사의 탐사가 활발해져 수마트라, 칼리만탄(Kalimantan)에서 유전이 발견·생산되었다. 또 소련(러시아)에서는 증산 계획 성공으로 인해 1931년에 미국에 다음가는 세계 제2위의 산유국이 되고, 1939년에는 석유생산량이 5억 8,000배럴을 기록하였다.

더욱이 중동의 상황을 보면, 1920년대 후반부터 거대 유전이 잇따라 발견되었다. 이라크의 키르쿠크(Kirkuk) 대유전, 페르시아(이란)의 각사란(Gach Saran) 유전, 바레인섬의 유전, 세계 제2의 쿠웨이트 부르간(Burgan) 유전, 세계 최대가 된 사우디아라비아의 가와르(Ghawar) 유전 등이 20여 년 사이에 발견되었다.

또 석유 가격은 앞에서 말한 것처럼 19세기 말에 배럴 당 20달러로 설정되었다. 미국의 새로운 유전 발견 혹은 석유 부족의 우려, 게다가 제1차 세계대전 등에 의한 일시적인 변동이 보이기는 하였지만, 1973년의 오일쇼크까지 10~40달러의 폭으로 안정되었고 커다란 변동은 없었다(〈그림 2〉).

(4) 석유 화학 공업의 출현 – 원료로서의 석유

석유의 용도는 등유, 내연기관에 이어 화학제품의 재료로 사용되었다.

먼저 석유화학공업은 20세기 초에 미국과 독일에서 발전하였다. 미국에서는 수요가 많은 가솔린을 증산하기 위해 석유 열분해 프로세스를 완성시켰다. 이 과정에서 부산물로 가스가 발생하는데, 이 가스에서 스탠더드오일사가 이소프로필알코올(Isopropyl Alcohol, 도료용 용제(溶劑)의 원료)을 합성한 것이 시작이었다. 한편, 독일에서는 풍부한 석탄에서 가솔린이나 합성고무가 생산되고 있었지만, 경제성은 없었다.

1930년대가 되면 합성섬유인 나일론이나 플라스틱의 저밀도 폴리에틸렌, 게다가 합성고무가 개발되었다. 나일론은 듀폰(du Pont)사의 W. H. 캐러더스(Carothers)가 합성에 성공한 것으로, 세계 최초의 고분자로 이루어진 화학섬유였다. 일본에서는 뒤늦게 1941년에 동양레이온의 호시노 고헤이(星野孝平) 등이 합성하였다.

3. 제2차 세계대전 후부터 21세기까지 - 동력·열·원료로서의 석유

(1) 서양 기술 문명과 석유 소비

20세기 후반에는 그때까지와는 비교가 되지 않을 정도의 높은 페이스로 석유 수요가 증가하였다. 이것은 이 시기에 눈부시게 개화한 서양 기술 문명이 에너지 및 광물 자원을 다량으로 필요로 하였기 때문이었다.

세계 전체의 에너지 소비량의 역사는 산업혁명 이후 증가를 계속하였다. 그러나 그 성장률은 1950년 무렵까지는 전체적으로 완만하게 변해가고 있었지만, 제2차 세계대전의 영향에서 회복하기 시작할 무렵부터 폭발적인 증가로 바뀌었다. 그 증가분 대부분은 석유로 충당되었다. 주체가 된 에너지 종류를 구체적으로 보면, 18세기의 중간 무렵까지는 대부분이 장작과 숯이고, 이어서 석탄을 주력으로 하는 시대가 두 세기 가까이 걸쳐 계속되었다. 나아가 고체인 석탄에 비교하면 유체(流體)[04]여서 다루기 쉽고 또한 경제적이었던 석유가 점차 시장점유율을 넓혀 1950년대에는 에너지의 주역이 되었다.

후술하는 것처럼 중동 등의 산유국이 연대하여 카르텔을 만들어 석유 가격을 비정상적으로 급등시켰던 석유 위기 때는 안정적인 공급에 뛰어난 석탄이 재차 중시되었다. 그러나 온실 가스 절감이 절박한 문제로 받아들여지게 되자 화학에너지 중에서도 이산화탄소의 발생량이 많은 석탄 사용을 피하고, 비교적 발생량이 적은 천연가스나 석유가 선택적으로 사

04 (역자주) 기체와 액체의 총칭.

용되어 석탄 부활은 일시적인 움직임으로 끝났다.

(2) 고도 경제 성장과 에너지 소비 – 석유 소비

서양 기술 문명이 다량의 에너지 소비를 바탕으로 발전한 것은 이야기하였지만, 이 현상은 정치나 경제체제 혹은 종교 등이 각기 다른 나라에서도 공통된 패턴(근대화의 모델)으로 나타나고 있다.

1인당 국내총생산(GDP)과 1인당 에너지 소비량과의 관계를 비교하면(〈그림 4〉), 어느 나라에서든 1인당 GDP가 2만 달러 정도가 되기까지는 에너지 소비의 성장률은 급격하다. 그러나 2만 5,000달러를 초과하면 성장이 둔해지거나 감소하는 경향을 보인다. 즉 불편한 구사회로부터 탈피하

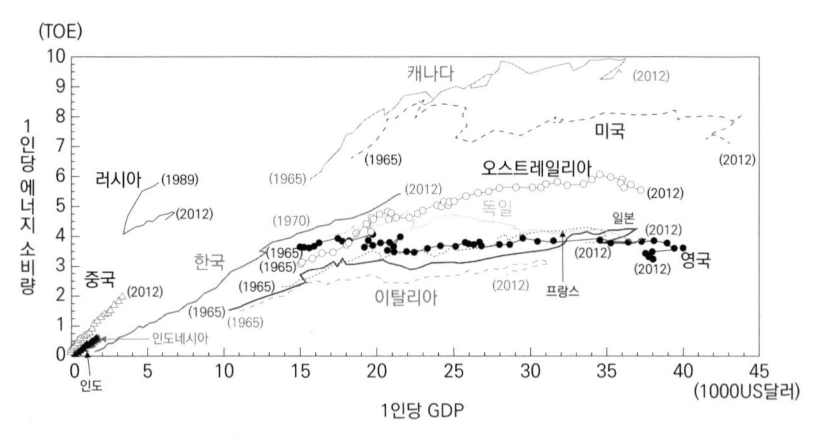

〈그림 4〉 1인당 GDP와 1인당 에너지 소비량의 관계

출전: BP, Statistical Review of World Energy, 2013. The World Bank, World Development Indicators. GDP는 2005년 미국 달러 가격으로 표시한 것을 사용.

원 그림: 지구환경 자원에너지론(西山·別所, 2011, 10쪽).

고 인프라스트럭처(infrastructure)[05]의 충실을 꾀하여 근대 기술 문명 사회로 이행하려는 과정에서 급속히 에너지 소비는 늘어난다. 이 기간은 개발도상국에서는 이미 선진국에서 알고 있는 기술을 습득하는 시기에 해당한다. 이것은 후진국의 유리함이라고 알려져 있는데, 처음부터의 기술 개발에 몰두하는 것과 비교하면 이미 알고 있는 지식의 학습은 단시간에 가능하다. 그리고 그 후 과격한 에너지 소비 증가는 진정된다. 그러나 전환점은 각 나라의 정세나 형편을 반영하여 각기 다른 소비 레벨로 안정된다. 예를 들면 자동차 사회인 미국은 1인당 에너지 소비량이 8톤 정도로, 유럽 및 일본의 4톤의 2배 이상이었다.

이러한 사실로부터 중국이나 인도를 비롯한 근대화를 서두르는 개발도상국의 에너지 소비량은 계속 증가하여, 세계의 에너지 소비도 당분간 현재와 같은 급격한 증가가 계속될 것으로 보인다. 또 개발도상국만이 아니라 제2차 세계대전 후 인프라스트럭처의 부흥을 서두른 프랑스나 독일에서도 이 경향을 읽어낼 수 있다.

〈그림 5〉는 일본의 전후부터 오늘날까지의 움직임을 나타낸 것으로, 근대화와 에너지 소비를 나타내는 대표적인 모델이다. 고도성장기 전후부터 1970년 초까지 일본의 산업은 기계, 금속, 화학을 중심으로 중후장대(重厚長大)라고 일컬어지는 공업 생산이 비약적으로 늘고, 인프라스트럭처의 충실을 꾀했다. 이 시기에 석유를 비롯한 에너지 소비는 금속과 함께 급격히(두 자리 혹은 두 자리 가까이) 늘어났다. 미국이나 유럽에서 기술 도입을 꾀해 높은 소득을 창출해서 생활 수준은 크게 향상하였다. 그 후 중점이 경박단소(輕薄短小) 공업으로 옮겨가 1인당 에너지 소비는 석유 위

05 (역자주) 국가, 사회의 경제 기반이 되는 구조, 혹은 시설.

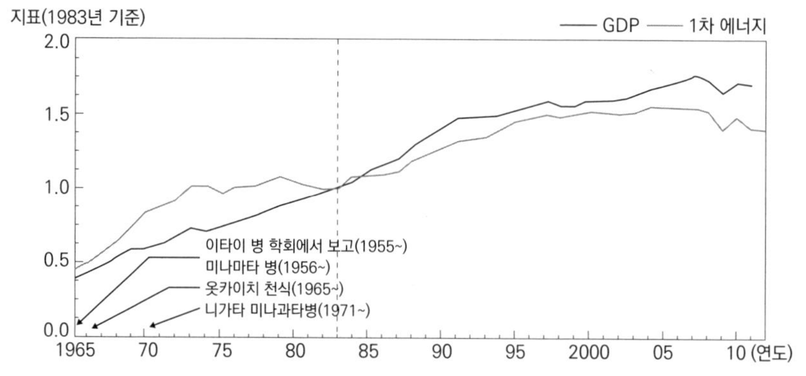

〈그림 5〉 1983년을 기준으로 한 일본의 1차 에너지 소비(1965~2012)와 GDP(1965~2011)의 성장
출전: BP, Statistical Review of World Energy, 2013.
The World Bank, World Development Indicators. GDP는 2000년 미국 달러 가격으로 표시한 것을 사용.
원 그림: 지구환경·자원에너지론(西山·別所, 2011, 12쪽)(일부 수정).

기로 인한 정체기를 통과하여 완만한 성장을 이루어, 2000년 무렵부터 에너지 절약이나 에너지 이용 효율화로 감소 경향이 보인다. 전환점은 1973년 무렵이다(西山, 2009).

(3) 고도 경제 성장과 환경 문제

또한 이 눈부신 경제 발전의 그늘에서 여러 가지 공해 문제가 발생하였다. 일본의 지금까지의 대공해는 모두 이 성장기에 발생하였다. "선진국을 따라잡고 추월하는" 시기에 성장을 우선으로 삼으면서 폐기물이 방치됨에 따라 발생한 사건이었다. 4대 공해라 불리며, 가장 격심하고 또 막대한 피해를 미친 사건은 구마모토현(熊本縣)의 미나마타만(水俣灣)에서 발생한 '미나마타병(水俣病)'(첫 번째 미나마타병[第一水俣病], 메틸수은 화합물 오염), 마찬가지로 니가타현(新瀉縣) 아가노강(阿賀野川) 유역에서 발생한 통칭 '니가타현(新潟縣) 미나마타병(水俣病)', 도야마현(富山縣) 진즈강(神通川) 유역에서 발생한 '이타이이타이병'(카드뮴 오염), 미에현(三重縣) 욧카이치시(四日市) 이소즈(磯津) 지역을 중심으로 피해가 발생한 '욧카이치시 천식'(콤비나트에 의한 대기오염)의 네 건이다. 모두 1955년부터 1971년에 발생한 사건이다. 욧카이치시 천식은 석유 연소에 의한 대량의 배기가스가 직접적인 원인이 되어 발생한 것이다. 1990년대부터 중국 각지의 공업도시에서 발생하고 있는 오염도 이들 일본의 성장기 현상과 유사하다.

(4) 석유 가격

제2차 세계대전 후 1950년대부터 시작된 에너지의 폭발적인 수요 증가에 호응하여 중동이나 아프리카에서는 석유의 증산, 수출이 가속화하였다. 1995년의 통계에 의하면 원유 형태로 18억 톤(전 소비량 58%)의 무역이 있고, 그중의 46%가 중동, 15%가 아프리카에서의 수출이다. 세계 무역 내에서 석유 취급량은 하나의 상품으로는 최대의 무역량이었다.

석유 생산 주체가 중동이나 아프리카, 동아시아로 옮겨가자 생산지와 소비자가 모두 선진국에 있던 시기와는 다른 분쟁이 생기게 되어 다양한 형태로 자원 내셔널리즘(Nationalism)에 기인한 문제가 발생하였다. 또 다량의 석유를 안전하게 장거리 수송할 필요가 생겼다. 양적인 문제는 탱커(tanker)[06]의 거대화와 선박 수의 증가로 해결을 꾀했지만, 수송 루트의 안전 확보가 새로운 과제가 되었다. 호르무즈해협, 믈라카해협, 수에즈운

06 (역자주) 대형 선박.

하 등은 다량의 석유가 통과하여 경제상, 군사상의 요충지가 되었다.

한편 채유부터 소비자에 이르기까지의 가격 시스템은 옛날부터 일방적으로 석유 기업에 의해 설정되고 있었다. 제2차 세계대전 후 석유 메이저스(국제석유자본)라 불리는 7개 내지 8개의 대석유기업은 이 가격 시스템을 완전히 지배하고, 원유 공시가격으로 산유국의 승낙 없이 가격을 정하였다. 그 결과 저렴한 석유가 세계에 유통되었다. 구체적으로는 이미 다룬 것처럼 제2차 세계대전 후에 설정되어 있었던 가격은 배럴 당 20달러 이하로, 1972년까지 계속되었다. 가장 가격이 낮았던 것은 석유 위기 전, 1970년 무렵의 배럴 당 10달러였다. 그러나 1973년 이후는 이 가격 기구에 잠재하는 병목현상이 작동하기 시작하여, 가격의 급등 혹은 폭락이 반복되고, 시세가 요동칠 때마다 사회는 혼란해졌다.

(5) 석유 수출국 기구(OPEC)의 탄생과 석유 위기 - 정치적 전략 상품으로서의 석유

갑자기 생각지도 못한 형태로 가격이 치솟고, 사회가 대혼란에 빠지는 것은 자원의 세계에서는 드문 일이 아니다. 국제 석유 자본이 석유 가격을 독자적으로 결정하는 것에 대해 중동을 중심으로 한 산유국은 종종 공시가격 인하에 반발하여 국제 석유 자본과 절충을 거듭하게 되었다. 산유국은 1960년에 이라크의 호소로 바그다드에 이란, 이라크, 사우디아라비아, 베네수엘라의 5개국이 모여 석유수출국기구(OPEC)를 설립하였다. 그 후 참가국이 늘어, 2007년의 가맹국은 석유 수출국 12개국으로 형성되었다.

1972년의 리야드(Riyadh)협정에서는 자원 내셔널리즘의 고양을 배경으로 석유 채굴 사업권 그 자체를 국제 석유 자본에서 산유국으로 위임 양도할 것을 촉구하는 등 주도권은 산유국 쪽으로 넘어갔다. 더욱이 1973년의 제1차 석유 위기(제1차 오일쇼크)로 OPEC가 완전히 석유 가격의 결정권을 쥐었다. 제1차 석유 위기 때는 제4차 중동전쟁을 계기로, 이스라엘을 지지하는 선진 여러 나라에 대한 석유 수출 금지를 단행하여 석유 가격을 4배로 인상하였다. 이 석유 가격의 변동에 의한 사회 혼란은 커서 지금까지 싼 가격에 푹 빠져 있던 선진국에 커다란 충격을 주었다. 갖가지 속셈이 얽힌 움직임에 의해 세계는 패닉 상태에 빠졌다. 일본을 둘러싼 에너지 상황도 변모하였다. 즉 10% 전후의 고도성장을 구가하던 일본 경제는 돌연 성장의 버팀목을 잃었고 물가는 급등하여 전후 처음으로 마이너스 성장을 경험하였다. 이로써 고도 경제 성장은 끝나고, 안정 성장기로 이행하는 계기가 되었다. 또 이처럼 인위적으로 만들어진 공급 부족을 석유 고갈로 오인하여, 석유와는 관계가 희박한 화장지나 세제의 사재기 등 사람들이 냉정을 잃고 비정상적으로 물가가 급등하는 현상이 발생하였다. 한편 이 석유 위기를 바탕으로 석유의 안정적인 공급을 위한 계책을 짜내고, 석유 비축의 증강, 석유에 대한 의존율 저감을 위한 원자력의 이용 확대 및 재생 가능 에너지의 개발·이용 촉진을 꾀하였다. 또 OPEC에 대항하여 경제협력개발기구 내에 국제에너지 기구(IEA)가 설립되어 긴급 시 소비국 간의 융통을 전제로 1980년까지 90일분의 석유 비축을 목표로 삼았다. 1990년의 만안전쟁(灣岸戰爭)[07]이나 2005년의 미국의 허리케인 피해 당시 비축분 일부가 방출되었다.

이어서 1979년에 제2차 석유 위기가 이란 혁명으로 촉발되자 석유

07 (역자주) 이라크의 쿠웨이트 침공 전쟁. 영어로는 걸프 전쟁(Gulf War).

가격은 3배 더 높게 책정되었다. 실질 가격으로 보면, 1970년 무렵에는 배럴당 9달러 전후였던 석유가 1980년에는 82달러나 되었다. 중동을 중심으로 수 달러 이하로 채유할 수 있는 석유가 충분히 있었음에도 불구하고, 80달러를 넘는 가격으로 매매되어 대량의 자금이 전 세계로부터 중동의 여러 나라로 유입되었다. 또 석유 가격의 폭등은 석탄, 천연가스, 우라늄 등 다른 에너지 가격에도 파급되어 에너지 전체의 가격 상승으로 이어졌다.

석유 위기는 이윽고 안정되었다. 북해 유전, 알래스카 유전 등 OPEC에 속하지 않은 나라들의 유전 개발 혹은 증산, 게다가 선진국의 석유 수요 저하로 OPEC에 대한 의존도가 저하하였기 때문이다. 그 결과 석유 가격은 20~25달러까지 떨어지고(역 석유 위기), 수급은 예전만큼 압박받지 않게 되었다. 그 후 2003년 이후에 발생한 원유 가격 급등까지는 거의 이 가격이 유지되었다(〈그림 2〉). 그러나 이 두 차례의 석유 위기로 인해 오랜 기간에 걸친 석유 메이저스의 가격 체제는 완전히 붕괴하여 가격 결정권은 석유 카르텔(OPEC)로 이행되었다. 이처럼 석유는 정치적 전략 상품이 되고, 나아가 지정학적 불안정으로 에너지의 안정 공급이 각국의 중요한 정책 과제가 되었다.

이 사이의 움직임을 통계로 되돌아보면, 먼저 전 세계 에너지 소비량은 석유로 환산하면 1950년은 18억 톤 정도였지만, 그 후는 급격히 증가하여 20년 사이에 3배인 50억 톤으로 팽창하였다. 더욱이 1973년과 1979년 두 차례의 석유 위기로 인해 일시적인 정체 기간을 사이에 두고 성장을 계속하여 1990년의 공급량은 81억 톤, 2017년에는 135억 톤으로 팽창하였다. 석유 소비량으로 보면, 특필할 만한 점은 세계 최대의 석유 수출국이었던 미국이 1948년에 수입국으로 돌아섰다는 것이다. 1948년의 생산량은 세계의 56%를 점하였지만 1955년이 되면 44%로 떨어져 10%를 수입에 의존하는 데까지 크게 변모하였다. 그러나 뒤에서 상세히 서술하는 것처럼, 근년 셰일 오일(shale oil)[08]의 개발이 궤도에 올라 생산량이 소비량을 초과하여 재차 수출국이 되려고 한다(西山, 2016).

(6) 석유의 지질학적 생성과 유전의 분포

석유 및 천연가스는 석탄과 함께 가장 다량으로 소비되고 있는 화석에너지이다. 모두 지표에서 서식했던 생물이 근원 물질이다. 잘 알려진 것처럼 원유는 액체, 천연가스는 기체, 석탄은 고체이다. 다음으로 석유와 유사한 상황에 있는 천연가스도 포함하여 석유의 생성 원인, 편재성 등 자연과학적 성질을 서술한다.

1) 석유 광상(鑛床)[09]

석유가 생성되려면 석유가 숙성하는 환경과 석유를 저장하는 폐쇄구조의 두 가지가 필요하다. 석유가 생성되는 원인에 대해 무기(無機) 기원설이 없는 것은 아니지만, 석유 조성이나 특이성, 지리적, 지질학적 분포 등을 잘 설명할 수 있으며 탐사에도 활용할 수 있는 것은 유기(有機) 기원설이다. 그중에서도 가장 널리 지지받고 있는 것이 케로진(Kerogen) 설이다.

케로진은 귀에 익지 않은 용어지만, 신기한 것은 아니다. 이암(泥

---

08 (역자주) 원유가 생성되는 근원암인 셰일층(유기물을 함유한 암석)에서 뽑아내는 원유를 말한다.

09 (역자주) 지각 속에서 유용한 원소·광물·암석, 여기에 석유·천연가스 등의 지구 자원이 특히 농축된 지질 집합체를 말한다.

巖)[10]이나 혈암(頁巖)[11]에 널리 분포하며, 보통의 유기용매에는 녹지 않는 유기물의 총칭이다. 이 케로진이 지열에 의해 긴 시간에 걸쳐 분해되어 석유 혹은 천연가스로 변한다. 이때 일정 범위의 온도(혹은 깊이)가 필요하다. 온도가 너무 낮으면 반응이 진행되지 않는다. 역으로 지하 온도가 150도를 넘으면 숙성된 석유는 분해되어 메탄가스를 주성분으로 하는 드라이 가스와 흑연이 되어버린다. 이렇게 해서 혈암 중에 생긴 작은 구체(球體)의 석유가 더욱 이동하여 간극이 많은 사암이나 석회암에 모이면 석유 광상으로 성장한다. 상업적 규모의 유전이나 천연가스가 매장된 지역에서 폐쇄구조는 배사(背斜) 구조를 지닌 것이 많으며, 저류암(貯留巖)[12]의 공극률(孔隙率)[13] 은 5~25% 정도이다(〈그림 1〉(A)(B)). 한편 혈암 중에 분산된 상태로 그대로 머문 것이 셰일 오일로, 최근 미국에서 이 혈암에 수압을 이용하여 무수한 균열을 기계적으로 만들어 석유를 파내는 데 성공하였다. 이 셰일 오일의 개발로 인해 석유 업계는 크게 변하였다. 즉, 고갈 우려는 멀어지고 가격도 안정화되었다.

2) 석유 회수 기술

게다가 폐쇄 구조의 내부를 보면, 석유는 텅 빈 굴속에 모여 있는 것이 아니라 간극을 채워 넣고 있는 지하수 중에 떠 있는 듯한 형태로 가두어져 있다. 고압이 걸린 상태에서 비중 차이에 따라 상부로부터 가스가 많

---

10 (역자주) 진흙과 같이 작은 크기의 알갱이가 굳어져서 된 암석.

11 (역자주) 점토(粘土)가 굳어져 이루어진 수성암(水成巖).

12 (역자주) 공극이 발달해 있으며 유체를 포함하고 있는 암석.

13 (역자주) 암석 또는 토양 입자 사이의 틈을 공극이라고 한다. 공극률은 토양 부피에 대한 전체 공극의 비율을 뜻한다.

은 형상, 기름이 많은 형상, 염수를 주로 하는 형상의 3개로 나뉜다.

일반적인 채유정(採油井)에서는 완성 초기에 원유가 저절로 내뿜어져 나오지만, 얼마 지나면 기름을 밀어 올리는 에너지가 약해져 펌프로 퍼올리게 된다. 더욱이 펌프를 사용해도 올라오지 않게 되면 저류층 하부에 물이나 탄산가스로 압력을 가해 넣어 저류층의 압력을 회복시키거나 계면활성제(界面活性劑)[14]나 폴리머(Polymer)[15]를 주입하여 석유를 몰아내는 형태로 채유를 계속한다. 그러나 최신의 채유 기술을 사용해도 회수할 수 있는 원유는 지하에 축적된 원유의 30~40%에 그치고 있다. 나머지 60% 이상은 방치된 채로 채굴을 끝내고 있다. 채유율을 조금이라도 좋게 하는 것은 매장량의 증가로 이어지는 중요한 자원 기술이다.

3) 매장량과 편재성

석유나 천연가스는 복잡한 과정을 거쳐 형성되기 때문에 분포는 편재되어 있고, 탐사는 극히 곤란하며 큰 규모이다. 따라서 높은 기술과 막대한 경비가 필요하며 큰 위험성을 동반한다. 세계에는 대략 600곳의 퇴적분지가 존재하지만, 그중 240곳 이상의 퇴적분지에서 상업적 규모의 유전이 발견되었고 유전이나 가스전은 4만 곳 이상 있다고 한다.

이미 살펴봤듯이, 유전 발견의 커다란 흐름은 20세기 초는 미국의 대유전이, 제2차 세계대전 후는 중동의 거대 유전이 두드러지고 있다. 그러나 중동 유전 발견은 1960년 전후로 최고조에 이른 후 감소하였고, 1980년대 이후 세계의 유전 발견량은 제한적이다. 발견된 주요 유전은 미국 알

14 (역자주) 성질이 다른 두 물질이 맞닿은 경계면에서 두 물질과 달라붙어 물질의 표면장력을 약하게 하여 두 물질이 잘 섞이게 하는 물질을 말한다.

15 (역자주) 구조 내에 다수의 반복 단위를 함유하는 고분자량 화합물.

래스카주 푸르드호 만(Prudhoe Bay)의 대유전이 1968년에, 그 밖에 카자흐스탄의 카샤간(Kashagan Field) 유전 등이 거대하다. 1960년에는 일본의 주식회사 아라비아 석유가 사우디아라비아와 쿠웨이트 사이에 있는 카프지(Khafji) 유전을 발견하였다(석유학회 편, 1984).

또 유전 탐사 지역은 점차 육지에서 먼바다로 확대되어, 수심이 깊은 유전이 발견되었다. 즉 북해에서는 다량의 해저 유전·가스전이 발견되어 1960년부터 생산이 시작되었다. 브라질의 리우데자네이루 앞바다에서는 대수심(大水深)[16]의 유전이 21세기가 되어서 발견되었다. 그러나 오일쇼크 후의 석유 탐사는 활발히 행해졌지만, 유감스럽게도 이전과 같은 눈부신 성장은 보이지 않았다. 체감상 고갈은 점점 더 심각한 것으로 받아들여지고 있다. 그러나 반복해서 서술했듯이, 최근 자원 기술의 혁신과 가격 급등으로 인해 그때까지 경제면에서 자원으로서의 가치가 없었던 셰일 오일이 새롭게 채굴되기 시작하였다. 셰일 오일의 매장량은 확실하지는 않지만, 현재의 유전과 같은 폐쇄 구조가 필요 하지 않으므로 막대한 양이 될 것으로 생각된다.

(7) 석유화학 공업의 현저한 발달

석유를 원료로 하는 화학제품은 제2차 세계대전 중과 대전 후를 거쳐 눈부시게 발전하였다. 오늘날에는 합성수지, 합성섬유, 합성고무, 도료 원료, 합성세제 등 다방면에 걸쳐 화학제품이 만들어지고 있다. 석유화학 공업은 철강업이나 종이·펄프업에 필적하는 대표적인 소재산업으로 성장

16 (역자주) 수심 1,000~3,000m급의 해역.

하고 있다. 원료는 주로 나프타(조제[粗製] 가솔린)와 천연가스이다. 주요 제품을 들면 제2차 세계대전 중에 나일론이 비단을 대신하는 섬유로, 또 폴리에틸렌은 레이더의 부품에 사용되어 군수물자로서의 수요가 늘어 양산 기술이 확립하였다.

제2차 세계대전 후 나일론이나 폴리에틸렌은 가벼움이나 충격, 강도 등이 평가를 받아 일용품이나 포장용 필름 등에 사용되었다. 예를 들면 저렴하고 내구성이 뛰어난 필름으로 식품이나 의류 등의 포장이나 쓰레기봉투, 완충재, 위생장갑 등 용도는 다양하다. 또 밀봉용 재료로 가공지나 농업용의 검은 필름, 타파웨어(Tupperware)[17] 등의 제품도 만들어지고 있다. 일본에서는 1960년대 이후 일용품에 많이 사용되었으며, 1970년대에는 공업용 부품으로 사용 가능한 엔지니어링 플라스틱이 개발되었다. 1980년대에는 한층 고도의 슈퍼 엔지니어링 플라스틱(super engineering plastics)이 실용화되었다. 이들 고기능 합성수지는 자동차나 비행기의 구조 부문에 사용되어 금속을 대신하는 새로운 소재로 주목받고 있다. 한편 아세트산(酢酸)이나 알코올처럼 발효로 만들어졌던 화합물 유기도 석유에서 합성할 수 있게 되었다.

이처럼 다종다양한 용도에 대응하여 원유 정제 공정도 복잡해졌다. 먼저 비등점 차이에 따라 증류, 구분되고, 다음으로 수소화 정제 장치(水素化精製裝置), 접촉 개질 장치(接觸改質裝置), 중유 탈황 장치(重油脫黃裝置) 등에 의해 더욱 정제된다. 최종적으로 가스, LP 가스, 가솔린, 제트연료, 경유, 중유, 윤활유, 기계유, 왁스, 아스팔트 등의 제품이 만들어진다. 부제품으로 파라핀이나 그리스(grease)[18]도 제조된다.

17 (역자주) 식품 저장용 플라스틱 용기.

18 (역자주) 진득진득한 윤활유.

(8) 석유와 환경오염

화석에너지의 다량 소비와 환경 보존은 분리해서는 생각할 수 없다. 이산화탄소를 비롯하여 아황산가스, 다이옥신, 입자상 부유물(粒子狀浮遊物, 미세먼지) 등에 의한 환경 파괴이다. 최초의 대규모 대기오염은 런던에서 발생하였다. 난방용 석탄이 연소될 때 나오는 유황산화물이나 매연에 의한 것으로, 사람들은 17세기부터 시달렸다. 더욱이 똑같은 문제가 독일이나 미국 등에서도 발생하였다. 그러나 이는 석탄 연소에 의한 것으로, 석유에서 발생하지 않는다는 견해도 있었다.

그러나 1960년에 욧카이치시의 석유콤비나트에서 천식 환자가 다수 발생하였다. 이것은 석유 정제 과정에서 배출된 아황산가스가 원인이었다. 오염 대책으로서 탈황 장치의 보급과 유황 성분이 적은 원유 사용으로 해결을 꾀하였다. 그러나 대기오염에 대한 불완전한 대응에 여론은 다양한 반발 운동을 전개하여 공해 재판에서 피해자가 승리하였다. 이런 종류의 대기오염은 가나가와현(神奈川縣) 가와사키시(川崎市), 오카야마현(岡山縣)의 미즈시마(水島) 콤비나트, 지바현(千葉縣)의 게이요(京葉) 콤비나트 등에서도 보였으며, 각각 심각한 문제였다. 그 후 석유에 한정되는 것은 아니지만, 연소 시에 간접적으로 발생하는 이산화질소나 입자상 부유물질(미세먼지), 다이옥신도 포함해 엄격한 방지 대책이 취해졌다. 오늘날에도 중국을 비롯한 개발도상국에서는 인구가 밀집한 도시를 중심으로 화석에너지에 의한 대기오염에 골치를 앓는 곳이 다수 보인다.

또 하나의 환경 파괴 원인으로 화석에너지의 연소에 따른 지구온난화 가스가 있다. 이미 서술한 것처럼 화석연료의 대량소비가 장기간에 걸쳐 계속되고 있지만, 이것은 한편으로 대기 중 이산화탄소의 급격한 증가

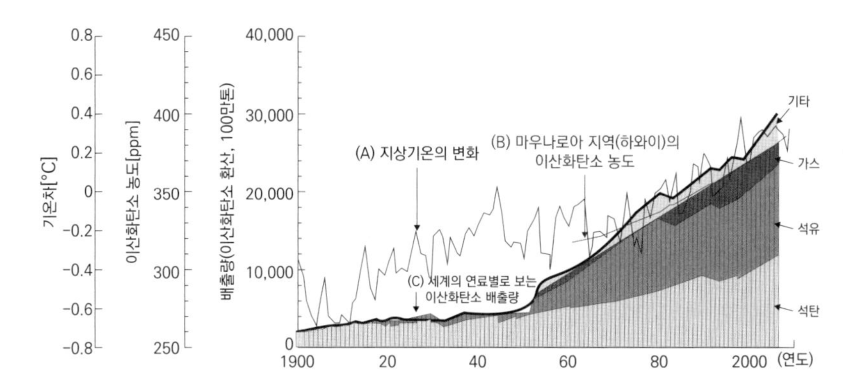

〈그림 6〉 기온·CO_2 농도·CO_2 배출량의 추이

출전: 지구환경·자원에너지론(西山·別所, 2011, 38쪽).

를 초래해 기온을 상승시키고 있다. 예를 들면 〈그림 6〉에서 지구 기온의 상승, 화석에너지의 소비량, 1960년 이후 대기 중 이산화탄소 가스 함유량의 추이를 포개어 보면 삼자가 잘 일치하는 것을 알 수 있다.

4. 21세기의 움직임

(1) 석유 가격 – 선물시장 가격으로서의 석유

석유 위기 후 석유 가격은 잠시 안정되었지만, 21세기에 들어서부터 또 새로운 움직임이 생겼다. 석유가 금융상품의 하나가 된 것이다. 뉴욕 거래소(NYMEX)에서 취급된 WTI(West Texas Intermediate의 약자로, 거래량 그 자체는 적다)의 선물 가격이 2003년의 이라크 전쟁을 계기로 상승하여 점차 세계 원유 가격을 결정하게 되었다. 그 결과 투자가의 의향이 크게 반영되어 2008년에는 70달러를 넘어 순간적으로는 실체를 훨씬 뛰어넘은 배럴 당 147달러(사상 최고치)를 기록하였다. 그러나 연이어 발생한 리먼 쇼크[19]에 의한 경제 불황으로 석유 수요는 감소하고 가격은 떨어졌다. 그렇지만 그 후 중국을 시발점으로 한 소비량 증가에 힘입어 재차 100달러 전후의 높은 가격대에서 변화를 겪었다. 이렇게 하여 석유 가격은 시장 가격이 지배해 세계 경제의 동향을 점치는 중요한 지표로 변했다.

그러나 지난 몇 년 동안 석유 공급에 커다란 변화가 일어났다. 그것은 이미 다룬 셰일 오일 및 셰일 가스의 생산이 순조롭게 늘어나 기존의 석유나 천연가스와 경합할 수 있게 된 것이다. 석유 업계는 새로운 시대를 맞이하였다.

석유 가격은 1970년대와 2008년에 두 차례 일시적인 가격 급등을 경험하였지만, 이 두 차례의 급등에 대한 일본의 수용 방식은 크게 달랐다. 즉 1970년대 석유 위기에서는 일본은 유효한 대책을 강구하지 못하고 단지 방관할 뿐이었다. 그러나 이 쓰라린 경험으로부터 에너지 종류의 다양화, 에너지 절약의 중요성, 석유 비축 등의 대책이 진행되었다. 그 성과가 있어 2회째의 가격 급등 때에는 패닉 상태에 빠지지 않았으며, 산업계와 일반 시민 모두 이전에 비해 냉정한 움직임이었다.

(2) 온난화 가스의 감축

한편 21세기가 되어 이상기후가 세계 각지에서 빈번히 관측되자 온

19 (역자주) 2008년 미국 투자은행 리먼 브라더스(Lehman Brothers)가 파산하면서 글로벌 금융위기의 시발점이 된 사건.

실가스 억제에 대한 인식이 점차 높아지고 있다. 가장 권위 있는 UN의 기후변화에 관한 정부 간 협의체(IPCC)에서 21세기 말의 평균기온은 4.8도 상승하고 해면이 81cm 상승하는 등의 구체적인 수치를 산출하여 경고를 전하였다. 그러나 국제 협력은 지지부진하였다.

일본의 온난화 가스 절감 시나리오는 원자력 의존을 늘리며 아울러 자연에너지 이용과 에너지 절약을 진행한다는 것이었다. 2009년에 25%의 온난화 가스 절감을 UN에서 연설하였지만, 후쿠시마(福島) 원자력발전소 사고에 의해 25% 절감 계획을 비롯해 에너지정책 전반의 대폭적인 변경이 필요해졌다. 다소 데이터는 낡았지만 1990년부터 20년간의 일본 상황을 보면, 에너지 기원(起源)의 이산화탄소 배출량은 산업 부분에서는 12% 감소하고 있지만, 운수·업무·가정 부분은 7%·32%·35%로 크게 증가하였다. 생활 수준을 떨어트리지 않고 온난화 가스를 줄이는것은 쉽지 않다. 한편 에너지 종류에서 공급 불안이 많은 석유 공급량은 1990년의 58%에서 45%까지 감소하였지만, 그 대신에 천연가스의 양이 늘어났다. 여전히 화석에너지가 대부분(84%)을 차지하는 점에서는 변함이 없다. 석유 제품별로는 고단열성 주택이나 도시가스 편리성의 향상으로 등유 수요가 감소하였다. 또 승용차의 연비는 향상하였지만, 가솔린의 전체 소비량은 줄지 않았다(西山·別所, 2011).

더욱이 최근 새롭게 플라스틱 수지에 의한 해양오염이 뚜렷해졌다. 매년 대량의 쓰레기 봉지나 포장에 사용된 폴리에틸렌 필름이 해양으로 방출되자 부패가 더디고 작게 부서져 장기간에 걸쳐 해양을 떠다닌다. 그 후 특정 해안에 밀어닥친 표착 쓰레기가 해안을 가득 메워, 새나 물고기가 이것을 잘못 먹고 죽음에 이른다. 이러한 점에서 쓰레기로 폐기되는 플라스틱을 없애고 해양오염을 방지하는 것이 긴요한 과제가 되었다.

(3) 후쿠시마현(福島縣) 제1원자력발전의 고장

석유나 천연가스는 이미 서술한 것처럼 자동차 등의 연료, 플라스틱 등의 원료로 사용되고 있지만, 동시에 다량의 석유나 천연가스가 전기로 변환되어 소비되고 있다. 전기는 석유 외에도 석탄, 천연가스, 원자력, 수력, 지열 등의 공급원이 있다. 그러나 일단 전기로 변환되면 이들의 구별은 없어지고, 호환성을 지닌 공통된 전기 에너지가 된다. 따라서 에너지계(界)를 둘러싼 상황을 고려하면서, 공급이 안정된 질이 좋고 가격이 싼 전기 에너지가 우선으로 사용되었다. 예를 들면 일본에서 1973년의 석유 소비의 75%는 전기 에너지로 변환되어 소비되었지만, 석유 위기 이후 공급 불안이나 가격 변동이 격심하여 2005년에는 8%까지 감소하였다. 석유를 대신하여 원자력, 천연가스, 석탄이 많이 사용된 것이다. 특히 원자력 의존을 심화시켜 동일본대지진이 일어나기 전에는 1차 에너지의 12%, 전기 에너지의 25%를 원자력이 차지하였다. 세계적으로도 "원자력 르네상스"라 불리며 엄격해지는 온난화 가스 배출 규제와 석유 가격 급등의 영향을 피하고자 원자력발전을 재평가하려는 움직임이 미국을 비롯해 선진국에서 일어났다. 그러나 원자력발전의 안전성과 폐기물 처리에 관한 문제는 미해결인 채로 남겨져 있다.

이러한 상황 속에서 2011년 3월에 동일본대지진이 발생하였다. 지진에 뒤이어 발생한 쓰나미에 의해 도쿄전력 후쿠시마(福島) 제1원자력발전소는 모든 전원을 상실하고, 원자로의 노심 융해(爐心溶融, meltdown)가 발생해 대량의 방사성물질 누출을 수반한 중대한 원자력 사고가 발생하였다. 이 사고와 관련하여 2012년에는 모든 원자력발전소가 정지되었기 때문에 화력발전소 등에 의한 보충이 행해졌다.

이 긴급 사태로 인해 일본의 발전 전력량 비율이 어떻게 변했는지를 2010년과 2011년의 자료로 비교해 보자. 석유는 8%에서 14%로, 천연가스는 27%에서 40%로 상승하였고, 원자력은 31%에서 11%로 감소하였다. 당연한 일이지만 발전에 따른 온난화 가스 발생은 증가하였다.

(4) 최근 계속된 석유의 고갈 논쟁과 셰일 오일의 대두

이미 서술한 것처럼, 석유 소비량은 18세기 말부터 계속 증가해 국제에너지기구(IEA)에 따르면 앞으로도 1.3%의 비율로 늘어 2030년에는 56억 톤이 될 것이라고 한다. 석유는 오래전부터 고갈이 우려되면서도 현재까지는 늘어가는 수요에 맞춘 생산량이 확보되어왔다. 그러나 한편으로 이 상태가 언제까지 계속되리라는 보증은 없어서 고갈은 항상 석유에 따라다니는 걱정거리가 되고 있다. 마지막으로 이 문제를 언급해 보자.

고갈을 나타내는 지표로 매장량을 생산량으로 나눈 내용년수(耐用年數)가 빈번히 사용되고 있다. 현재 상태가 계속된다고 하면 앞으로 몇 년 공급할 수 있는가를 가리키는 숫자이다. 이 내용년수를 보면 석유는 2010년에는 41년으로, 다른 에너지 자원에 비하면 특히 짧다. 그러나 역사적으로 보면, 1950년대 이전 내용년수는 20년으로 "석유 20년 설"인 때도 있었다. 그러나 이미 서술한 것처럼, 중동에서 잇따라 거대 유전이 발견되어 내용년수는 40년으로 늘어났으며, 그 후 커다란 변화는 보이지 않았다.

그렇지만 20세기 말부터 21세기 초 무렵, 석유 고갈의 심각성이 증대되었다. 그 이유는 두 가지이다. 하나는 대부분의 유전이 이미 발견되었다고 판단되며, 남은 미탐사 지역은 적어 대유전 발견 확률이 낮고 또 석유 회수 기술 향상에도 큰 기대를 품기 어렵다는 것이다. 또 다른 하나는 최근의 석유 소비량 증가가 현저하여 앞으로도 소비량이 감소할 조짐은 보이지 않는다는 것이다.

일반적으로 석유 생산의 성쇠를 나타내는 기본적인 모델로 1956년에 지질학자 허버트(M. King Hubbert)가 제시한 고갈 곡선이 자주 사용되는데, 신뢰성이 높다. 이 곡선은 〈그림 3〉(A)와 같으며, 석유의 발견, 생산에서 채굴을 마침에 이르기까지 일련의 궤적은 종형(鐘型)을 그리고, 생산량의 최고조는 석유를 퍼낼 수 있는 양의 절반 정도가 된다.

예를 들면 알래스카를 제외한 미국 유전이나 북해 유전이 겪어온 궤적은 허버트의 곡선과 잘 일치한다(〈그림 3〉(B)(C)). 이러한 시점으로부터 세계의 석유를 보면 세계의 석유 생산량은 이 고갈 곡선과 잘 일치하며, 현재의 위치는 특정할 수 없지만, 최고조를 넘기거나 슬슬 가까워지고 있다고 판단되었다. 즉 조만간 석유 생산량은 하강 곡선을 그리기 시작하는데, 이것은 일찍이 경험이 없던 일이므로 대처를 잘 해두어야 한다는것이 핵심이다. 그러면 기존의 유전이 최고조를 넘어 생산량이 감소하기 시작하면 어떻게 될 것인가. 먼저 비용 상승은 피할 수 없다. 장기간에 걸쳐 석유 가격이 비싸 지면 자원기술의 향상, 다양한 잠재에너지나 대체에너지 등 지금까지 경제 한계치 아래로 여겨져 온 자원 개발이 활발해진다. 21세기 초 무렵, 석유나 천연가스는 이러한 상황이 조성되어 있었다.

미국에서는 2005년 무렵부터 셰일 가스의 생산량이 급속히 증가해 왔는데, 이것은 잠재적 에너지 자원이 현재화(顯在化)한 것이다. 셰일 오일 혹은 셰일 가스는 이전부터 존재는 알려졌지만, 생산해도 비용이 높아 잘 팔리지 않았다. 그러나 석유 혹은 가스 가격의 급등과 자원 기술의 향상이 겹쳐 상업적 생산이 가능해졌다. 신기술은 저류조를 수평으로 긴 구간에 걸쳐 구멍을 뚫어 다수의 틈을 인공적으로 발생시켜 갇혀 있던 석유나 가스의 유동을 원활하게 하는 것이다. 현재는 고도의 채유 기술을 보유한 미국이 생산을 독점하고 있지만, 중국 등 세계 각지에도 매장되어 있을 것이라 예측되기에 매장량은 풍부하다고 본다(西山, 2016).

참고문헌

JX日鉱日石エネルギー編,『石油便覧』, JX日鉱日石 HP - https://noe.jxtg-group.co.jp/binran/part01/index.html

B·J·スキンナー, (日下部実 訳),『地球資源学入門』, 共立出版, 1969, 27~65쪽.

石油学会 編,『ガイドブック世界の大油田』, 技報堂出版, 1984.

石油鉱業連盟,『石鉱連資源主価スタディ』, 2002.

長縄成実,「最新の坊井掘削技術その1」,『石油開発時報』148·149巻, 2006.

西山孝,『レアメタル·資源-38元素の統計と展望』, 丸善, 2009.

西山孝,『資源論-メタル·石油埋蔵量の成長と枯渇』, 丸善出版, 2016.

西山孝·別所昌彦,『地球環境·資源エネルギー論』, 丸善出版, 2011.

西山孝·前田正史,『ベースメタル枯渇』, 日本経済新聞出版社, 2011.

西山孝·前田正史·別所昌彦,『エネルギー資源データブック』, オーム社, 2013.

日本エネルギー·経済研究所,『エネルギー·経済統計要覧』, 省エネルギーセンター.

BP, *Statistical Review of World Energy*, 2018.

EIA, *Annual Energy Outlook 2013 and Short-Term Energy Outlook*, April, 2013.

Tissot, B.P. and D.H.Welte, *Petroleum Formation and Occurrence*, Springer-Verlag, 1984.

World Energy Council, *Survey of Energy Resources*.

5장

천연고무
동남아시아의 플랜테이션 근대사

• 다카다 요코(高田洋子) •

1. 세계의 천연고무 생산

(1) 20세기의 '교통혁명'과 타이어

두 차례의 세계대전 사이는 영국을 정점으로 한 유럽의 세계 패권이 미국의 시대로 전환하는 시기였다. 팍스 아메리카나(Pax Americana)의 원동력은 미국 자동차산업의 발흥과 발전으로 상징된다. 가솔린 자동차 생산 판매에서 선두를 달리던 프랑스 자동차 산업계가 상류계급의 취미로서의 차, 고급 차·다종품 소량생산을 비즈니스 모델로 삼았던 반면에 포드사의 전략은 달랐다. 부품의 호환성이나 규격화, 실용 대중 차의 대량 생산, 즉 벨트 컨베이어(belt conveyor) 흐름 작업에 의한 대량 생산을 지향한 '포드주의(Fordism)'야말로 세계의 20세기를 크게 바꿨다.

20세기의 자동차 및 항공기 이용의 눈부신 확대로 인해 인간의 삶이나 사회가 얼마만큼 변화를 겪었는지는 설명할 필요도 없을 것이다. 이러한 변화는 자동차 타이어의 주원료인 고무의 생산 상황도 크게 바꿨다. 본장에서는 최근 100년 사이에 야생고무 채취에서 재배 고무로의 대전환을 이룬 천연고무 생산의 근대사를 다룬다.

천연고무 용도의 7할 반 이상이 타이어 제조에 쓰인다. 나머지는 공업용 호스나 벨트, 절연성을 활용한 전선이나 케이블의 피복체, 의료용 튜브, 내진재, 스포츠용품, 우의·장화나 장갑 등 다양한 일반 가정용품에 사용된다. 본디 생고무에 유황을 첨가하면 탄성이 생겨 그 특성이 변하는 것은 19세기 중반에 발견되었다. 1845년 무렵에는 P. W. 톰슨에 의해 공기주입식 타이어도 발명되었다. 고무를 타이어에 사용하는 시도는 1860년대에 시작되었지만, 실제로 영국에서 던롭(Dunlop)이 고무로 싸인 타이어를 자전거에 사용한 것은 1888년의 일이었다. 1891년에는 프랑스의 미슐랭(Michelin) 형제가 자동차의 바퀴에 타이어를 장착하는 방법을 발명하여 마침내 자동차에 공기 주입식 고무 타이어가 사용되는 계기를 만들었다. 1894년에는 이것을 미국 자동차 공업계도 채용하였다. 고무, 타이어, 자전거, 그리고 자동차 생산에서의 다양한 발명과 과학기술의 진보가 맞물려 거대한 산업이 20세기에 꽃핀 것이다.

현대의 타이어에는 주원료인 고무 외에 보강제나 여러 종류의 약품류가 들어가 있다. 오늘날에는 타이어를 구성하는 물질의 약 50%가 고무이다. 고무에는 천연고무와 합성고무가 있다. 석유로 만드는 나프타를 원료로 생산되는 합성고무는 1931년에 미국의 듀퐁사가 공업화에 성공하여 타이어에 사용하기 시작하였다. 승용차용 타이어 접지면의 고무(tread)에는 천연고무와 두 종류의 합성고무가 사용되는데, 승용차는 합성고무 쪽의 비율이, 트럭은 천연고무의 비율이 높다(고우지야, 2013, 277쪽). 항공기용 타이어는 천연고무만을 사용한다. 천연고무는 일정치 이상 변형되어도 내부의 결정화에 의해 자기 보강성을 지닌다. 이 점이 합성고무와 달라 보강제를 첨가할 필요가 없다. 이 역학적 강도 성질에 따라 천연고무와 합성고무의 시장 점유율 다툼 속에서 한때 30% 이하까지 천연고무 이용률은 떨어지다가, 조금씩 시장 점유율을 회복하여 지금은 40% 이상을 유지하고 있다(고우지야, 2013, 226쪽). 천연고무는 이러한 품질면에 더하여, 재배하는 식물 자원이므로 지속가능성(sustainability) 면에서도 뛰어나다. 그 결과 금세기에 들어서도 천연고무 수요는 쇠퇴하지 않았다. 천연고무 생산은 세계의 자동차화(motorization)와 함께 확대를 계속하고 있다.

세계의 천연고무 생산은 재배 기술의 향상이나 품종개량으로 인해 세계대전(戰前)과 비교하면 상당히 증산되었다. 총생산량 1,338만 톤 중 원산지인 브라질은 얼마 안 되고, 태국이 475만 톤(36%), 인도네시아가 340만 톤, 베트남이 108만 톤, 말레이시아가 73만 톤 등 동남아시아 4개국이 전체의 74% 이상을 차지한다(2017년: 국제고무연구회 IRSG 통계). 말레이시아는 20세기 최대의 천연고무 생산국이었지만(인도네시아도 전후는 말레이시아를 능가할 정도였다), 양국 모두 기름야자 재배로의 전환과 함께 순위가 떨어져서 1990년대에는 태국에게 최고 자리를 물려주었다. 20세기 말 베트남의 성장도 두드러진다.

제2차 세계대전 후에 급속히 확대한 태국의 고무 생산은 말레이시아와 국경이 가까운 남부에서 활발하였지만, 최근에는 북부 및 북동부로 확대되었다. 향후 이 주요 산출국들의 고무 재배 면적 확대는 기대할 수 없다[01]. 한편 베트남, 라오스, 캄보디아의 재배 면적은 앞으로 더욱 확대될 것

01 인도네시아나 말레이시아에서는 현재 기름야자 재배가 열대우림지역에서 미증유의 확대를 계속하고 있다.

으로 예상된다. 중국 자동차산업의 발전에 따라 이 나라들에서 중국 시장용 생산이 증대하였다. 다만 이 나라들의 국경지대에서는 관유지의 컨셉션(conception, 불하지[拂下地])[02] 제도를 이용하여 대규모 농원 개발이 확대하면서 주민 사이에 토지가 수탈될 것이라는 불안감을 조성하고 있다. 또 세계적인 공급 과잉이 시장가격의 저미(低迷)를 초래하고 있다. 역사를 돌아보면, 소농 생산 대두에 위협을 받은 대농원 소유자들의 국제적인 고무 생산 조정은 이미 1920년대 초부터 시작되었다[03].

(2) 식민지 지배하의 고무 농원 소사(小史)

천연고무는 일찍이 아마존강 유역에서 생육한 고무나무를 찾아 수액을 모아 생산하였다. 그 후 19세기 말부터 20세기 초에 고무의 용도가 확대되어 수요가 증가함에 따라, 영국인에 의한 헤베아(hevea, 파라고무나무[Para rubber tree])의 시험 재배(야생식물의 재배화, domesticcation)가 시도되었다. 이윽고 아시아에서의 식수가 성공하자, 나무껍데기에 칼집을 내어(tapping) 수액(라텍스)을 수확하는 방식이 확립되었다. 모은 수액에 물과 초산을 혼입하여 응고시킨 후 시트 형태로 만들어 훈연·건조시켜 출하한다. 이렇게 고무의 농원 생산 방식으로의 대전환이 일어났다. 좋은 효율에 대량으로 생산 가능한 고무 농원의 단일재배(monoculture)[04]가 동남아시

---

02 (역자주) 국가가 소유하고 있는 토지를 민간에 매각한 것.

03 영국령 말라야 고무생산자협회의 공작으로 영국 정부가 조직한 스티븐슨위원회에 의한 국제적인 고무의 생산 조정 호소는 1921~1922년에 행해졌다.

04 광대한 농원 내에서 차·사이잘삼·담배·커피 등을 동시에 재배하는 사례도 있다.

아 식민지 지역에 정착하였다[05].

〈표 1〉 3개 대륙의 생산량 추이(단위: 톤·%)

연도	아시아		아프리카		아메리카		합계	
	톤	%	톤	%	톤	%		
1910	11,200	12	40,000	41	45,000	47	96,200	(100%)
1920	320,000	90	6,100	1.2	31,600	8.8	96,200	(100%)
1930	808,000	97.4	4,000	1.2	31,600	2.1	829,500	(100%)

출전: Comité National des Conseillers du Commerce extérieur de la France, Conference du Commerce colonial(18-20-Mai 1933), Le Caoutchouc, Rapport de M. W. Hausser, Paris, 1933, 5쪽.

〈표 1〉은 3개 대륙의 천연고무 생산량을 나타낸 것이다. 1910년에는 3개 대륙 합계 9만 6,200톤 중 아직 아메리카(남미)가 47%, 아프리카가 41%를 점하였다. 이 3개 대륙의 고무는 삼림에서 채취하는 야생고무이다. 그러나 1920년 고무 총생산량은 35만 7,700톤으로 증대하였고, 아시아 농원에서 재배된 고무가 90%를 점유할 정도로 성장하였다. 더욱이 1930년 생산량은 80만 톤 이상이 되었으며, 대부분(97.4%)을 아시아산이 독점하였다. 야생고무와 재배 고무의 생산고가 점유하는 비율이 전환된 것은 1914~1915년이다(고우지야, 2013, 184쪽).

05 아마존 유역에서 영국인 위컴(Henry Wickham)이 채취한 헤베아(Hevea, 파라고무나무) 종자가 런던의 큐식물원(Kew Garden)에서 발아하여, 성장한 묘목이 실론과 말라야, 싱가포르에서 뿌리를 내리고 개화함에 따라 종자가 재생산되었다. 싱가포르 식물원의 초대 원장 리들리(Henry Nicholas Ridley)의 활약도 대영제국 고무 농원의 생산 발전에 족적을 남겼다. 헤베아는 아마존 원산임에도 불구하고, 재배·플랜테이션화를 브라질에서 실현하려고 한 포드의 시도는 실패하였다(고우지야, 2013, 158~171·181~212쪽).

〈표 2〉 세계의 거친 고무 생산량(1926~1932년)(톤 : %)

지역별	1926년		1928년		1930년		1932년	
	톤	%	톤	%	톤	%	톤	%
영국령 식민지								
말라야	290,000	46.2	303,000	49.9	452,000	54.5	410,000	57.3
실론	290,000	9.5	58,000	9.0	77,000	9.3	50,000	7.0
영국령 보르네오	16,000	2.5	17,500	2.7	17,000	2.1	12,600	1.7
인도	10,000	1.6	11,000	1.7	11,000	1.4	4,000	0.6
*소계	376,000	59.8	389,500	63.3	557,000	67.3	476,600	66.6
네덜란드령 동인도								
농원회사	125,000	19.9	140,000	21.7	152,000	18.3	153,000	21.8
현지인	78,000	12.4	72,500	11.2	83,000	10.1	61,500	8.5
*소계	203,000	32.3	212,500	32.9	235,000	28.4	214,500	30.3
인도차이나	7,500	1.2	9,000	1.4	10,300	1.2	14,300	2.0
기타	4,000	0.6	5,000	0.8	4,500	0.5	3,000	0.5
농원생산 합계	590,000	93.9	616,000	95.4	808,000	97.4	709,000	98.9
브라질	27,000	4.3	25,000	3.9	17,500	2.1	6,500	0.9
아프리카	11,500	1.8	5,000	0.7	4,000	0.5	1,300	0.2
총생산량	629,000	100	646,000	100	829,000	100	716,800	100

주: 대부분 지역은 수출량과 동일하다. 말라야로부터 재수출된 네덜란드령 동인도산 고무는 말라야의 수치에 포함하지 않고 네덜란드령 동인도에 포함하였다. 실제 생산치에는 창고에 보존된 분량도 고려해야 하나, 그 차이는 미비하다(*는 필자가 추가한 소계란)

출전: Comité National des Conseillers du Commerce extérieur de la France, Conference du Commerce colonial(18-20-Mai 1933), Le Caoutchouc, Rapport de M. W. Hausser, Paris, 1933, 6쪽.

〈표 2〉는 1926~1932년의 세계의 거친[粗, 조악한] 고무 생산량의 지역별 상황을 보여준다. 1920년대 말까지 실론 및 말라야 고무 농원의 생산 발전으로 인해 대영제국의 독점적인 고무 생산체제가 확립되었다. 영국령 식민지는 전 세계 산출량의 6할부터 7할에 가까울 정도의 압도적인 시장 점유율을 자랑하고 있던 것이다. 다른 한편 네덜란드령 동인도는 전체의 약 3할 전후를 차지하였다. 대규모 농원기업(40헥타르 이상의 기업적 대농장, estate)은 수마트라 동해안에 많이 개설되었다.

네덜란드령 동인도 자바섬에서는 소농(小農)인 소규모 자작농(small

holder)에 의한 고무 재배도 발전하였다. 세계 공황기의 고무 가격 하락에 그들이 즉각 대응한 모습을 위의 표에서도 엿볼 수 있다. 영국령 말라야에서도 구미인의 기술을 모방한 말레이인[06]이 이미 1900년대 말에 천연고무 생산에 새롭게 진출하는 붐을 일으키고 있었다. 소자본으로도 생산이 시작됨에 따라, 곧바로 구미인 소규모 농원주는 경쟁할 수 없게 되었다(Allen, 1957, 115쪽). 말레이인은 논농사로 자급용 쌀을 생산하면서 주변 삼림을 고무 농원으로 개발하고 수액 채취로 쉽게 현금 수입을 얻은 것이다. 식민지 정부는 개발 자금을 제공한 인도인 체티(Chetti 혹은 Chetty)[07]나 화교 상인으로부터 말레이인을 지키려고 말레이 보류지법(保留地法)을 제정하였다. 말레이인의 소농 생산에 의한 고무 수출은 1909년부터 시작되었지만, 1920년대의 말레이 농촌에서는 고무로부터의 현금 수입이 농민의 가계를 보충하여 상당한 생활 개선이 이루어졌다[08].

말라야의 구미계 대농원 개발은 1900년 이후에 개시되어 수액 채

---

06 (역자주) 본래 말레이반도, 수마트라섬 동해안, 보르네오섬 연안부 등에 거주하고 말레이어를 말하며 스스로를 말레이인이라고 지칭하는 사람들(민족)을 가리킨다.

07 (역자주) 타밀인으로 구성되었다. 체티 상인은 인도 남부, 벵갈만에 면한 타밀나두주(Tamil Nadu州) 출신 농민 카스트나 낮은 계급층 출신의 상인을 중심으로 공동체를 형성하여 타밀 지역을 중심으로 미안마, 말레이시아, 스리랑카 등 영국령 지역에서 폭넓게 금융업을 운영하고 있었다.

08 말레이인 보류지법(保留地法, 1931년 제정)으로 지정된 구역에서는 말레이인이 아닌 자에게 토지 소유가 허락되지 않았다. 야마다(山田)는 1943~1944년의 네게리 셈빌란주(Negeri Sembilan州)의 2개의 깜뿡(Kampung)의 상세한 토지 소유 조사에서 말레이 소농민의 고무 농원 소유 실태를 밝혔다(山田, 1944). Kato(1991)도 1920년대의 네게리 셈빌란주의 농촌사회가 고무 생산 도입으로 인해 어떻게 변용되었는가를 상세하게 논하였다. 1931년 말라야 연합(FMS)의 페라크(Perak)주에서 채취 가능한 고무나무 면적은 40헥타르 이상의 대규모 농원(estate)이 23만 8,000에이커(9만 5,200헥타르)였던 데 비해, 그 이하 규모의 농원(소농, 소규모의 자작농지)은 27만 3,000에이커(10만 9,200헥타르)였다. 후자가 전자를 능가하고 있던 것이다(Federated Malay State, 1932, 9쪽).

취는 1906년부터 시작되었다. 그 최대의 개발 투자국은 영국이었다. 프랑스·벨기에계의 고무 금융회사나 상해의 투자가도 참가하였다. 1910년에는 던롭 고무회사가 처음으로 대규모 농원(estate) 소유에 나섰다(Ibid, 114~115쪽). 대규모 농원 생산에 직접 관여한 것은 경영 대리회사(agency house)였다. 그것은 물자 공급에서 재배 기술의 지도, 유통, 마케팅, 현지 식민지 정부와의 절충이나 자금 면에 이르기까지의 중요한 역할을 하였다. 이러한 방식은 네덜란드령 동인도에서도 마찬가지로, Harrisons & Crosfield 상회(商會), 거스리 상회[09] 등이 거의 동시기에 수마트라의 고무 농원 설립에 깊이 관여하였다(Ibid, 119쪽).

네덜란드령 동인도의 대규모 농원 개설에는 구미 자본이 자유롭게 참여하였다. 영국·프랑스·벨기에·미국·이탈리아 등의 각 자본이 서로 파트너가 되어 1906년에 수마트라 동해안에서 역사상 미증유의 성장을 창출하였다[10]. 수마트라섬이나 자바섬에서는 말레이반도의 영국령과 비교했을 때 이미 19세기에 담배나 감자, 커피 등의 열대 생산품 농원이 설립되었고, 기초가 되는 인프라(infrastructure)도 갖추어져 있었다. 고무는 이러한 상황 하에서 신시대의 산업으로 각광을 받은 것이다. 세계 3대 타이어 회사의 하나인 미국의 굿이어타이어앤드러버(GOODYEAR TIRE & RUBBER COMPANY)도 제1차 세계대전 전에 진출하였다.

---

09 (역자주) 1821년부터 싱가포르를 거점으로 동남아시아의 영국계 무역 상회를 대표한다. 말레이반도로 진출한다.

10 써당(Sedang) 고무 농원(수마트라 고무 농원회사)은 제1차 세계대전 이전의 런던 시장에 수마트라의 고무를 유명하게 한 기업. 네덜란드·미국(蘭米) 플랜테이션 주식회사가 소유한 굴라 바투 농원은 1911년에 설립(본사는 암스테르담)되었으며, 임원의 대부분은 미국인이었다. 모회사는 합중국 고무회사이다. 자바 영국·네덜란드(英蘭)농원은 자바섬에 전개된 대농원(加納, 2003, 142~148쪽).

영국령 말라야의 대규모 고무 농원에서는 말레이인은 고용되지 않고, 필요한 노동력은 인도인(타밀인) 이민의 대량 투입으로 공급되었다. 실론의 커피 재배에서 행해지던 캉가니 제도(Kangany system)[11]가 이용되어, 인도인 대리 관리자가 대량의 사람들을 제공하였다[12]. 식민지 정부는 이민자의 도항을 지원하는 기금을 설립하였다. 타밀인은 농원 내 태핑(tapping)[13]이나 수액 채취 등의 작업을 행하였고, 개척 시의 정글 벌채 작업은 중국인 노동자가 고용되었다. 다른 한편으로 네덜란드령 동인도의 수마트라에서도 중국인이 벌채 중노동을, 그리고 농원의 작업은 자바 이민자가 주로 담당하였다. 어느 것 할 것 없이 농원의 개발이 끌어들인 다인종, 이민족 구성의 새로운 사회가 식민지 지배하의 동남아시아에서 생겨났다.

생산된 고무의 세계시장은 〈표 3〉에 보는 것처럼, 1920년대 후반은 미국이 단독으로 전체의 6할 이상을 소비하는 거대 시장이었다. 세계공황의 영향을 받아 영국과 러시아를 제외한 주요 구미 각국은 소비가 축소하였다. 회복 후의 천연고무 소비처는 여전히 5할 이상은 미국을 포함한 북미였고, 다음은 유럽 국가들이었으며, 그리고 아시아에서는 일본이 수입량을 늘렸다. 가격 하락을 막으려고 국제적인 고무 생산 조정이 시도됨에 따라 미국은 점차로 수입처의 다양화를 지향하게 되었다.

---

11 (역자주) 캉가니는 타밀어로 감시자, 감독자를 의미한다. 영국 식민 통치하의 동남아시아 일부 지역 즉 현재 미얀마, 말레이시아 및 스리랑카로 알려진 지역에서 노동 모집 및 조직의 한 형태였다.

12 기간제 계약 노동(indentured labour)은 1913년까지였고, 캉가니 제도는 1938년에 각각 폐지되었다.

13 (역자주) 고무나무에서 고무 수액을 채취하기 위해 나무껍데기를 얇게 깎아내는 작업

〈표 3〉 거친 고무의 소비처와 소비량(1626~1932년)(단위: 톤·%)

지역	1926년		1928년		1930년		1932년	
	톤	%	톤	%	톤	%	톤	%
아프리카	372,000	67.0	450,000	65.0	384,000	53.3	318,000	47.5
영국	42,000	7.6	49,000	7.1	76,000	10.5	80,000	11.9
프랑스	36,400	6.6	38,800	5.6	72,500	10.1	43,000	6.5
독일	23,200	4.2	38,500	5.6	46,800	6.5	46,000	6.8
일본	18,600	3.3	26,200	3.8	33,000	4.6	57,000	8.5
캐나다	20,600	3.7	31,500	4.5	29,400	4.1	21,500	3.2
이탈리아	9,800	1.8	12,400	1.8	17,000	2.3	15,500	2.3
러시아	7,000	1.3	8,000	1.2	17,000	2.3	30,500	4.5
오스트레일리아	9,000	1.6	8,400	1.2	5,000	0.7	12,500	1.9
벨기에	2,500	0.4	7,900	1.1	10,000	1.5	9,800	1.5
오스트리아 헝가리	2,800	0.5	4,400	0.6	4,000	0.6	4,600	0.7
스웨덴·노르웨이	3,300	0.6	3,700	0.5	6,700	0.9	6,700	1.0
네덜란드	2,100	0.4	2,200	0.3	1,900	0.3	1,700	0.2
기타	5,600	1.4	12,000	1.7	16,300	2.3	23,200	3.5
합계	554,900	100	693,000	100	720,300	100	670,000	100

주: 각국의 제조업으로 소비되는 수치. 런던, 뉴욕, 암스테르담과 같은 대중심지에 있는 각종 재고는 포함하지 않았다.
출전: Ibid., 7쪽.

다음으로 천연고무의 생산에 관해서 지금까지 거의 알려지지 않았던 프랑스령 인도차이나의 사례를 다룬다. 마이너 생산지로서 간과되기 쉽지만, 앞선 영국령 및 네덜란드령의 두 지역과 비교하면 다른 면이 있다.

2. 프랑스령 인도차이나의 고무 농원 생산 발전 과정

(1) 농원의 개설

인도차이나의 고무 농원 개발은 메콩 델타산 쌀에 편중된 수출품의 다양화를 지향하는 프랑스 식민지 정부 내의 분위기 속에서 시작되었다. 그것은 베트남의 지주·소작제도에 기초한 수출 생산과는 달랐으며, 식민지주의자에게는 가장 근대적인 자본제 생산의 성공 사례가 되었다(高田, 2014).

고무나무의 인도차이나 재배는 1897년에 프랑스 해군의 라울(Raoul)이 말라야에서 2,000그루의 브라질 헤베아 묘목을 사이공에 보낸 것을 시작으로 한다. 시험 농장에서 자란 나무들은 이듬해 프랑스인 재배자에게 무료로 제공되었다(Murray, 1980, 259쪽). 그러나 고무나무는 식수 후 6~7년을 지나지 않으면 수액을 채취할 수 없다. 성과가 나타날지 불투명하고 시간이 필요하였다. 당시 본국의 자본가로서 인도차이나 농원 개설을 단행한 사람은 없었다. 프랑스 투자가의 눈은 영국령 말라야나 네덜란드령 동인도를 향해 있었다. 앞에서 서술한 것처럼 1910년 무렵까지 프랑스 자본 약 10만 프랑은 영국령 말라야의 고무 농원 생산에 투자되었다고 한다(Ibid, 260쪽).

1907년 2월에 전 식민지 관리 카조(Cazeau)가 식민지 정부에서 3,400헥타르의 컨셉션을 얻어, 비엔호아성(Bien Hoa省)에 수잔나 농원을 개설하였다(Montaigut, 1929, 19쪽). 식민지 정부가 개설한 싸짜익(Xa Trach) 농원(투자우못성[Thu Dau Mot省])이 파격가로 불하된 것도 이 해이다. 프랑스령 인도차이나 고무 농원 면적의 확대에는 두 차례의 붐이 있었다. 최초의 개발 붐은 1910년의 국제 고무 가격 상승으로 인해 초래되었다(Ho Hai Quang, 1982, 467쪽; Murray, op. cit., 262쪽). 제2의 개발 붐도 1925년의 세계 고무 가격 급등에 자극받아 이 시점에 프랑스 자본의 인도차이나에 대한 대량 투입이 겨우 실현되었다(Vaxelanire, 1939, 13~15쪽; Ho Hai Quang, op,cit., 498쪽; 權上, 1985, 302쪽). 〈그림 1〉은 주요 고무 농원의 분

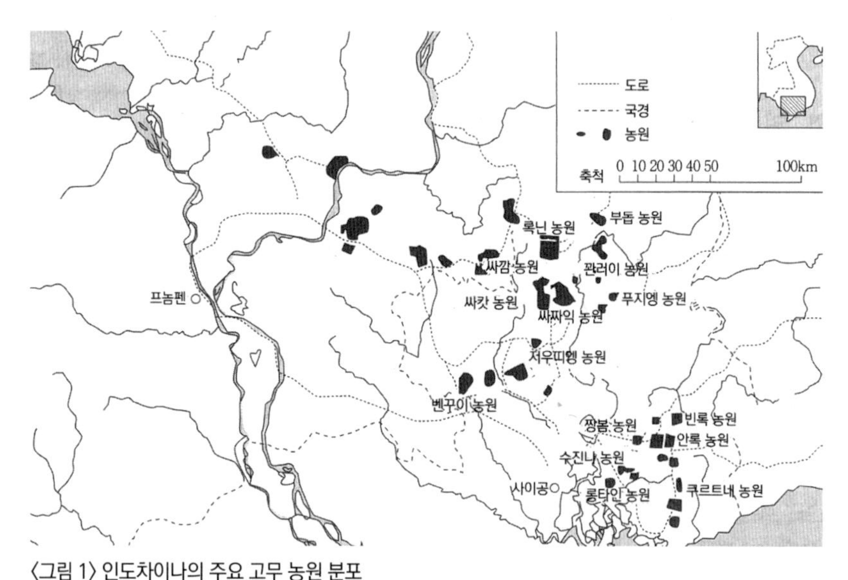

〈그림 1〉 인도차이나의 주요 고무 농원 분포
출전: Camus, J. J., LOeuvre humaine et sociale daus les plantations de caoutchouc d'Indochine, Saigon, 1949.

포를 나타낸다. 농원 대부분은 코친차이나(Cochinchine)[14] 동부와 캄보디아 국경지대에 전개하였다. 〈그림 2〉에 의하면, 두 지역 모두에 확대가 현저했던 것은 제2의 붐이 일었던 시기인 1926년부터 1929년이다. 1935년까지의 재배 총면적 약 12만 6,000헥타르 중 62%에 해당하는 7만 8,620헥타르가 이 시기에 집중적으로 개발되었다.

첫 번째 붐이 있어난 시기에 설립된 농원은 사이공 주변 내지 동나이강(Dong Nai江) 남부의 비엔호아 주변, 그리고 바리아(Bà Rịa) 지방에 펼쳐진 회색토 지대에 분포하였다. 일반적으로 회색토 지대에서는 농원 창설에 많은 자본이 필요하지 않다. 노동력도 주변 지역에서 비교적 쉽게 조

14 (역자주) 프랑스에 점령된 베트남의 남부 지역.

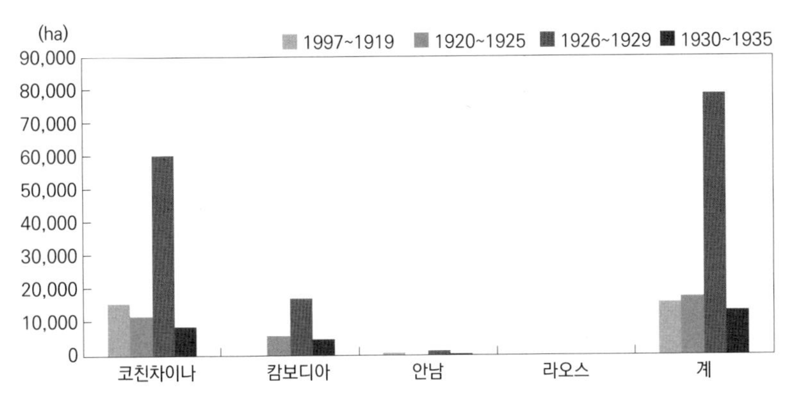

〈그림 2〉 인도차이나의 고무나무 식수 면적(1897~1935년)
출전: Bourbon(1938, 93쪽).

달할 수 있었다. 경영자는 유럽인 콜롱(colon)[15]이나 베트남인이고, 식민지 정부의 하급 관리나 퇴역 군인인 경우가 많았다. 당초 농원의 대부분은 코친차이나 주재 프랑스인이 현지에서 얻은 소자본으로 개설하였다(Ho Hai Quang, op,cit., 549쪽).

제2의 붐 시기에는 변경의 원시림에 뒤덮인 적토 지대로 개발 장소가 옮겨갔다. 그곳에서 농원을 개설하려면 상당한 자본이 필요하였다. 인구가 희박한 장소여서 노동력의 조달도 쉽지 않았다. 그러나 일단 개설되자, 고무나무에 적합한 토양과 대규모 경영으로 인해 생산성이 높은 것으로 알려졌다(GGI, 1918, 11~12쪽). 이러한 장소에서는 광대한 토지가 프랑스인을 위한 컨셉션에 선점되어 유력한 자금원을 가진 기업이 대규모 개발을 추진하였다. 프랑스의 세계적 타이어 회사인 미슐랭도 이 시기에 코

15 (역자주) 프랑스어로 일반적으로 식민지, 이주자, 계약 노동자, 땅을 빌린 농부의 뜻이다. 특히 프랑스령 식민지에서 토지를 소유하고 농업 경영을 하는 프랑스계 식민자를 가리키는 경우가 많다.

친차이나의 적색토 지대에서 대농원 개발에 나섰다.

(2) 생산의 증대와 수출 시장의 추이

인도차이나의 고무 농원에서 생산된 수액의 수확량은 적색토에서 5년째에 1헥타르당 100kg, 7년째에는 280kg, 9년째에는 400kg, 11년째에는 600kg이라는 높은 수준에 달했다(Ibid, 12쪽). 수액 채취는 30년간 계속할 수 있지만, 점차 채취량은 정체·감소를 면할 수 없다. 그것을 방지하기 위해 묘목을 길러 바꿔 심기를 정기적으로 행한다. 후발 주자였지만, 식민지 정부는 이러한 연구에 힘을 쏟아 수액 채취의 생산성 향상을 목표로 하였다.

생산량은 제1차 세계대전 전에는 200톤에 지나지 않았지만, 1919년에는 2,900톤으로, 1920년대에도 순조롭게 증대하여 1930년대 초에는 1만 톤을 넘었다. 1935년에는 2만 8,000톤, 1940년에 6만 톤으로 증가하였다. 인도차이나 수출 무역 총액에서 차지하는 고무의 비율은 22%를 넘어

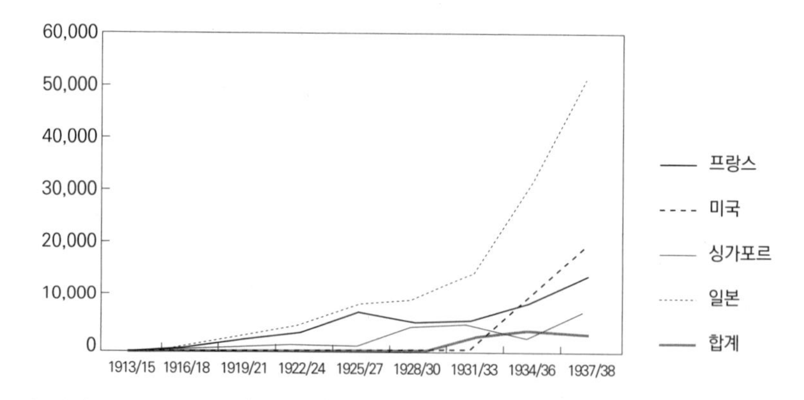

〈그림 3〉 인도차이나의 고무 수출 시장 추이(1913~1938년)

출전: BSPC, no. 226, 9 Nov. 1938, 253쪽; BSPC, no. 251, 9 Avril, 1941, 66쪽. 3년마다의 평균(1937~1938년은 2년 평균).

(GGI, 1941, 28쪽), 고무는 쌀 다음가는 프랑스령 인도차이나의 제2위의 수출 생산품이 되었다.

수출 시장은 제1차 세계대전 이전 및 대전 중까지는 대부분이 프랑스였다. 생산 개시 단계는 본국의 고무 수요가 농원 개설의 유력한 요인이었다고 생각된다. 프랑스에서의 원료 고무 소비량은 1920년대 중반에 3만 톤, 1929년에는 6만 톤으로, 이듬해는 7만 톤으로 증대하였다. 세계공황의 타격으로 인도차이나의 고무 수출 시장은 프랑스에서 싱가포르와 일본 방향으로도 늘어나 아시아 지역으로의 전환이 보인다. 그리고 공황에 의한 불황의 밑바닥에서 벗어나자 미국 시장이 최대가 되었다(〈그림 3〉). 앞에서 서술한 대로 미국의 고무 수입처가 다양화됨에 따라 인도차이나산 고무의 미국 시장도 확대되었다. 1930년대 말에는 인도차이나의 고무 생산 총 수량이 마침내 프랑스 본국의 소비량을 초과하였으며, 그 가장 중요한 수출처는 영국령 말라야나 네덜란드령 동인도와 마찬가지로 미국이었다.

(3) 대농원의 개발과 생산 집중

프랑스령 인도차이나의 고무 생산체제에는 영국령 말라야나 네덜란드령 동인도의 특징이라 할 수 있는 스몰 홀딩(small holding, 소규모 농지)의 확대는 그다지 보이지 않는다. 대농원 회사 경영의 압도적인 우월성 속에서 현지인 및 프랑스인의 소규모 농원은 정체될 수밖에 없었다. 개발이 가장 성했던 1920년대 후반을 거쳐 인도차이나에서는 소수의 대농원 회사에 의한 생산 집중이 진행되었다. 그 결과 1934년 6월 시점에 농원 총수 814곳 중 40헥타르 이상의 대규모 농원은 302곳(37%)이었지만, 그곳들이 차지하는 면적 비율은 95%에 달하였다(〈표 4〉). 1930년 전후 인도차이나에 존재한 500헥타르 이상의 대농원은 코친차이나에 63곳 존재하였으며, 전체의 8할 이상의 면적을 차지하였다. 그중 더 거대한 규모의 19개사(社)에서 고무 총생산의 6할을 점하였다(Ho Hai Quang, op. cit., 500쪽).

〈표 4〉 인도차이나 고무 농원의 국적 규모별 재배 면적(1934년 6월 1일 현재)(단위: ha)

국적 \ 규모	40ha 미만의 농원		40ha 이상의 농원		합계	
	수	면적 (%)	수	면적 (%)	수	면적 (%)
유럽인	135	2,537 (2.0)	247	115,002 (91.4)	382	117,540 (93.4)
현지인	377	3,857 (3.1)	55	4,414 (3.5)	432	8,272 (6.6)
합계	512	6,397 (5.1)	302	119,416 (94.9)	814	125,812 (100)

출전: Bos(1936, 9쪽).

인도차이나의 고무 농원 회사는 유력 기업 아래에서 그룹화를 진전시켰다. 수잔나 농원 그룹, 싸짜익 농원을 포함한 적토회사(赤土會社) 그룹, 인도차이나 고무회사[16], 비엔호아 그룹, 미슐랭 그룹 등이다(〈표 5〉). 그룹 회사는 각각 유력한 금융기관과의 연대를 유지하였다. 그 주요한 대상은 인도차이나 은행, 프랑스·식민지 금융회사(La Societe Financiere et Coloniale), 고무금융회사(La Societe Financiere des Caoutchoucs), 인도차이나 상업·농업 금융회사(La Societe Indochinoise de Commerce d'Agriculture et de Finance)의 4곳이었다. 이들 금융기관은 주식 보유, 자본 참가, 융자 등을 통해 대농원 회사를 떠받쳐, 점차 자본의 지배하에 그것들을 편입해갔다(Ibid, 507~508쪽).

16 인도차이나 고무회사는 인도차이나에 농원을 개설하기 이전부터 영국령 말라야, 네덜란드령 동인도에 광대한 고무 농원을 소유하였다(Allen, 1957, 114·119쪽).

〈표 5〉 프랑스령 코친차이나의 주요 고무 농원 회사

그룹·회사·농원 이름		
적토회사 그룹		
(1)	적토농원회사	
	싸짜익	(2,884ha)
	싸깜	(3,070ha)
	꽌러이	(5,572ha)
	쿠르트네	(3,411ha)
	코친차이나	(2,471ha)
(2)	파당 고무농원회사	
	푸훙	(5,229ha)
	안비엔	(6,011ha)
인도차이나 고무회사 그룹		
(1)	인도차이나 고무회사	
	록닌	(10,300ha)
(2)	빈록 고무회사	(3,400ha)
(3)	열대 농업회사	
	부돕	(6,500ha)
	싸캇	(3,000ha)
	지네스테	(6,100ha)
미슐랭사그룹		
	저우띠엥	(7,000ha)
	푸지엥	(8,000ha)
인도차이나상업/농업/금융회사 그룹		
(1)	벤꾸이 농업공업회사	(2,170ha)
(2)	송자이 농업회사	(6,178ha)
(3)	SICAF 농원	(446ha)
비엔호아 농원회사 그룹		
비엔호아 삼림농업회사		(30,000ha)
수잔나/안록 농원 그룹		
(1)	수잔나 회사	(5,315ha)
(2)	안록 회사	(4,578ha)
(3)	깜띠엠 회사	
	깜띠엠	(5,650ha)
	빈바	(1,733ha)
수셰르 농원 그룹		(3,601ha)
남부 인도네시아 농업회사 그룹		(3,601ha)

출전: 그룹별 농원에 관해서는 Montaigut(1929, 100~104쪽) 참조.

농원 회사 그룹은 이해를 공통으로 하는 압력단체를 구성하고, 프랑스 본국 식민성에서 로비 활동이나 인도차이나 총독에 대한 공작을 강화하였다[17]. 그 결과 그들은 식민지 정부로부터 다양한 원조(토지, 신용, 노동력 등의 조달)를 끌어내는 데 성공하였다(Murray, op, cit., 260쪽).

이렇게 인도차이나의 고무 농원은 1920년대에 배타적인 프랑스계 자본의 지배하에 있던 대농원 회사에 의해 생산 집중을 현저히 진행하였다. 네덜란드령 동인도의 거대 고무 농원 기업이 영국·미국·프랑스·네덜란드·벨기에·이탈리아·일본 등 많은 나라의, 게다가 복수의 국적을 가진 자본계열에 있었음을 상기한다면, 인도차이나의 농원 생산에서 프랑스 자본이 보인 독점적 상황은 분명하다. 프랑스령 인도차이나의 식민지 기업법에는 파리에 본점을 두는 조건이 적혀 있었다. 본국 이외의 기업은 애당초 참가하기 어려운 체제였다고 할 수 있다. 그것은 인도차이나 고무 농원의 생산 발전에 속박이 되었다고도 생각된다.

---

17 인도차이나의 고무 농원주는 1910년 무렵부터 그룹 결성의 움직임을 보이고 있었지만, 정식으로는 1917년에 Syndicat des Planteurs de Caoutchouc de I'Indochine(SPCI로 약칭)을 설립하였다(ASPIC, 1931, 11~12쪽). SPCI는 인도차이나의 중소 규모 고무 생산자 조직이다. 인도차이나에 투자한 프랑스 자본의 대부분을 대표하는 본국 기업가는 인도차이나 위원회 Comite de I'Indochine의 한 섹션(1930년 발족)에 속하였으며, 이들이 활발한 로비 활동을 하였다(Murray, op. cit., 260~261·263쪽).

3. 농원의 노동문제

(1) 노동자의 모집과 노동법

농원이 개설된 초기 무렵에는 코친차이나 동부의 산악지대에 사는 모이인(Moi人)[18]이 삼림 벌채 등의 중노동에 고용되었다. 농원의 일상적인 직업에는 저지대의 베트남인이 종사했지만, 적색토 지대의 대농원 개발이 시작되자 대량의 노동력이 요구되었다. 동부 여러 성은 본래 인구밀도가 낮았던 데다가 코친차이나의 베트남인은 농원 노동을 좋아하지 않았고, 도리어 사이공이나 촐론(Cholon)[19] 도시의 일을 원했다. 1920년대 중반의 경제는 호황 국면으로 들어가 상공업 부문의 직업은 쉽게 얻을 수 있었다. 그 무렵 모이인은 식민지 정부가 추진한 도로 건설 등의 공공사업에 투입되었다(Montarigut, 1929, 35쪽). 그 결과 농원 회사는 인구가 조밀한 베트남 북부의 통킹이나 안남 지방의 베트남인 노동자를 획득하려고 식민지 정부에 대해 경쟁하듯이 모집 허가를 신청하였다. 코친차이나의 베트남인이 농원으로 고용되는 경우는 자유계약이었던 데에 비해 통킹의 베트남인 이민노동자는 3년간의 계약 쿨리[苦力]로, 자본제 대농원 개발에 투입되었다.

계약이민에 관한 노동법은 1918년에 처음으로 제정되어 감독·지도 기관인 노동감찰국이 코친차이나와 캄보디아에 설치되었다. 감찰관은 농

18 중·남부 베트남 산지민(山地民)에 대한 당시의 호칭. 모이인의 인구는 3만 3,000명(바리아성[Bà Rịa-Vũng Tàu省]에 5,000명, 비엔호아[Biên Hòa]에 1만 5,000명, 투저우못성[Thủ Dầu Một]에 1만 3,000명)으로, 2개의 어족(語族)으로 구성되었다. 바리아와 비엔호아 두 성의 동쪽에 거주하는 코마(Choma)와 비엔호아성 북측의 베강 유역과 뚜저우모성이나 떠이닌성(Tây Ninh省)에 거주하는 스티엥(Steing)족이다(Montaigut, op.cit., 8~29쪽).

19 (역자주) 베트남 호찌민시 서부에 있는 한 지구로 중국인들이 모여 산다.

원을 시찰하며 법 준수를 요구하고, 3개월마다 보고서를 제출하였다. 1927년에는 총독 직속 노동 총감이 설치되어 노동 규칙의 통제·보급, 노동자 모집의 통제와 감독을 행하였다[20].

계약이민 자격은 18세 이상의 남녀 및 이민하는 자의 아이들(21세 이하의 경우는 양친의 허가가 필요)로, 하나의 특정 기업과 계약을 실시한다. 3년 계약 기간 중 결근 일수는 계약 만료 후에 연장한다. 계약 종료 조건은 자세하게 정해졌다. 숙소에서 일하는 장소로의 이동도 포함해 1일 10시간 노동과 휴식 2시간, 주 1일의 휴일, 남·여·미성년마다 최저 임금의 확보(일당), 하루에 지급되는 쌀과 부식품, 노동자에 대한 고용주의 제재 제한, 여성·아동의 보호, 숙소와 안전·위생에 관한 규정, 고용주와 노동자 각자의 계약 위반에 대한 벌칙 규정, 노동자가 감독기관에 우편으로 의견을 신고할 권리 등도 계약서에 명기되었다. 급여 일부와 고용주가 부담하는 액수를 매월 적립하여, 계약 종료 후에 건네받는 증서로 귀국 후에 현금을 수취하는 제도도 만들어졌다(古田, 1988, 62~65쪽).

식민지 정부의 인가가 나면 농원 회사는 노동자 모집인(카이 Cai)(Ngo Van Hoa, 1974)을 통해 취득한 컨셉션 개발 규모에 필요한 노동자 수를 확보하였다. 카이는 통킹, 안남 두 지방의 사전에 인가된 성(省)의 촌으로 가서 촌 이장의 진행 준비 하에 사람들에게 권유하였다. 모집된 사람들은 노동이민국이 있는 하이퐁(Hải Phòng)으로 옮겨져, 그곳에 수일간 체재하며 농원 회사와의 계약을 완료한다. 계약서에는 사진을 붙이고 예방접종을 받고 날인하였다. 수속이 끝나면 하이퐁항에서 배로 사이공으로 수

20 1910년 이후 자바섬이나 통킹, 안남에서 노동력을 조달하기 시작해, 1913년에는 안남에 모집사무소도 개설되었다(Ho Hai Quang, op, cit., 407쪽). 인도차이나의 노동자 보호법을 처음으로 제정한 것은 알베르 사로(Albert Sarraut) 총독이다(국제노동국 편, 1942, 21쪽).

송되었다[21].

통킹, 안남에서 남부의 고무 농원 회사로 향하는 사람들의 수(〈표 6〉)는 1926년부터 1928년 사이에 급증하였으며, 매년 1만 6,000~1만 8,000명 가까이 된다. 그러나 그 수는 1929년에 급감한다. 전년 11월~이듬해 초에 통킹에서는 계약이민 모집에 반대하는 베트남인의 이의 신청이 들끓었다. 하이퐁의 노동자 모집사무소 소장 바잔이 누군가에게 살해되는 사건이 일어났기 때문이다. 또 안남에서도 이민을 금지하는 움직임이 나타났다(Bunout, 1936, 76~77쪽). 이에 위기감을 느낀 고무 농원주 측에서는 인도차이나의 경제 개발과 프랑스 자본을 위하여 코친차이나의 노동력 부족 문제를 긴급히 해결할 필요성을 식민지 정부에 호소하였다.

〈표 6〉 사이공항에 도착한 통킹, 안남의 계약이민 노동자 수(1923~1929년)

연도	인수
1923	3,846
1924	3,482
1925	3,684
1926	16,861
1927	17,606
1928	17,977
1928	7,428
계	70,884

출전: GGI(1929).

21 당시 보고서에 의하면 남부 고무 농원의 임금은 통킹의 평균 임금보다 높았지만, 그 자체가 이민을 만들어낸 것은 아니다. 홍하(紅河) 델타의 베트남인 도작 농민은 숲 생활을 위험하게 여겨 두려워했고, 고향을 떠나는 것에 대한 편견도 있었다. 태풍이나 홍수 발생 등에 의해 그들의 대부분은 부득이 모집에 응하였다(IGTI, 1930; 古田, 2018).

(2) 고향을 멀리 떠나 – 쩐뜨빈(Trần Tư Bình) 의 회상

다음으로 계약 노동자로서 미슐랭 그룹의 농원에서 일한 체험을 기록한 베트남인의 회상록을 실마리로, 베트남 북부의 홍하(紅河) 델타에서 남부의 고무 농원 개발에 나선 사람들의 개발 당초 농원 노동 상황에 대해서 자세하게 살펴보자[22].

쩐뜨빈은 1907년에 홍하 델타 하남성의 가톨릭 마을에서 태어났다. 가난하였지만 교육에 열의를 지닌 모친의 권유로 신학교를 다녔으며, 19세 때(1926) 판보이쩌우(Phan Bội Châu)의 석방 운동을 계기로 높아지는 애국주의의 기운에 자극을 받아 마을을 떠났다. 그래서 베트남 청년혁명회(1925년 중국 광주에서 호찌민이 창설하여 1930년에 결성되는 베트남 공산당의 전신)의 일원과 알게 되어, 남부의 고무 농원 노동자로서 해방운동에 관여할 결심을 하였다.

쩐뜨빈은 카이의 감언에 속아 넘어가 선금을 건네받고 농원 노동자가 되기로 동의한 하남성 농민들을 하이퐁에서 걱정하면서, 1927년 6월 철광석 수송선에 실려 사이공 항구에 도착한다. 사방을 가시 돋친 철선으

---

22 이 회상록은 1960년부터 북베트남에서 출판된 1925~1945년에 활약한 투사들의 100건 이상의 회상록 중 유명한 하나이다. 본 장에서는 베트남사 연구자 데이비드 마아(David Marr) 편의 영어판을 참조하였다. 쩐뜨빈은 1930년에 1,300명의 '농원 쿨리의 반란'을 일으킨 사건으로 콘손섬(Côn Son, 崑山島)에 추방되었다. 5년의 형무소 생활 중에 쩐뜨빈은 베트남 혁명가들과 마찬가지로 마르크스·레닌주의자가 되기 위한 학습과 훈련을 받았다. 석방 후는 공산당 북부지구 위원으로 8월 혁명의 봉기를 추진하였다. 전후는 당 중앙군사위원회 서기, 군사학교장, 중국 대사 등도 역임하고, 만년은 당 중앙위원회의 멤버가 되었다. 쩐뜨빈의 회상록은 프랑스어로도 번역되어 있다(Phu-Rieng, la Rouge: recit d'une revolte sur une plantation Michelin d'indochine en 1930, par Tran Tu Binh, dans Les plantations Michelin au Viet-nam, edite par Eric Panthou, La Galipote, 2013).

로 둘러싼 이민 숙소에서 서류 수속을 끝내자, 미슐랭 회사의 트럭이 왔다. 그들은 트럭을 타고 사이공에서 120km 정도 떨어진 적색토 지대의 푸지엥(Phú Riềng) 농원으로 보내졌다.

미슐랭 회사는 비엔호아성의 적색토 지대에 6,000헥타르의 용지를 얻어 그 농원을 개발하려 하고 있었다[23]. 큰 나무가 무성한 광대한 원시림을 처음으로 본 노동자들은 한결같이 충격을 받아 앞으로 이어질 3년간의 노동에 공포를 느꼈고, 그리고 모두 향수병의 정신 상태에 빠졌다고 쩐뜨빈은 기록하였다. 방마다 5명씩 50명을 수용하는 노동자 숙소의 모습, 노동 조직과 감독자들의 여러 계급(지배인-감독장-감독-쿨리 조장-쿨리), 또 그 격차의 엄격함, 거목 벌채 작업의 위험, 부상이나 영양실조, 말라리아나 설사 등의 만연도 자세히 기록하였다. 계약 노동자의 한 무리가 오면 1km마다 간격을 두고 '새로운 마을'이 만들어졌는데, 1개월이 지나면 사람들의 체력은 떨어지고 뺨은 검게 타고 눈 가장자리가 거뭇해져 모두가 죽은 것처럼 보였다.

매일의 노동에는 폭력과 저항에 대한 엄격한 제재가 일상다반사처럼 행해졌다. 여성은 강간의 위험이 있었다. 특히 탈주자를 주변 산악부족이 농원으로 연행하면 죽음에 이르는 고문이 기다리고 있었다. 곤봉, 채찍, 그리고 피스톨이 사용되었다. 사람들은 푸지엥 농원을 '이 세상의 지옥'이라 불렀다.

---

23 미슐랭사는 그 전년 3월에 비엔호아성의 푸지엥 지구에 고무 농원 용지로 5만 헥타르의 컨셉션(1헥타르당 12피아스터의 보상)을 신청하였다(Centre d'archives outre-mer, Aix-en-Provence, Indochine Nouveau Fond, Carton 49).

〈표 7〉 대농원의 노동자 동향/1928년 1월 1일~6월 20일(코친차이나)

그룹회사별 농원명	노동자 수 1928.6.20.(A)	도착자 수 1928 1.1~6.20	탈주자 (B)	% (B/A)	사망자 (C)	% (C/A)
적토회사	6,986	1,179	249	3.5	146	2.1
꽌러이	2,488	501	139	5.6	45	1.8
싸깜	1,527	319	51	3.3	33	2.2
쿠르트네	836		18	2.1	21	2.5
싸짜익	835	136	3	0.3	1	0.1
롱타인	721	173	18	2.5	9	1.2
안비엔	579	50	20	3.5	37	6.4
미슐랭사	4,842	1,619	601	12.4	159	3.2
저우띠엥	3,605	751	307	8.5	50	1.4
푸지엥	1,237	868	294	23.7	109	8.8
열대 농업회사	**4,050**	**389**	**251**	**6.2**	**84**	**2.1**
싸캇	1,972		96	4.9	18	0.9
부돕	1,527	389	123	8	65	4.3
히엡호아	596		32	5.4	1	0.2
이하 농원·기업명만						
록닌	3,042	663	197	6.5	53	1.7
짱봄	1,701	443	1		43	2.5
빈록	901		69	7.6		
깜띠엠	**1,118**	**258**	**94**	**8.4**	**46**	**4.1**
띠엠	387	42	41	10.6	14	3.6
바지어 (Sicaf)	883				14	1.6
푸꾸옥	**537**	**354**			**2**	**0.4**
수잔나	510		2		16	3.1
수셰르	380		45	11.8		
벤꾸이	333	10	3	0.9		
고무 농업회사	**295**	**213**	**23**	**7.7**		
남부회사	236	4				
케르우엘라	**223**					
보이간하르	216	41	1	0.5	2	0.9
르브레	210		10	4.8		
프억호아	202		11	5.4		
꼬차익	107	26				
안록	171	45	28	16.4	14	8.2
타인뚜이하	137	49	3	2.2		
계		5,335	1,629	5.9	593	2.1

출전: L'Indochine, Revue économique d'Extreme Orient(월간, 1929년 4월 5일).

1920년대의 전성기에 개설된 초기의 농원에서는 이러한 노동자의 죽음이나 탈주가 빈발하였다. 〈표 7〉은 주요 농원의 노동자 수와 1928년 전기의 농원 도착자·탈주자·사망자 수의 일람이다. 탈주자는 전체의 6%가 약간 안 되지만, 미슐랭 농원의 탈주자는 대단히 많았다. 새로운 푸지엥 농원에서는 노동자의 24%가 탈주하였고, 사망률도 8.8%로 유달리 높았던 사실을 알 수 있다. 공식적으로 밝혀진 인도차이나 고무 농원의 사망자 총수는 1927년과 1928년이 가장 많은 1,225명 및 1,213명이었다. 공식 사망 원인의 대부분은 말라리아로 알려졌고, 노동자 학대에 의한 사망은 일절 기록이 없다. 또 1927년의 탈주자 3,000명 중 록닌(Lộc Ninh, 祿寧), 저우띠엥, 꽝러이(Quảng Lợi, 廣利)의 3개 농원이 전체의 4할을 차지하였다.

쩐뜨빈의 회상록에 의하면 농원에 도착해서 반년 정도 지난 무렵에 노동자들은 가혹한 노동 상황에 항의하거나 요구하고 부정을 재판소에 호소해도 헛일이라 생각하게 되었다. 그들은 별도의 투쟁 형태를 선택하였다. 삼림 채벌은 종료되고 고무 묘목을 식수하는 단계로 들어섰다. 변함없이 계속되는 노동 과중에 대해 그들은 감독이 눈치채지 못할 태업이나 작업 지연을 행하였다. 묘목의 이식 때는 3개에 1개 비율로 원뿌리에 흠을 냈다. 도망에 성공하는 자도 있었다. 점차 근처에 거주하는 사람이 그들을 구해주었기 때문이다. 도망은 단독 혹은 수 명, 때로는 10명을 넘는 그룹으로 행해졌다. 탈주 전에는 식량이나 성냥을 조금씩 모아 급여일을 기다려 실행하였다고 한다. 삼림을 빠져나가기 위한 도구도 잊지 않았다.

1928년에는 신문이 푸지엥 농원의 노동자 학대 기사를 게재한 것 때문에 농원 측 태도에 변화가 보였다. 노동자의 식사나 의복 제공이 개선되고 문화적 그룹 활동과 축구팀이 만들어졌다. 노동 의욕을 높이고 능률을 향상시키려고 감독자들도 궁리하는 모습이 보이게 되었다. 노동자들은 동맹파업을 통해 병원 침대 수의 증가, 비타민제의 배포, 감독자의 태도 개선, 작업 중의 안전한 음료수 확보, 유급 휴가 등을 쟁취해갔다.

3년째가 지나자 빠른 곳에서는 수액 채취 단계에 들어간 고무 숲도 나오기 시작하였다. 농원에서는 지배인이나 감독장의 교대가 행해져 일상의 관리는 안정되었다. 새로운 지배인은 1년의 반을 피서지나 사이공에서 지냈다. 농원 삼림 속에서 공산주의자들의 활동이 극비리에 시작되려 하고 있었다[24].

(3) 식민지 정부의 대응

푸지엥 농원의 노동 상황은 이전의 노동법에 비추어보면 고용주 측에 많은 위반이 있었던 것은 분명하다. 이러한 실태를 식민지 정부 측은 어떻게 파악하고 있었던 것일까? 프랑스의 해외 식민지 문서관에 남아 있는 인도차이나 노동감찰관의 시찰 보고서를 보자.

코친차이나의 노동 시찰은 1927년 1월의 코친차이나 장관의 정령에 따라 농원이 있는 지역을 12구(區)로 분할하여 통역을 동반한 노동감찰관이 각 구의 주요한 농원을 매년 1~3회씩 순회하는 방식으로 실시되었다. 1929년 4월부터 1년 사이에 36개 농원에서 합계 70회에 달했다(IGTI, 1930). 또 통킹 이사 장관(理事長官)의 요청에 따라 통킹의 노동감찰관 부이방도안(Bùi Bang Doan)도 1928년에 코친차이나 및 캄보디아의 고무 농원을 시찰하고 보고서를 제출하였다(GC, 1928). 더욱이 1927년 및 1929년

---

24 1929년 10월에 인도차이나 공산당 푸지엥 지부가 발족하였다. 수 명의 멤버가 숲속에서 은밀히 보내온 『유마니테(Humanite)』나 『청년해방(Thank nien Giai phong)』으로 학습하고, 지령을 받고 있었다고 한다.

6월 26일부터 8월 22일에는 노동 총감 들라마레(Delamarre) 자신이 순회 시찰을 행하였다(IGTI, op, cit).

쩐뜨빈의 회상록에는 그들의 푸지엥 농원 방문이 노동자 측에서 자세하게 묘사되어 있다. 시찰은 예고되어 준비를 했던 점, 감찰관의 권유대로 실상을 정직하게 고발한 노동자는 시찰 후에 농원에서 살해되어 버렸다는 점 등이다. 그러나 본국의 문서관에 남아 있는 감찰관들의 보고서를 읽으면, 농원에서의 노동자 학대 상황, 열악한 환경은 확실하게 기록되어 있다. 1928년 3월 2일에 푸지엥 농원을 시찰한 부이방도안은 환경이나 나쁜 기후는 물론이거니와 노동자의 취급, 노동 조건의 열악함은 이루 말할 수 없을 정도로, 감독자 쿨리 조장과 쿨리 간의 살상 사건이 끊이지 않는 사실이 알려져 있다는 점과 쿨리들이 '지옥'이라 부르고 있음을 기록한 것이다[25]. 들라마레나 부이방도안이 실시한 노동자 심문 기록도 본국 식민지성에 보내진 인도차이나 총독 문서 중에 첨부되어 있었다(GGI, 1929).

이 보고서들에서 시찰한 관리들이 심각한 노동 강제의 요인을 다음과 같이 생각한 것을 알 수 있다. 첫째, 개간에 할당된 노동자 수의 적음, 둘째, 베트남인의 관습이나 심정을 무시한 서구인의 노동 지령, 셋째, 쿨리와 감독자인 카이 사이의 적대 및 쿨리끼리의 불화이다. 마침 이 무렵에 인도차이나 전 지역에서 농업 조사를 실시하고 있던 이브 앙리(Yves Henry)는 고무 농원의 개발은 붐을 타고 인구가 희박한 토지에서 성대하게 행해졌지만 저임금으로 충분한 준비도 없이 개간을 너무 서두르고 있는 사실, 비용은 1헥타르당 2,000피아스터라고 알려져 있음에도 불구하고

25 부이방도안의 보고서에 고무 대농원주들은 반발하여 인도차이나 총독에게 재조사를 요구하였다. 이에 대해 코친차이나(Cochinchine franaise, 交趾支那) 장관은 시찰관 기록 대부분은 정확하며 공명정대한 보고서라고 주장하였다(GGI, 1928, 12~17쪽).

실제는 그 45~60% 정도로 억제되어 있었다는 사실을 기록하였다(Hennry. 1932. 556쪽). 1920년대의 국제 고무 가격은 1926년을 절정으로 하락 경향을 걷고 있었다. 농원 회사 그룹은 계약노동법에 따른 경영자의 부담 증가(적립금 제도 및 위생시설의 설치 규정 등에 의한)를 호소하고, 노동 총감의 권고를 거부하고 있던 것이다.

*　　*　　*

세계상품으로서의 고무는 20세기 초에 동남아시아에서 파라고무나무의 재배화가 성공한 것을 계기로, 농원에서의 대량생산 방식으로 변화해갔다. 자동차, 항공기 등에 불가결한 타이어나 친근한 일상품의 원료로서 천연고무의 생산은 현대 우리들의 삶과 밀접히 연결되어 있다. 고무 농원 생산의 역사를 거슬러보면 구미의 식민지 지배를 받았던 동남아시아 여러 사회의 변모를 알게 된다. 유럽 자본의 본격적인 활용으로 인해 열대의 원시림은 벌채되어 세계 상품을 만들어내는 대농원지대로 개조되었다. 개발에 필요한 노동력으로서 인도나 중국, 자바 등에서 대량의 사람들이 모집되어 다양한 인종·민족으로 편성된 복합사회가 출현하였다.

본 장에서는 천연고무의 농원 생산에 관하여 영국령 말라야, 네덜란드령 동인도, 프랑스령 인도차이나의 각 상황에 초점을 맞추면서 비교를 시도하였다. 그로 인해 식민지 통치의 각 특징, 유사점이나 차이를 얼핏 엿볼 수 있었다. 현지인에 의한 소농 경영이 발전한 영국령과 네덜란드령의 식민지 사회에 비해, 프랑스령 인도차이나에서는 배타적인 프랑스 자본에 의한 대농원 회사가 생산을 독점하였다. 농원 개발을 위한 계약 쿨리를 둘러싼 노동법은 정비되었지만, 그 실태를 보면 자본의 논리가 인권에 우선하던 진실을 식민지라는 거울은 멋들어지게 비추고 있었다. 기간제 계약 노동은 영국령 말라야에서는 1913년에, 네덜란드령 인도에서는 법률상은 1911년부터 금지되고 실질적으로는 1930년에 폐지되었다. 전통 식민지 제국에 비해 프랑스령 인도차이나의 '후진성' 또한 분명하다고 할 수밖에 없는 것이다.

참고문헌

池田年穂,「セイロンにおけるコーヒー·プランテーション労動力の調達をめぐる諸問題」,『史学』51巻3号, 95~108쪽.

加納啓良,『現代インドネシア経済史論 輸出経済と農業問題』, 東京大学東洋文化研究所発行, 東京大学出版会, 2003.

こうじゃ信三,『天然ゴムの歴史 へベア樹も世界一周オデッセイから「交通化社会」へ』, 京都大学学術出版会, 2013.

権上康男,『フランス帝国主義とアジア-インドシナ銀行史研究』, 東京大学出版会, 1985.

重松伸司,『国際移動の歴史社会学-近代タミル移民研究』, 名古屋大学出版会, 1999.

高田洋子,「フランス植民地インドシナのゴム農園における労働問題」,『総合研究』第2号, 1988, 47~95쪽.

高田洋子,『メコンデルタの大土地所有 無主の土地から多民族社会へ フランス植民地主義の八〇年』, 京都大学東南アジア研究所地域研究叢書27, 京都大学学術出版会, 2014.

高田洋子,「仏領インドシナのゴム農園開発と労働力 紅河デルタ農村における契約苦力の募集を中心に(一), (二)」,『敬愛大学国際研究』第29号, 2016, 29~61쪽; 第31号, 2018, 1~36쪽.

山田秀雄,「ネグリ·センビラン州ノ土地制度ト村落農民」, 馬来軍政監部調査部,『馬来調資別册』, 1944, 235~324쪽.

Allen, G. C. and Donnithorne, A. G., *Western Enterprise in Indonesia and Malaya, A Study in Economic Development*, London: George Allen &

Unwin Ltd, 1957.

Annuaire du Syndicat des Planteurs de Caoutchouc de l'Indochine (ASPCI), Saigon, 1931.

Bos, Mourice, "Le developpement et l'avenir des plantations de caoutchouc en Indochine" (Extrait de la *Revue générale du Caoutchouc*, no. 125, 1936).

Bourbon, A., *Le Redressement économique de l'Indochine, 1934~1937*, Lyon, 1938.

Bulletin du Syndicat des Planteurs de Caoutchoucs de l'Indochine (BSPC), 1938, 1941.

Bunout, René, *La Main-d'æuvre et la législation du travail en Indochine*, Bordeaux, 1936.

Butcher, John G., *The British in Malaya, 1880~1941, The Social History of an European Community in Colonial South-East Asia*, Oxford University Press, 1979.

Camus, J. J., *L'Oeuvre humaine et sociale daus les plantations de caoutchouc d'Indochine*, Saigon, 1949.

Chevalier, A., "Généalites sur l'Hévéa", in Gouvernement général de l'ndochine, *L 'Hévéa en Indochine*, Saigon, 1918.

Comité national des conseillers du commerce extérieur de la France, Conférence du commerce colonial, *Le Caoutchouc*, rapport de M. W. Hausser, Paris, 1933.

Federated Malay State, *Perak Administration Report for the Year* 1931, Kuala Lumpur, 1932.

Le Gouverneur de la Cochinchine (GC), "A. S. du rapport de mission en Cochinchine de M. L'An-Sat, Bui Bang Doan" (à Monsieur de Resident Superieur au Tonkin), No. 106-C, Saigon, le septembre 1928 (Archives Nationales, Section d'Outre-Mer: Affaires economiques : Main d'oeuvre, Indochine, Carton 25).

Le Gouvernement Général de l'Indochine (GGI), *L' Hévéa en Indochine, Note et Observations*, Saigon, 1918.

Le Gouvernement Général de l'Indochine (GGI), "A. S. de la reglementation sur la protection de la main d'oeuvre et de son recrutement" (à M. le Ministre des Colonies), Hanoi, le 17 Decembre 1928 (AN, SOM: Affaires éonomiques; Main d'oeuvre, Indochine, Carton 25).

Le Gouvernement Général de l'Indochine (GGI), "Main d'oeuvre en Indochine" (à M. le Ministre des Colonies), Saigon, le 2 Septembre 1929 (AN, SOM: Affaire économiques ; Main d'oeuvre, Indochine, Carton 26).

Le Gouvernement Général de Indochine (GGI), *Résumé Statistique relatif aux Années 1913 à 1940*, Hanoi, 1941.

Henry, Yves, *Économie agricole de l'Indochine*, Hanoi, 1932.

Ho Hai Quang, "Le Role des investissements français dans la création du secteur de production capitaliste au Viet-Nam meridional" (Thèse pour le Doctorat d' État et Sciences Économiques presentée et soutenue publiquement), Juin 1982.

Inspection général du Travail de l'Indochine (IGTI), "Rapport sur l'émigration et l'immigration ouvrière en Indochine et L'immigration chinoise", 1930 (AN, SOM: Affaires éonomiques ; Main d'oeuvre, Indochine,

Carton 26).

International Labour Office, "Labour Conditions in Indochina," *Studies and Reports* Series B, No. 26, 1938, Geneve. (国際労動局 編, 南洋経済研究所 訳,『印度支那労働調査』, 栗田書店, 1942).

Joss Carlos de Macedo Soares, *Le Caoutchoucs, Étude économique et Statistique*, Paris, 1928.

Kato, Tsuyoshi, "When Rubber Came: The Negeri Sembilan Experience," *Tonan Ajia Kenkyu (Southeast Asian Studies)*, Vol. 29, No. 2, 1991.

(de) Montaigut, Fernand, *La Colonisation française dans l'est de la Cochinchine*, Limoges: Imprimerie Commerciale Perrette, 1929.

Murray, Martin, J., *The Development of Capitalism in Colonial Indochina (1870~1940)*, Berkeley and Los Angeles, California: University of California Press, 1980.

Ngo Van Hoa, "Vấn dê hinh thuc boc lot tien tu ban chu nghia cua tu ban thuc dan Phap voi giai cap cong nhan Viet-nam," *Nghien Cuu Lich Su*, No. 157, Hanoi, 1974. (ゴー·ヴァン·ホア 著, 高田洋子 訳,「ラフンス植民地資本のベトナム労働者階級に対する前資本主義的搾取形態について」,『国際関係学研究』4, 1978).

Panthou, Eric, *Les Plantations Michelin au Viet-nam*, La Galipote, 2013.

Stoler, Ann Laura, *Capitalism and Confrontation in Sumatra's Plantation Belt, 1870~1979*, New Haven: Yale University Press, 1985. (アン·ローラ·ストーラー 著, 中島成久 訳,『プランテーションの社会史-デリ 一八七〇-一九七九』, 法政大学出版局, 2007).

Tran Tu Binh, *The Red Earth, A Vietnamese Memoir of Life on a Colonial*

Rubber Plantation (translated by Jonh Spragens, Jr., edited by David G. Marr), Ohio University, 1985.

Vaxelaire, *Le Caoutchouc en Indochine*, Hanoi, 1939.

6장

반도체
현대 생활에 불가결한 존재

• 니시무라 요시오(西村吉雄) •

1. 21세기 초의 반도체

(1) 반도체가 사람과 사람을 연결하다

21세기 초인 현재, 전 세계 어디에서든 사람은 휴대전화나 스마트폰을 몸에 지니고 있다. 스마트폰의 내용물은 대부분이 반도체이다. 전화를 걸 때, 전자 메일을 주고받을 때 우리는 반드시 반도체의 신세를 진다. 반도체가 사람과 사람을 사실상 연결하고 있다.

우리 주변에 있는 공업제품에는 이제 대체로 반도체가 내장되어 있다. 그러나 인류가 반도체를 본격적으로 활용하게 된 것은 20세기 후반 이후이다. 그래서 '물품이 잇는 세계사' 속에서 반도체 역사는 1세기도 채 못 된다. 그렇지만 그 얼마 안 되는 역사 동안 반도체 없이는 인류의 삶이 성립할 수 없게 되어버렸다.

(2) 물질로서의 반도체와 기기(device)로서의 반도체

물질로서의 반도체가 지니는 특징은 전기의 흐르는 방식이 어중간하다는 점이다. 금속처럼 전기를 잘 흘려보내는 물질을 양도체(良導體) 혹은 도체(導體, conductor)라고 한다. 전기가 전혀 흐르지 않는 물질은 절연체(絶緣體, insulator)라고 부른다. 양도체만큼 전기를 잘 흘려보내는 것은 아니지만, 절연체처럼 전혀 흐르지 않는 것도 아닌 것이 반도체(semiconductor)이다.

반도체는 전기 흐르는 방식이 어중간한 까닭에 인위적으로 바꾸는 것이 가능하다. 예를 들어 반도체에 조금만 다른 물질(불순물)을 혼합하면 전기가 흐르는 방식이 크게 변한다. 전기가 흐르는 방식을 인위적으로 바꾸기 쉬운 성질이 반도체가 지닌 이용 가치의 원천이다. 물질로서의 반도체를 사용하고, 불순물이나 형상 등을 잘 궁리하면 인간에게 유용한 기능을 실현할 수 있다. 이렇게 해서 반도체에 유용한 기능을 갖게 한 장치를 반도체 장치(semiconductor device)라고 부른다. 본 장의 대상은 주로 이 반도체 장치이다. 물질로서의 반도체는 필요에 따라 조금 언급하는 데에 그치겠다.

더욱이 본 장에서는 트랜지스터나 집적회로(IC=Integrated Circuit) 등의 정보처리 장치로 대상을 좁히겠다. 역사가 오래되고 경제적으로 가장 중요한 반도체 장치이기 때문이다. 반도체 장치 속에는 가령 발광 다이오드(LED=Light Emitting Diode)나 반도체 레이저와 같이 빛을 발하는 기기가 있다. 또한 역으로 태양전지나 이미지 센서와 같이 빛을 전기로 교환하는 기기도 있다. 이것들은 21세기에 존재감을 키워가고 있다. 하지만 지면 관계로 본 장에서는 생략한다.

2. 트랜지스터 개발

(1) '진공관을 대체할 다른 무언가'를 원한다

최초의 본격적 반도체 장치는 역시 트랜지스터였다. 트랜지스터는 전화 시스템을 개혁하려는 노력 속에서 생겨났다.

전화 사업은 1877년에 미국에서 시작되었다. 그 해 알렉산더 그레이엄 벨(Graham Bell)이 전화회사[Bell Telephone Company]를 설립하였다. 이 회사는 20세기 초에 AT&T(American Telephone & Telegraph)가 되었고, 또한 1925년 벨 전화연구소(Bell Telephone Laboratories)를 별도의 회사로 설립하였다. 동 연구소는 후에 벨 연구소(Bell Laboratories)로 개칭된다. 본 장에서는 이하 벨 연구소라고 적는다. 이 벨 연구소가 트랜지스터 개발의 무대가 되었다.

벨 연구소에서 트랜지스터 개발을 지휘하고, 프로듀서 역할을 한 것은 머빈 켈리(Mervin Joe Kelly)였다. 켈리는 당시의 전화 시스템에 두가지 불만을 품고 있었다. 그 하나는 진공관에 대한 불만이다.

AT&T는 1915년에 뉴욕과 샌프란시스코 사이의 대륙 간 횡단 통화에 성공한다. 이것을 실현한 것은 막 만들어진 진공관이었다(가트너, 2013, 30~34쪽). 진공관의 기능은 요약하자면 '증폭'이다. 증폭이란 전기신호의 형태를 손상하지 않고 그 에너지를 크게 하는 것을 말한다. 진공관에 의한 전기신호의 증폭이 실현된 것은 1912년이다. 이 진공관을 사용한 증폭기를 전화 중계기에 끼워 넣고, 이 중계기를 여러 개 배치함으로써 대륙 간 횡단 통화가 가능해졌다.

그러나 이 진공관이 전화 시스템에서 근심의 씨앗이 되었다. 통화 거리가 멀어지면 몇 단계나 중계가 필요하다. 당연히 진공관의 수가 증가한다. 그러나 진공관은 오랫동안 사용하면 백열전구와 마찬가지로 끊어져 버린다. 켈리는 1928년에 벨 연구소의 진공관 부장에 취임하면서 진공관의 약점을 꿰뚫어 보았다.

한편 AT&T는 1930년대 당시 미국 전화 사업을 독점하고 있던 관계로, 세계 어디에서도 통화할 수 있는 전화망 구축을 정부로부터 강요받고 있었다(핏서, 2000, 68쪽). 그러나 그러한 광역 전화망을 진공관으로 구축하는 것은 어렵다. 켈리는 "진공관을 대체할 다른 무언가"를 애타게 바라고 있었다(가트너, 2013, 46쪽).

(2) 교환기의 금속 접점 스위치를 무접점의 전자장치로

켈리는 또 하나, 교환기의 금속 접점 스위치에도 불만을 품었다. 교환기는 송신자와 수신자를 전선으로 연결하는 장치이다. 연결하려면 몇 개나 되는 스위치를 개폐하지 않으면 안 된다. 처음에는 전화 교환수가 손으로 스위치를 조작하였다. 전화 가입자가 늘고, 통화 거리가 멀어지면 몇 단계나 되는 교환 조작이 필요하게 된다. 당연히 시간이 걸린다. 먼 곳에 전화를 걸려면 연결될 때까지 오래 기다리게 된다.

이 상황을 해소하려고 자동교환기가 도입되었다. 자동교환기에는 금속 접점 스위치가 대량으로 있다. 기계식으로 움직이는 장치로, 늦고 유지보수(maintenance)가 성가시다. 이것을 전자적인 스위치로 치환하고 싶다고 켈리는 생각하였다. 켈리는 1936년에 연구 디렉터로 승진하고 양자역학을 배운 박사과정 수료자를 몇 명 스카우트하였다. 그중의 한 사람이 윌리엄 쇼클리(William Shockley)였다. "교환기 속의 금속 접점 스위치를 무접점의 전자장치로 교체하고 싶다." 신인의 쇼클리에게 켈리는 열정적으로 말하였다(Shockley, 1976).[01]

(3) 켈리의 두 개의 생각 중 하나만이 실현되어 가다

'진공관을 대체할 다른 무언가', '금속 접점 스위치를 무접점의 전자장치로 바꿔놓는 것', 이 두 가지가 1930년대의 켈리의 바람이었다.

그런데 트랜지스터 개발 과정은 전자, 즉 '진공관을 대체할 다른 무언가'를 실현하는 이야기로서 회자되어왔다. 후자의 '금속 접점 스위치를 무접점의 전자장치로 교체한다'라는 이야기는 어떻게 되었을까?

실은 트랜지스터가 실현되어도 금속 접점 스위치는 없어지지 않았다. 그 때문에 '금속 접점 스위치를 무접점의 전자장치로 교체한다'라는 말은 트랜지스터의 성공 신화로는 성립하지 않는다. 이에 대해 '진공관을 대체할 다른 무언가'로서 트랜지스터는 우수하였다. 트랜지스터는 착실히 진공관을 치환해갔다.

트랜지스터 개발은 나중에 벌어진 현실에 맞게 미담으로서 역사가 이야기된 것은 아니었을까. 그러나 본 장에서는 켈리의 또 하나의 생각에 경의를 표하고 금속 접점 스위치가 걸어온 역사도 최후에 다루려고 한다.

---

01 이때 켈리의 말에는 이설이 있다. "진공관과는 완전히 다른 원리의 증폭기를 생각해보기 바란다." 켈리는 그렇게 말했다고 기쿠치 마코토(菊池誠)는 기록하였다(菊池, 1992, 40~50쪽). 하지만 이것은 쇼클리 자신의 기록(Shockley, 1976)과도, 또 쇼클리의 인터뷰 기록(가트너, 2013, 63~64쪽)과도 다르다. 이들 기록에서 켈리가 강조한 것은 '금속 접점 스위치를 전자장치로 교체한다'는 것의 중요성이다. 진공관은 언급하고 있지 않다. 그렇다고는 하지만 켈리가 진공관에 불만을 품고 있고, 진공관을 대신하는 '다른 무언가'를 바라고 있던 것도 분명하다. 일시는 어찌 되었든, 켈리가 쇼클리에게 '진공관과는 완전히 다른 원리의 증폭기를 생각해 보기 바란다'라고 말했을 가능성은 있다.

(4) 반도체로 증폭을 실현 – 트랜지스터의 탄생

제2차 세계대전 종료 직전인 1945년 7월에 켈리는 새로운 고체 연구 그룹을 조직하고, 쇼클리를 책임자로 앉혔다. 월터 브래튼(Walter Houser Brattain), 존 바딘(John Bardeen)도 이 그룹에 가담하였다.

쇼클리 등은 재료로 게르마늄과 실리콘을 선택한다. 전시 중의 연구를 통해 고순도의 것을 얻을 수 있었고, 불순물 제어도 진행되고 있었기 때문이다(가트너, 2013, 98~99쪽).

쇼클리 등은 실패를 거듭하였다. 이윽고 바딘이 실패 원인을 추측한 모델을 주장하였다. 이 모델을 검증하고자 브래튼은 게르마늄 조각에 금속선 두 가닥을 세운 실험을 하였다. 이 실험 과정에서 증폭이 관찰되었다(1947년 12월 16일). 이 새로운 반도체 장치는 트랜지스터(transistor)라고 명명되었다.

최초로 증폭을 실현한 '접점촉형 트랜지스터(接點觸型, point contact transistor)'는 공업화에는 부적합한 구조였다. 그것을 간파한 쇼클리는 곧 '접합형 트랜지스터(junction transistor)'를 설계하였다(1948년 1월 23일). 실험적으로 접합형 트랜지스터가 실현된 것은 1949년 4월 7일이고, 외부 시연은 1951년이었다(Shockley, 1976). 트랜지스터의 공업화는 접합형 트랜지스터에 의해 성취되어갔다.

(5) 트랜지스터는 리니어(linear) 모델의 성과는 아니다

트랜지스터는 연구소의 기초연구 성과로 여겨지는 것이 많다. 그러나 트랜지스터가 기초에서 응용으로라는 순서(이른바 리니어 모델)로 일이 이루어진 것은 아니다. 산업적·사회적 가치(광역 전화망 구축)가 선행하였다. 실현하기에 어려운 문제(진공관을 대신할 새로운 증폭기의 개발)를 해결하지 않으면 안 되었다. 그래서 이 문제 해결에 어울릴만한 인재를 모집하였다. 문제 해결에 필요하다면 어떠한 기초연구도 마다하지 않았다. 이러한 자세로부터 트랜지스터는 태어났다.

후일 '모드 2'라고 이름 붙여진 지식생산양식(기본즈 외, 1997)에서는 먼저 해결해야 할 문제를 설정하고, 그 문제 해결을 위해 분야를 초월하여 인재를 모집한다. 트랜지스터 개발 과정은 '모드 2'적(的)이었다.

(6) 트랜지스터로 라디오를 만들다

트랜지스터 관련 특허는 1950년대 초 라이선스 요금 2만 5,000달러로 공개되었다. 그러나 응용은 좀처럼 확대되지 않았다. 가동 속도가 늦었기 때문이다. 저속으로도 사용하는 보청기가 트랜지스터 초기의 주요한 용도였다.[02] 그러나 일본 기업이 트랜지스터로 라디오를 실현하였다. 이로써 트랜지스터가 공업화로 비약적으로 발전하게 된다.

'트랜지스터를 상품에 사용한다면 라디오이다', 이부카 마사루(井深大)는 그렇게 생각했다(井深, 1968). 이부카는 도쿄통신공업(東京通信工業, 후의 소니) 창업자의 한 사람으로, 당시는 사장이었다. 소니의 기술자는 라디오에 사용할 수 있을 정도로 성능을 높인 트랜지스터를 단기간에 만들어낸다.

---

02 보청기에 일찍부터 트랜지스터가 채용되었던 이유는 그 밖에도 있다. 보청기를 연구하는 기업에는 특허가 무상으로 공여되었다. AT&T의 창업자 벨에 경의를 표하기 위해서였다. 벨은 생애 내내 청각장애자를 지원하였다(가트너, 2013, 131쪽).

트랜지스터라디오는 미국에서 잘 팔렸다. 1955년에 소니는 트랜지스터 양산을 시작하였다. 이후 각 회사의 양산체제가 갖추어져 일시적이기는 하지만 일본이 세계 제일의 트랜지스터 생산국이 되었다(『전자공업 20년사』, 일본 전자 기계 공업회, 1968, 111쪽).

3. 트랜지스터에서 집적회로로

(1) 게르마늄에서 집적회로로

세계 생산 1위가 된 당시의 일본제 트랜지스터 재료는 게르마늄이었다. 그러나 같은 시기 미국에서는 실리콘으로의 전환과 후일의 집적회로(IC=Integrated Circut)로 이어지는 기술 개발이 진행되었다. 실리콘 트랜지스터는 1954년에 텍사스 인스트루먼츠(Texas Instruments=TI)가 개발하였다.

트랜지스터 재료가 실리콘이라면 실리콘 표면에 화학적으로 안정된 산화물의 얇은 막(산화막)을 형성할 수 있다. 산화막이 불순물 확산의 차단막(mask)이 되는 것, 산화막에 틈을 내면 증착 전극(蒸着電極)[03] 형성에 사용할 수 있는 것 등 후일의 표준기술을 벨 연구소의 칼 프로쉬(Carl Frosch)가 개발하여 1956년에 학회에서 발표하였다.

03 (역자주) 증착은 진공 상태에서 금속이나 화합물 따위를 가열 증발시켜 그 증기를 물체 표면에 얇은 막으로 입히는 것.

(2) 실리콘 밸리에서 플레이너 프로세스(planar process)[04]가 개발되다

트랜지스터 개발의 중심이었던 쇼클리는 1955년 벨 연구소를 떠나 쇼클리 반도체연구소 소장에 취임하였다. 동 연구소는 캘리포니아주 마운틴뷰(Mountain View)에 설립되었다. 실리콘밸리가 이렇게 시작된다.

쇼클리 반도체연구소의 로버트 노이스(Robert Noyce)는 전기의 산화막 기술에 관한 프로쉬의 학회 발표를 들었다. 이 기술로 트랜지스터가 만들어지리라고 확신한 노이스는 트랜지스터를 만들고 싶어졌다(노이스, 1981). 이윽고 노이스 등 8인은 쇼클리를 '배신'하고 1957년 페어차일드 반도체(Fairchild Semiconductor)를 창립하였다.

'배신자 8인' 중 한 사람인 진 호에니(Jean Hoerni)는 산화막 기술을 활용하여 플레이너 프로세스를 개발, 1959년 5월에 특허 출원하였다. 이 제조법에서는 트랜지스터 제조하는 중에 실리콘 표면이 항상 산화막으로 덮여 있다. 이것이 트랜지스터 안정화에 공헌하였다. 게다가 조금 뒤인 1959년 7월에는 증착(蒸着)에 의한 전극 형성 기술을 노이스가 특허 출원하였다.

이렇게 트랜지스터는 가동이 안정되어 고성능 반도체 장치로 널리 사용되면서 진공관을 교체해갔다. 트랜지스터 개발 목적의 하나였던 전화 중계기로도 진출하였다.

플레이너 프로세스에 의해 페어차일드는 실리콘밸리에서 최초로 대성공한 반도체 회사가 되었다. 또 페어차일드에 근무한 후 스스로 창업하는 사람들이 잇따랐다. 노이스 자신도 1968년에 인텔(Intel)을 창업한다.

---

04 (역자주) 반도체 장치 제조 공정 중에서 pn 접합을 만들기 위한 방법.

(3) 집적회로의 등장

플레이너 프로세스에 의해 트랜지스터는 1개씩 만들지 않아도 되었다. 실리콘의 얇은 판(웨이퍼, wafer)에 상당수의 트랜지스터를 한꺼번에 제작해버린다. 그것을 후에 조각조각 분리하여 하나씩의 트랜지스터로 만든다. 그렇다면 차라리 개개의 트랜지스터를 분리하지 않고, 다른 부품도 함께 실리콘 웨이버에 만들어 넣고 배선하여 회로로 만들자는 사고방식이 나왔다. 이것이 집적회로이다.

TI의 잭 킬비(Jack St. Clair Kilby)가 집적회로에 근접한 것을 가동시킨 것은 1958년 9월 12일이다(Kilby, 1976). 그러나 킬비가 사용한 제조 방법은 실용적이지 못했다. 제품으로서의 집적회로는 노이스 등의 플레이너 프로세스로 만들어지게 된다. 특히 금속 증착에 의한 전극 형성이 커다란 역할을 하였다. 이것은 알루미늄을 증착하고 이후 필요치 않은 부분을 제거하여 모든 전극으로 만드는 기술이다(노이스, 1981).

1960년대에 들어서면 집적회로의 상업 생산이 시작되었다. 집적회로가 아닌 개개의 반도체 장치를 집적회로와 구별할 때는 개별(discrete) 반도체 장치라고 부른다. 처음에는 개별 반도체 장치 쪽이 산업 규모가 컸다. 그러나 이윽고 집적회로의 고도성장이 시작되었다. 현재는 집적회로 쪽이 개별 반도체 장치보다 산업 규모가 훨씬 크다.

(4) 바이폴라(bipolar)에서 MOS로

이러한 반도체산업의 주역 교대를 '트랜지스터에서 집적회로로'라고 표현하는 경우가 있다. 그렇다고는 하지만 트랜지스터가 집적회로의 주요

구성요소라는 점에 변함은 없다. 다만 집적회로 내의 트랜지스터 구조에는 변화가 있었다. MOSFET라고 불리는 트랜지스터가 집적회로에서 주역이 되어갔다. 쇼클리 등이 개발한 원래의 트랜지스터를 MOSFET와 구별할 필요가 있을 때는 바이폴라 트랜지스터(bipolar transitor)라고 부른다.

FET(Field Effect Transistor), 즉 전계효과(電界效果) 트랜지스터는 개념으로서는 오래된 장치이다. 그러나 좀처럼 만들지 못했다. 그것이 1960년대가 되어 다양한 기술 진보의 결과 마침내 실현되었다. 그중에서도 MOS형이 주류가 되어갔다. MOS는 Metal-Oxide-Semiconductor의 생략형이다.

MOS 구조에 의한 전계효과 트랜지스터이기 때문에 MOSFET라 부른다. 플레이너 프로세스로 제조하는 데에 적합한 구조이고, 게다가 미세화에 알맞다. 이 때문에 집적회로 속의 트랜지스터는 이제는 거의 MOSFET이다.

(5) 집적회로의 규모는 무어의 법치에 따라 증대

집적회로는 최근에는 직경 30cm에 달하는 실리콘 판(웨이퍼)에 수십에서 수백 개 정도를 만들어 넣는다. 개개의 집적회로(칩이라 부른다) 크기는 두께는 1mm 이하, 길이는 수 mm로부터 수 cm까지이다.

집적회로의 제조기술 진보라는 것은 하나의 칩 속에 될 수 있는 한 많은 회로를 집적한다는 것이다. 그러려면 가공 치수를 작게 한다(미세화). 그것은 칩의 대규모화(트랜지스터를 비롯한 구성요소 수의 증대)로 이어지는 길이기도 하였다.

노이스와 함께 인텔을 창업한 고든 무어(Gordon Moore)는 그 대규모화의 경향을 경험적으로 정리하였다. 이 경험 법칙이 후에 무어의 법칙이라고 불린다. 원논문(Moore, 1965)에서는 집적회로의 1개 칩에 심는 소자

(素子) 수는 약 1년에 2배가 된다고 한다. 단 이것은 집적회로산업의 극히 초기 경향이었다.

그 후 업계의 표준적인 표현으로 무어의 법칙은 18개월에 2배'로 여겨지는 일이 많아졌다. 18개월에 2배는 3년에 4배에 상당한다. 메모리라면 하나의 칩의 비트 수가 3년에 4배의 비율로 늘어간다. 3년에 4배는 10년에 100배이다. 이것은 오랫동안 들어맞아, 무어의 법칙이 지닌 권위를 높였다.[05]

집적밀도를 높여도 하나의 칩 가격은 평균을 내리면 그다지 변하지 않았다. 따라서 단위 기능의 가격, 메모리라면 1개 비트당 가격은 10년에 1/100로 떨어진다. 사회에 대한 집적회로의 영향력이 커진 배경에 이 무어의 법칙이 있다.

(6) 집적회로 기술에 내재하는 본질적 모순

집적 규모가 커지면 칩 하나의 기능이 늘어난다. 예를 들어 전자계산기라면 1개의 집적회로 칩으로 전자계산기의 기능 전부를 감당할 수 있다. 그러면 이 칩은 전자계산기 이외의 용도로는 사용할 수 없게 된다. 제조기술의 진보는 칩의 범용성을 없애는 것이다.

한편으로 집적회로의 제조 방법은 어떻게 보더라도 같은 것을 대량으로 생산하는 방향으로 향하고 있다. 한번에 같은 것을 대량으로 만들 수 있기에 1개당 제조 비용을 싸게 할 수 있는 것이다. 하지만 그것은 많이 팔릴 때의 이야기이다. 집적 규모가 커지면, 아무런 조치를 취하지 않았을때

---

05 무어 자신이 '18개월에 2배'라고 발언한 일은 없다고 한다. '18개월에 2배'가 어째서 업계에 퍼졌는지는 여러 가지 설이 있어 확정적인 것은 말할 수 없을 것 같다. 이 문제도 포함하여 무어의 법칙에 관해서는 (福田, 2017)이 상세하다.

개개의 칩의 팔리는 수는 적어진다.

제조 기술이 진보함에 따라, 집적회로는 그 진보된 제조 기술에 부적합한 제품이 되어간다. 이 모순은 본질적이어서, 집적회로인 한 항상 따라다닌다(西村, 1995).

이 모순에 대한 발군의 해결책이 1970년대 초에 등장한다. 마이크로프로세서(microprocessor)이다. 그러나 마이크로프로세서에 관해 서술하려면 시대를 한 차례 트랜지스터 개발 무렵까지 거슬러 올라가야만 한다.

4. 프로그램 내장 방식 컴퓨터와 디지털화

(1) 제2차 세계대전 중에 고속 전자계산기 개발이 시작되다

20세기 전반이 끝나려 할 무렵, 트랜지스터와 컴퓨터가 거의 동시에 새로 태어났다. 양자의 탄생이 동시였던 것은 운명적이었다. 양자의 상성은 대단히 좋아서 서로 자극하고 서로 의지하면서 함께 발전하였다. 20세기 후반 이후의 산업계는 분야를 따지지 않고 양자가 차지하는 비중이 커졌다.

제2차 세계대전 중인 1943년에 미국의 펜실베이니아대학 전기공학과에서 고속 범용 전자계산기 ENIAC(Electronic Numerical Integrator And Computer) 개발 프로젝트가 시작되었다. 계산기의 기본 부품은 광의의 스위치이다. 전자계산기 이전에는 기계적으로 움직이는 부품이 그 역할을 하였다. 그 역할을 진공관이나 트랜지스터 등의 전자장치로 교체한 것을 전자계산기라 할 수 있다.

전자식으로 만들게 된 동기는 고속화이다. ENIAC의 목적은 전쟁 수행을 위한 고속 계산을 가능하게 하는 것이었다. 그러나 ENIAC은 제2차 세계대전 중에는 완성되지 못했다. 가동이 확인된 것은 전쟁 직후인 1945년 12월이었다.

ENIAC의 계산프로그램은 유연성이 부족했다. 프로그램을 바꾸려면 배선을 바꿔 연결하지 않으면 안 되었다. 이것만으로는 부족다는 것을 그룹 사람들은 곧바로 알아차렸다.

(2) 프로그램 내장 방식의 형성

ENIAC 팀은 프로그램의 유연성을 찾아 프로그램 내장 방식에 도달하였다. 현재의 컴퓨터는 전부 이 방식에 근거해 가동된다. 퍼스널 컴퓨터(personal computer)로 문장을 쓸 때, 예를 들면 워드를 가동한다. 도중에 궁금한 단어가 나와 인터넷으로 검색하고 싶어진다. 그러면 검색 프로그램을 시작한다. 이때 퍼스널 컴퓨터, 즉 하드웨어는 같은 것을 계속 사용한다.

이러한 일이 가능한 것은 워드나 검색 프로그램 등의 소프트웨어가 컴퓨터 메모리 속에 준비되어 있기 때문이다. 프로그램을 사전에 시스템 내장메모리에 넣어두고 프로세서(처리장치)가 메모리에서 프로그램을 읽어 들여 순차적으로 처리를 실행한다. 이것이 프로그램 내장 방식이다. 다른 일을 하고 싶으면 프로그램을 바꾼다. 하드웨어는 손대지 않아도 된다.

처리 대상이 되는 데이터만이 아니라 처리 절차(프로그램)도 디지털화해서 고쳐 쓰기 가능한 내장메모리에 저장한다. 시스템이 프로그램을 내장하므로 프로그램 내장 방식이라는 이름이 있다. 프로그램을 시스템 내에 축적하므로 축적 프로그램 방식이라고도 부른다. 영어는 stored program이다.

데이터와 프로그램을 동일한 메모리에 넣으려면 데이터와 프로그램의 표현 형식을 공통으로 해야만 한다. 구체적으로는 쌍방 모두 디지털신호로 표현된다.

디지털화하면 수치, 문자, 음성, 화상 등을 통일적으로 조작할 수 있다. 그러나 이는 데이터(처리 대상)의 디지털화라는 말이다. 프로그램 내장 방식에서는 데이터만이 아니라 프로그램(처리 절차)도 디지털화된다. 그렇게 되면 프로그램을 다른 프로그램으로 조작하는 것이 가능해진다. 이 가능성이야말로 컴퓨터를 만능의 기계로 만드는 방향으로 길을 연 것이다(能澤, 2003, 250~251쪽).

(3) 프로그램 내장 방식이 하드웨어를 범용적인 것으로 만들다

프로그램 내장 방식의 하드웨어는 프로세서와 메모리로 이루어진다. 이 하드웨어는 범용적이다. 일의 내용이 바뀌어도 하드웨어를 바꿀 필요는 없다.

일의 내용이 바뀌면 프로그램을 바꾸면 된다. 프로그램이라는 것은 소프트웨어이다. 하드웨어는 범용으로 해두고 개별 업무에는 소프트웨어로 대처한다. 이것이 프로그램 내장 방식의 본질이다.

5. 마이크로프로세서(microprocessor)

(1) 프로그램 내장 방식으로 집적회로를 범용화

프로그램 내장 방식과 트랜지스터는 모두 1940년대 중엽에 탄생하였다. 양자는 1970년대 초 반도체 칩 상에서 합체한다. 이것이 마이크로프로세서이다.

이미 서술한 것처럼, 프로그램 내장 방식은 컴퓨터의 하드웨어를 범용으로 한다. 마이크로프로세서는 반도체 칩에 심은 프로그램 내장방식 컴퓨터이다. 그래서 마이크로프로세서는 범용의 집적회로이다. 반도체 기술이 어려워하는 다품종 소량생산을 하지 않아도 된다. 즉 앞에서 서술한 집적회로 기술의 본질적 모순을 마이크로프로세서는 해결해주는 것이다.

(2) 마이크로프로세서 개발은 미·일 벤처기업의 공동 작업

마이크로프로세서의 개발이 진행된 1970년 전후 수년간은 반도체의 역사를 양분하는 시기였다. 앞에서 소개한 MOSFET가 집적회로의 주역이 되었다. 그리고 집적회로의 규모가 대규모 집적회로(LSI=Large-Scale Integrated circuit) 단계에 달하였다. 또 반도체 메모리가 실용화되었다.

이러한 시대 배경 하에 프로그램 내장 방식의 정보처리를 LSI 칩으로 실현하려는 시도가 각처에서 시작되었다. 특허 출원도 잇따랐다. 일설에는 500명의 마이크로프로세서 발명자가 있었다고 한다(Berlin, 2005, 183쪽).

일본 전자계산기 회사 비지컴사(busicom社)도 1968년 무렵 프로그램 내장방식의 LSI 칩을 전자계산기에 도입할 것을 고려하였다. '메모리의 내용을 바꾸는 것만으로 다른 전자계산기 모델을 만드는 것이 가능'하다는 발상이 생겨나고 있던 것이다(嶋, 1987, 16쪽).

비지컴사는 제휴처로 미국의 반도체 회사 인텔(intel)을 선택하였다. 1969년 4월 28일에 인텔과 가계약을 맺고, 6월에 시마 마사토시(嶋正利)를 포함한 3명의 기술자를 인텔에 보냈다. 이때 시마 등의 구상은 프로그램 내장 방식을 도입하고는 있었지만, 각각의 칩의 범용성이 낮아서 칩의 품종은 12종에 달했다(Berlin, 2005, 184쪽).

이래서는 당시 인텔의 설계 스태프 숫자로 대응할 수 없었다. 사장인 노이스는 하드웨어의 논리 구조 및 구성 방식(architecture)을 처음부터 다시 생각하도록 담당인 테드 호프(Ted Hoff)에게 지시하였다(Faggin et al., 1996).

호프는 프로그램 내장 방식의 기본으로 되돌아가 칩을 프로세서와 메모리로 집약하여 칩을 4종류까지 줄였다. 1969년 8월 호프는 이 아이디어를 시마 등에게 제안하였다. 보고를 받은 비지컴 본사는 호프의 제안을 높게 평가하였다(嶋, 1987, 52쪽). 그것을 받아들여 호프와 시마는 구체화를 검토하기 시작하였다. 거기에 스탠리 메이저(Stanley Mazor)도 가담하여 소프트웨어 방면을 지원하였다(말론, 2015, 176쪽).

비지컴과 인텔은 1970년 2월 6일에 본계약을 맺었다. 4월에 시마는 최종적인 협의를 위해 재차 인텔을 방문하였다. 그런데 프로젝트는 전혀 진행되지 않았다. 신형 메모리 제조에 트러블이 발생해 인텔 자체가 곤경에 처해 있었기 때문이다. 그러나 노이스는 비지컴 프로젝트를 포기하지 않았다.

노이스는 페어차일드에서 막 이적한 페데리코 파진(Federico Faggin)을 담당자로 지명하였다. 칩으로 구현화하는 작업에 시마도 끌어들였다

(嶋, 1987, 71쪽). 칩의 첫 가동은 1971년 1월로 넘어갔다. 마이크로프로세서 개발은 미·일 벤처기업의 공동 작업이었다(西村, 1998).[06]

(3) 세계 최초의 마이크로프로세서 제조 판매권은 처음에는 인텔에 없었다

세계 최초의 마이크로프로세서(모델명 4004)는 본래 비지컴을 위해서만 제조 판매되는 주문(custom) 제품으로, 인텔에는 제조 판매권이 없었다. 비지컴사는 개발비로 10만 달러를 인텔에 지불한다. 아울러 최저 6만 세트를 살 것을 계약하고, 1세트당 50달러를 지불한다. 이러한 계약이었다(Berlin, 2005, 184~185쪽).

인텔의 사장 노이스는 1971년 2월에 일본에 가서 비지컴사장 고지마(小島)와 만났다. 이때 고지마는 칩 세트의 가격 인하를 노이스에게 요청하였다(Berlin, 2005, 195쪽).

노이스는 미국으로 돌아가 인텔 사내의 의견을 구했다. 호프나 파진은 이미 마이크로프로세서가 전자계산기 이외에 널리 응용할 수 있다는 것을 간파하고 있었다. 노이스는 1971년 9월에 재차 일본에 가서 비지컴의 고지마 사장과 만났다(Berlin, 2005, 199쪽). 인텔은 6만 달러의 가격 인하를 승낙하였지만, 이 칩 세트를 다른 고객에 판매할 수 있도록 계약 변경을 요구하였다. 비지컴은 라이벌 전자계산기 회사에는 판매하지 않는다

---

06 인텔은 비지컴사를, 그리고 시마를 최초의 마이크로프로세서 '4004'의 공동개발자로는 인정하지 않는다. 어디까지나 '고객', 인텔은 비지컴사와 시마를 이렇게 자리매김한다. 시마는 후에 인텔에 입사하고, 이윽고 베스트셀러가 되는 마이크로프로세서 '8080' 등을 설계한다. 이 '8080' 설계자로서의 시마를 인텔은 크게 현창한다. 그러나 세계 최초의 마이크로프로세서 '4004' 개발에 관해서는 시마를 개발자의 일원으로 삼지 않는다(西村, 2009).

는 조건으로 계약 변경을 허락하였다(잭슨, 1997, 115쪽). 이것은 역사적 계약변경이었다.

인텔은 마이크로프로세서 '4004'의 제조 판매권을 6만 달러로 비지컴에게 되산 셈이었다. 이윽고 마이크로프로세서는 인텔의 주력 제품이 되어 인텔을 세계 최대의 반도체 회사로 성장시켰다.

(4) 마이크로프로세서는 '연구'와 무관한 거대한 이노베이션(innovation, 혁신)

프로그램 내장 방식 컴퓨터는 1970년 이전부터 제품으로 확립되었다. 집적회로도 이미 많이 팔려 사용되고 있었다. 그러나 양자가 칩으로 합체된 마이크로프로세서는 과장해서 말하면 인류의 운명을 바꿨다.

"여러 가지 물품이나 힘의 결합 방식을 바꾸어 결합을 새롭게 하는 것", 이것이 이노베이션의 본질이라고 슘페터는 1912년에 역설하였다(슘페터, 1977, 182쪽). 이처럼 슘페터가 말한 본연의 의미에 비추어보면, 마이크로프로세서는 실로 이노베이션이었다.

마이크로프로세서는 중앙연구소의 기초연구에서 탄생한 것은 아니다. 거국적인 대 프로젝트의 성과도 아니다. 인류사에서 최대급의 이노베이션의 하나가 '연구'와는 무관한 곳에서 탄생하였다는 점은 주목할 만하다. 필자는 그렇게 생각한다.

본래 인텔은 1968년의 창업 시 의식적으로 연구소를 두지 않는다고 결정하였다. 노이스가 고안한 '최소정보원칙(principle of minimum information)', 이것이 인텔 연구 개발의 지침이었다. 어떤 문제에 관한 답을 짐작하고, 발견적(Heuristic)으로 다다를 수 있는 곳까지 간다. 문제를 진정으로 이해하기 위한 연구 노력의 축적은 피한다. 해결에 필요한 정보는 적을수록 좋다고 한다(무어, 1998).

인텔의 이 '최소정보원칙'은 '답을 알 수 있으면 이유는 필요 없다'라는 사상이다. 그것은 수십 년도 전에 만들어진 방침이지만, 최근의 빅데이터 처리가 지적하는 '인과(因果)에서 상관(相關)으로'라는 방향과 일치한다(쇤베르거 외, 2013).

(5) 마이크로프로세서의 응용은 두 방향으로 확대되다

세계 최초의 마이크로프로세서 '4004'가 팔리기 시작한 것은 1971년 11월이었다. 일렉트로닉스(electronics)[07] 업계는 흥분하였다. 1970년대 전반이 지나가기 전에 붐이 일었다.

1997년에는 파진, 호프, 메이저(Stan Mazor), 시마 4명에게 교토상(京都賞)이 수여되었다. "무릇 인간이 발명한 것 중에서 마이크로프로세서의 개발과 발전만큼 단기간에 큰 영향을 미친 것은 달리 찾아볼 수 없다", 교토상은 이렇게 예찬하였다(『제13회 교토 수상자 자료』, 稻林財團, 1979).

마이크로프로세서도 무어의 법칙에 따라 진보를 계속하였다. 이 진보에 따라 마이크로프로세서의 응용도 확대되어왔다. 그 확대 방향은 크게 2개로 나뉜다.

하나는 범용의 소형 컴퓨터, 즉 퍼스널 컴퓨터나 스마트폰을 실현하고 진화시키는 방향이다. 또 다른 하나는 컴퓨터가 아닌 기계의 내부로, 컴

07 (역자주) 전기·전자, 전자 공학, 전자 기술 따위와 같은 전자 작용의 이론에 관한 학문과 기술을 통틀어 이르는 말.

퓨터와 같은 정보처리(프로그램 내장 방식)를 하여 기계의 성능이나 가치를 높이는 방향이다. 이 사용 방법을 내장형(embedded)이라고 부르고 있다.

마이크로프로세서 등장에 자극을 받은 아마추어는 '컴퓨터를 만들 수 있다'라고 흥분하고 실제로 만들어버렸다. 이것이 현재의 퍼스널 컴퓨터의 원형이다. 상품으로는 1974년에 발매된 Altair 8000을 최초의 퍼스널 컴퓨터로 보는 경우가 많다. 하지만 일본의 세이코샤(精工舎)가 데스크톱(desktop) 컴퓨터 'S500'을 1972년에 발매해 이것을 퍼스널 컴퓨터의 원조로 보는 견해도 있다(娯田, 2000, 86쪽). 애플사, 마이크로소프트사의 창립은 1976년이다. 이후 퍼스널 컴퓨터는 무어의 법칙을 반영한 진보를 계속한다.

스마트폰의 원류는 말할 필요도 없이 휴대전화이다. 마이크로프로세서를 내장하여 영리(스마트)하게 만든 휴대전화, 이것이 스마트폰이다. 그러나 실질적으로는 소형 컴퓨터이다. 유저(user)는 모두 컴퓨터로서 스마트폰을 사용하고 있다.

내장형의 응용은 일일이 열거할 수 없다. 전기밥솥, 세탁기, 자동차 등등. "우리 주위에 있는 공업제품에는 이제 대개는 반도체가 내장되어 있다". 본 장 첫머리에서 필자는 이렇게 썼다. 내장된 '반도체'란 대부분의 경우 마이크로프로세서이다.

마이크로프로세서가 내장되있으면 거기에는 반드시 소프트웨어가 작동하고 있다. 또 프로그램 내장 방식에서는 데이터도 프로그램도 디지털화하지 않으면 안 된다(전술). 마이크로프로세서의 보급에 따라 소프트웨어와 디지털화의 산업 경제적 의미는 현격히 커졌다.

마이크로프로세서의 등장과 때를 맞춰 반도체 메모리도 실용 단계에 이르렀다. 이로부터 반도체는 거대산업으로 발전해갔다. 근년에는 인공

지능(AI)이나 IoT(Internet of Things) 용의 반도체 장치가 초점이 되고 있다. 그러나 그 발전 과정을 역사적으로 추적하는 것은 지면상 본 장의 범위를 넘는다.

6. 반도체산업의 지정학적 변천

(1) 동부에서 서부로, 대기업에서 벤처로

트랜지스터 제조에 먼저 몰두한 것은 전 세계 어디서나 진공관을 제조하고 있던 전기 회사였다. 미국에서 그 대부분은 동부의 대기업이었다. 그러나 이 대기업들은 트랜지스터에서 집적회로로의 이행에 실패하였다.

집적회로로 성공을 거둔 것은 미국에서는 서해안, 즉 실리콘밸리의 벤처기업이었다. 트랜지스터에서 집적회로로라는 전환에 따라 동부에서 서부로, 대기업에서 벤처로라는 전환이 미국의 반도체산업에서 일어났다.

그러나 유럽이나 일본에서는 집적회로도 전기 회사가 제조하는 시대가 오랫동안 계속되었다. 진공관을 만들던 대기업이 개별 트랜지스터도 집적회로도 계속 만들었다. 이들 대기업은 반도체만이 아니라 가전제품이나 컴퓨터, 통신기 등의 회사이기도 했다.

1980년대 후반이 되면 유럽에서도 일본에서도 반도체 전업의 회사가 증가하였다. 그러나 이들 반도체 회사는 새롭게 사업을 일으킨 벤처가 아니라 대기업의 반도체 부분이 분리 독립한 것이 대부분이다.

(2) 미국에서 전공정(前工程), 아시아에서 후공정(後工程)

집적회로의 제조 공정은 두 가지로 나뉜다. 실리콘 웨이퍼에 몇 개의 칩을 만들어 심는 공정과 웨이퍼를 칩으로 분할하여 칩을 패키지에 넣는 공정, 이 두 가지이다. 전자를 프로세스, 후자를 조립이라고 한다. 각각을 전공정과 후공정으로 부르는 것도 많다. 책 만들기에 비유하면 전공정이 인쇄, 후공정이 제본에 각각 대응한다.

전공정은 장치집약적, 후공정은 노동집약적이다. 이 특징에서 미국의 반도체 회사는 1960년대 말 무렵부터 전공정을 말레이시아나 한국 등 아시아 각지로 옮기게 된다. 전공정이 끝난 웨이퍼를 아시아의 조립 공장에 이송하여 그곳에서 분할해서 패키지에 넣어 완제품으로 만든다.

이 완제품은 1970년대까지는 미국으로 돌아가는 것이 많았다. 컴퓨터 등 집적회로를 끼워 넣은 제품 대부분이 미국에서 만들어지고 있었기 때문이다. 미국으로의 집적회로 완제품 이송은 무역적으로는 미국으로의 수출이라고 간주되었다. 그 결과 말레이시아가 세계 최대의 반도체 수출국이던 시기가 있었다.

(3) DRAM에서의 일본 기업의 영고성쇠

1970년 9월에 IBM은 같은 회사의 최신예 컴퓨터에 반도체 메모리를 채용하는 것을 발표하였다. 반도체산업에 컴퓨터 메모리라는 대시장이 출현하였다.

반도체 메모리 중에서도 DRAM이 주역이 되었다. DRAM은 디램이라고 발음한다. Dynamic Random Access Memory의 약칭이다. 기술적 상세는 생략한다. DRAM의 특징은 집적 규모를 키우기 쉽다는 점이다. 대용량 메모리를 싸게 만드는 데에 적합하다. 이 특징으로 1970년대에 메모리의 주역으로 올라섰다.

1970년대 전반은 미국의 반도체 메이커가 DRAM 시장을 제압하였다. 그런데 1970년대 후반이 되면 일본 회사의 급성장이 시작되었다. 세계 DRAM 시장에서 일본 기업의 점유율은 1986년 80%에 달하였다. 그러나 이것이 정점이었다. 이후는 급속히 점유율이 떨어져 갔다.

2012년에 일본에서는 DRAM 회사가 사라져버렸다. 유럽에도 없다. 미국에는 마이크론 1개사가 남았다. 세계 DRAM 시장을 제패하고 있는 것은 한국 기업이다.

왜 이렇게 되었을까. 그 분석은 다른 책(예를 들면 西村, 2014b, 103~133쪽)에 넘기겠다. 여기서는 2개의 원인만 지적해 둔다.

(1) 미국의 대일정책이 1985년에 변화하였다. 동서 냉전의 위협이 옅어졌기 때문이다. 일본의 공업화를 강화하여 이용하는 방향에서 억제하는 방향으로 대일정책이 바뀌었다. 이 결과 반도체산업에서도 격심한 무역 마찰이 일어났다. 이것이 일본 기업을 피폐하게 하였다.

(2) 같은 1980년대 중반에 DRAM을 탑재하는 기기의 주역이 범용 대형 컴퓨터에서 퍼스널 컴퓨터로 교대된다. 퍼스널 컴퓨터용 DRAM에 긴 수명은 필요 없다. 같은 퍼스널 컴퓨터를 5년 이상이나 계속 사용하는 일은 드물기 때문이다. 그 대신에 낮은 가격에 대한 요구는 강하였다. 일본 기업은 이러한 시장 변화에 대응하지 못했다(湯之上, 2005).

(4) 반도체는 아시아에서 소비된다

이미 서술한 것처럼, 1980년대 후반 이후 반도체 메모리산업의 주역은 한국으로 옮겨갔다. 동시기에 반도체 메모리의 사용자도 변화하였다. 반도체 메모리를 탑재하는 기기의 주역이 범용 대형 컴퓨터에서 퍼스널 컴퓨터로 교대되었다(전술). 그 퍼스널 컴퓨터의 조립 공장은 대만을 비롯한 아시아 각지로 늘어갔다. 따라서 한국제 반도체 메모리의 출하처는 점차로 아시아가 되어갔다.

이윽고 퍼스널 컴퓨터만이 아니라 텔레비전이나 휴대전화 등 전자기기 제조시장은 중국을 비롯한 아시아가 대부분이 되었다. 이 전자기기들에 내장된 반도체 제품은 생산지가 어디든 아시아의 전자기기 공장을 향해서 출하되었다. 현재 반도체는 아시아에서 소비된다.

(5) 설계와 제조의 분업이 진행되다

집적회로에서 설계와 제조의 관계는 편집과 인쇄의 관계와 매우 닮았다. 잡지나 서적 출판에서 편집은 출판사, 인쇄는 인쇄회사의 분업이 되었다. 그 최대 이유는 인쇄기의 감가상각(減價償却) 비용이다. 그것을 거대 소수의 인쇄회사가 담당하여 군소 다수의 출판사로부터 인쇄를 수주하여 인쇄기의 가동률을 높여 인쇄기에 대한 투자를 상각한다.

반도체산업에서도 1980년대 후반부터 설계와 제조의 분업이 점차 확대되었다. 반도체의 수탁 제조 서비스에 특화한 기업 형태를 실리콘 파운더리(Foundry)라 부른다. 출판에서 인쇄회사에 해당하는 존재이다. 될 수 있는 한 다수의 설계회사로부터 제조를 수주하고, 제조 라인의 가동률을 높여 투자의 상각을 꾀한다.

파운더리 비지니스는 TSMC(Taiwan Semiconductor Manufacturing Company)의 창업으로 확립되었다. 이 회사는 1987년 모리스 창(Morris Chang, 張忠謀)이 대만에 설립하였다. TSMC는 자사 브랜드의 반도체 제품을 갖고 있지 않다. 따라서 반도체 회사는 아니다.

역으로 제조 공장을 갖고 있지 않은 반도체 회사가 존재한다. '제조 공장을 갖지 않은' 상태를 fabrication less라는 의미에서 팹리스(fabless)라 부르고 있다. 예를 들면 미국의 퀄컴(Qualcomm)은 팹리스인 대형 반도체 회사이다.

퀄컴은 반도체 제조를 주로 TSMC에 위탁하고 있다. 그렇다고 하면 미국에서 설계하고 대만에서 제조하는 국제 분업이 된다. 21세기 현재, 지극히 보편적인 분업 형태이다.

일본의 반도체 회사는 이러한 설계와 제조의 분업을 꺼려서 결과적으로 쇠퇴하였다.

7. 교환기 그 자체가 사라져 간다

(1) 금속 접점 스위치가 없어지는 데에 반세기 가까이 걸리다

마지막으로 트랜지스터 개발의 동기가 되었던 켈리의 생각으로 되돌아가겠다. 전화 중계기의 진공관을 '다른 무언가'로 교체하고 싶다는 켈리의 생각, 이것은 트랜지스터에 의해서 실현되었다. 그러나 켈리에게는 또 하나의 생각이 있었다. 전화교환기의 금속 접점 스위치를 전자장치로 바꾸는 것이다. 이쪽은 실현에 긴 시간이 걸렸다. 그렇다기보다는 금속 접점 스위치를 전자적 스위치로 직접 교체하는 일은 일어나지 않았다. 교환 방식이 변해 금속 접점 스위치가 불필요해졌다. 현실에서 일어난 일은 그러한 것이었다.

다만 교환기에 반도체가 사용되지 않은 것은 아니다. 제2차 세계대전 후에 주류가 된 크로스바 교환기(crossbar exchanger)는 금속 접점의 통화로(通話路) 스위치군(群)과 스위치군을 제어하는 회로로 이루어졌다. 1960년대 중반에 이 제어회로에 프로그램 내장 방식이 도입되었다.

이러한 교환기를 '전자교환기'라 부른다. 제어회로에는 반도체 장치가 많이 사용되었다. 그러나 통화로 스위치는 금속 접점 그대로였다.

통화로 스위치를 디지털회로로 교체하고, 그곳을 통하는 신호도 디지털로 만든 교환기를 디지털 교환기라 부른다. 본격적 보급은 1980년대가 되면서부터였다. 디지털 교환기에 이르러 금속 접점 스위치는 겨우 사라졌다. 켈리의 생각이 마침내 실현된 것이었다. 그것은 거의 반세기를 필요로 한 대대적인 일이었다.

하지만 이야기는 아직 끝나지 않았다.

(2) 교환기 그 자체가 없어져 간다

인터넷은 그 형성 과정 중에 '패킷(packet) 교환'이라 부르는 통신 방식을 채용하여 현재에 이르고 있다. 이 방식으로는 교환기는 필요하지 않다.

전화회사는 당초 인터넷이 채용한 방식을 특수목적을 위한 통신 방식이라고 규정하고, 통상적인 전화망 도입에는 소극적이었다. 그렇지만 그 후의 경험을 바탕으로, 예를 들면 NTT는 동일본·서일본 모두 고정 전화망의 기간 부분을 2025년까지 인터넷 방식으로 새롭게 바꾼다고 발표하였다(2010년 11월 2일의 뉴스 릴리스). 교환기는 사라져 없어질 운명이다.

"금속 접점 스위치를 교환기에서 추방하고 싶다", 켈리의 이 큰 소망은 최종적으로 과격한 형태로 성취되려 하고 있다. 교환기 그 자체가 추방당하는 것이다.

참고문헌

井深大,「トランジスタとのなれそめ」,『電子工業二〇年史』, 電子機械工業会, 1968, 56쪽.

奥田耕士,『傳田信行 インテルがまだ小さかたったころ』, 日刊工業新聞社, 2000.

ジョン·ガートナー, (土方奈美 訳),『世界の技術を支配するベル研究所の興亡』, 文藝春秋, 2013.

菊池誠,『日本の半導体四〇年』, 中央公論社, 1992.

マイケル·ギボンズほか 編著, (小林信一 監訳),『現代社会と知の創造-モード論とは何か』, 丸善, 1997.

嶋正利,『マイクロコンピュータの誕生』, 岩波書店, 1987.

ティム·ジャクソン, (渡辺了介·弓削徹 訳),『インサイド インテル 上』, 翔泳社, 1997.

ヨゼフ·A·シュムペーター, (塩野谷裕一·中山伊知郎·東畑精一 訳),『経済発展の理論 (上)』, 岩波書店, 1977.

V·M·ショーンベルガー/K·クキエ, (斎藤栄一郎 訳),『ビッグデータの正体』, 講談社, 2013.

西村吉雄,『半導体産業のゆくえ』, 丸善, 1995.

西村吉雄,「発注者と受注者のやりとりが世界初のマイクロプロセッサを実現」,『日経エレクトロニクス』, 1998年2月9日号, 213~221쪽.

西村吉雄,「マイクロプロセッサ事始め」, (岡本暁子·西村吉雄·若杉なおみ 編),『科学技術は社会とどう共生するか』, 東京電機大学出版局, 2009, 90~100쪽.

西村吉雄,『電子情報通信と産業』, コロナ社, 2014a.

西村吉雄,『電子立国は, なぜ凋落したか』, 日経BP社, 2014b.

ロバート·N·ノイス,「集積回路の発展過程-プレーナ·プロセスに重点をおいてノイス氏に聞く」,『エレクトロニクス·イノベーションズ』, 日経マグロウヒル社, 1981, 145~157쪽.

能澤徹,『コンピュータの発明』, テクノレビュー, 2003.

クロード·S·フィッシャー, (吉見俊哉·松田美佐·片岡みい子 訳),『電話するアメリカ-テレフォンネットワークの社会史』, NTT出版, 2000.

マイケル·マローン, (土方奈美 訳),『インテル 世界で最も重要な会社の産業史』, 文藝春秋, 2015.

ゴードン·E·ムーア,「半導体産業における研究についての個人的見解」, (ローゼンブルーム/スペンサー 編), (西村吉雄 訳),『中央研究所の時代の終焉』, 日経BP社, 1998, 217~233쪽.

福田昭,「『間違いだらけ』のムーアの法則」, PC Watch, 2017.10.31.

湯之上隆,「技術力から見た日本半導体産業の国際競争力-日本は技術の的を外している」,『日経マイクロデバイス』, 2005-10号, 50~59쪽.

Berlin, Leslie, *The Man Behind the Microchip*, Oxford University Press, 2005.

Faggin, F., M. E. Hoff, S. Mazor and M. Shima, "The History of the 4004", *IEEE Micro*, vol. 16, Dec. 1996, pp. 10~20.

Kilby, J. S., "Invention of the Integrated Circuit", *IEEE Trans on Electron Devices*, vol.ED-23, July 1976, pp. 648~654,

Moore, G. E., "Cramming More Components into Integrated Circuits", *Electronics*, Apr. 15, 1965.

Shockley, W., "The Path to the Conception of the Junction Transistor", *IEEE*

Trans. on Electron Devices, vol. ED-23, July 1976, pp. 597~620. (邦訳,「接合型トランジスタ発明までの道」,『エレクトロニクス·イノベーションズ』, 日経マグロウヒル社, 1981, 75~109쪽).

7장

우라늄
현대사 속의 '원자력성(原子力性)'

• 이노우에 마사토시(井上雅俊) · 쓰카하라 도고(塚原東吾) •

1. 핵의 시대

(1) 본 장의 관점

1945년 8월 미군의 히로시마(廣島) 원자폭탄 투하로 '핵의 시대'가 막을 열었다.[01] 냉전기에는 미국과 소비에트를 중심으로 '열강'이 핵 개발 경쟁에 몰두하여 지구상 각지에서 핵실험이 행해졌다. 1989년의 몰타 회담, 이어서 1991년의 소비에트연방 붕괴에 따라 냉전체제는 종결을 맞이했지만, 핵확산금지조약(NPT) 체제에서 '핵병기국'으로 간주되는 미국, 러시아, 중국, 영국, 프랑스 5개국 이외에도 인도, 파키스탄, 북한 등으로 핵

---

01 이미 많은 식자에 의해 일본에서 '핵'은 군사 이용, '원자력'은 평화 이용으로서 정치적으로 구분해 사용되어왔음이 지적되었다. 예를 들어 과학사가인 요시오카 히토시(吉岡齊)는 '원자력'도 본래 '핵에너지'로 호칭해야 한다고 이야기하였다(吉岡, 2011). 본 장에서는 일반적인 통례에 따라 문맥에 호응하여 사용하였지만, 그 양쪽을 의미할 때는 강조의 의미로 '핵/원자력'이라 기술한다.

병기는 확산하고 있다. 핵병기는 현재에도 국제 관계를 지배하는 가장 중요한 요인의 하나로 계속 존재하고 있다.

핵의 '군사 이용'으로서의 폭탄이 핵전쟁의 공포를 사람들에게 심어주는 한편에서, '평화 이용'으로서의 원자력발전은 '꿈'을 만들어내고 있었다.[02] 1953년의 국제연합총회에서 드와이트 D. 아이젠하워 미국 대통령이 행한 '평화를 위한 원자력(Atoms of Peace)' 연설은 그때까지 핵을 이용한 발전 기술을 갖고 있지 않던 나라들에 원자력발전 도입의 길을 열었다(田中/가즈닉, 2011; 鈴木, 2014). 원자력발전은 전쟁의 상흔으로부터의 부흥과 고도 경제 성장에 따른 풍족한 생활의 이미지와 결부되어 국가 발전을 지탱하는 에너지로서 지위를 확립하였다. 그 후 오일쇼크가 발생하여 자원 위기를 부르짖던 1970년대와 지구온난화 문제가 관심을 끈 2000년 전후를 계기로 원자력발전은 세계 규모로 크게 성장하였다. 한편으로 1979년의 미국 스리마일(Three Mile)이나 1986년 소비에트의 체르노빌(Chernobyl), 2011년에 후쿠시마(福島)에서 발생한 중대 사고가 상기되듯이, 원자력발전은 돌이킬 수 없는 영향을 끼치는 것임은 말할 필요도 없다.

'군사 이용'이든, '평화 이용'이든 핵을 둘러싼 사건은 현대사의 중요한 한 장면이다. 20세기는 '핵의 세기'이며 핵과 원자력은 과학, 기술, 산업, 군사, 정치가 뒤얽힌 중요한 주제이다(Bigg, 2015, 167쪽). 그렇다면 이 '핵의 시대'를 지탱하는 기점이 된 것은 도대체 무엇일까. 그것은 우라늄이라는 물질이라고 할 수 있다. 히로시마에 투하된 원자폭탄은 콩고산 우라늄을 원료로 하여 제조된 것이다. 또한 전후 일본 최초의 원자로 연료는 미국에서 운반된 농축우라늄이었다. 우라늄은 다양한 의미에서 세계를 연

---

02 원자력의 '꿈'에 관해서는 요시미(吉見, 2012)와 야마모토(山本, 2012)를 참조.

결해온 것이다. 그러나 사회과학·인문과학 분야에서는 핵이나 원자력에 관해서는 이미 많은 연구가 행해져 있음에도 불구하고, 이 필수불가결한 자원인 우라늄에 초점을 맞춘 것이 반드시 많다고는 할 수 없다.

이상과 같은 사실을 바탕으로 본 장에서는 '우라늄'이라는 것이 세계사 속에서 어떻게 그 위치가 설정되어왔는지, 그리고 유통되어왔는지를 검토하겠다. 그러므로 핵을 둘러싼 과학사를 테크노폴리틱스(techno politics)의 문맥에서 살펴 가겠다. 또 우라늄에 주목하는 일은 제국주의의 역사를 재차 명확히 하려는 새로운 하나의 시점을 제공하는 것이라는 점도 지적하고자 한다.

(2) 본 장의 구성

제2절은 20세기 전반 우라늄의 과학사를 전망한다. 구체적으로 말하면 '핵/원자력'의 원천인 우라늄의 발견과 이용의 프로세스를 주로 최근 과학사의 성과를 이용하여 개관한다. 화학물질로서는 유리 염료 정도로만 이용되던 우라늄이 특별히 주목 받게 된 것은 과학자 사이에서 거대한 에너지를 추출할 수 있는 사실이 확인되고, 그것이 미국의 원폭 개발 프로젝트로 실용화되었기 때문이다. 그 이후의 시대를 '맨해튼 레짐(Manhattan Regime)'이라는 키워드로 정의하여 과학과 정치, 국가 관계의 변용과 그 안에서의 우라늄의 위상을 검토한다.

이어지는 제3절과 제4절에서는 우라늄의 역사에 대해 뛰어난 시사점을 준 미국의 과학사가 가브리엘 헥트(Gabrielle Hecht)의 연구를 소개하면서, 현대사에서 우라늄이 지닌 역할을 생각해 보겠다.

먼저 제3절에서는 헥트가 우라늄이 지닌 여타의 자원과는 다른 특징을 몇 개의 개념으로 나타낸 것을 검토한다. 헥트에 의하면 우라늄은 '원자력성'을 지니고 있으며, 그것은 끊임 없는 '예외화'와 '범용화'의 대상이었다고 여겨진다. 이것을 감안하면 맨해튼 계획으로 핵병기가 실용화됨으로써 우라늄에 관한 정보가 국가 기밀로 은닉된 것은 '원자력성'에 의한 '예외화'라고 볼 수 있다. 그 한편으로 핵의 평화 이용으로서의 원자력발전이 세계적으로 추진되어가는 가운데, 연료가 되는 우라늄 '시장'이 1960년대 후반에 만들어져 가격을 매기는 것이 가능해졌다. 이것은 우라늄을 '상품'으로서 취급하려는 '범용화'에 의한 것이었다는 점이 헥트의 주장이다.

이어지는 제4절에서는 시점을 바꾸어 제국주의·포스트 제국주의에서 우라늄이 지닌 지위에 관해서 고찰한다. 핵기술을 가진 '열강'이 우라늄을 확보하기 위해 이용한 것은 해외의 식민지나 국내의 마이너리티(minority)[03]가 거주하는 지역이었다. 우라늄은 커피나 아편 등과 마찬가지로 '식민지성'을 띠는 것이다. 본 절에서는 재차 헥트의 논의를 참고로, 프랑스의 옛 식민지인 중부 아프리카의 가봉이 어떻게 이 자원의 주권을 획득해갔는지를 살핀다. 또 우라늄의 '원자력성'은 국제사회의 위계(Hierarchie)에 영향을 줄 수 있는 것이기도 했다.

제5절에서는 우라늄 이용의 '부산물'인 열화우라늄, 플루토늄, MOX 연료, 방사성 폐기물이 전 세계에서 계속 증식하고 흩어지는 것에 주목한다. 즉 우라늄이 문제가 되는 것은 그 생산과 유통, 소비만은 아니다. 원자력발전을 이용하는 나라가 있는 한 이러한 성가신 부산물인 플루토늄이나 방사성 폐기물은 계속 늘어난다. 그것들을 독성이 없는 상태로 만들려면 만 단위의 햇수를 들인 관리가 필요하다. 만일 핵병기가 폐절되고 원자력

03 (역자주) 소수의 집단.

발전을 이용하는 나라가 사라진다고 해도 인류는 당분간 '핵이 없는 시대'로는 되돌아갈 수 없다.[04]

본 장의 결론에 해당하는 제6절에서는 세계로 계속 확산하고 있는 우라늄이 보통의 방식으로는 완전히 분석해낼 수 없는 성가신 '물품'이며, 그것이 지닌 현대사에서의 중요한 위상을 파악하는 데 헥트의 '원자력성'이라는 개념이 유용하다는 점을 지적한다.

2. 맨해튼 레짐(Manhattan Regime) - 유리 원료에서 전략적 자원으로

우라늄의 발견과 이용의 프로세스는 화학사를 포함하는 과학사의 하이라이트이다. 우라늄은 원래 형광 유리의 재료 정도에 불과하였다. 그것이 특별한 주목을 모으게 된 것은 말할 필요도 없이 핵분열에 의해 거대한 에너지를 추출할 수 있다는 것을 알게 되면서부터이다. 그것에 성공한 것이 맨해튼 계획이다. 본 장에서는 그 이후의 시대를 '맨해튼 레짐(Manhattan Regime)'이라고 정의하겠다.[05] 이것은 과학과 정치·국가의 관계가 근저(根底)로부터 변용을 겪은 시대이다.

우라늄을 둘러싼 과학사는 큰 틀로서 세 단계로 구분할 수 있다. 각

---

04 최근 새로운 지질 연대로서 인류의 영향이 지구 시스템에 영향을 주고 있다는 '인신세(人身世)'에 주목이 집중되었다. 인신세의 시작에 대해서는 몇 가지 설이 있고 아직 명확한 합의는 없지만, 그 하나로서 인류 역사상 최초의 핵실험이었던 트리니티(Trinity) 실험이 행해진 1945년으로 보는 설도 있다. '인신세'에 관해서는 Bonneuil&Fressoz(2013[2016])을 참조.

05 맨해튼 레짐에 대해 상세한 것은 쓰카하라(塚原, 2015)를 참조.

각 화학사에서의 발견의 시대, 과학사적으로 보아 우라늄이 특수한 원소임을 깨달아 가는 시대, 그리고 맨해튼 계획으로 실용화되는 시대이다.

(1) 화학사에서의 발견의 시대

제1단계는 클라프로트(Klaproth)의 단리(單離)[06]나 뢴트겐(Röntgen)에 의한 X선의 발견과 이용이 계속되는, 방사성물질의 연속적인 '발견의 시대'라는 이름이 붙었다. 이 시대는 우라늄의 '화학사의 시대'라고 할 수 있을 것이다. 우라늄은 방사성물질로서 물리학의 대상이 되었다고 생각하기 십상이지만, 세상에 등장한 무렵은 오히려 화학(케미컬) 실험실에 그 토대를 지니고 있었다.

클라프로트의 업적으로 대표되는 우라늄 그 자체의 발견 역사는 그 밖의 많은 중금속 발견(과 화학적인 단리)의 역사의 한 페이지이다.[07] 그러나 시대가 진행됨에 따라 이들 중금속의 일부가 방사성물질인 것을 알게 되었다. 그 배경에는 1895년의 뢴트겐선(Rontgen rays)[08] 발견이 있다. 여기에 보조를 맞추듯 우라늄은 화학에서 물리의 대상이 되어가면서 다양한 원소의 발견도 잇따랐다. 마리 퀴리(Marie Curie)의 라듐의 에피소드도 잘 알려진 사실이다.[09]

---

06 (역자주) 혼합물 속에서 한 개의 원소 혹은 한 개의 화합물을 순수한 물질로 분리해서 빼내는 것을 말한다.

07 화학사에 대해서는 가령 『화학사 사전』(일본화학사학회 편) 등을 비롯한 가지 마사노리(梶雅範) 등의 작업을 참조.

08 (역자주) X-ray.

09 오사와(大澤, 1980)나 F. 사바드바리(1988) 등의 표준작업(standard work)이 있다.

(2) 과학자에 의한 가능성 모색의 시대

하지만 이들은 화학적·물리학적인 관심의 대상만으로 그치지 않고, 원소의 붕괴로 인해 커다란 에너지가 새로 만들어지는 것을 알게 되었다. 이는 동시에 중대한 전략성을 지닌 것을 의미하고 있었다. 일찍이 1905년에 알베르트 아인슈타인(Albert Einstein)은 질량을 에너지로 변환할 수 있음을 논문으로 공표하였다. 현재 사람들에게 회자되는 $E=mc^2$이다. 그것이 실제로 증명된 것은 리제 마이트너(Lise Meitner)의 공헌이 크다. 그녀의 시사(示唆)에 따라 1938년에 오토 한(Otto Hahn)과 프리츠 슈트라스만(Fritz Strassmann)은 우라늄에 저속중성자를 쏘면 반응생성물에 바륨의 동위체가 생긴다는 논문을 공표하였다. 바륨 생성 이유에 대해 상담을 받은 마이트너는 조카인 오토 프리슈(Otto Frisch)와 함께 이것이 우라늄의 핵분열 때문이라고 해석하였다. 또 이러한 형태로 원자핵이 분열할 때 커다란 에너지가 발생하는 것도 시사되었으며, 게다가 우라늄이 분열되어 생긴 2개의 원자핵의 질량은 본래의 우라늄의 질량보다도 양자 질량의 1/5만큼 가볍다는 결과도 얻었다. 이것은 아인슈타인의 예언과 일치하였다. 더욱이 레오 실라르드(Leo Szilard)는 이 연쇄반응이 방대한 에너지를 생성할 가능성을 지적하였다. 이어지는 1939년에 덴마크의 닐스 보어(Niels Bohr)는 오토 한 등의 연구 결과를 자신의 예상과 관련지어 우라늄235가 핵분열하기 쉬운 물질임을 지적하였다. 그것과 서로 전후하여 프리슈와 루돌프 파이얼스(Rudolf Ernst Peierls)는 우라늄235의 임계질량에 관해 우라늄235를 폭발시키려면 수 kg에서 10kg 정도가 필요하다고 추정하였다. 극히 소량으로 큰 에너지를 추출할 수 있다는 것을 적어도 이론적으로는 알게 된 것이다.

이러한 연이은 과학적 발견은 20세기 전반에 크게 부풀어 오른 과학적 상상에 어울리는 소재가 되었다.[10] 이것은 우라늄이 화학사만이 다루는 제1단계에서 다음의 제2단계로 접어들었음을 나타낸다고 생각해도 좋을 것이다.

즉 아직 실제의 에너지를 추출해낸 셈은 아니지만, 어떤 의미로는 우라늄의 잠재성을 둘러싼 '과학자들의 암투의 시대(contested potentiality)'라고 부르는 시대로 들어가 있던 것이다. 제4절에서 다루는 우라늄의 '식민지성'이나 '제국주의'와의 관계의 발단은 여기에 있다. 콩고의 자원에 대한 과학자들(특히 벨기에의 솔베이[Solvay]나 실라르드 등)의 접근은 이미 이 무렵부터 시작되었다.[11]

(3) 맨해튼 레짐

이로부터 단번에 우라늄이 '은닉성'이나 '긴급성'을 띠게 된 것은 맨해튼 계획에 의한다. 인재 자원, 연구 자재를 대량 동원한 이 계획은 애초부터 '과학자의 사명감'이나 전략성을 부여받은 것으로, 미국 헌법을 완전히 무시하는 성격의 것이었다. 이 맨해튼 계획은 군사적인 은닉성과 긴급성(예외성)을 모든 것에 우선시한 것으로, 미국 민주주의 퇴폐의 근원이라는 견해도 성립될 것이다. 더욱이 과학사의 빅 픽쳐(Big Picture)를 언뜻 보

---

10 이 시대의 핵 이미지에 대해서는 나카오(中尾, 2015)가 상세하다.

11 맨해튼 계획도 그 우라늄은 콩고에서 온 것, 그리고 나치에 점령된 벨기에 실업가의 경영적·전략적 판단에 의한 것이었다. 맨해튼 계획이 킥오프하기 3년 전의 일이지만, 1940년에 벨기에가 독일에 점령되자 콩고의 우라늄광산 유니온 미니에르(Union Miniere)사의 에드가 상제는 모든 우라늄 원석을 맨해튼 섬으로 반출하고 있었다. 이것으로 개발 초기의 우라늄 1,250톤이 확보되어 유니온 미니에르사는 맨해튼 계획에 사용된 자금의 1/5인 4억 달러의 대금을 받았다. 나치로부터 전시물자의 접수를 감쪽같이 피해 넉넉한 대가를 받은 셈이다. 식민지성·제국주의의 특징을 여실히 느낄 수 있는 케이스이다.

면, 그것은 나치에 쫓기듯이 미국으로 도망친 다수의 유대인 과학자들, 즉 '과학적 이민자(scientific migrants)'들을 투입해 '대규모화'시킨 것이 이 맨해튼 계획이기도 하다. 이러한 복합적인 요소를 보게 되면, 이 이후의 과학기술 체제는 '맨해튼 레짐'이라 정의할 수 있을 것이다. 이 시대, 우라늄 역사에서도 그때까지와는 결정적으로 다른 제3단계를 맞이하였다고 할 수 있다. 우라늄은 세계사 속에서 다른 '범용(凡庸)'자원이나 물품과는 다른 역할을 부여받아 그야말로 정식 무대의 간판 배우 중 한 명으로 도약한 것이다.

원래 우라늄 원료로 사용되는 섬우라늄광(閃uranium鑛)은 산화우라늄을 포함한 광석이다. 우라늄광 자체는 그리 희귀한 광물은 아니며, 은의 40배, 주석과 같은 양 정도 존재한다고 추정하고 있다. 현재의 채굴 비용은 1톤당 1,300만 엔 정도로, 설령 1,250톤을 모은다고 해도 160억 엔 정도이다. 우라늄 광석은 6가(價) 우라늄[12] 침출액으로 불순물을 제거하고 우라늄 함유량을 60% 정도까지 높인 우라늄 정광(精鑛)[13]을 얻을 수 있다. 이것을 옐로케이크(Yellowcake)라고 부른다. 천연 우라늄에는 우라늄238 99.3%와 우라늄235 0.7%가 포함되는데, 여기서 우라늄235를 분별하는 것을 우라늄 농축이라 한다. 이 농축 기술이 개발되는 것도 맨해튼 계획에서였다. 계획에는 2개의 커다란 기술적인 과제가 있었다고 알려져 있다. 하나는 우라늄폭탄의 핵연료(우라늄235) 분리·농축이고, 또 하나는 플루토늄 폭탄의 기폭장치[14] 개발이다(또 플루토늄을 비롯한 부산물에 관해서는

---

12 (역자주) 우라늄이 수소를 기준으로 다른 원소의 원자와 화합할 수 있는 능력의 기준이 있다. 우라늄의 원자가는 2, 3, 4, 5, 6이 있고, 6이 가장 안정적이다.

13 (역자주) 선광(選鑛) 작업에 의해 불필요 성분이 제거되고 유용 성분의 함유율이 높아진 광물.

14 플루토늄의 기폭장치에 관해서는 '폭축(爆縮, implosion)'의 수법이 고안되었다. 이것은 베테(H. Bethe)나 노이만(J. von Neumann)의 이론적 계산을 바탕으로 '충격파 렌즈'의 기

제5절에서 자세하게 논한다).

맨해튼 계획에서의 우라늄238 농축에는 전자기법, 기체확산법, 원심분리법, 열확산법의 4가지 방법이 동시에 연구되었다. 처음에는 어느 것도 잘 되지 못했지만, 1944년 말이 되어 겨우 농축할 수 있었다. 이 기술적 과제는 맨해튼 계획 중에 일단 해결하였지만, 그것은 이를 위해 20억 달러라는 거액의 자금이 소비된 너무나도 '자금 낭비형' 개발 연구 프로젝트였다는 혹독한 평가가 내려졌다.[15]

이상과 같이 우라늄의 역사는 다루는 시대에 따라 다양한 측면을 지닌다. 제1단계가 화학사의 등장 이야기, 제2단계가 과학사에서 특별한 위치를 점하는 물질로 인식되어 가는 시대라면, 제3단계는 기술사적인 실용화가 단숨에 진전되고, 또 국가 레벨의 대규모 동원에 의한 빅 사이언스(big science)[16]의 선구가 된 시대이다. 이러한 각 단계에서 우라늄의 캐릭터는 다르다. 연구나 논쟁의 '사이트(site, 場)'를 고려한다면, 우라늄은 화학의 '실험실'에서 끌어내어져 과학의 '연구 공동체'에서의 암투를 넘어 기술적 동원으로 인한 빅 사이언스로 한층 커다란 정치 '전략'의 장(場)에 서게 되어 제2차 세계대전 후의 세계에 등장한 것이다.

법이 개발되었다.

15 우라늄 연료의 분리·농축이 자본 낭비형이었던 데 비해, 플루토늄 기폭장치 개발은 인재 낭비형 프로젝트였다고 여겨졌다. 20세기를 대표하는 두뇌가 집결하여 번잡한 이론 계산을 반복해 개발된 '폭축(爆縮)' 기술은 베테 자신도 인정하듯이 특별히 새로운 이론은 필요로 하지 않았고 기존의 이론을 응용하는 것뿐이었다고 한다. 무엇보다 당시의 전자계산기(IBM) 성능에 진절머리가 나서 노이만이 전후에 '노이만형' 컴퓨터를 개발한다는 아이러니한 에피소드가 있다.

16 (역자주) 원자력 개발, 우주 개발 등 거액의 자금과 대량의 인재를 필요로 하는 대규모 과학기술.

3. 우라늄의 '범용화(凡庸化)'[17]- 시장의 형성

(1) 헥트(Gabriel Hecht)에 의한 '원자력성(Nuclearity)'의 개념

본 절과 다음 절에서는 미국의 과학사가(科學史家) 가브리엘 헥트(Gabriel Hecht)[18]의 연구를 소개하면서, 전후 현대사에서 우라늄이 지닌 위치와 그를 둘러싼 테크노폴리티컬(techno political)한 문제를 검토하고 싶다.

헥트가 논한 바 중에서 특히 흥미로운 것은 물체나 장소가 '핵/원자력인 것'으로 인식되는 과정을 분석하고자 제시한 '원자력성(Nuclearity)'이라는 개념이다. 그녀는 '원자력성(原子力性)'은 물질 그 자체가 선천적(아프리오리, a priori)으로 소유하고 있던 것이 아니라, 국제적(international), 국가적(national), 국지적(local) 레벨의 다양한 참가자들에 의해 그들의 테크노폴리티컬한 의도에 맞도록 만들어져 새롭게 구성되어왔다고 한다. 다만 '원자력성'은 국가나 지역, 정치, 과학기술, 인종 같은 정치·사회·문화적 상황에 의존하고 있기에 시간, 사람, 장소와 관계없이 보편적일 수는 없다. 즉 우라늄의 존재 자체가 '원자력성'인 것이 아니라, 다양한 문맥 속에서, 어떨 때는 그 원자력성이 만들어지고 강조됨으로써 예외로 취급되고('예외주의[exceptionalism]'), 어떨 때는 그 원자력성을 언급하지 않거나 혹은 없다는

---

17 (역자주) 평범하고 특징이 없게 만든다는 뜻.

18 헥트는 현재 스탠퍼드대학에서 교편을 잡고 있다. 헥트는 1986년에 매사추세츠공과대학에서 물리학사를 취득한 후, 1992년에 펜실베이니아대학에서 Ph. D.(과학사·과학사회학)를 취득하였다. 그녀의 연구 특징은 방대한 아카이브 조사와 인터뷰에 기초한 분석이라고 할 수 있다. 주저로 프랑스 원자력 개발에서 국가의 독자성이 어떻게 구축되고 실현되었는지를 밝힌 *The Radiance of France: Nuclear Power and National Identity after World War II* (MIT Press, 1998)나 본 장이 주로 참조한 우라늄을 둘러싼 테크노폴리틱스의 역사를 분석한 *Being Nuclear: Africans and the Global Uranium Trade*(MIT Press, 2012)가 있다.

점을 주장하여 '범용화(banalisantion)'되어왔던 것이다(Hecht, 2012, 6~16쪽).

앞 절에서 논의한 기술의 거대화, 막대한 자금과 인재, 그리고 비밀주의로 특징지어지는 '맨해튼 레짐'은 그때까지 대부분이 폐기되고 있던 우라늄을 일약 '전략적 자원'으로 끌어올렸다. 제2차 세계대전이 종결된 직후 '열강'은 우라늄을 자국 내 혹은 식민지에서 채굴해 확보할 수 있을지를 서로 경쟁하였다. 당시는 우라늄 소유량이 곧바로 핵병기의 제조 능력으로 직결된다고 생각하였기 때문이다. 그 결과 우라늄에 관한 모든 정보는 국가 기밀로 여겨졌다. 이것은 우라늄의 '예외주의'의 좋은 사례일 것이다.

그러나 헥트가 강조하는 점은 우라늄은 이 예외화에 대해 완전히 역설적인 관계를 지닌다는 사실이다. '평화 이용'의 구호 하에 국제원자력기구(IAEA)가 선도한 원자력발전의 국제적 보급 전략에 의해, 더욱이 1970년대의 원자력발전 기술 확장과 함께 그 '시장화'가 진행됨에 따라 우라늄은 '범용화'되었다. 좀 더 구체적으로 말하자면, 도시를 괴멸시킬 수 있는 병기의 원료가 되는 우라늄은 발전을 위한 연료로 상업 거래가 가능한 단순한 상품으로 여겨졌으며, 더욱이 그 시장이 '만들어졌다'는 것이다. 지금부터는 이 과정에 주목하여 우라늄이 어떻게 상품화되어 세계에서 유통되었는지를 보고자 한다. 헥트는 우라늄 시장이 '발견'된 것이 아니라, IAEA나 OECD 같은 국제기관·조직이나 정부, 산업에 의해 만들어져온 것임을 그려내고 있다.

(2) 우라늄 '시장' – 데이터(data)와 가격

우라늄 '시장'이 만들어진 것은 1960년대 후반의 일이다. 그때까지 우라늄은 핵병기를 제조하는데 불가결함에도 불구하고 희소하다고 생각하여 '열강'은 그 독점을 꾀하였다. 여러 번 서술하였듯이 '제국주의 국가'는 우라늄을 자국의 민족적 마이너리티가 거주하는 토지나 아프리카 식민지에서 구하였다. 그러나 그 질의 좋고 나쁨은 별도로 하고 우라늄이 전 세계에 분포하는 것이 인정되어, 평화 이용으로서의 원자력발전이 확대됨에 따라 이 자원을 상품으로 취급해 상업 거래를 하는 기운이 커진 것이다.

최초로 우라늄 상품화의 길을 연 것은 IAEA였다. IAEA는 1953년의 '평화를 위한 원자력' 연설을 받아들여 1957년에 설립되었다. 당초 미국은 군민 양쪽의 핵기술과 우라늄의 독점을 획책하였다. 그러나 소련에 의한 1949년의 핵실험 성공, 이어지는 1954년 세계 최초 동력로(動力爐)에서의 원자력발전 성공은 미국의 야망을 분쇄하였다. 그래서 미국은 서쪽의 동맹국에 원자력발전을 도입하도록 장려함으로써 핵에 의해 형성되어 가는 국제 질서를 지배하려고 하였다.[19] 당시 원자력의 평화 이용을 촉진하는 목적을 지닌 기관이었던 IAEA는 무엇이 '핵/원자력'의 관리 대상이 되는가를 규정하였지만, 결과적으로 그 대상에서 제외된 것은 상업 거래가 가능해졌다. 예를 들면 IAEA의 규정에 따라 농축 전의 우라늄 광석이나 옐로케이크는 상업 거래가 제한되는 물품에서 오랫동안 제외되어왔다.[20]

우라늄 시장 구조를 결정한 것으로서 헥트는 매장량 평가와 수요 예상, 그리고 가격이 있다고 설명하였다.

먼저 상품화를 위해 신뢰할 수 있고 접근 가능한 데이터가 필요하였

---

19 한편으로 소련도 동쪽 블록 안에서 원자력발전의 적극적인 추진을 하고 있었음을 이치카와(市川, 2013)가 지적하였다.

20 헥트는 별도의 논고에서 남아프리카의 시점에서 IAEA가 냉전체제와 탈식민지화의 물결 사이에 놓여 있었음을 보여준다. 남아프리카는 IAEA에서의 영향력을 얻기 위해 이 '규제 물질'의 결정 과정을 이용하였다(Hecht, 2006).

다. 그 역할을 맡은 것이 OECD나 IAEA에 의해 1965년부터 대략 2년마다 발행되어 일반에 레드북(Red Book)이라고 불리는 보고서이다.[21] 지질학, 경제학, 기술적인 요소가 뒤얽힌 이 보고서는 장래의 원자력발전 수요를 감안하면서, 경제적으로 의미 있는 우라늄의 '이용 가능 매장량'을 나라별로 보고하였다. 데이터로 취급함으로써, 예를 들면 흑인 노동자의 저임금이나 열악한 노동 조건에 의해 우라늄 산출이 행해지고 있던 남아프리카는 정치적인 인종주의나 그 제국주의적인 구조를 건드리지 않고 단순히 저가격으로 채굴이 행해지는 지점으로 해석되었다. 더욱이 레드북은 항시적으로 우라늄 부족의 불안을 환기하고, 그것으로 우라늄 채굴을 견인하는 역할도 하였다. 오일쇼크 후 우라늄 수요의 급증은 레드북의 신용도를 높여, 매장량에 따른 수요 예측은 '시장'이라는 이미지를 공유하는 데에 공헌하였다. 또 다양한 질의 우라늄 광석을 산화우라늄의 톤수로 표준화해가고 있던 것이다(Hecht, 2012, 61~65쪽).

다음으로 문제가 되는 것은 '가격'이다. 1960년대 말 실제 거래가 부족하던 가운데, 가격은 누가 결정하는지, 애초에 시장가격은 존재하는지에 대해서 여전히 불명확하였다. 그러나 1968년에 미국 원자력 기업에 대한 산화우라늄의 거래 중개인과 정보기관으로서 캘리포니아에 본부를 둔 뉴엑스코사(Nuexco社, Nuclear Exchange Corporation: 현재는 Trade Tech. Inc.)가 설립된다. 이 뉴엑스코는 미국 기업이 관계된 거래 사이로 들어가 데이터를 모으고 그에 기초한 우라늄의 '교환가치(exchange value)'를 매월 발표하여 가격 결정의 중심 역할을 하였다. 일반적으로 우라늄의 광상(鑛床) 발견부터 생산체제의 확립이나 원자력발전소의 건설에는 시간이

21 본 장 집필 시의 최신 레드북은 OECD/NEA&IAEA(2016)이다.

걸리므로 10년 단위로의 선물거래가 행해지고 있었다. 뉴엑스코의 교환가치는 단발 거래에서의 '예측'에 지나지 않았음에도 불구하고, 미국의 원자력 센터는 이를 의미가 있는 것으로 간주하였다. 1973년의 오일쇼크를 겪고 원자력 산업의 성장이 크게 기대되면서, 우라늄은 사는 이의 시장에서 파는 이의 시장으로 변용되어 뉴엑스코는 교환가치의 정의를 '파는 이가 팔고 싶은 가격'으로 수정하였다. 이렇게 우라늄 '가격'은 계속 상승하였다. 더욱이 독일이나 일본의 중개 회사와 손을 잡음으로써, 뉴엑스코가 발표하는 가격은 유럽이나 아프리카, 아시아에서도 영향력을 가졌다(Hecht, 2012, 66~68쪽).

미국이 우라늄 시장가격 설정의 주도권을 쥐어가는 가운데 캐나다, 남아프리카, 프랑스의 채굴업자는 거기에 대응하려고 하였다. 1971년에는 영국계 다국적 광산회사 리오틴토징크(Rio Tinto Zinc, RTZ)사에 캐나다·오스트레일리아·남아프리카·프랑스의 우라늄 생산자를 더해, 총 14개 회사가 산화우라늄의 최저 가격과 할당을 결정하는 카르텔(cartel, '클럽'이라 자칭하고 있었다)을 결성하는 것에 동의하고, 이듬해 남아프리카에서 제1회 우라늄 생산자 회의가 개최되었다. 그러나 결국 1973년에 오스트레일리아의 신정권이 에보리진(Aborigine)[22]의 권리를 고려하여 우라늄 채굴을 보류하게 되자, 클럽 멤버는 자국의 이권을 고집하게 되어 그 결속력은 느슨해져갔다. 게다가 미국이 외국산 우라늄 금지를 단계적으로 풀 것을 결정하고 미국의 원자력 산업이 대량의 외국산 우라늄 거래를 계약하자, 우라늄 클럽은 뉴엑스코와 이해관계의 일치를 보게 되었다. 한편으로 뉴엑스코는 1974년에 '세계시장가격'에 기초하는 계약의 출현을 선언하

22 (역자주) 오스트레일리아 원주민.

였다. 또 거기에 병행하여 스폿 프라이스(spot price, 현물가격)에 장기적인 의미가 있다고 계속 주장하였다. 1975년에 우라늄 시장은 경쟁에 따라 자율화하게 되었으며, 1970년대 후반에 우라늄 가격은 급격히 상승하였다. 덧붙여 우라늄 클럽은 국제시장이 완성되어도 해산하지 않고, 1975년에 시장조사나 정보교환의 장(場) 설치를 목적으로 한 우라늄협회(Uranium Isstitute: 현재는 세계원자력협회(World Nuclear Association)를 설립하였다(志田, 1978, 12~44쪽; Hecht, 2012, 70~73쪽).

우라늄 시장이 완성되었음을 보여주는 또 하나의 사례가 있다. 우라늄 가격 급등은 1975년에 미국 원자로 대기업 회사인 웨스팅하우스(Westinghouse)가 전력회사와 맺은 우라늄 공급 계약의 불이행을 야기하였다. 이때 웨스팅하우스는 6개국 29개의 우라늄 회사가 가격 조작을 인위적으로 행하고 있다며 독점금지법 위반의 혐의로 시카고 지방 재판소에 고소하였다. 카르텔의 존재에는 미국 하원 상업위원회에서 논의하는 데까지 발전하였다(志田, 1978, 45~56쪽). 여기서는 사태를 상세히 추적할 수 없지만, 결론적으로 이 심의에서 카르텔의 영향은 한정적이며 우라늄의 가격 변동은 경제활동의 복합적인 요소에 의한 것이라는 주장이 통하였다. 이것을 본다면, 이미 이 무렵에는 당연한 일로서 '우라늄 시장'이 상정되고 있었다. 다만 설령 그렇다고는 해도, 용도가 핵병기의 원료나 원자력 발전의 연료로 제한되는 우라늄은 일반적인 시장이론이나 거래 메커니즘을 적용하는 것이 어렵다. 즉 이것이 특수한 물품이라는 인식은 일정 정도 공유되었다. 결국 우라늄은 완전히 순수한 범용 상품은 될 수 없다. 그 때문에 우라늄 시장을 안정시키려면 상품으로 취급하기 위한 '범용화'가 필요하였다. 다시 헥트의 말을 빌려 정리하면, 국제 질서에 영향을 끼치는 중요한 자원이기 때문에 예외적인 취급을 계속 받는 우라늄을 상품화하려면

'항상 정치의 간섭이 필요'했던 것이다(Hecht, 2012, 73~78쪽).

본 절에서는 헥트의 '원자력성'이라는 개념과, '예외적인'우라늄을 '범용화'해 상품으로 삼아 시장이 만들어지는 과정을 요점만 추려 적었다. 우라늄 시장은 국제기관이나 국가, 산업이 뒤얽힌 데이터와 가격의 산물이었다. 우라늄은 이익을 산출하는 경제적인 상품이라고 강조됨으로써, '상품화'되고 '범용화'된 것이다.

다음 절에서는 시점을 바꾸어 제국주의와 우라늄의 관계에 초점을 맞춘다. 거기서는 우라늄 '범용화'의 또 다른 하나의 귀결이 눈에 들어올 것이다.

4. 제국주의·식민지 역사 속의 우라늄

(1) 우라늄의 '식민지성'

과학기술사에서 제국주의와 포스트 식민주의 문제는 최년 특히 연구가 진행되고 있는 분야라고 할 수 있다. 고전(古典)으로서는 미국의 기술사가인 다니엘 R. 헤드릭(Daniel R. Headrick)이 기술(특히 기술이전)이 어떻게 제국의 확대에 공헌하고, 식민지 사회에 영향을 주었는지를 분석하였다. 광업에 관해서는 남아프리카의 금, 말라야의 주석, 인도의 철강에 대한 논고가 있다(헤드릭, 1989; 2005).

우라늄도 이러한 광업들과 마찬가지로 제국주의·식민지적인 구조를 내포한다. 본 장에서 여러 번 언급하였지만, 핵기술을 보유한 '열강'은 자신의 식민지나 국내의 마이너리티가 사는 토지에서 우라늄을 조달하였다.

예를 들면 프랑스는 아프리카 식민지, 미국, 오스트레일리아, 캐나다는 각자의 선주민이 사는 토지, 소련은 우즈베키스탄이나 키르기스스탄 등에서 현지인들에게 과혹한 환경에서의 채굴을 강제하여 이 전략적인 자원을 확보하고 있던 것이다.[23]

1960년에 이르러 많은 아프리카의 나라가 독립해도, 대다수는 제국주의적인 관계성이 변하지 않았다. 특히 프랑스에서는 대통령에 복귀한 샤를 드골(Charles de Gaulle) 정권의 아프리카·마다가스카르 문제 담당이었던 자크 포카트(Jacques Foccart)에 의해, 독립한 구 식민지국에 대하여 영향력을 계속 유지하는 관계가 구축되었다. 후에 '프랑사프리크(프랑스와 아프리카를 혼합한 조어: Françafrique)'라고 야유받은 것이다. 구체적으로는 구 식민지국에 대해 석유 등의 천연자원에 대한 우선적인 접근권을 인정하는 것과 동시에 프랑스에 적대하는 나라에는 그러한 자원 수출을 금지하는 약정을 맺기도 한다. 이것은 아직 정정(政情)이 안정되어 있지 않았던 구 식민지국에는 군사적 안정 보증, 생산시장의 확보, 게다가 개발원조가 보증되는 것이었다(Verchave, 1998; Hecht, 2012, 107~112쪽).

가브리엘 헥트는 우라늄의 원자력성을 이용한 자국의 자원에 대한 구 식민지국의 주권(sovereignty) 요구가 어떻게 전개해왔는가를 분석하였다. 애초에 자연에서 산출된 물질은 그 자체로 가치를 지니는 것은 아니다. 그것들은 과학적으로 무엇인지 밝혀지고 기술적으로 그 산출·정련이 가능하며, 게다가 산업적인 이용법이 확립됨에 따라 자원으로서의 가치가

23 일본에서도 전시 중에 육군에 의해 식민지 한국에서 우라늄 채굴이 행해졌다(山崎, 2011, 54~60쪽). 또 1950년대에 미국에서 골드 러시가 아닌 우라늄 러시가 있었던 것을 저널리스트인 톰 조엘너가 소개하였다(Zoellner, 2010). 이 물결은 세계로 퍼져나가 전후 일본에서도 후쿠시마현(福島縣)에서 우라늄 채굴이 행해졌고, 소설가 이토 에이노스케(伊藤永之介)가 현지 보고를 하였다(伊藤, 1955).

정해진다. 더욱이 앞 절에서 살펴본 바와 같은 '시장'의 형성에 따라 비로소 상업적 유통이 가능한 '상품'이 된다. 헥트는 자연을 자원으로 바꾸고 게다가 자원을 상품으로 바꾸는 과정을 테크노폴리티컬한 시스템으로 파악하고, 그것을 통해 '주권이 배분'되었다고 한다(Hecht, 2012, 115쪽). 이른바 자원 내셔널리즘에 의한 정치적 흥정, 혹은 우라늄이라는 자원을 둘러싼 국민국가 간의 정치적 교섭이 전개되고 있던 것이다. 여기서는 프랑스와 가봉 사이에서 벌어진 우라늄을 둘러싼 다툼 사례를 소개한다.

(2) 우라늄과 주권 – 가봉의 사례에서

헥트에 의하면, 포스트 식민지주의의 세계에서 가봉은 우라늄과 관련하여 '(근대화라는 이름의) 개발계획', '가격 결정', '거래 상대의 선택'이라는 3개의 측면에서 자국의 주권을 주장하였다고 한다. 이것을 자세하게 살펴보자.

1950년대 후반 프랑스·CEA(원자력청: Commnissariat a Lenergie atomique)의 지질학자에 의해 가봉 동부에 우라늄이 있는 것이 확인되었다. CEA는 1958년에 민간 광업 기업과 협력하여 COMUF(프랑스빌 우라늄 광산회사: Compagnie des duranium de Franceville)를 창설하고, 무나나(Mounana)에서의 우라늄 개발을 담당케 하였다. 그리고 가봉이 독립한 이듬해인 1961년에 처음으로 프랑스에 산화우라늄이 수송되었다.

본래 프랑스가 우라늄 개발에 몰두한 것은 경제적인 목적이 아닌 자국의 핵/원자력 계획 때문이었다. 계획이 진전됨에 따라 국제시장에서 프랑스의 존재감은 높아져갔다. 그곳에서 COMUF가 생산하는 가봉의 우라늄은 프랑스의 것으로 간주되고 있었다. 한편 가봉에서 자국의 우라늄이 '프랑스에 기여한다'라는 논리는 식민지주의를 상기시켰다. 그러나 실제 문제로서 우라늄 개발은 막대한 투자와 고도의 기술이 필요하므로 독립 직후의 나라에는 부담이 너무 컸다. 그래서 가봉은 우라늄을 프랑스에 제공하는 대신에, '근대화'라는 이름 하에 CEA나 COMUF에 주거, 전기, 도로 등 다양한 '개발'을 약속받았다. 식민지 시대와 변함없이 프랑스인은 '문명의 사자'였지만, 양국의 관계는 '(개발) 협력'으로 일신하였던 것이다(Hecht, 2012, 115~120쪽).

가봉에서 우라늄을 둘러싼 주권을 프랑스에 인정하도록 움직인 것은 1967년에 제2대 대통령에 취임한 알베르 베르나르 봉고(Albert Bernard Bongo, 이슬람교로 개종하여 엘 하지 오마르 봉고[El Hadj Omar Bongo]로 개명)였다. 그는 사적인 이익을 포함하면서도, 가봉을 근대적인 기술 건국, 중부 아프리카에서의 대국, 나아가 국제적인 석유 시장의 참가자가 되는 것을 꿈꾸고 있었다. 석유수출국기구(OPEC)가 석유라는 천연자원에 대해 강하게 주권을 주장하던 것과 병행하여, 봉고는 자국산 석유와 우라늄의 주권에 관하여 양자가 같은 위치에 놓여있다고 프랑스에 요구하였다.

실제로 가봉은 1973년에는 이스라엘이나 일본 등 프랑스 이외에서 우라늄을 구입해줄 상대를 찾고 있었다. 그것만이 아니라 1974년에 가봉 정부는 재정난에 빠져 있던 COMUF에 자본 주입을 행함으로써 25%의 소유권을 획득하여, 경영부에 참여할 것과 이익 분배를 받을 것을 주장하였다. 실은 COMUF에게도 이는 포스트 식민지주의 세계에서의 사회공헌으로 이어진다고 주장할 수 있는 편리한 것이었다. 그렇지만 가봉의 우라늄 이권을 독점하려는 프랑스의 의도에 반해, 봉고는 미국과의 우라늄 거래를 획책하거나 옐로케이크 제조 공장 건설의 견적을 미국 기업에 의뢰하기도 했다. 이는 프랑스의 간섭으로 단념되기는 했지만, 결국 1975년에 봉고는 이란에게 500톤의 우라늄 획득을 약속하였다(Hecht, 2012, 121~123쪽).

여기서 잊어서는 안 되는 것은 가봉이 우라늄을 CEA와 거래할 때 '아프리카 가격(le prix africain)'이 존재했던 점이다. 앞 절에서 살펴보았듯이 우라늄 가격이 상승해가고 있음에도 불구하고, 가봉은 프랑스의 투자에 대한 대가로 CEA에는 이 아프리카 가격이라 불리는 낮은 가격으로 우라늄을 계속해서 제공하였다. 그렇지만 이란과 같은 신규 고객에는 뉴엑스코의 '세계시장가격'을 지불하게 해야 한다는 의견이 있었다. 헥트에 따르면 1970년대 전반까지는 프랑스가 가봉의 우라늄 유통을 간접적이기는 했지만 관리하였고, 이 '아프리카 가격'에 의해 가봉 자신이 우라늄 가격을 결정하는 권리는 제한되어 있었다고 한다. 그러나 앞에서 서술한 대로, OPEC으로 대표되는 자원 내셔널리즘에 호응하여 석유 산출국이기도 했던 가봉은 우라늄에 관한 주권도 요구하였다. 이것은 가봉이 우라늄 광석을 '원자력성'을 갖지 못한 석유와 동렬의 '범용'상품으로 취급할 것을 요구한 것이라고 헥트는 해석하였다.[24] 그 결과 1977년까지 가봉 정부가 자국산 우라늄의 가치를 결정하는 것, 즉 가격에 관한 최종 결정을 할 수 있게 되었다(Hecht, 2012, 131~135쪽).

또 하나 봉고가 착수한 것은 옐로케이크 제조 공장의 건설이었다. 당시 가봉에서 채굴된 우라늄 광석은 그대로 프랑스로 보내져 가공되었다. 앞에서 서술한 바와 같이 봉고는 이 가공 공장을 자국에 건설하는 것을 기도하였으며, 근대화의 성과로 COMUF는 1982년에 우라늄 개발이 행해지고 있는 무나나(Mounana)에 공장을 완공하였다. 기술적으로는 프랑스에

24 헥트는 가봉과의 비교로 니제르를 들고 있다(Hecht, 2012, 124~131쪽). 산유국이 아니었던 니제르는 우라늄을 석유와 전혀 다른 전략적 예외성에 근거한 가격으로 프랑스와 거래할 것을 기도하였으나 실패로 끝났다.

완전히 의존하고 있었지만, 저임금으로 일하는 가봉인 노동자에 의해 비용 절감이 예상된 것이었다. 이것은 결국 가봉에서 프랑스인 주재원과 가봉인 노동자 사이에 큰 임금의 차이를 낳아, 신식민지주의(neocolonial) 착취의 양상을 띠게 된다. 그러나 여기서 헥트가 강조하는 것은 이 옐로케이크 제조 공장은 핵/원자력의 국제사회에서 가봉의 지위를 크게 끌어올렸다는 점이다. 즉 단순한 자원 제공국에 지나지 않았던 가봉이 비아프리카 국가들과 어깨를 나란히 하는 옐로케이크 생산국이 되었다. 게다가 1983년에는 COMUF가 우라늄협회에 가입하여 가봉은 구 식민지국으로서는 최초로 우라늄협회에 이름이 실렸다(Hecht, 2012, 136~140쪽).

본 절에서 다룬 가봉이 우라늄에 관한 주권을 획득해가는 과정은 세계적인 자원 내셔널리즘의 일부라고 할 수 있지만, 헥트가 제시한 것은 다른 자원 내셔널리즘과는 달리 이것은 우라늄 '범용화'의 하나의 결과였다고 생각할 수 있다는 점이다.

앞 절과 본 절에서는 헥트가 논한 바를 소개하면서 제2차 세계대전 후의 세계에서 '원자력성'을 둘러싼 우라늄의 '범용화'를 논의하였다. 우라늄은 항상 다양한 참가자의 정치·경제적인 전략의 대상으로서 존재하여 국제사회의 권력정치(Power Politics)에 영향을 주고 있다.[25] 다음 절에서는 시점을 넓혀 인류의 우라늄 이용으로 생겨난 다양한 부산물(副産物)을 다룬다.

25 본 장에서는 다루고 있지 않지만, 광부(특히 흑인 광부)들에게도 '원자력성'은 스스로의 건강 피해를 인정시키기 위한 장치이기도 했다. 상세한 것은 Hecht(2010, 2012, 175~317쪽).

5. 우라늄의 다양한 모습 - 우라늄 이용의 '부산물'

본 절에서는 우라늄의 역사를 보다 총체적으로 파악하고자 세계에 존재하는 우라늄 이용의 '부산물'에 눈을 돌린다. 우라늄은 그 이용 과정에서 다양하게 모습을 바꾸며, 때때로 그 부산물은 우라늄 그 자체보다 커다란 의미를 지니게 된다. 그 때문에 이것들은 우라늄에서 유래한 물질로서 간과할 수 없는 중요성을 띠고 있다. 이하에서는 열화우라늄(劣化Uranium), 플루토늄(plutonium), MOX 연료, 방사성 폐기물에 주목한다.

(1) 열화우라늄

제2절에서도 언급한 것처럼 채굴한 우라늄을 핵병기 제조의 원료, 혹은 원자력발전의 연료로 이용하려면 '농축'이라 불리는 과정이 필요하다. 농축우라늄을 추출한 후에는 핵분열성의 우라늄235를 대략 0.2%밖에 포함하지 않은 '열화우라늄(DU: Depleted Uranium)'이 대량으로 남는다. 매년 수만 톤이 만들어지며, 이미 150만 톤 이상 저장되어 있다고 한다.

이 열화우라늄의 재이용 방법이 1950년 무렵부터 미국에서 연구되어, '열화우라늄탄(劣化Uranium彈)'으로 군사 전용되었다. 열화우라늄이 폐기물이라는 점에서 사실상 무료로 손에 넣을 수 있는 점, 철이나 납보다도 비중이 커서 탄심(彈芯)으로 만들면 관통력이나 비거리가 한층 강화되는 점, 게다가 관통한 전차의 내부에서 자연 연소하여 화약의 폭발 유도를 일으키는 점 때문에, '싼 가격'으로 '혁명적'인 대전차 병기가 되어 걸프전쟁 이후 코소보나 이라크 등에서 사용되었다(嘉指, 2013).

이 열화우라늄탄은 연소 때 초미세(ultramicro)의 우라늄을 비산시켜 그것을 흡입한 인체에서 내부 피폭을 일으키기도 하며, 목표에 맞지 않았을 경우 중금속으로서 토양을 오염시키기도 한다. 일찍이 전장의 병사나 인접지 시민의 건강 피해가 보고되었지만, 미국은 열화우라늄탄이 피해의 직접적인 원인이라고 인정하지 않는다. 그 한편으로 시민단체나 인도적인 원조 단체 등의 노력으로 열화우라늄탄은 비인도적인 병기라는 인식이 확산하여 국제 여론을 움직이고 있어, 폐기를 위한 UN이나 WHO에서의 논의가 계속되고 있다. 더욱이 히로시마(廣島), 나가사키(長崎)의 피폭자나 전 세계의 핵실험 피해자와 발을 맞춰 '글로벌 피폭자'라는 월경적(越境的) 연대도 생겨났다(嘉指, 2013; 木村·高橋, 2015).

(2) 플루토늄과 MOX 연료

자연계에는 거의 존재하지 않는 이 원소는 농축우라늄을 사용하는 원자로에서 발전을 실시하면 필연적으로 얻을 수 있다. 플루토늄은 그 자체로 높은 독성이 있고 또 원폭 재료로서 민감한 물질(機微物質)이지만, 원자력발전의 연료로 삼는 것을 오랫동안 갈망해왔다. 이 프로젝트는 고속 증식로를 중심으로 한 핵연료 사이클 구상으로 알려진 것이며, 또 플루토늄과 열화우라늄을 혼합한 MOX(Mixed Oxide: 혼합산화물) 연료를 발전을 위해 사용하는 것이다. 이론상 고속 증식로는 발전을 하면서 연료에 포함된 비핵분열성의 우라늄238을 핵분열성이 있는 플루토늄으로 전환할 수 있다. 그 때문에 새롭게 생긴 플루토늄을 재차 가공하여 고속 증식로의 연료로 만듦으로써 우라늄 자원을 유효하게 활용할 수 있다고 여겨졌다. 따라서 증식로는 '꿈의 원자로'라고 불려왔다.

그렇지만 개발을 시작하고 반세기 이상 지난 지금도 고속 증식로는 실용 단계까지 도달하지 못하였으며, 막대한 비용과 기술적인 안전성에 대한 우려로 미국이나 영국에서는 계획 자체가 좌절되었다.[26] 물리학자인 다카기 진자부로(高木仁三郎)는 플루토늄의 대단히 강한 독성과 플루토늄 이용중 발생한 사고의 역사를 지적하고, 플루토늄이 에너지 생산의 중심이 되는 사회는 엄중한 비밀주의 하에서 철저한 관리가 이루어지게 되는 점에 경종을 울리고 있다(高木, 1981). 또한 MOX 연료는 현재 일반적으로 원자력발전이 행해지는 경수로에도 사용되고 있는데, 일본에서는 이것을 플루서멀(Plu-thermal)이라고 부른다.[27] 우라늄 자원의 절약이라는 명목으로 행해지고 있는 플루서멀은 플루토늄 추출 기술을 가진 것을 전제로 행해지기 때문에 핵확산의 우려, 높은 비용, 사고나 심각한 오염 위험의 증가가 비판을 받고 있다(吉岡, 2012, 193~198쪽).

(3) 방사성 폐기물

우라늄을 원자력발전에 이용하면, 당연한 일이지만 '쓰레기'가 나온다. 이 쓰레기인 방사성 폐기물은 일반적으로 사용이 끝난 연료 그 자체나 재처리의 과정에서 생긴 폐액(廢液)[28]을 포함한 유리 고체화(固體化)[29]를 가리키는 '고준위 방사성 폐기물(高準位 放射性 廢棄物)'과 원자로 내의 방

26 원자력발전의 경제적 측면에 대해서는 오시마(大島, 2012)가 시사하는 바가 많다.

27 '플루토늄'을 열중성자로(熱中性子爐, thermal reactor)로 이용한다고 해서 플루서멀(Plu-thermal)이라고 불린다. 일본식 영어.

28 (역자주) 사용 목적이 끝나고 폐기되는 액체.

29 (역자주) 고준위 액체 폐기물에 대한 고체화법의 하나로, 폐액에 유리화제(琉璃化劑)를 넣고 가열하여 유리화하는 방법이다.

사화(放射化)[30]된 부품이나 방사성물질에 접촉해 오염된 것인 '저준위 방사성 폐기물(低準位 放射性 廢棄物)'의 두 종류로 크게 구별된다.

'고준위 방사성 폐기물'에 대해서는 현재에도 확실한 처분 방법이 확립되어 있지 않다. 폐기물에 포함되는 우라늄이나 플루토늄 등의 방사성물질이 생물에 무해화하기까지는 수천 년에서 수만 년이나 되는 시간이 걸린다고 알려져 있다. 이 유해한 쓰레기를 그토록 장기간 어떻게 관리할 것인지, 또 기술적으로 가능한 것인지가 전 세계에서 논의되고 있다. 일본에서도 아직 최종 처분장 건설의 구체적인 지역은 정해지지 않았다. 프랑스에서도 1991년의 방사성 폐기물 관리에 관한 연구를 진행하는 법률을 제정하였으며, 더욱이 2006년에 처분 방법에 관한 국가계획을 책정(策定)하는 입법을 거쳐 뷔르(Bure)라는 마을 근교에 거대한 지하 매설 시설을 계획하였다. 하지만 오늘날에도 현지 주민이나 환경단체 등과 합의가 이루어지지 않자, 정부가 그들의 저항을 억누르는 강경한 수단으로 나오고 있다는 점이 비판 받고 있다.[31] 현재 유일하게 진행되고 있는 것은 핀란드 올킬루오토섬(Olkiluoto island)의 '온칼로(Onkalo)'라 불리는 시설이다. 2020년 이후 지상에서 400m 이상의 지하에 방사성 폐기물이 반영구적으로 매설되어 처분되고 있다.[32]

방사성 폐기물 문제는 절대 현재를 사는 우리 세대만의 일은 아니다.

---

30 (역자주) 원래는 방사능이 없는 동위체가 다른 방사성물질 등으로부터 발생하는 방사선을 받아 방사성 동위체가 된 것.

31 온칼로에 관해서는 매우 훌륭한 다큐멘터리 영상인 『10만 년 후의 안전』(감독: 미샤엘 마드센[Michael Madsen], 2010)이 있다.

32 원자력발전에 가장 의존하고 있는 나라 중 하나인 프랑스에서 얼마만큼이나 반대 목소리나 사회운동이 추진파에 의해 억눌려왔는가('통치'되어 왔는가)에 대해서는 Topcu(2013)를 참조할 것.

폐기물은 원자력발전을 계속 이용하는 한 계속 증식한다. 지금까지의 시간 개념을 넘어서는 방사성 폐기물을 어디서 어떻게 처분할 것인지, 어떤 관리를 할 것인지, 후세를 위험에 노출시키지 않았는지가 문제가 되고 있다.

6. 월경하는 우라늄 - '원자력성'의 역사

한 번 더 우라늄으로 이야기를 되돌리자. 우라늄은 그 '원자력성'이 인정된 이후 항상 국경을 넘나들고 있다.[33] 이러한 '월경성'에는 두 가지의 의미가 있다고 생각된다.

첫째, '핵/원자력'을 이용하는 나라가 중심이 되는 것이다. 예를 들면 일본은 우라늄을 캐나다나 카자흐스탄에서 수입해 농축해서 국내의 원자력발전소에서 사용한다. 사용이 끝난 연료의 재처리는 국내에서는 현재로서 불가능하므로 프랑스나 영국으로 수송한다. 그리고 재처리 과정에서 나오는 방사성 폐기물은 다시 일본으로 되돌려 보내진다. 이러한 네트워크가 우라늄을 이용하는 나라를 중심으로 형성되어 있다.

둘째, 핵병기 기술 개발의 유출이나 동력로에 관한 원자력 기술의 수출로, 우라늄은 '핵/원자력'이 없는 나라나 지역에도 도달한다. 잘 알려진 일이지만, 네덜란드의 농축 기술은 파키스탄에서 핵병기 제조로 이어졌고, 그 파키스탄에서 핵병기 제조 기술이 북한이나 이란으로 유출되었다.

---

33 아브라함(Abraham)은 어떠한 핵/원자력 계획도 순수하게 그 나라 고유의 것이라는 사실은 있을 수 없음을 지적하고 있다(Abraham, 2006, 56쪽). 또 요시오카 히토시(吉岡齊)에 의하면 일반적으로 과학기술은 국제적 성격을 지니고 있음에도 불구하고, 원자력 기술은 안전 보장상의 이유로 사람·물품·정보의 이동이 제한되어 비밀주의와 의심암귀(疑心暗鬼)가 만연하고 있다고 한다(吉岡, 2011, 9~10쪽).

미국에서 원자력 발전 기술을 배운 일본은 현재 아시아나 중동을 향해 국책으로서 원자력발전소를 수출하려 하고 있다. 과학기술과 함께 우라늄은 새로운 나라에 다다르게 되는 것이다.

여기까지의 논의를 근거로 새삼스럽게 강조하고 싶은 바는 우라늄이 단순한 천연 광물 자원의 하나로서 세계로 유통되고 있는 것이 아니라, 어떤 종류의 특수성을 지니고 있다는 점이다. 헥트의 말을 빌리자면 우라늄에 부여된 '원자력성의 애매함', 즉 절대적이지 않은, 때나 장소에 맞춘 정치적 의도에 따라 만들어지는 '원자력성'이야말로 현대 사회에서 핵을 둘러싼 힘의 구조를 창출해내고 있다고 할 수 있지 않을까. 헥트가 논한 '예외화'와 '범용화'는 우라늄이 압도적인 파괴력을 지닌 핵병기라는 '군사 이용'과 원자력발전에 의해 전기를 만들어낸다는 '평화 이용'의 실로 한가운데를 오가고 있다고 파악할 수 있다. 그리고 앞에서 서술한 두 가지의 의미로 우라늄이 이동할 때, 그 '원자력성'이 문제가 된다. 그렇기 때문에 우라늄을 둘러싼 개별 정황을 충분히 고려한 분석이 필요할 것이다.

게다가 인류에 의한 우라늄의 이용은 열화우라늄, 플루토늄, MOX 연료, 방사성 폐기물을 산출하였다. 본 장에서는 이들 우라늄의 부산물이 사회에서 어떻게 문제를 제기하고 있는가를 소개하는 데에 그쳤다. 하지만 필자들이 강하게 주장하는 바는 이들이 각각 독자의 '원자력성'을 지닌다는 점이며, 우라늄과는 또 다른 맥락에 놓여 있다는 점이다. '핵/원자력'에 관한 우라늄의 역사는 광석의 단순한 채굴과 이용의 역사만은 절대 아니다. '원자력성'의 역사를 속속들이 캐물어 가는 작업이야말로 세계 현대사에서 우라늄이라는 물품이 지니는 위치를 정확히 파악하는 결과로 이어지는 것은 아닐까.

참고문헌

市川浩,「ソ連版「平和のための原子」の展開と「東側」諸国, そして中国」,(加藤哲郎·井川充雄 編),『原子力と冷戦-日本とアジアの原発導入』, 花伝社, 2013, 143~165쪽.

伊藤永之介,「ウラニウム·ラッシュの村をゆく-その中心地福島県石川町を訪ねて」,『女人公論』第40巻5号, 1955, 186~191쪽.

大沢真澄,「ウランの歴史-一般教育における化学史導入の一例」,『化学史研究』第14号, 1980, 14쪽.

化学史学会編,『化学史事典』, 化学同人, 2017.

嘉指信雄,「劣化ウラン弾って何?」,(嘉指信雄·振津かつみ·佐藤真紀·小出裕章·豊田直巳),『劣化ウラン弾-軍事利用される放射性廃棄物』, 岩波書店, 2013, 19~26쪽.

大島堅一,『原発のコスト-エネルギー転換への視点』, 岩波書店, 2011.

木村朗·高橋博子 編著,『核時代の神話と虚像-原子力の平和利用と軍事利用をめぐる戦後史』, 明石書店, 2015.

F·サバドバリー,(阪上正信·本浄高治·木羽信敏·藤崎千代子 訳),『分析化学の歴史-化学の起源·多様な化学者·諸分析法の展開』, 内田老鶴圃, 1988.

志田行男,『資源の支配者たち-ウランと第三世界』, 東洋経済新報社, 1978.

鈴木真奈実,『核大国化する日本-平和利用と核武装論』, 平凡社, 2006.

鈴木真奈実,『日本はなぜ原発を輸出するのか』, 平凡社, 2014.

高木仁三郎,『プルトニウムの恐怖』, 岩波書店, 1981.

田中利幸/ピーター·カズニック,『原発とヒロシマ-「原子力平和利用」の真相』, 岩波書店, 2011.

塚原東吾,「マンハッタン時代と満州経験-戦後日本のテクノポリティクスの起源」,『現代思想』第43巻12号, 2015, 160~174쪽.

中尾麻伊香,『核の誘惑-戦前日本の科学文化と「原子力ユ_トピア」の出現』, 勁草書房, 2015.

平野千果子,『フランス植民地主義の歴史-奴隷制廃止から植民地帝国の崩壊まで』, 人文書院, 2002.

平野千果子,『アフリカを活用する-フランス植民地からみた第一次世界大戦』, 人文書院, 2014.

藤永茂,『『闇の奥』の奥-コンラッド·植民地主義·アフリカの重荷』, 三交社, 2006.

舩橋晴俊·長谷川公一·飯島伸子,『核燃料サイクル施設の社会学-青森県六ケ所村』, 有斐閣, 2012.

D·R·ヘッドリク, (原田勝正·多田博一·老川慶喜 訳),『帝国の手先-ヨーロッパ膨張と技術』, 日本経済評論社, 1989.

D·R·ヘッドリク, (原田勝正·多田博一·老川慶喜·濱文章 訳),『進歩の触手-帝国主義時代の技術移転』, 日本経済評論社, 2005.

山崎正勝,『日本の核開発:一九三九~一九五五-原爆から原子力へ』, 績文堂出版, 2011.

山本昭宏,『核エネルギー言説の戦後史一九四五~一九六〇-「被爆の記憶」と「原子力の夢」』, 人文書院, 2012.

吉岡斉,『新版原子力の社会史-その日本的展開』, 朝日新聞出版, 2011.

吉岡斉,『脱原子力国家への道』, 岩波書店, 2012.

吉見俊哉,『夢の原子力-Atoms for Dream』, 筑摩書房, 2012.

Abraham, Itty, "The Ambivalence of Nuclear Histories", *Osiris*, 21 (1), 2006, pp. 49~65.

Allen, Michael T. & Hecht, Gabrielle (eds.), *Technologies of Power*, Cambridge: MIT Press, 2001.

Bigg, Charlotte, "Le siècle de l'atome en images", Pestre, Dominique & Bonneuil, Christophe (eds.), *Histoire des sciences et des savoirs: 3. Le siècle des technosciences*, Paris: Seuil, 2015, pp. 167~185.

Bonneuil, Christophe & Fressoz, Jean-Baptiste, *L'événement Anthropocène: La Terre, l'histoire et nous*, Paris: Seuil, 2013 [2016]. (C·ボヌイユ/J=B·フレソズ 著, 野坂しおり 訳,『人新世とは何か-〈地球と人類の時代〉の思想史』, 青土社, 2018).

Hecht, Gabrielle, *The Radiance of France: Nuclear Power and National Identity after World War II*, Cambridge Mass.: MIT Press, 1998.

Hecht, Gabrielle, "Negotiating Global Nuclearities: Apartheid, Decolonization, and the Cold War in the Making of the IAEA", *Osiris*, 21 (1), 2006, pp. 25~48.

Hecht, Gabrielle, "Hopes for the Radiated Body: Uranium Miners and Transnational Technopolitics in Namibia", *The Journal of African History*, 51 (2), 2010, pp. 213~234.

Hecht, Gabrielle, *Being Nuclear: Africans and the Global Uranium Trade*, Cambridge: MIT Press, 2012.

Krige, John, "Atoms for Peace, Scientific Internationalism, and Scientific Intelligence", *Osiris*, 21 (1), 2006, pp. 161~181.

OECD / NEA&IAEA, *Uranium 2016: Resources, Production and Demand*, Paris: OECD / NEA Publishing, 2016.

Topçu, Sezin, *La France nucléaire: L'art de gouverner une technologie contestée*, Paris: Seuil, 2013. (S·トプシュ 著, 斎藤かぐみ 訳,『核エネルギー大国フランス-「統治」の視座から』, エディション·エフ, 2019).

Verschave, François-Xavier, *La Françafrique: Le plus long scandale de la République*, Paris: Stock, 1998. (F=X·ヴェルシャザヴ 著, 大野英士·高橋武智 訳,『フランサフリック-アフリカを食い物にするフランス』, 緑風出版, 2003).

Zonabend, Françoise, translated from the French by J. A. Underwood, *The Nuclear Peninsula*, Cambridge: Cambridge University Press, 1993.

Zoellner, Tom, *Uranium: War, Energy, and the Rock that Shaped the World*, New York: Penguin Books, 2010.

옮긴이의 글

물품의 '파편'에 숨겨진 문명·문화사

본서를 번역하면서 신선하다, 놀랍다, 유익하다, 부럽다는 생각이 내내 머리를 떠나지 않았다. 본 역서에서 다루고 있는 다양한 물품들 - 1부(9편)의 말, 범선, 도자기, 화폐, 생약, 화약원료, 주석, 감자, 모피, 2부(7편)의 석탄과 철, 경질섬유, 대두, 석유, 천연고무, 반도체, 우라늄-은 자국사만의 시간과 공간을 벗어나 여러 나라와 연결되어 있다. 즉, 동아시아를, 유라시아를, 아프리카를, 유럽, 남북아메리카를 종횡으로 잇고 있다. 다루고 있는 내용도 물품 그 자체 설명에만 그치는 것이 아니라 다양한 세계에 펼쳐진 문명·문화사를 적나라하게 보여주고 있다는 사실이다.

사카이 다카시(坂井隆)는 도자기 교류사(본서 제3장)를 규명하기 위해 도자기의 온전한 형태가 아닌 '파편'에 착안하였다. 오랜 시간의 경과에도 변화하지 않으며, 생산된 당시의 정보를 간직한 데 눈길을 돌렸다. 그 '파편'이 세계사적으로 의외성과 공간적 보편성을 용이하게 나타내는 것으로 인식하였다.

사실 '파편'은 도자기 등 고형화된 물품에서만 찾아볼 수 있는 것은 아니다. 우리가 매일 대하는 역사사료나 다양한 신문, 영상자료도 깨어진 역사 조각의 일부라 할 수 있다. 그 깨어진 단면 단면들이 인류의 지나간 역사의 시공간을 파악하고 이해하는 데 큰 역할을 한다.

'파편'의 원형. 그것은 지리적으로나 기후적으로나 생태환경이 전혀 다른 곳에서 생활하는 인간 삶의 필요성에 의해 만들어졌다. 그 물품은 유용성이 인정되면서 한 곳에 머물지 않고 주변 민족이나 국가에 교역되고 소비되었다. 험난한 산지와 바다를 건너 다른 세계로 이동된 것이다. 하사·증정의 용도로, 나아가 교역을 통해 획득된 물품은 세월이 지나며 새로운 형태로 변용되어 사용되었다. 한편으로 물품이 가진 유용성에 인간의 탐욕이 개재되면서 다양한 역사상이 창출되었다. 그 한 면모가 수탈이다. 물품이 산출하는 지역과 그곳에 거주하는 인간들에 대한 서구의 지배구조는 강화되었다. 주석(제7장)·모피(제9장), 천연고무(제14장) 등의 사례가 그것을 입증한다. 물품의 '파편'에 감추어진 인간의 심성까지도 읽어낼 수 있는 부분이다.

아날학파의 페르낭 브로델(Fernand Braudel)은 물질문명을 일상생활사라는 새로운 역사학으로 발전시켰다. 그 이후 다양한 관점에서 역사연구가 진전되었듯이, 어쩌면 지금 현재까지도 역사연구자들의 주된 관심사는 정치, 경제, 사회, 제도에 관련된 주제일 것이다. 이러한 고정 틀에서 벗어나 물품이 가지고 있는 다양한 속성을 추구한다면 신선함과 흥미를 새롭게 찾아낼 수 있을 것이다.

이전 교사들과 동아시아 교과서를 한 번 써볼까 하고 기획만하다 중단한 적이 있었다. 그 당시 느꼈던 점은 교과서에서 다룬 근세의 물품이 은(銀)밖에 없다는 사실이었다. 연구실 서가에 꽂혀 있는 담배나 모피, 해삼 연구서를 보면서 언젠가는 저런 물품을 가지고 연구서를 간행했으면 하는 마음을 다지기도 했다. 전문연구자가 아닌 일반인이 필드워크(field work) 작업을 통해 전문가 이상의 유익한 책을 간행했다는 사실에 일단 놀랐다. 중국이나 해삼 산지를 직접 돌아다니며 담배에 관련된 설화를 채집하기도 하고, 해삼이 진미로서의 가치만이 아니라 화폐로서의 기능을 가지고 있다는 점을 세상에 드러냈다. 18세기 청조의 개해정책(開海政策)이 시행되면서 산동성(山東省)과 봉천성(奉天省) 일대의 연안민들이 대거 서해에 출현한다. 해삼이 중국인의 미각을 돋우는 4대 진미의 하나였기 때문이었다. 마치 지금의 서해에 출몰하는 중국 선단을 연상시킨다. 물론 기후의 변동과 바다 생태 환경의 변화로 인해 채취하는 어종은 다르다. 한편 조선과 여진족과의 거래에 해삼은 화폐로서도 기능하였고, 그 끈적끈적한 성분 탓에 접착제나 광택을 내는 재료로 이용되었다.

사업단에서 관심을 갖고 사료 작업을 추진하고 있는 모피(毛皮)에도 흥미롭고 신선한 이야기들이 담겨있다. 초피(貂皮)는 러시아의 시베리아 영토 확장의 계기가 되었으며, 그 주역이 코카서스 민족이었다는 점도 눈길을 끈다. 호피(虎皮), 표피(豹皮)는 한국, 중국, 일본을 넘어 저 멀리 캄보디아까지도 전해졌다. 조선 사신들이 남겨놓은 『연행록(燕行錄)』이나 통신사 기록인 『해행총재(海行摠載)』 등을 펼쳐보면 이들 모피류는 황제, 국왕, 장군의 위신을 뒷받침하는 중요 물품이었다. 이렇듯이 연구를 진행하면서 우리가 알지 못했던 사실이 속속 드러나고 있다.

대학원 시절 은사님들로부터 한문 번역할 때 가장 주의할 점은 우리가 사는 이 시대의 적절한 용어로 옮겨야 한다는 것이었다. 그래야 연구자들이 납득한다고 배웠다. 번역서도 마찬가지이다. 저자가 사용한 단어의 의도를 정확하게 파악해서 우리말로 옮겨야 한다. 번역은 대단히 난해한 작업임을 새삼스레 느꼈다. 그러한 면에서 번역자의 부족한 점을 사업단 이해진 HK연구교수가 보충해 주었다. 한일관계사를 전공한 선생님 덕분에 일본 소로분(候文) 번역이나 생약의 학명 등 난해한 부분이 꼼꼼하고도 세밀하게 수정되었다.

한편 최소영 HK연구교수와 김병모 HK연구교수는 책 표지의 도안을 기획하고 검토해주었다. 본래 표지는 HK교수 임경준 총괄팀장이 대만 방문 시 고궁박물원에서 구입해 온 謝遂, 「職貢圖」(대만국립고궁박물원 소장) 화보에서 스캔하였다. 경인문화사 한주연 팀장과 이다빈 편집자가 수차례에 걸친 표지 수정 요청에도 기꺼이 응해주었다.

본서를 번역하면서 우리 사업단도 『물품의 동유라시아 세계 문명·문화사』 시리즈를 계획하고 간행해 보자는 의욕에 들뜨기조차 했다. 이미 학계의 연구자들에게 소금, 짜장면, 차, 화약, 초피, 해삼과 대구, 무기류, 목재, 호피와 표피, 진주(총 20권 예상) 등을 의뢰해 놓은 상태이다. 본 역서가 연구자나 교사, 학생들이 새로운 각도에서 물품의 문명·문화사를 이해하는데 조금이나마 도움이 되었으면 한다.

MONO GA TSUNAGU SEKAISHI
Copyright © Shiro Momoki, Hideto Nakajima 2021
Korean translation rights arranged with MINERVA SHOBO through Japan UNI Agency, Inc., Tokyo and BESTUN KOREA AGENCY, Seoul
Korean translation rights ©2022 Dongguk University Academy of Cultural Studies/The institute of Humanities Korea Plus

이 책의 한국어판 저작권은 일본의 유니에이전시와 베스툰코리아 에이전시를 통해 일본 저작권자와 독점 계약한 '동국대학교 문화학술원 HK+ 사업단'에 있습니다.
저작권법에 의해 한국 내에서 보호를 받는 저작물이므로 무단전재나 복제, 광전자 매체 수록 등을 금합니다.

동국대학교 문화학술원 번역총서 03

물품이 잇는 세계사

초판 인쇄 | 2022년 12월 20일
초판 발행 | 2022년 12월 30일

엮 은 이 모모키 시로(桃木至朗)·나카지마 히데토(中島秀人)
옮 긴 이 서인범
기 획 동국대학교 문화학술원 HK+사업단
발 행 인 한정희
발 행 처 경인문화사
편 집 이다빈 김지선 유지혜 한주연 김윤진
마 케 팅 전병관 하재일 유인순
출판번호 406-1973-000003호
주 소 파주시 회동길 445-1 경인빌딩 B동 4층
전 화 031-955-9300 팩 스 031-955-9310
홈페이지 www.kyunginp.co.kr
이 메 일 kyungin@kyunginp.co.kr

ISBN 978-89-499-6677-9 93910
값 39,000원

* 저자와 출판사의 동의 없는 인용 또는 발췌를 금합니다.
* 파본 및 훼손된 책은 구입하신 서점에서 교환해 드립니다.